체계 기능 언어학의 이해

체계 기능 언어학의 이해

수잔 에긴스(Suzanne Eggins) 지음

김서형 · 유혜원 · 이동혁 · 이유진 · 정연주 옮김

역락

제2판 서문

제1판과 마찬가지로, *An Introduction to Systemic Functional Linguistics*의 제2판은 체계 이론을 개관하고 텍스트 분석에 체계적 기법이 어떻게 적용될 수 있는지를 보여 준다. 언어학에 대한 형식적 지식이 거의 없거나 전혀 없는 학생들을 위하여 쓰여진 이 책은 체계 언어학의 주요 개념 대부분을 다룬다(기호 시스템, 장르, 사용역, 텍스트, 응집성, 문법적 은유 등). Michael Halliday의 *An Introduction to Functional Grammar*를 기반으로 하여 이 책은 절의 동시적인 메타기능 조직(서법, 타동성, 테마, 절 복합체 시스템)에 대한 기능 문법적 기술을 제공하고, 텍스트의 응집성 패턴을 분석하기 위한 기본 기법을 소개한다(지시, 어휘적 응집성, 접속).

초판이 발행된 이후의 10년 동안, 체계 언어학에, 또 필자에게 많은 일이 있었다. 1994년 이후 체계 기능 언어학(SFL)은 적어도 호주에서 언어에 대한 접근 방식으로서 '주변'에서 '주류'로 옮겨갔다. 체계 언어학자들은 현재 세계 각국의 대학에서 고위직을 맡고 있으며, SFL은 영어권 국가의 대학원 응용 언어학과 TESOL 프로그램 다수에 영향을 미치고 있다.

이에 대응하여 지난 10년간, Martin el al. 1997과 같은 문법과 담화에 대한 워크북으로부터 Halliday and Matthiessen 1999와 같은 주요 이론서, Jonathan Webster가 편집했고 출간을 진행 중인 Halliday 저작 모음집의 출간(Halliday and Webster 2002a, 2002b, 2003a, 2003b)에 이르기까지 SFL 저작의 출판이 급격히 증가했다. 체계 언어학에 대한 많은 구체화된 생각들이 학술지 논문과 편서에 실려 왔고, SFL 기고문은 언어에 대한 많은 학제 간 연구 편서에도 실려 왔다.

이러한 변화는 SFL을 처음 접하는 학생이 이제 그 이론과 분석 방법론에 대해 배우기 위해 이용할 수 있는 광범위한 자료를 가지고 있다는 것을 의미한다. 이 책의 새로운 역할은 가능할 때마다 독자들을 이 다른 자료들로 이끄는 것이다.

필자의 소속 기관이 달라진 것도 제2판에 대한 접근 방식에 영향을 미쳤다. 지난 십여 년 동안 필자는 언어학과가 아니라 영어(문학) 학과에서 일해 왔고, 문학, 모국어 교육, 미디어와 커뮤니케이션을 전공하는 학생들을 가르치고 있다. 이 맥락에 놓인 것은 텍스트에 대한 경험을 넓혔고, 이전에 언어학에 대한 훈련을 받지 않았지만 텍스트가 작동하는 방식에 대해 말하는 방법을 알고 싶어 하는 학생들에게 어떻게 하면 기능 언어학이 접근 가능한 대상이 될지를 생각하도록 했다. 제2판에서 입증하기를 바라건대, 나는 SFL이 '현대 영어에서 구어이든 문어이든 모든 텍스트에 대해 실용적이고 유용한 것'(Halliday 1994:xv)을 말하는 가장 강력한 방법 중 하나라고 확신한다.

제2판 변경 사항 요약

1985년에 초판이 발행되고 1994년에 제2판이 출간된 Michael Halliday의 *An Introduction to Functional Grammar*(IFG)는 이 책의 동기가 된 텍스트이다. 상당히 개정되고 확장된 *IFG*의 제3판은 이 책의 출판과 동일한 시기에 Halliday and Matthiessen 2004로 등장했다. 가능한 경우 참고 문헌은 이 제3판으로 갱신되었다. 때로는 Halliday의 이전 설명 일부의 단순명쾌함에 가치를 두어 *IFG*의 이전 판을 참조했다. 서법, 타동성, 테마에 대한 핵심적인 문법 챕터는 초판과 대체로 유사하지만, 타동성 바로 다음에 절 복합체에 대한 챕터 하나를 새롭게 추가했다. 다른 모든 챕터는 최근 참고 문헌으로 갱신되었고 일부 챕터는 교체되거나 추가된 새로운 텍스트 예를 포함한다.

초판에 단 하나의 이론적인 수정을 했다. 1994년 판에서는 문법 위의 언어 층렬을 가리키기 위해 Martin(1992a)의 '담화 의미론' 라벨을 사용하였고, 담화 의미 시스템으로서 응집성 패턴 분석을 위한 Martin의 방법론에 한 챕터를 할애했다. 제2판에서는 Halliday의 모델로, 즉 **의미론**이라 불리는 최상위 언어 층렬과 비구조적 문법 시스템으로서 해석되는 응집성 분석으로 돌아왔다(Halliday and Hasan 1976, Halliday 1994에서처럼). SFL을 처음 접하는 대부분의 학생들에게 이 변화는 전혀 실질적으로 문제가 되지 않을 것이다. 그러나 이는 필자로 하여금 '텍스트란 무엇인가?'라는 근본적인 질문에 한 챕터를 할애하도록 했고, (Halliday and Hasan 1976을 토대로 한) Halliday 1994에 따라 응집성에 대한 부분을 가져오도록 했다. 이론과 서술에 더 깊이 들어가고자 하는 독자들은 Martin and Rose 2003을 보라.

또한 다음과 같이 일부 챕터의 내용을 대폭 수정하고 챕터 순서를 조정하였다.

제1장 '체계 기능 언어학의 개요'는 업데이트되었지만 여전히 세 가지 Crying Baby Text를 중심으로 정리되어 있다.

제2장 '텍스트란 무엇인가?'는 픽션과 논픽션 모두 많은 새로운 텍스트(모두 진본임)를 포함하고 있다.

제3장 '장르'는 몇몇 친숙한 텍스트뿐 아니라 많은 새로운 텍스트를 포함하고 있다.

제4장 '사용역'에는 새로운 도입부만 있다.

문법적 분석, 시스템, 서법, 타동성, 테마의 원리를 다루는 제5~8장과

제10장은 대부분 변하지 않았다.

제9장은 '절 복합체'에 관한 완전히 새로운 장이다. 짝이 되는 타동성의 경험적 시스템 바로 다음에 위치한 절 복합체 장은 관념적 의미의 두 번째 논리 의미 부문에 대한 SFL의 이해를 보여 준다.

제11장에서는 절 복합체 분석을 통합한 Crying Baby Text의 완전한 분석에 대해 논의한다. 분석은 부록에서 제시하였다.

필자는 Michael Halliday에게 은혜를 입었는데, 그가 언어에 대해 사고하고 말하는 방식은 Sydney 대학 학부생으로서의 첫날부터 필자를 사로잡았다.

수년간 격려해 준, 처음에는 선생님이었고 최근에는 동료인 Jim Martin과 Clare Painter에게도 특별한 감사를 전한다. 또한 필자의 텍스트에 대한 관심, 텍스트에 대해 말하는 방법의 지평을 넓히는 데 도움을 준 UNSW School of English의 문학 전공 동료들에게도 특별한 감사를 전한다.

필자의 변변찮고 드문 기여에도 불구하고 항상 학회 참석을 환영해 주는, 인내심 많고 신의 있는 체계 언어학 공동체에도 감사한다. 고맙게도 아무도 필자에게 문을 닫지 않았고, 필자가 언어와 삶에 대해 어떻게 생각할 것인지를 SFL이 영원히 알려 줄 것이기 때문에 그 문이 결코 닫히지 않을 것임을 깨닫게 된다.

Suzanne Eggins

2004년 3월, 시드니, UNSW

감사의 글

이 책에서 저작권 보호 자료를 사용할 수 있도록 허락해 준 다음의 대화 상대, 작가, 출판사, 편집자에게 감사한다.

Gail Bell은 2003년 12월에 이루어진 전화 인터뷰의 일부를 재현할 수 있도록 허락해 주었다.

Pan Macmillan Australia Pty Ltd는 Gail Bell(2003) *Shot*으로부터 발췌한 내용을 재현할 수 있도록 허락해 주었다.

Paul Marston과 Richard Brightling은 *The Bridge Workbook for Beginners* (1985), Contract Bridge Supplies, Sydney로부터 일부를 재현할 수 있도록 해 주었다.

*The Bridge World Magazine*의 편집자는 *The Bridge World Magazine*, Vol. 63, No. 7, April 1992, pp.4-5의 일부를 재현할 수 있도록 허락해 주었다.

W. B. Saunders Co., Harcourt Brace & Company, Philadelphia는 R. Behrman and R. Kliegman(1990), *Essentials of Pediatrics*, p.32의 일부를 재현할 수 있도록 해 주었다.

Harlequin Enterprises(Australia)는 Cait London의 *Fusion*의 일부를 재현할 수 있도록 허락해 주었다.

Pinter Publishers, London은 E. Ventola(1987), *The Structure of Social Interaction(Open Linguistics Series)*, pp.239-40의 일부를 사용할 수 있도록 해 주었다.

Martin Fallows(Publisher), Magazine House, Sydney는 *My baby* 잡지, 1991년 판, p.24의 일부를 사용할 수 있게 해 주었다.

New South Wales 대학교의 The School of English는 *School of English Handbook* (1993), p.4의 일부를 사용할 수 있게 해 주었다.

Carcanet Press Ltd, Manchester는 John Ashbery의 'The Grapevine'을 재현할 수 있도록 허가해 주었다.

'r-p-o-p-h-s-s-a-g-r'은 W. W. Norton & Company의 승낙을 받아 George J. Firmage가 편집한 e. e. cummings의 *Completed Poems 1904-1962*로부터 재인쇄되었다. ⓒ 1991 the Trustees for the e. e. cummings Trust and George James Firmage.

Penguin Books Ltd는 Roald Dahl의 *The BFG*의 일부를 재현할 수 있게 허락해 주었다.

New South Wales 주립 도서관에 있는 Nestlé Write Around Australia 아카이브에 접근할 수 있도록 해 준 Val Noake와 Arthur Easton에게 감사한다. 불행히도 그 아카이브로부터 사용된 텍스트의 모든 저작권자를 찾는 일이 불가능했다. 저작권자의 연락처를 알려 주면 감사하겠다.

1986년 4월 시드니에서 기록된 'Stephen 집에서의 저녁식사 대화'의 일부를 재현할 수 있도록 허락해 준 Stephen, Di, George, Simon, Marg에게도 감사한다.

역자 서문

다섯 명의 역자들은 소속한 대학에서 한국어와 영어교육을 전공으로 하는 학생들에게 한국어의 체계와 사용 원리를 가르치고 있다. 각자가 정도의 차이는 있겠지만, 기존의 언어학 교재에 담긴 지식에 학습자가 흥미롭게 접근하기가 어렵고, 애써 배운 언어학 지식을 곧바로 그들의 언어생활에 적용하기가 쉽지 않다는 호소를 자주 들어왔다. 우리는 문제 해결을 해야만 했다. 이를 위해 기능 언어학으로 눈을 돌렸고, 우리의 눈에 든 책이 바로 수잔 에긴스(Suzanne Eggins)의 『체계 기능 언어학의 이해』였다.

에긴스는 동명의 책을 1994년 처음 출판했고, 이 책의 일부를 수정해서 다시 10년 만에 제2판을 출판하였다. 두 책 중에서 우리가 번역한 책은 2004년에 출판된 제2판이다. 지도교수인 마이클 할리데이(M. A. K. Halliday)의 『기능문법 입문(An Introduction to Functional Grammar)』에 바탕을 두고 이 책을 쓰면서 에긴스는 체계 기능 문법이 그저 문장의 구조를 분석하기 위한 문법으로만 머물지 않고 담화 분석을 하기 위한 최선의 방법론이 될 수 있다고 믿었다. 이를 증명하기 위해 이 책에서는 사회·문화 맥락과 상황 맥락의 기능, 절의 동시적인 메타기능 조직에 관해 다양한 예를 들어 설명하고 있고, 텍스트의 응집 패턴을 분석할 수 있게 하는 기본적인 방법론을 소개하고 있다.

이 책은 모두 11장으로 구성되어 체계 기능 언어학의 이론을 개관하고, 그 이론을 바탕으로 실제 텍스트를 분석하고 있다. 1장에서는 세 개의 Crying Baby Text를 풀이하면서 처음 체계 기능 언어학을 접하는 입문자에게 체계 기능 언어학의 얼개를 소개하면서 동시에 2장 이하에서 구체적으로 풀이할 체계 기능 언어학의 주요한 용어와 개념을 도입하고 있다. 그리고 사람들은 어떻게 언어를 사용하는지, 또 언어는 그런 사용의 목적을 위해 어떻게 구조화하는지에 대해 구체적인 텍스트의 예로써 개괄적인 답을 내놓았다.

2장에서는 조화(texture), 응집성(cohesion), 일관성(coherence)을 통해 텍스트가 될 수 있는 자격을 논의하고 있다. 특히 지시적, 어휘적, 논리적 연결 관계로 일관되고 통합적인 의미 단위로 묶는 내적 응집성을 조건으로 삼아 텍스트가 무엇인지 그 개념을 설명하고 있다.

3장과 4장에서는 텍스트가 어떻게 일관성을 유지할 수 있는지를 구체적으로 설명한다. 3장에서는 장르를 중심으로 문화적 맥락에 토대하여 텍스트가 일관성을 유지하기 위한 조건을 살피고 있고, 4장에서는 사용역이라는 개념을 도입하여 텍스트가 상황 맥락과 어떻게 일관성을 유지하는지를 논하고 있다.

5장에서는 문법의 기능과 문법의 부호화를 살펴봄으로써 어휘 문법을 탐색하고 있다. 이 책의 저자는 새로운 기호를 창조하거나 다양한 방식으로 기호를 배열하는 등의 어휘 문법으로 무한히 새로운 의미를 만들어낸다고 주장한다. 어휘 문법의 역할은 여기서 그치지 않고 동시에 둘 이상의 의미를 만들어낼 수 있다는 점을 강조한다. 곧 관념적 의미, 대인관계적 의미, 텍스트적 의미를 말하는 것인데, 이에 대해서는 뒤에 이어지는 장에서 자세히 설명하고 있다.

6장에서는 우리가 대인관계적 의미를 표현하기 위해 절을 어떻게 구조화하는지를 알아보기 위해 절의 서법 구조를 다룬다. 이어 8장에서는 타동성 시스템에 초점을 맞추어 관념적 의미(곧, 경험적 의미)를 다루고 있다. 그리고 9장은 8장에 이어서 계속해서 관념적 의미를 다루고 있으나, 이 장의 관념적 의미는 절 복합체의 논리 의미적 시스템에 중점을 두어 논의된다. 마지막으로 10장에서는 텍스트적 의미를 다루게 되는데, 절이 하나의 메시지를 조직하게 되는 구조 배열을 기술하면서 이때 테마 시스템이 관여한다는 사실을 밝힌다. 아울러 테마 조직을 통해 텍스트가 응집적으로 전개될 수 있음을 보여준다.

다시 앞으로 돌아가서 7장에서는 한 기호가 다른 기호들과 계열적이고 결합적인 관계를 맺음으로써 어떻게 의미를 얻게 되는지를 살펴본다. 특히 내용과 표현의 선택이라는 특성에 초점을 맞추어 계열 관계를 중점적으로 논의한다.

마지막으로 11장에서는 10장까지 제안된 언어 모델을 요약하고, 언어에 대한 체계 기능적 접근법이 텍스트를 분석하는 데 어떻게 응용되는지를 자세히 살피고 있다.

이 책은 체계 기능 언어학의 주요 개념, 원리와 기술을 학생들에게 소개하고자 기획된 만큼 체계 기능 언어학을 처음 접근하고자 하는 학부생과 대학원생들에게 도움이 될 만하다. 무엇보다 이 책이 그저 또 하나의 추상적인 문법 모델을 제안한 것으로 그치지 않고, 제안한 문법 모델이 실제 담화와 텍스트를 분석하는 데 효과적으로 쓰일 수 있음을 훌륭히 증명해 냈기 때문에 독자 자신의 언어생활을 성찰적으로 분석하고 개선할 수 있는 방법론을 제공했다고 평가할 수 있다.

체계 기능 언어학에 처음 발을 딛고자 하는 독자들에게 이 책이 훌륭한 입문서가 될 수 있다고 소개하였지만, 책을 번역하는 과정은 순탄치 않았다. 그러나 번역서가 이와 같이 번듯하게 나올 수 있었던 것은 언어와 언어학에 관심이 큰 여러 사람이 있었기 때문이었다. 국어학을 공부하고 있는 장교진 선생님과 오성령 선생님께 감사하다. 원문과의 대조 작업을 통해 오류를 수정하고 번역문을 꼼꼼히 읽어 교정 작업에 도움을 주었다. 그리고 코로나 19라는 바이러스 때문에 출판 시장이 꽁꽁 얼어붙었음에도 불구하고 이 번역서를 선뜻 내주고 또 말끔하게 편집을 해 주신 도서출판 역락 관계자 분들께 고마움을 전한다.

2021년 6월

다섯 명의 역자를 대표하여 이동혁이 씀.

차례

Text 차례

System 차례

Figure 차례

Table 차례

제1장 체계 기능 언어학의 개요

이 책의 목적: 텍스트 설명하기
언어에 대한 기능적-의미론적 접근
사람들은 언어를 어떻게 사용하는가?
언어는 사용을 위해 어떻게 구조화되어 있는가?
체계 기능 언어학 요약

이 책의 목적: 텍스트 설명하기

이 책의 목적은 언어에 대한 체계 기능적 접근 방식의 원리와 기술을 소개하여 일상 언어의 상호작용에서 의미가 어떻게 만들어지는지 분석하고 설명할 수 있도록 하기 위한 것이다.

우리는 보통의 평범한 일상생활에서 끊임없이 언어를 사용하고 있다. 우리는 가족과 이야기를 나눈다. 아이들을 학교에 보낼 준비를 하고, 신문을 읽고, 회의에서 말하고, 고객을 응대하고, (팸플릿 형식) 소책자의 안내를 따르고, 약속을 지키고, 인터넷 서핑을 하고, 배관공을 부르고, 심리 치료사에게 (내 속을 털어 놓음으로써) 마음의 짐을 내려놓고, 그날의 생각과 활동을 일기에 기록하고, 애완동물과 소통하고, 이메일 몇 개를 보내거나 읽으며, CD에서 나오는 노래를 따라 부르거나 자녀들에게 소리 내어 책을 읽어 주고, 제출한 서류들을 작성한다. 이 모든 것들은 언어와 관련된 활동이다. 아주 드물게 아마도 우리가 신체 활동에 완전히 푹 빠져 있을 때 언어는 우리 정신세계로부터 벗어나게 된다. 현대 사회에서 우리는 항상 의미 있는(소위 말이 되는) 언어(의 일부)에 반응하고 또한 그것을 산출해야 한다. 즉 우리에게는 *텍스트*와의 협상이 요구된다.

20세기 후반, 다양한 접근법을 주장해 온 이론가들은 텍스트에 초점을 두고 텍스트에 대한 아주 근본적인 질문들을 해 왔다. 예를 들어 텍스트가 어떻게 우리에게 작용하는가? 우리는 어떻게 텍스트를 산출하기 위해 노력하는가? 텍스트는 어떻게 다양한 여러 독자에게 명백히 다른 의미로 전달될 수 있는가? 텍스트와 문화는 어떻게 상호작용하는가? 이에 대한 답변은 (문화적으로 높게 평가되거나 '모범적인' 문어에 초점이 맞춰진) 문학 이론과 (대중문화의 관심이 문어적이고 시각적이며 영화적인 텍스트들로 변화한 양상을 다룬) 문화 연구에서 제안되었다. 이 두 관점 뒤에는 '비판 이론(critical theory)'이라는 거대한 본체가 있는데, 이것은 우리가 텍스트를 어떻게 읽는지, 텍스트가 우리에게 무엇을 말하는지, 그리고 텍스트가 문화에 의해 어떻게 평가되는지(또는 평가되어야 하는지)에 대해 설명하고 있다.

텍스트에 대한 비판적인 이해는 우리가 다른 텍스트 분석가들과 공유하고자 하는 근본적인 목표이긴 하나, 이 책에서 취하는 접근 방식은 기원, 방향, 방법론적 측면에서 다르다. 여기에서 제시되는 체계 기능 분석은 사회 기호 언어학자 Michael Halliday의 이론을 토대로 전개되는 것으로, 그의 광범위한 논의는 1960년대 이후 현재 10권의 *전집*으로 편집 및 재발행되었다(Halliday and Webster 2002a, 2002b, 2003a, 2003b). 체계 기능 언어학(systematic functional linguistics, 종종 SFL로 약칭함)은 Halliday와 그의 동료들의 연구를 통해 언어를 전략적이고 의미 생산적 자원으로 보는 매우 유용한 설명적, 해석적 틀로 인식되었다.

언어 분석에 대한 Michael Halliday의 주요 공헌 중 하나는, 절 구조에 나타나는 동시발생적인 의미 가닥들(strands of meanings)[1] (관념적(ideational), 대인 관계적(interpersonal), 텍스트적 메타기능(textual metafunctions))이 표현되는 방식을 제시함으로써 현대 영어의 기능 문법(Halliday 1994)[1]을 상세히 발전시킨 것이다. Halliday의 (메타)기능 문법은 이제 Halliday의 원저(Halliday 1994 및 더 나아가 Halliday와 Matthiessen 2004에서 확대 개정판)뿐만 아니라 메타기능 문법과 언어와의 관계를 소개하고 탐구한 많은 책을 통해 접할 수 있다 (Halliday and Hasan 1985, Bloor and Bloor 1995, Thompson 2004, Martin et al. 1997, Halliday and Matthiessen 1999, Butt 외 2001, Droga and Humphrey 2003, Martin and Rose 2003).

Michael Halliday는 SFL(Halliday 1994:xxix-xxx)로 적용 가능한 21가지의 응용 항목을 1994년에 출간한 기능 문법의 서문에 개방형으로 나열하였다. 여기에는 이론적 관심사('언어의 본질과 기능을 이해하는 것'), 역사적인 것들('언어가 어떻게 시간의 흐름에 따라 진화하는지 이해하는 것'), 발달 단계와 관련된 것들('어린이가 언어를 어떻게 발달시키는지 이해하고 언어가 인류를 통해 어떻게 진화했는지 이해하는 것'), 교육과 관련된 것들('모국어를 배우는 데 도움이 되는…… 외국어' 등)이 포함된다. 이 다양한 응용 항목들의 근간은 공통적으로 실제 상호작용(**텍스트**)의 산출물 분석에 초점이 맞춰져 있으며 문화적, 사회적 맥락과의 협상을 통해 이루진 것이다. 요약컨대 가장 일반적으로 적용 가능한 SFL 응용 항목이면서 앞으로 전개될 이 책의 틀은 '텍스트의 본질을 이해하는 것: 텍스트가 왜 그것을 의미하는지, 그리고 왜 그것이 그것 자체로 평가되어야 하는지'이다(Halliday 1994:xxix).

Halliday의 기능 문법은 영어의 절, 구, 문장의 구조적 구성을 자세하게 다루지만, 그의 관심은 언제나 사회생활에서의 텍스트화 과정 또는 '텍스

1) **[역자 주]** 원문의 여러 곳에서 type of meaning(s)으로 대체하여 기술되고 있으므로 의미 유형이나 갈래로 이해할 수 있다.

트의 사회적 의미'로 사용되는 언어 의미와 관련되어 있다. Halliday는 기능 문법에 대해 다음과 같이 이야기한다.

> 기능 문법의 목적은 텍스트 분석을 목표로 하는 문법을 구성하는 것이다. 즉, 현대 영어의 구어 텍스트와 문어 텍스트를 합리적이고 유용하게 설명할 수 있도록 하는 것이다(Halliday 1994:xv).

최근 SFL은 언어 교육(Christie 1999, 2002, Christie and Martin 1997, Unsworth 2000), 아동 언어 발달(Painter 1998), 컴퓨터 언어학(Teich 1999), 미디어 담론(Iedema 외 1994, White 2002), 캐주얼 회화(Eggins and Slade 1997), 역사(Martin and Wodak 2003), 행정 언어(Iedema 2003) 분야의 텍스트와 관련해 '합리적이고 유용하다'고 주장한다. SFL은 비주얼(Kress and van Leeuwen 1996, 2001), 예술(O'Toole 1994) 및 사운드(van Leeuwen 1999, Martinec 2000)와 같은 다른 기호 방식들의 '문법'을 해석하는 데에도 적용되었다.

SFL 분야는 현재 전 세계적으로 SFL의 출판물 및 학술대회의 수와 범위에서 볼 수 있듯이 상당히 국제적으로 그 영역이 확대되었다. Dr. Mick O'Donnell이 관리하는 체계 언어학 웹 사이트는 http:www/wagsoft/com/Systemics/ 훌륭하다. 이 웹 사이트는 체계 언어학 토론 그룹(국제 전자 메일 목록 시스템에 500명이 넘는 가입자가 있음), SFL의 최신 출판물, 참고 서적, 학술 논문, 컨퍼런스 및 SFL에서 출판하는 *Functions of Language*와 같은 저널에 대한 정보를 제공한다.

물론 학자마다 강조하는 부분이나 응용 항목이 적용될 수 있는 맥락도 다르지만, 모든 체계 언어학자들은 공통적으로 *사회 기호학으로서의 언어*(Halliday 1978)—사람들이 일상생활에서 언어를 사용하는 방식—에 관심을 갖고 있다. 이러한 관심은 체계 언어학자들이 다음에 제시되는 언어에 대한 네 개의 주요 이론적 주장을 발전시키도록 이끈다.

1. 언어 사용은 기능적이다.
2. 언어 사용의 기능은 의미를 만드는 것이다.
3. 이러한 의미들은 이들이 교환되는 사회적, 문화적 맥락에 의해 영향을 받는다.
4. 언어를 사용하는 과정은 *기호적* 과정이며 선택을 통해 의미를 만드는 과정이다.

언어 사용이 기능적, 의미적, 맥락적, 기호적(functional, semantic, contextual and semiotic)이라는 이 네 개의 주요 요점들은 *기능적-의미론적(functional-semantic approach)*으로 언어에 접근하는 체계 (기능적) 접근 방식 기술로 요약될 수 있다. 이 장의 목적은 이것이 무엇을 의미하는지를 개관하고 설명하는 것이다.

언어에 대한 기능적—의미론적 접근

언어에 대한 체계 접근 방식은 두 가지 측면에서 기능적이다.

1. 언어에 대한 기능적 질문을 하기 때문에: 체계주의자들은 **사람들이 언어를 어떻게 사용하는지** 묻는다.
2. 언어 체계를 기능적으로 해석하기 때문에: 체계주의자들은 **언어가 어떻게 구조화되어 있는지** 묻는다.

첫 번째 질문에 대한 대답은 실제적인 일상의 사회적 상호작용과 관련된다. 텍스트에 대한 이러한 분석은 체계주의자들로 하여금 어떤 제안을 하도록 이끄는데, 그것은 사람들이 의미를 구성하기 위해 텍스트와 서로 협상한다는 것이다. 즉 언어의 일반적인 기능은 의미론적 기능이다.

의미론적으로 기능적 질문을 재해석한 다음 체계주의자들은 아래의 질문을 한다.

1. 언어의 의미 유형을 구분할 수 있는가?, 즉 **우리는 언어를 사용해서 얼마나 많은 종류의 의미를 만드는가?**
2. 의미가 만들어지도록 텍스트(그리고 문장이나 절과 같이 그들을 구성하는 언어 단위)를 어떻게 구성하는가? 즉 **언어는 의미를 만들기 위해 어떻게 구성되는가?**

앞으로 이어질 논의에서 분명해지겠지만, Halliday(예: 1985b/1989, 1994)는 언어가 세 가지 주요 의미를 동시에 구성하도록 구조화되어 있다고 주장했다. **관념적, 대인 관계적, 텍스트적 의미**가 언어 단위(linguistic units)로 융합될 수 있게 하는 이 의미론적 복잡성은 언어가 선택의 집합으로 조직화된 기호 시스템이고 관습화된 부호화 시스템이기 때문에 가능하다는 것이다. 기호 시스템의 독특한 특징은 시스템에서의 각 선택이 선택될 수도 있었던 다른 선택들을 배경으로 그 자체의 의미를 획득한다는 것이다. 언어 체계에 대한 이러한 기호적인 해석은 맥락과 관련하여 다른 언어적 선택에 대한 적절성과 부적절성을 생각하게 하고, 맥락에서 의미를 만들기 위해 선택되어 사용되는 자원으로서의 언어에 대한 시각을 갖게 한다. 다소 추상적인 각각의 내용들은 이제 구체적인 언어 예시와 함께 차례대로 설명될 것이다.

사람들은 언어를 어떻게 사용하는가?

'사람들은 언어를 어떻게 사용하는가?'와 같은 기능적 질문을 하면(즉 '사람들이 언어로 무엇을 하는가?'), 우리가 사용하고 있는 언어의 실제 사례를 살펴봐야 한다는 것을 알게 된다. 직관은 기능 언어학을 수행하는 데 필요한 그리고 신뢰할 만한 데이터 소스를 제공하지 않는다. 따라서 체계주의자들은 자연 발생적인 사회 상황에서 상호작용하는 사람들의 진정한 말하기와 쓰기에 관심이 있다. 예를 들어 아래 Text 1.1과 같은 언어적 사건에 관심이 있다.[2]

Text 1.1: Crying Baby(1)

(1)A baby who won't stop crying can drive anyone to despair. (2i)You feed him, (2ii)you change him, (2iii)you nurse him, (2iv)you try to settle him, (2v)but the minute you put him down (2vi)he starts to howl. (3)Why?

(4)The most common reason baby cries is hunger. (5i)Even if he was just recently fed (5ii)he might still be adapting to the pattern of sucking until his tummy is full and feeling satisfied until it empties again. (6i)When he was in the womb (6ii)nourishment came automatically and constantly. (7i)Offer food first; (7ii)if he turns away from the nipple or teat (7iii)you can assume (7iv)it's something else. (8i)It happens that babies go through grumpy, miserable stages (8ii)when they just want (8iii)to tell every one how unhappy they feel. (9i)Perhaps his digestion feels uncomfortable (9ii)or his limbs are twitching.

(10i)If you can't find any specific source of discomfort such as a wet nappy or strong light in his eyes, (10ii)he could just be having a grizzle.

(11)Perhaps he's just lonely. (12i)During the day, a baby sling helps you to deal with your chores (12ii)and keep baby happy. (13i)At night (13ii)when you want (13iii)to sleep (13iv)you will need to take action (13v)to relax and settle him. (14i)Rocking helps, (14ii)but if your baby is in the mood to cry (14iii)you will probably find (14iv)he'll start up again city (14v)when you put him back in the cot. (15i)Wrapping baby up snugly helps to make him feel secure (15ii)and stops him from jerking about (15iii)which can unsettle him. (16i)Outside stimulation is cut down (16ii)and he will lose tension. (17i)Gentle noise might soothe him off to sleep—a radio played softly, a recording of a heartbeat, traffic noise—(17ii)even the noise of the washing machine is effective!

(18i)Some parents use dummies—(18ii)it's up to you—(18iii)and you might find (18iv)your baby settles (18v)sucking a dummy. (19i)'Sucky' babies might be able to find their thumbs and fists (19ii)to have a good suck. (20i)Remember (20ii)that babies get bored (20iii)so when he is having a real grizzle (20iv)this could be the reason. (21)Is his cot an interesting place to be? (22)Coloured posters and mobiles give him something to watch. (23i)You could maybe tire him out (23ii)by taking him for a walk ... or a ride in the car—(23iii)not always practical in the middle of the night. (24i)A change of scene and some fresh air will often work wonders — (24ii)even a walk around the garden may be enough. (25i)As baby gets older (25ii)he will be more able to communicate his feelings (25iii)and you will be better at judging the problem. (26i)Although you might be at your wit's end, (26ii)remember (26iii)that crying is communication with you, his parents. (27)And you are the most important people in your baby's life.

Text 1.1: 우는 아기(1)

울음을 멈추지 않는 아기는 어느 누구라도 절망에 빠지게 할 수 있다. 당신이 아기를 먹이고, 당신이 그의 기저귀를 바꿔 주고, 당신이 그를 보살피고, 당신이 그를 안정시키려고 애를 쓰지만, 그를 내려놓는 순간, 그는 큰 소리로 울어대기 시작한다. 왜 그럴까?

아기가 우는 가장 일반적인 이유는 배가 고파서이다. 그가 바로 좀 전에 우유를 먹었을지라도, 배가 부를 때까지 빨고 배가 다시 꺼지기 전까지 만족을 느끼는 패턴에 여전히 적응하고 있을지도 모른다. 그가 자궁 안에 있을 때에는 영양분이 자동적으로 그리고 끊임없이 제공되었다. 음식을 먼저 제공하라; 그가 엄마의 젖꼭지나 우유병 젖꼭지로부터 고개를 돌린다면 당신은 다른 이유가 있을 것이라고 생각할 수 있다. 아기들은 그들이 얼마나 행복하지 않은지 모든 사람에게 말하고 싶을 때 심술맞고 비참한 단계를 경험한다. 아마도 소화가 잘 안 되어 속이 불편하거나 그의 팔다리에 경련이 일어나고 있을 것이다.

만약 당신이 젖은 기저귀나 그의 강렬한 눈빛에서 불편함의 원인을 찾을 수 없다면 그는 그저 불평하는 것일 수도 있다. 아마도 그는 그저 외로울 뿐일 것이다. 낮에 포대기를 사용하는 것은 당신이 집안일을 처리하고 아기를 행복하게 하는 데 도움이 될 것이다. 당신이 밤에 잠을 자고 싶다면 그를 안심시키고 안정시켜야 한다. 앞뒤·좌우로 살살 흔들어 주는 것은 도움이 되지만, 만약 아기가 울고 싶은 기분에 잠겨 있다면 당신이 아기를 요람에 다시 눕혔을 때 아기는 다시 울기 시작할 것임을 당신은 아마 알 것이다. 아기를 포근히 감싸는 것은 그가 안정감을 느끼도록 도움을 주고 불안감에 움찔대는 것을 멈추게 한다. 외부 자극이 사라지면 그는 긴장하지 않을 것이다. 부드러운 소음은 그를 잠 속으로 빠져 들게 할 것이다.—조용하게 나오는 라디오 소리, 녹음된 심장 박동 소리, 차량 소음—심지어 세탁기 소음도 효과적이다.

어떤 부모는 인형을 사용하기도 한다.—이것은 당신의 선택에 달려 있다.—그리고 당신은 아기가 인형을 빨고 있는 것을 발견할 수도 있다. '빠는 것을 좋아하는' 아기들은 엄지손가락과 주먹을 찾아 잘 빨 수 있다. 아기가 정말 칭얼댈 때는 지루함 때문일 수 있다는 것을 기억해야 한다. 아기 침대는 과연 흥미로운 곳이 될 수 있을까? 컬러풀한 포스터와 모빌은 아기에게 볼거리를 제공해 줄 수 있다. 아기를 데리고 산책을 하거나 차에 태워 지치게 할 수도 있겠지만 이것이 한밤중에 언제나 효과가 있는 것은 아니다. 경치 변화와 신선한 공기는 종종 기적과 같은 효과를 가져올 수도 있다. 심지어 정원을 산책하는 것으로도 충분할 수 있다. 아기는 자라면서 점차 자신의 감정을 더 잘 표현할 수 있게 될 것이며 당신은 문제점을 훨씬 더 잘 파악할 수 있게 될 것이다. 비록 당신이 어찌할 바를 모른다 하더라도 아이가 운다는 것은 부모인 당신과 소통하기 위한 것임을 알아야만 한다. 그리고 당신은 당신 아기의 인생에서 가장 중요한 사람임을 알아야 한다.

곧 출처가 공개될 이 텍스트는 체계 언어학의 기본 전제를 잘 보여 준다. 즉 언어 사용은 의도적인 행위이다. 이 발췌본의 저자는 단순히 시간을 허비하거나 자신의 언어 능력을 보이기 위해 이 텍스트를 제시하지 않았다. 그녀는 목적 달성을 위해 언어를 사용하기 원했기 때문에 텍스트를 작성한 것이다. 즉 그녀는 목적 달성을 위해 언어를 사용하고자 하는 목표가 있었다. 우리는 Text 1.1의 전반적인 목적을 '부모 교육'이라고 각주를 달아 해설할 수도 있으나, 이제 곧 이 텍스트의 전반적인 목적은 여러 가지 뚜렷한 목표들을 내포하고 있다고 제안될 것이다.

목적에 있어, 이 언어 사용의 예는 예외적이지 않고 전형적이다. 사람들은 '말하거나' 또는 '쓰기'만 하는 것은 아니다. 어떠한 언어 사용도, 그 목적이 명확하고 실용적이든(취업을 위해 편지를 쓸 필요가 있는 경우) 또는 덜 구체적이지만 대인적 관계가 더 중요하든(예: 직장에서 긴 하루를 보낸 후 친구들과 수다가 '필요'한 경우) 이와 같은 목적에 의해 동기가 생긴다.

또한 Text 1.1은 언어에 대한 기능적인 질문의 두 번째 결과를 보여 준다. 즉 우리는 고립된 문장 이상을 살펴야만 한다. 만약 내가 여러분에게 텍스트에서 무작위로 선택한 단 하나의 문장을 제시한 경우, 예를 들어 "*A change of scene and some fresh air will often work wonders–even a walk around the garden may be enough* 경치 변화와 신선한 공기는 종종 기적과 같은 놀라움을 발휘할 것이다. 심지어 정원을 산책하는 것으로도 충분할 수 있다." 이 문장은 여러분이 글쓰기의 동기를 결정하는 데 어려움을 준다. 마찬가지로 작가의 관점에서 볼 때, 한 문장으로 원하는 목적을 달성하는 것은 거의 불가능할 것이다. "*Babies cry for many different reasons and there are ways you can try to stop them* 아기들은 여러 이유로 울고, 당신이 아기의 울음을 멈추게 할 수 있는 방법도 있다." 아마 이 문장으로 글쓰기를 시작할 수 있는데, 그러나 이것은 시작 그 이상의 것은 될 수 없다. 작가가 우리에게 아기의 울음에 대처하는 법을 교육하려면, 일어날 가능성이 있는 다양한 원인에 대해 설명하고 가능한 해결책을 검토하는 시간(및 언어)을 들일 필요가 있다. 다시 말하면 부모를 교육하는 전반적인 목적을 성공적으로 달성하려면 작가는 문제가 되는 현상(아기가 많이 우는 이유)을 설명하고 부모가 시도할 수 있는 해결책을 제안하여 관련 목표를 충족시켜야 한다.

이것은 단지 아기들이 왜 계속 우는지를 설명하는 것이 아니다. 단 하나의 문장으로 의사소통적 목적을 달성하는 경우는 거의 없다. 내가 원하는 행동을 여러분이 수행하도록 하는 단순한 목표조차도 일반적으로는 적어도 두 개의 의사소통 '이동마디(move)'를 수반한다. 예를 들어, "*close the door!* 문 닫아!"와 같이 간단한 명령문은 본질적으로 반응을 유도하도록 구성된다. 이 반응은 말로 표시될 수 있으며(예: *Why?* 왜? 또는 *Shut it yourself* 네가 직접 닫아), 또는 아마도 말이 아닐 수 있다(예: 문을 닫음). 어느 경우이든, 만약 우리가 그 상황에서 언어가 이루게 되는 것을 이해하려면, 우리는 의사소통적 행동을 하나의 문장뿐만 아니라, 최소한 두 개의 문장, 즉 명령과 반응 이 두 가지 모두를 포함하는 것으로 기술할 필요가 있다.

물론 일반적으로 언어를 사용하여 무언가를 하기 위해서는 두 개 이상의 이동마디가 필요하다. Text 1.1에서 보여 주듯이, 왜 아기가 우는지 그리고 우리가 할 수 있는 일이 무엇인지를 설명하기 위해 작가는 27개의 문장으로 이어진 논의를 한 것이다. 즉 그녀는 체계 언어학자들이 **텍스트**라고 부르는 것을 만들어 냈다.

텍스트라는 용어(제2장에서 자세히 설명함)는 가급적 처음(beginning)부터 끝(end)까지가 포함된 완전한 언어적 상호작용(말하거나 쓰는 것)이다. 실제적 텍스트, 특히 공통점이 있는 실제적 텍스트를 비교하면 언어 사용에서 나타나는 흥미로운 측면에 이끌리게 된다. 예를 들어 Text 1.2를 살펴보자.

Text 1.2: Crying Baby(2)

(1)The compelling sound of an infant's cry makes it an effective distress signal and appropriate to the human infant's prolonged dependence on a caregiver. (2i)However, cries are discomforting (2ii)and may be alarming to parents, (2iii)many of whom find (2iv)it very difficult to listen to their infant's crying for even short periods of time.

(3)Many reasons for crying are obvious, like hunger and discomfort due to heat, cold, illness, and lying position. (4i)These reasons, however, account for a relatively small percentage of infant crying (4ii)and are usually recognised quickly (4iii)and alleviated.

(5i)In the absence of a discernible reason for the behaviour, crying often stops (5ii)when the infant is held. (6i)In most infants, there are frequent episodes of crying with no apparent cause, (6ii)and holding or other soothing techniques seem ineffective. (7)Infants cry and fuss for a mean of $1^{3}/_{4}$ hr/day at age 2 wk, $2^{3}/_{4}$ hr/day at age 6 wk, and 1 hr/day at 12 wk.

(8i)Counselling about normal crying may relieve guilt (8ii)and diminish concerns, (8iii)but for some the distress caused by the crying cannot be suppressed by logical reasoning. (9i)For these parents, respite from exposure to the crying may be necessary (9ii)to allow them to cope appropriately with their own distress. (10i)Without relief, fatigue and tension may result in inappropriate parental responses (10ii)such as leaving the infant in the house alone (10iii)or abusing the infant.

Text 1.2: 우는 아기(2)

아기의 강렬한 울음소리는 효과적인 조난신호로 작용하기도 하며, 오랫동안 보호자에게 의존하는 인간 아기에게 적절한 것이기도 하다. 그러나 울음소리는 부모에게는 알람으로 작용할 수 있으며, 부모들 중 많은 이들은 아주 짧은 시간이라 하더라도 아기의 울음소리를 매우 듣기 어려워 할 수도 있다.

우는 이유의 상당수는 분명하다. 배고프거나 덥거나 춥거나 아파서 그리고 누워있는 자세가 불편해서이다. 그러나 이러한 이유들로 아이가 우는 일은 상대적으로 적으며 대개는 신속하게 인지되고 완화된다.

행동에 대한 뚜렷한 이유가 없는 경우 아기들은 안기면 종종 울음을 멈추기도 한다. 대부분의 아기들은 특별한 이유 없이 우는 일들이 빈번하며, 이러한 경우 안아 주거나 달래 주는 것은 그다지 효과적이지 않을 수 있다.

영유아는 태어난 지 2주가 되면 하루에 1시간 45분, 6주가 되면 2시간 45분, 그리고 12주가 되면 하루에 평균 1시간씩 울고불고 안달을 한다.

정상적인 울음에 대한 상담은 죄책감과 걱정을 덜어 줄 수 있지만, 일부 사람들에게는 울음으로 인해 생긴 괴로움이 어떠한 논리적인 이유로든 사라지지 않는다. 이런 부모들을 울음소리에 노출되지 않도록 하면 이들은 자신들의 고통에 적절히 대처할 수 있다. 휴식이 주어지지 않으면 부모들은 피로와 긴장으로 인해 아기를 집에 홀로 놔두거나 또는 학대하는 등의 부적절한 행동을 할 수 있다.

이 텍스트를 읽으면서 어떤 면에서는 Text 1.1과 매우 흡사하지만 다른 면에서는 매우 다르다는 것을 알게 될 것이다. 이 두 텍스트는 우는 아기와 그것을 해결하기 위해 우리가 할 수 있는 것에 초점을 맞추고 있지만, 이 두 텍스트의 주제 접근 방식은 이것이 각기 다른 청중을 위한 것이며 다른 장소에서 발견될 것임을 알 수 있게 한다. 이 두 텍스트를 아래의 Text 1.3과 비교하면 우는 아기에 대한 각 텍스트의 출처와 어떤 측면이 그 단서로 작용했는지 생각해 볼 수 있다.

Text 1.3: Crying Baby(3)

(the symbol==indicates overlap; ...indicates pause; words in capitals show emphasis)

S (1)Did you kids used to cry a lot? (2)When they were little?

C (3)Yea

S (4)Well = = what did you do?

C (5)== still do

S (6)Yea? [laughs]

C (7)Oh pretty tedious at times yea. (8)There were all sorts of techniques == Leonard Cohen

S (9)== Like what [laughs] (10)Yea I used to use ... (11)What's that American guy that did 'Georgia on your mind'?

C (12)Oh yea

S (13)== Jim-James Taylor

C (14)== James Taylor

S (15)Yea yea.

(16)He was pretty good.

C (17)Yea. (18i)No Leonard Cohen's good (18ii)cause it's just so monotonous

S [laughs]

C (19)And there's only four chords. (20i)And ah we used to have holidays (20ii)when we only had one kid on a houseboat. (21)And that was fantastic just the rocking motion of the houseboat

S (22)Mmm

C (23)Mmm

S (24)Were there ever times ... (25i)Like I remember times (25ii)when I couldn't work out (25iii)what the hell it was. (26)There just didn't seem to be anything == you could do

C (27)== No reason or ... (28)Yea

S (29)Yea every night between six and ten!

C (30)Yea yea. (31i)Luckily I didn't have that with the second baby (31ii)but the first one was that typical colicky sort of stuff from about five o'clock.

S (32)Hmm

C (33i)I remember (33ii)one day going for a um walk along the harbour (33iii)one of those you know harbour routes that had been opened up. (34i)And um he started kicking up from about five o'clock (34ii)and we were getting panic stricken. (35i)I had him in one of those um front strap things you know sling things (35ii)ah cause that use to work wonders from time to time (35ii)but it wasn't working this time. (36i)And as we sat on the foreshore of this Vaucluse area (36ii)these two women came down (36iii)and they'd both been working as um governesses or something like that – (36iv)very, very classy ladies. (37i)And they said (37ii)'Oh what's wrong with baby? (38)He's got colic?' (39i)You know, they really wanted (39ii)to take over.

S (40)Yea

C (41)And so I just handed the baby to them.

S [laughs]

C (42i)And LUCKILY he kept on crying– (42ii)they couldn't stop him.

S [laughs]

C (43)So I was really delighted. (44)They handed back this hideous little red wreck of a thing

S & C [laughter]

Text 1.3: 우는 아기(3)

(기호 ==는 겹침을 나타내며 ...은 일시 중지를 나타내며 대문자의 단어는 강조를 나타냄)

S – 너희 아이들은 많이 울었었니? 아이들이 어렸을 때 말이야?

C - 응.

S - 음 == 너는 어떻게 했어?

C - == 아직도 그래.

S - 그래? {웃음}

C - 아, 한때는 꽤 귀찮았지. 온갖 종류의 테크닉을 사용했어. == 레오나드 코헨

S - == 그거 있잖아 {웃음} 맞아, 예전에 사용하곤 했었지. '당신의 마음에 조지아를' 부른 그 미국인이 누구지?

C - 아, 맞아.

S - == 짐 - 제임스 테일러. 제임스 테일러

S - 응. 그 사람은 꽤 효과가 좋았어.

C - 응. 아니, 레오나드 코헨이 좋았어. 제임스 테일러는 너무 단조로웠거든.

S - (웃음)

C - 그리고 화음이 4개밖에 없잖아. 그리고 첫째만 있었을 때는 하우스보트에서 휴일을 보내곤 했지. 흔들리는 하우스보트의 움직임만으로도 환상적이었어.

S - 음.

C - 음.

S - 그런 때가 있었지. 난 도무지 아무것도 할 수 없었던 때가 기억나. 그냥 아무것도 == 네가 할 수 있는 건 없어 보였어.

C - == 이유가 없었거나…. 맞아.

S - 응, 매일 밤 6시에서 10시 사이에!

C - 맞아 맞아. 난 다행히 둘째 때는 그런 게 없었어. 하지만 첫째 때는 대충 5시부터 꼭 전형적인 산통 같은 게 뒤따랐지.

S - 흠

C - 어느 날인가 항구를 따라 걷고 있었는데 항로 하나가 열리더라고. 그리고 음, 아기는 대략 5시부터 난리법석을 떨었고 우리는 공황 상태에 빠졌어. 나는 아기를 음. 앞으로 하는 띠 같은 거. 그러니깐 포대기 같은 거 있잖아. 거기에 넣었어. 아, 때론 그렇게 하면 놀라운 효과가 있지만, 이번엔 소용이 없더라고. 그리고 우리가 이 바우클루즈(Vaucluse) 바닷가에 앉아 있을 때, 두 여자가 내려왔고 둘 다 음... 가정교사나 정숙한 부인처럼 행동했어. 그리고 그 사람들은 '오, 아기가 뭐가 잘못됐나요? 복통이 있나요?'라고 물었고, 너 그거 알아, 그 사람들은 정말로 살펴보길 원했어.

S - 응.

C - 그래서 나는 아기를 그 사람들한테 넘겨줬어.

S - (웃음)

c - 그리고 **다행히** 그는 계속 울었어. 그 사람들은 우는 아기를 달랠 수가 없었지.

S - (웃음)

C - 난 정말 기뻤어. 그 사람들은 얼굴이 빨개질 때까지 울다가 지쳐버린 이 작은 골칫덩이를 다시 내게 돌려줬어.

S & C - (웃음)

이 세 개의 텍스트를 읽으면서 여러분은 거의 확실하게 그럴듯한 출처를 제안할 수 있다. 이 장의 끝에 제시된 각 텍스트의 실제 출처와 추천 목록들을 비교해 보라.[3] 여러분이 얼마나 정확하게 그 텍스트의 출처를 예측했는지 놀랄 것이다. 여러분은 어떻게 텍스트의 출처를 추측했는가? 각 텍스트의 출처를 어떻게 알았는가?

가이드가 될 만한 것은 각 페이지의 단어들뿐이었기 때문에, 여러분은 언어가 사용되는 방식을 통해 각 텍스트의 출처에 대해 많은 것을 알아냈을 것이다. 아마도 여러분은 다음과 같은 특징을 언급했을 것이다.

Text 1.1: 일상 어휘(*baby, howl, grumpy, miserable, unhappy, twitching,* etc.)를 사용하고 그것이 'you'에게 전달되기 때문에 이 텍스트는 '수다'처럼 보인다. 그러나 이것은 상호작용이 없으므로 대화가 아니다.

Text 1.2: Text 1.1보다 '격식적인(formal)' 또는 '무거운(heavy)' 어휘(예: *compelling, prolonged dependence, discernible, suppressed parental responses,* etc.)를 사용하고 Text 1.1보다 학술적인 것처럼 들린다. 이것은 연설(상호작용 없음)과 다르다.

Text 1.3: 화자가 교대로 일상 어휘를 사용하고 심지어 속어(예: *kids, guy, good, holidays, sort fo stuff, hideous red wreck,* etc.)를 사용하며 서로를 방해하는 것처럼 보이기 때문에 이것은 캐주얼 대화인 것 같다.

여러분은 방금 비격식적인 방식으로 텍스트의 언어 패턴을 통해 언어 사용 맥락을 추론한 것이다. 우리가 이렇게 할 수 있다는 사실, 텍스트를 읽거나 듣는 것만으로 출처에 대해 많은 것을 알아낼 수 있다는 사실은 어떤 식으로든 **맥락은 텍스트에 있다는 것**을 분명하게 시사하는 것이다. 즉 텍스트는 텍스트를 텍스트의 일부로 지니며, 텍스트가 산출되는 맥락 양상을 포함하고, 아마도 맥락 양상 내에서 적절한 것으로 여겨진다. 이 예는 체계 언어학자들이 특별한 관심을 갖는 언어와 맥락 간의 관련성이라는 이슈를 보여준다.

언어와 맥락

텍스트로부터 맥락을 **추론**(deduce)하는 우리의 능력은 언어와 맥락이 상호 연관되어 있는 하나의 방식이다. 마찬가지로 맥락으로부터 언어를 **예측**(predict)하는 고도로 발달된 능력은 언어/맥락 관련성에 대한 증거를 제공한다.

예를 들어 만약 내가 여러분에게 스크램블 에그 레시피에서 발견할 수 있는 글의 전체 구조, 특정 단어와 문장들을 예측하라고 요청하면, 여러분은 아마 별로 어려움을 느끼지 않을 것이다. 만약 여러분에게 대중 잡지나 요리책과 같이 출판물 형식에 쓸 레시피 텍스트를 작성하라고 요청한다면 여러분은 거의 확신을 가지고 적절한 방식으로 레시피를 쓸 수 있을 것이다.

예를 들어 여러분은 레시피 텍스트에 잔디 깎기(Mowing Lawns)와 같은 제목을 붙이지 않을 것이며 내가 그 텍스트에서 전화, 그림, 청바지, 수영과 같은 단어를 발견하지 않게 쓸 것이다. 왜냐하면 그런 항목들은 레시피 주제가 음식과 레시피 준비 작업이라는 점을 고려하면 상당히 노골적으로 부적절하기 때문이다. 여러분은 "*If it is possible, you are strongly advised to take six eggs*(가능하다면 당신이 달걀 6개를 준비하길 강력하게 권합니다.)" 혹은 "*Perhaps you should maybe mix the eggs and milk for about two minutes or so*(아마도 당신은 달걀과 우유를 2분 정도 섞어야 할지도 몰라요.)"와 같은 문장은 쓰지 않을 것이다. 그런 문장은 '요리 방법을 쓰는 작가'의 역할에 맞지 않는다. "Hi guys! Cop this for a recipe!(안녕 애들아! 레시피를 위해 이걸 붙잡아!)"와 같은 문장을 쓰는 여러분 자신을 발견하지 않을 것이다. 레시피 작가와 독자의 관계는 일반적으로 이런 인사말들이 나타내는 것보다 더 형식적이기 때문이다. 마지막으로 여러분은 "*Take six of these, Break them, and put them in there. Then add this*(이 중 6개를 가져가. 그걸 부셔. 그리고 그걸 거기에 넣어. 그 다음에 이걸 합해.)"라고 작성하지는 않을 것이다. 시공간적으로 떨어져 있는 독자는 이런 지시어들을 해석할 수 없기 때문이다. 언어가 특정 맥락에서 적절한지를 정확하게 예측하는 우리의 능력을 통해 우리는 언어 사용이 맥락에 민감하다는 것을 아는 우리의 직관적 이해 능력의 확장성을 확인할 수 있다.

맥락과 언어와의 밀접한 관련성을 강력히 시사하는 마지막 증거는 사용 맥락을 고려하지 않으면 사람들의 언어 사용 방식을 말하기 어려운 경우가 종종 있다는 것이다. Text 1.1에서 하나의 문장을 임의로 선택해 예로 제시하면, 텍스트 저자가 무엇을 하고자 하는지 자신있게 이야기하기 어렵다는 것을 알게 될 것이다. 텍스트 맥락(완전한 언어적 사건의 한 부분으로서)에서 이 문장은 분명히 (가능한 해결책을 제안하는) 기능을 가지고 있다. 맥락에서 벗어나면, 목적은 모호해지고 의미의 일부가 없어지거나 사용할 수 없게 된다.

대화의 예에서도 비슷한 점을 찾을 수 있다. 다음 문장을 생각해 보라.

I suggest we attack the reds.
(나는 우리가 레드를 공격할 것을 제안한다.)

맥락을 벗어난 이 문장은 여러 측면에서 모호하다. 처음에는 *reds*가 무엇을 의미하는지 생각할 수 있다. 그것이 의미할 수 있는 것은:

– playing a game: time to move out the red soldiers
게임에서: 붉은팀 병사들을 쫓아낼 시간.
– choosing from a box of sweets: take the ones with red wrappers

간식 상자에서 간식을 고르며: 빨간색 포장지로 되어 있는 것을 선택해라.

더 이상의 맥락 정보가 없으면 어떤 의미가 만들어지는지 판단할 수 없다. 기술적으로 엄밀히 말하면, 우리는 문장이 **관념적**으로 모호하다고 말할 수 있다. 즉 현실의 어떤 차원이 언급되고 있는지 확신할 수 없다.

문장은 다른 측면에서도 모호하다. 예를 들어 동사 suggest의 의미에 대해 생각해 보라. suggest가 무엇을 의미하는가?

- if your boss *suggests* something to you in usually means "Do this!" It is not a suggestion at all because you cannot refuse it(상사가 당신에게 뭔가를 *제안한다면*, 보통 "이것을 하라!"를 의미한다. 당신은 거절할 수 없기 때문에 그것은 전혀 제안이 아니다.).
- if a subordinate *suggests*, it is usually a plea(부하 직원이 *제안하면* 대부분 간절히 바라는 요청이다.).
- if your friend *suggests*, it may be a real suggestion. You can refuse(친구가 *제안하면* 진짜 제안일 수 있다. 당신은 이것을 거절할 수 있다.).

이와 유사하게 대명사 '*we*'도 모호하다. 그것이 *we*(친구 사이에서와 같이) 또는 *you*(상급자가 하급자에게 이야기할 때와 같이)를 의미하는가?

맥락에 비추어 볼 때, 문장은 관념적으로 모호할 뿐만 아니라 **대인 관계적**으로도 모호하기 때문에 상호작용의 두 참여자의 관계가 무엇인지 확신할 수 없다.

수신자에 의해 만들어진 반응으로서 "*Yea, I brought some French reds* (응, 나는 프랑스산 레드 와인을 가져 왔어.)"와 같은 어떤 맥락적 정보가 주어지면, 현실의 어떤 측면을 이야기하고 있는지, 상호작용자들 간의 관계가 무엇인지(친구)에 대해 이해할 수 있다. 이 경우 시작 문장은 '*let's both of us start drinking the red wines*(우리 둘 다 레드 와인부터 마시자.)'라는 의미로 해석될 수 있다.

텍스트에서 맥락을 추론하는 능력, 언어 사용이 언제 어떻게 달라질지 예측할 수 있는 능력, 맥락이 제거되어 생기는 언어의 모호성은 단지 우리가 언어 자체뿐만 아니라 **맥락 내 언어 사용**(**language use in context**)에 초점을 맞춰야 한다는 증거가 된다. 텍스트에 미치는 맥락의 영향을 기술하는 것은 체계주의자들이 맥락이 언어에 영향을 주는 차원과 방법을 탐구하는 것과 관련이 있다. 우리가 3장과 4장에서 보게 될 것처럼, 체계주의자들은 다음을 설명하고자 했다.

1. 정확히 맥락의 어떤 차원이 언어 사용에 영향을 미치는지를 기술한다. 분명히 맥락의 모든 측면이 언어 사용에서 차이를 만드는 것은 아닌데(예: 상호작용자의 머리카락 색깔은 일반적으로 관계가 없음.) 맥락의 어떤 부분이 텍스트 '내'로 들어가는가?
2. 언어 사용 측면은 맥락의 특정 차원에 의해 영향을 받는 것으로 보인다. 예를 들어 만약 상호작용하는 사람이 친구인 텍스트와 상호작용하는 사람이 낯선 사람인 텍스트를 대조하면 그들이 사용하는 언어에서 맥락상 차이가 나타나는 경우를 명시화할 수 있는가?

이와 같은 질문은 3장과 4장에서 자세하게 검토할 장르와 사용역 이론을 통해 체계 언어학 내에서 탐구된다. 이처럼 체계주의자들은 맥락을 여러 수준으로 나눈다. 가장 자주 논의되는 것은 **사용역**(**register**)과 **장르**(**genre**)이다.

맥락: SFL의 사용역, 장르 및 이데올로기

사용역 이론(Register theory)은 어떤 언어 사건과 직접적으로 관련된 상황 맥락 차원이 언어 사용 방식에 미치는 영향력에 대해 기술한다. SFL은 언어 사용에 중요하면서도 예측 가능한 영향을 주는 상황의 세 가지 주요 차원을 식별한다. 세 가지 차원들, 즉 **모드(mode)**의 사용역적 변인들(피드백 양과 언어의 역할), **테너(tenor)**(힘과 유대에서의 역할 관계), 그리고 **필드(field)**(활동의 주제나 초점, topic or focus of the activity)는 말하는 것처럼 쓰기(모드 변인), 연인에게 말하는 것처럼 상사에게 말하기(테너 변인), 조깅에 대해서 이야기하는 것처럼 언어학에 대해 이야기하는 데(필드 변인) 동일한 언어를 사용하지 않는다는 것을 아는 우리의 직관적 이해력을 설명하는 데 사용된다.

장르의 개념은 단계적이고 점진적인 구조 문화들이 목표를 달성하는 방법으로 제도화되는 것을 탐구함으로써 문화적 맥락이 언어에 미치는 영향력을 설명하는 데 사용된다.

우리는 때때로 짧은 언어 교환을 통해 목적를 달성할 수 있는데, (예를 들어 시간을 묻는 데에는 일반적으로 두 개의 이동마디(move)가 요구된다. 질문과 대답. A: 몇 시예요? B: 6시 5분) 대부분의 언어적 상호작용에서는 이것보다는 더 많은 이동마디를 요구한다. 실제로 이 간단한 교환에서조차 여러 이동마디를 거치면서 공손성을 확보할 수 있다.

A: Sorry to bother you.
   I was just wondering whether you knew the time?
B: Yea.
   Just a sec.
   It's um five past six but I'm generally a bit fast.

A: Oh OK.

Thanks a lot.

B: No problem.

A: 귀찮게 해서 미안해요. 혹시 몇 시인지 아시나요?

B: 네. 잠시만요. 6시 5분인데, 내 시계가 좀 빨라요.

A: 아, 알겠어요. 고마워요.

B: 별말씀을요.

무엇인가를 하기 위해 언어를 사용할 때 우리는 매우 자주 여러 단계를 거쳐야 한다. 예를 들어 유머러스한 Text 1.3 대화에서 알 수 있듯이, 대화를 하는 것은(언어적으로) 여러 단계와 관련된다. 장면(시간, 장소, 참여자)을 설정해야 하고, 행위들을 전개하고, 극적 사건과 관련시키며, 해피엔딩을 제공하고, 결말에 대한 판단을 내리고, 이야기를 마무리 짓는다.

사람들이 언어를 사용하여 목표에 도달하려고 수행하는 단계화되고 구조화된 방식을 기술할 때, 우리는 **장르**를 기술하고 있는 것이다. 우리가 Text 1.1과 1.2의 조직을 문제성 행동 서술(Statement of Problematic Behaviour), 발생 가능한 원인에 대한 설명(Explanation of Possible Causes), 추천할 만한 대책 행위(Suggested Alleviating Actions), 전망에 대한 서술(Statement of Outlook.)의 단계를 가진 설명적 텍스트로 기술하기 위한 것이 장르 이론이다. 장르는 3장의 주제이다.

체계 언어학(systemic linguistics) 내에서 점점 더 많은 관심이 집중되고 있는 맥락의 상위 단계는 **이데올로기** 층위(Level)이다.[4] 우리가 참여하고 있는 장르와 상황의 사용역이 무엇이든, 언어 사용은 우리가 가지고 있는 가치관(의식적으로 또는 무의식적으로), 문화를 통한 특정 경로를 거쳐 습득된 관점 등 이데올로기적 입장에 의해 영향을 받게 될 것이다. 예를 들어 위의 Text 1.1과 1.2는 이데올로기적인 주장을 보여 준다.

- 수습 의료진을 위한 글은 부모들을 위한 글과 다른 방식으로 써야 한다.
- 의료 텍스트에서는 행동의 부정적 결과(부모는 아기를 다치게 할 수도 있음)를 예측하는 것이 중요하며 잡지 기사는 긍정적인 결과(상황이 나아질 것이라는 것)를 기대하도록 하는 것이 중요하다.

또한 Text 1.1은 아기가 동기 부여가 된 인간 행동주라는 주장을 구체화하지만(그 이유가 단순한 심술이나 지루함이라고 하더라도 아기들은 항상 이유가 있어서 운다), Text 1.2는 우는 일이 아기가 해야 할 일이기 때문에 아기가 운다(즉 아기가 우는 이유는 종종 설명할 수 없고 동기 부여된 행동도 아니지만 통계적 측정을 따르면)고 주장한다. Text 1.1의 이데올로기가 Text 1.2의 이데올로기보다(사실상 이미 있는 행동으로 치부하도록 하여) 부모에게 대처할 수 있게 하는 데 더 도움이 된다는 것을 쉽게 알 수 있다. 그러나 Text 1.1은 부모에게 좌절감을, Text 1.2는 아기에게 좌절감을 유도할 것 같다.

'Crying Baby' 텍스트와 같이 명백하게 악의가 없는 텍스트에서 이데올로기를 확인하는 것은 텍스트가 맥락(사용역 또는 장르)에서 '자유로울' 수 없는 것처럼 이데올로기로부터도 자유로울 수 없다는 사실을 우리에게 경고하는 것이다. 즉 언어를 사용하는 것은 특정한 입장과 가치를 부호화하는 것이다. 그러나 그 자체가 이데올로기적이라는 이유 때문에, 대부분의 언어 사용자들은 텍스트에서 이데올로기를 식별하도록 교육받지 않으며 오히려 텍스트를 자연스럽고 언제든지 발생 가능한 현실 세계를 나타낸 것으로 읽도록 교육받았다.

텍스트에서 이데올로기 식별이 함의(implication)하는 것은 우리가 텍스트의 독자로서 아마도 이데올로기에 저항하거나 도전하기 위하여, 부호화된 이데올로기적 입장을 명확히 파악할 수 있는 기술을 개발할 필요가 있다는 것이다. 이것은 언어가 어떻게 표현하고 있는 것뿐만 아니라 언어가 어떻게 우리의 세계관을 적극적으로 형성하고 있는지에 대해서도 말하는 방식이 필요하다는 것을 의미한다. 언어에 대한 이러한 기호학적 접근 방식은 아래에서 더 자세히 논의될 것이다. 이데올로기는 텍스트에 매우 폭넓게 기여하고, 서술 방식에 숙달되었을 때 가장 잘 도달될 수 있기 때문에, 우리는 이 문제를 11장에서 다시 다룰 것이다.

언어는 사용을 위해 어떻게 구조화되어 있는가?

위에서 지적되었듯이 SFL은 사람들이 어떻게 언어를 사용하는지에 대한 기능적 질문을 요구할 뿐만 아니라 언어 시스템 그 자체를 기능적 의미론적 관점에서 해석한다. 체계주의자들은 언어가 진정한 실제 텍스트에서 어떻게 사용되는지에 대한 설명에서 벗어나 더 추상적인 기능적 의미로 **언어가 어떻게 사용되도록 구조화되어 있는지**를 묻는다.

체계주의자들이 이 질문에 어떻게 대답하는지를 이해하기 위해, 이전에 언급했던 내용으로 돌아가자. 즉 언어가 제 역할을 하기 위해 진화하는 근본적인 목적은 우리가 서로 의미를 부여할 수 있게 하는 것이다. 즉 언어 사용자는 서로 소리를 교환하거나 단어나 문장을 교환하기 위해 상호작용하지 않는다. 사람들은 의미를 만들기 위해 상호작용한다. 즉 세계와 서로를 이해하기 위한 것이다. 언어의 전반적인 목적은 의미론적 의미로 기술될 수 있으며, 우리가 참여하는 각 텍스트는 특정 맥락에서 만들어진 의미들의 기록이다.

바로 앞 문장에서 '의미(meaning)'가 아니라 단어 **'의미들'**(meanings)을 선택한 것은 중요하다. 체계적 분석은 언어 텍스트들이 전형적으로 단지 하나의 의미뿐만 아니라 여러 의미를 동시에 만들어 내는 것을 보여주는 것을 추구하기 때문이다.

'Text 1.1은 무엇을 의미하는가?'라는 질문에 어떻게 즉각적이고 분명하게 답변할 것인지 생각해 보라. Text 1.1이 만들어 내는 의미는 아기가 우는 것, 즉 거기에는 여러 이유가 있으며, 어떤 경우에는 우리가 아기 울음을 멈추는 데 도움이 될 수 있는 일을 할 수 있다는 것이다.

텍스트가 이런 종류의 '현실 세계' 또는 **관념적** 의미를 만드는 것은 분명하다. 사실, 텍스트가 만들어 내는 관념적 의미를 이해하지 못한다면(예를 들어 아기용 안전 울타리 만들기에 대한 텍스트로 해석하거나 아기가 울 때는 때려야 한다는 의미로 생각할 때), 사회생활에서 심각한 문제에 처하게 된다.

그러나 이 텍스트는 관념적 의미 가닥을 만드는 동시에 다른 중요한 의미들을 만들어 낸다.

예를 들어 텍스트는 **대인 관계적** 의미를 만든다. 독자와 작가의 역할 관계와 주제에 대한 작가의 태도를 표현하는 의미가 텍스트 전반에 나타난다. 작가는 분명히 독자와 우호적인 관계를 맺기를 원하며, 아기를 좋아하는 사람으로 그리고 아기 보호자로서의 생생한 경험을 바탕으로 유용한 조언을 하는 '고통 받는 동료'로 여겨지기를 더 바란다. 긍정적인 지지와 연대라는 이 의미는 우는 이유와 해결책이라는 의미와는 분명히 구분될 수 있다. Text 1.2에서 우리는 유사한 관념적 의미(아기가 우는 이유와 해결책)를 찾았지만, 이때 작가의 역할은 아기의 모습이나 소리에 어떤 감정도 싣지 않은 인상을 주는, 멀리 떨어져 있는 무덤덤한 전문가 중의 한 사람이다.

마지막으로 텍스트는 관념적 의미와 대인 관계적 의미를 동시에 표현하면서 우리가 **텍스트적** 의미라 하는 것을 만들어 낸다. 텍스트적 의미는 텍스트가 글이나 발화의 한 부분으로 구성되는 방식을 나타낸다. Text 1.1은 두 사람에 관한 메시지로 구성되었다. 즉 아기(대명사 *he*로 표현)와 부모(대명사 *you*로 표현). 이 대명사들은 텍스트에서 문장과 절의 첫 번째 위치에 주로 나타난다. 사람들 중심의 이 텍스트 구성은 Text 1.2의 구성과 대조되는데, Text 1.2에서는 이유를 나타내는 추상 명사가 문장의 초점이 되는 경우가 많기 때문이다.

이 예는 텍스트가 한 번에 하나 이상의 의미를 나타내는 것으로 이해될 수 있음을 보여 준다. 사실 이 책에서는 Halliday의 언어 단위(텍스트, 문장, 절 등)가 동시에 *세* 종류의 의미를 만들기 때문에 이처럼 텍스트가 여러 가지 의미를 만들 수 있다고 주장한다. 이 세 유형의 의미는 언어를 통해 표현되며, 이는 우리가 서로를 그리고 세계를 이해하는 데 필요한 의미 가닥들이 된다.

위의 Text 1.1에 대한 설명과 같이 **관념적 의미**(ideational meanings)는 언어로 경험을 나타내는 방법에 대한 의미들이다. 우리가 언어를 사용하는 용도가 무엇이든 간에, 우리는 항상 무엇에 대해 혹은 무엇을 하는 누군가에 대해 이야기한다. 친숙한 예문을 보자.

I suggest we attack the reds.

나는 우리가 레드 와인을 공략할 것을 제안한다.[2)]

이 문장은 와인 병들에 대한 의미를 만들고 우리가 그것들을 가지고 무엇을 해야 하는지에 대한 의미를 만든다. 그것은 우리가 인간 행위주로

2) **[역자 주]** 나는 우리가 레드 와인을 공략하는 게 좋을 것 같아.

서 수행해야 하는 행동과 우리의 행동이 영향을 미치는 개체(the reds)에 초점을 둔 의미를 만든다. 화자가 "*I suggest the reds are very good*(나는 레드 와인이 매우 좋다고 제안한다.)."[3]이라고 말했더라면, 언어를 통해 매우 다른 현실 상황으로 표현되었을 수도 있다. 즉 하나의 개체(*reds*)가 단지 '존재하는' 과정을 통해 어느 정도의 속성(*good*)으로 기술되는 현실 상황으로 표현된 것이다.

동시에 우리는 **대인 관계적 의미**(interpersonal meanings)를 만들기 위해 언어를 사용한다. 즉 다른 사람들과의 역할 관계에 대한 의미와 서로에 대한 태도에 관한 의미이다. 우리가 어떤 언어를 사용하든 간에 우리는 항상 태도를 표현하고 역할을 수행한다. 우리의 문장을 예로 들면, "*I suggest we attack the reds*(나는 우리가 레드 와인을 공략할 것을 제안한다.)."[4]가 친근한 제안, 비강제적, 협상에 개방적인 의미를 나타낸다고 할 수 있다. 즉 우리가 친구들과 함께 만들 수 있는 의미, 우리가 관심을 갖고 있는 의견, 그리고 우리가 지배하려고 하지 않는 행동을 의미한다. 위의 문장을 "*We have to attack the reds*(우리는 레드 와인을 공략해야 한다.)."나 "*Attack the reds*(레드 와인을 공략해라.)."나 "*I wonder whether it might not be possible to attack the reds perhaps*(저는 레드 와인을 공략하는 게 어쩌면 불가능한 것은 아닐까 합니다.)."와 비교해 보라. 이들 각각은 상호작용자들 사이에 매우 다른 관계를 구축한다.

마지막으로 어떤 언어 사건이든 우리는 항상 **텍스트적** 의미(textual meanings)를 만들고 있다. 즉 우리가 말하고 있는 것이 어떻게 서로 연결되어 있고, 우리가 말하고 있는 것이 어떻게 이전에 말한 것, 또는 우리 주변의 맥락과 관련되어 있는지에 대한 의미를 만들고 있다. 우리가 어떤 언어를 사

---

3) **[역자 주]** 나는 레드 와인이 아주 좋은 것 같아.
4) **[역자 주]** 나는 우리가 레드 와인을 공략하는 게 좋을 것 같아.

용하든 우리는 항상 정보를 구성한다. 예를 들어 "*I suggest we attack the reds*(나는 우리가 레드 와인을 공략할 것을 제안한다.)."는 화자의 의도(강요가 아니라 제안)와 상호작용자(*we*)를 출발점으로 취하고 있다. 그것은 "*What should we do now?*(우리는 지금 무엇을 해야 해?)"에 대한 대답으로 가능하다. 그 문장을 "*The reds should be attacked now, I'd suggest.*(레드 와인이 지금 공략되어야 해, 내가 제안했듯이)"와 비교해 보자. 이 문장은 "*Which should we drink next?*(다음으로 우리는 어떤 걸 마셔야 해?)"에 대한 대답일 것 같다. 왜냐하면 그것은 *we*가 아니라 *the reds*를 출발점으로 삼고 있기 때문이다.

거시(텍스트)와 미시(문장) 층위(level)에서 이 세 가지 다른 유형의 의미들을 식별할 수 있다. 이 의미들은 만들어지되, 가장 중요한 것은 이들이 동시에 만들어진다는 것이다. 이것은 우리에게 의문을 불러일으키게 한다. 즉 "어떻게? 언어가 어떻게 의미론적 복잡성을 달성할 수 있는가?" 이 질문에 답하기 위해 우리는 기호 시스템으로서의 언어에 대해 탐구해야 한다.

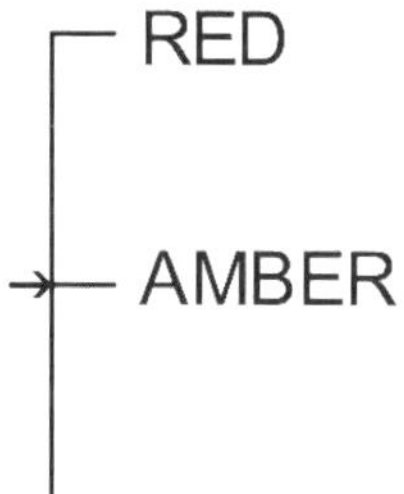

System 1.1 교통 신호등

선택으로서의 의미: 기호 시스템(semiotic systems)

간단한 기호 시스템을 보여주는 고전적 방식으로 교통 신호등이 있다.[5] 우리는 위의 System 1.1과 같이 서구의 많은 도시 교차로에서 발견되는 교통 신호등을 제시할 수 있다.

이 다이어그램은 교통 신호등을 시스템으로 나타낸 것이다. 시스템(7장에서 자세히 설명할 것임)은 다음과 같은 기본 속성(basic attributes)을 가지고 있다.

1. 시스템은 **선택(choices)** 또는 대립항(opposition)[5)]의 유한한 집합으로 이루어져 있다. 즉 이 시스템은 교통 신호등의 조명색이 빨간색, 녹색, 주황색일 수 있기 때문에 이 세 가지 선택만을 포함한다.
2. 시스템 내의 선택은 **개별적(discrete)**으로 이루어지는 것이다. 교차로까지 가면 한 번에 한 가지 색상만 표시될 수 있다.
3. 시스템에서 중요한 것은 **본질(substance)**들이 아니라 그 **대립항(opposition)**들이라는 것이다. 즉 우리가 사용하는 빨간색 또는 녹색 또는 주황색의 색조(진한 빨간색/연한 빨간색, 연한 녹색/진한 녹색)는 중요하지 않다. 중요한 것은 빨간색이 녹색이 아니라는 것이다. 세 가지 색깔의 조명들은 각각 다른 색과 다르다.

그러나 위에 제시된 다이어그램은 (선택을 포착한다는 점에서) 시스템이기는 하나 아직 *기호* 시스템은 아니다. 기호 시스템을 구성하기 위해서는

---

5) **[역자 주]** '선택(choice) 또는 대립항(opposition)'은 시스템 내에 존재하는 각각의 선택지를 이르는 것이라 하겠다. 예를 들어 교통 신호등 시스템에서는 빨간색 불, 녹색 불, 주황색 불이 선택/대립항인 것이다.

각 색깔의 조명이 교차로에 도착한 운전자에게 각기 다른 행동을 유발하는지를 관찰할 필요가 있다. 빨간 조명이 켜지면 운전자가 멈추고, 녹색 조명이면 주행하고, 주황색 조명일 때 멈출 준비를 하는지를 보는 것이다.

사실 우리 잘 알고 있듯이 신호등의 진정한 의미는 운전자의 행동을 규제하는 능력이다. 도시 환경을 아름답게 하기 위해서만 제공되는 것이 아니라, 행동 방식을 나타내는 기호들로서 작동한다는 것이다. 빨간 조명은 '여기에 빨간 빛이 있다.'라는 뜻이 아니다. 그것은 '지금 멈추라'는 뜻이다. 다시 말해 유색 조명은 **신호 시스템**의 일부로 작동하여 조명 색깔을 부호화하거나 표현하는 기능을 함으로써 가능한 '교통 신호등에서의 행동' 집합 중에서 어떤 행동을 수행해야 하는지를 나타내는 것이다.

교통 신호등의 이러한 기호적 차원은 System 1.2에서와 같이 행위와 신호등 조명들 간의 관계를 나타내는 다이어그램으로 확장하여 제시할 수 있다.

이 다이어그램은 우리 기호 시스템의 구성 요소에 대한 몇 가지 전문적인 라벨(labels)을 소개한다. 우리는 **내용(content)**과 **표현(expression)**이라는 용어를 사용하여 의미(내용)와 실현(표현)이라는 기호를 구성하는 두 가지 차원을 제시한다. 교통 신호등에서 기호의 내용은 촉발되도록 설계된 행동이며 표현은 특정 색의 조명을 나타낸다. 기호 시스템의 이론을 공식화하는 데 도움이 된 스위스 언어학자인 소쉬르(1959/1966)는 기호의 내용/표현을 라벨화하기 위해 *시니피에*(signified)와 *시니피앙*(signifier)이라는 용어를 사용하였다.

또한 System 1.2는 내용과 표현 사이의 관계가 **실현(realization)** 또는 **부호화(encoding)** 중 하나로 설명되어 있음을 나타낸다. 이 실현 관계는 아래쪽을 향하는 화살표로 표시된다. 따라서 의미 STOP은 유색 조명 RED로서 실현/부호화된다. 비슷하게, 유색 조명 GREEN은 GO의 의미를 실현하거나 부호화한다. 따라서 기호 시스템의 기호는 내용(의미)과 표현(그 의미의 실현 또는 부호화)의 융합 또는 결합이다.

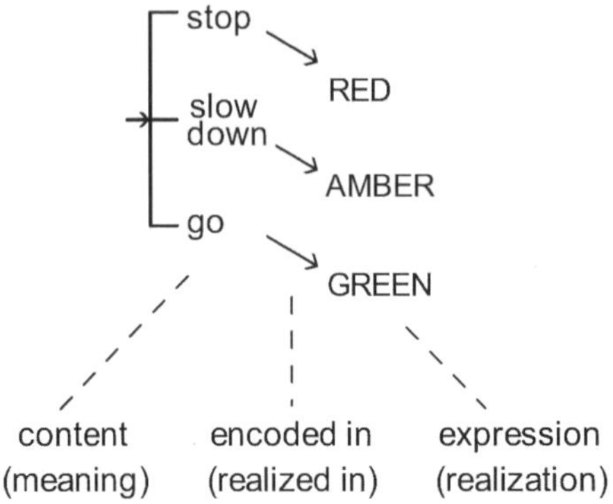

System 1.2 교통 신호등의 기호 시스템

교통 시스템은 또한 사회적 관습에 의해 기호 시스템이 확립된다는 사실을 보여 준다. 소쉬르가 지적했듯이, 기호의 두 측면 간의 융합은 자의적이다. 교통 신호등 시스템에서 STOP(정지)이라는 의미와 RED LIGHT(빨간불)라는 표현 사이에는 자연스러운 연결 고리가 없다. 즉 신호등이 빨간색일 때 GO(출발)하도록, 그리고 주황색일 때는 STOP(정지)하도록 운전자를 쉽게 훈련시킬 수 있다는 의미다. 이런 이유에서 기호 시스템(Semiotic systems)은 특정 의미를 특정 표상(representation)으로 인식하는 관례적 동의에 의해 이루어진 자의적 사회 관습이다.

요약하자면 기호 시스템은 낱낱의 개별 기호로 구성된 유한한 집합체로 정의될 수 있다. 즉 어떠한 의미(내용)가 실현(표현)을 통해 자의적으로 실현될 때 그것이 비로소 하나의 기호가 되는 것이다.

교통 시스템을 고려하면 기호 시스템의 기능을 설명하는 데 도움이 될 수 있다. 교통 신호등과 같은 기호 시스템의 기능은 의미를 만든다. 기호 시스템은 두 가지 방법으로 세계를 규정함으로써 의미를 창출한다.

1. 그들은 **내용(content)**을 규정한다. 즉 우리가 교차로에서 할 수 있는 모든 가능한 행동들 중 시스템은 단지 세 가지를 의미 있는 것으로 규정한다(즉 가기, 멈추기, 속도 줄이기).
2. 그들은 **표현(expression)**을 규정한다. 즉 교차로에서 사용할 수 있는 모든 가능한 색상의 조명 중에서 시스템은 단지 세 가지를 의미 있는 것으로 설정한다(예: 빨간색, 녹색, 주황색).

교통 신호등과 같은 단순한 기호 시스템을 기술하는 데에는 Figure 1.1과 같이 두 층위의 모델만 있으면 된다.

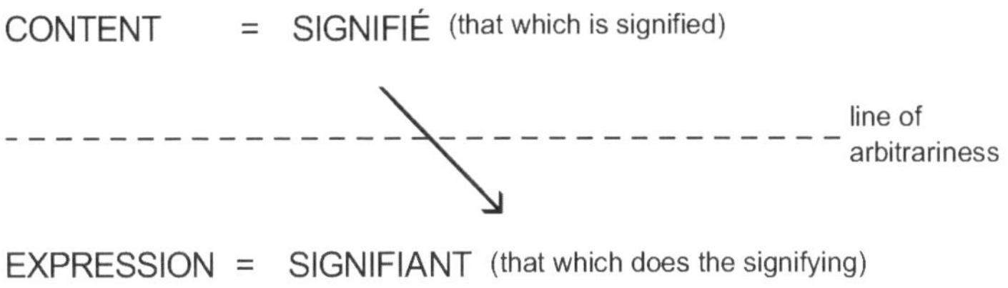

Figure 1.1 두 층위 기호학 체계의 내용과 표현

의미를 가진 표상으로서 관습적 쌍을 가진 교통 신호등과 같은 두 층위 기호 시스템은 사회생활에서 놀랍게도 일반적으로 나타난다. 대표적인 예가 의복(또는 라벨을 사용하는 것은 그것의 기호적 기능인 패션(*fashion*)을 더욱 잘 나타낸다)이다. 예를 들어 기원전 동굴로 되돌아가면 매우 실용적인 이유로 사람들은 신체를 따뜻하게 유지하고 신체의 취약한 부분을 보호해야 해서 옷을 입었을 것이다.

그리고 옷을 만들 수 있는 재료 중에서 선택할 수 있었던 것은 주로 실용성을 기준으로 결정되었을 것이다. 무엇을 손에 쥐고 무엇을 잡아서 껍질을 벗길 수 있느냐 하는 것이다.

그러나 의복은 생존 가치를 뛰어 넘어 우리 문화에서 매우 빠르게 기호적 가치를 획득했다. 예를 들어 일부 의류는 '남성' 또는 '여성'(예: 바지 대 스커트)의 의미를 갖는다. '집에서' 대 '밖에서'(예: 청바지 대 정장) 그리고 '의존적' 대 '독립적'(예: 복장을 선택할 수 있는 상황에서 교복 착용을 하는 학교 및 기관). 데님 청바지의 기호적 의미가 예전에는 카우보이의 작업복이었다가 현재는 캐주얼한 서양식 라이프 스타일의 유니폼으로 변화한 것에 대해 생각해 보라.

때때로 정장과 함께 하얀 셔츠, 실크 타이, 빛나는 에나멜 가죽 구두와 같은 것은 의미를 전달하는 의복 아이템으로서 특별한 조합이다. 때로는 의류의 개별 아이템이 매우 중요한 사회적 의미를 나타낼 수 있다. 예를 들어 의사의 흰 가운은, 이를 착용한 사람이 전문적이고 신중하고 신뢰할 수 있는 사람이라는 의미를 나타낸다.

우리가 의복을 통해 알 수 있는 것은 '자연적' 시스템으로 시작된 것이 관습에 따라(즉 무의식적인 합의와 우리 모두의 법률적 규정으로) 매우 강력한 기호 시스템으로 발전되었다는 것이다. 의복이 갖는 강력한 힘이 의심스럽다면, 어떤 사람이 취업을 원하는 상황에서 취업 면접에 갈 때 어떻게 입어야 하는지 (가장 공유되고 있는) 강력한 사회적 기대감을 생각해 보라.

의복의 예는 우리가 기호 세계에 살고 있다는 것을 다른 방식으로 제안하는 것이라 할 수 있다. 예를 들어 사람들이 운전하는 자동차, 그들이 거주하는 주택의 배치, 그들이 구입하는 잡지, 담배 등과 같이 사람들이 선택의 여지가 있는 경우라면 거기에서 우리는 잠재되어 있는 기호 시스템을 발견할 수 있다. 우리가 하는 선택에는 의미가 부여되어 있기 때문이다.

기호 시스템으로서의 언어

모든 기호 시스템에서 가장 자세하고 정교한 것은 언어 시스템이다. 언어에 특별한 지위를 부여할 수 있는 것은 다른 기호 시스템이 일반적으로 언어로 번역될 수 있다는 뜻이다. 우리가 언어를 사용하여 의복이나 자동차의 기호 시스템에 대해 이야기할 수는 있지만, 의복이나 자동차를 사용하여 언어의 *모든* 의미를 만들 수는 없다.

우리는 교통 신호등에서 찾은 두 종류의 층위보다 언어가 더 복잡한 기호 체계이기 때문에 언어가 특별한 지위를 얻는 것을 곧 알게 될 것이다. 그러나 교통 신호등과 마찬가지로 언어는 의미 있는 선택 또는 대립항을 포함하기 때문에 기호 시스템으로 설명될 수 있다.

내가 내 친구한테 최근 내 다섯 살짜리 자식이 한 일에 대해 이야기하고 있다고 생각해 보라. 예를 들어 "*When I got home from work yesterday, I could not believe what my [progeny] had done!* (어제 직장에서 집에 돌아왔을 때, 내 [자식(progeny)]이 한 일을 믿을 수 없었다!)"와 같은 것을 말하려고 한다. [progeny]가 우리 사이의 계보 관계를 포착할 수 있으나 정작 나는 대화 맥락에서 그 단어를 사용할 것 같지는 않다. 그 대신 나는 아마도 다음의 예를 포함하여 선택 가능한 단어 집합에서 하나를 고를 것이다.

> kid, child, brat, darling, son, boy … (꼬마, 아이, X녀석, 귀염둥이 아들애/아들놈, 아들…)

내가 이 목록에서 한 단어 또는 다른 단어를 선택하는 것은, 내가 부호화하기를 바라는 어떤 대조적 차원을 선택해야만 한다는 점에서 내가 의미를 만드는 과정에 참여한다는 것을 보여준다. 내가 직면한 선택 중 하나는 자식의 성별을 명시할 것인가 아닌가 하는 것이다. 즉 *son*, *boy*와 같은 단어는 성별을 명시하는 반면 *child*, *brat*, *darling*은 성별을 명시하지 않는다. 단어 목록의 기저를 이루는 것은 System 1.3에서처럼 체계화될 수 있는 (관념적) 대조적 차원이다.

여기에 내 단어 목록이 포함된 하나의 기호 시스템이 있다. 그런데 이 단어들에서 발견되는 또 다른 유의미한 대조적 차원은 태도의 내용과 관련된 것이다. 어떤 단어들은 아이에 대한 나의 태도에 의미를 부여한다. 예를 들어 부정적인 태도(*brat*) 또는 긍정적인 태도(*darling*)가 될 것이다. 다른 단어들은 태도에서 중립적이다(*child*). 이 (대인 관계적) 기호적 대립 집합은 System 1.4에서와 같이 도표로 작성할 수 있다.

이 예들은 내가 이 목록에서 어떤 단어를 선택하든 (그리고 우리가 다른 단어를 추가할 수 있는 것, 예를 들어 *progeny*, *offspring*, *infant*) 각 단어의 의미는 부분적으로 그 단어가 목록의 다른 단어와 대립한다는 사실에서 온다는 것을 나타낸다. 예를 들어 *brat*에 대한 나의 선택은 내가 *child*를 선택할 수 있었던 사실적 배경 상황과 대립되는 것이다. 즉 나의 대화 상대는 이 것을 인식하고 (내가 중립적인 태도를 나타낼 수 있는 단어를 선택할 수도 있었기 때문에) 내 선택을 부정적 태도로 부호화하여 해석하는 것이다.

이 예는 또한 우리가 언어에서 어휘 항목들(lexical items)(어휘 (vocabulary))을 기호 시스템으로 기술할 수 있다는 것을 가리킨다. **어휘적 선택(lexical choice)** 시스템을 식별하는 것은 단어들이(words)이 유의미한 대립항들로 부호화하는 것, 그리고 어휘 항목을 선택하는 과정이 기호적 과정임을 인식하는 것을 포함한다.

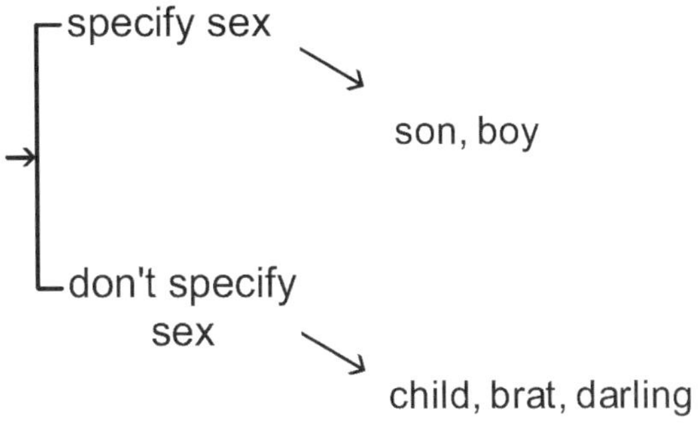

System 1.3 어휘적 선택, 성별 지정

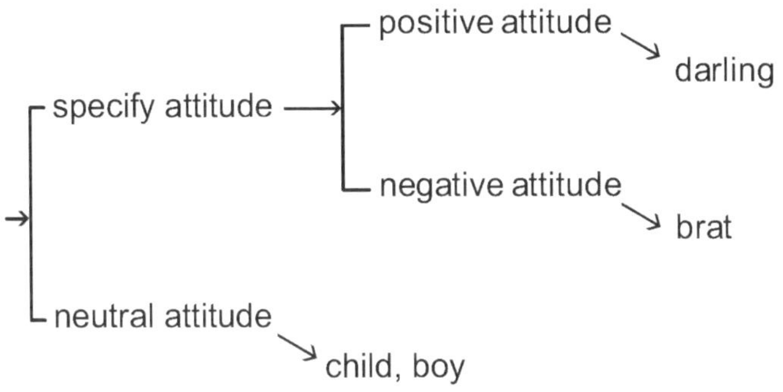

System 1.4 어휘적 선택, 태도 지정

	Traffic Lights	**Language**
CONTENT	meaning	meaning
		words
EXPRESSION	lighting	sounds

Figure 1.2 교통 신호등과 언어에서의 내용 및 표현

교통 신호등 시스템과 마찬가지로, 어휘 시스템에서 우리는 성별이 지정되지 않는 인간 유아와 소리 연쇄 k-i-d 사이의 관계가 자의적인 관계라는 것을 발견할 수 있다. 내용/표현 쌍의 이러한 자의성은 다른 언어가 인간 유아를 지칭하기 위해 다른 소리를 사용할 것이라는 점을 지적함으로써 쉽게 증명된다.

그리고 교통 신호등처럼 언어 기호(linguistic signs)도 언어 기호의 본질이 아닌 대립항이 중요하다는 것을 알 수 있다. 신호등이 진한 빨강, 밝은 빨강, 또는 분홍색인지의 여부가 중요하지 않은 것처럼, 내가 단어 *kid*에 있는 'k' 또는 'i' 또는 'd' 발음을 얼마나 정확하게 발음하는지는 다른 내용(즉 다른 의미를 나타냄)을 나타내는 *kit*나 *did*나 *cot* 등과 같은 다른 소리 연쇄와 혼동되지 않는 한 중요하지 않다.

그러나 기호 시스템으로서의 언어와 교통 신호등과 같은 단순한 기호 시스템 사이에는 중요한 차이가 있다. 어휘 시스템에서는 어휘 항목을 구성하는 소리들로 분해할 수 있다. 따라서 단어 *kid*는 그 자체가 소리 k-i-d의 조합에 의해 실현된다. 교통 신호등에서는 조명의 색을 더 작은 구성요소로 나눌 수 없다. 색깔이 있는 신호등은 기호 시스템의 내용을 직접 실현하였다. 그러나 언어를 통한 '성별이 명시되지 않은 자식'이라는 의미 실현은 한 단어로 가능하게 되며 그 자체로서 일련의 소리 연쇄(a sequence of sounds)를 실현한다.

그런데 언어에서는 단어에 의해 실현된 의미만을 가지지는 않는다. 단어 그 자체는 소리로 실현되기 때문이다. 이것은 언어를 설명하기 위해 Figure 1.2에서 제시된 세 층위 또는 층렬(levels or strata)이 필요하다는 것을 의미한다.

기호 시스템으로서 언어의 기능

언어 시스템(linguistic systems)은 다른 종류의 기호 시스템과 매우 유사할 뿐만 아니라 동일한 기능을 수행한다. 교통 신호등과 마찬가지로 언어 시스템도 의미를 만드는 시스템이다. 그리고 교통 신호등처럼 언어 시스템은 두 가지 방식으로 우리를 위해 세상을 규정함으로써 의미를 만든다.

첫째, **내용**(content)을 규정한다. 인간의 자녀에 대해 말하는 모든 방법들 중에서, 위의 간단한 어휘적 시스템은 자녀의 성별과 부모의 태도를 두 가지 대조적 차원과 관련지어 인식됨으로써 영어 화자들이 이 개념 영역을 구성한다는 것을 보여 준다. 이러한 차원들이 관련되어 있다고 여겨지는 것은 자연적인 것이 아니라 관습에 의해 확립된다. *brat, child, darling*이 대비되는 선택 시스템은 자녀에 대한 태도를 표현할 수 있는 부모의 권리를 인정하고 유효하게 만든다. 영어에는 자녀 어휘 항목처럼 부모에 대한 자녀들의 태도를 나타내는 어휘 항목이 없다(예를 들어, '부모를 사랑하는 아이' 대 '그의 부모를 견딜 수 없는 아이' 대 '그의 부모에 대해 양면적 태도를 갖는 아이'). 비록 이런 대조는 언어적으로 완벽하게 실현 가능하지만(우리는 단지 세 단어를 생각하면 된다), 그것은 문화적으로 실현되기가 쉽지 않다. 왜냐하면 힘을 가진 사람들(예를 들어 부모)에 대하여 힘없는 사람들(즉 아이들)이 태도를 표현하는 것은 적절하지 않다고 판단되기 때문이다.

따라서 시스템은 어떤 차원이 현실적으로 의미가 있는가에 대해 문화적으로 확립된 관습에 따라 개념적 세계를 규정한 것이다. 우리가 사용하는 어휘 시스템들의 대부분은 우리보다 앞서 존재했기 때문에, 우리는 종종 그것들이 의존하는 관습을 의식하지 못한다. 우리는 언어를 자연스러운, 그리고 이름을 붙이는 장치로 보는 경향이 있어서 언어 시스템에서 우리를 위해 부호화된 것 이외의 현실적 차원들을 생각하기가 매우 어렵다. 그러나 기호학 이론은 세계가 단지 하나의 가능한 방법으로 분류되어 (따라서 그것에 대해 말하게 되는) 절대적이고 결정적인 현실로 존재하지 않는다는 것을 보여 준다. 현실 세계는 우리가 사용하는 언어의 기호 시스템에서 부호화된 대립항들을 통해 구성된다. 이 상대론적 해석에 따르면 모든 언어가 같은 방식으로 경험을 규정하지는 않는다. 예를 들어 모든 언어가 성별이나 부모의 태도와 관련하여 어린이 어휘 항목을 구분하지는 않는다.

언어 신호가 우리를 위해 세계를 질서 정연하게 만드는 두 번째 방법은 **표현**을 규정하는 것이다. 따라서 우리가 생리학적으로 생산할 수 있는 모든 소리 중에서 영어는 단지 약 30% 정도를 의미 있는 소리로 인식한다. 예를 들어 *kid*의 k를 발음할 때 공기의 방출을 거의 또는 전혀 하지 않는 소리로 발음하는 것과(무기음) 공기를 많이 내보내면서 발음하는 것은(유기음) 영어에서 유의미한 차이가 아니다(두 가지 버전이 같은 것을 의미하는 것으로 들린다). 그러나 마지막 소리가 성대를 진동하여 만드는 소리(유성음)인 *kid*와 성대를 진동하지 않고 내는 소리(무성음)인 *kit* 간의 차이는 영어 사용자들에게 중요한 차이를 만든다. 두 개의 소리는 두 개의 다른 의미를 구별하는 역할을 하기 때문이다. 각 언어가 가능한 소리나 표현의 스펙트럼을 다르게 나눈다는 사실은 여러분이 외국어를 배우려고 할 때 느낄 수 있다. 여러분은 의미 있는 소리의 목록이 각 언어마다 모두 다르다는 것을 알게 된다.

언어에서 문법적 시스템

어휘적 선택 시스템은 우리가 언어에서 찾을 수 있는 유일한 시스템은 아니다. 우리는 또한 **문법적 선택**(grammatical choice) 시스템을 가지고 있다.

예를 들어 System 1.5를 참조하라.

이 시스템에서는 절을 생성할 때마다 다음 세 가지 중 하나만 사용해야 한다고 말한다.

– 평서문: The baby is crying.
– 의문문: Is the baby crying?
– 명령문: Cry!

이런 종류의 시스템에서 대립항 혹은 선택이 어떻게 실현되는지 주목하라. 각 선택은 여러 가지 문법 요소의 특정 연쇄에 의해 실현된다. 이는 **주어**(Subject), **한정어**(Finite), **서술어**(Predicator)이다. 예를 들어 '평서문' 선택은 요소의 순서에 의해 실현된다. 즉 주어 다음에 **한정** 동사가 온다. 예를 들어 *The baby*(주어)는 *is*(한정어), *crying*(서술어)인 반면, 의문문 선택은 주어와 한정어가 역순으로 나타난다. 즉 "*Is the baby crying?*"이다. 명령문은 주어와 한정어가 생략되어, "*Cry!*"처럼 서술어만 남긴다.

다음으로 문법적 시스템에서의 각 선택은 특정 단어(나는 모든 단어를 *my dog, was barking*으로 바꿀 수 있고, 여전히 대립항을 가질 수 있다.)가 아니라 단어가 수행하는 문법적 역할의 순서와 배열(order and arrangement)로 실현된다. 즉 이러한 선택은 **구조**(structure)에 의해 실현된다. 언어학자들이 **구조**라고 일컫는 것에 대해서는 5장에서 더 자세히 살펴볼 것이다.

우리는 문법적 시스템의 선택이 특정한 문법 요소의 출현과 순서를 통해 표현되는 것에 주목할 필요가 있다. 물론 이러한 구조는 결국 단어로 실현되고, 마지막에는 결국 소리로 실현된다.

이러한 유형의 언어 시스템을 통합하기 위해 기호 시스템의 언어 모델은 이제 Figure 1.3과 같다.

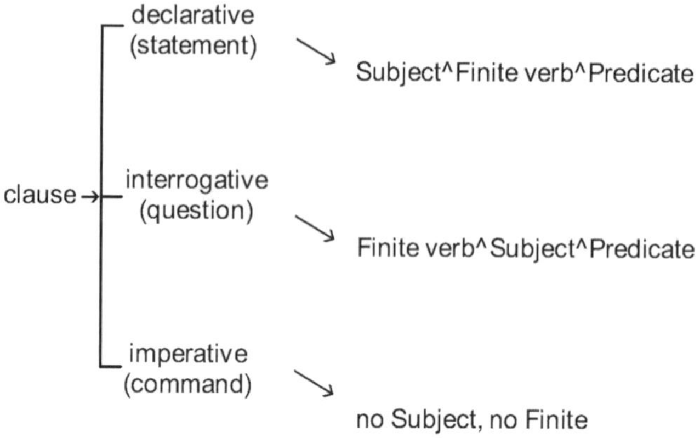

System 1.5 문법적 선택

	Folk Names	Technical Terms
CONTENT	meanings ↘	(discourse-)semantics ↘
	wordings (words and structures) ↘	lexico-grammar ↘
EXPRESSION	sounds/letters	phonology/graphology

Figure 1.3 언어의 층위 또는 층렬

이 다이어그램은 왼쪽에서는 '통속적인' 또는 비전문적인 용어를 사용하고 오른쪽에서는 지금부터 사용할 전문 용어를 통해 언어 층위 또는 층렬의 체계 모델을 제시한다.

다이어그램은 언어에서 의미는 단어화로 실현되고, 단어화는 소리(또는 문자)에 의해 차례대로 실현된다는 말로 이해될 수 있다. 전문적으로 **의미론**(semantics)은 **어휘 문법**(lexico-grammar)을 통해 실현되며, 이어서 **음운론**

또는 **필적학**(graphology)을 통해 실현된다.

이 언어 모델을 교통 신호등과 비교할 때, 언어는 두 가지가 아닌 **세 가지 층위를 가지기 때문에** 다른 종류의 기호 시스템이라고 본다. 즉 언어에는 의미를 만드는 두 개의 층위가 있다. **의미론(semantics)**(혹은 어떤 체계주의자들은 담화 의미라고도 한다)이라 알려진 내용의 상위 층위와 **어휘 문법(lexico-grammar)**이라고 알려진 내용의 중간 층위가 그것이다.

체계 언어학은 주로 언어가 어떻게 의미를 만드는지에 관심을 갖기에, 이 책은 '의미(meanings)'를 '단어화(wordings)'하는 데 책임을 지는 층위인 어휘 문법의 내용 층위만을 탐구할 것이다.

언어에 대한 삼층렬(tri-stratal) 기호적 모델의 함의

언어 모델을 기호 시스템으로 대략 살펴봤으므로 이제 이것을 이전 질문과 연결하는 것이 가능해졌다. 즉 언어는 어떻게 동시에 세 가지 종류의 의미를 만들 수 있는가?

교통 신호등과 언어를 비교해 보면 언어를 다르게 만드는 것은 언어가 어휘 문법이라는 중간의 부호화 층위를 가졌기 때문이라는 것을 이해할 수 있다. 5장에서 9장까지 우리는 영어의 절 구조가 의미적 복잡성을 달성하기 위해 서로를 연결하는(mapping onto) 요소의 선택에 어떻게 관여하는지를 탐색할 것이다.

여러분에게 Halliday의 절 구성요소의 멀티기능성에 대한 설명을 소개하는 것이 이 책의 중요한 목표이다. 우리가 Crying Baby 예에서 보았듯이 텍스트 자체가 다양한 유형의 의미를 동시에 표현할 수 있기 때문이다. 어떤 텍스트라도 관통하여 실행되는 의미의 세 유형은 주로 그것을 구성하는 절을 통해 텍스트 '내부로' 들어가게 된다. Halliday가 지적한 것처럼 문법적 기술은 텍스트 분석에 필수적이다.

> 때로는 (담화 분석, 또는 '텍스트 언어학'에서는) 문법 없이도 수행될 수 있다고 가정한다. 혹은 심지어 문법에 대한 대안이라고 가정하기도 한다. 그러나 이것은 환상이다. 문법에 기반하지 않은 담화 분석은 분석이 아니라 단순히 텍스트에 대한 실황을 중계하는 것이나 다름없다(Halliday 1994:xvi).

기호 시스템의 개념은 언어 행동을 선택으로 해석하는 강력한 방법을 제공한다. 언어를 기호 시스템이라고 하면, 언어 사용 과정은 선택을 통해 의미를 만들어 가는 과정이다. 언어 시스템에서 선택을 할 때에는 누군가가 쓰거나 말하는 것이 특정 상황에서 의미로 선택되었을 수도 있었지만(말로 표현되거나 글로 쓰였을 수도) 그렇게 되지 않은 배경과 대조적으로 해석됨으로써 그 맥락에서 의미를 얻게 된다. 이러한 구별을 통해 우리는 사람들이 어떤 특정한 경우 쓴 것이나 말한 것(실제적 언어 선택)을 그들이 글로 쓰거나 혹은 말로 할 수도 있었지만 하지 않은 것(잠재적인 언어 선택)과 관련지을 수 있다.

위에서 개관한 우리의 언어 시스템으로 돌아가도 이러한 예를 볼 수 있다. 화자가 <u>했던</u> 언어적 선택을 살펴보자. 예를 들어 명령문보다는 서술문, *child*보다는 *brat*, 혹은 "*The reds should be attacked next, I suppose.*"보다는 "*I suggest we attack the reds.*"를 선택한 것과 같은 것이다. 그리고 다음과 같이 질문할 수 있다. 그 선택의 기능은 무엇인가? 왜 화자는 다른 선택을 하지 않았는가?

기능적 의미론적 접근(functional-semantic approach)에서 언어 사용의 두 가지 차원을 기술하는 데 관심을 가져볼 수 있다. 첫째, 사람들이 할 수 있는 선택은 무엇인가? 이렇게 함으로써 우리는 언어 체계를 기술한다. 둘째, 그들이 선택한 기능은 무엇인가? 이를 통해 다양한 문화적 목표를 달성하기 위해 다양한 사회적 맥락에서 언어가 어떻게 사용되는지 설명한다. 그것은 언어에 대한 전통적인 규범적 접근(traditional prescriptive approach)에서와 같이 언어적 선택을 '옳은 것'이나 '잘못된 것'으로 이야기할 수 없게 한다. 그 대신, 특정 상황에 대해 '적절한' 또는 '부적절한' 선택이라고 말할 것이다.

체계 기능 언어학 요약

이 장에서는 다음의 여러 장에서 자세히 설명할 많은 용어와 개념을 소개하면서 SFL을 개괄적으로 논의하였다. 요약하면 SFL은, 사람들이 여러 다른 맥락에서 언어를 어떻게 사용하고, 어떻게 언어가 기호 시스템으로 사용되도록 구조화되는지를 탐구하는 언어에 대한 기능적-의미론적 접근 방식(functional-semantic approach)으로 설명된다.

텍스트 의미에 대한 언어적 접근으로서, 체계 언어학은 다양한 관점에서(예, Biber 1986, Brown and Gilman 1960, Brown and Levinson 1978, Chafe 1980, Labov and 1986) 텍스트 문법 및 담화 분석가와 공통점이 있다고 할 수 있다(Fanshel 1977, Mann and Thompson 1986, van Dijk 1977). 사회적, 문화적 맥락이 언어 사용에 미치는 영향을 탐구하는 사회 언어학(예: Labov 1972a, 1972b, Lobov and Waletzky, 1967, Schiffren 1987)과 담화 민족지학(예: Gumperz 1982a, 1982b, Hymes 1964/1972, Tannen 1980, 1989)과 같은 분야 연구와 연관성이 있다.

기호적 접근법으로서 체계 언어학은 기호학 이론가들과 Fairclough(1989, 1992)를 계승해 비판적 담화 분석(Critical Discourse Analysis(CDA)) 접근법으로 알려진 분야의 연구자들과 공통점을 가지고 있다. 비판적 담화 분석에 대한 포괄적인 개요는 Toolan의 4권 전집인 *Critical Discourse Analysis* (Toolan 2002a, 2002b, 2002c, 2002d)을 참조하라.

그러나 체계 언어학의 특징은 언어에 관한 이론을 사회적 과정으로 발전시키고 언어 패턴을 자세하고 체계적으로 기술할 수 있는 분석 방법론을 개발하려 한다는 것이다.

이 책은 이 접근법의 두 가지 차원 모두를 소개한다. 따라서 우리는 언어의 체계적 모델(어떤 언어인지, 어떻게 기능하는지, 맥락과의 관계)을 탐구하고 언어 시스템의 다양한 측면을 분석하기 위한 일련의 기법을 습득한다(예: 타동성(transitivity), 서법(mood), 테마(theme), 절 복합체(the clause complex) 등). 이러한 기법을 습득하려면 이를 위한 전문 용어가 필요하다.

언어학 전문 용어를 너무 많이 사용하는 것을 피해야 하기에 이 장의 언어 작동 방식에 대한 논의는 한계가 있다. 예를 들어 Text 1.1, 1.2 및 1.3 사이의 몇 가지 분명한 차이점을 지적했지만, 그렇게 하기 위해서는 이들의 선택(명사화(nominalization), 과정 유형의 선택(choices of process type), 절의 서법과 양태(mood and modality of the clauses), 테마/레마 구조(Theme/Rheme structure), 지시 연쇄(reference chains) 등)과 같은 패턴에 대해 이야기할 필요가 있는데 이 장에서는 이러한 텍스트 간의 대조를 완전히 논의할 수는 없었다.

이 책은 여러분에게 텍스트의 어휘 문법적 차원에 대한 기본적인 설명과 전문 용어를 주로 소개하지만, 논의를 발전시키기 위해 Halliday와 Matthiessen 1999, 2004, Martin et al. 1997, Martin 1992a, Martin and Rose 2003의 설명들을 참고하여 읽어보기 바란다.

다음 장에서는 **텍스트(text)**가 무엇인지 질문하는 것으로 언어에 대한 전문적인 탐구를 시작한다. 맥락과 언어 표현이 만나는 지점으로서 텍스트의 중추적 속성(pivotal nature)을 이해하면서, 우리는 맥락의 층위들과 그것이 언어 내에서 부호화되는 방식에 대해 탐구할 것이다. 3장에서는 장르 기술의 기법, 4장에서는 사용역, 5장에서 10장까지는 어휘 문법에 대한 설명을 전개하는데, 이 과정에서 서법(mood), 타동성(transitivity), 테마(theme), 절 복합체(clause complex)와 같은 문법적 시스템을 살피고 7장에서 간단한 예를 통해 시스템을 재검토할 것이다. 마지막으로 언어에 대한 공유된 전문 어휘와 공유된 관점을 갖추고 11장에서는 텍스트를 어떻게 체계적으로 분석할 것인가를 살펴볼 것이다. 이 장에 소개된 Crying Baby Text에 대한 종합적인 논의는 이론적 모델과 실제적 분석의 결합이 사람들이 어떻게 언어를 사용하여 의미를 만드는지에 대한 이야기를 할 수 있는 강력한 수단으로서의 제공 방식임을 입증하는 데 사용된다.

주석Notes

1 Halliday의 *An Introduction to Functional Grammar*는 1985년에 출판되었으며, 1994년에 두 번째 개정판이 출판되었고, 제3판은 C.M.I.M. Matthiessend에 의해 개정되어 2004년에 출판되었다. 여기에서는 가능한 한 제3판을 참조하였다.

2 이 책의 텍스트 전체에서 아래 첨자로 된 숫자는 문장(아라비아 숫자)과 절(로마 숫자)을 나타내는 데 사용된다.

3 출처: Text 1.1은 인기 육아 잡지인 My Baby, 1991 edition, p.24(익명 기사)에서, Text 1.2는 의료/간호 학생을 위한 개론서인 R. Behrman과 R. Kliegman(1990)의 Essentials of Pediatrics, W. B. Saunders Co., Philadelphia, p.32.에서 인용하였다. 나는 시드니 대학의 Yvette Slimovits 덕분에 이 두 개의 텍스트에 관심을 가질 수 있었다. Text 1.3은 38세의 캐롤(Carol)과 32세 수(Sue), 이 두 여성 화자의 일상 대화를 녹음 자료에서 발췌한 것이다(필자의 자료).

4 언어의 이데올로기에 대한 유용한 접근법에 대해서는 Fairclough 1989, 1992, Fowler et al. 1979, Kress and Hodge 1979, 1988, Toolan 2002a을 포함한 비판적 담화 분석 연구를 참조하라.

5 나는 교통 신호등을 예로 사용하여 논의를 전개한 것에 대해 독창성을 주장하지 않는다. 다른 논의들(마틴 1984, Allerton 1979, Kress and Hodge 1988을 포함하여)과 마찬가지로, 나는 교통 신호등의 단순함과 친숙함이 기호 시스템의 개념을 도입하는 데 유용하다고 생각하여 사용하였다.

제2장 텍스트란 무엇인가?

도입

1장에서 언급했듯이 이 책의 목적은 우리가 관심을 갖는 텍스트에서 의미들이 어떻게 만들어지는지를 탐구할 개념과 분석 도구를 제공하는 것이다. 이 탐구에서 유용한 첫걸음은 우리의 기본 단위가 무엇인지를 명확히 하는 것이다. 따라서 이 장에서는 다음의 질문들을 다룬다. "텍스트란 무엇인가?" "우리가 무언가를 이해했다고 할 때 우리는 어떻게 아는 것일까?" "텍스트의 속성은 텍스트 형성 자원으로서의 언어의 조직에 관해 우리에게 무엇을 말해 주는가?"

이 장에서는 실제 예들을 분석하면서, 텍스트가 무엇인지 이해하기 위해서는 텍스트의 **조화**(texture)가 **응집성**(cohesion)의 언어적 패턴뿐만 아니라, 사회 문화적 맥락을 가진 텍스트의 **일관성**(coherence)으로부터도 도출된다는 것을 인식해야 한다는 것을 알게 될 것이다. 그리고 이는 우리를 장르와 사용역에 관한 다음의 두 개의 장으로 자연스럽게 이끌 것이다. 그러나 이 예들은 또한 텍스트성(textness)이 연속체(continuum)로 가장 잘 간주된다는 것을 보여줄 것이다. 의도적으로든(전략적 목적을 위해) 또는 우연적으로든(아마도 언어에 대한 전문 지식의 부족으로 인해), 언어의 어떤 부분들은 조화의 상위 층위를 보여주기도 하고 언어의 다른 부분들은 특별한 차원에서 문제가 되기도 한다.

텍스트란 무엇인가?

이 책의 1페이지부터 나는 체계 언어학(systemic linguistics)이 텍스트 분석 그 자체에 관심을 갖는다고 주장해 왔다. '텍스트'라는 단어는 '사회적 상호작용의 실질적 산물'로서 해석되어 왔다. 그리고 나는 텍스트가 무엇인지 문제없이 확인할 수 있다고 가정해 왔다. 그러나 이제 그러한 가정은 제쳐두고 텍스트가 무엇인지에 대해서 의문을 제기할 시간이다. 우리는 언어 토막이 언제 텍스트이고 언제 텍스트가 아닌지에 대해 어떻게 아는 것일까?

구어와 문어 영어에 대한 그들의 선구적인 분석에서 Halliday & Hasan (1976:1)은 텍스트 정의를 다음과 같이 제시하고 있다. 즉 '**텍스트**(TEXT)라는 단어는 언어학에서 길이와 상관없이 하나의 통합된 전체를 형성하는 구어나 문어의 어떤 구절(passage)을 언급하는 데 사용된다.' 텍스트가 어떻게 하나의 통합된 전체를 형성하는지 기술하면서 Halliday & Hasan은 **조화**

(texture)의 개념도 소개한다(Halliday and Hasan 1976:2, Hasan 1985b:Chapter Five). 조화(texture)는 텍스트와 텍스트가 아닌 것을 구별하는 속성이다. 조화(texture)는 한 텍스트의 절들(clauses)이 함께 통합을 이루도록 유지하는(hold) 속성이다.

Halliday & Hasan이 제안하기를 조화(texture)는 두 가지 부문의 상호작용에 관여한다. **일관성(coherence)**, 즉 텍스트 밖의 맥락(텍스트가 발생하는 사회적 문화적 맥락)과 텍스트의 관계와, **응집성(cohesion)**, 즉 하나의 텍스트 안에서 요소들이 통합된 전체로서 함께 묶이는 방식이 그것이다. 이러한 두 차원의 상호작용의 결과는 상황적 문화적 맥락 안에서 의미 있는 방식으로 언어적 자원들을 사용하는 언어의 한 부분이다.

Halliday & Hasan은 텍스트로 구어와 문어 모두를 언급한다는 점에 주목하라. 어떤 언어적 접근들은 문어로서의 텍스트와 구어로서의 담화를 구별하지만, SFL에서 **텍스트**는 조화의 속성을 가지는 통합된 언어의 부분을 일컫는 전문 용어이다. **담화(discourse)**라는 용어는 체계 언어학(systemics)에서 (비전문적으로) '구어 텍스트'를 가리키거나, (Martain 1992a와 Martin and Rose 2003에 따라 더욱 전문적으로) 텍스트에 걸쳐 있는 의미 관계와 관련된 층위인 어휘 문법 위에 있는 의미 층위를 가리킨다.

의미적 단위로서의 텍스트

Halliday & Hasan이 텍스트의 정의를 어떻게 도출했는지 이해하기 위해, 우리는 명백한 포인트에서 시작할 수 있다. 즉 언어의 모든 사용이 텍스트를 구성하는 것은 아니라는 점이다. Example 2.1을 고려해 보자.

U P X G

W E L I

A C F M

T R Z B

D J Q N

O K S H

Example 2.1

Example 2.1이 문화 속에서 정규적으로 사용된 언어 예라고 할지라도 (사실 이것은 시력검사표이다), 우리는 소리나 글자가 연쇄적으로 우리에게 언어의 단어를 제공하지 않는다는 가장 명확한 이유 때문에 이것을 '텍스트로' 읽을 수 없다. 우리가 가진 것은 음운의 연속체, 즉 언어 시스템의 가장 낮은 층위의 소리 단위에 불과하다. 그러나 글자에 의해 표현된 그 음소들은 의미의 단위로 기능하지 않는다. 즉 그들은 단어를 구성하지 않는다. 물론 고도의 문자 문화에서 왜 글자들이 사용되었는지 명백하긴 하지만, 글자를 대신하여 그림들이 대체될 수 있다. 의미의 최소 단위인 단어가 없다면, 그 구절은 의미를 소통하도록 함께 기능하는 연속된 언어 구성체로 읽을 수 없다.

Example 2.2에서 보인 초등학교 어린이를 위한 손글씨 교본과 같이 단어로 배열된 문자들의 조합 역시 텍스트를 구성하는 데 충분하지 않다.

mean mad adder made because

Example 2.2 손글씨(hanwriting)[1]

이러한 페이지가 학생들에게 개별적으로 어떤 의미를 전달하는 언어적 단위들(이 경우 단어들)을 제공한다고 하더라도, 그 단어들이 함께 '일관되게 조화된' 것이 아니다. 단어 배열을 동기화하는 원리는 의미론적인 것이 아니다. 즉 작가는 학생들이 반듯한 글쓰기 손기술을 연습하기를 원해서 단어들을 나열한 것이다.

다음의 예는 언뜻 보기에는 혼란스러운 것처럼 보이지만 텍스트성을 향한 중요한 전이(move)를 보여준다.

Text 2.1: poem by e. e. cummings[2]

```
                                 r-p-o-p-h-e-s-s-a-g-r
                          who
a)s w(e loo)k
upnowgath
                  PPEGORHRASS
                                             eringint(o-
aThe):l
     eA
       !p:
S                                                   a
                          (r
rIvInG                       .gRrEaPsPhOs)
                                                   to
rea(be)ttan(com)gi(e)ngly
,grasshopper;
```

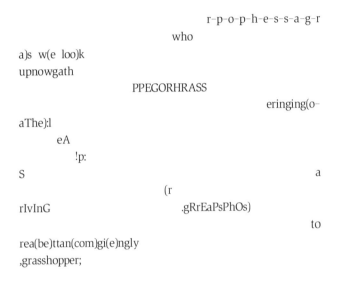

미국 시인 e.e. cummings의 이 시는 우리가 보통 텍스트가 순서에 따라 별개의 단어로 우리에게 제시되기를 기대한다는 것을 보여준다. 그러나 러시아의 형식주의자인 Shklovsky가 제안한 것처럼 모든 예술과 같이 문학예술도 우리의 기대를 *방해하도록(disrupt)* 기능한다.

> 예술은 삶의 의미를 회복하도록 존재한다. 즉 그것은 사람들에게 어떤 것들을 느끼도록 존재하고, 돌을 돌처럼 만들도록 기능한다. 사물이 알려진

대로가 아니라 지각된 대로의 감각을 전달하는 것이 예술의 목적이다. 예술의 기법은 형식을 어렵게 만들고 지각(perception)의 난이도와 지각의 길이를 증가시킴으로써 대상을 '친숙하지 않게' 만든다. 왜냐하면 지각의 과정은 본질적으로 미학적이고 연장되어야 하기 때문이다. *예술은 대상의 예술성을 경험하는 방식이고, 그 대상이 중요한 것은 아니다.* (Shklovsky 1992:18-19)

그래서 Shklovsky는 예술의 목적을 '낯설게 하기' 혹은 우리의 기대를 **친숙하지 않게 하기**(defamiliarize)라고 제안한다. Cummings는 이 텍스트를 통해 우리에게 이해 가능한 단어들을 제공하지 않는 것으로(적어도 처음에는) 낯설게 하기를 하고 있다. 그러나 Example 2.1과 달리 이러한 언어는 텍스트로서 재구성될 수 있다. 즉 문자들은 점차적으로 인식 가능한 영어 단어들로 해독될 수 있다. 그리고 Example 2.2와 달리 단어들이 어휘 문법적 구조 속에서 사용되고 텍스트에서 해석 가능하기 때문에 의미 있는 것이 된다.

'어휘 문법적 구조'라는 용어에 의해 우리는 언어의 중간적 층렬, 즉 '단어와 구조' 층렬의 성분의 연쇄된 배열을 언급했음을 기억할 것이다. 5장에서 보게 될 것이지만, 어휘 문법적 층렬에 패턴을 형성하는 몇 개의 단위들이 있다. 어휘 문법적 구조의 중심 단위 즉 최상위 등급의 단위는, 문법적 관계의 상한선에 해당하는 절 복합체 또는 문장에 나타나는 **절**(clause)이다. 즉 동일한 문장 안에 나타나는 요소들만이 문법적으로 관계될 수 있다. 문법적 관계 속에 들어갈 수 있는 최소의 단위 즉 문법적 층위에서 가장 낮은 '등급(rank)'에 속하는 단위는 언어에서 최소 유의미 단어인 **형태소**(morpheme)이다. Table 2.1에서 보듯이 절과 형태소 사이에 **구**(phrases) 또는 **그룹**(groups)과 **단어**(words) 단위가 있어 어휘 문법적 단위의

'등급 척도(rank scale)'를 이룬다.

Table 2.1 어휘 문법적 등급 척도의 단위

	어휘 문법적 단위(Units of lexico-grammar)
높은 등급(highest rank(largest unit))	절(clause), 절 복합체(clause complex) 구(phrase), 그룹(group) 단어(word)
낮은 등급(lowest rank(smallest unit))	형태소(morpheme)

어휘 문법적 분석은 우리가 각 등급에서 찾은 요소들을 식별하는 것과 관련되어 있고, 영어 코드 사용자들에게 '평범하고', '가능하게' 받아들여지는 절을 우리에게 제공하기 위해 나타날 수 있는 연쇄와 결합을 기술하는 것과 관련되어 있다. 영어 문법의 잠재력에 대한 이해와 그것의 전형적이고 무표적 사용에 반하여, 우리는 e.e. cummings의 시가 왜 이해는 되지만 언어 코드의 낯선 혹은 유표적 사용인지에 대한 이유를 설명할 수 있다.

Text 2.1을 해독하려고 할 때 우리는 여러 가지 가능성들이 있다는 것을 발견한다. 즉 예술의 또 다른 특징이 단순하고 직설적인 의미보다는 애매함(ambiguities)과 모호함(ambivalences)을 선호한다는 것이다. 우리가 제시할 수 있는 하나의 버전은 다음과 같다.

The grasshopper
A grasshopper who as we look up now gathering into leaps, arriving to rearrangingly become
Grasshopper

메뚜기

우리가 지금 재배열하도록 도달하면서 뛰는 것으로 모으며 올려다보는 것과 같은 것은 메뚜기가 된다.

이것이 표준화자의 문장은 아니라고 할지라도, cummings의 시 안에서 누가 무엇을 하는 것인지를 우리가 이해할 수 있게 하는 충분한 어휘 문법이 있다. 순서대로 맞춰진 음소 연쇄는 우리에게 인식 가능한 영어 단어를 제공한다. 주어 대명사 who 그리고 동사에 붙은 -ing 형태소와 같은 중요한 문법적 구성성분들은 그것을 바라보는 우리의 정신적 행위와 동시에 '하는 것(doing)'과 '되는 것(becoming)'이 메뚜기라는 것을 가리킨다. e.e.cummings의 시는 이상한 장소에 공간과 구두점을 둠으로써 철자적 구조에서 어려움을 겪게 하지만, 언뜻 보기에 이해되지 않는 것을 어휘 문법적인 것으로 충분히 '이해'할 수 있도록 하고 있다.

cummings의 경우 영어의 낯설게 하기는 전략적 동작(move)이다. 즉 그는 의도적으로 독자들에게 특별한 효과를 달성하기 위해 사물들을 혼란스럽게 하고 있다. Grasshopper에서 뒤섞기에 의해 달성된 효과들은 다음과 같이 목록화할 수 있다.

1. 우리를 천천히 이해하도록 하는 것. 즉 Shklovsky가 제안하듯 예술은 실제로 우리가 읽는 것에 몰입할 수 있도록 우리의 지각을 천천히 하도록 하는 것과 같이, 읽기 과정을 비자동화함으로써 낯설게 하기를 수행한다.
2. 동시에 뒤섞기(scrambling)는 우리에게 메뚜기가 물리적으로 (뛰는) 행위를 하는 것에 대한 언어적 근사치를 제공하고 그래서 하나의 상징 코드(언어)가 또 다른 것(행위)을 소환하도록 사용되고 있다.
3. (1)과 (2)의 결과로서 우리는 시와 언어의 규약을 알 수 있게 되고, 언어

의 규약의 범위를 확장하면서 언어유희에 의해 획득될 수 있는 것에 반영하고, 우리의 삶의 경험을 새롭게 하여 의미를 만든다.

텍스트의 문법과 의미

이러한 첫 번째 예들은 텍스트가 언어의 두 개의 낮은 층렬 즉 음운론적 코드와 어휘 문법적 코드의 의미 있는 사용에 의존한다는 것을 제안하도록 허용한다. 의미를 만들기 위해 텍스트는 코드들을 따라야만 하거나 적어도 표면의 난제(challenge) 아래에 있는 코드를 찾도록 허용해야만 한다.

Roald Dahl의 어린이 소설 *The BFG*로부터 발췌된 다음의 텍스트는 작가가 텍스트에서 우리에게 제공할 수 있는 난제의 다른 형태를 보여준다.

Text 2.2: The excerpt from *The BFG*[3](*The BFG*로부터 발췌)

(1i)The BFG was still holding the awesome shozzcumber in his right hand, and now he put one end into his mouth (1iii)and bit off a huge hunk of it. (2i)He started crunching it up (2ii)and the noise he made was like the crunching of lumps of ice.

(3i)'It's filthing!' (3ii)he spluttered, (3iii)speaking with his mouth full (3iv)and spraying large pieces of snozzcumber like bullets in Sophie's direction. (4i)Sophie hopped around on the table-top, (4ii)ducking out of the way.

(5i)'It's disgusterous!' (5ii)the BFG gurgled. (6)'It's sickable! (7)It's rotsome! (8)It's maggotwise! (9)Try it yourself, this foulsome snozzcumber!'

(10i)'No, thank you,' (10ii)Sophie said, (10iii)backing away.

(11i)'It's all you're going to be guzzling around here from now on (11ii)so you might as well get used to it,' (11iii)said the BFG. (12i)'Go on, you snipsy little winkle, (12ii)have a go!'

(13)Sophie took a small nibble. (14i)'Uggggggggh!' (14ii)she spluttered. (15)'Oh no! (16)Oh gosh! (17)Oh help!' (18)She spat it out quickly. (19i)'It tastes of frogskins!' (19ii)She gasped. (20)'And rotten fish!'

(21i)'Worse than that!' (21ii)cried the BFG, (21iii)roaring with laughter. (22)'To me it is tasting of clockcoaches and slimewanglers!'

(23i)'Do we really have to eat it?' (23ii)Sophie said.

(24i)'You do (24ii)unless you is wanting to become so chin you will be disappearing into a thick ear.'

(25i)'Into thin air,' (25ii)Sophie said. (26)'A thick ear is something quite different.'

(27)Once again that sad winsome look came into the BFG's eyes. (28i)'Words,' (28i)he said (28iii)'is oh such a twitch-tickling problem to me all my life. So you must simply try to be patient and stop squibbling. (30i)As I am telling you before, (30ii)I know (30iii)exactly what words I am wanting to say, (30iv)but somehow or other they is always getting squiff-squiddled around.'

(31i)'That happens to everyone,' (31ii)Sophie said.

(32i)'Not like it happens to me,' (32ii)the BFG said. (33)'I is speaking the most ter rible wigglish.'

(34i)'I think you speak beautifully,' (34ii)Sophie said.

(35i)'You do?' (35ii)cried the BFG, (35iii)suddenly brightening. (36)'You really do?'

(37i)'Simply beautifully,' (37ii)Sophie repeated.

(38i)'Well, that is the nicest present anybody is ever giving me in my whole life!' (38ii)cried the BFG. (39)'Are you sure you is not twiddling my leg?'

(40i)'Of course not,' (40ii)Sophie said. (41)'I just love the way you talk.'

(42i)'How wondercrump!' (42ii)cried the BFG, (42iii)still beaming. (43)'How whoopsey-splunkers! (44)How absolutely squiffling! (45)I is all of a stutter.'

Text 2.2: *The BFG*로부터 발췌[3]

착한 거인 친구는 아직도 오른손에 큰 오이를 쥐고 있었고 그 한쪽 끝을 입에 넣고 한 입 크게 베어 먹었다. 그는 아작아작 씹기 시작했고 그 소리는 마치 얼음 덩어리를 아작아작 씹는 것과도 같았다.

'너무 불결해!'라고 그는 침 튀기며 말했고, 입이 가득 찬 채 말을 하는 바람에 큰 오이의 파편들은 소피에게 마구 튀기 시작했다. 소피는 테이블 위에서 깡충깡충 뛰면서 피했다.

'너무 역겨워!'라고 착한 거인 친구는 웅얼댔다. '아주 메스꺼워! 끔찍해! 구역질나!' 이 고약한 큰 오이 한 번 맛보지 않을래?

'아니야, 난 괜찮아,'라고 소피는 뒤로 물러서며 말했다.

'이제부턴 익숙해져야 할 거야,'라고 착한 거인 친구가 말했다. '자, 이 잘난체하는 꼬마야, 한 번 시도해봐.'

소피는 큰 오이를 조금 깨물었다. '아악...!!' 그녀는 캑캑거렸다. '아니야!! 어떻게! 아, 도와줘!' 그녀는 재빨리 뱉어 버렸다. '이 맛은 꼭 개구리 껍데기 같아!' 그녀는 헉헉대며 말했다. '그리고 꼭 썩은 생선 같아!'

'아마 그보다 더할걸!' 착한 거인 친구는 깔깔 웃어대며 말했다. 난 바퀴벌레랑 slimewanglers[1)] 같아!'

'아, 우리 정말 이걸 먹어야 해?'

'응. 네가 더 날씬해지기 싫다면 너무 날씬해져서 갑자기 흔적도 없이 사라져버리고 싶지 않다면(두꺼운 귀처럼 사라져버리고 싶지 않다면) 먹어야 할 거야.'

'흔적도 없이'야, 소피가 말했다. '두꺼운 귀는 전혀 다른 의미야.' 거인 친구의 눈에 다시 한 번 슬픈 애틋한 표정이 비쳤다. '말은 내 평생 동안 골치 아픈 문제였어. 그러니 너도 인내심을 좀 가져보도록 하고 너무 나한테 틱틱거리지 마. 전에도 말했듯 내가 무슨 말을 하고 싶은지 난 정확히 알고 있는데 어찌되었건 간에 말하다보면 이상하게 엉망진창이 되더라고.'

'누구에게나 그건 마찬가지야,' 소피가 말했다.

'나에게 일어나는 것만큼은 아니지,' 착한 거인 친구가 말했다. '나야말로 제일 영어를 서툴게 말하지.'

'내가 볼 때 넌 아주 멋지게 말을 잘하는걸,' 소피가 말했다.

'정말 그래?'라고 착한 거인 친구는 소리치며 물었고 그러다 갑자기 얼굴이 환해져서는, '네 생각엔 내가 정말 그런 것 같아?'라고 되물었다.

'그야말로 아주 멋지게 잘 해,'라고 소피는 다시 말했다.

'내 인생에 있어 어느 누구한테도 받아보지 못한 최고의 선물이야.' 라고 작은 거인 친구는 소리쳐 말했다. '너 정말 농담하는 거 아닌 게 맞는 거지?'

'정말 아니야,' 소피가 말했다. '난 네 말투가 너무 좋아.'

'완전 최고야!', 작은 거인 친구는 기쁨에 넘쳐 소리치며 말했다. '너무 환상적이야! 완전 멋져! 훌륭해! 나 같이 말더듬는 이도 또 없을 텐데 말이야.'[2)]

---

1) **[역자 주]** 발음상으로 보아 snail(달팽이) 또는 곤충 중 하나를 의미하는 말 같은데 적절한 한국어 번역어가 없어 그대로 원어로 표시하였다.

2) **[역자 주]** 마지막 문장의 번역어는 확실치 않을 수 있으니 원문을 참조 바란다.

이 책을 읽고 웃고 있는 많은 어린이와 어른들은 BFG가 이상한 어휘 항목을 자주 사용함에도 불구하고 텍스트에 어려움을 거의 느끼지 않는다. 이러한 단어들은 다음과 같은 이유 때문에 충분히 이해될 수 있다.

1. 단어들은 영어의 가능한 음운론적 조합을 이룬다.
2. 단어들은 영어 음 결합의 음소변화 속성을 이용한다. 즉 음성 상징과 음성 유추는 그 단어들이 의미하는 것을 느끼는 것을 가능하게 만든다. 비록 우리가 *slimwangler*나 *squiff-suiddled*와 같은 단어가 무엇을 의미하는지 정확하게 알지 못한다고 하더라도 말이다.
3. 단어들은 영어의 표준적인 시제 형태소와 품사 형태소의 부착을 통해 영어의 문법으로 병합된다. 그래서 *-some*과 *-ish*는 우리가 *rotsome, wigglish*를 형용사로 해석하게 하고, *-ing*는 *squiffling*을 현재 분사로, *-ers*는 *slimwanglers*를 행위자를 나타내는 복수명사로 해석하게 한다. 형태소 구조는 단어들이 절 구조에 병합(incorporation)됨으로써도 보강되는데, *It's rotsome*의 *it's*는 절의 종류를 설정하므로 우리는 it's 다음에 오는 단어를 it이 무엇인지를 설명하는 것으로 해석한다. 우리가 잘 아는 단어 앞에 *twitch-tickling*을 두는 것은 우리가 *twitch-tickling*을 *problem*의 유형 또는 종류를 묘사하는 것으로 읽는다는 것을 의미한다. *squiff-squiddled*를 행위 동사로 읽는데, *x is always getting ... -ed around* 구조를 우리가 알기 때문이다.

그래서 단어들의 낯설게 하기는 언어의 문법적 음운적 자원이 규약적으로 기능한다면 문제가 되지 않는다. 동일한 방식으로 Lewis Carroll의 유명한 시 Jabberwocky도 의미가 통하게 된다.

'의미(sense)'는 우리가 언어에서 항상 찾고 있는 것이다. 만약 텍스트가 통합된 전체(unified whole)라면 형식적인 면에서가 아니라 의미적 측면에서 통합된 전체이다. Halliday & Hasan이 말했듯 '텍스트는 의미적 단위로 가장 잘 설명된다. 즉 형식적인 단위가 아니라 **의미적** 단위이다.' 더욱 정확하게 체계 언어학의 용어에서 텍스트는 의미들의 단위이고 관념적, 대인 관계적, 텍스트적 의미가 동시에 표현되는 단위이다. 'Grasshopper'와 '*the BGF*'와 같은 예는 이러한 동시적인 의미들을 해석할 수 있으려면 문법적 층위가 얼마나 중요한지 보여준다. cummings 텍스트에서 우리는 철자들의 재배열에 의해 이러한 의미들을 충분히 회복할 수 있다. Dahl의 예시에서 텍스트의 일부 관념적 의미에서 약간의 모호함은 단락(과 책)에서 압도적으로 규약적인 문법적 선택을 통해 찾을 수 있는 관념적, 대인 관계적, 텍스트적 의미를 쌓아 올림으로써 훨씬 더 중요해진다.

의미에 대한 우리의 탐색에 더욱 도전적인 언어 자료의 예는 다음과 같다.

Text 2.3: excerpt from 'Stalin's Genius' by Bruce Andrews[4] (Bruce Andrews가 작성한 Stalin's Genius에서 발췌)

(1i)Stalin's genius consisted of not french-kissing: (1ii)sometimes I want to be in crud. (2i)Your spats of visibility – (2ii) O, crow fluke, genitally organized spuds, what can true work? (3i)Birth is skewed, anon. ,*capital*;(3ii) *lose* that disembowelment;(3iii) you must change it (3iv)by eating it yourself:(3v) don't pick your noses,(3vi) secrecy thrives on abuse. (4i)No, I don't mean the missile crisis,(4ii) cat goes backwards (4iii)to suit international organization;(4iv) middle class families want the belly(4v) choose

(4vi)to obey authority –(4vii) waddle into arson (4viii)anything can be converted, (4ix)the accessories get you wet.

Text 2.3: Bruce Andrews가 작성한 Stalin's Genius에서 발췌

스탈린의 천재성은 딥키스와는 다르다(감성적인 면이 전혀 없다). 때로 나(저자)는 엉망진창인 상황에 있고 싶다. 당신(스탈린)의 시야를 가리고 오, 까마귀는 요행으로 성공하기도 한다. 태어날 때부터 조직적인 주정꾼. (거기서) 어떻게 진리가 나올 수 있는가? 탄생은 왜곡되어 있다. 무기명의 자본: 그 내장을 버려라. 당신은 스스로 그것을 먹어 그것을 바꿔야 한다: 당신의 코를 파지 마시오. 은밀함은 남용할 때 더 심해진다. 아니오, 나는 미사일 위기를 뜻하는 것은 아니오. 말하기 좋아하는 사람은 국제기구의 뜻에 맞추려고 거꾸로 가지.: 중산층 가정은 권력에 복종할 배짱을 원할 거야: 불길 속으로 비척비척 걸어 들어가는 어떤 것도 변화시킬 수 있고 주변의 것들은 너를 흠뻑 젖게 할 거야.

Text 2.3은 널리 출판되어 왔고 작가가 재능(또한 난해함)이 있는 작가로 간주되어 왔기 때문에 우리는 적어도 어떤 독자들에게는 그것이 텍스트로 구성된다고 가정해야만 한다. 그러나 대부분의 영어 화자들은 그것이 분명히 문제가 되는 언어 표현이라고 생각할 것이다. 그것이 친숙한 영어 단어들로 사용되었고 이해 가능한 문법적 구조로 사용되었다고 하더라도 많은 독자들은 '그것이 무엇을 의미하는지 이해할 수 없음'을 불평한다.

그것에 대해 가지는 우리의 문제는 함께 나타나는 네 개의 연속 절을 이해할 수 없다는 것이다. Halliday & Hasan이 제안했듯 텍스트는 연쇄에서 문장들 이상의 것이다.

만약 영어 화자가 한 문장 이상의 언어 단락을 읽는다면 그것이 관련되지 않는 문장들의 모음이거나 통합된 전체의 형태인지를 어려움 없이 정상적으로 결정할 수 있다(Halliday & Hasan 1976).

우리가 Text 2.3에서 절들이 어떻게 함께 연결되어 있는지를 이해하기 어렵다고 말할 때 우리는 단락의 두 가지 차원과 반응하는 것이다. 첫 번째는 그것의 맥락적 속성이다. 즉 우리는 그것을 **일관성**(coherence)이라 부르고, 두 번째는 내적 속성으로 우리는 그것을 **응집성**(cohesion)이라 부른다.

일관성은 절이나 문장의 무리가 맥락과 관련되는 방식을 가리킨다(Halliday & Hasan 1976:23). 사실 일관성의 두 가지 유형이 조화(texture)와 관련된다. **사용역의 일관성**(registerial coherence)과 **장르적 일관성**(generic coherence)이 그것이다. 3장과 4장에서 더욱 자세히 살펴보겠지만, 기본적인 아이디어는 텍스트가 보통 이러한 두 가지 유형의 맥락적 통합을 보여준다는 것이다.

1. **사용역의 일관성** : 우리가 텍스트의 모든 절들이 나타낼 수 있는 하나의 상황을 식별할 수 있을 때 텍스트는 사용역의 일관성을 가진다. 이후의 장에서 살펴보겠지만 전문적으로 말해 이것은 우리가 절의 전체 집합에 대해 텍스트가 집중하고 있는 영역을 명세할 수 있을 때(필드(field)), 작가나 상호작용자가 무슨 역할을 하는지 명세할 수 있을 때(테너(tenor)), 언어가 그것이 언급하고 있는 경험에 얼마나 밀접한지를 명세할 수 있을 때(모드(mode)) 가능한 것이다.
2. **장르적 일관성** : 우리가 텍스트를 특별한 장르의 예로 인식할 수 있을 때, 텍스트는 장르적 일관성을 가진다. 전문적으로 말해, 장르적 일관성은 언어가 동기화하는 통일된 목적(예를 들어 스토리를 말하거나, 거래를 달성하는 것 등)을 우리가 확인할 수 있을 때 나타나며, 보통 예측 가능한 장르적 또는 도식적 구조를 통해 표현된다. 이에 대해서는 3장에서 살펴볼 것이다.

Text 2.3은 맥락적 일관성의 이러한 유형을 모두 결여하는 것처럼 보인다. 우선 이 모든 문장들이 나타낼 수 있는 하나의 상황을 우리가 생각할 수 없기 때문에 상황적 일관성을 결여한다. 필드(field)의 일관성이 없고(*Stalin*에서 *sex*로 또 *disembowelment*로 *cats*와 *fashion*으로 건너뛴다) 모드(mode)의 일관성도 없으며(어떤 절들은 명확히 문어인데, 다른 절들은 명백히 구어적 대화이다), 테너(tenor)의 일관성도 없다(우리는 이 문단의 작가/화자의 역할이 무엇인지 결정할 수 없다).

두 번째로 즉각적으로 확인 가능한 장르적 일관성이 없다. 스스로에게 물어보라. '이 텍스트는 어떤 일을 하는가? 무엇을 달성하려는 것인가? 그것의 문화적 목적은 무엇인가?' 만약 당신이 명확한 답에 도달할 수 있다면 그것은 매우 놀라운 일이 될 것이다.

맥락적 일관성의 결여는 동반되는 내적 조직의 결여 즉 **응집성** 결여에 반영되고, 응집성 결여가 반영된 결과이기도 하다. **응집성**이라는 용어는 우리가 우리 담화의 부분들을 관계 짓거나 묶는 방식과 관련된다. Halliday & Hasan은 다음과 같이 설명한다.

> 응집성은 담화에서 어떤 요소들의 **해석(INTERPRETATION)**이 다른 것의 해석에 의존하는 곳에서 일어난다. 하나가 다른 것을 **전제하는데(PRESUPPOSE)**, 그것에 의지하지 않으면 효과적으로 해독될 수 없다는 의미에서 그렇다. 이러한 일이 일어날 때 응집성의 관계가 성립되며, 전제하고 전제되는 두 요소는 적어도 잠재적으로 하나의 텍스트로 통합된다. (Halliday & Hasan 1976:4: 저자 강조)

응집성 뒤에 있는 주요한 개념은 텍스트의 한 지점에 있는 항목과 다른 지점에 있는 항목 사이에 의미적 장치(semantic tie)가 있다는 것이다. 장치의 존재는 그 항목들 중 적어도 하나는 그것의 해석을 위해 다른 것에 의존하도록 만든다. 예를 들어 Dahl의 발췌문에서(Text 2.2) BFG는 '*It's filthing!*'이라고 외친다. 대명사 *it*은 앞에 오는 명사 *the awesome snozzcumber*의 의미에 의존되어 있다. 우리는 의미적 의존성을 결정하여 *it*의 의미(혹은 **지시(referent)**)를 정확하게 해독하는 데 어려움이 없다. 이것을 Text 2.3에서의 상황과 비교해 보라. 즉 절 3iii과 3iv 각각은 대명사 *it*을 포함하지만 그것이 무엇을 지시하는지 파악할 수 있겠는가?

Text 2.3의 요소들 사이에 의미적 장치가 없다는 것은 그것이 언어의 한 토막으로서 내부적으로 밀착하는 것을 막고, 의미를 파악하기 어렵게 만든다. 하지만 나는 당신이 그곳에서 의미를 찾기 위해 매우 열심히 노력할 것이라고 장담하는데, 이것은 우리가 언어에 어떻게 반응하는지에 대한 중요한 통찰력으로 우리를 이끌 것이다.

연쇄에서의 의미: 텍스트의 연쇄적 함축

텍스트의 기본적 속성이 다음의 두 화자들 사이의 대화 발췌문을 통해 예시된다.

A : What time is it, lover?(자기야, 몇 시야?)

B : Julie left her car at the station today(줄리는 오늘 차를 역에 두고 떠났어.).

두 대화만을 가지고 그들이 표현하는 작은 상호작용의 의미를 명백하게 파악하기가 어렵다는 것을 발견할 것이다. A의 질문에 대한 대답으로

B의 말차례를 해석하는 것이 어려울 것인데, *연쇄되어 나타난다는 것을 제외하고는* 둘 사이에 분명한 장치가 없기 때문이다. 아마도 당신은 B가 Julie의 차에 그의 시계를 두고 왔고 그래서 A에게 시간을 말할 수 없었다고 결정할 것이다. 혹은 아마도 두 상호작용자가 지금쯤 보통 집에 있는 줄리라 불리는 누군가를 기다리고 있는데, B가 왜 그녀가 늦는지 설명할 수 있는 상황이라고 가정할 수도 있다. 당신은 B의 발화를 '이해하도록' 허용하는 자신만의 해석을 확실히 구성할 수 있다. 당신은 그 예를 보고 단순히 '이해되지 않는다'라고 말할 것 같지는 않다.

이러한 예시로부터 우리는 대화 분석 연구자 그룹에 의해 몇 년 전에 제시된 한 주장을 인정할 수 있다(e.g. Schegloff and Sacks 1973/74, Sacks, Schegloff and Jefferson 1974, Schegloff 1981). 이들이 일상의 대화를 살펴보았을 때 '경험적으로 발생하는 어떠한 발화도 결코 어떤 구체적 연쇄 바깥에서, 또는 외부에서 일어나지 않는다. 말해지는 것은 모두 어떤 연쇄적 맥락 속에서 말해진다.'(Atkinson and Heritage 1984:6)라는 것을 인식했다. 그들은 이러한 관찰을 **연쇄의 함축**(sequential implicativeness)이라는 개념으로 발전시켰다(Schegloff and Sacks 1973/74:296). 연쇄의 함축은 언어가 반드시 일직선의 연쇄에 매여 있고 그래서 텍스트의 한 부분은(말하기에서 하나의 문장 또는 하나의 말차례는) 반드시 텍스트의 다른 부분을 따라야만 한다(말하기에서 다음 문장 또는 말차례). 이것의 결과는 텍스트의 각 부분은 텍스트의 다음 부분이 해석되는 맥락을 창출한다는 것이다. 그리고 위의 예에서 당신이 들인 노력이 보여주듯이, 화자나 독자는 *지금* 말해지거나 쓰인 것과 방금 말해지거나 쓰인 것 사이에 관계를 구축하기 위해 굉장히 힘을 쏟게 될 것이다.

위의 예에서는 A 질문 다음에 따라오는 B의 발화가 이해되도록 장치를 구성하는 데 어려움이 있다(그러나 확실히 불가능한 것은 아니다). 화자의 발화에서 제공되는 연결의 단서들이 없다. B는 다음과 같은 발화에 의해 더 많은 도움을 받을 수 있다.

B: I know Julie's late, but we shouldn't get worried because she left her car at the station today and caught the train, instead of driving in to work(줄리가 늦었다는 건 알지만, 오늘 운전해서 출근하는 대신에 차를 역에 두고 기차를 탔기 때문에 걱정 안 해도 돼.).

상호작용자들에 의해 공유된 상황 맥락 때문에 장치를 반드시 명시적으로 표출할 필요는 없다. 그러나 대부분의 텍스트들이 독자나 청자들에게 이해된다면 부분들 사이에 연결은 더욱 쉽게 회복될 것이다. 회복 가능한 텍스트 부분들 사이에 연결을 만드는 것은 어떤 응집성의 자원들이 언어 사용자들의 이해를 가능하게 하는지에 관한 것이고, 그것이 우리가 응집성을 더욱 자세히 살펴볼 이유가 되는 것이다.

응집적 자원들에 대한 분석

Halliday & Hasan에 따르면 텍스트의 조화(texture)는 외부적 맥락에 대한 텍스트의 관계(3장과 4장에서 볼 것이다.)와 텍스트의 내적 응집성 모두에 관여한다고 제안하고 있다. 조화의 이러한 차원들 중 하나나 둘에 어려움을 겪는 Text 2.3과 같은 텍스트들은 우리가 어떤 언어 연쇄에서 의미를 찾으려고 시도하는 잘 훈련된 의미적 기반을 가진 독자라고 하더라도 이해하기 어렵다.

응집성을 최대한 자세히 살펴보기 위해 미국 작가 Kate Chopin이 쓴 매우 유명한 단편을 살펴보자.

Text 2.4: The story of an Hour(한 시간 이야기)[5]

(1i)Knowing (1ii) that Mrs. Mallard was afflicted with a heart trouble,(1iii) great care was taken (1iv)to break to her as gently as possible the news of her husband's death.

(2)It was her sister Josephine who told her, in broken sentences; veiled hints that revealed in half concealing. (3)Her husband's friend Richards was there, too, near her.

(4i)It was he who had been in the newspaper office (4ii)when intelligence of the railroad disaster was received, (4iii)with Brently Mallard's name leading the list of 'killed.'. (5i)He had only taken the time (5ii)to assure himself of its truth by a second telegram, (5iii)and had hastened to forestall any less careful, less tender friend (5iv)in bearing the sad message.

(6)She did not hear the story as many women have heard the same, with a paralyzed inability to accept its significance. (7)She wept at once, with sudden, wild abandonment, in her sister's arms. (8i)When the storm of grief had spent itself (8ii)she went away to her room alone. (9)She would have no one follow her.

(10)There stood, facing the open window, a comfortable, roomy armchair. (11i)Into this she sank, (11ii)pressed down by a physical exhaustion that haunted her body and seemed to reach into her soul.

(12)She could see in the open square before her house the tops of trees that were all aquiver with the new spring life. (13)The delicious breath of rain was in the air. (14)In the street below a peddler was crying his wares. (15i)The notes of a distant song which some one was singing reached her faintly, (15ii)and countless sparrows were twittering in the eaves.

(16)There were patches of blue sky showing here and there through the clouds that had met and piled one above the other in the west facing her window.

(17i)She sat with her head thrown back upon the cushion of the chair, quite motionless, (17ii) except when a sob came up into her throat in (17iii)and shook her, (17iv)as a child who has cried itself to sleep continues to sob in its dreams,

(18i)She was young, with a fair, calm face, (18ii)Whose lines bespoke repression and even a certain strength. (19i)But now there was a dull stare in her eyes, (19ii)whose gaze was fixed away off yonder on one of those patches of blue sky. (20i)It was not a glance of reflection, (20ii)but rather indicated a suspension of intelligent thought.

(21i)There was something coming to her (21ii)and she was waiting for it, fearfully. (22)What was it? (23i)She did not know; (23ii)it was too subtle and elusive to name.

(24i)But she felt it, (24ii)creeping out of the sky, (24iii)reaching toward her through the sounds, the scents, the color that filled the air.

(25)Now her bosom rose and fell tumultuously. (26i)She was beginning to recognize this thing that was approaching to possess her, (26ii)and she was striving to beat it back with her will- (26iii)as powerless as her two white slender hands would have been.

(27i)When she abandoned herself (27ii)a little whispered word escaped her slightly parted lips. (2i)She said it over and over under her breath: (28ii)free, free, free! (29)The vacant stare and the look of terror that had followed it went from her eyes. (30)They stayed keen and bright. (31i)Her pulses beat fast, (31ii)and the coursing blood warmed and relaxed every inch of her body.

(32i)She did not stop to ask (32ii)if it were or were not a monstrous joy that held her. (33)A clear and exalted perception enabled her to dismiss the suggestion as trivial,

(34i)She knew (34ii)that she would weep again (34iii)when she saw the kind, tender hands folded in death; (34iv)the face that had never looked save with love upon her, fixed and gray and dead. (35)But she saw beyond that bitter moment a long procession of years to come that would belong to her absolutely. (36)And she opened and spread her arms out to them in welcome.

(37i)There would be no one to live for during those coming years; (37ii)She would live for herself. (38i)There would be no powerful will bending hers (38ii)in that blind per sistence with which men and women believe (38iii)they have a right to impose a private will upon a fellow-creature. (39i)A kind intention or a cruel intention made the act seem no less a crime (39ii)as she looked upon it in that brief moment of illumination.

(40)And yet she had loved him-sometimes. (41)Often she had not. (42)What did it matter! (43i)What could love, the unsolved mystery, count for in face of this possession of self-assertion (43ii)which she suddenly recognized as the strongest impulse of her being!

(44)Free! (45i)as Body and soul free! (45ii)she kept whispering.

(46i)Josephine was kneeling before the closed door with her lips to the keyhole, (46ii)imploring for admission. (47)'Louise, open the door! (48i)I beg, open the door - in (48ii)you will make yourself ill. (49)What are you doing

Louise? (50)For heaven's sake open the door.'

(51)'Go away. (52)I am not making myself ill.' (53)No; she was drinking in a very elixir of life through that open window.

(54)Her fancy was running riot along those days ahead of her. (55)Spring Jays, and summer days, and all sorts of days that would be her own. (56i)She breathed a quick prayer (56ii)that life might be long. (57i)It was only yesterday she had thought with a shudder (57ii)that life might be long,

(58i)She arose at length(58ii) and opened the door to her sister's importunities. (59i)There was a feverish triumph in her eyes, (59ii)and she carried herself unwittingly like a goddess of Victory. (60i)She clasped her sister's waist, (60ii)and together they descended the stairs. (61)Richards stood waiting for them at the bottom.

(62)Some one was opening the front door with a latchkey. (63i)It was Brently Mallard who entered, a little travel-stained, (63ii)composedly carrying his grip-sack and umbrella. (64i)He had been far from the scene of accident, (64ii)and did not even know (64iii) there had been one. (65)He stood amazed at Josephine's piercing cry; at Richards' quick motion to screen him from the view of his wife.

(66)But Richards was too late.

(67i)When the doctors came (67ii)they said (67iii)she had died of heart disease - of joy that kills.

Text 2.4: 한 시간 이야기[5]

멜라드 부인이 심장 문제로 고통 받고 있다는 점을 고려하여, 남편의 사망 소식은 그녀의 심장에 무리가 되지 않도록 최대한 조심스럽게 전해졌다.

그녀에게 이 소식을 전한 사람은 언니 조세핀이었다. 그녀는 말을 채 잇지 못한 채, 반쯤은 사실을 가려가며 남편의 사망을 암시했다. 남편의 친구 리차드도 거기에, 그녀 옆에 있었다. 브랜틀리 멜라드의 이름으로 시작하는 사망자 명단이 실린 열차사고에 대한 기사를 받았을 당시 그는 신문사 사무실에 있었다. 그가 두 번째 전보를 통해 멜라드의 사망 사실을 직접 확인하기까지 그리 많은 시간이 걸리지 않았고, 그는 이 슬픈 소식을 조심스럽지도 상냥하지도 못한 친구들이 먼저 멜라드 부인에게 전하지 못하도록 서둘러 사무실에서 나왔다. 다른 많은 여성들이 이와 같은 소식을 접했을 때 이 엄청난 사실을 받아들이지 못하고 우왕좌왕했던 반면, 멜라드 부인은 이 소식을 듣자마자 절망에 가득 찬 채 언니 품에 안겨 울음을 터트렸다. 슬픔의 폭풍우가 한바탕 휩쓸고 지나간 후, 그녀는 홀로 자신의 방에 있었다. 그녀를 따라가는 사람은 아무도 없었다.

그녀는 열려있는 창을 마주보고 있는 안락하고 넓은 의자에 털썩 주저앉았다. 육체적 피곤이 그녀의 몸을 내리누르고 있었고 이제는 그녀의 영혼까지 엄습하려는 것 같았다.

그녀는 집 앞 광장에 심어진 나무 가지 끝에서 봄의 생명력이 새롭게 떨리는 것을 볼 수 있었다. 향긋한 비 내음이 났다. 한 행상인이 길가에서 물건을 팔고 있는 소리가 들렸다. 저 멀리 어딘가에서 누군가가 부르는 노래가 희미하게 들렸고, 처마에서는 수많은 제비들이 지저귀고 있었다.

창이 나 있는 서쪽 하늘에서는 구름들끼리 서로 만나거나 하나로 뭉쳐지고 있었다. 그리고 그 사이로 군데군데 파란 하늘이 내비치고 있었다.

그녀는 의자 쿠션에 머리를 기대고 앉았다. 흐느끼다 울음이 목으로 올라와 그녀의 몸이 떨리는 경우를 제외하곤 거의 움직임이 없었다. 마치 잠자기 전에 울던 아기가 꿈속에서도 흐느끼는 것과 같았다.

그녀는 어렸고, 중간 정도 미모의 차분한 용모를 가지고 있었으며 그녀의 얼굴선은 그녀가 가진 자제력, 또는, 심지어 강인함까지 발산하고 있었다. 그러나 지금 그녀의 시선은 공허했고, 저 멀리 간간히 보이는 파란 하늘 그 어딘가로 고정되어 있었다. 무언가를 생각하는 눈빛이 아니라 오히려 이성적으로 사고할 수가 없는 그런 상황임을 나타내는 눈빛이었다.

무엇인가가 그녀에게로 다가오고 있었고 두려웠지만 그녀도 그것을 기다리고 있었다. 무엇일까? 그녀는 알지 못했다. 그건 이름을 붙이기엔 너무나 미묘하고 규정하기 어려웠다. 그 무언가가 하늘로부터 기어 나와, 대기를 채우고 있는 소리와 향, 색채를 통해 자신에게 다가오는 것을 느꼈다.

이제 그녀의 가슴은 요동치며 마구 오르내렸다. 그녀에게 다가오는 그것이 무엇인지 곧 알아채기 시작했고, 그녀의 의지로 그것을 물리치려고 몸부림쳤다. 그러나 그 몸부림은 그녀의 하얗고 연약한 두 손처럼 무기력했다.

그것을 물리치려는 시도를 포기하고 나자 작게 속삭이는 소리가 그녀의 얇게 벌린 입술 사이로 새어 나왔다. "자유야, 자유, 자유!" 공허한 눈빛, 그리고 이어진 공포의 표정이 이젠 그녀의 눈에서 사라져 버렸다. 지금 그녀의 눈빛은 날카로웠고 총명했다. 그녀의 맥박은 빠르게 뛰었고, 온몸에 흐르는 피는 그녀의 몸 구석구석을 따뜻하고 편안하게 해 주었다.

그녀는 그녀를 사로잡고 있는 기쁨이 불길한 것이 아닌지 계속해서 묻지 않을 수 없었다. 분명하고도 한 차원 높은 인식은 이러한 질문을 사소한 것으로 여길 수 있도록 해주었다.

망자를 보게 된다면 다시 울게 될 것이라는 걸 알았다. 죽은 자의 몸 위로 포개어진 친절하고 부드러웠던 두 손, 그리고 그녀에 대한 애정 표현 없이는 결코 그녀를 들여다보지 않았던 한 때의 그 얼굴, 그리고 단단하게 굳어진 회색으로 변한 그의 몸을 보게 될 것이었다. 그러나 그렇게 쓰디쓴 순간이 지나고 나면, 그 다음 그녀가 맞이하게 될 길고 긴 시간은 오로지 그녀만의 것이라는 걸 알 수 있었다. 그녀는 두 팔을 벌려 자신만의 시간을 환영했다.

앞으로 적어도 몇 년 동안은 그녀를 위해 살 사람은 아무도 없을 것이다. 그리고 그녀는 오로지 자신만을 위해 살 것이다. 어떠한 힘도 맹목적으로 그녀의 뜻을 꺾을 수 없을 것이고, 그렇게 시간이 지나고 나면 차차 어느 여자든 남자든 친구라는 명목으로 그녀의 사생활을 침범할 권리가 없음을 받아들이게 될 것이다. 그것이 좋은 의도였든 나쁜 의도였든 그녀 자신만의 시간을 침해하려는 행위가 범죄행위와 다를 바 없는 것이라고 아주 짧은 시간 동안에 깨닫게 되었다.

그런데도 그녀는 가끔씩은 남편을 사랑했었다. 그러나 또 가끔 그녀는 남편을 사랑하지 않기도 했다. 하지만 그게 대체 무슨 문제란 말인가! 도대체 사랑이란 것이, 이 풀리지 않는 수수께끼인 사랑이 자기 확인—이를 통해 그녀가 여태까지 경험하지 못했던 자신의 존재에 대한 강렬한 충동이 일어나고 있는데—을 논하는 차원에서 무엇을 할 수 있단 말인가?

"자유야, 몸도 영혼도 자유!" 그녀는 계속해서 속삭였다.

조세핀이 잠겨있는 문 앞에서 열쇠구멍에 대고 문을 열어 달라고 애걸하고 있었다.

"루이스, 문 좀 열어, 부탁할게. 문 좀 열어, 그러다간 몸이 상한다고. 뭐 하고 있는 거니? 루이스? 제발 문 좀 열어줘."

"그만 가, 난 몸 상하지 않아." 절대 그렇지 않아!; 그녀는 열린 창문을 통해 영약을 들이키고 있는 중이었다.

그녀는 앞으로 다가올 시간에 대한 상상으로 마음을 달리고 있었다. 봄, 여름, 그리고 모든 날들을 혼자 보내게 될 것이다. 부디 삶이 오래도록 지속되어 달라고 짧은 기도를 드렸다. 삶이 오래 지속될까 두려워 몸서리 친

것이 바로 어제였었다.

그녀는 곧은 자세로 일어났다. 그리곤 언니의 끊임없는 부탁에 대한 응답으로 문을 열어 주었다. 그녀의 눈에는 불타오르는 승리의 빛이 깃들여져 있었고, 그녀도 미처 알아채지 못한, 승리의 여신과도 같은 기품을 내뿜고 있었다. 그녀는 언니의 허리를 감싸 안고 함께 계단을 내려왔다.

누군가가 열쇠로 현관문을 열고 있었다. 집 안으로 들어온 사람은 브랜틀리 멜라드였다. 여행자의 지친 모습이 옅게 나타났고, 아무렇지도 않은 듯 여행가방과 우산을 들고 있었다. 그는 열차사고와는 전혀 상관없는 사람처럼 보였다. 더군다나 그는 사고가 있었는지조차 모르고 있었다. 그는 조세핀의 찢어지는 비명 소리를 듣고 너무 놀라 서있었다. 리차드가 멜라드 부인을 살핀 후 그에게 시선을 던졌다.

그러나 의사들이 와서 말하기를, 그녀는 심장마비로 죽었다고 했다. - 너무 큰 기쁨도 사람을 죽일 수 있다고 했다.

대부분의 독자들은 Text 2.4에서 언어의 강력하고 효과적인 부분을 발견한다. 우리가 Text 2.3을 가지고 고군분투하는 반면, 우리는 Text 2.4를 이해하고 심지어 감동까지 받게 된다. 우리는 확실히 그것을 이해하는 데 어려움이 없다. 하나의 이유는 Text 2.4에서 Chopin은 문어에서 세 가지 중요한 유형의 응집성의 자원을 훌륭한 문체로 보여주고 있다는 것이다. 즉 **지시**(reference), **접속**(conjunction), **어휘적 응집성**(lexical cohesion)이 그것이다. 우리는 Text 2.4와 같은 텍스트들에서 이러한 응집성 패턴들을 분석하는 방법을 보여줄 것이다. 응집성 패턴에 대해 더 자세한 내용은 Halliday and Matthiessen(2004:9장)을 참조하라.

지시(Reference)

지시의 응집성 자원은 작가/화자가 어떻게 참여자들을 도입한 다음 그들이 텍스트에서 존재하고 그들의 자취를 유지하는지 나타낸다. 참여자들은 텍스트에서 이야기되는 사람, 장소, 사물들이다. 다음 문장에서 참여자들은 밑줄로 표시하였다.

> (1i)Knowing (1ii)that Mrs. Mallard was afflicted with a heart trouble, (1iii)great care was taken (1iv)to break to her as gently as possible the news of her husband's death.

참여자들이 텍스트에서 언급될 때마다 작가/화자는 참여자들의 소재가 알려져 있는지 아닌지 독자/청자에게 표시해 주어야만 한다. 즉 텍스트에서 참여자들은 우리에게 **제시되거나**(텍스트에 새로운 것으로 도입) **추정되어야** 한다(우리가 다른 곳에서 그들의 존재를 확인할 필요가 있는 방법으로 코드화되어 있는 것). 다음을 대조해 보자.

> (1i)Knowing (1ii)that Mrs. Mallard was afflicted with a heart trouble,
>
> (10)There stood, facing the open window, a comfortable, roomy armchair.
>
> (14)In the street below a peddler was crying his wares.

이 모든 예들은 지시를 **제시하는(presenting)** 것이다. 즉 우리는 Mrs. Mallard, heart trouble, armchair, peddler에 대해 어떤 것을 안다고 기대되지 않는다. 이 모든 참여자들이 처음으로 우리에게 제시되었기 때문이다. 다음의 예와 대조해 보자.

(11i)Into this she sank,

여기에 우리는 두 개의 **추정**(presuming) 지시 항목을 가진다. 즉 그것은 우리가 알고 있거나 *this, she*가 언급하는 사람과 사물을 밝힐 수 있다고 추정된다.

추정되는 참여자들만이 텍스트 안에서 응집성을 만든다. 왜냐하면 의존성의 연결이 추정되는 항목과 그것이 지시하는 것(그것의 지시체) 사이에 형성되기 때문이다. 가장 보편적인 추정 지시 항목들은 다음과 같다.

1. 정관사 : *the*

   (6)She did not hear the story as many women have heard the same

2. 지시대명사 : *that, these, those*…

   (11i)Into this she sank

3. 대명사 : *he, she, it, they ; mine, his, hers, theirs*…

   (11i)Into this she sank

작가가 추정 지시 항목을 사용할 때 독자는 텍스트를 따라가기 위해 그 항목의 정체를 확인할 필요가 있다. 즉 예를 들어 만약 작가가 대명사 she를 사용했다면 독자들은 she가 누구를 지칭하는지 찾을 수 있어야 한다. 만약 추정되는 지시체가 찾아지지 않는다면(즉 만약 독자가 she가 언급하는 것이 누군지를 이해할 수 없거나, 가능한 후보가 많다면) 상호작용은 문제가 될 것이다. 예를 들어 우리가 곧 살펴보게 될 한 이야기로부터 나오는 다음의 시작 문장에서 모호성에 주목해 보라.

I watched as my companion was attacked by the polar bear.

이 문장에는 세 개의 추정 지시 항목들이 있다. 그리고 그것들 중 어떤 것도 우리는 명확하게 해독할 수 없다. 왜냐하면 I가 누구인지, I가 어떤 동료를 가졌는지 우리가 이야기하고 있는 북극곰(the polar bear)이 누구인지 앞선 텍스트에서 말해주지 않았기 때문이다.

추정 지시 항목의 식별은 여러 가지 상이한 맥락에서 이루어질 수 있다.

1. 문장의 일반적 맥락으로부터: 예를 들어 우리가 *how hot the sun is today*에 대해 이야기할 때 우리는 어떤 태양에 대해 이야기하고 있는지 안다. 즉 우리가 이 특별한 세계의 구성원들과 공유하는 태양. 문화의 공유된 맥락으로부터의 탐색을 **맥락** 지시(**homophoric** reference)라고 부른다.
2. 즉각적 상황 맥락으로부터: 예를 들어 만약 우리가 *Put it down next to her*이라고 요청받았고 우리가 동시에 같은 장소에 있다면 우리는 *it*을 내가 가리키고 있는 어떤 물체이든 가리키는 것으로 해독할 수 있고, 그 방 안에 여자를 *her*로 인지할 것이다. 공유된 즉각적 맥락으로부터 정보를 얻을 때 **상황** 지시(**exophoric** reference)라고 부른다.
3. 텍스트 속에서 그 자체로부터 얻는 것: 종종 참여자의 식별은 텍스트의 앞(초기) 지점에서 주어진다. 예를 들어

   (6)<u>She</u> did not hear <u>the story</u> as many women have heard the same

   여기에서 우리는 이전 단락 *the railroad disaster...with Brently Mallard's name leading the list of 'killed'*로 돌아가 연결을 만듦으로써 *she*에 대한 추정 지시로 *Mrs. Mallard*를 그리고 *the story*에 대한 추정 지시를 해독할 수 있다.

지시 항목의 정체가 텍스트 속에서 찾아질 수 있을 때 우리는 이것을 **내적** 지시(**endophoric** reference)로 다루고 있다. 내적(endophoric) 연결이 텍스

트의 내적 조화를 생성하기 때문에 응집성(cohesion)을 산출하는 것은 내적 지시(endophoric reference)인데 반해 맥락 지시(homophoric reference)와 상황 지시(exophoric reference)는 텍스트의 일관성(coherence)에 기여한다.

내적 지시(endophoric reference)는 다음과 같이 세 종류이다.

1. **대용적 지시(anaphoric reference)**: 이것은 관계항이 텍스트의 앞 부분에 나타날 때 일어나는 것이다. 앞에서 주어진 예에서(*She did not hear the story* …) 두 탐색은 대용적이다. 여기에 또 다른 대용의 예시가 있다.

> (27i)When she abandoned herself (27ii)a little whispered word escaped her slightly parted lips. (28i)She said it over and over under her breath: (28ii)'free, free, free!'

우리는 앞 문장 '*a little whispered word*'로 나타나는 관계항으로 되돌아감으로써 대명사 it의 정체를 탐색한다.

전형적으로 대용적 지시는 가까이에 언급된 참여자를 가리키지만 때때로 한참 앞이나 이전으로 돌아가서 항목을 탐색해야 할 수도 있다. 64번 문장을 우리가 읽을 때이다.

> (64i)He had far from the scene of accident, (64ii)and did not even know (64iii)there had been one.

우리는 사건의 *어떤* 장면인지 이해하는 것이 어렵지 않다. 우리는 이러한 추정 지시가 문장 4에 *railroad disaster*의 언급까지 간다는 것을 알게 된다.

2. **후방 조응 지시(cataphoric reference)**: 이것은 관계항이 아직 나타나지 않

았지만 곧이어 제공되는 경우이다. 예를 들어 Chopin이 그녀의 이야기를 시작했을 때라고 상상해 보라.

> The news came as a terrible shock to them all, but most of all to Mrs. Mallard. It seemed her husband Brently had been killed in a railroad disaster. His friend, Richards, carried the sad tidings to Mrs. Mallard and her sister Josephine.

여기에서 *the news*와 *them* 모두가 추정 지시체로 시작한다. 하지만 두 번째 문장에서 우리는 뉴스가 무엇인지 세 번째 문장에서 them이 모두 무엇을 지시하는지 알 수 있다.

3. **동심 지시(esphoric reference)**: 이것은 관계항(referent)이 추정 관계항 항목(presuming referent item) 다음에 즉시 구 안에서 나타날 때 일어나는 것이다(별개의 절이 아니라 동일한 명사구 안에서).

> (8i)When the storm of grief had spent itself

- 여기에서 우리는 *of grief*라는 전치사구가 바로 따라오는 것으로부터 *storm*이 무엇인지 알게 된다.

> (12)She could see in the open square before her house the tops of trees that were all aquiver with the new spring life.

- 우리는 따라오는 구 *before her house*로부터 열린 사각형이 *무엇*인지, *of tree*로부터 *무엇의 꼭대기*인지를 알 수 있다.

(15i)The notes of a distant song which some one was singing reached her faintly, (15ii)and countless sparrows were twittering in the eaves.

- 여기에서 우리는 동심(esphoric) 지시가 매우 광범위할 수 있다는 것을 보았다. 우리는 어떤 음(note)을 듣는가? 전치사 구는 우리에게 말한다. : *of a distant song which some one was singing.*

대용적으로 또는 후방조응적으로 또는 동심적으로 운영될 수 있는 내적 지시의 또 하나의 유형은 **비교** 지시(comparative reference)이다. 비교 지시는 추정된 항목의 식별이 이전에 언급되었거나 텍스트에서 언급될 것이기 때문에 찾아지는 것이 아니라, 비교되는 항목이 언급되었기 때문에 식별되는 것이다. 예를 들어,

(6)She did not hear the story as many women have heard the same

우리는 비교되는 지시체 *the same*을 *the story*로 되돌아가 해석하는데, *the story*는 우리가 *Brently Mallard*의 죽음에 대한 이야기를 들었던 이전 단락 전체로 돌아가 대용적으로 해석된다. 이러한 예들은 우리에게 비교 지시와 **전체 텍스트 지시하기(whole text referencing)**라고 부르는 것 두 가지 모두를 보여준다. **전체 텍스트 지시하기(whole text referencing)**에서 **관계항은** 하나의 단순한 참여자 이상이다. 그것은 이전에 언급된 행위나 사건의 연쇄일 수 있다. '그것은 심지어 이 지점까지 전체 텍스트'일 수도 있다. 작가가 *This therefore proves that....*이라고 썼다면 *this*가 추정하는 것은 작가가 그 지점까지 논의하고 있었던 모든 것을 지시할 수 있다.

하나의 특별한 지시는 **교량** 지시(**bridging** reference)라고 알려진 것이다. 이것은 추정 지시 항목이 이전의 항목으로 돌아가 그것으로부터 추론적

으로 도출되는 것이다. 예를 들어,

(10)There stood, facing the open window a comfortable, roomy armchair.

창문에 대해 이전에 언급하지 않았지만 우리는 *the open window*가 그녀의 방의 창문을 언급한다는 것을 이해하기 위해 *her room*에 대한 이전의 지시와 교량을 놓는 데 어려움은 없다. 유사하게

(15i)The notes of a distant song which some one was singing reached her faintly, (15ii)and countless sparrows were twittering in the eaves.

지시 항목 *the*는 우리가 어떤 처마인지를 안다는 것을 표시한다. 사실 처마에 대해 이전에 어떤 언급도 없었지만 우리는 그녀가 그녀의 집 안에서 그녀 집의 처마를 보고 있다는 것을 해석할 수 있다는 우리의 가정으로부터 교량을 놓을 수 있다. 그리고 다음의 예에서

(67i)When the doctors came (67ii)they said (67iii)she had died of heart disease – of joy that kills.

우리는 그녀가 심장병이 있다는 이전의 언급으로부터 *the doctors*가 그녀의 병을 치료하고 있는 사람이라는 것을 교량적으로 해석할 수 있다.

서사 텍스트에서 지시의 보편적 유형은 **소유** 지시(possessive reference)이다. 이것은 Text 2.4 전체에 사용되었다. 더 단순한 예를 살펴보자.

(8ii)she went away to her room alone

우리는 소유 명사 그룹 *her room*에서 her이 *Mrs. Mallard*를 가리킨다고 대용적으로 해석한다. 사실 *her house*는 더 나중의 문장에서 언급되었고 (문장 12) 그래서 이것은 또한 후방 조응적 지시로 해석될 수 있다.

소유 명사 그룹은 심지어 더 많은 참여자들을 가질 수 있다. 다음의 예를 보자.

(3)Her husband's friend Richards was there, too, near her.

소유대명사 *her*는 *Mrs Mallard*를 대용적으로 지시한다. 즉 *husband's*는 대용적으로 *Brently Mallard*를 지시한다.

여기에 텍스트에서 참여자로 식별되어 참여하는 것이 아니라 시간 장소로서 식별되는 **장소** 지시(**locational** reference)로 알려진 지시의 한 종류가 있다. 문어 텍스트에서 *here, there, then, above, below*와 같은 장소 지시체들은 사방의 텍스트로부터 텍스트 내적으로(endophorically) 탐색된다. 예를 들어 Chopin은 다음과 같이 썼을 것이다.

She went away to her room alone. There she stayed for many hours.

*There*는 *her room*을 지칭하는 장소 지시(locational reference)이다.

그러나 대화에서 장소 지시체(locational referents)들은 종종 상황적으로 (exophorically) 탐색된다(담화 밖에서).

Here are some bikkies.

(상황적으로 탐색된다. 우리가 있는 여기(here))

These days it costs a fortune.

(상황적으로 탐색된다. 현재 우리가 살고 있는 요즘(these days))

지시에 대한 더 많은 범주는 지시를 **식별**(identification)의 범주로 다루는 Halliday & Matthiessen(2004:549-61)과 Martin(1992a:93-158), Martin and Rose(2003) 등을 보라.

지시 연쇄의 도식화(Tabulating reference chains)

텍스트에서 지시 패턴을 포착하기 위한 편리한 방법은 텍스트 참여자들의 언급을 따라 탐색해 가는 것이다. 이것은 지시 연쇄가 텍스트에 걸쳐 발전하면서 조화가 어떻게 창출되는지에 대한 그림을 제공할 것이다. Halliday and Matthiessen(2004)와 Martin and Rose(2003)는 각각 이것에 대한 다른 방식을 제안했다. 주요한 원리는 동일하다. 즉 당신은 텍스트에서 추정 지시체(presuming referents)를 확인하고 그런 다음 그 참여자들의 모든 언급들을 연결하는 것이다. 모든 추정 관계항을 찾음으로써 지시의 종합적인 분석을 할 수도 있고 분석의 목적에 의존하여 주요한 참여자들에 집중해서 분석할 수도 있다.

당신은 연결된 지시 항목들을 텍스트의 문장 번호와 함께 단순히 나열함으로써 지시 연쇄의 단순한 선형 표시를 준비할 수 있다. 만약 추정 지시 항목의 정체가 텍스트에서 언급된다면(예를 들어 제시된 지시를 통해 도입된다면) 그때 그것에 적절한 문장 번호를 달아 당신의 리스트 속에 넣기만 하면 된다. 만약 추정 관계항의 정체가 명시적으로 언급되지 않을 때(즉 텍스트에 어휘화되어 나타나지 않을 때) 당신은 지시 연쇄를 [괄호 속에] 그 연쇄의 시작점에 쓰기를 희망할지도 모른다. 제시된 지시 항목들은 텍스트의 어느 지점에서 추정 지시 항목에 의해 되돌아가 언급될 때에만 기록될 필요가 있다. 추정 관계항을 포함하는 소유 명사 그룹은 그것이 언급하고 있는 참여자들 각각의 아래에 명사군을 기입하라. 당신은 관계항의 정체가 탐색되는 곳을 가리키는 약어를 사용할 수도 있다(대용적(anaphorically), 동심적(esphorically), 교량적(bridging), 상황적(exophoric), 등등). 부록(Appendix)에서 당신은 1장에서 살펴본 세 가지 Crying Baby Text에 대한 지시 연쇄를 발견할 수 있다. 분석은 11장에서 논의되었다. 다음은 Text 2.4의 8개의 주요 지시 연쇄를 나타낸 것이고, 이어서 그들이 'The Story of an Hour'에 대해 우리에게 보여주는 것이 무엇인지 간략히 논의할 것이다.

지시 분석의 열쇠(Key to reference analysis) 숫자는 문장 번호를 가리킨다.(Text 2.4 참조) 연결은 다음에 의해 지시되지 않는다면 대용적이다.(Ties are anaphoric unless indicated by): C: 후방조응적(cataphoric) S: 동심적(esphoric) P: 비교(comparative) L: 장소(locational) B: 교량(bridging) H: 맥락(homophoric) X: 상황(exophoric)

Chain 1: Mrs Mallard

(1)Mrs Mallard – her – her husband's death – (2)her sister – (3)her husband's friend – her(6)she – (7)she – her sister's arms – (8)she – (9)she – her – (11)she – her body – her soul – (12)she – her house – (15)her – (16)her window – (17)she – her head – her throat – her – (18)she – (19)her eyes – (21)her – she – (23)she – (24)she – her – (25)her bosom – (26)she – her – she – her will – her two white slender hands – (27) she – herself – her lips – (28)she – her breath – (29)her eyes – (31)her pulses – her body – (32)she – her – (33)her – (34)she – she – she – her – (35)she – her – (36)she – her arms – (37)she – herself – (38)hers – (39)she – (40)she – (41)she – (43)she – her being – (45)she – (47)Louise – (48) you – yourself – (49)you – Louise – (52)I – (53)she – (54)her fancy – her – (55) her own – (56) she – (57)she – (58)she – her sister's importunities(59)her eyes – she – (60)she

– her sister's waist – they – (61)them – (67)she

Chain 2: Brently Mallard

(1) husband's death – (3)husband's friend – (4)Brently Mallard's name – (34)(B)the kind tender hands – (B)the face – (40)him – (62)some one – (63)Brently Mallard – his grip sack and umbrella – (64)he – (65)he – him his wife

Chain 3: her sister, Josephine

(2)her sister Josephine – (7)her sister's arms – (46)Josephine-her lips – (48)I – (58)her sister's importunities – (60)her sister's waist – they – (61)them – (65) Josephine's piercing cry

Chain 4: Richards

(3)her husband's friend Richards – (4)le – (5)he – himself – (61)Richards – (65) Richards' quick motion – (66)Richards

Chain 5: the news

(1)the news(S)of her husband's death – (4)(B)the railroad disaster – the list of killed' – (5)its truth-the sad message – (6)the story – the same(P) – its significance

Chain 6: 'something'

(21)something – it – (22)it – (23)it – (24)it – (26)this thing that was approaching to possess her – it(27)(C)a little whispered word – (28)it – (32)it – (S)a monstrous joy – (33)the suggestion – (39)that brief moment of illumination

– (43)this possession of self-assertion(S)which she recognized as the strongest impulse(S)of her being

Chain 7: the room/house

(8)her room – (10)(B)the open window – (12)(B)her house – (14)(L)the street below – (15)(B)the eaves – (16)her window – (46)(B)the closed door – (B)the keyhole – (47)the door – (48)the door – (50)the door – (53)that open window – (58)the door – (60)(B)the stairs – (61)(B)the bottom – (62)the front door

Chain 8: Mrs Mallard's eyes

(1)Mrs Mallard – (19)(B)her eyes – whose gaze – (20)it – (29)the vacant stare – her eyes – (30)they – (59)her eyes

이러한 목록화는 Text 2.4에 나타나는 추정 지시들을 모두 보여주지는 않는다. 두 개나 세 개의 참여자들이 서로서로 연결되어 있는 많은 짧은 연쇄가 있지만 텍스트에서 응집성을 산출하는 데 기여하는 것은 길게 유지되는 연쇄이다. 그렇다면 지시 연쇄가 텍스트에 대해 우리에게 무엇을 말해주는가?

첫째로 지시 연쇄는 우리에게 텍스트에서 주요 참여자가 누구인지 보여주고 그들의 관계적 중요성을 보여준다. Mrs Mallrd가 'The Story of an Hour'에서 참여자로 얼마나 두드러지는지를 살펴보는 것은 놀라운 일이 아니다. 즉 그녀에 대한 지시는 전체 텍스트를 통해 87회가 있었다. 다른 어떤 사람도 이와 비슷하게 나온 사람조차 없다. 세 명의 참여자들 중에서 Richards와 Josephine은 텍스트의 끝에서 Mrs Mallard의 삶 주변을 침범하는 것으로써만 참여자로 나타나는 특징을 보인다. 더욱 극적으로

Brently Mallard는 텍스트 상에서 그의 죽음과 삶만 연기한다. 즉 그녀의 남편이 그녀의 삶에서 나가면서 그는 그녀의 텍스트에서 나갔다가 마지막에 텍스트로 돌아온다. 그의 오랜 텍스트 상에서의 부재에도 불구하고 그의 귀환은 Mrs Mallard가 그렇게 도망가고 싶어 했던 자유의 부재를 정확히 연기한다. 그가 텍스트로 돌아오면, 그녀의 지시 연쇄가 끝난다.

그러나 이것이 하나의 참여자 Mrs Mallard에 관한 이야기인 데 반해, 텍스트는 그가 참여자로서 하는 행위는 덜 나타내고 그녀가 소유하고 있는 것을 더 많이 언급한다. Mrs Mallard의 지시 연쇄가 굉장히 많은 소유 지시를 포함하고 있다는 점을 기억하라. 즉 실제로 87회 중 42회가 나타난다. 이는 다시 이야기의 주제적 관심에 대한 텍스트적 실현이다. 즉 Mrs Mallard는 자기 소유(self-possession)를 성취하면서 소유하게 되고, 마지막에는 다시 빼앗겨 버린다.

그렇다면 Chopin은 자기 소유를 어떤 의미로 해석할까? 지시 연쇄에 의해 판단하면, 그것은 무엇보다도 그 자신의 몸을 소유하는 것을 의미한다. 대부분의 소유 지시들은 Mrs Mallard의 몸의 일부분에 속해 있다. 즉 그녀의 손, 입술, 그녀의 존재 등등이 그러하다. Mrs Mallard가 "*자유! 몸과 마음의 자유!*"를 속삭였다고 하더라도 텍스트는 Chopin에게 가장 중요하나 획득하기 어려운 것이 여자들의 육체적 자유라는 것을 제안한다.

개별적 연쇄로 여기에서 보였던 Mrs Mallard의 눈과 관련된 많은 지시가 있었다. 우리는 그것이 텍스트의 다른 어휘적 관계와 어떻게 공명하는지 곧 보게 될 것이다. 여기에서 우리는 그녀의 눈에 대한 지시와 응시에 대한 지시가 이야기에서 자아실현의 은유적 중요성을 실현하는 데 어떻게 도움을 주는지 주목할 수 있다.

소설 속 인물들을 제외하고, 대부분의 광범위한 연쇄는 'the news'와 Mrs Mallard를 향해 다가오는 불분명한 어떤 것과 관련되어 있다. news

연쇄는 이야기 초기에 밀집되어 나오지만, 이 연쇄는 Mallard 부인의 깨달음을 향한 움직임(movement)에 촉매제를 제공하는 역할을 한 후 약해진다. 그 후 'something' 연쇄가 중요해진다. 'something'의 정체는 무엇인가? 모든 것이 지시적으로 복합적인 구인 *this possession of self assertion which she suddenly recognized as the strongest impulse of her being*를 가리키고 있는 것처럼 보인다. 하지만 이 연쇄 내의 지시체들은 something 그 자체가 그러한 것처럼 '미묘하고 불투명한 것'이다.

Mallard 부인의 집, 방, 방의 일부와 관련된 16개의 지시로(대부분 교량 지시로) 장소와 관련된 확장된 연쇄가 실현된다. 이러한 지시들은 물론 이야기를 그 배경 속에 고정시키지만 그것들은 그 이상의 의미를 가진다. 즉 열려 있거나 닫혀 있는 창문과 문이 얼마나 자주 언급되는지 주목하라. 다시금 이 연쇄는 Mrs Mallard의 삶의 닫힌 속성, 밀실 공포증적인 속성(그녀는 결혼생활 속에, 집 안에, 방 안에, 닫힌 문 뒤에 갇혀 있다)과 그녀의 해방(열린 창문을 통해 그녀에게 오는 깨달음)을 대비시키면서 주제적으로 공헌한다.

만약 우리가 대부분의 항목을 찾은 곳을 고려해 본다면 Text 2.4가 문어 소설 텍스트의 전형이라는 것을 알게 된다. 즉 대부분의 관계항들은 텍스트 안에서 내적으로(endophorically) 탐색되고 대부분 대용적이다. 이러한 방식으로 텍스트는 자신의 허구적 맥락을 창조하고, 언어는 맥락 독립적으로 구성되면서 그 자체로 해석된다. 이것은 텍스트가 시공간을 넘어 성공적으로 여행할 수 있도록 해 준다. 즉 비록 '한 시간 이야기(The Story of an Hour)'가 1920년대 북아메리카에서 집필되었지만 우리는 그것을 지금 우리가 있는 어느 곳에서든 읽고 이해할 수 있다. 우리가 이 책의 뒷부분에서 분석해 볼 텍스트처럼, 실용적 비소설 텍스트들은 상황적(exophoric) 그리고 맥락적(homophoric) 탐색을 통해 텍스트 외부의 맥락에 더 많이 의존한다는 것을 보게 될 것이다.

전체 텍스트에 걸쳐 있고, 상대적으로 적은 수의 참여자들에게 일관되게 집중하고, 연결의 밀도와 그들의 내적(endophoric) 탐색에 집중하는 지시 연결의 결합은 매우 응집성 있고 자족적인 텍스트를 창조하는 데 도움이 된다. 지시 연쇄는 또한 텍스트가 만드는 은유적 의미에 기여한다는 면에서 응집적이다. 지시 연쇄의 패턴들은 관습적 결혼이 그들 자신의 육체에 대한 여성의 자기 소유를 빼앗는다는 Chopin의 제안을 실현하는 데 도움을 준다.

Kate Chopin은 그것을 쉽게 보여주지만 잘 조화된 이야기를 구성하는 것은 대부분의 젊은 작가들에게 도전이 될 수 있다. 12살의 호주 소년이 쓰고 글쓰기 대회에 출품되었던 Text 2.5를 고려해 보자.

Text 2.5: Fatal Alaska[6]

(spelling and punctuation as in original)

I watched as my companion was attacked by the polar bear. Then he fell to the ground and didn't move. I knew he was dead. My other companion was still in the plane, looking like it was he who had been attacked. I tried to ignore the body but two hours later could stand it no longer. I made a whole in the ice and left it for whatever actic creature was hungry.

My journey to Alaska consisted of two reason, finding the two men who set off from Canada to study penguins and to give the two Canadian mountys some experience in Alaska.

My name is Samual Jacobson, I am a 17 year old Canadian piolot who was assigned to this mission. At first I was proud to do it, then nervous and now I'm terrified. The snow storm last week is said to have covered their plane in ice and srlow. I am told they were proffsianals.

I had to get my live companion to refrain from losing his mind, I could not afford to lose another friend or I might lose my own mind. It took a great deal of shaking to bring my friend to his senses, then I urged him to get moving, which he reluctantly did. We moved for several hours getting colder by the minute, and less confident.

Just when I feared we would have to turn back, I saw a light, that looked like a fire. I don't think my partner saw it so I steered him towards it. We saw then what it was, a fire, recently lit, in the middle of a cave.

We ventured into the cave and saw nothing inside but a rack with bones and body parts in it, a billy with meat in it and blood! Then a shadowy figure loomed at the entrance of the cave.

I stared at my partner, who once again had noc noticed the happenings around him. I froze, I know its stupid but as the figure advanced, I just froze. My heart was a straight six motor for that ten or so seconds, and it was revving its guts out. Then, when the figure stepped into the flickering light of the fire I felt relief, as I recognized him from the photo of the explorers as Captain John, the leader of the expidition, and the brains.

I knew the bones and body parts and meat were not animal, they were his crew! Just then he pulled a hatchet from his coat and ran at me. That confirmed to me that he had canaballised on his men. I ducked sending him over my back and into the fire, he set alight. I watched as he frantically jumped up, ran outside and rolled in the snow, all the time holding his hatchet. He got up, furious and I knew he wouldn't miss again...

TO BE CONTINUED···

Text 2.5: 죽음을 초래하는 알래스카

(철자법과 구두법은 원본을 따랐다.)

나는 내 동료가 북극곰에게 공격받는 것을 보게 되었다. 그는 땅바닥으로 쓰러졌고 움직이지 않았다. 나는 그가 죽었다는 것을 알 수 있었다. 나의 또 다른 동료는 꼭 그가 공격받았던 것처럼 비행기 안에 계속 남아 있었다. 나는 죽은 동료의 시신을 신경 쓰지 않아보려 애썼으나, 2시간 이상은 더 견딜 수가 없었다. 나는 얼음에 구멍을 뚫었고 굶주린 북극의 생명체들을 위해 시신을 그곳에 남겨두고 떠날 수밖에는 없었다.

내가 알래스카로 여행을 간 데에는 두 가지 이유가 있다. 첫 번째로는 캐나다에서 펭귄에 대한 연구를 위해 떠난 두 사람을 찾기 위해서였고, 두 번째로는 그 두 캐나다 기마경찰에게 알래스카를 경험할 수 있는 기회를 제공해주기 위해서였다.

내 이름은 사무엘 제이콥슨이다. 이 임무를 맡게 된 17살의 캐나다 조종사다. 처음에는 이 일을 맡게 되어 스스로 자랑스러운 마음이었으나, 곧 초조한 마음이 들었고 지금은 너무도 겁에 질려있다. 지난주에 내린 폭설은 그들의 비행기를 얼음과 눈으로 덮었다고 한다. 그들은 예언자라 전해 들었다.

나는 살아있는 동료가 이성을 잃지 않도록 해야만 했고, 또 다른 친구를 잃거나 나 스스로 평정심을 잃을 수는 없었다. 많은 떨림 끝에 나는 내 친구가 정신을 차릴 수 있도록 하였고, 그가 원치는 않았지만 어떻게든 그를 움직이게끔 하였다. 우리는 그렇게 몇 시간을 걸었고 시시각각 추워지는 날씨와 함께 우리의 자신감도 점점 떨어져만 갔다.

다시 온 길을 돌아가야 하는 건 아닐까 두려워하고 있을 때 나는 꼭 불처럼 보이는 불빛을 보았다. 내 친구가 그걸 보지는 못한 것 같아서 나는 그를 그쪽으로 이끌었다. 마침내 우리는 그것이 무엇인지 확인할 수 있었다. 동굴 한 가운데서 얼마 전 피워진 불을 발견했다. 우리는 동굴 안쪽으로 과감히 들어갔고 선반에 있는 뼈와 몸통 일부, 그리고 고기와 피가 들어있는 주전자 이외에는 아무것도 보이지 않았다. 그 때 동굴 입구에 그림자 같은 모습이 어렴풋이 나타났다.

나는 내 친구를 쳐다보았고, 그는 여전히 지금 무슨 일이 일어나고 있는지를 모르는 것 같았다. 나는 내가 바보 같다는 생각을 했지만 그림자가 점점 가까워져 오자 그 자리에 얼어붙어 버렸다.

10초 정도 동안 내 심장은 마치 6개의 모터가 달린 듯 쿵쾅쿵쾅 요동치며 점차 빨리 뛰기 시작했다. 그리고 마침내 깜빡거리는 불빛 속으로 그림자가 걸어 들어오자 나는 안도했다. 탐험가들의 사진에서 본 탐험대 대장이자 지성을 겸비한 존재임을 알아봤기 때문이다.

나는 뼈와 몸통 일부 그리고 고기가 동물의 것이 아님을 알았다. 그건 바로 그의 팀원들의 것이었던 것이다! 바로 그 때 그는 코트 안에서 도끼를 꺼내들더니 나에게 달려들었다. 이는 그가 그의 팀원들을, 즉 인육을 먹었다는 것을 확인시켜주는 행동이었다. 나는 몸을 순간 확 굽혀 그를 내 등 뒤로, 그리고 불 속으로 던져버렸고 곧 그의 몸에 불이 붙었다. 그는 시종일관 도끼를 움켜쥔 채 미친 듯 펄쩍펄쩍 뛰다가 밖으로 달려 나가더니 눈 위를 굴렀다. 그는 분노에 가득 찬 채 일어났고, 나는 이제 그가 다시는 나를 놓치지 않을 것임을 알았다.

다음에서 계속…

이 젊은 작가는 지시적 응집성과 같은 많은 서사 기술을 발휘하느라 고군분투하고 있다. 즉 우리는 다음 장에서 다른 서사 기술을 다룰 것이다. 작가가 그의 첫 번째 단락에서 추정 지시(presuming reference)의 과도한 사용으로 독자에게 혼란을 야기하는 방식에 주목하라(밑줄 친 부분이 추정 관계항(presuming referents)이다.).

I watched as my companion was attacked by the polar bear.
– 우리는 아직 '나(I)'가 누구인지 어느 북극곰(polar bear)인지 모른다.
Then he fell to the ground and didn't move.
– 동료 혹은 북극곰? 우리는 관습적 문화적 가정을 하지만 그것이 틀렸을 가능성은 항상 있다.

I knew he was dead. My other companion was still in the plane, looking like it was he who had been attacked.
– 비교 지시는 현재 우리에게 '나(I)'가 두 명의 동료를 가지고 있다는 것을 말해 준다. 그러나 우리는 그들 중의 어떤 사람도 모를 뿐만 아니라 그들이 비행기 속에 어떻게 있는지 어디에 있는지 모른다.

I tried to ignore the body but two hours later could stand it no longer. I made a whole in the ice and left it for whatever actic creature was hungry.
– *the body*는 죽은 동료와 교량적으로 연결되고 우리가 *the ice*에 도달했을 때 이것을 맥락적으로 the *polar bear*와 *the artic*과 순차적으로 연결할 수 있다. 그러나 왜 우리는 그곳에 있는가? 그리고 우리는 누구인가?

My journey to Alaska consisted of two reason, finding the two men who set off from Canada to study penguins and to give the two Canadian mountys some experience in Alaska.
– 동심 지시를 통하여 우리는 알래스카에 있다는 것을 알게 된다(결국 바로 그 북극도 아니다.). 그러나 우리는 여전히 '*the two men who set off*

from Canada to study penguins'가 누구인지 모르기 때문에 여전히 혼란스럽다(우리는 그들의 이름과 같은 어떤 제시된 지시(presenting reference)가 필요하다). 또 '*the two Canadian mountys*'가 누구인지를 알아야 한다. 그들은 첫 번째 단락에서 언급된 두 명의 동료일 수 있을까? 아마도 그럴 수 있지만 우리는 확신할 수 없다.

I가 그의 정체를 드러내는 것은 세 번째 단락에서이다. this mission에 관한 매우 중요한 정보를 따라서이지만 여전히 모든 중의성이 사라진 것은 아니다.

이 젊은 작가가 지시를 가지고 고군분투하는 동안 전문적 작가들은 때때로 의도적으로 지시적 응집성에 문제를 야기할 수 있다. John Ashbery의 잘 알려진 시 Text 2.6을 고려해보라. 당신이 시를 '이해하려고' 할 때 더듬거리며 말한다는 것에 주목하라.

Text 2.6: The Grapevine[7]

(1)Of who we and all they are
You all now know. (2)But you know
After they began to find us out we grew
Before they died thinking us the causes
Of their acts. (3)Now we'll not know
The truth of some still at the piano, though
They often date from us, causing
These changes we think we are. (4)We don't care
Though, so tall up there
In young air. (5)But things get darker as we move

To ask them: Whom must we get to know
To die, so you live and we know?

Text 2.6: 포도덩굴(The Grapevine)[7]

　우리와 그들이 누군지
이제 다들 알 거야. 하지만 너도 알잖아
그들이 우리를 발견한 이후부터 우린 자라났지
그들이 죽기 전 우리가 그 원인이라 생각했어
　그들의 행동에 대해 이제 우리는 몰라
그래도 아직 일부 진실은 피아노에 남아 있어
원인은 간혹 우리로부터 시작하지
우리가 생각하는 이러한 변화들. 우리는 상관하지 않아
　하지만, 저 위까진 너무 높아
신선한 공기에서. 그러나 우리가 움직일수록 상황은 더 어두워져
그들에게 물어보다: 우리가 누구를 알아야만 하는 거지?
죽는다는 건, 네가 살아 있어서 우리가 아는 거야?

작가가 제시한 위 텍스트는 얼핏 보기에 매우 규약적인 시인 것처럼 보인다. 제목의 시적 스타일, 3~4줄의 스탠자(stanza), 시적 포맷(완성된 줄이 아님), 뜻이 행끝에서 끝나지 않는 것과 같은 시적 규약의 사용, 라임, 은유의 제안, 그리고 시간적 연쇄나 성격묘사 극적 사건과 같은 서사적 장치가 없는 것. 이 모든 장르적 규약의 사용은 사회화된 읽기 훈련을 촉발하고 우리는 그 텍스트를 어렵지 않게 시로 읽으려고 한다. 우리는 시를 어렵다고 기대한다. 의미가 중의적이고 많으며 그것의 메시지가 심오하고 도덕적이며 인간적이지만 모호한 것으로 이해한다. 우리는 아마도 그 텍

스트를 여러 번 읽을 것이다. 그렇게 시도하지만 당신은 이 시의 의미를 잘 이해할 수 있는가?

텍스트가 가지는 하나의 문제는 us, they, you와 같은 추정 지시 항목을 중심으로 구성되어 있다는 것이다. 이러한 대명사가 지시하는 것은 누구인가? 우리가 텍스트 내적으로 관계항의 존재를 찾을 수 있는 선행 텍스트 맥락이 존재하지 않는다. 뿐만 아니라 그것을 텍스트 외적으로도 찾을 수 없다. 우리가 실제로 you, they, we가 언급하는 사람이 누구인지 실제로 알 수 없기 때문에, 이 텍스트의 의미는 결정되지 않은 채로 남아 있다. 우리는 시의 여러 가능한 해석을 제안할 수 있고, 우리가 그 대명사들이 무엇을 지시하는지 제안해야만 한다. 그러나 우리가 불확실성 특히 정체성(identity)의 문제를 완전히 해결할 수는 없을 것이다.

어휘적 응집성(Lexical cohesion)

불확정적 지시는 당신이 Ashbery의 시에서만 만날 수 있는 문제는 아니다. 우리가 *who*가 누구인지에 대해 어떤 의심이 있을 뿐만 아니라 *what*이 무엇인지에 대해서도 혼란스러운 경우가 있다. 표제(title)는 다중의 기대를 수립한다. *grapevine*(포도덩굴/소문)이라는 단어는 식물을 가리킬 수 있는데, 그 경우에 우리가 *wine, leaves, stalk, grow* 등과 같은 단어를 발견하게 되는 것은 놀랍지 않을 것이다. 혹은 그것이 *gossip, talk, stories* (가십이나 이야기, 스토리) 등등을 지시하고 있을 수도 있다. 그러나 우리가 준비되지 않은 것은 단어 piano가 시 중간에 바로 나타난다는 것이다. 의미를 이해하기 위해 수립하는 어떤 빈약한 어휘적 연결이든지, 그 지점에서 부서져 버린다. 우리는 다음과 같은 질문이 가능하다. 즉 '이 시가 무엇에 대한 것인가?' Ashbery는 텍스트에서 어휘적 응집성의 규약적인 기대를 좌절시키고 있다.

어휘적 관계들의 응집적 자원은 작가/화자가 텍스트의 초점의 영역이나 **필드**의 영역과 일관되게 관계 맺도록 어휘적 항목(명사, 동사, 형용사, 부사)과 사건 연쇄(절과 문장의 연결)를 어떻게 사용하는지에 대해 언급하는 것이다. 어휘적 응집성 분석은 단어들 사이에 어떤 기대 관계가 있다는 것을 관찰함으로써 도출된다. 예를 들어 당신이 텍스트에서 mouse라는 단어를 읽었다면 당신은 가까이에 있는 텍스트에서 *cheese, white, squeak, tail, rodent*나 *computer* 같은 단어를 만난다고 하더라도 놀라지 않을 것이다. 반면에 *thunderstorm, shovel, bark*나 *ironing board*와 같은 단어를 만날 때에는 많이 놀라게 될 것이다. 어휘적 관계 분석은 하나의 텍스트에서 단어들이 어떻게 관련되는지를 체계적으로 기술하는 방식이고, 그들이 어휘적 모음이나 어휘적 연쇄를 구성하도록 군집화하는 방식이다. 어휘적인 응집성은 응집성의 중요한 차원이다. 그 응집성이 문제가 될 때, 'The Grapevine'과 Text 2.3 'Stalin's Genius'에서와 마찬가지로, 언어에서 의미를 파악하는 우리의 능력도 문제가 된다.

어휘적 응집성은 어휘적 내용을 부호화하는 단위들 사이에 작용한다. 이것들은 우리가 명사, 본동사, 부사, 형용사의 *개방 부류*(open-class)라 부르는 것들이다. 문법적 단어 즉 *폐쇄 부류*(closed-class) 항목들, 전치사, 대명사, 관사, 조동사는 어휘적 내용을 부호화하지 않고 어휘적 응집성에도 기여하지 않는다(그러나 물론 그들은 텍스트에서 문법적 관계에는 공헌한다.).

우리가 단어들 사이에서 인식할 수 있는 어휘적 관계에는 두 가지 종류가 있다.

1. **분류적(taxonomic)** 어휘 관계: 하나의 어휘 항목이 부류/하위부류(*rodent-mouse*)거나 부분/전체(*tail-mouse*)와 같이 다른 단어들과 관계 맺는 것

이다. 이 관계들은 대체로 사람, 장소, 사물, 속성을 가리키고 그래서 명사 그룹 내에서 표현되는 어휘 항목들을 연결하지만, 분류적 관계는 과정들(동사들)을 연결할 수도 있다(*eat-nibble*).)

2. **기대(expectancy)** 관계: 과정(process)과 그 과정(process)의 행위자이거나 그것에 영향을 받는 것 사이에 예측가능한 관계이다(*mouse-squeak, nibble-cheese*). 이러한 관계들은 동사적 요소들과 명사적 요소들을 연결한다.

분류적으로 관계되는 단어들은 **분류**(classification)나 **합성**(composition)을 통해 관련될 수 있다.

1. **분류** : 이것은 상의어와 그것의 구성들 즉 하의어 사이의 관계이다. 분류는 *x is a type of y* 관계이다. 분류 관계의 주요한 종류는 다음과 같다.

a) **공하의어(co-hyphonomy)**: 하나의 텍스트 안에서 사용된 두 개나 그 이상의 어휘적 항목들이 상의 부류의 하의 구성원들이다(인플루엔자(influenza): 폐렴(pneumonia). 둘 다 상의어 질병(illness)의 구성요소이다.).

b) **부류/하위부류(class/sub-class)**: 하나의 텍스트 안에서 사용된 두 개나 그 이상의 어휘적 항목들이 하위분류에 의해 관계된다.

질병(illness): 폐렴(pneumonia)(여기에서 관계는 하의어에 대한 상의어이다.)

c) **대조(contrast)**: 둘 혹은 그 이상의 어휘 항목이 대조 관계나 반의어로 해석된다.

분명한(clear): 흐릿한(blurry), 젖은(wet): 마른(dry), 즐거움(joy): 절망(despair)

d) **유사성(similarity)**: 둘 혹은 그 이상의 어휘 항목이 유사한 의미를 표현할 때. 두 가지의 하위 유형이 있다.

i) **유의관계(synonymy)**: 두 단어들이 필수적으로 서로서로 재진술될 때

메시지(message): 리포트(report), 소식(news): 정보(intelligence)

ii) **반복(repetition)**: 하나의 어휘적 항목이 반복될 때

죽음(death): 죽음(death)

분류적 관계의 두 번째 중요한 유형은 **합성**이다.

2. **합성(composition)**: 부분어나 공동 부분어인 어휘적 항목들 사이에 부분 전체 관계가 있다. 두 개의 가능한 유형이 있다.

a) **부분관계(meronymy)**: 두 어휘적 항목들이 부분에 대한 전체로 관계될 때(혹은 그 반대도 가능). 몸(body): 심장(heart)

b) **공동 부분관계(co-meronymy)**: 두 어휘 항목들이 공통된 전체의 부분으로 관계될 때

심장(heart): 허파(lungs)

어휘 관계들 중 두 번째 주요 유형인 **기대 관계**들은 동사와 명사 요소들 사이에서 작용할 것이다. 관계는 행위와 그 행위에 대한 전형적 행위자 사이에 작용할 수 있다. 즉 의사(doctor)/진단하다(diagnose), 아기(baby)/울다(cry), 참새(sparrows)/지저귀다(twitter)가 그 예이다.

혹은 그 관계는 행위/과정과 전형적으로 그 행위에 의해 영향을 받는 참여자 사이에 작용할 수 있다. 즉 속삭이다(whisper)/말(word), 전하다(break)/소식(news), 연주하다(paly)/피아노(piano)가 그것이다.

사건/과정과 그것이 일어나는 전형적 장소 사이에 예측가능한 관계는 기대 관계로 기술될 수 있다. 일하다(work)/사무실(office).

기대는 개별적 어휘적 항목들과 그들이 형성하는 합성적이고 예측 가

능한 명사 그룹 사이의 관계를 포착하는 데에도 사용된다. 심장(heart)/병(disease), 아동(child)/보호(care)

지금까지 주어진 모든 예들은 하나의 단어에 관한 것이었다. 그러나 Martin(1992a:293)에서 지적되었듯이 때때로 두 개 혹은 그 이상의 어휘적 항목들이 어휘적 내용을 표현하는 기능을 할 수도 있다. Table 2.2가 그러한 예이다.

Table 2.2 **어휘적 내용의 단순 실현과 복합 실현(Martin 1992a:29에서 발췌)**

표현된 의미 MEANING EXPRESSED	단순 실현 SIMPLE REALIZATION 어휘적 항목 1 (1 lexical item)	복합 실현 COMPLEX REALIZATION 어휘적 항목 2 이상 (2+lexical items)
사람(person)	baby	human infant
행위(action)	embrace	have a cuddle
속성(quality)	desperate	at your wits' end
환경(circumstance)	sometimes	from time to time

하나의 의미를 부호화하는 데 작용하는 복합 어휘 항목들은 어휘적 응집성 분석을 위해서 하나의 항목으로 다룰 수 있다.

우리는 텍스트에서 모든 관련 어휘적 항목들을 리스트화함으로써 어휘적 응집성을 포착할 수 있고, 그들이 어떻게 텍스트에 조화를 더하는 **어휘적 줄(lexical string)**을 형성하는지 보여줄 것이다. 하나의 어휘적 줄은 텍스트에서 연속적으로 나타나는 모든 어휘적 항목들의 목록인데, 이들은 직접적으로 선행하는 단어와 관련되거나(가능하다면) 분류적으로 핵심 단어(head word)와 관련되거나 기대 관계에 의해 관계될 수 있다. 그것은 종종 줄에서 '핵심 단어'를 결정하는 데 도움을 줄 수 있고, 연쇄적으로 관계된 어휘적 항목들을 함께 파악하는 데 도움이 된다. 때때로 우리는 하나의 어휘적 항목이 하나 이상의 줄과 연결될 수 있다는 것을 발견하게 될 것이다. 그러한 경우에 그 단어는 두 가지 의미적 결합 모두를 통해 조화에 기여하기 때문에 둘 이상의 줄 속에서 나타내는 것이 최선이다.

세 개의 Crying baby text에서 어휘적 응집성의 분석은 부록에 있고, 11장에서 논의된다. 아래는 Text 2.4에 나타나는 11개의 주요한 어휘적 줄의 목록이다.

> **열쇠(Key)**
> 숫자는 문장 번호를 가리킨다(Text 2.4를 보아라.).
> 항목들 사이에 연결은 특별한 지시가 없으면 분류(classification)이다.
> 특별한 지시: C: 합성(composition), x: 기대(expectancy)

String 1: 죽음과 삶(death and life)

(1) afflicted with x heart trouble – x death – (4) disaster – x killed – (12) life – (34) death – dead – (37) live–live – (48) x ill – (52) ill – (53) life – (56) life – (57) life – (64) accident – (67) died – x heart disease – x kills

String 2: 소식(news)

(1) break – X news (2) sentences–hints – (4) x newspaper – intelligence – list – (5) truth – telegram – bearing x message – (6) story – significance – (27) (C) word – (28) x said – (32) ask – (33) dismiss x suggestion – (39) illumination – (45) x whispering – (56) prayer – (58) importunities

String 3: 개폐(open/closed)

(1) break – (2) broken – veiled – revealed – concealing–(10) open – (12) open – (18) repres sion – (19) dull x stare – X eyes – X gaze – (20) reflection

– (26) recognize – (29) x vacant stare – look – eyes – (30) keen x bright – (33) clear x perception – (34) saw – looked – fixed – (35) saw – (36) opened – spread out – (38) blind – (39) looked – illumination – (46) admission – (47) open – (48) open – (50) open – (53) open – (58) opened – (62) opening – (65) screen x view

String 4: 몸(body)

(1) heart – (6) x paralyzed – (11) physical exhaustion – body – (C) soul – (17)(C) head – (C) throat – (18) (C) face – (C) lines – (19) (C) eyes – (25)(C) bosom – (26)(C) hands – (27)(C) lips – (29) (C) eyes – (31) (C) pulses x beat fast – x coursing x blood – (C) body – (34)(C) hands – (C) face – (36) spread out x arms – (43) (C) being – (45) (C) body – (C) soul – (46) (C) lips – (59) (C) eyes – (60)(C) waist – (67)(C) heart

String 5: 집(house)

(8) room – (10)(C) window – (12) square – (C) house – (14) street – (15) eaves – (16)(C) window – (46)(C) door – (C) keyhole – (47)(C) door – (48) door – (50) door – (53) window – (58) door – (60) stairs – (62) front door – (C) latchkey

String 6: 힘, 의지, 소유(power, will, possession)

(1) care – (5) careful–tender – (7) wild – abandonment – (8) storm – (17) x thrown back – (18) repression–strength – (21) fearfully – (23) subtle – elusive – (24) x creeping – reach ing toward – (26) possess – beat back – x will – powerless – (27) abandoned – escaped – (29) x terror – (32) x monstrous

– (33) exalted – trivial – (34) kind – tender – (35) bitter – (38) powerful will x bending – persistence – right – x impose – will – (39) kind – cruel x intention – crime – (43) mystery – possession – self – assertion – strongest impulse – (54) fancy – running x riot (5) own – (59) triumph – (59) Victory

String 7: 즐거움(joy)

(32) joy – (34)(C) love – (30) x welcome – (40) loved – (43) (C) impulse – (44)x free – (45) free – (53) elixir of life – (67) joy

String 8: 시간(time)

(5) time – (12)(C) spring – (35)(C) moment – (C) years – (37) years – (39) (C) moment – (40)(C) sometimes – (41) (C) often – (54)(C) days – (55) spring days, summer days, all sorts of days – (56) x long – (57)(C) yesterday – long – (66) late

String 9: 자연 풍경(natural scenery)

(12) trees x aquiver – new spring life – (13) rain – (15) sparrows x twittering – (16) blue sky – (C) clouds – (19) (C) blue sky – (24)(C) sounds – (C) scents – (C) color

String 10: 울음(cry)

(5) sad – (7) x wept – x wild abandonment – (8) storm of grief – (14) crying – (17) sob x shook – cried – sob – (34) weep – (65) piercing x cry

String 11: 극단적 행동(extreme behaviour)

(7) wild abandonment – (18) calm – (19) dull – (25) tumultuously – (26) x striving – (46) imploring – (48) beg – (50) x heaven – (54) running riot – (56) prayer – (58) importunities – (59) x feverish – goddess – (63) composedly

다시 이것이 텍스트에서 모든 어휘적 응집성을 모두 분석한 것이 아니라는 것을 기억하라. 즉 여기에 목록으로 제시되지 않은 다른 짧은 줄들이 있다. 그러나 이러한 줄들은 우리가 우리의 지시 분석을 통해 우선 찾게 되는 패턴에 깊이를 더해 준다. 텍스트에서 조밀한 어휘적 관계를 통해 우리는 Chopin이 텍스트에서 주제적 의미들을 어떻게 엮는지를 매우 분명하게 파악할 수 있다.

우선 우리가 표면적으로 이야기를 읽을 때 발견하기를 '기대하는' 줄들이 있다. 예를 들어 삶과 죽음의 줄은 이야기를 존재하게 하는 배경을 제공하지만 비교적 짧은 줄이다. '소식(news)'의 줄이 있지만 이 줄이 이야기의 첫 번째 두 개의 단락에 국한되지 않고 텍스트를 관통하여 지속되면서 말라드 씨의 죽음과 말라드 부인의 깨달음 사이에 놀라운 연결을 제안하는 방식에 주목하라. 배경과 관계있는 또 다른 줄이 있는데, 여기에서 한 가지 놀라운 것은 배경이 얼마나 제한적인가 하는 것이 될 것이다. 우리가 집으로부터 가장 멀리 가는 곳은 거리의 광장이다. 다시 말라드 부인의 육체적 삶의 폐쇄 공포증은 언어적으로 부호화된다. 대조가 되는 것은 '자연 풍경(natural scenery)' 줄이다. 그곳은 말라드 부인의 집 *밖에* 있는 세계이고 그녀를 그녀의 자유에 대해 깨우는 세계이며, 긍정적인 모든 것을 제공한다. 즉 그리고 그곳은 그녀의 성취 안에 일시적으로 존재한다.

그러나 더욱 놀라운 것은 이야기를 대충 읽으면 결코 쉽게 포착되지 않는 줄이 있을 수 있다는 것이다. 개폐(open/closed) 줄은 강하게 은유적인데, 시작 부분에 말라드 부인의 삶은 *veiled*와 *concealing*으로 시작하며 그녀의 자유에 대한 개방을 향해 이동한다는 것이다. 모든 열린 창문들은 응집적으로 말라드 부인의 깨달음과 연결되고 이야기의 끝에서 리차드가 말라드 부인을 다시 *차단하려고*(screen) 시도하면서 여전히 은폐 속으로 되돌아온다.

'몸(body)'의 조밀한 줄은 우리가 지시 분석에서 먼저 포착했던 패턴을 강화시킨다. 즉 Chopin이 그녀의 *자기소유*(self-possession)의 필수 구성요소로서 그녀의 몸에 대한 여인의 통제에 관심을 가진다.

'즐거움(joy)'을 표현하는 짧고 긍정적인 줄과 함께, 이 자기 소유가 가져오는 것은 '힘, 의지, 소유'를 표현하는 훨씬 밀집적이고 더 불안감을 주는 줄이다. 이러한 줄을 통해 이 이야기는 부정적이고 거의 폭력적인 많은 의미들을 결혼 안에서 남편 의지의 범죄적 수행과 연결시킨다.

이 줄은 이야기에서 작동하고 있는 강력한 감정의 정수를 볼 수 있는 '극단적 행동(extreme behaviour)'의 줄이라고 인식해 온 또 다른 줄에서 강화된다. 극단적 행동의 특별한 형식인 울음은 그 자신만의 줄을 구성한다. 이러한 부정적인 감정과 반응이 긍정적 어휘의 수를 훨씬 능가하면서 자아실현의 순간이라고 할지라도 다소 이야기를 암울하게 만든다.

다시 우리는 Chopin이 텍스트를 통해 어휘적 연결의 촘촘한 그물을 어떻게 생성하는지에 대해 응집성 분석을 통해 알아보았다. 그것은 개별적 문장과 단락을 하나의 단단한 의미적 단위로 결합할 뿐만 아니라 이야기가 그것의 표면적 사건의 이면에서 만드는 의미를 향해 우리를 이끌고 있다.

우리는 Text 2.3 'Stalin's Genius'를 왜 텍스트로 읽기가 어려운지 알 수 있다. Text 2.3에서 어휘적 항목의 대부분은 다른 어휘적 항목들과 예측 가능한 관계에 있지 않다. 아마도 응집적으로 관련된 항목들은 *할복*(disembowelment)–*학대*(abuse)(부류 구성원과 상의어); *가시성*(visibility)–*비밀 유지*(secrecy)(반의어)와 두 개의 기대 관계 *pick (your) nose*(*코 파다*)와 *obey authority*(*권위에 복종하다*) 정도이다. 그러나 이렇게 몇 안 되는 예들은 사실 언어 항목을 병치하고 그들 사이의 응집적 관계를 찾아내느라 독자가 고군분투하지 않게 하는 것이 얼마나 어려운지 보여준다. 그래서 텍스트를 통해 전개되는 안정적인 관념적 영역도 없고 문장이 전개되면서 나타나는 경험적 영역도 없다.

유사하게 Ashbery의 시 'The Grapevine'에서 우리가 'piano'라는 단어를 만난 여섯 번째 줄에서 우리의 모든 어휘적 기대가 어떻게 좌절됐는지 보아 왔다. 그럼에도 불구하고 나는 당신이 Ashbery 텍스트가 적어도 'Stalin's Genius'보다 더 의미심장하거나 혹은 더 다루기 쉽다고 생각한다고 추정한다. 왜일까? 한 이유는 그 시가 장르적 관습을 고수하고 있다는 것인데, 그것이 의미에 대해 적어도 약간의 기반을 제공한다(이에 대해 더 자세한 것은 3장에서 다룰 것이다). 그러나 다른 이유는 Ashbery가 응집성 장치의 두 번째 유형, 즉 접속을 사용했기 때문이다.

접속 응집성(Conjunctive cohesion)

접속의 응집적 패턴이나 접속 관계는 작가가 텍스트의 부분들 사이에 논리적 관계를 만들고 표현하는 방법을 언급하는 것이다. 예를 들어 당신이 (19)*But now there was a dull stare in her eyes, whose gaze was fixed away off yonder on one of those patches of blue sky*를 만난다면 그 문장의 의미를 완전히 해석하기 위해 (18)*She was young, with a fair, calm face, whose lines bespoke repression and even a certain strength*와 같은 앞 문장과의 대조의 논리 관계 속에서 그것을 읽어야만 한다. 이 예에서 두 문

장들 사이에 논리적 연결은 접속어 but에 의하여 명시적으로 표시된다.

접속 응집성은 문제가 없는 텍스트를 특징짓는 의미적 통합을 만드는 것을 도우며 텍스트의 조화를 추가한다. Halliday and Matthiessen(2004)에 따르면 우리는 세 가지 주요한 유형의 접속적 관계가 있다는 것을 알 것이다. 즉 **정교화(elaboration)**, **확대(extension)**, **증진(enhancement)**이 그것이다. 9장에서 이 세 가지 유형의 의미가 영어 절의 논리 의미 시스템의 부분이라는 것을 보게 될 것이다. 우리는 그곳에서 정교화(elaboration), 확대(extension), 증진(enhancement)의 의미들이 우리가 절을 함께 연결하여 **절 복합체**를 이룰 때 절들 사이에 의미 있는 구조적 연결을 산출하도록 한다는 것을 보게 될 것이다. 그러나 접속 응집성에 대한 현재의 논의에서 우리는 Halliday and Matthiessen(2004)이 이 논리 의미 범주의 비구조적 사용이라 보았던 것을 살펴볼 것이다. 즉 이러한 의미들이 절 사이가 아니라 문장들 사이의 접속 연결을 어떻게 산출하는지 살펴볼 것이다. 구조적, 비구조적 관계의 차이는 나중에 더 분명해질 것이다. 현재는 각각을 표현하는 데 사용된 접속의 예를 가지고 의미 범주 각각에 대해 간략히 기술할 것이다.

1. **정교화(Elaboration)**는 재진술이나 명료화의 관계를 나타낸다. 한 문장이 앞의 문장을 다시 이야기하거나 재진술하는 것이다. Halliday and Matthiessen(2004)에 제시된 이 관계를 표현하는 보통의 접속어로는 *in other words, that is (to say), I mean (to say), for example, for instance, thus, to illustrate, to be more precise, actually, as a matter of fact, in fact* 등이 있다.

> Mrs Mallard had heart trouble. In fact, it was her heart that killed her. Chopin's story is carefully crafted. For example, Chopin's opening sentence conveys an etiormous amount of information about characters and events.

2. **확대**(Extension)는 부가(하나의 문장이 다른 문장에서 만들어진 의미를 덧붙인다)나 변이(단서에 의해 대조적으로 다른 것의 의미를 변화시키는 것)이다. Halliday and Matthiessen(2004)에 제시된 전형적 접속어들은 *and, also, moreover, in addision, nor, but, yet, on the other hand, however, on the contrary, instead, apart from, that, except for that, alternatively*이다.

(39i)A kind intention or a cruel intention made the act seem no less a crime (39ii)as she looked upon it in that brief moment of illumination. (40)And yet she had loved him – sometimes.

– and yet은 변이(yet)뿐만 아니라 부가(and) 둘 다를 표현한다.

3. **증진**(Enhancement)은 하나의 문장이 시간, 비교, 이유, 조건, 양보와 같은 차원이라는 측면에서 다른 문장의 의미를 전개시킬 수 있는 방식에 적용된다. 보통의 시간적 접속어는 *then, next, afterwards, just then, at the same time, before that, soon, after a while, meanwhile, all that time, until then, up to that point, now*이다.

Mrs Mallard sat alone in her room for some time. After a while, she joined her sister and they went downstairs. Mrs Mallard sat alone in her room. Meanwhile, her sister and Richards worried about how she was taking the news:

비교 접속어는 likewise, similarly, in a different way를 포함한다.

Her sister Louise told her the news carefully. Similarly, Richards was cautious and constrained in what he said.

원인 접속어는 *so, then, therefore, consequently, hence, because of that, for, in consequence, as a result, on account of this, for that reason, for that purpose, with this in view*이다.

She realized she now was free. For that reason, she felt suddenly filled with joy.

양보 관계는 *but, yet, still, though, despite this, however, even so, all the same, nevertheless*에 의해 표현된다.

(34i)She knew (34ii) that she would weep again (34iii)when she saw the kind, tender hands folded in death; (34iv)the face that had never looked save with love upon her, fixed and gray and dead. (35)But she saw beyond that bitter moment a long procession of years to come that would belong to her absolutely.

- but은 문장 35를 양보 관계를 통하여 문장 34에 연결한다(그녀가 슬펐다고 하더라도 그럼에도 불구하고 그녀는 긍정적인 것을 볼 수 있었다.).

(1)The compelling sound of an infant's cry makes it an effective distress signal and appropriate to the human infant's prolonged dependence on a caregiver. (2)However, cries are discomforting and may be alarming to parents, many of whom find it very difficult to listen to their infant's crying for even short periods of time,

- however는 문장들 사이의 양보 관계를 표현하는 더 격식적 표현이다.

다양한 논리적 의미를 나타내는 것에 더하여 접속 관계의 덜 명시적 차원은 **외적**(실세계) 논리적 관계나 텍스트에 나타난 사건에서 작가의 **내적** 조직(수사적 조직)에 적용될 수 있는 것이다. 다음의 예를 비교해 보라.

Mrs Mallard was very affected by her husband's death. First she cried in her sister's arms. Next, she sat alone in her room. Finally, she joined her sister to walk down stairs,

- 실세계 사건을 연결하는 시간 증진 접속어들. 이것은 외적 접속이다.

Mrs Mallard was very affected by her husband's death. First, it meant liberation from marriage. Next, it gave her financial independence, Finally, it allowed her to pursue her own interests.

- 논증이나 설명에서 그 단계를 항목화하는 수사적 정교화 접속어들. 이것은 내적 접속이다.

첫 번째 예에서 밑줄 친 세 개의 접속어는 실제 시간에서 사건의 전개에 적용되어 말라드 부인 행위의 외부적 시간 연쇄에 적용된다. 그러나 두 번째 예에서 동일하게 밑줄 친 세 개의 접속어는 다르게 기능한다. 문장들은 시간적 관계를 보여주지 않는다(말라드 부인이 첫 번째로(first) 결혼으로부터 자유롭게 되는 것이 아니고 다음으로(then) 재정적 독립을 가지게 되는 것이 아니다.). 대신 여기에 접속어들은 화자의 정보에 대한 수사적 조직을 언급한다. 즉 *first*는 내가 당신에게 말하는 것의 연쇄에서의 첫 번째이다. *next*는 내가 당신에게 이야기하고 있는 것에서 다음이다. *finally*는 내가 당신에게 말할 마지막 것이다. 접속어가 이러한 수사적 방법으로 문장들을 관계 짓는 데 사용될 때 우리는 내적 접속의 하나로 관계를 기술하는 것이다. 가장 보편적 유형의 내적 접속 관계는 정교화(elaboration)와(사실 정교화와 관련된 모든 접속어들은 내적인 것으로 간주될 수 있는데, 왜냐하면 정의상 재진술은 정보의 수사적 조직과 관련되기 때문이다) 시간 관계이다(위에서 예로 보여준 *firstly, secondly, finally* 유형). (내적/외적 대조의 더욱 완성된 논의는 Halliday and Hasan 1976:240-1, Martin 1992a:207-30, Martin and Rose 2003:120-27을 참조하라.)

가장 많이 보이는 접속 관계는 두 개의 인접한 문장들 사이에 작동한다. 다음의 예에서 But은 문장 19와 그 앞 문장 18을 연결한다.

(18i)She was young, with a fair, calm face, (18ii)whose lines bespoke repression and even a certain strength. (19i)<u>But</u> now there was a dull stare in her eyes, (19ii)whose gaze was fixed away off yonder on one of those patches of blue sky.

그러나 접속적 연결의 영역은 설명과 논증과 같은 격식적 문어에서 가장 많이 나타나는 패턴인데, 한 문장을 그 앞의 단락과 연결하는 접속을 기반으로 더 확장될 수 있다.

마지막으로 지금까지 보았던 모든 예시에서 논리적 관계가 접속 단어나 접속 표현을 통해 제시되었지만, 모든 접속적 관계가 명시적으로 표현되는 것은 아니다. 접속 관계는 문장들의 단순한 나열을 통해서 또한 함축적으로 표현될 수도 있다. 예를 들어

(6)She did not hear the story as many women have heard the same, with a paralyzed inability to accept its significance. (7)She wept at once, with sudden, wild abandonment, in her sister's arms.

여기에서 두 문장을 연결하는 접속어가 없다고 하더라도 우리는 문장 6과 문장 7의 관계를 확대 관계로 읽는다면 두 문장 사이의 연쇄를 이해할 수 있다. 우리는 문장 7 앞에 *instead*라는 접속어를 넣음으로써 이러한 관계를 명시적으로 만들 수 있다.

그러나 Kate Chopin은 접속어 then을 가지고 사건의 시간적 연속을 반복해서 만들지 않은 것과 마찬가지로 *instead*를 삽입하지 않는다. Halliday는 우리가 하나의 텍스트를 분석할 때 함축적 접속을 너무 많이 읽는 것에 신중해야 한다고 경고한다.

> 명시적 접속의 출현이나 부재는 영어 담화에서 사용역들 간이나 동일한 사용역에 있는 텍스트 사이에서 주요한 변이 중 하나이다. 즉 이러한 변이는 만약 우리가 표현되지 않는 접속어를 가정한다면 모호해진다. 그래서 접속어가 암시된 것으로 인식되는 그러한 예들에 주목하는 것이 중요하다. 즉 그것 없이 텍스트를 특징짓는 것, 우리가 느끼고 있는 얼마나 많은 것들이 설명되지 않은 채 남아 있는지를 생각하는 것이 중요하다. (Halliday and Matthiessen(2004:549))

우리는 연결의 유형을 기술하는 기호로 연결된 접속어에 의해 서로를 관계 짓는 문장들을 목록화함으로써 텍스트에서 접속 응집성을 포착할 수 있다. 다음의 기호들은 SFL에서 논리 의미적 관계에 폭넓게 사용되어 온 것이다.

= 정교화(elaboration)

+ 확대(extension)

× 증진(enhancement)

너무 많은 것을 함축적 접속 관계로 읽지 말라는 Halliday의 주의를 반영하여 Text 2.4의 접속어 분석을 한 것이 아래의 예이다.

1 = (more precisely) 2-5

6 + (instead) 7

18 × but 19

23 × but 24

24 × now 25 × (because) 26

32 × (because) 33

34 × but 35 + and 36

36 = (in other words) 37-39

37 - 39 + and yet 40 × (although) 41

53 = (more precisely) 54-57

56 × (yet) 57

65 × but 66

우리가 보았던 응집성의 또 다른 유형과 비교해 보면 Text 2.4에서는 상대적으로 적은 접속 응집성이 나타난다. 즉 7개의 명시적 접속어가 연결되었고, 8개의 함축적 연결이 있다. 접속어의 상대적 희소성은 특정한 논리적 함의를 전달하는 중요한 '서사'의 장르적 구조를 포함한 많은 요인에 의해 설명될 수 있다. 예를 들어 우리는 짧은 이야기를 읽고 있다는 것을 인지하기 때문에, 시간적 연쇄 속에서 우리의 기대와 반하는 어떤 지점에 문제가 있는 사건이 일어날 것이라고 가정한다. Chopin이 텍스트의 시간 논리의 많은 것을 명확히 할 필요가 없는 반면, 그녀는 증진의 But을 통해 양보, 반기대적 관계를 더 많이 세운다. 'The story of an hour'

는 기대하지 않는 것에 우리를 반복적으로 직면하게 하기 때문에 그녀는 이렇게 할 필요가 있다. 우리는 슬픈 미망인이 자유를 깨닫고 기쁨으로 가득 찬 상황을 기대하지 않는다. 우리는 그녀가 종종 남편을 사랑하지 않았다는 것을 인정하기를 기대하지 않는다. 그리고 물론 그가 돌아왔을 때 그녀가 죽는 것도 기대하지 않았다. 이처럼 이것은 문화적 규약과 반하는 이야기이다. 그래서 텍스트 자체는 말라드 부인의 다양한 놀람을 따라가도록 우리를 도울 수 있게 구조화되어 있다.

텍스트는 물론 Chopin이 우리가 반기대를 완전히 확실하게 포착하는데 주의를 기울여야 한다는 것을 제안하면서 정교화 관계들도 사용한다. 특히 그 이야기는 말라드 부인의 깨달음의 속성에 대해 두 가지 핵심적인 설명을 제공한다. 즉 문장 37-39에서 그리고 문장 54-57에서 우리는 말라드 부인이 왜 그녀의 남편의 강력한 의지에서 도망가는 것이 즐거운지 그녀에게 자유가 의미하는 것이 무엇인지 자세히 배운다. 이런 방식으로 우리는 말라드 부인을 동정하지 않을 수 없고 그렇게 함으로써 Chopin의 중요 요점 즉 *그것이 좋은 의도였든 나쁜 의도였든 그 행위가 범죄와 다를 바 없게 보이게 한다는 것*(*a kind intention or a cruel intention made the act seem no less a crime*)을 받아들이게 된다.

이야기로서의 텍스트의 구조는 3장에서 조금 더 고려될 것이지만, 우리는 접속어 응집성이 여기에서 이야기의 주제적 의미를 향해 우리에게 강조하는 방식으로 이야기의 성공적인 전개에 어떻게 공헌하는지 볼 수 있었다.

우연이든 고의든 접속어 응집성을 헝클어뜨리는 텍스트는 이해하기 어렵다. Text 2.3은 접속어적 관계를 해석하는 것이 거의 불가능하다. 텍스트의 첫 네 개의 문장들에 사용된 명시적 접속어들이 없고 함축적인 것을 읽어내는 것이 매우 어렵다. 그래서 확신을 가지고 문장 사이의 논리적 관계를 구성하는 것이 어렵다.

그러나 Ashbery의 시 'The Grapevine'에서 우리는 접속어 응집성의 표지들을 가진다. 응집적 장치는 다음과 같다.

1 + 2 but (contrast)

2 × 3 now (temporal)

3 × 4 though (concessive)

4 × 5 but (concessive)

여기에서 논리적 관계는 논증의 그것이다. 즉 이것이다. '그러나(*but*)' 저것이다. '하지만(*however*)' '저것에도 불구하고(*depite*)' 다른 무언가이다. 우리는 그것이 우리에게 도움이 되지 않을지라도 여기에서 기저의 텍스트적 전략을 포착할 수 있다. 우리가 무엇이 무엇과 논리적 관계를 맺고 있는지 충분히 이해할 수 없다고 하더라도, 논리적 구조의 의미를 제공하는 텍스트에서의 접속 응집성은 충분히 존재하는 것이다.

구어 텍스트에서 응집성

지금까지 우리는 문어 텍스트에서 조화에 대해, 더 구체적으로 응집성에 대해 살펴보았다. 그러나 조화는 또한 무작위로 나열된 발언과 때로는 *담화*라고 불리는 구어 텍스트를 구별하는 것이다. 구어 텍스트의 조화를 기술하면서 우리는 우선 어휘적 관계, 접속어, 지시의 패턴을 기술한다. 왜냐하면 그러한 모든 패턴들은 쓰기에서처럼 발화에서도 조화를 역동적으로 생산하도록 이끌기 때문이다. 그러나 구어의 상호작용에서 조화는 **대화 구조의** 패턴으로부터도 나온다. 대화 구조는 상호작용자가 대화에서 의미의 교환을 어떤 방식으로 협상하는지 기술하고, 발화 기능, 교환 구조, 생략의 패턴을 포함한다. 대화 구조를 분석하는 절차를 여기에서 자세히 보여줄 수 없지만 Eggins and slade(1997)과 Eggins(2000)을 참조하라. 그럼에도 우리는 이 책에서 구어 텍스트에서의 문법적 패턴들을 분석하게 될 것이다.

연속성으로서의 응집성: 담화의 상징발생

응집성이 텍스트의 조화에 어떻게 기여하는지를 충분히 이해하기 위해 응집성을 두 가지 다른 관점으로 생각하는 것이 도움이 된다. 우리가 지금까지 해왔던 것처럼 완성된 생산물로 텍스트를 생각할 때 응집성은 요소들을 붙이고 그래서 텍스트에서 함께 의미를 가지게 하는 '풀'과 같이 생각해 볼 수 있다. 그러나 텍스트는 실제로 역동적으로 펼쳐진다. 즉 텍스트 생산자는 실시간으로 의미를 생산해 내고, 우리는 문장과 문장을 이동하면서 연속적으로 그들의 의미를 파악한다. 이러한 **상징발생적**(logogenetic) 혹은 역동적 관점으로부터 우리는 응집성이 기본적으로 기대라는 측면에서 의미의 진행되는 맥락화에 관한 것이라 이해할 수 있다.

예를 들어 어휘적 응집성이 실제로 하는 것은 일단 어휘적 항목의 선택이 이루어지면(예를 들어 *news*), 그것이 어떤 단어들이 다른 것들보다 더 많이 나타날 것이라는 기대 안에서 맥락을 만들어낸다. 이러한 공기(co-occurrence)의 확률은 독자가 기대로 경험하게 된다. 즉 *news*라는 단어를 보면 *sentence, hints, intelligence, telegram, message*와 같은 단어를 만나는 것이 우리에게 놀라운 일이 아니다. 우리가 *flower pot, metronome, tissues*와 같은 단어를 만나면 더 놀랄 것이다. 잘 작성된 Text 2.4와 같은 응집적 텍스트 속에서, 우리의 기대들은 충족되고, '기대된' 어휘적 항목의 연속적 언급 그 자체는 텍스트에서 다음에 올 것에 대한 기대를 재교정하게 한다. 이런 방식으로 텍스트는 점차적으로 그것의 의미를 확장하고 이동하면서 우리의 기대가 어려움을 겪거나 좌절되는 방식으로 길을 잃지 않고 앞으로 나갈 수 있다. 즉 그것은 전략적이고 극적인 대단원 속에서 그렇게 된다.

이러한 역동적 관점은 Text 2.3이 가지고 있는 문제를 설명한다. 즉 문장1에서 어휘적 항목들은 텍스트 안에서 특별한 맥락을 세운다. *Stalin's genius*를 읽어가면서 우리는 *powers, gift, Russia, revolution*을 읽을 때 아마도 놀랍지 않을 것이다. 우리가 기대하지 않은 것-텍스트에 의해 맥락화되지 않는 것-은 육체적 행위(*French kissing*), 외양(*visibility*), 패턴 장신구(*accessories*), 비(*get you wet*)와 같은 의미적 영역이다.

동일한 상징발생적(logogenetic) 맥락화는 응집성의 다른 시스템과 함께 나타난다. 특정한 참여자가 텍스트에 도입되면, 해당 참여자나 다른 참여자들에 대한 향후 지시를 위해 맥락이 만들어진다. 우리는 그들에 대해 더 많은 것을 듣도록 '기대한다'. 시작 문장에 'on the table'이 있다면 그 문장으로부터 논리적으로 발전될 수 있는 모든 가능한 방법이 제한되며 다른 것보다 어울리는 것들로 제한된다. 예를 들어 우리가 일반적 진술을 읽었을 때(*that Knowing that Mrs. Mallard was afflicted with a heart trouble, great care was taken to break to her as gently as possible the news of her husband's death*) 그 텍스트는 그 문장에서 실현된 의미의 특별한 정교화(*Thus, her friends told her gently...*), 확대(*But she heard it abruptly from the maid...*), 증진(*So they waited for several hours...*)을 제공하기 위해 우리에게 자신의 맥락을 창출했다. 만약 명시적이거나 함축적인 접속 관계들이 우리에게 그러한 방식으로 다음의 텍스트를 이해할 수 있도록 허락한다면 우리는 곤란을 겪지 않는다. 텍스트는 우리가 기대한 대로 구성된다. 그러나 문장이 기대를 혼란스럽게 하거나 우리가 기대하는 것이 일어나지 않는다면 우리는 그 텍스트가 어렵다거나 조화에 문제가 있다고 느낀다.

텍스트에 대한 이러한 역동적 관점이 가리키듯이 응집성은 텍스트에서 연속적인 순간이 지나간 순간과 연결될 수 있도록 하는 과정이다. Halliday and Hasan이 이야기했듯 '응집성은 텍스트의 한 부분과 다른 부분 사이에 존재하는 연속성을 표현한다.'(Halliday and Hasan(1976)) 연결이 응집성 자원을 사용함으로써 만들어지기 때문에 텍스트는 그것의 맥락을 계속적으로 다듬어 가면서 연속성과 변화를 텍스트의 정의된 특성으로 만든다. 이러한 응집성의 상징발생적(logogenetic) 관점은 Halliday and Hasan이 제안한 것이 응집성이 어떻게 작용하는지에 대한 일반적 원리라는 것을 이해하도록 우리에게 허용한다.

> 응집성에 의해 제공되는 연속성은 가장 일반적인 관점에서 담화의 각 단계에서 이전에 진행되었던 것과 접촉하는 지점을 표현하는 데 있다. (Halliday and Hasan 1976:299)

이러한 일반적 원리는 담화에서 하이퍼텍스트의 페이지에 의해 링크된 것과 같은 더 긴 단락을 고찰하는 데 유용하다. 핫 링크 페이지는 앞 텍스트와 응집성 있게 연결되어 있다는 것을 확신하면서 웹사이트를 숙련되게 구성해 왔다. 페이지의 위나 아래에 있는 내비게이션 아이콘들은 계속적으로 텍스트 안에 가능한 연속성을 독자들에게 환기시킨다. Martin and Rose(2003)은 응집적인 선택의 지속적 재맥락화의 역할을 보여주면서 더 긴 텍스트들에 대한 분석을 제공한다.

조화: 응집성에서 일관성까지

텍스트가 무엇이냐는 질문에 대해 이 장에서는 조화의 한 가지 구성성분으로 고찰해 왔다. 즉 지시적, 어휘적 그리고 논리적 연결로 언어의 단락을 상대적으로 일관되고 통합된 의미적 단위로 묶는 내적 응집성이다. 비텍스트와 문제가 있는 텍스트의 예에서 보여주었듯이 응집성은 텍스트를 만드는 과정에서 수의적 첨가가 아니라 의미 있는 의사소통의 과정에서 필수적인 요소이다. 즉 '의미가 교환되려고 한다면 응집성이 있어야만 한다.'(Halliday and Jasan 1976:300) 그러나 우리가 이 장의 앞에서 보았듯 응집성은 조화의 유일한 구성성분이 아니다. 텍스트는 자신의 응집성을 계속해서 만들어야만 할 뿐만 아니라 상대적으로 안정되고 일관된 방법으로 그것이 기능하고 있는 맥락과 관련되어야 한다. 다음 장에서 우리는 일관성의 한 차원을 살펴볼 것이다. 즉 문화 속에서 텍스트와 그것의 장르적 목적 사이에 있는 기능적 의미적 관계를 살피게 될 것이다.

주석Notes

1 예문은 *NSW Foundation Handwriting Year* 5(J. Barwick(1996, Pascal Press) 12쪽에서 가져왔다.

2 출처: e.e. cummings in *The Norton Antology of Poetry* 개정 3판(1983), 1004쪽.

3 *The BFG by Roald Dahl* (Puffin 개정 1984, 51쪽).

4 Bruce Andrews 'Stalin's Genius', p.531 in *Postmodern American Poetry – a Norton Anthology*, edited by Paul Hoover (1994), New York: Norton.

5 'The Story of an Hour' by Kate Chopin (1851–1904), in S. Barnet and W. Cain (2000), *A Short Guide to Writing About Literature*, 8th edn, New York: Longman, pp.13–14.

6 출처: David Wells, text held in the Nestlé Write-around-Australia archive, State Library of NSW.

7 John Ashbery *Selected Poems* (1987), London: Paladin, p.9.

제3장 장르: 텍스트에서 문화의 맥락

도입

2장에서 보았듯이 텍스트는 물리적으로 문법적 단위(절, 구, 단어)로 이루어져 있지만 단순히 이 단위들이 순서대로 나열되어 있는 집합 이상의 의미를 가진다. 텍스트가 되려면 이 요소들이 함께 텍스트를 이루도록 묶는 응집(cohesion)의 패턴들이 있어야 한다. 그러나 또한 조화는 맥락과 텍스트의 관계에도 관여한다. 2장에서 보았듯이 문제가 없는 텍스트들은 맥락에서 일관성이 있어야 한다.

이 장에서는 맥락적 일관성의 첫 번째 차원인 장르에 대해서 살펴볼 것이다. 우리는 텍스트의 '문화적 목적'으로서 장르의 체계 기능적 해석에 대해 살펴보면서, 텍스트가 구조적 패턴과 실현 패턴을 통해 어떻게 장르를 표현하는지 관찰할 것이다. 이 장에서는 장르 분석의 함의와 적용에 대해서도 다룰 것인데, 학생들이 글을 적절하게 쓰도록 돕기 위해 장르 지식을 활용하는 것, 허구적 문학적 텍스트에서의 장르, 그리고 장르를 비판적으로 읽는 방법 등을 포함한다.

장르에 대한 개관

장르 이론의 원칙을 설명하기 위해 짧게 출판된 다음의 텍스트를 보자.

Text 3.1: Threshold

(1)You are on the threshold of a magnificent chapter in your private life, with substantial opportunities emerging after the new moon on the 5th. (2i)A man who is resourceful, good looking or born around November could be very helpful with your quest for a promotion,(2ii)and you could be celebrating a minor victory on the 9th, 24th or 28th.(3i)A trip, reunion or important talk that you could not fit in last month will be more straightforward or enjoyable(3ii)if you wait until November.(4i)If single,(4ii)you may start dating a charming man whom you met briefly a few weeks ago.(5i)Others may be startled be your apologetic actions(5ii)as you seek a reconciliation.(6i)Long-range ventures or people you have not met before should be avoided between the 12th and 17th,(6ii)especially if your birthday is after the 12th. (7)The pieces of a puzzle will fall into place in the last 10 days of the month or by early November.

Text 3.1: 문턱

당신은 새로운 달(다음 달)의 5일 뒤부터 나타나는 실질적 기회들을 가지고 당신의 인생에서 참으로 아름다운 문턱의 장면에 서 있다. 지략 있고, 잘생겼거나 11월쯤 태어난 한 남자가 승진에 대한 너의 요구에 매우 도움을 줄 수 있고, 당신은 9일이나 24일 혹은 28일에 작은 승리를 축하할 수 있을 것이다. 당신이 지난달에 잘 맞출 수 없었던 여행이나 모임, 중요한 대화가 만약 당신이 11월까지 기다린다면 더욱 직접적이거나 즐거울 만한 것이 될 것이다. 만약 싱글이라면 당신은 몇 주 전에 잠시 만났던 매력 있는 남성과 데이트를 할 수 있을 것이다. 당신이 화해를 모색할 때, 다른 이들은 당신의 사과하는 행동에 놀랄지도 모른다. 당신이 이전에 만나지 못했던 장거리 여행(모험)이나 사람들은 12일과 17일 사이에 피해야만 할 것이다. 특별히 당신의 생일이 12일 이후라면. 퍼즐의 조각들이 11월초나 그 달의 10일 이후에 맞춰질 것이다.

대부분의 독자들은 이러한 언어 조각들을 점성술에 속하는 텍스트 유형의 한 예로 식별하는 데 어려움이 없다. Text 3.1은 우리에게 익숙한 언어로 무언가를 하고 있다. 우리 인생에서 앞으로 한 달간 펼쳐질 사건들을 예측할 수 있다는 분명한 주장에서, 우리는 이것이 잡지나 신문의 점성술 섹션에서 읽었던 다른 텍스트와 같다는 것을 깨닫게 된다.

우리가 굉장히 편하게 Text 3.1이 점성술 텍스트라는 것을 말할 때, 사실 우리가 진짜 말하고 있는 것은 이 텍스트의 목적, 그리고 이 텍스트가 본래의 문화에서 어떤 역할을 하고 있는지에 관한 것이다. 텍스트의 목적을 식별하는 것은 독자들에게 텍스트를 어떻게 읽어야 하는지 그래서 그 텍스트의 (이따금 쉽게 규정하기 어려운) 의미를 어떻게 해석해야 하는지에 대한 단서를 제공한다.

텍스트의 **장르**를 식별하는 이 명백하고 간단한 행위는 텍스트 분석에서 중요한 함의를 가진다. 왜냐하면 그것은 텍스트 의미의 한 양상이 텍스트 유형, 즉 **장르적 정체성(generic identity)**에 대한 관계임을 제안하기 때문이다. 텍스트를 협상하는 것(negotiating texts)은 부분적으로 그 문화 속에 유통되는 다른 텍스트 중 어느 것과 비슷한지 혹은 연관되어 있는지를 식별하는 것에 의존한다는 점을 제안한다.

여러분은 2장에서 제시된 Text 2.3 'Stalin's Genius'와 Text 3.1을 비교하면 텍스트의 장르를 규명하는 것의 중요성을 느낄 수 있을 것이다.

Text 3.1은 '읽기 쉬운' 반면, Text 2.3은 이해하기 어려웠을 가능성이 높다. 모든 개개의 단어는 괜찮다. 그 문법은 엄연히 영어이다. 그러나 그것이 그냥 잘 합쳐지지 않는다. 우리는 2장에서 이 텍스트의 문제 중 하나가 응집성을 전혀 나타내지 않는다는 것을 보았다. 문장 1에 소개된 참여자들은(*Stalin, I*) 다시 지시되지 않았으며, 참여자는 문장마다 바뀌었다. 즉 어휘의 항목들은 연관성이 없는 여러 다른 분야에서 왔다. 그리고 문장 간 해석 가능한 접속 관계도 없다.

그러나 텍스트의 응집성 부족보다 더 혼란스러운 점은 목적의 부재이다. 당신은 대체 이 텍스트가 무엇을 시도하려는 것인지 궁금할 수 있다. 이 텍스트를 어떻게 읽어야 하지? 허구적 산문 작품으로? 그런데 서사적 구조는 어디 있지? 그럼 시로? 그러면 시적인 규약들은 어디 있지? 그렇다면 비문학? 그런데 어떤 종류의 비문학? 텍스트에 있는 여러 문장들은 서로 다른 종류의 텍스트에서 온 듯하다. 예를 들어 "*No, I don't mean the missile crisis*"는 대화에서 제시된 대답으로 보이는데, 질문은 어디 있는가? "*Cat goes backward to suit international organization.*"은 아리송한 가로세로 퍼즐의 단서처럼 들리는 반면, "*the accessories get you wet.*"는 그냥 광고에서 온 것일 수도 있다.

당신이 고민하는 것은 텍스트의 장르적 정체성이며, 이 예시는 텍스트가 어떤 장르에 쉽게 속하지 못할 때 이는 어떤 면에서 문제가 있는 텍스트라는 것을 보여준다.

장르는 문학, 영화학, 예술 이론과 문화학을 포함하여 많은 교과목에서 보게 될 표현이다. 그러나 우리는 현재 이 단어를 장르에 대한 Martin의 두 가지 정의에서 제일 잘 표현된, 특별히 체계 기능적 방식으로 사용하고 있다. 첫째, '장르는 문화의 구성원으로서 화자들이 참여하는 단계화되고, 목표 지향적이고, 목적 의식이 있는 활동이다.'(Martin 1984:25). 덜 엄밀하게는, '장르란 언어를 사용하여 어떤 일을 성취하는 방법이다.'(Martin 1985b: 248). 장르를 이런 방식으로 정의함으로써, 우리는 문화 속에서 인식 가능한 사회적 활동의 유형들이 있듯이, 다양한 장르가 존재한다는 것을 알 수 있다. 장르는 다음과 같은 것들이 있다.

- 문학 장르: 단편, 자서전, 발라드, 소네트, 우화, 비극
- 대중적인 픽션 장르: 로맨틱 소설, 추리 소설, 시트콤
- 인기 많은 논픽션 장르: 안내 매뉴얼, 뉴스, 프로필, 리뷰, 레시피, 입문서
- 교육적 장르: 강의, 튜토리얼, 리포트/에세이 작성, 세미나, 관찰 기록, 교과서 집필

그리고 우리가 일상에서 참여하는 넓은 의미의 일상적 장르가 있는데, 예를 들면 다음과 같다.

- 물건 사고팔기('거래' 장르)
- 정보 찾고 공급하기
- 이야기 말하기

• 농담 따먹기
• 약속 잡기
• 의견 교환
• 인터뷰 가기
• 친구들이랑 수다 떨기

그러나 장르는 어떻게 인식되는가? 예를 들어 사람들은 어떻게 Text 3.1의 출처에 대한 분명한 정보 없이도 점성술 텍스트라고 알 수 있는가?

체계 언어학은 장르의 정체성, 즉 그 장르가 다른 텍스트들과 어떻게 유사한지는 3가지 차원에 의존할 수 있다고 제안한다.

1. 특별한 맥락적 무리의 공기(co-occurrence), 다른 말로 **사용역 형상**(register configuration)
2. 텍스트의 단계화된 혹은 **도식 구조(schematic structure)**
3. 텍스트에서 **실현 패턴(realizational patterns)**

우리는 이러한 영역들을 간단히 살펴볼 것이다.

사용역 형상(Register configuration)

사용역과 장르 사이의 관계를 이해하기 위해서, 장르가 어떻게 생기는지 고려해보는 것이 도움이 된다. 사회적 과정에 대한 고전적이지만 매우 유용한 탐구에서, Berger과 Luckmann(1966:70)은 '모든 인간 활동은 습관의 지배를 받는다'고 제시한다. 당신은 당신의 삶에서 이를 매일 볼 수 있다. 당신은 아마도 매일 아침을 먹을 것이다. 아침으로 먹을 무한한 음식과 음식 조합이 있음에도 불구하고, 당신은 거의 매일 같은 걸 먹을 확률이 높다. 당신은 마트의 50개쯤의 서로 다른 시리얼, 수많은 빵, 그리고 쌀, 달걀, 생선, 고기, 면은 말할 것도 없이 모두를 돌아보지는 않을 것이다.

Berger과 Luckmann이 짚어냈듯이, 일상의 삶을 단순화하기 위해 우리는 반복적인 활동을 수행하는 루틴을 만든다.

> 어떤 행동이든 자주 반복되는 것은 패턴으로 굳어지며, 이는 노력의 경제성을 가지고 재생산될 수 있고, 이 사실에 때문에 행위자에 의해 패턴으로 파악된다. 관습화는 나아가 논의되고 있는 행동이 다시 미래에 같은 방식으로 같은 경제적인 노력을 통해 일어날 것이라는 것을 함의한다(Berger and Luckmann 1966:70-1).

과제 수행을 위해 패턴을 발전시키는 방법은 우리에게 개인으로서 유리하지만, 우리가 직면하는 과제들이 협력적 결과를 얻기 위해 언어를 사용하는 것과 같이 사회적인 과제들일 때에는 패턴을 발전시키는 방법이 더 필수적이다. 러시아 언어학자이자 문학 이론가인 Mikhali Bakhtin은 언어 사용이 관습화되면서 우리는 그가 말하는 '발화 장르(speech genres)'를 인식할 수 있음을 짚어내었다. Bakhtin은 특정 맥락에서 언어 패턴이 예상 가능해지고 상대적으로 안정화되면서 발화 장르가 발전한다고 주장했다.

> 우리는 우리의 발화를 장르의 형태로 고정하는 법을 배우며 다른 사람의 발화를 들으며 첫 몇 마디로 장르를 추측하고자 한다. 즉 우리는 길이(즉 발화의 전체 길이)와 특정 구성 요소들로 이루어진 구조를 예측한다. 우리는 결말을 예견한다. 즉 우리는 처음부터 전체 발화에 대한 감이 있으며 이것이 나중에 발화가 진행됨에 따라 변화한다(Bakhtin 1994:83).

우리는 왜 습관, 패턴, 장르를 만들까? 이론가들은 일을 똑같은 방식으로 계속 하는 것은 시간과 에너지를 아껴준다고 말한다(그리고 다시 말하지만 당신들도 일상에서 이를 느낄 수 있다). Berger과 Luckmann은 이것을 이렇게 말했다.

> 관습화는 선택지가 좁혀진다는 중요한 심리적 이득을 가지고 있다. 성냥을 이용해서 카누를 만드는 방법은 이론적으로 100가지가 넘겠지만, 관습화는 이것을 하나의 선택지로 좁힌다. 이는 개인을 '그 모든 결정'에 대한 부담으로부터 자유롭게 하며, 심리적 안정을 제공한다(Berger and Luckmann 1966:71).

다시 말해 아침밥으로 매일 똑같은 것을 먹는 것은 아침 일찍 결정 내리는 심리적 노력을 줄여주고, 슈퍼마켓에서 시간을 보내는 물리적 노력도 줄여준다.

언어 장르에 있어서, Bakhtin은 더 나아간다. 그는 장르가 '경제적'일 뿐만이 아니라 필수적이라고 말한다.

> 만약 발화 장르가 존재하지 않고 우리가 이것들에 통달하지 않았다면, 발화가 진행되는 동안 우리가 이를 고안하고 처음으로 각 표현을 마음대로 구성해야 했다면, 발화 소통은 불가능했을 것이다(Bakhtin 1994:84).

다시 말해 문화 구성원들이 긴밀하게 장르를 구성하고 유지하지 않았다면, 의미 있는 상호 간의 소통이 불가능하거나 매우 어려웠을 것이다. 카페에 가서 여러분이 테이크아웃 라떼를 살 때마다 카푸치노 머신 뒤에 있는 사람과 소통하는 새로운 방법을 고안해야 한다고 상상해 보라.

그러나 우리는 장르를 발전시킬 때 정확히 무엇을 관습화하는가? Martin과 Rose의 말에 따르면, 우리가 언어를 쓸 때의 반복되는 상황이 장르의 추동력이 된다.

> 아이일 때 우리는 다양한 상황에서 다른 사람들과 상호작용하면서 의미의 지속적인 패턴을 처리하는 것을 통해, 우리 문화의 보편적인 장르를 인식하고 구분하는 법을 배운다. 의미의 패턴이 각 장르마다 상대적으로 일관되기 때문에 우리는 각 상황이 어떻게 흘러갈지 예측하고 어떻게 이에 대응하는지 배울 수 있다(Martin and Rose 2003:7).

다시 말해 상황, 맥락이 반복되기 때문에 우리는 언어를 사용하는 반복적인 방법을 발전시킨다. 그러나 이것은 다음의 두 가지 질문을 하게 만든다.

1. 상호작용자가 관습화된 장르를 필요로 할 정도로 '충분히 유사하다'고 느끼기 위해 두 가지 상황에서 어떤 양상이 반복될 필요가 있는가?
2. 우리 언어 사용의 어떤 측면들에서 우리는 반복되는 상황에서 의미에 대한 '비교적 일관된' 패턴을 발견할 수 있는가?

이 두 질문이 체계적 언어학이 사용역 이론 내에서 다루는 질문이다. 4장에서 보게 될 것인데, 사용역 이론은 상황 혹은 맥락의 주요 3가지 차원을 규명한다. 즉 필드(field), 테너(tenor), 모드(mode)가 그것이다. 장르는 필드(field), 테너(tenor), 모드(mode)가 자주 함께 발생하고 문화 속에서 '보편적인' 상황으로 안정화될 때 생겨난다. 예를 들어 코너에 있는 카페에서 커피를 사는 거래(업무) 장르의 필드(field)는 '커피', 테너(tenor)는 '소비자/공급자', 그리고 모드(mode)는 '대면'을 포함한다. 각각의 상황적 차원은 언어의 특정 패턴과 예상대로 연관되어 있을 수 있다. 즉 우리는 커피를 요청할 때 어휘의 사용에서 필드(field)를 알 수 있으며(*latte, take away, no sugar*), 요청과 차례의 순서를 준수하는 것에서 테너(tenor)를 파악할 수 있고(*'Can I please have...', 'Right away'*), 함께 있음을 표지하는 언어 표지(marker)의 사용에서 모드(mode)를 알 수 있다(*'Here you go'*).

비슷하게 대부분의 점성술 텍스트에서는 '로맨틱한 것, 물질적인 것, 직업적인 것을 예측하는'과 같은 필드(field)와 조언 및 경고의 테너(tenor), 그리고 쓴 사람에게서 (총칭적으로) 읽는 사람에게 직접 전달되는 모드(mode)로 통합된다. 우리는 이 상황적 값(values)이 점성술 텍스트의 예측 가능한 언어 선택에서 실현되는 것을 볼 수 있다. 즉 사랑, 결혼, 외모, 부의 획득에 대한 명사와 그에 대한 태도로 선택된 형용사들과 작가의 명령문 사용(*avoid all men with blue eyes*…), 구어체 사용(대명사 *you*, 생략 구조)과 문어체의 명사화(nominalization) 등이 합쳐진 것이 그 특징이다.

우리는 4장에서 장르의 사용역 함의(implication)에 대해 다시 다룰 것이지만, 현재 중요한 것은 장르가 사용역 변수들의 반복적인 배열을 통해 언어적으로 처리하는 방법으로 발전한다는 것이다. 다시 말해 특정 맥락적 결합이 안정화되면, 그 맥락 내에서의 상호작용은 관습화되고, 결국 장르로 일상화되는 것이다. 그런 맥락을 협상할 때 선호되는 보편적인 방법이 생기는 것이다.

이제 우리는 가장 명백한 장르 설명, 즉 그들의 단계적 또는 구조화된 언어적 사건으로 전개하는 경향에 대해 살펴볼 것이다.

도식 구조

Bakhtin은 발화 장르가 예측 가능한 '합성적 구조(compositional structure)'가 있기 때문에 우리가 이를 인식한다고 제안했다. 그는 '아주 처음부터 우리는 전체 발화에 대한 감을 가지고 있다.'고 말한다. 달리 말하면, 장르는 특정 연쇄로 나타나는 제한된 수의 기능적 단계들을 통해 언어적 표현을 전개한다. 점성술 텍스트에서는 예를 들어 전형적으로 다음과 같은 순서로 나타나는 단계를 밟는다.

일반적 개관(General outlook): 점술가가 점성술이 커버하는 기간에 관해 전반적 진술을 하는 단계. (예: *it's going to be a rosy month for you.* 당신에게 장밋빛 달이 될 거예요.)

독립적 예언(Uncontingent Predictions): 일반적 예언들이 당신의 즉각적 미래에 관해 이루어지는 단계. (예: *you'll meet and marry a tall man.* 당신은 키 큰 남자를 만나서 결혼할 거예요.)

조건적 예언(Contingent Predictions): 독자의 두드러진 유형에 따라 상이한 충고가 제공되는 단계. (예: *if single, x will happen; if married, y.* 만약 당신이 혼자라면, x 일이 일어날 것이고, 결혼했다면 y 일이 일어날 거예요.)

조언(Advice): 점술가가 조언이나 경고를 제공하는 단계. (예: *invest wisely, etc.* 현명하게 투자하십시오.)

예를 들어 여기에 Text 3.1을 이러한 단계로 분류하면 다음과 같다.

General outlook

(1)You are on the threshold of a magnificent chapter in your private life, with substantial opportunities emerging after the new noon on the 5th.

Uncontingent Predictions

(2i)A man who is resourceful, good looking or born around November could be very helpful with your quest for a promotion,(2ii)and you could be celebrating a minor victory on the 9th, 24th or 28th.(3i)A trip, reunion or important talk that you could not fit in last month will be more straightforward or enjoyable(3ii)if you wait until November.

Contingent Predictions

(4i)If single,(4ii)you may start dating a charming man whom you met briefly a few weeks age.(5i)Others may be startled by your apologetic actions(5ii)as you seek a reconciliation.

Advice

(6i)Long-range ventures or people you have not met before should be avoided between the 12th and 17th,(6ii)especially if your birthday is after the 12th.(7)The pieces of a puzzle will fall into place in the last 10 days of the month or by early November.

일반적 개관

당신은 새로운 달(다음 달)의 5일 뒤부터 나타나는 실질적 기회들을 가지고 당신의 인생에서 참으로 아름다운 문턱의 장면에 서 있다.

독립적 예언

지략 있고, 잘 생겼거나 11월쯤 태어난 한 남자가 승진에 대한 너의 요구에 매우 도움을 줄 수 있고, 당신은 9일이나 24일 혹은 28일에 작은 승리를 축하할 수 있을 것이다. 당신이 지난달에 잘 맞출 수 없었던 여행이나 모임, 중요한 대화가 만약 당신이 11월까지 기다린다면 더욱 직접적이거나 즐거울 만한 것이 될 것이다.

조건적 예언

만약 싱글이라면 당신은 몇 주 전에 간단히 만났던 매력 있는 남성과 데이트를 할 수 있을 것이다. 당신이 화해를 모색할 때, 타인은 당신의 사과하는 행동에 놀랄지도 모른다.

충고

이전에 당신이 만나지 못했던 긴 모험이나 사람들은 특히 당신의 생일이 12일 이후라면 12일과 17일 사이에는 피해야 할 것이다. 퍼즐의 조각들이 11월초나 그 달의 10일 이후에 맞춰질 것이다.

우리는 의사소통 과제에 대해 공동협의를 관습화함으로써 우리는 일련의 단계를 수립한다. 이러한 단계를 장르의 **도식 구조**(schematic structure)라 부른다. 도식 구조는 단순히 장르의 단계별 조직을 일컫거나 혹은 Martin의 용어를 따른다.

도식 구조는 장르가 텍스트에게 주는 긍정적 기여를 나타낸다. 논의되고 있는 장르가 무엇이든 주어진 문화가 달성하는 방식으로 A로부터 B에 이르는 방법이 그 문화에서 달성될 수 있도록 작용하고 있는 것이다. (Martin

1985b:251)

Martin은 장르가 단계를 가지는 이유가 단순히 우리가 한 번에 원하는 모든 의미를 만들 수 없기 때문이라고 지적한다. 장르에서 각 단계는 장르가 성공적으로 달성되도록 만들어져야 하는 전체 의미 부분에 기여한다.

모국어 화자로서 우리는 하나의 단계만 들어도 종종 그것이 어느 장르에서 나온 것인지를 알 수 있다. 예를 들어 우리가 "*Once upon a time*"이라는 것을 들었을 때 우리는 신화적 사건의 이야기에 관해 듣는다는 것을 안다. 즉 "*Can I help you?*"라는 것을 들었을 때 우리는 매매 장르를 기대한다. 또한 "*A funny thing happened to me on the way to the office.*"는 우리에게 개인 경험의 이야기를 기대하게 한다. "*Have you heard the one about the two elephant?*"는 농담이라는 것을 안다.

장르의 도식 구조를 기술하는 것은 우리에게 언어적 분석에서 두 가지 기본적인 개념들을 제공하고 있다. 즉 **성분성(constituency)과 라벨 붙이기(labelling)**가 그것이다. 우리는 언어의 어휘 문법적 조직을 기술하기 시작할 때 두 개념들과 만나게 될 것이지만 그들은 장르가 어떻게 구조화되는지를 이해하는 데 또한 중요하다.

성분성

이름에서 제안하듯 성분성(Constituency)은 사물들이 어떤 재료로 만들어지거나 다른 것들을 만드는 것을 의미한다. 예를 들어 집이 벽돌과 모르타르로 만들어지고, 책은 수많은 장들로 구성되어 있다, 등등.

사실 대부분의 사물들은 성분들의 겹(층)들로 만들어져 있다. 예를 들어 책은 수많은 장들로 만들어지고, 각각의 장은 수많은 단락으로 만들어지고, 각각의 단락은 많은 문장들로, 각각의 문장은 많은 단어들로 만들어진다, 등등.

같은 방식으로 장르는 성분 단계(constituent stages)로 이루어진다. 위에서 논의된 단계들이 예이다. 우리가 장르의 도식 구조를 기술할 때 우리가 기술하는 것은 그것의 성분 구조이다. 이러한 구조는 전체적이고 완성된 상호작용이 부분을 만들고 있는 구조이다. 가장 일반적 용어로 장르의 성분 단계는 **처음(Beginning)**, **중간(Middle)**, **끝(End)**이다.

우리의 기술 목적은 전체를 구성하는 부분들을 식별하는 것과 동시에 부분들이 그 전체를 구성하는 데 서로서로 어떻게 관계되는지를 설명하는 것이다. 이것은 일반적 기술에서 **기능적 라벨 붙이기(functional labelling)**를 사용함으로써 달성될 수 있을 것이다.

기능적 라벨 붙이기

텍스트를 구성 요소로 나누는 것에 대해 생각하려면 우리는 분리된 두 개의 텍스트 구성 단계들을 어느 기초 위에 세워야 할 것인지를 고려해야 한다. 우리가 쓸 수 있는 두 가지 필수적인 기준이 있다.

1. **형식적 기준**: 우리는 텍스트를 서로 다른 성분들의 형태에 의해 단계/부분으로 나눌 수 있다. 이 접근에서는 우리가 텍스트를 각 단위/단계가 같은 유형의 성분이 되도록 나눔으로써 동일성을 강조한다.
2. **기능적 기준**: 우리는 장르를 서로 다른 성분들의 기능에 따라 단계/부분으로 나눌 수 있다. 이 접근에서는 우리가 텍스트를 각 단계의 서로 다른 기능에 따라 나눔으로써 차이를 강조한다.

Table 3.1은 이러한 라벨 붙이기에서의 차이를 요약한다.

Table 3.1 **형식적 vs 기능적 기준**

형식적 기준	기능적 기준
질문: 각 성분이 전체와 형식적으로 어떻게 관계되는가? 즉 그것은 항목의 어떤 부류(class)인가?	질문: 각 성분이 기능적으로 전체와 어떻게 관계되는가? 즉 그것이 어떤 기능적 역할을 하는가?

우리가 장르의 성분 분석에 대해 형식적 접근을 하면, 우리는 점성술 텍스트를 단락으로, 그리고 각 단락을 문장으로, 문장을 단어로 나누는 식으로 분석할 수 있다.

이 접근이 장르 안팎에서 발생하는 언어적 요소들의 유형/범주에 대해 무언가를 분명히 알려주기는 하지만, 이것은 우리가 고민하는 기능 지향적인 질문들을 답하는 데에는 도움이 되지 않는다. 즉 어떻게 장르의 각 단계가 텍스트의 전체 목적을 달성하는 데 기여하는가?

이러한 이유로 우리는 장르 분석의 두 번째 접근 방식을 채택하여 텍스트를 기능적 요소들로 분리한다. 즉 우리는 전체와 연관된 기능을 수행하는 문장이나 그룹만을 단계로 인식한다. 따라서 우리는 어떤 기능적 라벨을 달 수 있을 만한 것만을 단계라고 부른다.

라벨을 부과할 때 주목적은 그 단계가 전체와 연관하여 어떤 일을 하는 것인지를 최대한 그 장르에 특수하게 적용될 수 있는 표현으로 설명하는 것이다. 처음, 중간, 끝이나 서론, 본론, 결론처럼 '비어있는' 기능적 라벨들은 장르 특수성이 없기 때문에 피해야 한다(모든 장르는 처음, 중간, 끝이 있다). 대신 표지를 찾으려면, 예를 들어 '정확히 이 장르의 처음에서 무엇이 행해지는가?' 또는 '거래 장르의 본론에서와 달리 에세이 장르의 본론에서는 어떤 것들이 행해지는가?'와 같은 질문을 해라.

우리가 문어 텍스트에 대한 작업을 해왔기 때문에, 이제는 도식화된 구조 분석을 구어의, 상호적인 텍스트에서 실행해보자. 아래의 Text 3.2는 거래 또는 서비스 대면 장르이다. 이 상호작용에서 우리 소비자는 어떤 거래를 수행하기 위한 목적을 가지고 우체국으로 걸어 들어간다. 우리 문화에서 특정한 사용역 배열은 일상적으로 반복되며, 대부분의 성인 원어민들이 꽤 무리 없이 다루는 장르로 관습화된다. 우체국 직원과 고객 모두 이 거래를 성공적으로 마치기 위해 따라야 하는 대본에 대한 감(대부분의 경우 꽤 무의식적으로)을 가지고 있다.

양쪽은 모두 이 거래를 완수하기 위해서 여러 단계나 절차를 거쳐야 한다는 사실을 알고 있다. 소비자는 단순히 우체국으로 밀치고 들어와 그녀의 편지들을 잔뜩 우체국 직원에게 던지고 나올 수 없다. 우체국 직원 역시 단순히 소비자가 들어오는 것을 보고 그녀의 편지를 집어 우체국 다른 곳으로 치울 수 없다. 이와 같은 상호작용의 관습화는 상호작용을 하는 사람들이 업무를 성공적으로 마치기 위해 어떤 단계를 거쳐야 하는지에 대한 사회적 관습으로 이어졌다.

Ventola(1987)는 아래 단계를 식별한다(도식화된 구조 표지는 이니셜 대문자로 쓰여 있다.).[2]

Text 3.2: Post Office Transaction[3]

Sales Initiation

1. Salesperson: yes please

(Customer steps forward)

Sales Request

2. Customer: can I have these two like that?

(Customer hands over two letters)

Sales Compliance

3. Salesperson: yes.

Price

(3 sece-Salesperson weighs one letter)

4. Salesperson: one's forty.

(3 secs-Salesperson weighs the other letter)

5. Salesperson: one's twenty-five

Sales Request

6. Customer: and have you got...the...first...day cover of...

7. Salesperson: yes.

8. Customer: (Anzac[4])

(2 secs - Salesperson looks for the stamps)

Sales Clarification

9. Salesperson: how many would you like?

10. Customer: four please.

11. Salesperson: two of each?

12. Customer: what have you got

13. Salesperson: uh there's two different designs on the-

(5 secs - Salesperson shows Customer the stamps)

Purchase

14. Customer: I'll take two of each

15. Salesperson: Uhum

(6 secs - Salesperson gets the stamps for the letters and the covers)

Price

16. Salesperson: right...that's a dollar seventy thank you

(10 secs - Salesperson puts the covers into bag; Customer gets out the money)

Payment

17. Salesperson: here we are

(2 secs-Salesperson hands over the stamps and the covers; Customer hads the money to Salesperson)

18. Customer: thank you

19. Salesperson: thank you

(5 secs - Salesperson gets the change)

Change

20. Salesperson: dollar seventy that's two four and one's five

21. Customer: thank you very much

Purchase Closure

22. Customer: thank you

(2 secs-Customer reaches for the letters)

23. Salesperson: they'll be right I'll fix those up in a moment

24. Customer: okay

Text 3.2: 우체국 거래

거래 시작

1. 우체국 직원: 예

(고객이 앞으로 온다.)

거래 요청

2. 고객: 이들 두 개를 처리할 수 있을까요?

(고객은 두 장의 편지를 건넨다.)

거래 준수

3. 우체국 직원: 예.

가격

(3초 - 판매자가 한 편지의 무게를 잰다.)

4. 판매자: 하나는 40 달러입니다.

(3초 - 판매자가 또 다른 편지의 무게를 잰다.)

5. 판매자: 다른 하나는 25 달러입니다.

거래 요청

6. 고객: 그리고 당신은 첫 번째 날의 봉투들을 가지고 있나요?

7. 판매자: 네.

8. 고객: (오스트레일리아 뉴질랜드[4])

(2초 - 판매자가 우표들을 본다.)

거래 설명

9. 판매자: 얼마나 필요하세요?

10. 고객: 4개 주세요.

11. 판매자: 각각 두 개씩요?

12. 고객: 어떤 게 있나요?

13. 판매자: 음 두 개의 다른 디자인이 있습니다.

(5초 - 판매자가 고객에서 우표들을 보여준다.)

구입

14. 고객: 각각 두 개 주세요.

15. 판매자: 음

(6초 - 판매자는 편지와 봉투를 위한 우표를 가져온다.)

가격

16. 판매자: 맞습니다. 70달러입니다. 감사합니다.

(10초 - 판매자가 큰 봉투에 봉투들을 담는다.; 고객은 돈을 꺼낸다.)

지불

17. 판매자: 여기 있습니다.

(2초 - 판매자가 우표와 봉투를 건넨다.; 고객은 판매자에게 돈을 준다.)

18. 고객: 감사합니다.

19. 판매자: 감사합니다.

(5초 - 판매자가 거스름돈을 가져온다.)

거스름돈

20. 판매자: 4달러 두 개 1달러 다섯 개로 17달러입니다.

21. 고객: 감사합니다.

구입 완료

22. 고객: 감사합니다.

(2초 - 고객이 편지로 손을 뻗었다.)

23. 판매자: 제가 곧 처리할 테니 그냥 두셔도 괜찮습니다.

24. 고객: 좋습니다.

이 텍스트의 장르적 구조에 대한 더 압축된 설명은 단계 사이에 각 단계가 서로에 관하여 배열되어 있음을 의미하는 ^ 기호를 사용하여 각 단계를 선형 배열로 써내려가며 표시하는 것이다. 즉 우체국 텍스트에 대한 도식화된 구조의 선형적 설명은 다음과 같다.

Sales Initiation^Sales Request^Sales Compliance^Price^Sales Request^Sales Clarification^Purchase^Price^Payment^Change^Purchase Closure

판매/거래 시작^거래 요청^거래 준수^가격^거래 요청^거래 설명^구입^가격^지불^거스름돈^구입 완료 도식화된 구조에 대한 이 설명은 이 단원에서 재구성된 특정한 우체국 텍스트의 도식화된 구조에 대한 설명이다. 즉 **실제** 텍스트에 대한 장르적 구조라는 것이다. 그러나 당신들은 아마도 우체국이 아닐 수도 있고 심지어 일대일 대면 상황이 아닐 수도 있지만, 일상적인 토대에서 Text 3.2와 매우 유사한 거래에 참여할 것이다. 예를 들어 Text 3.3은 전화 거래 상황이다. 우체국 상호작용에서의 도식화된 구조의 단계가 이 서비스 거래의 단계와 얼마나 긴밀하게 맞아떨어지는지 살펴보아라.

Text 3.3: Service Transaction over the Phone[5]

Sales Initiation

1. Salesperson: Good morning. Sydney Opera House Box Office. How may I help you?

Sales Request

2. Customer: Oh, hallo. Um, I'd like to book three tickets to the Bell Shakespeare's *Hamlet*, please

Sales Compliance

3. Salesperson: Bell Shakespeare, yes, that's in the Drama Theatre

Sales Clarification

4. : Now what date did you want those for?

5. Customer: Saturday the 16th. In the evening

(checking availability)

6. Salesperson: Saturday the 16th...Yes, I can give you three seats in row 'F' for the evening performance at 8pm. Fifty-six dollars per seat

7. Customer: Great, thanks

Purchase

8. Salesperson: So you'll take those? Three seats for *Hamlet* at 8pm in the Drama Theatre

9. Customer: Yes, please

Price

10. Salesperson: Is that three adults, or any concessions?

11. Customer: No, three adults please

12. Salesperson: That'll be three times fifty-six plus the booking fee, that's one hundred and seventy one dollars. Is that alright?

13. Customer: Whew, pretty pricey, but OK, yeah

Payment

14. Salesperson: Could I have your credit card details please?

15. Customer: Yes, it's a Mastercard, Number 3852 9483 1029 0323

16. Salesperson: That's Mastercard 3852 9483 1029 0323?

17. Customer: Yes

18. Salesperson: And the expiry date?

19. Customer: 09 04

20. Salesperson: Cardholder's name?

21. Customer: Emily Rimmer. R-I-M-M-E-R

Purchase Delivery

22. Salesperson: And would like us to post those tickets to you? Or will you pick them up from the Box Office?

23. Customer: No, post them please

24. Salesperson: The address?

25. Customer: 25 Jellico J-E-double L-I-C-O street, Mirameer Heights.

26. Salesperson: That's 25 Jellico Street, Mirameer Heights?

27. Customer: Yes

Purchase Closure

28. Salesperson: Right, the tickets will be in the mail today. Is there anything else we can help you with?

29. Customer: Umm, no that's all, thanks

30. Salesperson: Thank you. Goodbye

31. Customer: Bye

Text 3.3: 전화를 통한 거래 서비스

거래 시작

1. 판매자: 안녕하세요. 시드니 오페라 하우스 예약부입니다. 무엇을 도와드릴까요?

거래 요청

2. 고객: 오 안녕하세요. 저는 벨 셰익스피어의 햄릿 티켓 3장을 예약하고 싶습니다.

거래 준수

3. 판매자: 벨 셰익스피어요. 그것은 드라마 극장에 있습니다.

거래 설명

4. : 언제 공연을 원하세요?

5. 고객: 16일 토요일 저녁 공연요.

(표가 있는지 체크한다.)

6. 판매자: 16일 토요일.... 네. 8시 저녁 공연을 위한 F열에 세 좌석이 있습니다. 각 좌석당 56달러입니다.

7. 고객: 좋아요. 감사합니다.

구입

8. 판매자: 예약하시겠어요? 드라마 극장에서 8시 햄릿 공연에 세 장의 티켓요?

9. 고객: 네.

가격

10. 판매자: 어른 세 장인가요? 할인 대상이 있나요?

11. 고객: 아니요. 어른 세 장 주세요.

12. 판매자: 세 장에 대한 예약비 56달러씩 해서 171달러입니다. 괜찮나요?

13. 고객: 와우, 너무 비싸군요. 하지만 좋습니다.

지불

14. 판매자: 카드 정보를 알려주시겠어요?

15. 고객: 예. 마스터 카드이고, 번호는 3852 9483 1029 0323입니다.

16. 판매자: 마스터 카드이고, 번호는 3852 9483 1029 0323가 맞나요?

17. 고객: 네.

18. 판매자: 그리고 유효기간은요?

19. 고객: 09 04

20. 판매자: 카드 소유자 성함은요?

21. 고객: 에밀리 리머. R-I-M-M-E-R

구매 배송

22. 판매자: 티켓을 우편으로 보내드릴까요? 박스 오피스에서 가져가실 건가요?

23. 고객: 우편으로 보내주세요.

24. 판매자: 주소 알려주세요.

25. 고객: 25 Jellico J-E-double L-I-C-O street, Mirameer Heights.

26. 판매자: 25 Jellico street, Mirameer Heights가 맞나요?

27. 고객: 예

구매 완료

28. 판매자: 맞습니다. 티켓은 오늘 우편으로 발송됩니다. 더 도와드릴 일이 있나요?

29. 고객: 음 없습니다. 감사합니다.

30. 판매자: 감사합니다. 안녕히 계세요.

31. 고객: 안녕히 계세요.

우체국과 박스 오피스 거래 구조의 유사성은 거래 장르를 정의하는 도식화된 구조의 몇 가지 요소들, 거래가 무엇인지 인식하게 하는 주요 요소가 존재한다는 것을 제시한다. 도식화된 구조의 어떤 요소들이 이를 **정의하는, 또는 의무적인 요소**인지를 알아보려면 우리는 다음과 같이 물을 수 있다. "거래 텍스트라는 것을 유지하면서 어떤 단계를 뺄 수 있는가?"

우리는 구체적 텍스트에서의 도식화된 구조에 대한 설명에서 특정한 장르의 도식화된 구조에 대한 일반적인 설명으로 넘어가기 위해 다양한 기호를 사용할 수 있다. 도식화된 구조 단계 주위에 괄호( )를 치면서, 우리는 특정 요소가 선택적이라는 사실을 나타낼 수 있다. 단계 주위의 기호〈 〉는 특정 단계가 반복적(2번 이상 나타남)이라는 것을 나타낸다. 불규칙한 단계들은 앞에 *기호를 통해 표시될 수 있으며, 괄호{ }는 전체적으로 반복적인 단계의 연속체를 에워싸기 위해 사용될 수 있다. 정리하자면 도식화된 구조 기호들은 Table 3.2에 정리되어 있다. 이 기호를 사용하여 우리는 거래 장르의 더 일반적인 설명을 제공하기 위해 도식화된 구조 설명을 다음과 같이 정제할 수 있다.

(Sales Initiation)^ < {Sales Request^ Sales Compliance^ (Sales Clarification)^

Purchase^ (Price)}>^ Payment^ (Change)^ (Purchase Delivery)^ Purchase Closure

(거래 시작)^ < {거래 요청^ 거래 준수^ (거래 설명)^ 구입^ (가격)}>^ 지불^ (거스름돈)^ (구매 배송)^ 구매 완료

가장 간소한 거래 상호작용은 거래 요청, 거래 준수, 구입, 지불, 그리고 구매 완료만 있으면 된다는 것으로 이것을 읽어야 한다. 따라서 가격에 대해서 들을 필요가 없는 곳에서(아마도 앞에 명확히 가격이 표시되어 있기 때문에), '감사합니다' 등의 인사를 건너뛰는 곳, 그리고 거스름돈이 필요 없는 곳에서 어떤 보조원이 서비스를 제공하기를 기대하지 않고 스스로 상호작용을 시작하는 상황을 상상해 보아라. 당신이 만드는 텍스트가 앞에서 분석한 우체국이나 박스 오피스 예시와는 사뭇 다르겠지만, 여전히 당신은 거래를 완수했을 것이다.

또한 이 공식을 통해 거래 시작은 한 번밖에 없지만, 거래 요청이 거래 시에 한 번 이상 일어날 수 있으며, 구매와 가격이라는 단계를 통해 각 거래 요청이 해소될 수 있다는 것을 알 수 있다.

Table 3.2 기호 정리

기호	뜻
X^ Y	X가 Y에 선행됨(고정된 순서).
*Y	Y는 불규칙한 단계임.
(X)	X는 선택적 단계임.
<X>	X는 반복적 단계임.
<{X^Y}>	X와 Y는 고정된 순서로 반복되는 단계임.

우리는 무엇이 특정한 장르를 구성하는지 정의하기 위해 도식화된 구조의 요소들이 필수적인지 선택적인지의 구분을 사용한다. 장르는 따라서

도식화된 구조의 필수적인 요소들에 의해 정의되며, 장르의 변이형들은 필수적으로 도식화된 구조의 요소들, 혹은 선택적 요소들이 실현되는 텍스트이다. 그러므로 필수적인 요소들만 실현되는 어떤 상호작용은 거래 텍스트로 설명되는 반면, 수의적 요소들이 포함되면 더 확장된 장르 변이를 제공한다.

우리는 그래서 Hasan(1985a:63-4)이 특별한 장르의 **장르 구조의 잠재성**(generic structure potential)과 특별한 텍스트의 **실제 장르적 구조**(actual generic structure)로 언급한 것들의 차이를 인식할 수 있다.

우리의 기술에서 지적했듯 도식 구조의 요소들의 순서는 중요한 제약이다. 거래 장르와 같은 많은 장르에서 대부분의 요소들은 나타나는 순서가 고정되어 있다. 예를 들어 지불의 단계는 거래 설명의 단계 다음에만 올 수 있다. 그래서 물론 교환의 단계는 지불 단계 다음에만 나타날 수 있다. 2장에서 우리가 제안했듯 언어적 상호작용의 선형성은 순서를 의미하고 종종 의미 차원을 전달한다.

도식 구조 요소들의 실현

한 장르의 도식 구조를 식별하는 것이 장르적 분석의 주요한 부분이라고 할지라도 각 도식 구조의 각 요소들의 **실현**에 대한 분석 없이는 그것이 정확하게 실행될 수 없다. 당신은 1장에서 실현이란 하나의 의미가 의미 기호 체계에서 부호화되거나 표현되는 방식을 언급하는 것이라는 내용을 기억할 것이다. 우리는 지금 도식 구조의 요소들을 언어와 관련지을 필요가 있다.

도식 구조의 단계를 언어적 실현과 관계 짓는 단계를 취하는 것은 장르적 분석에서 중심적인 분석 절차이다. 우리의 점성술 텍스트(Text 3.1)와 우체국 텍스트(Text 3.2)의 도식 구조 분석은 우리에게 대략 직관적이고 개인적인 것처럼 보인다. 우리의 장르적 분석이 유효성을 갖는다면, 예를 들어 점성술 텍스트가 독립적 예언과 조건적 예언들의 단계를 가질 수 있다는 주장을 위한 객관적 정당성을 세우는 것이 가능해야 할 것이다. 혹은 거래 준수는 거래 설명과는 다른 도식 구조의 요소라는 것, 혹은 구매 단계가 시작하고 끝나는 위치가 있다는 것 등의 객관적 정당성을 세우는 것이 가능해야 한다.

우리가 장르 분석에서 계속해야만 하는 모든 것은 **언어**라는 것이 명백하다. 즉 화자가 사용하는 단어들과 구조들이 그것이다. 기술적으로 우리는 장르가 실현되는 것이 언어를 통해서라는 것을 알 수 있다. 장르의 맥락적 수준이 언어를 통해 혹은 언어 속에서 실현되는 것은 언어 부호의 담화 의미적, 어휘 문법적 그리고 음운론적 패턴을 통해서이다.

예를 들어 우리의 점성술 텍스트에서 단지 텍스트에서 관념적(ideational) 의미의 반복적 패턴을 통해 '낭만적 예언들'의 필드(field)를 '보게' 된다. 즉 이성 관계와 관련된 관련 어휘 항목들의 선택(*man, dating, private life*)과 시간 표현들(*dates, months*)이 그것이다. 우리는 대인 관계적(interpersonal) 의미의 반복적 패턴을 통해 충고와 경고의 테너(tenor)를 파악한다. 즉 양태와 당위 양태의 사용(*could be, may, should be*) 등이 그러하다. 그리고 모드(mode)는 텍스트적(textual) 의미를 통해서만 가시적이다. 즉 독자들에게 직접 말을 거는 패턴이다(대명사 *you*).

우리가 언어에서 맥락의 차원과 의미의 유형들 사이에서 제안하고 있는 체계적 연결은 언어에 대한 기능적 접근에서 기초적인 것이다. 사회적 맥락의 각 차원이 예언 가능하고 체계적인 방식으로 관련되어 있다고 제안함으로써 기능적 분석은 언어가 사회적 삶의 구조와 '자연스럽게' 관련되어 있다는 것을 보여줄 수 있다.

여기에 두 가지 명확한 의의(또는 중요성)가 있다. 첫 번째 만약 장르라는 것이 언어를 다르게 사용하는 방식이라고 한다면, 그 언어를 사용하는 화자들이 그들이 달성하고자 하는 다른 목적에 따라 다른 어휘 문법적 선택을 한다는 점을 알아야 할 것이다. 즉 상이한 장르의 텍스트들은 상이한 어휘 문법적 선택을 보여줄 것이다. 즉 상이한 단어들과 구조들을 통해서 말이다. 예를 들어 거래 장르에서 사용된 단어와 구조들의 유형은 의견 교환 장르나 서사 장르, 혹은 점성술에서 사용된 것들과는 같지 않을 것이다. 따라서 *실현 패턴들은 장르에 따라 다르게 나타날 것이다.*

두 번째 만약 각 장르가 기능적으로 다른 다수의 단계들로 구성되어 있다면 그때 도식 구조의 다른 요소들이 다른 어휘 문법적 선택을 보일 것이라는 것을 알아야만 한다. 예를 들어 우리는 판매 시작 단계에서 사용된 단어들과 구조들의 패턴이 구매 단계에서 사용된 단어들과 구조의 유형과 같지 않다는 것과 그들 단계의 언어가 단계마다 다른 언어라는 것을 발견해야만 한다. 그래서 *실현 패턴은 도식적 단계에 따라 다르게 나타날 것이다.*

그러나 우리는 이 여러 단계를 모두 실현하기 위해 사용할 언어가 하나뿐이기 때문에 서로 완전히 다른 단어, 혹은 완전히 다른 구조를 사용하는 단계의 문제일 수는 없다. 오히려 우리는 다른 단계들이 단어와 구조의 다른 배열, 다른 패턴의 군집을 사용한다는 것을 발견하기를 기대한다. 실현 패턴은 단순 문어 장르인 레시피의 예를 통해 살펴볼 것이다.

레시피 장르에서 도식 구조와 실현

지금까지 장르에 대한 논의에서 우리는 텍스트로부터 기술(description)까지를 분석해 왔다. 장르들(그들의 도식 구조와 실현)이 모국어 화자로서 우리가 무의식적으로 언어를 사용할 때 의지하는 중요한 것이라는 것을 보여주기 위해, 우리는 절차를 뒤집어 볼 수 있다. 텍스트를 기술하는 대신 우리는 도식적 구조와 실현을 예언할 수 있고, 그때 실제 예와 대조하여 그러한 예언을 비교할 수 있다.

당신은 1장에서 우리가 스크램블드에그에 대한 레시피 텍스트의 적절한 예를 산출할 능력이 있다는 대단한 확신을 표현했다는 것을 기억할 것이다. 그 작업의 부분은 도식 구조의 요소들을 그럴 듯한 순서로 예언하는 우리의 능력과 관련된다. 당신이 더 이상 읽기 전에 당신이 좋아하는 레시피에서 예측할 수 있는 도식 구조를 빠르게 떠올려볼 수 있다.

여기에 지금 실제 레시피 텍스트가 있다. 당신의 도식 구조가 이 텍스트를 기술하는 데 적절한가?

Text 3.4: Spinach Risotto[6]

This traditional dish of Greek-cypriot origin offers an economical but substantial vegetarian meal.

3 tablespoons olive oil

2 onions, chopped

1-2 bunches silverbeet or English spinach

1 375 gr tin peeled tomatoes

2 tablespoons tomato paste

1 cup water

1 cup risotto rice

white wine (optional)

salt and pepper

Slice the dead ends off the spinach. Slice stalks off from leaves. Wash stalks and leaves. Slice stalks finely, and shred leaves.

In a large saucepan, heat the oil. Fry the onions till soft. Add the stalks and fry till soft. Add the shredded leaves and cook for several minutes. Then add the tomatoes and tomato paste. Turn low and cook for about 10 mins. Add water, wine, salt and pepper, and the rice. Cook until the rice has absorbed the liquid (10-15 mins).

Serve with Greek salad and crusty wholemeal bread

Serves 4.

Text 3.4: 시금치 리조또[6]

그리스 사이프러스에서 기원한 이 전통적 요리는 경제적이지만 실질적인 채식주의 음식이다.

올리브 오일 3 테이블스푼

다진 양파 2개

근대나 시금치 1-2 묶음

375그램 껍질 벗긴 토마토 1

토마토 페이스트 2 테이블스푼

물 1컵

리조또 쌀 1컵

화이트 와인(취향에 따라)

소금과 후추

시금치의 죽은 끝 부분을 잘라라. 잎으로부터 줄기를 떼어내라. 줄기와 잎을 씻어라. 줄기를 잘게 썰고 잎을 썰어라.

큰 소스팬에 오일을 넣고 가열해라. 양파를 부드러워질 때까지 볶아라.

줄기를 넣고 부드러워질 때까지 볶아라. 썰어 놓은 잎을 넣고 몇 분 동안 요리해라. 그때 토마토와 토마토 페이스트를 넣어라. 불을 낮춰서 10분 동안 요리해라. 물, 와인, 소금, 후추와 쌀을 넣어라. 쌀이 수분을 흡수할 때까지(10-15분) 요리해라.

그릭 샐러드와 통밀빵을 함께 내라.

4인분.

만약 우리가 이 장에서 이야기할 기능적 접근을 따른다면 당신은 다음의 단계들을 아는 것이 필요하다고 이 텍스트를 기술할 것이다.

요리명(Title):

Spinach Risotto(시금치 리조또)

이 단계는 준비된 요리의 이름을 표시한다. 이 단계는 명백하게 개별적 레시피들을 서로 차이 짓게 하는 기능이 있다.

유혹(Enticement):

This traditional dish of Greek-cypriot origin offers an economical but substantial vegetarian meal.

이 단계의 목적은 우리가 왜 요리를 만들어야 하는지 제안하는 단계이다.

재료(Ingredients):

3 tablespoons olive oil/2 onions, chopped/1-2 bunches silverbeet or English

spinach/1 375 gr tin peeled tomatoes/2 tablespoons tomato paste/1 cup water/1 cup risotto rice/white wine (optional)/salt and pepper

이 단계는 필요한 재료를 당신에게 말해주는 기능을 한다.

방법(Method):

Slice the dead ends off the spinach. Slice stalks off from leaves. Wash stalks and leaves. Slice stalks finely, and shred leaves.

In a large saucepan, heat the oil. Fry the onions till soft. Add the stalks and fry till soft. Add the shredded leaves and cook for several minutes. Then add the tomatoes and tomato paste. Turn low and cook for about 10 mins. Add water, wine, salt and pepper, and the rice. Cook until the rice has absorbed the liquid (10-15 mins). Serve with Greek salad and crusty wholemeal bread

이 단계의 목적은 당신에게 요리 만드는 방법을 말하는 것이다.

서비스 양(Serving Quantity):

Serves 4.

이 마지막 단계는 요리가 몇 인분인지에 대한 정보를 제공한다.

Title^Enticement^Ingredients^Method^Serving Quantity

요리명^유혹^재료^방법^서비스 양

지금 당신이 이 텍스트를 위해 만든 도식 구조는 내가 제공해 온 것과 다를 수 있다. 특별히 당신은 "그리스 샐러드와 딱딱한 호밀 빵과 함께 내어라(Serve with Greek salad and crusty wholemeal bread.)."는 문장을 기술하는 부가적인 단계를 포함하기를 원할 것이다. 결국 그 문장은 원래 텍스트에서 분리된 단락으로 보여주고 그것에 분리된 기능적 표지를 부여해야 하는 것처럼 보일 것이다. 아마도 서비스 제안(Serving Suggestions) 같은 것이 될 것이다.

우리가 얼마나 많은 단계를 거쳐야 하는지에 대한 의문을 해결하기 위해 레시피의 각 단계에서 실현된 어휘 문법적 패턴을 고려할 필요가 있다. 즉 우리가 레시피 텍스트의 언어를 세밀히 살펴볼 필요가 있다는 것이다.

우리는 어쨌든 아직 어휘 문법적 패턴(우리가 이 책의 끝에서 이야기할 것이다.)에 대한 이야기를 하기 위한 공통의 전문 어휘들을 공유하지 않았다는 사실에 의해 약간 혼란스러울 것이다. 꽤 일반적으로 통용되는 문법적 용어들만 사용하여 우리는 레시피 장르 단계의 각각이 명백히 구별된 실현 패턴을 결합할 수 있다는 것을 보여줄 수 있다.

요리명(Title): 이 단계는 우리가 완성된 절이나 문장에 의해서가 아니라 명사 그룹(주요 단어가 명사인 단어 그룹)을 호출한다는 사실을 알게 된다. 명사 그룹의 유형은 전형적으로 형용사와 명사가 아니라(예를 들어 타이틀은 단순한 리조또가 아니다.) 명사들의 연쇄(이 경우 두 개)를 포함한다.

유혹(Enticement): 요리명 단계와 달리 이 단계는 완성된 문장으로 실현된다. be절로 시작하고, *this dish*(이 요리)가 긍정적 태도 단어들 *traditional, economical, substantial*을 사용하여 기술된다(다음과 같은 절로 시작하는 것이 얼마나 매력이 없는지 상상해 보아라. 즉 *This revolting dish will take hours to cook*(이 역겨운 음식은 요리하는 데 몇 시간이 걸릴 것이다.)).

재료들(Ingredients): 여기에서 우리는 명사 패턴으로 다시 돌아오지만 이번에 명사 그룹은 특징적인 단어들의 연쇄를 가지는 것이 아니라 수량 측정 단어들을 가진다. 이러한 측정 용어들에 의해 수식되고 있는 핵어 명사는 당연히 음식 이름이다.

방법(Method): 이 단계는 명령의 서법(Mood)을 나타내는 절에 의해 표현된다(진술이 아니라 명령으로 표현된다.). 장소(*in a large saucepan*), 시간(*for about 10mins*), 태도(*till soft*)의 상황적 의미가 표현되었다. 비록 이것이 항상 명시적으로 부호화되지 않는다고 하더라도(*then*이 한 번만 나온다.) 그 절들은 시간적 순서에 의해 논리적으로 연결된다(*Then … then*). 동사들의 종류는 행위에 기반한 것이다. 즉 *slice, wash, heat, fry, cook* 등이다.

서비스 양(service quantity): 이 단계는 생략 평서문으로 실현된다. 즉 절의 한 부분만 실현된다. 완전한 절은 "*This dish serves 4.*"가 될 것이다. 이 절은 명령문이 아니라 평서문(진술문)이다. 즉 그것은 정보를 제공할 뿐 무언가를 하도록 명령하지 않는다.

그리고 문장 "*Serve with Greek salad and crusty wholemeal bread.* 그리스 샐러드와 통밀빵을 함께 내라." 위치의 도식적 구조를 결정하는 데 도움이 될 마지막 실현 패턴이 있다. 문법적으로 이 문장의 패턴은 명령 구조(a command)를 가지고 행위 동사가 나타나고(*serve*), 하는 방법(manner)에 대한 상황 정보를(*withe Greek salad* 등) 포함하고 있다. 이 패턴은 방법 단계의 다른 문장들과 동일하다. 그래서 문법적 기준에 의거하여 그 자체로 분리된 단계로 보지 않고 또한 패턴이 상이한 절 유형으로 나타나는 서비스 양 단계로도 보지 않고, 그 절을 방법 단계의 일부로 고려할 것이다.[7]

실현 진술에 사용된 모든 용어들을 이해할 수 없다고 하더라도 당신은 도식 구조의 각 단계가 많은 문법적 어휘적 자질들과 명백히 결합될 수 있다는 것을 보게 될 것이다. 텍스트 각 부분의 문법적 패턴들을 가능한 많이 명세화함으로써, 우리는 얼마나 많은 단계를 인식할 필요가 있는지 그리고 각 단계들 사이에 경계는 어디에 두어야 하는지 결정할 수 있게 된다.

단계들과 실현 사이에 동일한 연결은 우리가 분석하는 텍스트가 문어이든 구어이든 상관없이 어떤 종류의 텍스트에도 다 적용된다. 점성술 텍스트에서 우리는 일반적 개관 단계의 언어가 조건적 예언 단계의 언어와 매우 다르다는 것을 알 수 있다. 첫 번째는 주어 'You'를 주어로 가진 관계 과정을 나타내고(be 동사로) 당신의 전체적인 상황이나 질을 표현하는 일반적 추상명사가 나타난다. 반면 두 번째는 조건절(*if*…; *then*…), 특별한 시간 지시, 과정 유형, 당위 양태가 나타난다. 유사하게, 우체국 텍스트에서 문법적 기술은 판매 요구 단계에서의 패턴(조정된 의문절, 즉 could/can을 사용한 의문문)이 판매 설명 단계에서의 패턴(조정되지 않은 의문문)과 다르다는 것을 보여 줄 것이다.

위에서 제시된 텍스트로부터 우리는 실현 패턴의 상이한 유형이 있다는 것을 지적할 수 있다. 어떤 단계들은 의식적이거나 규약적 실현을 가진다. 예를 들어 감사나 인사 단계를 실현하는 표현들은 다소 제한되고 예측 가능하다. 다른 단계들은 언어적 구조의 제한된 범위에 의해 실현된다. 예를 들어 거래 장르에서 서비스 요구 단계의 실현은 다양한(그러나 제한적인) 대체 가능한 구조, 예를 들어 조정된 평서문(*I'd like 5 apples please.*), 명령문(*Give me 5 of those apples, please.*), 혹은 조정된 의문문(*Would you have 5 of those apples, please.*)을 통해 이루어질 수 있다.

그러나 다른 단계는 단지 하나의 언어적 자질의 단순한 선택 대신에 특별한 언어 선택의 묶음에 의해 실현된다. 하나의 예는 위에서 패턴이 기술되었던 레시피 장르의 방법 단계이다. 더 많은 예는 서사의 사건 단계나 행위 단계일 수 있다. 그것은 전형적으로 시간 연쇄 접속사(*then* … *then*), 행위 과정(*went ran, caught, did, happened* 등의 동사), 특별한 참여자(보통 사람), 시간, 장소, 방법의 상황어(circumstance)(종종 절의 첫 번째 위치에서) 결합에 의해 실현된다.

마지막으로 어떤 단계가 비언어적으로 실현되는 것이 가능하다. 예를 들어 거래 장르의 지불 단계는 자주 비언어적으로 실현된다.

장르적 단계에서의 어휘 문법적 실현에 대한 우리의 논의는 공통의 **메타언어**가 부족하기 때문에 매우 제한적이다. 즉 우리는 실현 진술을 구체화할 수 있는, 언어를 분석하는 공유된 접근에 기반한 공통의 전문 어휘를 공유하지 않았다. 4장에서부터 10장까지의 목표는 우리가 메타언어를 갖추는 것이고, 이를 통해 당신이 관심이 있는 장르가 무엇이든 각 장르의 특정 단계에 나타난 문법적, 담화 의미적 패턴을 명세화함으로써 이러한 기술(description)을 완성할 수 있게 될 것이다.

이 단계에서 파악해야 할 중요한 요점은 도식 구조 분석이 직관적이거나 즉석에서 마련된 것이 아니라는 것이다. 우리가 구조의 한 요소를 인지할 때마다 우리는 언어적 실현에서의 반영을 찾음으로써 그 구조 요소와 그것의 경계에 대해 논증할 수 있어야 한다. 11장은 1장에서 소개했던 세 가지의 Crying Baby text에 적용된 장르적 분석을 보여줄 것이다.

짧은 장르와 긴 장르: 거시 장르

공간적 이유 때문에 장르 분석의 원리와 과정은 이 장에서 간단하게 일상의 텍스트를 예시로 제시해 왔다. 장르적 분석은 구어나 문어에서 더 긴 텍스트에도 적용 가능하다. 이처럼 더 길고 복잡한 텍스트에서 Martin(1992b)은 우리가 전체 텍스트를 **거시 장르**(Macro-genre)의 예로서 확인할 필요가 있고 그 속에서 다양한 다른 장르가 사용되는 것들을 확인할 가능성이 있다고 제안한다. 예를 들어 대학 학과의 핸드북은 그 자체로 거시 장르이다(특별한 문화적 기능을 수행하는 전체로서의 텍스트). 그러나 그것은 전형적으로 설명(당신이 왜 특별한 교수진과 훈련 속에서 공부해야만 하는지), 규약(학생으로서의 권리/의무/벌칙) 장르의 예를 보여주는 섹션을 포함한다. Martin은 거시 장르에서 구성 장르들 사이에 관계를 포착하기 위해 Halliday의 논리 의미 관계의 문법적 범주를 사용한다(2장의 접속 응집성에서 처음 제시했고, 9장에서 다시 살펴볼 것이다.). 거시 장르 분석의 예를 위해 Martin and Rose(2003)에 있는 훨씬 긴 몇 개의 텍스트에 대한 내용을 참조하라.

장르 분석의 사용

장르 분석은 언어 사용에서의 문화적 사회적 기초를 명확히 하는 첫 단계이지만 그것은 매우 강력한 단계이다. 장르의 체계적 분석은 세 가지 직접적 적용을 가진다. 장르 분석은 다음과 같이 우리에게 유용하다.

1. 다른 것은 그렇지 않은데 어떤 텍스트가 왜 성공적이고 적절한지를 명확히 설명함.

2. 화용적 맥락과 대인 관계적(interpersonal) 맥락에서 장르의 유형과 그들의 실현을 대조하는 것.
3. 픽션과 논픽션 장르들 사이에 유사성과 차이점을 이해하는 것.
4. 비판적 텍스트 분석을 수행하는 것.

여기에서는 이러한 적용의 간단한 예를 보여줄 여유만 있을 뿐이다. 더 자세한 것은 Martin and Rose(2003)을 참고하라.

장르의 성공적 예시와 성공하지 못한 예시

장르 분석의 가장 유용한 적용 중 하나는 교육적 장면에서 일하는 우리 같은 사람들에게 어떤 텍스트들은 '잘 작동하고(work)' 어떤 텍스트들은 그렇지 않은지 이유를 명확히 밝히는 데 도움을 줄 수 있다는 것이다. 2장 113쪽에서 처음에 살펴보았던 Text 2.5 'Fatal Alaska'를 다시 보자. 우리는 2장에서 12살 소년이 스토리에 심각한 응집성 문제를 가지고 있다는 것을 보았다. 특히 표현되어야만 하는 것을 추정하도록 하면서 지시적 연결들이 모호해졌다. 그러나 응집성의 문제는 그가 서사 장르의 적절한 실현을 달성하는 것에 있어서 더욱 일반적 문제들의 징후이다.

사회 언어학자 Labov and Waletzky(1967)는 서사의 도식 구조의 기능적 분석을 제공한다. 나는 여기에서 특별한 장르를 지칭하는 전문적 의미로 **서사(narrative)**를 사용하고 있다. 모든 이야기가 서사는 아니다. 자세한 논의와 일상 대화와 문어 텍스트에 나타나는 다른 이야기 장르의 예시는 Eggins and Slade(1997)를 보라. 서사는 '문제적 경험에 직면하고 해결하는 주인공들이 관여하는 이야기들'로 정의될 수 있다(Eggins and Slade 1997:239). 초기에 제시된 형식을 따라 서사 장르의 도식적 구조는 다음과 같이 표시될 수 있다.

(Abstract) ^ Orientation ^ <{Complication ^ Resolution ^ Evaluation}> ^(Coda)

(요약) ^ 방향 제시 ^ <{복잡화 ^ 해결 ^ 평가}> ^(종결부)

요약(Abstract): 이 단계가 존재한다면 이 단계는 독자들이 다음에 올 텍스트에 대해 준비하게 할 신호로서 기능한다. 스토리의 주제를 말하거나 앞으로 전개될 이야기의 종류에 대해 소개한다. 예를 들어 "*Once upon a time*"은 전통 서사를 위한 일반적 실현이다.

방향 제시(Orientation): 이 단계는 서사를 이해하는 데 필요한 정보를 독자들에게 제공하고, 스토리에 참여하는 참여자들(who), 공간적 배경(where), 시간적 배경(when), 어떤 것들이 꼬이기 전 상황에서의 행위들에 대한 최소한의 기초적인 정보(what)를 항상 제공한다. 이 단계는 전형적으로 습관적 행위의 지시와 표현을 제시함으로써 전형적으로 실현된다.

복잡화(Complication): 이 단계는 위기에서 문제가 절정에 달하는 단계이다. 방향 제시(Orientation)에서 시작된 사건들은 어떻게든 나빠진다. 사건들의 일상적 연쇄에 대한 방해가 있고, 뒤따라오는 행위들이 문제적이고 예측가능하지 않다. 이 단계는 시간적 연쇄의 접속 관계(*and then… and then…*)에서 양보적인 반기대성과 동시성의 관계로(*but, all of a sudden…*) 전이되면서 전형적으로 실현된다.

평가(Evaluation): Labov and Waletzky(1967)에서는 평가 단계는 텍스트에 그것의 중요성을 제공하는 것이라고 주장했다. 즉 그 단계는 서사의 요점이다. 복잡화(Complication)와 해결 단계(Resolution) 사이에 일어나기 때문에 그것은 긴장감을 창출하고 이 두 행위의 단계 사이에 휴식을 표시한다. Labov는 이러한 단계가 없으면 서사가 불완전하기 때문에 필수적이라고 주장한다.

> 평가 장치는 우리에게 말한다. 즉 이것은 공포스럽고, 위험하고, 기괴하고, 거칠고, 미쳤다. 혹은 즐겁고, 아주 우습고, 신기하다. 더욱 일반적으로 그것은 이상하고 평범하지 않고 특이하다. 즉 말할 가치가 있다. 그것은 평범하거나 평이하거나 단조롭거나 일상적이거나 지극히 평범하지 않다(Labov 1972a:371).

행위에서 평가로의 전이는 다음 패턴 중 하나로 표현되어, 관념적(ideational) 의미를 대인 관계적(interpersonal) 의미로 전이하며 실현된다.

1. 그 사건을 주목할 만하거나 이상한 것으로 나타내는 태도나 의견의 표현
2. 등장인물들의 곤경에 초점을 맞추는 것을 포함하여, 서사의 서술자나 등장인물에게 책임이 있는 사건들에 대한 불신, 우려, 불안의 감정 표현
3. 서사 참여자들이 관여하는 사건들의 일상적인 연쇄와 특별한 연쇄 사이에 비교
4. 사건 결과에 관한 예측이나 위기에 대처하기 위해 가능한 행동 방침에 대한 예측(Rothery 1990:203)

평가적 진술들이 종종 서사 전반에 걸쳐서 나타난다고 하더라도(Labov가 말하길 다른 단계에 내포(embeded)되어 나타남), 성공적인 서사는 항상 분리된 평가 단계를 가질 것이다. 서술자나 등장인물이 스토리의 감정적 포인트

에 대한 감상을 명시적으로 제공하는 동안에 행위의 진전은 중단될 것이다(Eggins and Slade 1997을 보라: 평가의 더 많은 예는 241-2이다.).

해결(**Resolution**): 이 단계에서 우리는 주인공들이 위기를 어떻게 해결하는지 듣는다. 해결 단계를 통해 일상성이 회복되고 평정이 회복된다. 언어 실현은 시간적 연쇄 관계에 의해 진행되는 구원적 행위들을 도입하면서 원인 접속 관계(*so*)를 포함한다.

확장된 서사에서 {Complication ^ Evaluation ^ Resolution} 연쇄들이 있을 수 있다. 그러한 경우에 규약은 복잡화(complication)가 하나인 것보다 더욱 드라마틱해야만 한다는 것을 제안한다. 서스펜스(긴장감)를 만들기 위해 각 해결 단계는 어렵고 예측성이 부족하고 항상 더 길어지는 방향으로 전개될 것이다.

종결부(**Coda**): 이 단계는 요약의 주제를 다시 언급하고 텍스트에 대한 전반적 진술을 만든다. 대화적 서사에서 종결부(coda)는 화자가 더 이상 발언할 필요가 없다는 것을 청자들에게 알려준다. 즉 그녀의 이야기가 끝났다. 문어 서사에서 종결부(coda)는 종종 서사의 시작점으로 되돌아옴으로써 대단원의 느낌을 만들어낸다. 이 단계는 종종 시제에서의 변이에 의해 알려지거나(예를 들어 서사 사건의 단순 과거로부터 내레이션의 현재로 돌아오는 것) 혹은 특별한 참여자, 사건, 배경을 '그와 같은 경험'에 대한 일반화로 진술하면서 표시된다.

'Fatal Alaska'에 이 도식 구조를 적용해 보면 몇 가지 문제를 확인하게 된다.

1. 단계의 연쇄가 도움이 되지 않는다. 즉 수의적 요약(abstract) 단계나 따라오는 방향 제시(orientation) 단계 대신에 David는 우리에게 바로 몇 가지 복잡화(Complication)들 중 하나를 추정적으로 바로 우리 앞에 쿵 내려놓는다. 단락 3은 가장 기본적인 정보를 담고 있어서 논리적으로 가장 먼저 와야 함에도 불구하고, 방향 제시(Orientation)는 단락2에서 시작되는 것처럼 보인다.
2. 연속적인 복잡화(Complication)는 강도면에서 충분히 점차적으로 제시되지 않았다. 즉 우리는 첫 문장에서 하나의 죽음을 만나게 되고 그래서 긴장감이 너무 적어졌다.
3. 작가는 그의 이야기가 절정으로 치닫는 해결(Resolution) 단계와 종결부(Coda)를 가지고 끝내는 대신 'To Be Continued'로 끝내고 있다. David는 다른 장르에서 적절한 장치를 빌리고 있기 때문에(예를 들어 TV나 책 시리즈), 이러한 비 엔딩은 실제로 책임을 회피하는 것이다. 그는 그의 이야기가 계속될 수 없다는 것을 알고 있다. 그가 플롯을 잃었거나 다 쓸 시간이 없었던 것처럼 보인다. 그가 서사 단계를 먼저 계획했다면 이러한 문제는 피할 수 있었을 것이다.

이러한 문제들에도 불구하고, David의 이야기는 잘 형성된 서사를 위한 뼈대 구조를 가진다. 아래에서 이 텍스트를 재순서화된 단계로 다시 보여줄 것이다. 그리고 마지막 Resolution을 제안하겠다. 내가 쓴 부분은 이탤릭체로 표시하였다.

Text 3.5 : Fatal Alaska[8]

(도식 구조의 라벨을 가진 재순서화된 텍스트)

(Abstract)

I've been in a lot of tricky situations, but I've never been as close to death as I was up north once.

Orientation

My name is Samual Jacobson, I am a 17 year old Canadian piolot who was assigned to this mission. My journey to Alaska consisted of two reason, finding the two men who set off from Canada to study penguins and to give the two Canadian mountys some experience in Alaska.

At first I was proud to do it, then nervous and now I'm terrified. The snow storm last week is said to have covered their plane in ice and snow. I am told they were proffsianals.

Complication 1

I watched as my companion was attacked by the polar bear. Then he fell to the ground and didn't move. I knew he was dead. My other companion was still in the plane, looking like it was he who had been attacked.

Evaluation 1

I tried to ignore the body but two hours later could stand it no longer.

Resolution 1

I made a whole in the ice and left it for whatever actic creature was hungry.

Complication 2

I had to get my live companion to refrain from losing his mind. Evaluation 2 I could not afford to lose another friend or I might lose my own mind.

Resolution 2

It took a great deal of shaking to bring my friend to his senses, then I urged him to get moving, which he reluctantly did. We moved for several hours getting colder by the minute, and less confident.

Complication 3

Just when I feared we would have to turn back, I saw a light, that looked like a fire. I don't think my partner saw it so I steered him towards it. We saw then what it was, a fire, recently lit, in the middle of a cave.

We ventured into the cave and saw nothing inside but a rack with bones and body parts in it, a billy with meat in it and blood! Then a shadowy figure loomed at the entrance of the cave.

I stared at my partner, who once again had not noticed the happenings around him.

Evaluation 3

I froze, I know its stupid but as the figure advanced, I just froze. My heart was a straight six motor for that ten or so seconds, and it was revving its guts out.

Resolution 3

Then, when the figure stepped into the flickering light of the fire I felt relief, as I recognized him from the photo of the explorers as Captain John, the leader of the expidition, and the brains. I knew the bones and body parts and meat were not animal, they were his crew! Just then he pulled a hatchet from his coat and ran at me. That confirmed to me that he had canaballised on his men. I ducked sending him over my back and into the fire, he set alight. I watched as he frantically jumped up, ran outside and rolled in the snow, all the time holding his hatchet.

Complication 4

He got up, furious and I knew he wouldn't miss again...

Within seconds, he was running at me again, swiping at me with his lethal hatchet,

Evaluation 4

This time, I knew it was him or me! And I hadn't come all this way to be eaten.

Resolution 4

So I dodged around the cave, just out of reach of the crazy Captain, till I got close to a clump of loose rocks. Ducking down, I managed to pick up two really sharp, pointed ones. But it was a close thing-as I jumped away, his hatchet scratched down my arm, drawing blood.

I ducked back and took aim. I had only two chances, and he was moving all the time. I threw the first rock-it hit him on the shoulder, and slowed him for a second, but he recovered and came at me again.

I aimed the second rock carefully. This time I waited until he was really close. I knew if I missed, I'd be dead meat. When I could feel his smelly cannibal breath, I threw.

Crunch. Thump. He fell down, knocked out cold. My companion and I quickly tied him up and radioed out for help.

Coda

That was a really close call. And since then I've never eaten a mouthful of meat!

Text 3.5: 죽음을 초래하는 알래스카

(요약(Abstract))

나는 많은 곤란한 상황에 처해왔지만, 북극에서처럼 죽음에 그렇게 가까이 간 적은 결코 없었다.

방향 제시(Orientation)

내 이름은 사무엘 제이콥슨이다. 이 임무를 맡게 된 17살의 캐나다 조종사다. 내가 알라스카로 여행을 간 데에는 두 가지 이유가 있다. 첫 번째로는 캐나다에서 펭귄에 대한 연구를 위해 떠난 두 사람을 찾기 위해서였고, 두 번째로는 그 두 캐나다 기마경찰에게 알라스카를 경험할 수 있는 기회를 제공해주기 위해서였다.

처음에는 이 일을 맡게 되어 스스로 자랑스러운 마음이었으나, 곧 초조한 마음이 들었고 지금은 너무도 겁에 질려있다. 지난주에 내린 폭설은 그들의 비행기를 얼음과 눈으로 덮었다고 한다. 그들은 예언자라 전해 들었다.

복잡화 1(Complication 1)

나는 내 동료가 북극곰에게 공격받는 것을 보게 되었다. 그는 땅바닥으로 쓰러졌고 움직이지 않았다. 나는 그가 죽었다는 것을 알 수 있었다. 나의 또 다른 동료는 꼭 그가 공격받았던 것처럼 비행기 안에 계속 남아 있었다.

평가 1(Evaluation 1)

나는 죽은 동료의 시신을 신경 쓰지 않아보려 애썼으나, 2시간 이상은 더 견딜 수가 없었다.

해결 1(Resolution 1)

나는 얼음에 구멍을 뚫었고 굶주린 북극의 생명체들을 위해 시신을 그곳에 남겨두고 떠날 수밖에는 없었다.

복잡화 2(Complication 2)

나는 살아있는 동료가 이성을 잃지 않도록 해야만 했다.

평가 2(Evaluation 2)

또 다른 친구를 잃거나 나 스스로 평정심을 잃을 수는 없었다.

해결 2(Resolution 2)

많은 떨림 끝에 나는 내 친구가 정신을 차릴 수 있도록 하였고, 그가 원치는 않았지만 어떻게든 그를 움직이게끔 하였다. 우리는 그렇게 몇 시간을 걸었고 시시각각 추워지는 날씨와 함께 우리의 자신감도 점점 떨어져만 갔다.

복잡화 3(Complication 3)

다시 온 길을 돌아가야 하는 건 아닐까 두려워하고 있을 때 나는 꼭 불처럼 보이는 불빛을 보았다. 내 친구가 그걸 보지는 못한 것 같아서 나는 그를 그쪽으로 이끌었다. 마침내 우리는 그것이 무엇인지 확인할 수 있었다. 동굴 한가운데서 얼마 전 피워진 불을 발견했다. 우리는 동굴 안쪽으로 과감히 들어갔고 선반에 있는 뼈와 몸통 일부, 그리고 고기와 피가 들어있는 주전자 이외에는 아무것도 보이지 않았다. 그 때 동굴 입구에 그림자 같은 모습이 어렴풋이 나타났다.

나는 내 친구를 쳐다보았고, 그는 여전히 지금 무슨 일이 일어나고 있는지를 모르는 것 같았다.

평가 3(Evaluation 3)

나는 내가 바보 같다는 생각을 했지만 그림자가 점점 가까워져 오자 그 자리에 얼어붙어 버렸다. 10초 정도 동안 내 심장은 마치 6개의 모터가 달린 듯 쿵쾅쿵쾅 요동치며 점차 빨리 뛰기 시작했다.

해결 4(Resolution 3)

그리고 마침내 깜빡거리는 불빛 속으로 그림자가 걸어 들어오자 나는 안도했다. 탐험가들의 사진에서 본 탐험대 대장이자 지성을 겸비한 존재임을 알아봤기 때문이다. 나는 뼈와 몸통 일부 그리고 고기가 동물의 것이 아님을 알았다. 그건 바로 그의 팀원들의 것이었던 것이다! 바로 그 때 그는 코트 안에서 도끼를 꺼내들더니 나에게 달려들었다. 이는 그가 그의 팀원들을, 즉 인육을 먹었다는 것을 확인시켜 주는 행동이었다. 나는 몸을 순간 확 굽혀 그를 내 등 뒤로, 그리고 불 속으로 던져버렸고 곧 그의 몸에 불이 붙었다. 그는 시종일관 도끼를 움켜쥔 채 미친 듯 펄쩍펄쩍 뛰다가 밖으로 달려 나가더니 눈 위를 굴렀다.

복잡화 4(Complication 4)

그는 분노에 가득 찬 채 일어났고, 나는 이제 그가 다시는 나를 놓치지 않을 것임을 알았다.

평가 4(Evaluation 4)

이번에는 그 아니면 나라고 생각했다. 그리고 나는 이런 식으로 먹히지 않으리라 다짐했다.

해결 4(Resolution 4)

그래서 나는 동굴 주변을 피해서, 그리고 미친 대장을 피해 큰 바위에 도착할 때까지 도망갔다. 피하면서 나는 간신히 두 개의 아주 날카롭고 뾰족한 것들을 간신히 집어들었다. 그러나 곧 잡힐 위기였다. 즉 내가 펄쩍 뛰었지만 그의 손도끼가 나의 팔을 긁었고 피가 흘렀다.

나는 다시 도망가서 목적을 이루었다. 나에게는 딱 두 번의 기회만 있었는데 그는 계속해서 움직였다. 나는 첫 번째 돌을 집어던졌다. 그것은 그의 어깨를 쳤고 그를 잠시 주춤하게 했으나 그는 곧 회복해서 다시 나에게 달려들었다.

나는 조심스럽게 두 번째 돌을 조준했다. 이번에 나는 그가 아주 가까이 올 때까지 기다렸다. 이번에 실패하면 나는 죽은 고기가 될 수 있다는 것을 알았다. 내가 그의 야만적 숨소리를 들었을 때 나는 돌을 집어던졌다.

명중, 승리. 그는 쓰러졌다. 나의 동료와 나는 재빨리 그를 묶고 구조를 요청했다.

종결부(Coda)

정말 위기일발의 상황이었다. 그리고 그때 이후로 나는 고기를 결코 먹지 않았다.

장르 구조와 실현의 발판을 가진 목표 장르의 명시적인 모델링은 David 같은 어린 작가가 더욱 성공적인 텍스트를 만들어내는 데 도움을 줄 수 있다. 장르의 더 좋은 통제 아래 그들은 그것의 규약을 창의적으로 실현하며 다음 스텝을 취할 수 있는 기회를 자신에게 제공하게 되는 것이다. 문학적 전기와 자서전이 보여주듯 우리가 가장 존경하는 작가들은 장르의 규약적 실현을 마스터하면서 시작했다. 그들이 장르의 가능성과 제약을 완전히 장악할 때에만 그들은 장르 규약을 낯설게 하고 의문을 제기하도록 이동할 수 있게 된다.

SFL은 문학의 장르 기반 접근에 영향을 미쳐왔다. Christie and Martin(1997)과 Unsworth(2000)에서 여러 장들은 이 작업의 개관을 제공해 왔다.

화용적 맥락과 대인 관계적(interpersonal) 맥락에서의 장르

이 장에서 공간과 명확성의 이유 때문에 나는 제한된 범위의 장르에 대한 예시를 선택해 왔다. 그러나 장르의 스펙트럼은 물론 실제로 광범위하다. 언어가 문화적으로 인식되고 문화적으로 수립된 목적을 달성하기 위해 사용되는 어디에서나 우리는 장르를 찾을 것이다. 장르 분석의 하나의 적용은 상이한 맥락으로부터 장르가 서로서로 유사성과 차이점을 보이는 방법을 고찰하는 것이다.

우리가 구어 상호작용에서 장르에 대해 살펴보기 시작하면 우리는 모든 상호작용이 우체국이나 매표소와 같은 텍스트의 단계화된 도식 구조를 가지는 것이 아니라는 것을 발견할 것이다. 예를 들어 친구나 동료 그룹 사이에 지속적인 가벼운 대화에서 인식할 만한 장르적 구조를 가지는 순간이 있을지라도(예를 들어 누군가 스토리를 이야기할 때) 명확히 전체 구조를 가지는 것처럼 보이지 않는 이야기의 긴 분절이 있을지도 모른다. 이것은 이야기가 구조화되지 못해서가 아니라 그러한 이야기는 다른 동기를 가졌기 때문에 다른 방식으로 구조화된 것이다.

우리는 사실 언어적 상호작용의 두 가지 종류의 기능적 동기들을 구별할 수 있다. 실용적 동기와 대인 관계적(interpersonal) 동기가 그것이다. 화용적으로 동기화된 상호작용은 우체국, 레시피, 서사, 심지어 점성술과 같은 것들이다. 즉 상호작용은 도달해야만 하는 명확하고 실질적인 목표가 있다. Bakhtin이 말한 것처럼 그러한 텍스트의 시작부터 우리는 끝에 대한 명확한 목적을 가진다. 반대로 대인 관계적(interpersonal) 상호작용은 도달해야 하는 실질적인 목표를 가지지 않는다. 대신 상호 간의 관계를 탐구하고 수립해감으로써 동기화된, 즉 서로가 좋은 감정을 만들어가는 상호작용이 있다. 6장과 8장에서 보이는 대화 텍스트들은 대인 관계적으로(interpersonally) 동기화된 상호작용의 예들이다.

우리가 이러한 방식 각각에 동기화된 상호작용들을 비교할 때, 우리는 각각에 결합된 구조의 종류가 다르다는 것을 발견한다. 대화에 의해 달성된 사회적 목적은 원칙적으로 화용적이고(교환되어야 할 재화와 서비스가 있고, 전달되어야 할 정보가 있다.), 발화와 쓰기는 우리가 이 장에서 보아왔던 도식 구조의 종류로 조직화된다. 이러한 도식적 구조는 분명히 끝점을 가진 상호작용에 확실히 적절하다. 사실 그곳에서 상호작용의 목적은 끝 지점에서 달성되는 것이다. 우리가 우리의 편지를 위해 우표를 사러 우체국에 갔을 때 우리는 그 목적을 달성하기 위해서 판매자들과 친절하게 두 시간을 보내기를 희망하지는 않는다.

그러나 대화에 의해 달성된 사회적 목적이 원칙적으로 대인 관계적(interpersonal)인 것이라면 사회적 관계를 수립하고 강화하기 위해서 우리는 다른 유형의 구조가 지배한다는 것을 발견한다. 그래서 더욱 끝이 개방된 구조들이 중요해지는 경향이 있고, 이야기는 달성되어야 할 명확한 끝 지점을 가지지 않고 분리된 단계나 경계를 거의 따르지 않으면서 역동적으로 진행된다. 대화의 이러한 유동적 구조는 단계(stage)보다는 **국면(phases)**으로 나눔으로써 더욱 잘 포착될 수 있다. 국면(Phase)이라는 용어는(Gregory 1985, Malcolm 1985로부터 취한 용어) 발화의 분절을 지칭하는 데 사용될 수 있다(보통 매우 상호작용적인 대화). 그곳은 실현 패턴의 어떤 안정성이 있지만 기능적 도식 구조 표식이 적절한 것처럼 보이지 않는다(그 이야기는 다른 곳으로 도달하기 위한 과정에 있는 단계가 아니다.). 문법적 패턴을 기반으로 하여 국면으로 나누어진 대화 추출 예시는 8장에서 논의될 것이고, 그곳에서 대화는 국면적 조직이 지배하는 섹션들과 명확한 도식 구조를 가진(예를 들어, 서사) 섹션들 사이를 서로 대체해가며 전형적으로 이루어지게 된다는 것을 보게 될 것이다.

그래서 장르의 가장 일반적 실현이 단계화된 성분 구조인 반면, 어떤 장르들은 다양한, 더 지엽적 유형의 구조로 실현된다(가벼운 대화 구조에 대한 더 자세한 논의는 Eggins and Slade 1997을 보라.; 긴 텍스트에서 텍스트 분할로서의 국면의 사용은 Martin and Rose 2003을 보라.).

그러나 상이한 구조적 패턴을 인식하는 것은 '모든 상호작용이 목적 지향적이고 의도를 가진다는 체계 기능적 접근'의 핵심 주장의 가치를 훼손하는 방식이 아니다. 우리는 결코 언어를 단지 사용만 하지는 않는다. 즉 우리는 항상 그것을 무언가를 하기 위해 사용한다. 우리가 하는 것이 무엇인지에 대한 라벨을 두는 것에서, 그리고 우리가 그것을 하기 위해 언어를 어떻게 사용하는지 분석하는 곳에서, 우리는 장르를 기술하고 있는 것이다. 다음 장에서 우리는 언어를 가지고 하는 것이 무엇이든 우리가 항상 특별한 상황 맥락 안에서 그것을 하고 있다는 사실을 고찰할 것이다.

픽션(fiction)에서의 장르

장르에 대한 우리의 개념은 허구적 텍스트에 적용될 수 있고 허구적 텍스트에서 장르를 살펴보면서 확장될 수 있다. 장르는 문학 연구의 기초 개념이었다. 시, 산문, 드라마와 전통적 장르 범주들은 시(발라드, 소네트, 서정시, 서사시 등), 산문(역사소설, 범죄 소설 등), 드라마(비극, 희극 등) 등의 상이한 장르를 하위구분하고 있다. 문학 작품에 대한 장르 정체성은 산문의 어떤 범주가 '장르 픽션(genre fiction)'으로 알려져 있는 것에 해당하는 것인지 밝히는 것이 핵심이다.

'장르 픽션(genre fiction)'의 하위 장르의 예가 아래의 Text 3.6과 같이 나타난다. 이 발췌문이 어떤 장르인지 알아내는 데 얼마나 걸리는가?

Text 3.6: an excerpt from genre fiction[9](장르 픽션 발췌문)

(1i)When he placed a thermos on the wooden picnic table, (1ii)Taylor suddenly sensed(1iii)that Quinn was a deliberate man. (2i)His long fingers slid slowly away from the thermos,(2ii)and the movement reminded Taylor of a caress. (3i)His gaze ran down her body, (3ii)lingering, (3iii)touching, (3iv)seeking, (3v)and something with it her stirred(3vi)and grew taut.

(4)'My mother sent potato soup. (5i)She's worried (5ii)you'll have a poor picture of the people hereabouts.'

(6i)Taylor pressed her lips together, (6ii)sensing (6iii)that Donovan's low voice shielded his real thoughts. (7i)She shifted uneasily, (7ii)disliking the leaping sense of awareness in her body, (7iii)uncomfortable with his eyes watching her carefully. (8i)"The thought was nice,(8ii) but I can find a restaurant."

(9i)He took a few steps nearer,(9ii)and Taylor found(9iii)on her hand locked to the back of the chair. (10)Donovan topped her five-foot-ten-inch height by half a foot. (11)His broad shoulders, narrow hips, and his carelessly combed hair only served to enhance his raw masculinity. (12)He'd discarded the red bandanna tied around his forehead, (12ii)and his black brows and lashes gleamed in the sun, (12iii)shadowing his jutting cheekbones. (13i)His eyes caught hers - (13ii)a curiously dark shade of green that matched his daughter's. (14i)His dark skin gleamed as it crossed his cheekbones and his jaw; (14ii)a tiny fresh cut lay along his jaw, (14iii)as though he'd just shaved.

(15)Taylor jerked her eyes away from the grim set of his mouth. (16i)Despite his apparent dark mood, Donovan's mouth was beautiful, sensuous, (16ii)and her heart quivered (16iii)and flip-flopped just once. (17i)There was a beauty about Donovan, a raw male look-an arrogance, a certainty -(17ii)and beneath it lay a fine, grim anger that startled her.

(18)Taylor shifted her weight impatiently. (19i)Few men could intimidate her, (19ii)and she disliked the sense that this man-this Quinn Donovan-knew exactly what she was thinking. (20i)Despite her resolve not to give him another inch, when Donovan took another step toward her, (20ii)she released the chair and stepped backward.

(21i)A quick fare of satisfaction soared through Donovan's narrowed eyes, (21ii)and Taylor's throat tightened.

(23)She straightened her shoulders. (24)She refused to be intimidated by a towering bully. (25i)She caught his scent-(25ii)soap, freshly cut wood, sweat, and a dark, masculine tang that she knew she'd remember forever.

(26)Taylor stepped back again, (26ii)then regretted the action. (27)Donovan was hunting her now. (28i)The dark meadow green eyes skimmed her mussed hair, the loose, untucked blouse open at her throat, (28ii)Catching the fast beat of her heart, (28iii)then flowing down her body (28iv)to linger on bare toes locked in the grass.

(29i)The heat of his body snared her; (29ii)his inspection of her feet too intimate.

(30i)I haven't invited you (30ii)to spoil my day. (31)Creeping up on me this way is trespassing.

(32)'I don't creep.' (33)Donovan's flat statement cut into the clean spring air. (34)His voice reminded her of the rumble of a storm, of a dark beast rising from his lair. (35i)From his narrowed eyes came the glittering thrust of a sword,(35ii)as raised (35iii)and waiting.

Text 3.6: 장르 픽션 발췌문

Quinn이 보온병을 목재 피크닉 탁자에 올려놓을 때, 테일러는 갑자기 그가 신중한 사람이라는 것을 느꼈다. 그의 긴 손가락은 보온병으로부터 천천히 미끄러져 멀어졌고, 그 행동은 테일러로 하여금 애정을 느끼게 했다. 그의 시선은 그녀의 몸을 따라 지긋이, 감정적으로, 무엇을 청하듯 움직였고, 그녀의 내면이 흔들리며 긴장을 느꼈다.

'엄마가 감자 수프를 보냈어. 엄마는 네가 여기 사람들에게 안 좋은 인상을 받을까 걱정하고 있어.'

테일러는 그녀의 위 아랫입술을 누르며, Donovan의 낮은 음성이 그의 진짜 생각을 숨기고 있다는 것을 느꼈다. 그녀는 그녀를 찬찬히 살피는 그의 시선을 불편해하며, 이 상황을 눈치 챈 몸의 느낌을 싫어하며 불쾌하게 자세를 고쳤다.

'그 생각은 좋았어. 그렇지만 나는 식당을 찾을 수 없었어.'

그는 몇 발자국 가까워졌고, 테일러는 그녀의 손이 의자 뒤에 고정되어 있는 것을 발견했다. Donovan은 그녀의 5피트 10인치 신장을 반 피트 능가했다. 그의 넓은 어깨, 좁은 엉덩이, 그리고 대충 빗은 머리는 그의 강한 남성성을 높여주는 것밖에 하지 않았다. 그는 그의 이마 주위에 감긴 빨간 반다나를 버렸고, 그의 눈썹과 속눈썹은 그의 돌출된 광대뼈를 그늘지게 하며 햇빛에서 빛났다. 그의 시선은 그녀를 사로잡았다. 그녀의 딸을 연상케 하는 몹시 어두운 초록색 그늘. 그것이 그의 광대뼈와 턱을 가로지르며 그의 어두운 피부가 어슴푸레 빛났다. 마치 그가 방금 면도한 것처럼 작은 새로운 상처가 그의 턱에 놓여 있었다.

테일러는 그녀의 눈을 그의 단호한 입으로부터 피했다. 그의 명백하게 어두운 모습에도 불구하고, Donovan의 입은 아름다웠고, 감각적이었으며, 그녀의 심장은 떨리고 쿵쾅쿵쾅 뛰었다. Donovan에게는 아름다움, 강한 남성성이 있었다.—거만함, 확신—그리고 그 아래에는 그녀를 놀라게 하는 예민하고 단호한 분노가 있었다.

테일러는 그녀의 몸을 성급하게 움직였다. 그녀에게 겁을 줄 수 있는 남자는 많지 않았고 그녀는 이 남자—Quinn Donovan—가 자신이 무슨 생각을 하는지 정확히 알고 있는 것 같다는 느낌이 싫었다. 그에게 1인치도 내어주지 않겠다는 그녀의 결심에도 불구하고 Donovan이 그녀를 향해 한 발자국 더 다가왔을 때, 그녀는 의자를 놓고 뒤로 물러섰다.

안심의 감정이 빠르게 Donovan의 좁은 눈을 스쳤고, 테일러의 목은 조여졌다.

그녀는 그녀의 어깨를 바르게 폈다. 그녀는 그녀를 격렬하게 괴롭히는 이로부터 위협당하기를 거부했다. 그녀는 그의 향-비누, 말끔히 잘린 목재, 달콤함, 그리고 그녀가 완벽히 기억하리라는 것을 아는 어두운 남성적인 싸한 향을 느꼈다.

테일러는 다시 한 발 뒤로 가고, 그 행동을 후회했다. Donovan은 그녀를 사냥하고 있었다. 그 어둡게 푸른 목초지 같은 눈이 그녀의 헝클어진 머리, 그리고 주름 없이 헐렁하게 목 부위가 풀어진 블라우스를 스치듯 바라보며, 그녀의 빠른 심장 박동을 느끼고, 그녀의 몸을 따라 내려와 잔디에 갇힌 그녀의 맨 발가락에 오래 머물렀다.

그의 체온이 그녀를 사로잡았다. 그녀의 발에 대한 그의 시선은 너무 은밀했다.

'나는 내 하루를 망치려고 너를 부른 게 아니야. 이렇게 나에게 기어오르는 건 무단출입이야.'

'난 기어오르지 않아.' Donovan의 단호한 말이 깨끗한 봄 공기로 스몄다.

그의 음성은 그녀로 하여금 폭풍우가 우르릉 쾅 하고 휘몰아치는 것과 어두운 야수가 은신처에서 올라오는 것을 연상케 했다. 그의 가늘게 뜬 예리한 눈에서는 번쩍이는 검의 날카로움이 솟아올라 기다리고 있었다.

당신이 영어의 모국어 화자이고 서부에 사는 사람이라면 당신은 Text 3.6이 로맨스 소설이라는 것을 매우 빠르게 식별하게 될 것이다. 범죄소설과 같이 로맨스 소설은 거의 고정적인 도식 구조를 고수하기 때문에 정확하게 장르 픽션의 유형으로 언급된다. 이 장르의 선구적 작품에 대해 Janice Radway(1991:150)는 성공적인 로맨스 소설이 따르는 '서사적 논리'라 부르는 것을 제시하였다. Radway에 따르면 경험 있는 독자들은 일반적으로 다음의 13단계를 통해 성공한 작품을 판단한다.

1. 여주인공의 사회적 정체성이 의문이다.
2. 여주인공은 귀족 남성을 적대적으로 대한다.
3. 귀족 남성은 여주인공에게 모호하게 대한다.
4. 여주인공은 남자 주인공의 행동을 그녀에게 단순히 성적 관심의 증거로 해석한다.
5. 여주인공은 남자 주인공의 행동에 화나 냉정함으로 대응한다.
6. 남자 주인공은 여주인공을 처벌함으로써 보복한다.
7. 남녀 주인공은 육체적으로나 감정적으로 분리되어 있다.
8. 남자 주인공은 여자 주인공을 친절하게 대한다.
9. 여주인공은 남자 주인공의 친절한 행동에 따뜻하게 대답한다.
10. 여자 주인공은 남자 주인공의 모호한 행동을 이전 상처의 산물로서 재해석한다.
11. 남자 주인공은 친절함을 가지고 그의 확고한 여주인공에 대한 사랑을 선언한다.
12. 여주인공은 성적으로 감정적으로 남자 주인공에게 반응한다.
13. 여주인공의 정체성이 회복된다.

장르 소설은 고정된 도식 구조를 가질 뿐만 아니라 매우 예측 가능한 실현 패턴을 가지고 있다. 실현 패턴은 서사의 세 가지 주요한 차원에 적용된다.

- **캐릭터화**: 장르소설에서 제한된 수의 다른 캐릭터 역할이 실현되고 각 역할은 제한되고 예측 가능한 속성을 가진다.
- **플롯 장치와 행동의 세트**: 제한되고 반복되는 범위의 플롯 요소들이 도식 구조의 각 단계에서 실현되는 데 사용된다.

• **배경**: 장르 소설의 사건은 예측 가능하고 제한된 배경에서 일어난다.

예를 들어 Radway는 성공적인 로맨스 소설이 단지 네 가지의 캐릭터를 요구한다고 보여준다. 즉 남녀 주인공과 그들의 반대자들, 즉 남자 들러리와 여자 들러리. 단지 두 명의 중요한 캐릭터들에 집중하면서 로맨스 텍스트는 굉장히 비현실적이 되고 사회 현실과 분리되어, 밀실 공포적 성격을 만든다. 텍스트에서 들러리들은 이상적인 이성 커플의 성격과 행동을 재강조하기 위해서 부정적인 남/여 행동을 예시화한다.

Radway는 각 역할에 의해 실현되어야만 하는 캐릭터 속성을 확인하고 여주인공의 경우에만 이러한 속성들이 서사적 전개로 어떻게 변화하는지 보여준다. 예를 들어 여주인공은 규약적인 서부적 의미에서 놀랍도록 아름다워야만 한다(뚱뚱하지 않고 날씬하며, 남자들에게 성적으로 매우 매력 있지만, 그녀는 자신의 감춰진 성적 매력을 모르고 불편해 한다.). 반면 남자 주인공은 항상 두드러지는 남성성을 보여주어야만 한다(Radway 1991:128). 이것은 그가 키가 크고 검고 각이 잡혀있고 넓은 가슴을 가지고 있을 것임을 의미한다. 그러나 Radway는 그의 예시적 남성성의 공포스러운 효과는 항상 전체 그림에서 부드러운 중요한 요소를 도입하는 작은 자질의 출현에 의해 누그러진다는 것을 지적한다(Radway 1991:128). 예를 들어 그는 늘어뜨린 컬을 가진 머리카락을 가졌거나 따뜻한 눈동자를 가졌을 것이다. 로맨스의 시작에서 여자 주인공은 그녀의 여성성에서 미완을 보여줄 것이다. 이것은 그녀가 비지니스 수트나 야성적인 옷 혹은 적어도 여성적이지 않은 옷을 입음으로써 실현될 수 있다. 그녀는 종종 선글라스 뒤로 숨을 것이고 그녀의 머리카락은 단단히 묶여있거나 가려질 것이다. 소설의 끝에서 그녀는 그녀의 외양을 더욱 여성성에 적절한 것으로 변모시킬 것이다. 예를 들어 수트는 드레스로 변하게 될 것이고 그녀의 눈은 빛나고 그녀의 머리는 산들바람에 자유롭게 날린다. 즉 남여주인공은 가부장적인 성 역할을 잘 보여주어야만 한다.

유사하게 여성의 사회적 정체성에 의문을 던지는 기능을 하는 도식 구조의 초기 단계는 다음과 같은 플롯 장치들에 의해 실현된다. 예를 들어 여주인공은 사고나 병을 앓은 후 기억 상실증에 걸린다. 혹은 여주인공은 죽음이나 재난으로 자신의 모든 가족을 잃는다. 여주인공은 그녀의 직업을 위해 낯선 곳으로 이사한다(그녀는 낭만적 장치가 배제된 곳으로 이동한다.).

마지막으로 로맨스 소설의 배경의 실현은 지리적으로, 사회 경제적으로, 인종적으로 선택들을 제한한다. 즉 많은 로맨스들은 반쯤 고립된 조용한 시골 마을을 배경으로 한다. 여주인공은 멀리 떨어진 서부 대도시와 같은 곳으로 실현된 고향 같지 않은 곳으로부터 떠나왔다.

언어와 관련하여 장르의 우리의 모델이 함축하듯, 실현의 예측 가능성은 이러한 큰 단위의 장르 수준의 패턴을 넘어 미시적 어휘 문법적 패턴으로 확장된다. 우리의 일상적인 장르 즉 점성술, 레시피, 거래와 같은 장르와 같이 로맨스 텍스트는 특별히 선호되는 실현 패턴과 결합한다. 예를 들어 Text 3.6은 로맨스 소설에서 감각하고, 느끼고, 기억하는 것과 같은 동사들의(기술적으로 우리가 8장에서 보게 될 것처럼 정신적 과정) 일상적 선호를 보여준다. 남 주인공의 매일의 행동은(아무리 일상적이라고 하더라도) 여자 주인공에게 매력적이고 정신적인 반응을 촉발하고 우리는 그 지점에 공감한다. 예는 다음과 같다. "*When he placed a thermos on the wooden picnic table, Taylor suddenly sensed that Quinn was a deliberate man.*" 그녀는 이전에 그 남자 주인공을 만나지 않았을지라도 그의 출현은 그녀에게 문화적 기억을 소환한다. *즉 그의 손가락의 이동은 Taylor의 애무를 기억나게 하고*(*reminded Taylor of a caress*), *그의 목소리는 그녀에게 폭풍을 일으킨다*(*reminded her of the rumble of a storm.*). 여자 주인공의 정신적 과정은 *그의*

*야성의 남성성*에 반응하여 그녀의 몸은 종종 움짝달싹 못하거나 그의 출현에 비자발적 방식으로 행동한다. *"He took a few nearer, and Tayor found her hand locked to the back of the chair."* 그녀는 그의 야생적 남성적 모습의 힘에 저항할 육체적 정신적 힘이 없는 것으로 해석된다. *"raw male look...Despite her resolve not to give him another inch, when Donovan took another step toward her, she released the chair and stepped backward."*

남자 주인공의 행동에 대한 비자발적 육체적 정신적 반응을 강조할 뿐만 아니라 로맨스 소설은 그녀를 응시하는 남자의 시선에 대한 효과에 대해서도 강하게 관여하고 그에 대한 인지를 통제할 수 없는 그녀의 상태에도 관심을 둔다. 남녀 주인공이 서로를 바라보는 것을 많이 다루고 여주인공은 그의 시선과 그의 눈(*"the dark meadow green eye skimmed her mussed hair…"*)에 종종 반응한다. 보통 그녀는 그의 응시를 싫어한다(*"uncomfortable with his eyes watching her carefully."*). 그러나 그의 응시를 거부하는 것에 어려움을 가진다(*"Taylor jerked her eyes away."*). 응시에 대한 강조에서 커플들 사이에 믿음의 부재와 오해의 장벽을 해석하는 가면과 속임수의 어휘가 보통 나타난다(*"Donovan's low voice shielded his real thought"*). 로맨스 소설의 많은 포맷은 여자 주인공이 남자 주인공의 응시를 받아들이는 방식을 배우고 그러한 방식으로 그녀가 행동하도록 한다.

물론 여기에서 우리는 로맨스의 특이한 현실적 패턴으로 남녀 주인공의 모든 행동과 말이 성적인 의미로 가득 차 있다는 것에 주목해야 한다. 남자 주인공의 모든 행동은 성적이며 특히 그의 응시가 그러하다(*"His gaze ran down her body, lingering, touching, seeking."*). 이러한 성적 응시는 다시 여주인공 안에서 애정의 반응을 만들어 낸다. 왜냐하면 그녀의 몸이 자신도 모르게 반응한다(*"She shifted uneasily, disliking the leaping sense of awareness in her body, uncomfortable with his eyes watching her carefully."*).

성적인 빈정거림은 모든 어휘적 선택에 색을 입힌다. 남자 주인공의 출현과 자세하게 기술된 육체적 속성은 항상 여주인공의 성적인 정신적 결합을 촉발한다(*"From his narrowed eyes came the glittering thrust of a sword, raised and waiting.* 그의 가늘게 뜬 예리한 눈에서는 번쩍이는 검의 날카로움이 솟아올라 기다리고 있었다.").

때때로 성적 진술이 로맨스를 가득 채운다고 할지라도(*"his long fingers slid slowly away form the thermos, and the movement reminded Taylor of a caree."*), 주인공의 출현은 종종 공포와 폭력의 동사와 결합하고(*"trepassing, creeping up"*) 폭력적 함축을 가진 명사와 결합하여(*"a quick fare of satisfaction."*) 위협으로 해석된다. 남주인공의 외양적 묘사는 그를 그녀를 사냥하고 있는(*who is hunting her now*) 그의 은신처에서 일어난 검은 야수(*"a dark beast rising from his lair"*)로 표현하고 그녀의 몸은(그녀의 마음의 소망과 반대로) 두려움과 결합된 행위적 반응을 경험한다(*"Taylor's throat tightened."*).

그들이 공포에 질렸다 하더라도 그의 행위와 속성은 미세하게 구별된 성적 반응을 촉발하고(*"something within her stirred and grew taut."*) 그녀는 필연적으로 사로잡힌다(*"the heat of his body snared her."*).

다시 우리는 우리가 전문 어휘를 공유하지 않았기 때문에 이러한 실현적 패턴에 대해 이야기할 수 있는 것에 방해 받는다. 그러나 우리는 여주인공이 남주인공에 대해 **반응하는** 문법을 통하여(그녀 자신이 행동을 시작하기보다) 그녀가 항상 취하고 있는 입장을 보여주고, 그녀의 반응이 비자발적이라는 것을 보여주기에 충분하다고 말할 수 있다. 플롯의 주요한 드라마는 그녀가 정신적으로 바라는 것과(*"she refused to be intimidated by a towering bully."*) 그녀가 이러한 야생 남성성에 직면했을 때 실제로 행하는 것 사이에 지속적인 투쟁으로부터 나온다. 어휘적 문법적 선택들은 그녀가 그녀 자신의 마음과 몸에 대한 통제를 잃어버리는 여주인공의 압도적이고 공포에 찬 경험과 같은 것으로서 로맨스로 부호화된다.

장르 소설의 또 다른 유형인 범죄소설은 캐릭터화, 플롯 장치 그리고 배경이라는 면에서 장르적 기대 범위를 가진다. Text 3.7의 젊은 작가는 '탐정 장르(hard-boiled detective)'의 전형적 실현에 대해 많은 것을 배웠다. 즉 딱딱하지만 철학적인 1인칭 탐정 서술자, 죽음과 도덕성에 대한 주제적 강조, 암울한 도시적 배경의 사용, 운명과 예감에 대한 감각의 창출, 그리고 물론 마지막에 영리한 반전 등이 그것이다.

Text 3.7: Inside Edge[10]

Death hung in the air. A tangible presence; a reminder of our own mortality. The body, of course, had been reduced to a blood stain and a chalk outline by the time I arrived on the scene, but still, it's never easy. I ran my fingers through my hair, feeling it suction onto my scalp, glued by my nervous sweat. This was the fifth murder in as many days - never a good sign - especially if they're all identical. I pushed away the proffered photographs. I know what the body would look like.

I walked slowly over to the window, shoes echoing on the bare wooden floor. Outside, the street swarmed with television cameras and reporters. I'd face those jackals later, Inside, the rooms swarmed with uniforms and glove wearing forensics - the usual crowd. I walked around amongst them, gathering bits and pieces of information, taking notes, feeling sick. Nobody paid any attention to me, despite the fact I was in charge of the whole thing. I shrugged philosophically. My part would come later.

At the station that afternoon I added what evidence we had gathered on to the massive whiteboard. The smell of the whiteboard marker, and the emptiness of the air-conditioning made me feel dizzy and sick. The migraine that had begun at the scene that morning lapped around my neck and eyes. I pinched the top of my nose. I could taste the fumes of the market, which had begun to leak, dribbling on my hands like black rivers of blood.

At home that evening I washed my hands carefully, scrubbing at my discoloured fingernails, watching as the stained water gurgles down the laundry sink. I think it gets harder every time. Another body, another uneaten lunch, another nightmare-filled sleep… If I can get to sleep at all. Sometimes I feel as if I bring death home with me. Can't escape what I do for a living. I can taste the bitter bile at the back of my throat. My thoughts rush chaotically around, chasing their tails. The phone will be ringing in a minute. It will be my partner. 'I hate to disturb you this late, he'll say, 'but there's been another murder'. I'll have to act surprised. Again. It's not easy investigating your own crimes.

Text 3.7: 인사이드 에지

죽음은 공기에 널려 있었다. 실재하는 존재, 우리가 영원히 살 수 없다는 것. 그 몸은 물론, 내가 현장에 도착할 때쯤엔 핏자국과 분필 윤곽으로 바뀌어 있었지만, 여전히 그것은 절대 쉽지 않다. 나는 내 손가락으로 내 머리를 쓸어내리며 긴장 때문에 나는 땀에 젖어 붙은 머리카락이 두피로부터 잡아당겨지는 느낌을 느꼈다. 이것은 5번째 살인이었고—절대 좋은 신호가 아니었다—특히 그것들이 모두 같다면. 나는 주어진 사진들을 모두 치워버렸다. 나는 그 몸이 어떻게 생겼을지 알고 있었다.

나는 창문 쪽으로 천천히 걸어갔고, 신발 소리가 나무 바닥에서 울렸다. 바깥에서, 텔레비전 카메라와 리포터들로 거리가 붐볐다. 나는 저 동물들을 나중에 상대할 것이다. 안에서는, 방에 유니폼과 장갑을 착용한 법의학자와 같은 일상적인 무리들로 붐볐다. 나는 그들 사이를 돌아다니며, 정보의 조각들을 수집하고, 필기를 하며, 몸이 좋지 않음을(또는 '구역질이 나는 것을') 느꼈다. 내가 전체 일의 책임자임에도 불구하고 아무도 나에게 신경을 쓰지 않았다. 나는 (이미) 달관한 듯 어깨를 한 번 으쓱했다. 내 순서는 나중에 올 것이다.

그 날 오후 스테이션에서 나는 우리가 모은 증거들을 커다란 화이트보드에 추가했다. 화이트보드 마커의 냄새, 그리고 에어컨이 주는 공허함이 나를 어지럽고 아프게 했다. 아침에 현장에서 시작된 편두통이 나의 목과 눈을 맴돌았다. 나는 내 코끝을 잡았다. 나는 검은 피바다처럼 내 손에 새기 시작한 마커의 냄새를 느낄 수 있었다.

그 날 저녁 집에서 나는 변색된 내 손가락을 비비며, 색이 밴 물이 세면대를 내려가는 것을 보며 내 손을 조심스럽게 씻었다. 내 생각엔 갈수록 어려워지는 것 같다. 또 다른 몸, 또 다른 굶은 저녁, 또 다른 악몽에 찬 잠...잠을 잘 수 있다면 말이다. 나는 가끔 내가 죽음을 나와 함께 집으로 데려온다고 느낀다. 살기 위해 나는 이 일에서 도망칠 수 없다. 나는 내 목구멍에서 쓴 담즙을 느낄 수 있다. 내 생각들은 혼란스럽게 꼬리에 꼬리를 물고 머릿속을 돌아다닌다. 휴대전화는 1분 내로 울릴 것이다. 내 동료일 것이다. '이렇게 늦은 시간에 연락해서 미안하다.', 그는 이렇게 말한 뒤, '또 다른 살인이 발생했어.'라고 말할 것이다. 나는 놀란 척해야 한다. 또 다시. 자기 범죄를 조사하는 것은 쉽지 않다.

문학 텍스트에서 장르

장르 소설은 장르 패턴에 대한 그것의 예측 가능성과 순응에 의해 정확하게 정의된다. 그리고 우리들 중 많은 사람들이 규약적 장르와 상호작용하는 것이 '경제적'이라는 것을 발견하는 것처럼 우리는 또한 장르 소설을 읽는 것에 많은 즐거움을 느낀다. 우리가 좋아하는 장르를 확인하기만 하면 우리는 서점에서 적절한 섹션에서 우리에게 즐거움을 줄 소설을 발견하는 데 훨씬 유리할 수 있다.

그러나 좀 더 창의적인 글쓰기 장르의 명백한 예측 가능성 밖에 있는 글쓰기는 어떨까? 가장 최근에 부커상(Booker Prize)을 받은 소설의 분석과 장르는 어떻게 관련이 되는가? 혹은 포스트모던한 시는? 예를 들어 우리가 2장에서 본 Kate Chopin의 짧은 이야기를 읽을 때 장르의 개념은 우리에게 어떻게 도움이 되는가? 혹은 그곳에서 John Ashbery에 의한 The Grapervine은 어떤가?

2장에서 제안했듯이 The grapevine에서 Ashbery가 시가 갖는 규약적 신호를 사용하는 것은 우리의 사회화된 읽기 실행을 촉발하고 우리는 그 텍스트를 시로 읽는다. 유사하게 우리는 Chopin의 텍스트가 말하자면 뉴스 스토리라기보다 단편이라는 것을 알았을 때, 당신은 텍스트에 접근하는 확실한 방법을 이용할 것이다. 예를 들어 우리는 일반적으로 시나 짧은 이야기를 여러 번 읽는 반면, (우리는 문학 텍스트를 읽고 이해하기 위해 노력해야 한다고 배웠기 때문이다.) 동일한 로맨스를 반복해서 읽지는 않을 것이다. 비록 우리가 동일한 출판사의 다른 것을 사서 읽더라도 말이다. 즉 장르가 어떤 의미인지를 배우는 것은 상이한 장르는 상이한 방식으로 읽는다는 것이다.

문학 텍스트에 더 깊이 몰입하는 것은 책 읽는 방식을 익힌 결과이다.

그러나 그것 자체는 언어가 비문학적 텍스트와 다르게 문학에서 사용된 특징적 방식에 기능적으로 반응하는 것이다. Shklovsky와 러시아 형식주의가 주장했듯이 문학 텍스트의 기능은 경험을 낯설게 하는 것이다. 그리고 그것들은 언어의 사용을 낯설게 함으로써 행해진다. 그때 낯설게 하기는 우리가 속도를 늦추도록 강요한다. 문학 작품이 종종 낯설게 하는 언어의 차원의 하나가 장르이다. 문학은 장르 규약의 반복과 그들의 전복 사이에 긴장감을 의도적으로 매우 자주 탐구한다. 어떤 이가 말하길 문학 텍스트는 영구적이고 필연적으로 장르에 대해 비판적이다. 각각의 텍스트는 우리가 새로운 의미를 포착할 수 있도록 속도를 늦추게 하기 위해 장르를 낯설게 하는 방식을 추구해야 하기 때문이다.

예를 들어 우리가 2장에서 Ashbery가 The grapevine에서 지시적 식별에 대해 우리의 기대를 어떻게 좌절시키는지 보았다. 시들이 종종 어렵다고 하더라도 대부분의 시간에 우리는 누가 무엇에 대해 말하고 있는지 이해할 수 있지만, 'The grapevine'에서 우리는 확신할 수 없다.

유사하게 Chopin의 짧은 이야기가 서사 장르의 기대된 단계를 따른다고 할지라도 그녀는 실제로 장르의 규약적인 가부장적 실현을 전복시키고 있고 우리는 페미니스트의 질문이라 불리는 것과 직면하게 된다. The Story of an Hour는 다음과 같은 단계로 나눌 수 있다.

방향 제시(Orientation): 말라드 부인은 남편의 죽음에 대해 소식을 듣는다.
복잡화(Complication): 그녀의 남편이 죽었고 그래서 그녀는 현재 혼자이다.
평가(Evaluation): 그녀는 슬퍼야만 하지만 그녀는 그 반대의 감정을 깨닫는다.
해결(Resolution): 그가 부상당하지 않은 채 돌아왔다. 그녀가 죽었다.
마무리(Coda): 그들은 그녀의 죽음의 이유를 설명한다.

전복은 평가(Evaluation)를 통해 세워진다. 말라드 부인이 그녀가 남편의 죽음에 대해 슬퍼하지 않고 실제로는 뜻밖의 자유에 기쁨으로 충만했다는 것을 깨달았을 때이다. 그때 해결(Resolution)에서 규약적 서사는 말라드 부인이 집으로 돌아온 그를 보고 행복해야만 하는데, 그 단계에서 Chopin은 그의 귀환이 그의 아내를 죽게 만들도록 한다. 마무리(Coda)는 아이러니이다. 의사는 그녀의 죽음의 원인을 '즐거움'으로 읽었기 때문에 우리는 공포에 가까운 무엇인가를 읽었다는 것을 알게 된다.

이러한 장르적 구조와 실현을 통해 Chopin은 Mills & Boon의 로맨스 소설과는 반대의 서사를 제공한다. Chopin의 환기와 우리 기대에 대한 전복은 우리에게 결혼에 대한 여성의 경험이 가부장적 이상과 얼마나 반대인지 고려하게 하여, 전체적으로 로맨스 소설을 통해 여성에게 가차 없이 제공된 표상과 얼마나 맞지 않는지 보여준다.

문학은 장르에 대한 우리의 필수적 요구와 창의성의 요구를 모두 표출한다. 그 시스템을 가지고 놀고, 구조와 실현 면에서 장르 경계를 확장하면서 우리는 만들어진 의미에 우리의 삶을 열게 된다.

장르 혼용

허구 텍스트에서 창의성의 또 다른 형식은 여러 장르들을 결합하거나 섞어서 '혼용물'을 만들어내는 것이다. 많은 텍스트들이 그들 자신을 하나의 장르로 규정하는 반면, 포스트모던적 소설들은 장르 혼용에 대한 관심으로 특징 지워진다. 장르를 섞고 혼합하는 것은 해리포터 시리즈에서[11] 롤링보다 더 명확히 나타나는 곳이 없다. 그곳에서 매우 전통적인 아동문학 장르의 새로운 결합은 시리즈 성공의 큰 부분이다. 롤링은 적어도 아이들의 네 가지 장르로부터 장르적 요소를 섞었다.

1. 하이 판타지: 롤링은 아버지 같은 마법사(덤블도어)와 특별한 재능과 유일한 운명을 가진 특별한 제자(해리포터)의 캐릭터 역할을 취한다. 즉 선과 악, 밝음과 어두움(마법 세계와 볼드모트)의 지속적인 싸움의 주제. 어둠의 힘으로부터 위협을 받는 향수적 풍경 세계의 창조. 규칙과 비굴하게 지배받는 자들의 자연적 계층적 사회 조직. 유사한 패턴은 이러한 장르의 잘 알려진 예들에서도 보아온 것이다. 반지의 제왕. The Wizard of earthsea 등.
2. 로우 판타지 혹은 좁은 의미의 판타지(low or domestic fantasy): Roald Dahl(예: Matilda, The BFG)에 의해 나타난 이러한 장르로부터 롤링은 유머러스하고 동정적이지 않은 희화적 요소를 취한다. 방언의 사용, 일상어의 사용, 평범한 두 번째 세계 그리고 예상 밖의 재능을 가진 주저하는 반 영웅.
3. 학교 이야기: Tom Brown's School Days(1857)에서 토마스 휴에 의해 처음으로 실현된 리얼리티 장르. 이 장르로부터 롤링은 Hunt(2001)에서 기본적 캐릭터 유형으로 확인된 것을 취한다. 기본적으로 반듯한 영웅(해리 자신), 베스트 프렌드(론), 품위 있는 기숙 사감(맥고나걸 교수), 작고 놀라운 아이(네빌), 장난꾸러기(말포이), 신 같은 교장(덤블도어). 그녀는 플롯 요소 역시 취한다. 새로운 사회에서 시작, 사람에 적응하는 방식, 특이한 사회. 규약적인 플롯 장치도 있다. 즉 악당의 괴롭힘과 악당의 패배, 거의 길을 잃고 헤매다 좋은 친구에 의해 구조되고 캐릭터를 향상시키는 의미로서의 스포츠의 도덕적 역할.
4. 탐정/미스터리 이야기: 현실주의적 장르. 이성적 미스터리(예: Enid Blyton의 Secret Seven과 Famous Five 시리즈)에서 미스터리는 이성적 방법을 통해 해결 가능하다(또는 해결된다). 해리포터 책들은 이성적 미스터리의 하위 장르에 속할 수 있다. 국지적 수준에서 각 소설에서 미스터리

는 텍스트의 종결에 의해 해결되지만 일반적 수준에서 악의 원천은 볼드모트의 캐릭터 안에 명확히 자리 잡고 있으며, 그는 바짝 긴장하고 있는 마법의 사회에서 매우 통제된 노력을 결합함으로써만 패배당할 수 있다. 해리와 해리의 친구들이 탐정이 되도록 북돋우는 덤블도어와 시리우스 블랙을 포함한 어른들과 함께 악의 문제를 해결하는 방식으로써 이성적 어른의 행동이 유효하다.

판타지 장르를 현실주의적 장르와 결합함으로써, 롤링은 그녀의 텍스트가 만들고 있는 의미 유형 사이에 모순을 세운다. 특별히 판타지와 리얼리티 장르는 운명과 자기 결정에 관해 매우 다른 의미를 만든다. 판타지 장르는 일반적으로 우리가 우리의 운명이나 사회적 조직을 넘어 거의 통제를 갖지 않는다고 제안한다. 둘 다 항상 신, 전통이나 다른 초월적 힘에 의해 예정되어 있다. 삶에서 우리의 일은 기껏해야 운명을 따라 사는 것이고 우리는 우리의 운명을 받아들이고 만약 선택되었다면 영웅적 일을 수행한다.

리얼리티 장르는 반대로 우리 자신의 행위와 결정이 우리가 사는 세계를 창조할 것이라고 제안한다. 사회적 구조와 우리 자신의 캐릭터가 우리의 고유한 사회 역사적 맥락에 의해 형성되고 우리의 자기 결정적 행위에 의해 형상화된다.

해리 포터에서 이러한 두 개의 다른 유형의 장르 혼합은 방법에서는 포스트모던하지만 그 가치에서는 전통적인 텍스트를 낳는 결과를 보인다. 계층, 권위, 안전, 순종을 좋아하는 사람들에게 호소할 뿐만 아니라 자기 결정과 변화를 원하는 사람들에게도 호소하는 텍스트이다. Eggins(근간)를 보아라. 장르 분석은 이러한 텍스트가 왜 그렇게 많은 다른 그룹의 독자들에게 호소하는 것처럼 보이는지에 대한 이유를 설명하는 데 도움을 줄 수 있다.

장르 혼용의 또 다른 예는 뉴저널리즘이나 창의적 논픽션이라 불리는 것의 출현이다. 당신은 내가 Gail Bell의 책 Shot으로부터 발췌해서 보인 9장에서 창의적 논픽션의 예를 읽을 수 있다. 창의적 논픽션에서 우리는 문학적 현실주의적 기술이 저널리즘의 장르로 전이하는 것을 볼 것이다. 예를 들어 Shot은 Gail Bell이 10대일 때 총에 맞은 경험을 이야기한다. 그래서 그 책은 실제 경험을 기반으로 하고 있고 우리의 문화에서 총기의 더욱 일반적인 문제들과 그에 반대해서 범죄를 조사하는 실제적 리포트와 인터뷰와 같은 저널리즘적 테크닉을 사용한다. 그러나 Shot은 또한 매우 문학적 방법으로 작성되었다. 벨은 은유, 상호텍스트성, 다의적 어휘, 주관적 목소리 그리고 흔치 않은 문법적 패턴을 사용하다. 언어는 그것 자체를 환기시키고 우리를 텍스트에 대해 좀 더 천천히 생각하도록 강제한다. 창의적 논픽션과 다른 혼용 장르 즉 '픽토 크리티시즘(ficto-criticism)'은 잘 알려지고 친숙한 것으로부터 새로운 것으로 나아가려는 우리의 끊임없는 시도에 대한 응답에 기능적으로 동기화되었다.

비판적 텍스트 분석: 장르 읽기

내가 이 장에서 제시한 모든 텍스트들을 통해 보여주기를 희망한 것은 장르의 식별이 텍스트가 어떻게 의미를 만드는지에 관해 필수적이라는 것이다. 그러나 장르를 단순히 확인하고 그것의 도식 구소 단계를 분석하고 그들을 실현형과 관련짓는 것 이상의 장르 분석이 있다. 유용한 장르 분석은 특별한 장르 텍스트에 의해 어떤 문화적 작업이 행해지고 있고, 누구의 관심이 제공되고 있는지를 비판적으로 반영하는 것과도 관련되어 있다.

문학과 허구 장르에 대해 장르의 비판적 해석이 잘 발달되어 왔고, Belsey(2000)의 *Critical practice*와 Culler(1997)의 *Literary Theory: a Very short introduction*는 후기구조주의자 문학과 비평 이론에 아이디어를 제공한다. 그러나 심지어 그렇다고 하더라도 내가 Harry potter에 대해 지적한 논의가 보여주었기를 희망한 것처럼 체계적 접근의 기능적 차원은 이러한 문학적 접근들을 유용한 방식으로 반영할 수 있다.

장르에 대한 비판적 읽기는 일상의 장르에도 동등하게 적용가능하고 아마도 더욱 적절할 것이다. 장르를 분석할 때 우리는 항상 질문해야 한다. "왜 이 장르가 문화에 유용한가? 이 장르가 그것을 사용하는 문화에 관해 우리에게 무엇을 말하는가?" 예를 들어 점성술은 물질적 양상(번영, 부), 낭만적(보통 이성 간) 관계가 가장 중요한 삶의 관심인 것처럼 부호화되어 있는 정도의 범위에서 미리 운명 지워진 삶의 해석을 제공한다. 이러한 의미들은 두드러진 문화적 가치를 반영하지만 그 가치들은 다른 것들보다 문화의 특정 부분에 더욱 유용한 가치이다. 삶을 미리 결정된 것으로 보는 것은 우리의 환경을 변화시키도록 행동할 우리의 의미를 제거할 뿐만 아니라 사회적 불평등의 지속을 또한 함의한다(계층 차이와 같은). 물론 사회적 차이들은 점술사에 의해서는 대개 가려진다(우리는 중산층 독자를 위한 예언들 중 하나, 노동자 계급을 위한 예언 중 또 다른 하나를 얻는 것은 아니다.). 미혼 대 기혼의 사회적 차원의 인식이 보통 유지되어 왔고 이것은 개인들의 목적이 낭만적 관계를 구성할 수 있도록 하는 것을 함의하며, 낭만적 사랑에 대한 도출된 신념을 지속시킨다. 행복이 더 많은 부와 더 높은 지위에 있다는 믿음에 고무되어 독자들은 물질주의적 사회에서 경쟁적 소비자로서 다시 새겨지게 된다. 우리 자신의 바깥에 있는 요소들에 의해 결정된다는 것은 또한 걱정을 제거한다. 만약 그것이 별들에 있다면 왜 걱정이겠는가? 우리는 결국 어떤 것에 대해 무엇을 할 수 있겠는가?

그때 점성술은 무엇이 사회적 현 상태의 유지를 지지하고, 개인의 수동성을 지지하는지에 대해 삶의 의미들을 부호화한다. 많은 독자들에게 그것들은 더 이상 접근가능하지 않거나 존중되지 않는 다른 권위들을 보충하거나 대체한다. 예를 들어 종교적 사제들, 노인들, 의사들 등등이 그러하다. 그들의 지속된 존재는 권위, 길잡이, 의존과 사회적 관성에 대한 우리의 열망의 증거를 제공한다.

그러나 이러한 비판적 분석이 무시해온 매우 중요한 지점이 있다. 즉 우리 대다수가 점성술을 심각하게 읽지 않는다는 사실이다. 우리가 그들을 우리의 삶의 결정을 위한 기반으로 삼지 않는다는 것(그래서 우리는 그 달의 12번째 날에 숨죽이지 않는다.)이다. 점성술 텍스트의 장르 정체성의 일부는 지배적인 문화적 실행 안에서 읽혀지는 방식에 관하여 당연하게 여겨지는 가정을 수반하는 것이다(이 경우에 '심각하지 않은 것으로'). 텍스트의 장르적 일관성의 부분은 텍스트를 자연스럽고 지배적인 방식으로 문제없이 읽는 우리의 의지와 능력이다. 우리는 문화에 지속적으로 참여함으로써 이렇게 하는 것을 배울 수 있다. 그래서 우리는 별 자리에 대해 많은 어른들이 툭툭 던지는 것을 보면서 자랐지만 우리는 그들 대부분이 그곳에서 찾은 충고나 예언을 기반으로 살지는 않는다는 것을 본다. 가장 순응적인 독자에게 점성술 텍스트는 대개 오락적이지 지시적이지 않다. 그러나 주류 문화에 의해 제안된 실행에 저항하는 일부 소수의 독자들에게 점성술은 심각하게 읽힐 수 있다.

그러나 점성술이 대체로 재미로 읽힌다고 하더라도 우리는 여전히 왜 우리가 그러한 텍스트가 이야기되어야 할 필요가 있는지 의문을 가지기를 원할 수 있다. 점성술은 텍스트로서 문제가 없을 수 있지만 문화적 과정으로 매우 문제가 있을 수 있다.

이러한 분석은 'Stalin's Genius'와 같은 텍스트가 우리 중 대다수가 그것이 문제가 있다고 판단하더라도 그것을 왜 텍스트로 볼 수 있는지 이해하도록 돕는다. Bruce Andrew의 시와 같이 의도적으로 문제가 있는 텍스트는 점성술과 같은 규약적 텍스트로서의 그들의 언어 사용에서 기능적으로 동기화된 것이다. 그러나 그들은 의미를 *교란하려는* 정치적 의도에서 동기화되었다. 언어가 어떻게 작동하는지에 대해 우리를 생각하도록 이끌고 그들은 문화가 어떻게 작용하는지에 대해 숙고하도록 우리에게 도전한다는 측면에서 그러하다. 우리가 그것이 주장하고 있는 장르적 정체성을 알고 우리가 규약적 방식으로 텍스트를 이해하기를 멈추기만 한다면 우리는 적어도 그것을 어떻게 읽을지 다룰 수 있다. 특별히 병치된 '순수 예술'과 '포스트모던'과 같은 분류사들은 조화의 매일의 규약의 유예를 함의하고 우리가 기대하는 것이 무엇이든 우리가 어쨌든 실망할 것이라는 기대를 함의한다. 텍스트는 지시적 안정성, 대인 관계적 항상성(interpersonal consistency)과 텍스트의 지속성의 친숙한 편안함을 부정함으로써, 주류 문화적 실행에서 현재 알려진 것과 다른 언어를 통해 특별한 것을 성취할 수 있다면, 우리에게 의문을 갖도록 이끌 것이다. 텍스트가 명확하지 않을 수 있다는 결과를 낳더라도 당연함은 의도적으로 교란될 수 있다고 제안한다.

요점을 더 쉽게 반복하면 장르는 결정에 관한 것이 아니라 기대에 관한 것이다. 장르는 개방되어 있고 유동적이며 화자의 요구에 반응적이다. 언어의 기호적 체계 덕분에 기대되지 않는 의미의 선택이 항상 존재한다.

요약: 언어를 통한 장르

장르를 예측하는 우리의 능력은 우리 문화의 구성원으로서 우리가 어쨌든 사람들이 상이한 것들에 도달하기 위해 언어를 사용하는 방법에 관한 지식을 획득하고 있다는 것을 보여준다. 누군가에게 부탁받을 때 우리는 많은 장르의 도식 구조뿐만 아니라 전형적 실현형에 우리가 친숙하다는 것을 발견하게 된다. 즉 장르의 각 단계에서 만들어지는 전형적 유형의 의미들, 그들을 표현하는 데 사용되는 전형적 단어와 구조들을 이해한다. 장르 이론은 우리가 어떤 것을 하도록 언어를 사용하는 방법을 기술하고 우리의 문화적 삶에 관여하는 것에 비판적으로 반영함으로써, 이러한 무의식적 문화 지식에 대한 자각을 가져다준다. 다음 장에서 우리는 텍스트와 상황들 사이의 관계에 대해 살펴보면서, 언어의 예측가능성뿐만 아니라 창조성에 대해 탐구를 확장할 것이다.

주석Notes

1 출처: *New Woman magazine*, September 1994.

2 장르의 구조적 단계에 표지를 붙이고 식별하는 방법에 대해 구체적인 논의를 위해서는 Hasan(1985a:59-69) 또한 보아라.

3 출처: Ventola 1987:239-40.

4 'Anzac'는 번역자의 추측이기 때문에 괄호 안에 있다.

5 출처: 저자의 자료

6 출처: 저자의 자료(family recipe는 학교 교재 'multicultural cookbook'에 있는 것이다.)

7 이 분석은 나중에 보다 섬세한 (자세한) 기술(description)을 배제하지 않으며, 방법 단계는 동사와 관련된 실현 패턴(tablemix, etc. vs serve)과 함께 절차(Procedure)와 서비스 제안(Serving Suggestion) 두 가지로 하위분류될지도 모른다.

8 출처: David Wells, NSW 주립도서관, 호주 네슬레 기록보관소에 보관되어 있는 텍스트

9 Cait London(1994), Siluette Desire 시리즈(Harlequin Enterprises)에 있는 Fusion에서 발췌

10 출처: Jacinda Smith, NSW 주립도서관, 네슬레 기록 보관소에 보관되어 있는 텍스트

11 런던 Bloomsbury가 출판한 J. K. 롤링 『해리포터와 마법사의 돌과 속편들』

제4장 사용역: 텍스트의 상황 맥락

도입

2장에서는 텍스트를 정의하면서 그 특성으로서 **조화**(texture)의 개념을 소개했다. 우리는 조화(texture)의 한 측면이 텍스트의 내적 **응집성**(cohesion)이라는 것을 알았지만 텍스트는 텍스트의 외적 상황(extra-textual environments)과 **일관성**(coherence)을 이룬다. 이전 장에서 우리는 **장르**(genre)의 개념을 통해 텍스트가 문화적 맥락과 어떻게 관련되어 있는지 탐구했다. 이 장에서는 **사용역**(register) 개념을 통해 텍스트가 상황 맥락과 어떻게 일관성을 갖는지 자세히 살펴볼 것이다. 이 장은 다음 두 가지 질문을 탐구하기 위해 구성되었다.

1. 상황 맥락(context of situation)과 사용역 변인(register variables)이 의미하는 것은 무엇인가?
2. 사용역(register)은 어떻게 언어로 실현되는가?

왜 맥락이 중요한가?

제2장의 조화(texture)에 대한 논의에서, 나는 텍스트에서 연속적으로 이어지는 순간들이 텍스트의 그 다음 부분이나 후반부에 일어날 일에 대한 기대감을 투영한다고 지적했다. 이런 기대감 중 일부는 텍스트가 전개되면서 응집성 지표(cohesion ties)를 통해 텍스트 자체를 의미적 단위로 결속시켜 텍스트 자체 *내*에서 패턴에 대한 기대감이 된다. 이런 과정을 통해 텍스트 후반부는 전반부와 연속성(continuity)을 나타내는 것이다.

논리적인 텍스트에 대한 기대감은 단지 텍스트적 환경(textual environment)을 통해서뿐만 아니라 텍스트 외적 맥락(extra-textual context)을 통해서도 생길 수 있다. 즉 텍스트는 단지 텍스트 경계 내에 있는 요소들뿐만 아니라 텍스트 내에서 텍스트가 발생하는 맥락과 함께 연속성(continuity)을 보여준다.

텍스트가 텍스트 그 자체의 맥락과 연속성을 갖는다는 것이 나타내는 가장 명백한 의미는 Text 4.1, 즉 직장 내 휴게실의 싱크대 위에 접착테이프로 붙여진 손으로 쓴 메모를 통해 설명될 수 있다.

Text 4.1: Sign

You use it, you wash it! (당신이 사용한 것은 당신이 씻으시오!)

Text 4.1의 의미는 여러 측면에서 매우 불확실하다. 첫째, 메모에는 텍스트 자체만으로 지시 대상을 알아내기 어려운, 추측해야 하는 지시 항목을 포함하고 있다('*you*'는 누구인가? '*it*'는 무엇인가?). 둘째, 텍스트에 있는 두 개의 핵심 어휘 항목(lexical item)도 모호하다. 즉 여기에서 '*use*'는 어떤 종류의 사용 용도를 의미하는 것인가? 또한 어떻게 '씻으라는(*washing*)'는 것인가? 세척기에 넣으라는 것인가? 싱크대 설거지통에 담가 두라는 것인가? 셋째, 이 메모에는 절들이 단순 나열되어 있는데, 절들을 이렇게 연결한 의도는 무엇인가? *당신이 그것을 씻기 때문에 당신이 그것을 사용한다*는 의미인가? 마지막으로, 느낌표는 무엇을 의미하는가? 왜 마침표를 사용하지 않았는가?

이러한 불확실성에도 불구하고 이 짧은 텍스트는, 언어 조각(piece of language)의 발생 환경인 맥락에서 의미 있는 언어교환으로서의 텍스트로 구성된다는 단순한 이유 때문에 매일 이 메모를 보는 수백 명의 사람들에게는 전혀 문제가 되지 않는다. 맥락은 '*you*'를 '싱크대에 서서 차 또는 커피를 타거나 음식을 준비하는 당신'으로 해석할 수 있게 한다. '*it*'은 '당신이 사용하고 있는 그릇'이다. 맥락은 우리에게 여기에서의 '*using*'이 '무엇을 담아 먹었거나 무엇을 어디에 넣어 마셨다는 것'을 의미하고, '*washing up*'는 '설거지'를 의미하고 있음을 알게 해 준다. 또한 맥락은 언급된 사건(*using, washing*)이 시간상의 원인/결과 연쇄로 연결되어 있음을 보여주고 있다(*if you use it, then afterwards you wash it up*(만약 당신이 그것을 사용한다면, 사용 후에는 그것을 씻어 놓으시오)).

느낌표는 문장이 명령(당신에게 무엇을 하라고 말하는 것)으로 의도되었으며, 단순히 부엌 싱크대 주변에서 일반적으로 발생할 수 있는 행위를 설명하는 것이 아님을 나타내는 명시적 신호이다. 그러나 느낌표가 없어도 메모를 읽는 사람들은 맥락과 관련하여 언어가 의도적으로 쓰였다고 정확하게 가정하기 때문에 혼동하지 않을 것이다. 그저 싱크대에서 하는 일반적인 행위들을 기술하여 써 붙인다고 해서 달성되는 목적은 거의 없는 반면, 사람들에게 그들 자신이 어지럽혀 놓은 싱크대를 정리하도록 명령함으로써 달성되는 목적은 분명히 있다(그들이 명령을 따르지 말지의 여부는 중요하지 않다).

이 간단한 예문은 맥락이 의미에 대한 불확실성을 해소하는 검색 소스(retrieval source) 기능을 할 수 있기 때문에 조화(texture)의 중요한 한 차원이

될 수 있음을 나타낸다. 사실 위 예문은 맥락을 *참고하지 않고서*는 텍스트를 정확하게 해석할 수 없다. 맥락 의존적 텍스트는 매우 위험하다. 즉 철자 수가 적을수록 독자가 실수로(우연히 또는 의도적으로) 의미를 잘못 해석할 가능성이 커진다(접시를 씻지 않을 핑계로 사용할 수도 있음). 이런 텍스트는 텍스트 사용자끼리 공유하고 있는 이해도가 높은 경우에만 작동하며, 이것은 일반적으로 높은 수준으로 공유하고 있는 사회 문화적 정체성을 함의한다.

그러나 맥락에 따라 의미가 달라지는 것은 알림판 및 공지문만은 아니다. *모든* 텍스트는 의미의 불확실성을 가지고 있다. 텍스트 독자로서 우리는 불확실성이(알림판과 같이) 텍스트 외적 맥락(extra-textual context)을 참고해서 해결될 필요가 있거나 또는 불확실성이 그 장르의 필수적인 특징이며 해당 장르 *내*에서 의미적으로 읽혀져야 하는 때를 파악하는 방법을 배운다.

예를 들어, Kate Chopin의 'The Story of a Hour'(Text 2.4, 31쪽)와 같은 아주 명백하게 독립적인 텍스트에서도 의미의 불확실성이 보이는 부분은 많다. 한편 등장인물이나 배경 및 플롯에 대한 많은 세부 사항은 단순히 스토리에서 제공되지 않는다. 예를 들어 이 이야기는 어느 도시 또는 어느 국가로 설정되어 있는가? 어느 시기에? Mallard 부인은 어떤 집에 살고 있는가? 남편은 몇 살인가? 얼마나 잘 지내는가? 그녀의 자매인 Josephine은 그녀보다 나이가 많은가? 혹은 더 젊은가? Richards는 몇 살인가? 그는 같은 마을에 살고 있는가? Mr. Mallard는 어떤 종류의 일을 하는가? 왜 그는 기차로 여행을 했는가? 문학 단편 장르를 읽는 독서법 학습에는 이런 세부 사항이 필요하지 않다는 것을 배우는 것도 포함되어 있다. 단편(short story)은 소설(novel)이 아니다. 즉 인물을 특성화시키기나 배경을 깊이 있게 표현할 시간이 없고 일반적으로 하나의 사건만 나타낼 수 있다. 우리는 단편 작가가 간단하게 제공하는 개략적인 언급을 통해 등장인물, 배경, 사건을 환기하는 방법을 암시적으로 배우게 된다. 모든 것을 알 필요 없이 텍스트의 주요 의미를 향해 불필요한 세부 사항을 빠르게 지나치면서 작가의 신호를 따르는 방법을 배우는 것이다.

그런데 텍스트에서 언급은 했으나 정교하게 설명되지 않은 의미로 만들어지는 불확실성들이 있다. 즉 그녀의 언니가 그녀에게 소식을 전할 때 사용된 *불완전문장*(the broken sentences)과 *베일에 쌓인 힌트*는 정확히 무엇이었는가? Mallard 부인이 *젊다*는 것을 알지만 그녀가 얼마나 젊은지 아는가? Richards와 그녀 남편과의 우정의 본질은 정확히 무엇인가? 다시 말하지만, 우리는 이런 불확실성을 이야기 요점에 대한 주변 신호로 인식하기 때문에 이것들을 전혀 문제로 인식하지 않는다.

그리고 마지막으로 의도된 불확실성, 즉 작가가 우리들이 텍스트를 통해 찾기를 바라는 간극이 있다. 그 중 하나는 텍스트가 전개되면서 Mallard 부인을 통해 우리가 파악해 나가는 것인데, 예를 들면 *그녀에게 무슨 일이 일어날까?*와 같은 것이다. 또 다른 하나는 Mallard 부인의 *심장 문제*가 무엇인지를 우리 스스로 해석해야 한다는 것이다. 우리가 그 텍스트를 문학 단편으로서 주의깊게 읽는다면, 우리는 이것을 읽는 데 아무 문제가 없을 것이며, 첫 문장에서 그 용어가 갖는 이중적 의미를 되새기면서 감상할 것이다.

따라서 일상 텍스트와 문학 텍스트는 필연적으로 의미의 불확실성을 수반한다. 높은 불확실성을 용인하도록 배우는 것은 문학 장르를 즐기기 위해 우리가 습득해야 하는 기술 가운데 하나이다. 그러나 좀 더 실용적이고 일상적인 텍스트와 협상하기 위해 우리는 일반적으로 그 텍스트를 즉각적인[1] 상황 맥락에 맞게 단단히 고정시킴으로써 불확실성을 줄이려고 노력한다. 사용역(register) 이론은 이것이 어떻게 작동하는지 설명하는 데 도움이 된다.

---

1) **[역자 주]** 시공간적으로 관련성이 높은

맥락이 어떻게 텍스트에 영향을 주는가

실제로 모든 텍스트가 외적 맥락을 가리키고 해석을 위해 맥락에 의존하는 것처럼, 모든 텍스트는 그들의 맥락을 텍스트 내에서 전달한다. 우리가 텍스트를 읽을 때, 맥락을 의식하든지와 상관없이, 텍스트에서 맥락의 흔적을 늘 접한다. 여러분은 1장에서 세 편의 우는 아기 텍스트(Crying Baby texts) 출처를 제안할 것을 요청 받았었다. Text 1.1은 대중 잡지, Text 1.2는 학술 교재, 그리고 Text 1.3은 일상 대화에서 인용했다는 것을 매우 정확히 추론할 수 있었다. 텍스트 자체에서 텍스트 출처를 추론할 수 있는 능력은 어떤 의미에서는 *텍스트에 맥락이 있다*는 것을 의미한다. 체계 기능 언어학자들은 맥락이 *어떻게* 텍스트 내로 들어가는지를 연구하는 데 관심을 둔다.

3장에 비추어 볼 때, 여러분은 이제 맥락이 텍스트로 들어가는 하나의 방법은 도식 구조를 통해 이루어진다는 것을 이해할 수 있다. 즉 세 편의 우는 아기 텍스트 중 하나의 차원은, 여러분이 이 텍스트들의 출처를 결정하는 데 도움이 되었을 것인데, 바로 각 텍스트로 표현되는 장르에 대한 여러분의 (직관적인) 분석이었다. 여러분은 Text 1.1과 1.2가 설명 텍스트이며, 이 텍스트들이 '문제^가능한 해결책(Problem^Possible Solutions)' 도식 구조를 통해 정보를 제시함으로써 정보 제공과 교육이라는 공통의 목표를 공유한다는 것에 주목했을 것이다. 설명 장르는 교과서나 잡지에서 드물게 나타나는 것이 아니다. 한편 Text 1.3은 분명히 상호작용적 장르이며, 후반부(재미있는 이야기)만이 식별 가능한 도식 구조를 가지고 있다. 이 패턴(상호작용/서사)은 교육적/설명적 상황보다는 대화 상황에서 일반적이다.

그러나 일반적인 고려 사항만으로 텍스트 원본을 어떻게 식별했는지를 설명하기에는 충분하지 않다. Text 1.1과 1.2를 설명 텍스트로 인식하는 것만으로는 그런 장르가 다른 상황보다 특정 상황에서 발생할 가능성이 높다는 것을 어떻게 추론했는지를 설명하지 못한다. 마찬가지로 Text 1.1과 1.2가 각각 서로 다른 청중에게 설명한다는 사실을 어떻게 확인했는가? Text 1.3에서 이야기한 내용이 방금 만난 사람이나 그녀가 일하는 회사의 Managing Director에게 말하는 것이 아니라는 것을 어떻게 주장할 수 있는가?

이와 같은 논의들은 체계주의자들로 하여금 문화적 맥락과는 구별되는 제2의 상황 맥락 단계(level)가 있다고 주장하도록 이끈다. 이 상황 맥락은 특정 장르 사용의 적절성에 제약을 가한다. 그리고 추상적 도식 구조에서 텍스트 산출에 참여한 사람이 누구이고 텍스트가 무엇에 관한 것이며, 사건에서 언어가 어떤 역할을 하는지와 같은 차원에서 텍스트를 정확하게 배치할 수 있게 하는 '세부 사항'을 제시한다.

물론 언어 사용이 상황에 따라 다양하게 나타난다는 것은 쉽게 인식될 수 있다. 우리는 강의(Lecture) 장르가 어울리지 않는 상황이 있다는 것을 (의식적으로 또는 무의식적으로) 잘 알고 있다. 마찬가지로 우리는 취업 면접에서 패널이 사용하는 방식으로 가장 친한 친구와 이야기하지 않고, 요리에 대해 말하는 방식으로 언어학에 대해 말하지 않으며, 그리고 말하는 것처럼 쓰기를 하지 않는다. 그러나 언어 사용과 여러 다른 맥락 양상 간의 관계적 속성을 형식화하는 것은 훨씬 더 어렵다.

이 장에서의 질문들은 상황의 어떤 측면들은 언어 사용에 영향을 주는 것처럼 보이고 어떤 것들은 그렇지 않은지에 대한 논의를 중심으로 할 것이다. 예를 들어 상호작용 참여자의 각기 다른 사회적 지위는 언어 사용에 영향을 미치는 것처럼 보이지만 날씨가 어떠한지, 상호작용 참여자가 무엇을 입고 있는지, 또는 그들의 머리 색깔이 무엇인지는 별로 중요하지 않다. 따라서 상황의 어떤 차원들은 실현될 텍스트에 중요한 영향을 미치는 반면 상황의 또 다른 차원들은 그렇지 않다는 것이다.

이런 이슈를 조사한 최초 연구자 중 한 명은 인류학자 Branislaw Malinowski(1923/46, 1935)였다. Malinowski는 Trobriand섬 주민들의 일상생활과 사건을 전사하면서 섬 주민들의 언어를 영어로, 문자 그대로의 번역 또는 단어에서 단어로의 번역으로 이해하는 것이 불가능하다는 것을 알아냈다. Malinowski는 이것이 부분적으로나마 연구자들이 언어가 사용되는 문화적 맥락을 이해할 필요성이 있음을 나타낸다고 주장하였다.

> 우리 자신과 다른 조건 하에 사는 다른 문화를 가진 사람들이 말하는 언어에 대해 연구할 때에는 그들의 문화와 환경에 대한 연구를 함께 수행해야 한다(Malinowski 1946:306).

그는 자신의 어설픈 번역에 기술한 사건을 관찰자가 이해하도록 하기 위해서는 맥락 주석(contextual glosses)을 제공해야 한다는 것을 알게 되었다. 즉 언어 사건은 상황과 문화에 대한 외적 상황 정보가 제공되었을 때만 해석될 수 있다는 것이다. Malinowski는 언어가 **상황 맥락** 내에 놓일 때에만 이해할 수 있다고 주장했다. Malinowski는 이 용어(term)를 만들면서 어떤 단어도 '언어 표현과 관련이 없는 듯 그냥 지나칠 수 없다'는 것과 '그 어떤 하나의 단어라도 그 의미는 맥락에 아주 상당히 의존한다'는 사실을 포착하고 싶어 했다(1946:307).

Malinowski는 자신의 주장을 소위 '원시적인'(즉 비문맹적) 문화에 국한시켰지만, 기능적(사람들이 언어를 사용하는 이유를 참고)이고 의미적인(어떻게 언어가 의미를 처리하는지) 언어에 대한 논의를 발전시켰다. 다음 확대 인용문을 통해 Malinowski가 언어가 맥락 내에서 해석될 때에만 의미가 있다는(오직 의미만 있음) 사실*과* 언어가 기능적 자원(즉 언어 사용은 목적이 있다)이라는 주장 간의 중요한 연관성을 어떻게 이론화했는지 이해할 수 있다.

> 발화(utterance)에 포함된 의미의 개념이 거짓되고 쓸모없다는 것은 단번에 명백해진다. 실생활에서 말해진 진술은 그것이 발화된 상황으로부터 절대 분리되지 않는다. 인간의 각 언어적 진술은 그 순간과 그 상황에서 어떤 생각이나 감정을 표현하는 목적과 기능을 가지고 있으며, 어떤 이유에서든지 간에 다른 사람에게 또는 다른 사람들에게 알려질 필요가 있다. 공통된 행위들의 목적을 제공하거나 순수한 사회적 친교 관계를 수립하거나 폭력적인 감정이나 열정적인 화자임을 전달하기 위해서 그러하다. 발화와 상황은 서로 떼어 낼 수 없게 묶여 있으며 상황 맥락은 단어 이해를 위해 필수적이다. 언어적 맥락이 없는 단어는 단순한 산물이고 그 자체만으로는 아무 의미도 없기 때문에 실제로 말해진 살아 있는 언어, 즉 발화는 상황 맥락을 제외하고는 아무런 의미가 없다(Malinowski 1946:307).

Malinowski는 적어도 원시 문화에서 언어가 항상 무언가를 하기 위해 사용되고 있다고 생각했다. 언어는 '행위 양식(a mode of action)'으로 기능한다고 보았다(1946:312). 언어가 쓰일 수 있는 다양한 기능에 대한 설명을 발전시키면서 Malinowski는 화용적 기능(언어가 구체적인 목표를 달성하고 경험을 촉발하는 데 사용되는 경우)과 마법(magical)(비화용적인 기능)을 구분했다. '자유롭고 목적 없는 사회적 교류'(1946:315)로 보였던 것조차도 그는 고도의 기능적인 언어 사용이라고 생각했다. '교감적 언어 사용(phatic communion)'이라는 라벨을 붙인 그는 대화 언어 사용을 '단순히 말을 주고받는 것만으로 연대 관계가 만들어지는 발화 유형'이라고 설명했다(같은 책:315). Malinowski는 **상황 맥락**(context of situation)과 **문화 맥락**(context of culture)의 근본적인 의미론적 역할을 규명하고 언어의 기능적 설명을 발전시키는 데 막대한 공헌을 한 반면, 두 맥락의 속성뿐만 아니라 두 맥락과 언어의 기능적 조직 간의 관계를 보다 더욱 명확하게 정립하지는 못했다. 또한 '원시적' 언어와 '문명화된' 언어를 인위적으로 구분함으로써 논의에 제한을 두었다. 이후 이론가들은 *어떤* 언어에서 그 *어떤* 언어적 사건일지라도 맥락이 의미에 중요하다고 주장하였다.

Malinowski의 논의에 영향을 받아 맥락 내 의미에 대한 일반론(general theory of meaning-in-context)을 발전시킨 언어학자는 J. R. Firth(1935, 1950, 1951)였다. Firth는 일생 동안 언어의 의미에 관심을 두고 상황 맥락에 대한 개념(notion)을 언어적 예측가능성(Predictability)보다 더 일반적인 이슈로 확장시켰다. Firth는 맥락에 대한 설명이 주어지면 어떤 언어가 사용될 것인지 예측할 수 있다고 지적했다. 이와 같은 다소 이상하지만 정확한 그의 공식(formulation)은 오히려 언어 사용을 학습하는 것은 다음과 같은 과정과 동일하다고 주장한다.

> 우리는 주어진 상황에서 상대방이 우리에게 기대하는 말을 하는 것을 배운다. 누군가가 당신에게 말하면, 당신은 상대적으로 결정된 맥락에 있는 것이며 당신이 원하는 대로 자유롭게 말하기 쉽지 않다.(Firth 1935/57:28).

예측가능성은 다른 방향으로도 작용한다. 언어 사용의 예(우리가 텍스트라고 부르는 것)가 주어지면, 우리는 그것이 산출되었을 때 무슨 일이 일어났었는지를 예측할 수 있다.

우리가 그러한 예측을 할 수 있게 하는 상황 맥락에서 중요한 변인이 무엇인지 결정하려고 할 때 Firth는 다음의 상황적 차원을 제안했다.

A. 참여자 관련 특징: 사람, 성격

(i) 참여자의 언어 행위

(ii) 참여자의 비언어적 행위

B. 관련 객체

C. 언어 행위의 효과(Firth 1950/57:182)

맥락 지시에 대한 관심은 초기 사용역(register) 이론가인 Gregory(1967), Ure(1971), Ure and Ellis(1977)에게 상당한 영향을 받은 말하기 접근법(speaking approaches)을 주장한 사회언어학 및 민족지학 연구자들로 이어졌다(예: Hymes 1962/74, 1964/72, Gumperz 1968, 1971). Halliday의 맥락 접근 방식이 기여한 부분은 언어 조직(언어가 부호화되는 세 가지 유형의 의미)과 맥락별 특징 간의 *체계적인* 상관관계를 주장한 것이다.

사용역 이론

Firth가 추구한 기능-의미론적 전통에 이어, Halliday는 맥락의 *어느* 측면이 중요한지, 다시 말해 맥락의 어떤 측면이 우리가 언어를 사용하는 방식에 차이를 가져올 것인가에 대해 의문을 제기했다. 그는 언어적 결과가 있는[2] 어떤 상황이라도 세 부문(**필드**, **모드**, **테너**)이 있다고 제안했다(예: Halliday 1978, 1985b). 1장에서 보았듯이 이들은 다음과 같이 간단히 주석을 달아 해설할 수 있다.

필드(field): 무엇에 대해 말하는 데 사용되는 언어

모드(mode): 상호작용에서 언어가 하는 역할

테너(tenor): 상호작용 참여자들 사이의 역할 관계

---

2) **[역자 주]** 언어로 실현된

이 세 가지 변인은 **사용역 변인**(register variables)이라고 하며, 주어진 언어 사용 시간에 이러한 각 변인 값을 설명하는 것은 텍스트의 **사용역 기술**(register description)이라 할 수 있다. 제1장에서 제시했던 우는 아기에 대한 세 개의 텍스트를 아주 간략히 기술하면 다음과 같다.

Text 1.1
필드: 육아
모드: 읽기를 위해 작성된
테너: 전문가가 일반 청중에게

Text 1.2
필드: 육아
모드: 읽기를 위해 작성된
테너: 전문가가 예비 전문가들에게

Text 1.3
필드: 육아
모드: 상호 대면
테너: 친구끼리

이와 같이 매우 제한된 사용역 기술에서 우리는 세 개의 텍스트가 필드는 비슷하나 모드와 테너에 차이가 있음을 알 수 있다(우리는 11장에서 이러한 관점에서 이들을 다시 관찰할 것이다).

Halliday는 이 세 변인을 제안하면서, 언어가 사용되는 상황에서 작동되는 모든 것들 중 이 세 변인이 앞으로 산출될 언어 유형에 직접적이고 중요한 영향을 미친다고 주장하였다.

그의 주장을 검증하기 위해서는 각 사용역 변인을 더 면밀히 숙고해야 하므로 정확하게 필드, 모드, 테너가 무엇을 의미하는지(여기에서는 각 사용역 변인의 차원에 대해 더 자세히 설명할 것이다), 그리고 언어 사용에서 각 변인이 미치는 영향(여기서는 각 사용역 변인이 어떻게 텍스트에 차이를 주는지 간략히 설명)이 무엇인지를 살펴볼 것이다.

Halliday가 왜 다른 것도 아닌 이 세 가지 사용역 변인을 주장하는지 질문하면서 이 맥락 범주들과 언어 자체 구조 간에 체계적 모델(systemic model)에 설정된 체계적 상관관계를 검토하기로 한다.

모드(Mode)

위에서 제시된 모드의 일반적인 정의는 '상호작용에서 언어가 하는 역할'로 간단히 기술되었지만, Martin(1984)은 이 역할이 언어와 상황 간의 관계에서 서로 다른 두 **거리**(distance)를 설명하는 두 개의 동시 연속체와 관련된다고 제안했다.

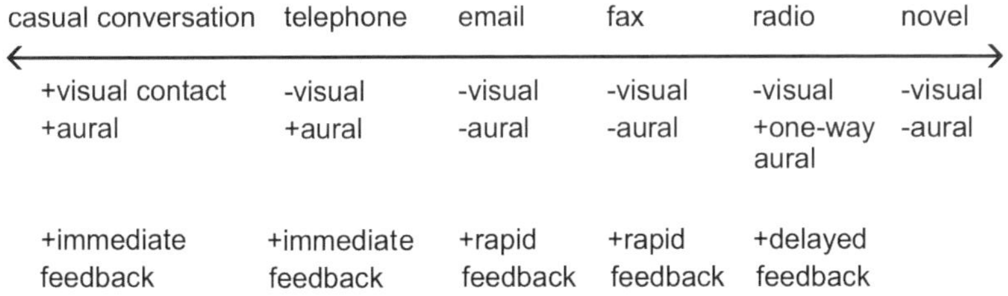

Figure 4.1 공간적 거리 또는 대인적 거리(Martin, 1984:26에서 간략하게 정리)

1. **공간적/대인 관계적 거리**(spatial/interpersonal distance): 위의 Figure 4.1에서 제시한 것처럼, 이 연속체는 상호작용 참여자 간의 즉각적인 피드백 발생 가능성에 따라 상황을 배치할 수 있다. 연속체의 한 극점에는 친구와 앉아서 일상적인 대화를 하는 상황으로 시각적 및 청각적 접촉이 있어(+visual, +aural) 즉각적 피드백이 가능하다. 당신이 친구 말에 동의하지 않는다면 바로 그렇다고 말하거나 '그녀의 얼굴을 보고' 말하라. 연속체의 다른 한쪽 끝에는 책을 쓰는 상황으로 작가와 독자 사이에 시각적 또는 청각적 접촉이 없어서(-visual, -aural) 즉각적 피드백 가능성이 없는 경우이다. 이때에는 지연된 피드백이 일어날 가능성조차 제한적이다. 만약 당신이 소설이 마음에 들지 않는다면, 작가에게 그것을 어떻게 알리겠는가?

우리는 이 두 극점 사이에 있는 전화 통화(청각적 접촉이나 시각적 접촉이 없는 경우, 피드백 가능성이 약간 제한될 가능성 있음) 및 라디오 방송(일방향 청각 접촉은 있지만 즉각적인 피드백은 없음)과 같은 다른 유형의 상황을 찾을 수 있다. 또한 현대 통신 모드(전자 메일, 실시간 인터넷 채팅룸, 팩스 등)는 복잡한 모드 차원으로 나타난다.

2. **경험적 거리**(experiential distance): Figure 4.2는 경험적 거리라는 두 번째 연속체를 보여주는데, 이는 언어와 사회적 과정 사이의 거리에 따라 발생하는 상황 범위를 정한 것이다. 이 연속체의 한 극점의 예로 게임(브리지라는 카드놀이) 상황을 들 수 있다. 이것은 상호작용자들의 참여 활동을 수반하는 언어가 사용된 예이다. 여기에서의 언어 역할은 거의 일종의 행위로 설명할 수 있다. 즉 카드를 분배하거나 카드 게임을 하는 행위뿐만 아니라, 비드(bid, 본인이 딸 예상 점수, 으뜸패)를 말하는 행위, 누구 차례인지에 대해 이야기하거나, 플레이될 카드 이름을 지정하는 등의 언어 행위(verbal action)이다. 이러한 상황에서 언어는 지속적인 행위를 성취하는 데

사용되는 수단 중 하나일 뿐이다.

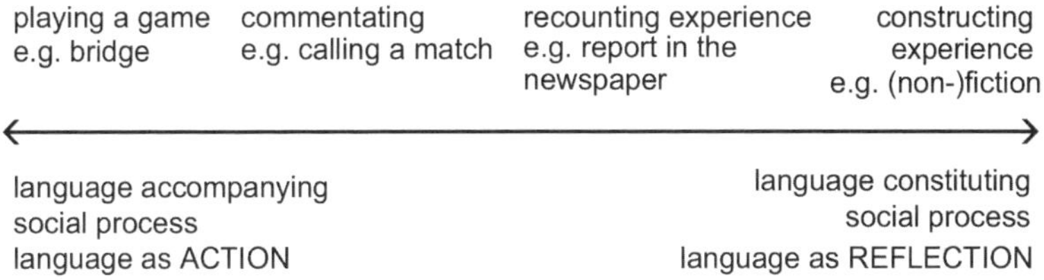

Figure 4.2 경험적 거리의 연속체(Martin 1984:27에 기반)

이것을 다른 쪽에 있는 극점, 예를 들어 언어로만 되어 있는 픽션(fiction) 한 편을 쓰는 것과 대조해 보자. 이 상황에서는 사회적 과정이 진행되지 않는다. 즉 사실상 여기에서 언어는 사회적 과정을 창출하고 그렇기에 구성되는 것이다. 이러한 상황에서 언어는 경험을 수행하기보다는 경험을 반영하는 데 사용된다.

이 모드의 두 측면을 결합하면 언어 사용에서 구어와 문어 상황 사이의 기본적 차이를 특징화할 수 있다. Table 4.1에 요약되어 있듯이, 구어를 사용하는 상황은 일반적으로 상호작용을 하는 상황(우리가 종종 발화 응대자를 상상하면서 상호작용을 하는 경우도 있지만 보통 독백으로 우리 자신에게 의미를 전달하지는 않음.)이다. 대부분의 구어 상황에서 우리는 상호작용 참여자와 즉각적으로 접촉할 수 있는 상황을 유지한 채 언어를 사용하여 사회적 행위를 계속 해 나간다. 예를 들어 가구를 배치하거나 kids를 조직하는 것이다. 이런 상황에서 우리는 보통 즉흥적으로 행동하기 때문에 이때 우리가 생산하는 언어는 리허설된 것이 아니다. 구어 상황은 종종 '일상적'이기 때문에 우리는 상호작용을 하는 동안 보통 편안하고 캐주얼한 상태에 있다.

Table 4.1 Mode: characteristics of spoken/written language situations

MODE: TYPICAL SITUATIONS OF LANGUAGE USE	
SPOKEN DISCOURSE	WRITTEN TEXT
+ interactive	non-interactive
2 or more participnats	one participant
+ face-to-face	not face-to-face
in the same place at the same time	on her own
+ language as action	not language as action
using language to accomplish some task	using language to reflect
+ spontaneous	not spontaneous
without rehearsing what is going to be said	planning, drafting and rewriting
+ casual	not casual
informal and everyday	formal and special occasions

Table 4.1 모드: 구어와 문어 상황의 특성

모드: 언어 사용의 전형적 상황(MODE: TYPICAL SITUATIONS OF LANGUAGE USE)	
구어 담화(SPOKEN DISCOURSE)	문어 텍스트(WRITTEN TEXT)
+ 상호적	비상호적
2 또는 그 이상의 참여자	1인 참여자
+ 대면	비대면
동 시간 대 동일 공간에서	혼자
+ 행위로서의 언어	행위로서의 언어가 아닌
과제 달성을 위해 언어를 사용하는	반영하기 위해 언어를 사용하는
+ 즉흥적인	즉흥적이지 않은
무엇을 말할 것인지 리허설하지 않는	계획하기, 초고쓰기, 그리고 다시쓰기
+ 일상적으로 평범한	일상적으로 평범하지 않은
격식을 차리지 않은 그리고 일상적인	격식을 차린 그리고 특별한

이것을 문어를 사용하는 일반적 상황과 대조해 보자. 예를 들어 대학 입학을 위한 에세이 쓰기 상황이다. 우리는 예정된 청중(에세이 채점자)과의 직접적인 대면이나 청각적/시각적 접촉도 없이 (일반적으로) 혼자라는 사실을 알게 될 것이다. 이때 언어는 어떤 주제(topic)를 반영하는 데 사용된다.

강사는 에세이 작성에서 일어나는 우리의 행위, 느낌, 생각에 대한 해설을 읽으려 하지 않는다(*'지금 나는 내 펜을 들었어, 그러나 나는 이 에세이를 쓰고 싶지 않아!'*). 우리 문화권에서는 글쓰기 상황에서 리허설을 요구한다. 에세이를 쓸 때 초안을 쓰고, 편집하고, 다시 쓰고 마지막으로 에세이를 다시 베껴 쓴다. 결국, 대부분의 사람들에게 글을 쓰는 일은 일상적인 평범한 활동이 아니다. 즉 평화롭고 고요한 시간이 필요하며, 생각을 모으고 집중해야 한다. 지금까지 논의한 두 가지 언어 사용 상황은 매우 다른 차원임을 알 수 있다.

이 점에서 우리가 해 오고 있는 모든 것은 언어 사용 상황을 분석하는 방법을 제안하는 것이다. 그러나 SFL 주장은 그 이상의 것임을 기억해야 한다. 이 상황 분석은 언어 사용 방식에 중요한 의미를 부여한다. 그들의 주장을 평가하기 위해 우리가 해야 할 일은 이런 상황적 차원들이 언어 사용에 영향을 미친다는 것을 증명하는 것이다.

Table 4.2 Characteristic features of spoken and written language

SPOKEN and WRITTEN LANGUAGE the linguistic implications of MODE	
SPOKEN DISCOURSE	WRITTEN TEXT
turn-taking organization	monologic organization
context-dependent	context independent
dynamic structure	synoptic structure
-interactive staging	-rhetorical staging
-open-ended	-closed, finite
spontaneity phenomena (false starts, hesitations, interruptions, overlap, incomplete clauses)	'final draft'(polished) indications of earlier drafts removed
everyday lexis	'prestige' lexis
non-standard grammar	standard grammar
grammatical complexity	grammatical simplicity
lexically sparse	lexically dense

Table 4.2 구어와 문어의 본질적 특징

구어와 문어 모드의 언어적 함의	
구어 담화	문어 텍스트
순서 교대 조직	독백 조직
맥락 의존적인	맥락 독립적인
역동적인 구조	개요식 구조
-상호성을 발판으로	-수사를 발판으로
-개방적인	-폐쇄적인, 한정적인
즉흥적 현상	'최종 원고'(출간된)
(잘못된 시작, 주저	앞서 제시된 신호
방해, 말 겹침,	원고 삭제
불완전한 절)	
일상 어휘	권위있는 고급 어휘
비표준 문법	표준 문법
문법적 복잡성	문법적 단순성
어휘 밀도가 낮은	어휘 밀도가 높은

실제로 구어 모드와 문어 모드의 대조는 몇 가지 매우 분명한 함의(implication)를 나타낸다. 이는 특정한 언어 패턴이 모드 연속체에서 다른 위치에 각기 대응된다는 것이다.

위의 Table 4.2는 구어와 문어 상황의 양 극단에 대응되는 언어적 차이를 요약한 것이다. 이처럼 구어 상황에서 사용하는 언어는 일반적으로 차례차례 말하는 순서(상대가 말한 후 내가 말하는 것)에 따라 구성된다. 반면에 문어에서는 독백으로 산출된다. 우리가 서로 이야기할 때에는 동시에 같은 장소에 있기 때문에 우리의 언어는 맥락에 일부 의존할 수 있다. 우리가 무언가를 썼을 때, 나는 당신에게 *그것(it)을 나에게 건네 줘.* 또는 *그것(it)을 이쪽에 둬,* 또는 *그렇게(that) 하지 말라*고 말할 수 있다. 왜냐하면 우리가 공유하고 있는 현재 진행 중인 상황에서 그것(it) 또는 그렇게(that)를 해석할 수 있기 때문이다. 그러나 문어 텍스트는 그 자체가 거의 독립적으로 존재해야 한다. 즉 맥락으로부터 독립적이어야 한다. 에세이를 쓸 때에는 *나는 이것에 동의한다*(*I agree with this*)나 또는 *이 책에서 말하는 것처럼*(*As it says here in this book*)과 같이 쓰는 것은 좋은 전략이 아니다. 독자가 *이것*(*this*)이나 *그것*(*it*)을 해독할 수 없기 때문이다. 구어 상호작용은 행위를 수반하는 경향이 있으므로 대화 구조는 상당히 역동적일 것이다. 또한 하나의 문장이 다른 문장을 그리고 또 다른 문장을 유도하는 경우도 있다(*Well if you don't pass me that I won't be able to get in here and then we'll be stuck because what will they say?*(*글쎄, 만약 당신이 나를 통과시키지 않는다면 나는 여기에 들어갈 수 없을 거야. 그러면 우리는 갇히게 되겠지. 왜냐하면 그들이 뭐라고 할 거니까.*)). 그러나 문어 텍스트는 주제에 대해 심사숙고한 생각을 글로 표현/부호화하는 경향이 있으므로 간결하게 구성될 것이다. 즉 3장에서 논의한 처음–중간–끝(Beginning^Middle^End) 유형의 일반적인 구조를 갖게 된다. 이렇게 텍스트 자체가 완성되기 전에 구조가 결정되는 것이다. 따라서 에세이 논제와 관계없이 (잘 쓰는!) 학생은 논지를 쓰고, 증거를 제시하고, 요약하며, 논지를 반복 강조하는 단계를 따르려고 할 것이다.

또한 우리가 구어 텍스트를 녹음했다면, 주저, 잘못된 발화 시작, 반복, 방해와 같은 자연스러운 현상들을 포함하는 반면, 문어 텍스트는 (완벽하게) 그러한 모든 흔적을 제거할 것이다. 구어 텍스트에는 속어 및 방언(예: youz)을 비롯한 일상적인 단어가 포함되며, 문장은 종종 표준 문법 규칙을 따르지 않는다(예: *I usen't to do that; I seen it yesterday*). 그러나 문어 텍스트에서는 보다 '권위있는' 고급 어휘(prestigious vocabulary)를 선택하고 표준 문법 구조를 사용한다.

이런 점에서 지금까지 논의한 구어와 문어 상황 간의 차이는 의심할 여지없이 여러분에게 친숙할 것이다. 이러한 언어적 차이는 우연적인 것이 아니라 모드(mode)에서의 상황 차이가 가져오는 기능적 결과(반영)로 인식하는 것이 중요하다.

그러나 모드 변인에 매우 민감한 두 가지 언어적 특징(linguistic features)이 있다. 바로 문법적 복잡성 정도와 선택된 언어의 어휘 밀도(lexical density)이다. 이러한 특징은 구어와 문어 간의 가장 큰 차이를 보여주는 것이므로 잠시 살펴보기로 한다. 이 둘은 모두 **명사화**(nominalization) 과정과 관련되므로 이에 대한 논의부터 시작한다.

명사화(nominalization)

여러분이 학교 과제를 늦게 제출해서 에세이 담당 강사에게 에세이 과제를 늦게 제출할 수밖에 없었던 이유를 설명해야 한다고 가정하자. 담당 강사에게 다음과 같이 말할 수 있을 것이다.

i) I handed my essay in late because my kids got sick.

i) 아이들이 아파서 에세이를 늦게 냈습니다.

이번에는 에세이 과제와 과제를 늦게 제출하는 이유를 설명하는 편지도 함께 제출한다고 가정해 보자. 아마 당신은 편지에 다음과 같이 쓸 것이다.

ii) The reason for the late submission of my essay was the illness of my children.

ii) 에세이를 늦게 제출하게 된 이유는 우리 아이들의 병 때문이있습니다.

위의 두 문장을 비교할 때 우리는 실제 세계에서 동일한 내용, 즉 동일한 일련의 행위와 사건이 말하기와 쓰기에 따라 매우 다른 두 가지 언어 형태로 연계되는 것을 알 수 있다.

문장 i)은 두 개의 절로 구성된 한 문장이다(*I handed my essay in late // because my kids got sick*). 두 절은 논리적 결합 (접속어, conjunction) *because*로 연결되어 있기 때문이다. 또한 두 절은 동사에 의해 표현된 구체적인 행위(*hand in, got sick*)를 기술하고 있으며, 이 행위들은 첫 번째 위치에 있는 인간 행동주(*I, my kid*)에 의해 수행된다.

그런데 문장 ii)는 메시지를 어떻게든 하나의 절에 적절하게 넣기 위해 응축된(condensed) 것을 알 수 있다. 이는 'handing in'과 '*getting sick*'이 추상 명사 '*submission, illness*'로 바뀌면서 가능해진 것이다. 이 문장에서 유일한 동사는 비행위 동사(non-action verb)이다. 동사가 명사로 바뀌면서 문장 ii)는 그 명사로써 이유를 나타내며 두 사건 간의 논리적 관계를 표현할 수 있게 되었고 메시지의 출발점이 되었다. 마지막으로, 문장 i)의 인간 행동주는 문장 ii)에서 지위가 극적으로 하락하였다. 즉 *I*와 *my kids*는 절에서 더 이상 중추적인 역할을 하지 못하고 단지 명사(*essay, children*)의 수식어로서 소유주(*my*)의 지위를 갖는다. 여기에서 우리는 속어 형태의 *kids*에서 표준형 *children*까지의 어휘 변화에도 주목한다(명사화에 대한 보다 광범위한 논의와 예는 Eggins et al. 1992를 참조하라.).

Table 4.3 Contrasts between spoken and written examples

features of example i)	features of example ii)
two clauses	one clause
linked explicitly with because	no link
human, personal actors	abstract actors(reason, illness)
action processes	'being' process
	logical relation now a noun
	actors now possessors
	action processes now nouns

Table 4.3 구어와 문어의 예문 대조 요약

예문 i)의 특징	예문 ii)의 특징
두 개의 절	한 개의 절
*because*와 명시적으로 연결된	연결이 없는
인간, 개별 행동주	추상적 행동주(이유, 병)
행위 과정	'존재' 과정
	논리적 관계는 즉 명사로
	행동주는 즉 소유주로
	행위 과정은 명사로

Table 4.3과 같이 문장 i)와 ii)의 차이를 요약할 수 있다.

이 간단한 예는 구어와 문어 간의 주요한 차이점을 설명한다. 즉 구어는 역동적으로 연결된 절의 연쇄(linked sequences of clauses)로 인간 행동주 및 행위를 수행하는 과정과 관련이 되는 반면, 문어는 응축된 문장들에서 관계적 과정(verbs of being)[3]으로 연결된 추상적인 개념/논리[적 근거나 이유]

Table 4.4 Summarizing differences between spoken and written examples

spoken language	written language
human actors	ideas, reasons linked by
action processes	relational processes
dynamically related clauses	in condensed, dense sentence

Table 4.4 구어와 문어 차이

구어	문어
인간 행동주	~에 의해 연결된 아이디어, 이유
행위 과정	관계적 과정
절과 역동적으로 관계된	응축된, 밀도가 높은 문장에서

3) **[역자 주]** 존재 동사로서 소유 관계를 나타내는

와 관련이 있다. 이에 대한 요약은 Table 4.4와 같다.

우리가 구어에서 문어로 바꿀 때, 이러한 변화를 만들기 위해 사용하는 주요 수단이 명사화 과정이다. 이는 명사가 아닌 것을 명사로 바꾸는 것으로 문장의 다른 부분에도 영향을 준다.

명사로 바뀌는 대상은 절의 주요 부분들로, 동사(예를 들어 *to band in, to get sick*가 *submission, illness*으로 바뀜.)와 접속어 또는 논리적 연결어(*because*가 *reason*으로 바뀜.)이다. 다음 문장은 절의 다른 부분을 어떻게 명사화할 수 있는지를 보여 준다.

> The increased complexity of tasks will lead to the extension of the duration of training programmes(복잡성이 더해진 과제는 연수 프로그램 기간 연장으로 이끌 것이다.).

이 문어 문장이 복잡성 측면에서 구어 문장(*because the jobs are more complex, programmes to train people will take longer*(일이 점점 더 복잡해져서 연수 프로그램이 더 길어질 것이다.))과 등가를 이루는지 비교해 보면, *extend*가 명사화된 것뿐 아니라, 형용사(*complexity*)와 부사(*duration*)도 함께 명사화되었다는 것을 알 수 있다.

지나치게 명사화된 언어는 가식적으로 들릴 수도 있고 의미를 모호하게 만들 수 있지만, 이 문법적 프로세스의 실제 동기는 기능적인 이유에서라는 것이다. 명사화로써 우리는 비명사화된 텍스트(unnominalized text)에서 할 수 없었던 것들을 할 수 있다. 명사화는 텍스트적으로 수사적 조직(rhetorical organization)과 어휘 고밀도라는 두 개의 주요 이점이 있다.

수사적 조직(Rhetorical organization)

명사화는, 우리를 행동주로 특징지어 행위 연쇄와 결부시키는 말하기에 동반되는 역동적이며 일반적으로 실세계적인 연쇄로부터 벗어나게 한다. 행위와 논리적 관계를 명사화함으로써, 우리 자신에 대한 텍스트가 아닌 생각이나 논리적 이유, 원인 등에 대한 텍스트를 조직할 수 있다. 늦게 제출한 에세이에 대한 규정을 상세히 기술한 대학의 학과 지침서에 제시된 아래의 짧은 텍스트를 살펴보라. 명사화는 밑줄이, 절 경계는 이중선으로 표시되어 있다.

Text 4.2: Late Essays[1]

<u>Formal extensions</u> of time are not granted as such,// but if, through <u>misfortune</u> or bad <u>planning</u>, an assignment cannot be submitted on time,// it may be submitted within the next 14 days … If it is late because of some <u>unforeseen disability</u>// it will not be penalised,// provided that (i) <u>documentary evidence</u> of the <u>disability</u> is attached to the essay and// (ii) the nature of the <u>disability</u> and of the <u>evidence</u> is <u>acceptable</u> to the Late Essay Committee. Full <u>details</u> of <u>penalties</u> are provided in the '<u>Submission</u> of Essays and <u>Assignments</u>' <u>document</u>.

Text 4.2: 늦게 제출한 수필[1]

공식적인 기간 연장은 허용하지 않으나 // 만약 불행한 일이나 잘못 세운 계획으로 인해 과제를 제 시간에 제출하지 못한 경우 // 앞으로 14일 이내에 과제를 제출할 수 있다. 예상치 못한 어려움으로 인해 늦게 제출한 경우 // (i)어떤 어려움이 있었는지를 증명하는 서류를 에세이 제출 시 첨부하고 // (ii) 그 어려움과 증빙 서류의 성격을 늦게 제출한 수필들을 처리하는 위원회(Late Essay Committee)에서 수용한다면 // 패널티는 부과되지 않을 것이다. 페널티에 대한 구체적인 내용은 '수필 및 과제 제출' 관련 서류에 제시되어 있다.

Text 4.2와 이를 구어로 다시 쓴 Text 4.3(또는 풀어쓴 버전(**unpacked** version))을 비교하라. 텍스트를 **풀어 쓸 때에는** 명사를 최대한 많이 제거하고 명사를 동사나 접속어(conjunctions) 등으로 바꾼다. 그뿐만 아니라 풀어 쓰는 경우 종종 어휘를 변경해야 한다는 것도 명심하자.

Text 4.3: Late Essays(unpacked)

We won't formally extend the time you have to do your assignments,// but if you can't hand your assignment in on time// because something has gone wrong// or because you didn't plan properly,// then you can submit it within the next 14 days … If it is late// because something happened to disable you// and you couldn't have foreseen// that that would happen,// then it will not be penalised,// provided that (i) you attach a <u>document</u> which proves what happened to you to the essay and// (ii) the Late Essay Committee accepts// what you say// you had wrong with you// and the way you prove that to us … Look in the booklet about submitting essays and <u>assignments</u>// if you want to find out more about how we penalise you.

Text 4.3: 늦게 제출한 수필(풀어 쓴)

과제를 끝내야 하는 시간을 공식적으로 연장하지는 않겠지만, // 무언가 일이 잘못되었거나 당신이 일을 적절하게 계획하지 않아서 // 기한 내에 과제를 처리할 수 없는 경우 // 당신은 앞으로 14일 이내에 그것을 제출할 수 있습니다. … 만약 늦게 제출하는 경우 // 무엇인가가 당신이 제출하는 것을 불가능하게 만들었을 것이고 // 당신은 그것이 발생할 것이라고 // 예상할 수 없었을 것입니다. // 그래서 페널티는 부과되지 않을 것입니다. // (i) 당신이 에세이와 관련해 무슨 일이 있었는지 증명하는 서류를 첨부하면 // (ii) 당신이 말한 것에 대해 // 늦게 제출한 수필을 처리하는 위원회(Late Essay Committee)가 받아들이면 // 당신에게 무슨 나쁜 일이 있었는지 // 그리고 그것을 당신이 우리에게 증명하는 방법… 지침서에서 에세이와 과제 제출에 대한 부분을 보십시오. // 우리가 어떻게 당신에게 페널티를 줄 것인지 자세히 알고 싶다면.

4.2의 첫 번째 텍스트에서 각 절은 명사화로 시작되는 반면(*formal extensions, misfortune or bad planning, documentary evidence, nature of the disability, full details of penalties*), 두 번째 텍스트에서 그에 해당하는 부분은 인간 행동주(either *you, the student, we,* the School *or the Late Essay Committee*)로 시작된다.

명사화로 만들어진 수사적 조직은 문어 텍스트가 리허설되고, 다듬어지고, 재수정될 수 있기 때문에 선택적 방법이 될 수 있다. 쓰기에는 허용되는 시간이 있어서 다른 부분들에 우선순위를 두어 문장을 재조직할 수 있는 반면 말하기에서는 역동적으로 전개되는 상황적 압박으로 인해 지금 말하는 절(clause) 이외에는 계획되지 않는 경우가 일반적이다.

어휘 밀도(Lexical density)

명사화는 또한 문장당 더 많은 어휘적 내용(lexical content)을 담을 수 있게 한다. 이것은 영어에서 **명사 그룹(nominal group)**이라 부를 수 있는 잠재력과 관계가 있다. 명사 그룹은 명사 그리고 명사와 동반될 수 있는 단어를 포함하는 절의 일부를 의미한다. 예를 들어 다음은 모두 명사 그룹에 속한다.

spiders

the three spiders

the three redback spiders

the three shiny redback spiders

the smallest of the three shiny redback spiders

the smallest of the three shiny redback spiders in the corner

the smallest of the three shiny redback spiders spinning their webs in the corner

etc.

거미

세 마리의 거미

세 마리의 레드백 거미

세 마리의 반짝이는 레드백 거미

세 마리의 반짝이는 레드백 거미 중 가장 작은 것

모퉁이에 있는 세 개의 반짝이는 레드백 거미 중 가장 작은 것

모퉁이에서 거미줄을 돌고 있는 세 마리의 빛나는 레드백 거미 중 가장 작은 것

기타

이 예들은 영어에서 명사를 사용하여 많은 것을 할 수 있다는 것을 보여 준다. 우리는 수를 세고(count), 구체화하고(specify), 기술하고(describe), 분류(classify)하고, 자격을 부여(qualify)할 수 있다. 이는 절의 다른 구성 요소

—예를 들어 동사—로는 불가능하다. 동사 그룹(verbal group, 동사나 행위어로 표현한 절의 구성 요소)이 확장될 가능성이 있어도, 확장된 결과는 매우 다르다. 예를 들어:

spins

is spinning

has been spinning

will have been spinning

may have been going to have been spinning

etc.

회전하다

회전하고 있다

회전해 오고 있다

회전하고 있을 것이다.

회전하고 있을지도 모른다.

기타

위와 같이 동사 그룹은 상당히 확장해도 처음 시작했던 수준에서 더 많은 내용(*spin*의 내용)이 추가되지 않는 것을 알 수 있다. 확장(expansion)으로 나타난 효과는 시제, 수, 상, 태(tense, number, aspect, voice etc.) 등처럼 내용과 관계없는 부분을 지정해야(specifying) 하는 것과 관계가 있다. 따라서 명사 그룹과 달리, 동사 그룹의 확장에서는 절에 내용을 더 첨가하지 않는다.

동사 및 발화의 다른 부분을 명사로 바꾸면 텍스트에서 표현 가능한 내용이 증가되어 텍스트의 **어휘 밀도(lexical density)**가 높아진다. 텍스트의 어휘 밀도는 텍스트/문장에서 내용을 전달하는 단어 수를 텍스트/문장 내 모든 단어의 비율로 계산할 수 있다. 내용 전달어(content carrying words)에는 명사, 동사의 주요 부분(the main part of the verb), 부사 및 형용사가 포함된다. 비내용 전달어(Non-content carrying words)에는 전치사, 접속어, 보조동사 및 대명사가 포함된다. 아래 Table 4.5는 위에서 제시된 두 개의 샘플 단락의 어휘 밀도를 비교한 것이다.

Table 4.5 Contrasting lexical density

	Text 4.2	Text 4.3
no. of content carrying lexical items	37	43
no. of lexical items in text	89	130
total lexical density	42%	33%

Table 4.5 어휘 밀도 대조

	텍스트 4.2	텍스트 4.3
내용 전달 단어 항목의 수	37	43
텍스트의 어휘 항목 수	89	130
총 어휘 밀도	42%	33%

이 예는 명사화가 상당히 이루어진 문어 텍스트로, 텍스트 내 높은 단어 비율이 내용 전달을 가능하게 한다는 것을 보여준다. 따라서 문어는 일반적으로 구어 텍스트보다 훨씬 더 높은 어휘 밀도를 보인다.

이런 당연한 귀결에 대해 Halliday(1985b)에서는 구어의 **문법적 복잡성(grammatical intricacy)**이 더 높은 단계라고 지적한다. 문법적 복잡성은 한 문장당 포함된 절의 개수와 관련이 있으며, 텍스트의 절 개수를 텍스트의 문장 수 비율로 나타냄으로써 계산할 수 있다. 구어에서는 하나의 절을 하나씩 차례로 나열하여 연결하며, 종종 이런 방식으로 아주 긴 문장으로 표현하는 경향이 있는 반면, 문어에서는 상대적으로 한 문장당 적은 수의 절을 사용하는 경향이 있다. 예를 들어 아래의 Table 4.6은 Text 4.2와 4.3의 문법적 복잡성을 대조한 것이다.

Table 4.6 Contrasting grammatical intricacy

	Text 4.2	Text 4.3
no. of clauses in the text	8	17
no. of sentences in the text	3	3
grammatical intricacy score	2.6	5.6

Table 4.6 문법적 복잡성 대조

	텍스트 4.2	텍스트 4.3
텍스트에서의 절 개수	8	17
텍스트에서의 문장 개수	3	3
문법적 복잡성 점수	2.6	5.6

Table 4.7 Density and intricacy in spoken and written language

spoken language	written language
low lexical density	high lexical density
• few content carrying words as a proportion of all words	• many content carrying words as a proportion of all words
high grammatical intricacy	high grammatical intricacy
• many clauses per sentence	• few clauses per sentence

Table 4.7 구어와 문어에서의 밀도와 복잡성

구어	문어
어휘 밀도 낮음	어휘 밀도 높음
• 전체 단어 대비 내용 전달어가 적음	• 전체 단어 대비 내용 전달어가 많음
문법적 복잡성이 높음	문법적 복잡성이 낮음
• 한 문장 당 많은 수의 절	• 한 문장 당 적은 수의 절

Table 4.7은 이들 예에서 언급한 연관성(associations)을 요약한 것이다.

텍스트 예: 수정된 Crying Baby texts

모드(mode) 차이에 대한 논의는 앞서 제1장에서 제시된 '우는 아기' 텍스트를 통해 밝히고자 한다. 우리는 Text 1.2를 '격식적(formal)'이고 '추상적(abstract)'이라고 특징지었는데, 이제 우리는 우리에게 그런 인상을 많이 준 이유를 이 텍스트가 상당히 명사화된 사실과 관련이 있다는 것을 제시함으로써 밝혀낼 수 있다.

이것은 가능한 한 텍스트의 많은 부분을 **풀어 써서(unpacking)** 더욱 더 구어 버전같이 재구성하여 증명할 수 있다. 풀어 쓴 버전은 다음의 Text 1.2이다.

Text 1.2 unpacked

When an infant cries the sound compels (people) because it signals distress, which makes it appropriate to the way the human infant depends for a long time on a person who cares for it.

However, when an infant cries people get discomforted and parents may get alarmed. Many parents find it very difficult to listen to their infant crying for even a short time. Sometimes infants cry because they are hungry or are uncomfortable or because they are too hot, too cold, ill, or lying in the wrong position. But infants cry because of many other things too. When infants are crying because they are hungry, uncomfortable, hot, cold or in the wrong position, then people usually recognize why infants are crying and alleviate them. Sometimes we do not know why infants stop crying but they do often stop crying when they are held. Most infants cry frequently but we don't know why, and holding the infant or soothing him seems ineffective …

If parents are counselled to understand how much a normal infant cries, then they may feel less guilty and they may be less concerned. But some parents are so distressed when their infant cries that they cannot logically suppress feeling guilty. Those parents may need to spend time somewhere away from where the infant is crying so that they can cope appropriately and not feel distressed. Unless they are relieved, they will get tired and tense and they may respond inappropriately when their infant cries and may leave the infant in the house or abuse the infant.

Text 1.2 풀어 쓴 텍스트

아기가 울면 그 소리는 (사람들에게) 무언가를 하지 않을 수 없게 하는데, 이는 괴로움을 알리는 신호이기 때문이며, 이것은 인간 아기가 그를 보살피는 사람에게 오랜 시간 동안 의존하기에 적합한 방식이다.

하지만 아기가 울면 사람들은 불편함을 느끼게 되고 부모들은 경각심을 가지게 될 수도 있다. 많은 부모들은 아주 잠시라도 자신들의 아기 울음소리를 듣기 매우 힘들어 한다. 때때로 아기는 배가 고프거나 불편하거나 또는 너무 덥거나 너무 추워서, 아프거나, 잘못된 자세[4]로 누워 있어도 운다. 그러나 아기들은 많은 다른 것들 때문에도 운다. 아기들이 배가 고프거나 불편하거나 덥거나 춥거나 또는 잘못된 자세 때문에 울 때 사람들은 보통 왜 아기들이 울고 있는지를 알아채고 진정시킨다. 때로는 우리가 아기들이 울음을 멈추는 이유를 알지 못하지만 그들은 안겨 있을 때 종종

4) **[역자 주]** 불편한 자세.

> 울음을 멈춘다. 대부분의 아기들은 자주 울지만 우리는 그 이유를 모르며, 아기를 안아 주거나 달래주는 것은 그다지 효과가 없어 보이기….
>
> 만약 부모들이 정상의 보통 아기들이 얼마나 많이 우는지에 대해 상담을 받게 되면, 그들은 죄책감을 덜 느끼게 될 것이고 덜 걱정할 수도 있다. 그러나 어떤 부모들은 그들의 아기가 울 때 이성적으로 죄책감을 억누를 수 없어서 매우 상심하게 된다. 그런 부모들은 아기가 우는 곳으로부터 멀리 떨어져 시간을 보내면서 적절히 대처하고 고통을 느끼지 않도록 할 필요가 있을지도 모른다. 그들의 마음이 편해지지 않는다면 그들은 피곤해지고 긴장하게 될 것이며, 아기가 울 때 그들은 부적절하게 반응할 수도 있고 아기를 방치하거나 아기를 학대할 수도 있다.

위와 같이 텍스트를 풀어 쓰는 것은 종종 인간 행동주를 재삽입하는 것과 관련이 있으며 명사화를 불필요한 상태로 만든다. 명사화된 텍스트 길이와 풀어 쓴 텍스트 길이를 단순 비교하면, 명사화가 의미를 응축한다는 것을 분명히 나타낸다.

중요하게도, 쉽게 풀어 쓴 버전은 원문 텍스트가 주는 '권위적' 느낌을 대부분 사라지게 한다. 현 상태의 텍스트는 원문 텍스트보다 훨씬 더 평범하게(그리고 아마도 더 접근하기 쉽게) 보인다. 위 예로 제시된 텍스트에서 사용된 학술 용어를 일상 어휘 항목으로 많이 대체하면(예: *infant* 대신 *baby*를 사용) 텍스트는 Text 1.1과 매우 비슷해질 것이다.

이번에는 Text 1.1이 어떻게 하면 더 일반 대중에게 더 잘 어울리게 할 수 있는지를 설명하고자 한다. 그것은 아래에서 우리가 살펴볼 그것, 즉 작가가('거리감 있는 객관적인 전문가(distant objective specialist)') 보다 더욱 '친밀하며 같이 고생하는 동료(friendly fellow-sufferer)'로서의 역할을 만들기 위해 필요한 테너를 통해 가능할 것이다. 그것은 말하기처럼 바뀌어 가능한 것이다. 이런 차이는 텍스트를 응축하여, 즉 명사화 빈도를 높여 어휘 밀도를 증가시킴으로써 증명할 수 있다. 예를 들어,

Text 1.1 packed

An infant's incessant crying can lead to despair on the part of caregivers. When feeding, changing, nursing and soothing techniques fail, the reasons for his crying are not immediately discernible. The most common reason for crying is hunger. Even following a recent feed the infant may still be experiencing adaptation to the pattern of satisfaction resulting from sucking until replete, followed by dissatisfaction due to the subsequent experience of emptiness. As a foetus, nourishment came automatically and constantly. Food should be offered first. In the event that the infant declines nourishment from either breast or teat, another cause can be assumed for his crying …

Text 1.1 응축된 텍스트

아기의 끊임없는 울음은 보호자 입장에서 절망으로 이어질 수 있다. 먹이고, (기저귀를) 갈아 주고, 돌봐주고, 달래는 기술들이 실패할 때, 아기가 우는 이유를 바로 식별할 수 없다. 아기가 우는 가장 일반적인 이유는 배고픔 때문이다. 좀 전에 (우유를) 먹었더라도 아기는 여전히 배가 부를 때까지 빨며 만족감을 느끼다가 뒤이어 다시 배가 꺼지는 경험을 하며 불만족스러워지는 패턴에 적응하고 있을 수도 있다. 아기가 자궁 안에 있을 때 영양분은 자동적으로 그리고 계속해서 들어왔다. 음식이 제일 먼저 제공되어야 한다. 아기가 엄마의 젖이나 우유병 젖꼭지로부터의 영양분을 거부한다면 또 다른 이유로 인해 아기가 우는 것이라 가정할 수 있다.

명사화의 효과는 Text 1.1을 Text 1.2와 매우 유사하게, 즉 무겁고 심각하게 만든다는 것이다. 1.1과 1.2는 모두 문어 텍스트이지만 이 두 텍스트는 명사화 가능성을 아주 다르게 활용한 것이다. Text 1.2는 많은 명사화를 통해 아주 성찰적이고 신뢰할 만한 텍스트라는 것을 분명히 나타나게 된다. Text 1.1은 발화의 전형적인 즉각성(immediacy)과 개인화(personalization)를 유지하기 위해 명사화를 최소화하였다.

명사화는 Halliday가 **문법적 은유**(**grammatical metaphor**)로 정의한 유형 중 하나이다. 다시 말해 한 가지 유형의 언어 패턴에 의해 전형적으로(**합리적으로**) 실현되는 의미가 다소 덜 전형적이고 (**부적절한**) 언어 선택에 의해 실현되는 상황이다. 이 개념은 Halliday(1985a:1985c:10장, 1985c), Eggins et al.(1992), Martin(1992a:406-17) 및 Martin and Rose(2003:103-9)에서 제시되었다.

이런 점에서 우리는 상황 모드(the mode of a situation)가 언어 사용에 미치는 영향 중 일부를 아주 간략히 설명하기 위해 명사화를 사용했다. 문어 상황과 반대되는 구어에서 발견되는 또 다른 언어 패턴 유형은 언어에서 모드(mode)가 미치는 영향을 실현하는 것이다.

우리는 모드가 맥락의 중요한 부문이며, 언어를 사용하는 방법에 영향을 주는 것이 확실하다는 주장을 정당화할 수 있다. 이제 테너에 대해 살펴보기로 한다.

테너(Tenor)

테너에 대한 초기의 정의는 '상호작용 참여자가 수행하는 사회적 역할 관계'였다. 예를 들어 학생/강사, 고객/영업 사원, 친구/친구 등과 같은 역할들이다.

당신이 어떤 상황에서 수행하고 있는 사회적 역할에 따라 당신이 어떻게 언어를 사용하는지에 영향을 미친다는 것은 직관적으로 의심할 여지가 없을 것이다. 예를 들어 당신은 당신의 어머니와 대화하는 방식으로 채소 가게 상인과 이야기하지 않는다. 그러나 우리는 상황 테너(the tenor of situations)의 어떤 측면이, 어떤 방식에 있어 중요한지 조금 더 정확하게 알 필요가 있다.

격식성(formality), 공손성(politeness), 상호관계성(reciprocity)과 같은 언어 변인과 역할 관계 변인에 대한 초기 연구(예: Brown and Gilman 1960/1972)를 기반으로 Cate Poynton(1985)은 테너를 **힘(power)**, **교류(contact)**, **정서적 연대감(affective involvement)**의 세 가지 다른 연속체로 구분할 수 있다고 주장했다. 이것은 '역할 관계'에 대한 일반적인 개념을 이 세 가지 동시적 차원의 복합체로 이해할 수 있다는 것을 뜻한다.

1. **힘**(power): Figure 4.3은 우리가 하는 역할이 동등한 힘인지, 불평등한 힘인지에 대한 측면에서 상황을 배치하여 힘의 연속체를 도식화한 것이다. 동등한 힘의 역할 관계 예는 친구 역할이다. 불평등한(비상호적인) 힘의 역할의 예는 고용주/고용인의 역할일 것이다.
2. **교류**(contact): Figure 4.4는 교류 연속체를 도식화한 것으로, 우리가 하는 역할이 자주 교류하는 역할인지 또는 그렇지 않은 역할인지에 대한 측면에서 상황을 배치한 것이다. 예를 들어 배우자 사이의 빈번한 교류와 멀리 있는 지인들과 가끔씩 하는 교류를 대조해 보라.
3. **정서적 연대감**(affective involvement): Figure 4.5는 우리가 하는 역할이 우리 사이의 정서적 개입의 크고 적은지에 따라 상황을 배치하여 정서적 개입의 연속체를 도식화 것이다. 이 차원은 우리가 상황에 정서적으로 관련되어 있거나 완전히 빠져 있는 정도를 나타낸다. 예를 들어 친구나 연인은 명백히 감정적으로 관계를 맺고 있는 반면 직장 동료는 일반

적으로 그렇지 않다.

Halliday의 정의와 Poynton의 하위 범주로서의 테너는 대인 관계적 측면에서 상황에 대한 조금 더 흥미로운 설명을 제안한다. 그것은 언어와 맥락 사이의 연관성에 대한 직접적인 주장으로 제안되었다. 이 주장은 주어진 상황에서 우리의 역할 직업의 측면들이 우리가 언어를 사용하는 방식에 강력한 영향을 미칠 것이라는 것이다.

우리가 모드를 논의할 때 사용했던 접근 방식에 따라, 우리는 전형적인 테너 차원에 따라 **비격식적(informal)**, **격식적(formal)** 상황 유형 간의 차이를 나타낼 수 있다. 따라서 Table 4.8에 요약된 바와 같이 비격식적인 상황은 보통 동등한 힘을 지닌 사람, 자주 만나는 사람, 정서적 연대감이 있는 사람들(예: 친한 친구) 등이 포함된다. 격식적인 상황은 상호작용 참여자 간의 힘이 동일하지 않고 교류가 빈번하지 않으며 정서적 연대감이 낮은 상황이다(예: 부총장과 만나는 학부 1학년생).

Figure 4.3 힘의 연속체

Figure 4.4 교류의 연속체

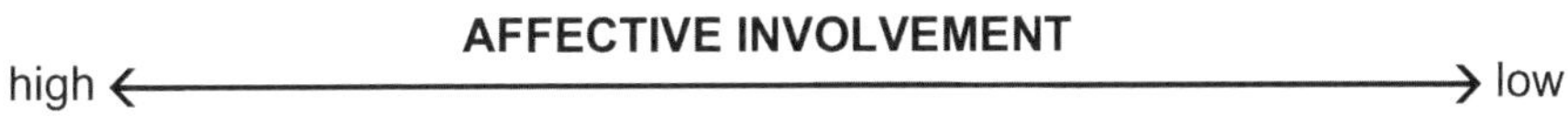

Figure 4.5 정서적 연대감의 연속체

Table 4.8 Formal vs informal situation

TENOR: typical situations of language use	
Informal	Formal
equal power	unequal, hierarchic power
frequent contact	infrequent, or one-off contact
high affective involvement	low affective involvement

Table 4.8 격식적인 상황 대 비격식적인 상황

테너: 언어 사용의 전형적인 상황	
비격식적 상황	격식적 상황
동등한 힘	동등하지 않은 힘, 위계적인 힘
빈번한 교류	빈번하지 않은 교류, 일회성 교류
높은 정서적 연대감	낮은 정서적 연대감

우리는 모드를 작동할 때와 마찬가지로 테너를 작용하여 비격식적인 상황에서 격식적인 상황까지 언어 사용을 매우 다양하게 선택할 수 있다. 아래 Table 4.9에 요약된 바와 같이 이러한 차이점에는 다양한 어휘 선택(vocabulary choices)이 포함된다. 비격식적인 상황(예: 친구와의 수다)에서는 우리의 태도를 나타내는 단어(*fantastic, shitty, unbelievable*)를 사용하는 경향이 있다. 태도를 나타내는 어휘소(Attitudinal lexis)는 긍정적이거나 부정적인 평가를 나타낼 수 있으며, 우리는 종종 이것을 '가르랑/그르렁'(기분이 좋을 때 내는 소리)과 '으르렁'(기분이 나쁠 때 내는 소리)('purr and snarl')[5] 단어라 부른다. 반면에 격식적인 상황에서는 자신의 태도를 유지하거나 상당히 객관적인 언어(예: *unfortunate, surprising*)로 표현하려는 경향이 있다. 어휘소(lexis)는 표준성 차원에서 각기 다르게 나타난다. 비격식적인 상황에서는 자주 속어와 약어(chockies)[6]를 사용하고, 격식적인 상황에서는 완전한 어휘 항목

5) **[역자 주]** 웃다 대 실실대다, 히죽거리다.
6) **[역자 주]** 초코칩 쿠키를 초쿠키로 부르는 것.

(초콜릿)을 통해 속어 사용을 피한다. 어휘적 측면에서 또 다른 차이점은 비격식적 상황에서 나타나지 않는 공손 표현(*please, thank you're welcome, etc.*)이 격식적 상황에서는 많이 발견되는 것이다. 비격식적인 상황에서 사용되는 욕설(Swearing)은 대부분의 격식적인 상황에서는 금기 사항이다.

격식과 비격식을 구분하는 데 상당히 관심을 둘 수 있는 영역 중의 하나는 **호칭어(vocatives)**이다(자세한 논의는 Poynton 1984 참조). 예를 들어 호칭어 또는 부름말은 사람들이 서로의 관심끌기를 원할 때 서로 부르는 단어이다. 호칭어 선택은 중요한 테너적 차원을 드러내는 것이다. 다음을 비교해 보라. *Sir John! Mr Smith! John! Johnno! Darl! Idiot Features!* 이들 예에서 알 수 있듯이, 호칭어는 대인 관계를 나타내는 의미 실현에 매우 영향력이 있는 부분으로 테너 측면에서의 맥락 제약에 매우 민감하다.

Poynton의 호주 영어 회화에서의 호칭어 연구에서는 힘, 교류, 정서적 연대감과 호칭어 선택 간에 상관관계가 있음을 제시하였다. 이는 다음과 같다.

- 힘이 동등할 때, 호칭어는 상호적이다. 즉 내가 당신을 당신의 이름(first name)으로 부르면, 당신은 내 이름(first name)으로 나를 부를 것이다. 만약 성(姓)을 사용하면 당신도 그렇게 할 것이다.
- 힘이 불평등한 경우, 호칭어는 비상호적이다. 즉 당신은 당신의 주치의에게 닥터 *Bloggs*라고 부를 수도 있지만, 그는 당신을 *Peter*와 같이 이름으로 부를 것이다.
- 교류가 빈번하면 종종 닉네임을 사용한다:: *Johnno, Pete, Shirl*
- 교류가 빈번하지 않으면 호칭어를 사용하지 않는다(예: 우체국 사무원 또는 버스 운전기사).
- 정서적 연대감이 높은 경우, 우리는 짧은 형태의 명칭이나 애칭어를 사

용한다: *Georgie-Porgie, Petie-Pie, Honey Bunch, Darl*

- 정서적 연대감이 적은 경우, 우리는 공식적으로 '주어진' 이름을 사용한다: *Peter, Suzan*

호칭어를 제외하고, 언어 사용에서의 테너가 갖는 영향력은 아주 중요한 방식으로 다양하게 나타난다. 예를 들어 일상 대화에서(분명한 화용적인 목적을 달성하기 위한 것이 아닌 단지 수다를 떠는 경우) 테너 변인들 그리고 상호작용의 길이와 유형 간에는 명확한 상관관계가 있음을 알 수 있다.

- 정서적 연대감과 교류가 적은 경우(예: 당신과 당신 이웃과의 대화)의 대화는 상당히 짧은 반면, 정서적 연대감이 높고 자주 교류하는 경우(예: 친구와의 대화)의 대화는 몇 시간 동안 계속 될 수 있다.
- 또한 정서적 연대감과 교류가 적으면 대화에서 합의와 동의를 강조할 것이다. 교류와 연대감이 높을 때 나누는 대화는 논쟁과 의견 충돌로 특성화될 수 있다(Eggins 1990, Eggins and Slade 1997).

이러한 상관관계는 왜 우리가 '공손하게' 대화를 유지하기가 힘든지, 왜 우리가 친구들과 논쟁하는 데 대부분의 시간을 보내는지를 설명하는 데 도움이 된다.

테너의 차이가 언어 사용에 영향을 미치는 또 하나의 영역은 **서법**(mood)과 **양태**(modality)와 같은 문법 체계이다. 이 시스템은 6장에서 자세하게 다룰 것이다. 요약하자면 모드의 변인이 명사화(문법적 은유의 한 종류)와 관련이 있는 것처럼 테너의 변인은 다른 종류의 문법적인 은유와 관련될 수 있다. 이때의 은유는 절의 서법 구조(mood structure of the clause)이다. 어떤 가구를 옮기는 데 도움이 필요하다고 상상해 보라. 비격식적인 상황(예: 집)

에서 당신은 당신의 파트너/자녀/친구를 찾아 다음과 같이 말할 것이다.

> Hey, Freddie! Get off your butt and give me a hand here. Shove that chair over closer to the desk (야, 프레디! 엉덩이 치우고 나 좀 도와줘. 의자 좀 책상 쪽으로 더 가깝게 밀어 넣어.).

이번에는 직장에서 가구를 옮기고 있다고 상상해 보라. 유일하게 도움을 줄 수 있는 사람은 당신 상사이다. 이번에 당신은 다음과 같이 말할 것이다.

> Oh, Dr Smith. I'm just trying to tidy my office up a bit and I wondered if you'd mind maybe giving me a quick hand with moving some furniture? If you've got time, I mean. It won't take a moment. Now if we could just move this chair over a bit nearer to the desk there. Thanks very much (저, 스미스 박사님! 제가 지금 사무실을 정리하고 있는데요, 혹시 괜찮으시면 가구 옮기는 것 좀 잠깐 도와주실 수 있을까요? 그러니까 제 말은 지금 시간이 되시면요, 시간은 별로 안 걸릴 겁니다. 같이 하면 의자를 책상 쪽으로 가깝게 옮길 수 있을 것 같습니다. 감사합니다.).

이 두 예를 비교하면 우리가 앞서 논의했던 호칭어의 선택, 속어 사용/회피, 공손 표현 사용에서 그 차이를 발견할 수 있을 것이다. 그러나 이외의 중요한 차이점은 절 구조 선택에서 나타난다. 비격식적인 버전에서, 우리는 다른 사람에게 어떤 행위를 수행하도록 하기 위해서 **명령**절(**imperative** clause)을 사용(*get off your butt, shove that chair*)한다. 이는 가족이나 친구들에게 명령할 때 우리가 사용하는 전형적인 절 형태이다. 그러나 격식적인 상황에서는 화자가 상대에게 무언가를 계속 요청(request)하는 데 사용하는 절 유형은 **의문**이나 질문(the **interrogative** or question)이다(*would you mind... if we could...*). 또한 의문문은 *would, could, mind*와 같은 단어 사용과 관련이 있는데, 우리는 이 단어들을 요청을 **조절하거나** 약화시키는 기능을 가지는 것으로 기술한다. 명령형 대신 간접적으로 요청하는 패키지로서의 절들은 문법적 은유 중의 하나이다. 따라서 상황적 테너를 실현하는 방법 중 하나는 서법(mood) 선택으로 이해할 수 있으며 이는 문법 영역과 관련된다. 이러한 차이점은 아래 Table 4.9에 요약되어 있다.

이상과 같이 언어 패턴에 영향을 미치는 데에는 모드뿐만 아니라 테너의 값도 설정할 수 있다. 마지막으로 살펴볼 상황 변인(situational variable)은 필드이다.

Table 4.9 Formal vs informal language

FORMAL and INFORMAL LANGUAGE): the linguistic consequences of TENOR)	
INFORMAL language	FORMAL language
attitudinal lexis	neutral lexis
(purr and snarl words)	
colloquial lexis	formal lexis
-abbreviated forms	-full forms
-slang	-no slang
	politeness phenomena
	(Ps and Qs)
swearing	-no swearing
interruptions, overlap	careful turn-taking
first names	titles, no names
nicknames	
diminutives	
typical mood choices	incongruent mood choices
modalization to express probability	modalization to express deference
modulation to express opinion	modulation to express suggestion

Table 4.9 격식적 언어 대 비격식적 언어

격식적 언어 그리고 비격식적 언어: 테너의 언어적 결과물	
비격식적 언어	격식적 언어
태도 어휘소	중립 어휘소
(긍정적 그리고 부정적 단어들)	
일상대화체 어휘소	격식 어휘소
-축약 형태	-모든 형태를 갖춘
-속어	-속어가 없는
	공손 현상
	(신중한 언행)
욕설	-욕설이 없는
방해, 말 겹침	조심스러운 순서 교대
이름	칭호, 이름을 부르지 않음
약칭	
전형적인 서법 선택들	부적절한 서법 선택들
가능성을 나타내기 위한 인식 양태	존중을 나타내기 위한 인식 양태
의견을 나타내기 위한 당위 양태	제안을 나타내기 위한 당위 양태

필드(Field)

앞서 우리는 필드를 우리가 참여하는 활동의 초점과 관련되는 상황 변인(situational variable)으로 정의했다. 때로는 필드를 상황의 '주제(topic)'라고 주석을 달 수도 있으나, 제도적 초점 또는 사회 활동 유형의 측면에서 필드를 논의한 마틴(Martin, 1984:23, 1992a:536)의 포괄적 정의가 언어가 행위를 수반하는 상황에서의 필드를 포착하는 데 더욱 유용하다.

언어 사용에서의 필드 효과는 우리가 설득력 있게 설명할 수 있는 가장 쉬운 사용역 변인일 것이다. 다음 텍스트를 보라.

Text 4.4: PC Care

A PC which won't stop crashing can drive anyone to despair. You boot it, you format your CDs, you create a file, you try to protect your edits, but the minute you try to save your file to a CD, the PC crashes. Why? The most common reason computers crash is faulty CDs. Even if the CD is brand new, it might still have a faulty track and so the CD won't accept any messages from the CPU. When the CDs are packaged, they pass through often lengthy transportation, and may be damaged in the process. Try another CD first; if the PC still crashes you can assume it's something else. It happens that PCs sometimes crash for inexplicable reasons - perhaps they are just overloaded. Perhaps you have inadvertently entered an unacceptable control code, or have accidentally pressed too many keys at once. Perhaps the CPU is faulty … etc.

Text 4.4: PC 관리

계속해서 굉음을 멈추지 않는 PC는 누군가를 절망에 빠지게 할 수 있다. 당신이 부팅을 하고 CD를 포맷하고, 파일을 생성하고, 편집을 보호하려고 하지만, 당신이 파일을 CD에 저장하려고 하면 PC가 충돌한다. 왜? 컴퓨터가 고장이 나는 가장 일반적인 이유는 결함이 있는 CD 때문이다. CD가 완전히 새로운 것이라 해도 여전히 트랙에 결함이 있을 수 있으며 그래서 CD는 CPU에서 메시지를 받지 않는 것이다. 보통 CD가 한 번 포장되면 장시간 이동하는 경우가 많아 그 과정에서 손상이 발생할 수도 있다. 이때는 먼저 다른 CD를 시도하라. 만약 여전히 PC에 충돌한다는 메시지가 뜬다면 이것은 다른 오류가 원인일 것이라 가정할 수 있다. PC는 때때로 설명할 수 없는 이유—아마 과부하—로 충돌한다. 아마 당신이 실수로 허용되지 않는 제어 코드를 입력했거나 혹은 의도치 않게 한 번에 너무 많은 키를 누른 것이 원인이 될 수도 있다. 아마 CPU에 결함이 있는 것이다. …… 기타 ……

당신은 이 텍스트가 1장의 첫 번째 텍스트 Text 1.1 Crying Baby(1)과 매우 유사하다는 것을 쉽게 알 수 있을 것이다. 사실 이 텍스트는 Text 1.1과 동일하지만 한 가지 차이를 보이는데, 필드가 'Crying Baby'에서 **'PC Care'**로 변경된 것이다. 일단 필드를 변경하면 텍스트에 매우 즉각적이고 중요한 영향을 주며 이 가운데 특히 내용어(content words) 사용에 영향을 준다.

그러나 필드에는 이렇게 분명히 드러나는 주제 변경보다 그 이상의 것이 있다. 아래의 Text 4.5와 4.6을 보자.

Text 4.5: The Bermuda Bow

After three 16-board segments of the quarterfinals of the 1991 Bermuda Boul. Iceland was well ahead of US-2 but the other matches were more competitive.

Fourth Segment

Board 52 furthered both the Brazilian and Polish rallies.

South dealer

Both sides vulnerable

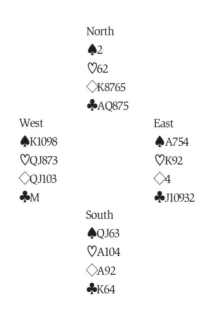

North
♠2
♡62
◇K8765
♣AQ875

West		East
♠K1098		♠A754
♡QJ873		♡K92
◇QJ103		◇4
♣M		♣J10932

South
♠QJ63
♡A104
◇A92
♣K64

US-1 vs BRAZIL

Table1

South	West	North	East
P.Branco	*M'stroth*	*Mello*	*Rodwell*
1 ♣	Double	3 ♣	Pass
Pass	Pass		

Table2

South	West	North	East
Miller	*Chagas*	*Sontag*	*M.Branco*
1 ♣	1 ♡	2 ♡	3 ♡
Pass	Pass	4 ♣	Double
Pass	Pass	Pass	

Rodwell's decision to pass out three clubs seems wise, and was justified by the layout – he went plus and had no obvious making contract of his own – but this led to the lowest East-West score on this trouble deal.

Declarer won the diamond lead with the ace, cashed the club ace, recoiled, and led a spade to the jack and king. West tried the three of diamonds, but declarer deep-finessed, suffered a ruff, won the trump return with dummy's queen, cashed the club king, and gave up another diamond ruff. West had pitched hearts on the early trump leads, so the defense had to let declarer make his spade queen for an eighth trick, minus 100.

At Table 2 the final contract was not bad, the layout was awful. Declarer won the diamond lead with dummy's king to lead a spade: queen, king. Declarer won the heart shift with the ace, and led to the club ace to lead a diamond towards the ace in the closed hand. East discarded, so the declarer took his diamond ace, ruffed a spade, and exited with a heart. A further major-suit ruff in dummy could not be prevented; declarer had five clubs, two diamonds and a heart, eight tricks, minus 500, 9 imps to Brazil.

ICELAND vs US-2

Table 3

South	West	North	East
Ornstein	*Bald'sson*	*Ferro*	*Jorgensen*
1 ♣	1 ♡	2 ♡	3 ♡
Pass	Pass	4 ♣	Double
Pass	Pass	Pass	

Table 4

South	West	North	East
Arnarson	*Branley*	*Johnsson*	*Feldman*
1 ♣	1 ♡	2 ♡	3 ♡
3 NT	4 ♡	Double	Pass
Pass	Pass		

At Table 3, declarer won the diamond ace, led to the club queen, ducked a diamond to West's ten. Then, he won the heart shift with the ace and finessed in diamonds, East ruffing. The defense cashed two major-suit winners, then tapped dummy, but declarer was in control - he took two high clubs ending in dummy and continued diamonds. Nicely played, but only the same eight tricks, minus 500.

Text 4.5: The Bermuda Bow 버뮤다 볼

1991년 버뮤다 볼 8강전에서 세 개의 16보드 부문이 끝난 뒤, 아이슬란드는 US-2를 훨씬 앞섰지만 다른 경기들은 훨씬 더 치열했다.

4번째 세그먼트(Fourth Segment)

보드 52는 브라질과 폴란드 두 팀의 단합을 북돋았다.

남쪽 딜러

두 팀 모두 유약한

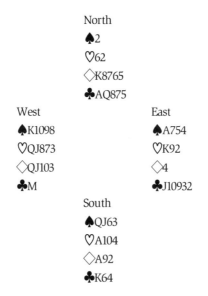

	North	
	♠2	
	♡62	
	◇K8765	
	♣AQ875	
West		East
♠K1098		♠A754
♡QJ873		♡K92
◇QJ103		◇4
♣M		♣J10932
	South	
	♠QJ63	
	♡A104	
	◇A92	
	♣K64	

US-1 대 브라질

Table1

South	West	North	East
P.Branco	*M'stroth*	*Mello*	*Rodwell*
1 ♣	*Double*	*3 ♣*	*Pass*
Pass	Pass		

Table2

South	West	North	East
Miller	*Chagas*	*Sontag*	*M.Branco*
1 ♣	1 ♡	2 ♡	3 ♡
Pass	Pass	4 ♣	Double
Pass	Pass	Pass	

Rodwell이 클로버 3 카드를 패스하기로 한 결정은 현명했고, 그것은 구성면에서도 적절했다. 그는 한 판 더 플레이했고 명백하게 자신의 계약(contract)[7]을 이행하지는 못했다. 그러나 이것은 문제적인 이 게임 판에서 East-West 최저점을 정하게 했다. 주공격수(declarer)는 에이스로 다이아몬드를 얻고, 클럽 에이스를 따내고, 뒤로 물러났다가 잭과 왕 쪽으로 스페이드를 냈다. West는 다이아몬드 3으로 시도했지만, 주공격수는 배짱을 부렸고, 러프(ruff)[8]를 당했고, 파트너(dummy, 주공격수의 파트너)의 여왕 카드를 되돌려줌으로써 트럼프 카드로 이겼고, 클럽 왕 카드를 따내고, 다른 다이아몬드 카드 러프를 포기했다. West는 하트 카드를 초반에 트럼프 카드로 정했고, 그래서 방어자(defense, declarer의 상대)는 주공격수가 8번째 트

7) **[역자 주]** 게임에 앞서 트럼프가 될 카드를 정하고 몇 번의 트릭을 딸 것인지를 약속하는 것.

8) **[역자 주]** 게임을 시작한 플레이어의 카드 무늬를 내지 않고 게임 시작 전 정한 트럼프 카드를 내서 트릭을 이기는 것.

릭에서 스페이드 여왕 카드로 100을 빼도록 했다.

Table 2에서 최종 (승리 조건의) 계약은 나쁘지 않았지만 구성은 아주 형편이 없었다. 주공격수는 스페이드 여왕 카드와 왕 카드를 내기 위해 파트너의 왕 카드를 내 놓고 다이아몬드를 땄다. 주공격수는 에이스로 하트 카드 바꾸기를 따냈고, 클럽 에이스가 손에 쥐고 있는 에이스를 상대로 다이아몬드를 내게 했다. East는 디스카드(discard)[9] 하고 그래서 주공격수는 그의 다이아몬드 에이스를 가지게 되고 스페이드를 러플하고 그리고 하트를 내고 빠져나왔다. 더 이상 파트너의 주요 수트 러플은 저지될 수 없었다. 주공격수는 클럽 5, 다이아몬드 2, 하트 1을 가지게 되었는데, 여덟 개의 트릭에서 500점 감점되었고, 브라질과의 경기에서 얻은 9번째 국제 매치 포인트 기록이었다.

ICELAND vs US-2

Table 3

South	West	North	East
Ornstein	*Bald'sson*	*Ferro*	*Jorgensen*
1 ♣	1 ♡	2 ♡	3 ♡
Pass	Pass	4 ♣	Double
Pass	Pass	Pass	

Table 4

South	West	North	East
Arnarson	*Branley*	*Johnsson*	*Feldman*
1 ♣	1 ♡	2 ♡	3 ♡
3 NT	4 ♡	Double	Pass
Pass	Pass		

9) **[역자 주]** 트럼프로 정한 카드를 내지 못하는 것.

Table 3에서 주공격수는 다이아몬드 에이스를 땄고, 클럽 여왕 카드를 냈고, West의 10에 다이아몬드를 던졌다. 그 후 그는 에이스로 하트 바꾸기를 따냈고, 다이아몬드로 꽉 채워 East 러플을 했다. 방어자는 두 명의 주요 수트 승리자를 이긴 다음 파트너를 쳤지만 주공격수는 통제 하에 있었다. 그는 파트너에서 끝나는 두 개의 높은 클럽 카드를 갖고 다이아몬드 카드로 계속 게임을 진행했다. 아주 게임을 잘했지만, 단지 똑같은 여덟 번의 트릭을 차지했을 뿐이고 500점을 잃었다.

Text 4.6: excerpt from Marston's Bridge Workbook for Beginners[3]

How Bridge is played

In this lesson you will learn the basic rules of the game. You will learn which bids you are allowed to make and those that you are not. You will also learn that the number of tricks you must take is dependent upon the bidding. The basic mechanics of whose turn it is to play, whose turn it is to lead and so on will be covered.

Bridge is a game for four players who form two partnerships. An ordinary deck of cards is used without jokers or bowers. The cards are ranked from the ace (highest), king, queen, jack, ten, nine, eight and so on down to the two. The full pack is dealt, one card at a time, in a clockwise direction, starting with the player on the dealer's left, so that each player begins with 13 cards.

Tricks

The cards are played out one at a time. One card from each of the four players is called a 'trick'. Each player plays in turn in a clockwise direction around the table and each player must follow suit if he can, that is if a spade is led (the first card played in a trick) each player must play a spade if he has one. If he cannot follow suit a player may play any card he wishes. The player who plays the highest card in the suit wins the trick, unless a trump has been played, but more about that in a moment. The player who wins the trick leads to the next trick. There is no need to keep track of the individual who has won the trick, only which partnership. Let's look at a sample trick:

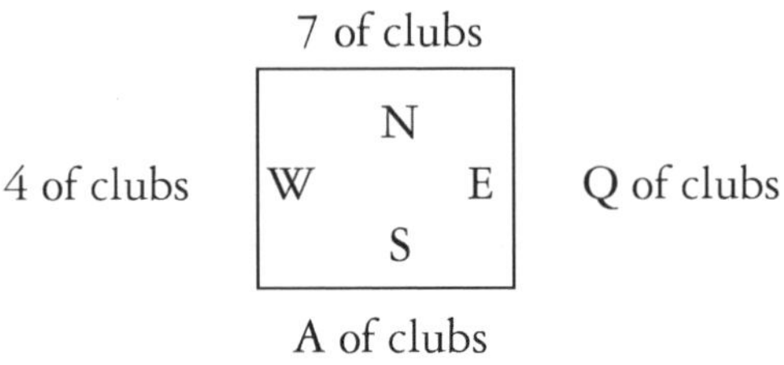

You may be wondering what the W, E, S, N is. In bridge diagrams, for easy reference, the four players are referred to by the four cardinal points. Assume chat West was the first to play and led the four of clubs, North followed with the seven, East tried to win the trick for his side with the queen but South won the trick with the ace. South would then lead to the next trick.

Naturally each player works in with his partner. For example, if your partner led the king of spades you wouldn't top it with the ace unless you had to. If, however, one of the opponents led the king of spades you would play the ace because you would know that your partner could not possibly beat the king.

Trumps

A trump suit may be named in the bidding. When that happens that suit takes precedence over the others. When a trump is played on a trick it wins the trick no matter what is led. Here is an example:

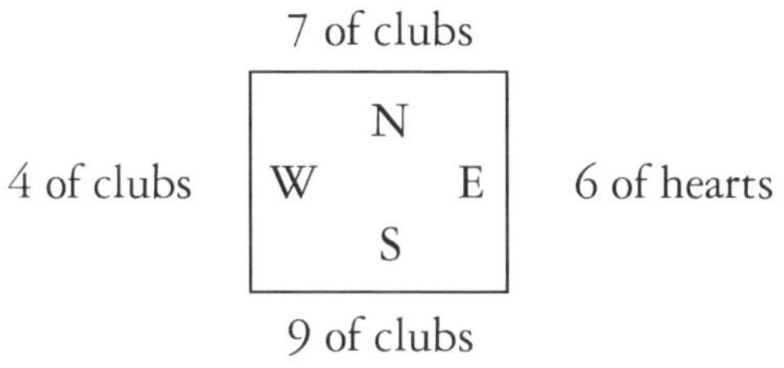

Imagine that hearts are trumps and West leads the four of clubs. North plays the seven of clubs and East who has run out of clubs plays a small trump. South must follow suit with a club so East's six of trumps wins the trick. If South was also out of clubs he would have won the trick by playing a trump higher the six.

The auction

A hand of bridge is played in two stages. First there is the auction to determine which suit, if any, is to be trumps and how many tricks must be won. Then comes the play of cards when the side that won the 'contract' tries to fulfil their obligation while the opposition are doing there best to take enough tricks to defeat them. The contract is the name of the last bid in the auction.

After the cards have been dealt the dealer has the right to make the first bid. He will pass with a weak hand and bid with a hand of above average strength. A bid in bridge is an undertaking to win the stated number of tricks plus six with the nominated suit as trumps, or no trumps. No trumps is as you would think – the highest card in the suit that's led ALWAYS wins the trick since there are no trumps to interfere. A bid of say 3 ♣ is an undertaking by that partnership to take at least nine tricks with clubs as trumps; a bid of six no trumps means your side must take at least 12 tricks without a trump suit.

As in other sorts of auction the early bids are usually made at a low level. After the dealer has made his bid or passed, the player on his left has a turn.

Text 4.6: Marston's Bridge Workbook for Beginners에서 발췌

Bridge 게임 방법

이 단원에서 당신은 게임의 기본 규칙을 학습하게 될 것이다. 당신은 당신이 비드, 즉 으뜸패를 선언하는 것이 허용되는지 또는 허용되지 않는지에 대해 배울 것이다. 또한 당신이 써야 할 속임수가 이처럼 비드를 선언하는 것에 달려 있다는 것을 배울 것이다. 누가 먼저 시작할 순서인지, 누가 리드해야 하는지 등에 대한 기본적인 기술들을 배우게 될 것이다.

Bridge는 2팀(팀별 2명, 총 4명)을 위한 게임이다. 일반적으로 바닥 카드는 jokers나 bowers없이 사용된다. 카드는 에이스(가장 높음), 왕, 여왕, 잭, 10, 9, 8 등으로 순위가 매겨진다. full pack은 딜러의 왼쪽에 있는 플레이어부터 시계 방향으로 한 번에 한 장씩 처리되며, 각 플레이어가 13장의 카드를 가지고 시작한다.

속임수(Tricks)

카드는 한 번에 한 장씩 젖혀 패를 보여 준다. 4명의 플레이어가 가진 각

각의 카드 한 장을 '트릭'이라고 한다. 각 플레이어는 테이블 시계 방향으로 순서대로 돌아가며 가능한 한 방금 나온 패(수트)와 같은 짝의 패(수트)를 내야 한다. 즉 스페이드 카드가 나온다면(트릭에서 제일 첫 번째로 나온 카드) 각 플레이어는, 만약 스페이드를 가지고 있을 경우 그걸 내야 한다. 만약 다음 플레이어가 같은 패(수트)를 내지 못하는 경우 그 다음 플레이어는 원하는 카드를 낼 수 있다. 그 수트에서 가장 높은 계급을 가진 카드를 낸 플레이어가 트럼프 카드를 내지 않는 한 그 트릭을 이기게 되는데 곧 더 많은 것을 얻게 된다. 트릭을 획득한 플레이어는 다음 트릭을 리드한다. 트릭을 획득한 개인이 아니라 팀을 파악하는 것이 더 중요하다. 트릭의 샘플을 살펴보도록 하자.

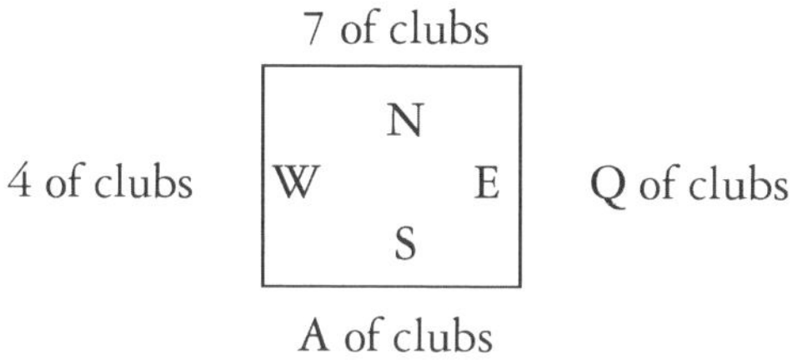

당신은 서쪽(W), 동쪽(E), 남쪽(S), 북쪽(N)이 무엇을 나타내는지 궁금할 것이다. 브리지 다이어그램에서는 쉽게 참조할 수 있도록 4명의 플레이어들의 네 가지 중요한 점이 언급되어 있다. West에 있는 사람이 첫 번째로 플레이하고 클로버(♣) 4를 가지고 있다고 가정하고, North는 클로버 7을 가지고 있으며, 그 다음 East는 퀸으로 트릭을 얻기 위해 노력했지만, 결국 South가 에이스로 트릭을 획득했다. 그러면 South가 다음 트릭을 리드할 것이다.

당연히 각 플레이어는 파트너와 협력한다. 예를 들어, 파트너가 스페이드 왕을 리드했다면(카드를 내는 것), 꼭 그래야만 하는 경우가 아니라면, 에이스를 내놓지 말아야 한다. 그러나 상대방 중 한 명이 스페이드 왕을 냈다면 당신의 파트너가 결코 스페이드 왕을 이길 수 없으므로 에이스를 내면 된다.

트럼프(Trumps)

트럼프 수트는 '으뜸패를 선언한다'는 의미를 가진 'bidding'에 의해 이름이 붙여졌다. 수트가 다른 것에 우선할 때, 즉 트릭에서 트럼프 카드를 내면 무슨 일이 있어도 트릭을 따내게 된다. 다음은 그 예이다.

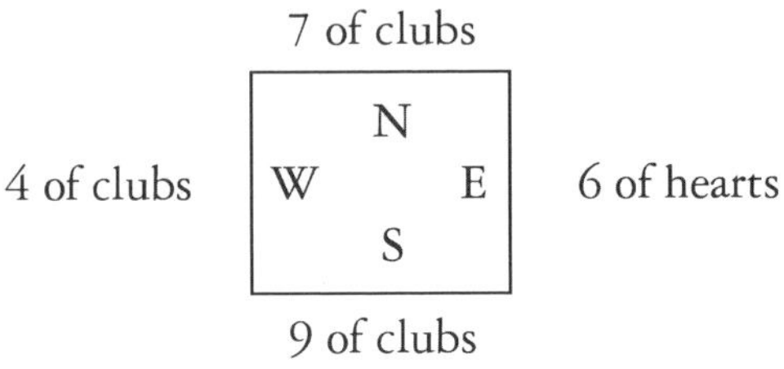

하트가 트럼프이고, 서쪽에서 클로버 4를 리드한다고 가정해 보자. North는 클로버 7을 내고, 클로버 카드를 다 써버린 East는 낮은 계급의 트럼프 카드를 낸다. South는 수트를 따라 클로버 카드를 내고 East가 낸 트럼프 6이 트릭을 따게 된다. 만약 South 또한 클로버 카드를 가지고 있지 않다면 6보다 높은 트럼프 카드를 내놓아 트릭을 따낼 수 있을 것이다.

옥션(The auction)

브리지는 두 단계로 진행된다. 먼저 어떤 수트가, 만약 있다면, 트럼프가 될 것이고, 얼마나 많은 트릭을 따내야 할지를 결정하는 옥션이 있다. 그런 다음 '계약(contract)'을 달성한 쪽이 의무를 수행하려고 하고 상대편은 계약을 얻은 쪽을 방어할 수 있는 트릭을 충분히 확보하려고 최선을 다할 때 비로소 카드놀이가 시작된다. 계약은 옥션에서의 마지막 입찰을 일컫는 말이다(또는 의미한다).

카드가 거래되면 그 이후 딜러는 첫 번째 입찰을 할 권리가 있다. 그는 약한 패를 가지고 있으면 패스할 수 있고 평균 이상의 좋은 패를 가지고 있으면 입찰할 것이다. 브리지에서의 입찰은 정해진 수의 트릭과 정해 놓은 수트를 트럼프로 하여 6개의 트릭을 더해서 획득하는 일이다.

어떤 트럼프도 당신이 생각하는 것과 같지 않다. - 항상 리드해 온 수트 중 가장 높은 계급을 가진 카드는 그를 방해할 트럼프가 없기 때문에 그 트릭을 따내게 된다. 예를 들어 3♣(클로버 3)으로 입찰하는 것은 적어도 클로버를 통해 따낸 9번의 트릭을 트럼프로 여기는 파트너십(partnership)에 의해서 이루어질 수 있다. 즉, 트럼프 없이 6번 카드를 입찰하는 것은 당신의 팀이 적어도 트럼프 수트 없이 최소한 12개의 트릭을 따내야 한다는 것을 의미한다.

다른 종류의 옥션과 마찬가지로 초기 입찰은 일반적으로 낮은 수준에서 시작된다. 딜러가 입찰을 하거나 (입찰하지 않고) 패스하게 되면 그 다음은 그의 왼쪽에 있는 플레이어의 차례가 된다.

이 두 텍스트는 동일한 필드를 가지고 있다. 두 텍스트 모두 브리지 게임에 관한 것이다. 그러나 각 텍스트를 발생시키는 상황은 매우 다르다는 것을 분명히 알 수 있다. Text 4.5는 전문가(경쟁력이 막강한 선수)용으로 작성되지만 Text 4.6은 초보자용으로 작성되었다. 그렇다면 우리는 두 텍스트에서 초점을 두는 활동의 구성이 전문적이거나 일상적인 상황일 수 있다는 것을 인지할 필요가 있다. 다시 말해 필드는 Figure 4.6에서와 같이 전문성 차원에 따라 다양하다.

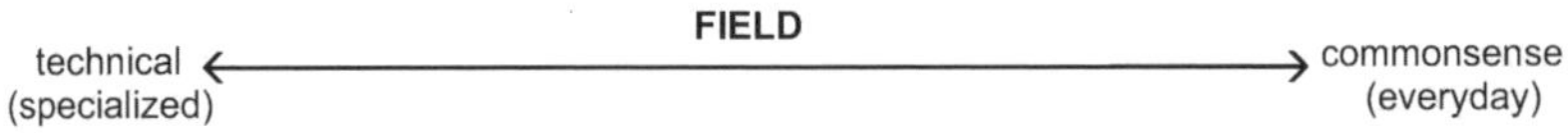

Figure 4.6 The field continuum

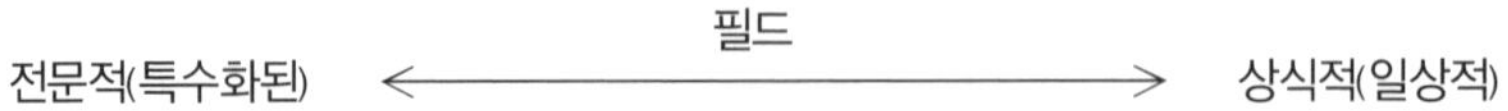

Figure 4.6 필드 연속체

전문적 상황에서 상호작용 참여자들 사이에서 상정(想定)되는 지식은 초점이 되는 활동에 대한 상당한 수준의 지식이라고 특징지을 수 있고, 일상(또는 상식적인) 상황에서 유일하게 상정되는 지식은 '공통 지식'일 것이다.

필드를 구성하는 지식은, '이 필드에서 행동하는 사람들이 어떻게 필드를 분류하고 하위분류하는가?'라는 질문과 같이 분류 체계를 통해 나타낼 수 있다. 필드 분류를 구성할 때 전문적 분류 체계와 상식적인 분류 체계는 복잡성과 깊이에서 현저한 차이를 찾는다. 예를 들어 전문 브리지 선수들이 서로 공유하는 분류 체계의 일부분을 제시하면 Figure 4.7와 같다.

우리는 이 분류 체계가 복잡하다는 것을 알 수 있다. 이것은 먼저 브리지 분류 체계를 세 개의 주요 측면으로 분류(입찰, 카드플레이, 점수를 매기는 것)하고 각각을 하위분류하여 추가한 것이다. 하위분류의 범위는 최대 다섯 단계를 포함한다. 이 정도의 하위분류는 우리가 기술하는 것을 **세밀한 분류 체계**(deep taxonomy)로 만든다. 이 특별하고 깊이 있는 분류 체계는 브리지 게임에서 행해지는 활동 중심으로 자세하고 심도 있게 표현된 것이며, 이것은 그렇기 때문에 브리지 게임이라는 필드에 대한 전문가의 이해 수준으로 부호화된 것이라 할 수 있다.

이것을 Figure 4.8에서 제시된 평범한 사람들을 위한 분류 체계와 비교하라.

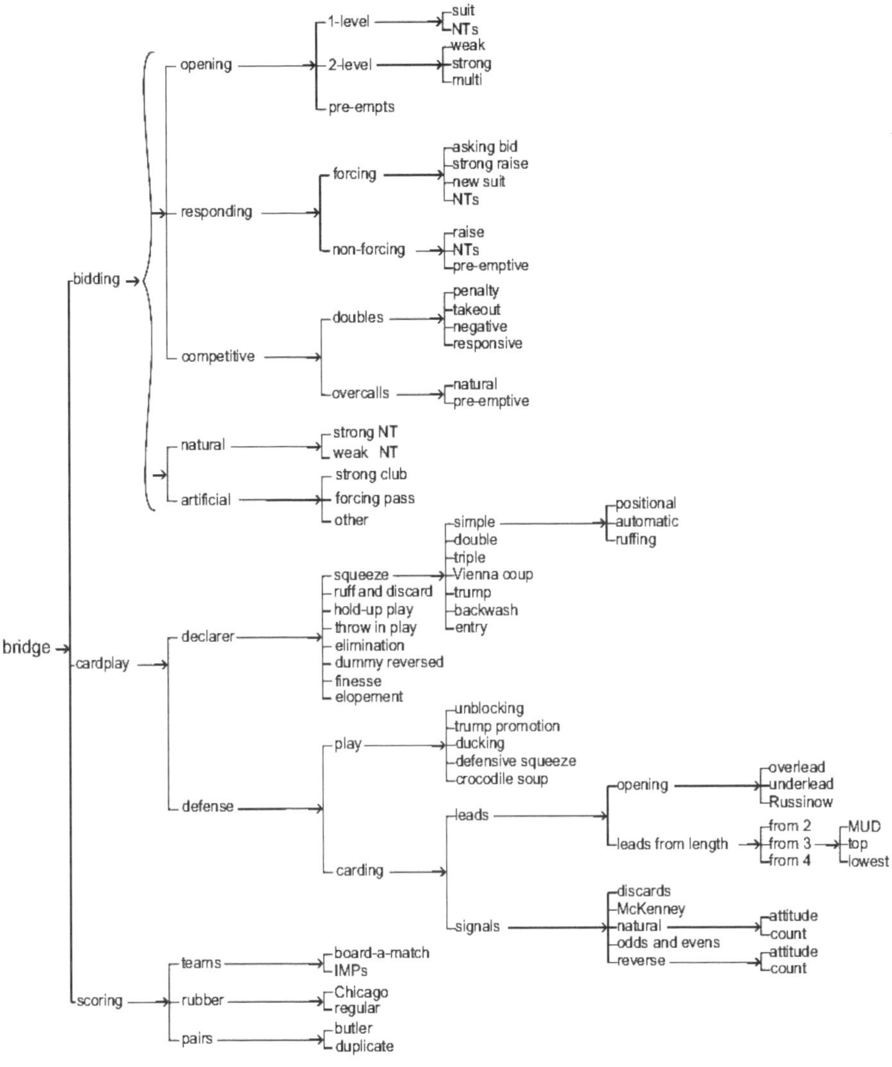

Figure 4.7 브리지 전문 선수용 브리지 게임 용어 분류 체계

보다시피 상식적인 분류 체계는 처음 분류 단계에서 수적으로 더 많은 분류를 한다(즉 포지션, 선수, 카드, 방법 등 활동을 기본 분류한 것은 보다 다양하나

덜 일반적이다.). 그런데 각 단계는 단지 1~2회로 하위분류된다. 따라서 이 **피상적인** 분류 체계는 브리지 게임이라는 필드에 대한 평범한 사람들의 인코딩을 담고 있는 것이다. 그리고 이것은 브리지 게임이라는 동일한 필드에 대한 전문적 구성 체계와 상당히 달라 보인다.

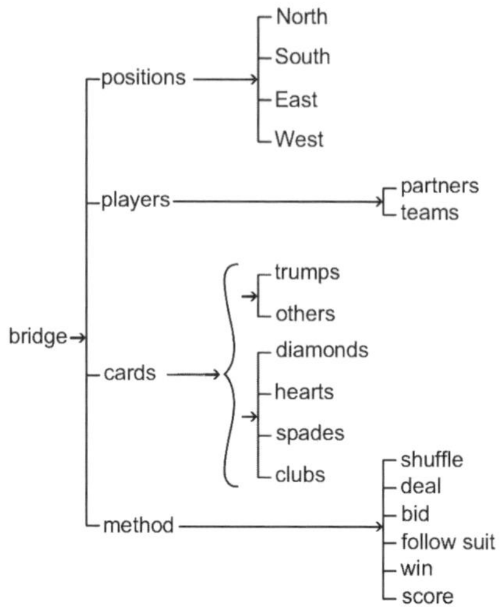

Figure 4.8 비전문가용 브리지 용어 분류

Table 4.10은 전문적 상황과 일상적인 상황의 차이점을 요약한 것이다.

Table 4.10 Technical vs everyday situation

TECHNICAL situation	EVERYDAY situation
assumed knowledge of us activity/institution/area	'common knowledge' no (or little) assumed knowledge
deep taxonomies -detailed sub-classification	shallow taxonomies -limited sub-classification

Table 4.10 전문적인 상황 대 일상적인 상황

전문적인 상황	일상적인 상황
활동/제도/분야에 대해	일반 상식
상정되는 지식	상정되지 (혹은 거의 상정되지) 않은 지식
심층 분류	피상적인 분류
-세부적 하위분류	-제한적 하위분류

Text 4.5와 4.6에서 보여주듯이 필드에서의 이런 변인 양상에는 많은 언어적 함의(linguistic implications)가 있다. 가장 두드러지는 특징은 전문적인 상황에서는 전문 용어를 많이 사용한다는 것이다. 예를 들어 전문어 명사(*contract, ruff, layout, tricks*)뿐만 아니라 동사(*to pass out, to go plus, to cash a trick, to deep-finesse, to suffer a ruff*)를 많이 사용한다는 것이다. 이런 용어들은 대개 분류 체계의 저 '깊은' 곳에서 비롯되며 이러한 용어들에 대한 설명은 당연히 제공되지 않는다. 평범한 사람들이 접근하기 어려운 것은 전문 용어의 두문자(IMP)이다. 이 '특수 용어(jargon)'가 영향력 있게 사용되지 않는다고 해서 외부인인 비전문가들에게 깊은 인상을 주기 위해 고안된 것은 아닌가 하는 생각을 할 수 있다. 그러나 특수 용어가 고안되고 사용되는 주요 동기는 필드로서의 세밀한 분류 체계의 정교화를 허용하기 위한 것이다.

그러나 전문성은 어휘소(lexis)에서만 부호화되는 것은 아니다. 물론 Text 4.5에서는 그렇지 않지만, 일반적으로 전문적인 텍스트에서는 간략화된 비표준 통사 구문이 종종 사용된다. 대신 다른 일반적인 전문 기법을 활용하는데, 어떤 분야에서는 특정 유형의 시각적 표현(Text 4.5의 비드 시퀀스 다이어그램)을 사용하는 것을 예로 들 수 있다. 여기에서 사용되는 동사 유형은 전문적 과정(*trump, squeeze, finesse*) 또는 한정적(서술적) 과정을 나타내는 경향이 있다(예를 들어, *the final contract was not bad.*) 이러한 문법적 선택은 이미 공유된 지식 기반과 관련된, 그리고 이를 코멘트하며 평가하는 전문적인 상황에서 중시하는 것을 반영한다.

일상 분야의 언어는 우리에게 더 익숙하다. 어휘소는 일상적인 단어로 구성되는 경향이 있다. 용어(term)가 전문적으로 사용되는 경우 대개 굵은 체로 인쇄되거나 따옴표로 묶여 표현된다(예: Text 4.6에서의 'trick'). 전문 용어가 계속 도입되고 정의됨에 따라 동사는 (예를 들어, *bridge is a game for four players; one card from each of the four players is called a 'trick'* (브리지는 4명의 플레이어가 하는 게임이다. 4명의 플레이어가 각각 내는 카드 한 장을 '트릭'이라고 한다.)) 종류를 식별하고 (정의)하는 경향이 있다.

문법 구조는 표준적일 것이고, 두문자와 시각적 표현은 이들이 처음 소개되고 설명될 경우에만 사용될 것이다. Text 4.6은 독자가 어떻게 브리지

Table 4.11 Technical vs everyday language

Technical and Everyday Language: the linguistic implication of FIELD	
TECHNICAL language	EVERYDAY language
technical terms	every terms
-words only 'insiders' understand acronyms	-words we all understand
abbreviated syntax	full names
technical action processes	standard syntax
attributive (descriptive) processes	identifying processes(defining terms)

Table 4.11 전문어와 일상어

전문어와 일상어: 필드의 언어적 함축	
전문어	일상어
전문 용어	일상 언어
-오로지 '내부자'만 이해하는 두문자어 단어	-우리 모두가 이해하는 단어
간략화된 통사 구문	완전형태 명칭
전문적인 행위 과정	표준적인 통사 구문
한정적 (기술적) 과정	과정 식별(용어 정의)

게임을 일상적 이해 수준에서 전문적 구성으로서 이해하게 되는지 그 이동 과정을 보여주는 예를 명확하게 제공한다. 전문어와 일상어에서의 이런 차이를 요약한 것이 아래 Table 4.11이다.

우리는 초점이 되는 활동이나 활동 주제의 상황 변인에 상응하는 명확한 언어적 함의를 발견할 수 있기 때문에, 필드가 상황 맥락에서 언어학적으로 관련되는 차원이라 주장하는 것을 타당하다고 본다.

사용역과 언어의 의미 유형(Register and types of meaning in language)

필드, 모드, 테너가 중요한 상황 변인이라는 주장이 사용역 이론의 전체를 차지한다면, Firth의 맥락 기술에서 확인된 바와 같이 동일한 한계를 나타낼 것이다. 그러나 Halliday는 Firth과 달리 분석에서 한 걸음 더 나아가 다음과 같이 의문을 제기하였다. *왜 이 세 가지 변인이 있는가?* 필드, 모드, 테너가 상황의 세 가지 핵심 요소인 이유는 무엇인가? 그리고 그는 이에 대한 해답으로 언어 자체의 기호 체계 구조에 있다고 제안하고 있다.

Halliday는 이 세 개 변인이 언어가 생성하도록 구조화되어 있는 세 유형의 의미들이기 때문에 중요하다고 주장한다.

그는 각 사용역 변인이 어떻게 언어 사용에 영향을 미치는지 정확하게 분석하여(여기에서보다 훨씬 자세하게) 이러한 결론에 도달했다. 즉, 유형별 맥락 정보 실현과 관련되는 언어 시스템의 각 부분은 식별 가능한 것으로 판명되었다.

예를 들어 필드의 변인을 고려하라. Text 1.1의 필드를 '아기 돌보기'에서 'PC 관리'로 바꾸었을 때 나는 텍스트의 모든 언어적 특징을 완벽하게 바꾸지는 않았다(만약 내가 완벽하게 바꾸었다면, 당신은 그것을 Text 1.1처럼 인식하지 못했을 것이다.).

이것은 필드가 문법 시스템의 일부분, 사실상 과정 패턴(동사), 참여자(명사), 상황(시간, 방식, 장소 등을 나타내는 전치사구)을 통해 실현된다는 것을 암시한다. 이러한 유형의 문법적 패턴은 '누가 무엇을, 누구에게, 언제, 어디에서, 왜, 어떻게 하고 있는가'를 언어의 **타동성 패턴**(transitivity pattern)을 통해 총체적으로 묘사할 수 있다. 이 타동성 패턴에 대한 설명은 8장에서 중점적으로 다룰 것이다.

이와 대조적으로 테너와 함께 우리는 타동성 패턴이 아닌 서법(mood)이라고 불리는 패턴을 통해 실현되는 역할 및 관계에서 대인 관계의 의미를 찾는다. 6장에서 볼 수 있듯이 서법은 절 구조의 유형(평서형, 의문형), 총체적으로 확실성의 정도 또는 의무의 정도 표현(modality, 양태), 태그 사용(the use of tags), 호칭어(vocatives), 긍정적이거나 부정적인 것과 같이 태도를 나타내는 단어들(attitudinal words)(위에서 언급한 '기분 좋을 때 내는 소리와 기분 나쁠 때 내는 소리')의 사용, 다양한 종류의 강화사와 공손 표지(intensification and politeness markers)와 같은 변인들과 관련된다.

모드는 언어 시스템의 추가적 영역인 **테마**(**theme**)를 통해 실현된다. 10장에서 살펴볼 이 텍스트 패턴은 절 구성에서 전경의 패턴과 연속성의 패턴(patterns of foregrounding and continuity)을 가리킨다. Figure 4.9는 사용역 변인과 어휘 문법 실현(lexico-grammatical realizations) 간의 연결을 도식화한 것이다.

맥락의 상황적 차원과 다양한 형태의 어휘 문법적 패턴 사이에는 상관관계가 있는 것처럼 보일 것이다. 그러나 맥락과 언어 간의 이러한 연결에서 또 다른 단계는 언어의 어휘 문법적 조직 자체가 언어의 **의미적** 조직화의 실현이라는 SFL 주장에서 비롯된 것이다.

1장에서 우리는 텍스트가 무엇을 의미하는지 물었을 때 의미의 세 갈래 즉 **관념적, 대인 관계적, 텍스트적**(**ideational, the interpersonal and the textual**)

의미를 식별할 수 있는 것이었음을 기억할 것이다. 이 세 가지 주요 유형의 의미를 식별하는 데 있어, Halliday는 우리가 사용하는 언어의 모든 *용도*(무한하고 변화무쌍함)에서, 언어는 세 가지 주요 *기능*(경험과 관련시키는 기능, 대인 관계를 형성하는 기능, 정보를 조직하는 기능)을 수행하기 위해 설계된다고 제안하였다.

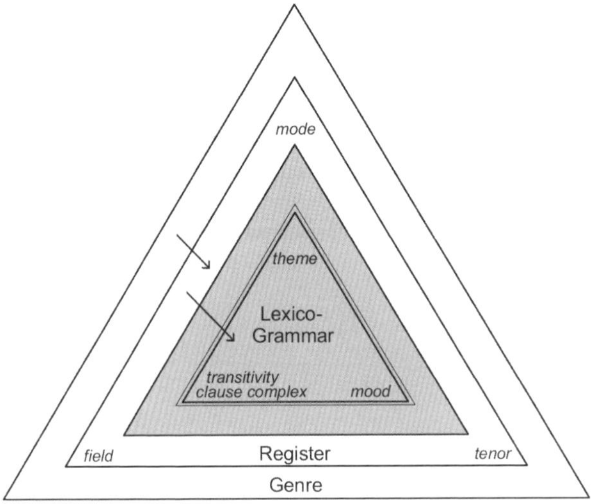

Figure 4.9 언어와 관련된 맥락

Halliday는 이러한 의미 유형들은 '위'('위'로는 맥락)와 '아래'('아래'로는 어휘 문법)로 모두 연결될 수 있다고 제안한다.

위쪽의 링크(삼각형 도표에서 바깥쪽)는 각 사용역 변인이 이러한 유형의 의미 중 하나와 연관될 수 있다는 것을 의미한다. 따라서 필드는 텍스트에서 관념적 의미의 패턴을 통해 표현되고, 모드는 텍스트 의미로 표현되며, 테너는 대인 관계의 의미를 통해 표현된다.

아래쪽 링크(삼각형 도표에서 안쪽)는 관련이 있는 어휘 문법적 패턴을 통해 실현되는 의미 유형들을 '알' 수 있다. 따라서 Halliday는 이 모두를 통합하여 다음과 같이 주장하였다.

- 텍스트의 **필드**는 **관념적 의미** 실현과 관련될 수 있다. 이 관념적 의미는 문법의 **타동성**과 **절 복합체** 패턴(**Transitivity** and **Clause Complex** patterns of the grammar)을 통해 실현된다.
- 텍스트의 **모드**는 텍스트적 의미 실현과 관련될 수 있다. 이 **텍스트적** 의미는 문법의 **테마** 패턴(**Theme** patterns of the grammar)을 통해 실현된다.
- 텍스트의 **테너**는 대인 관계적 의미 실현과 관련될 수 있다. 이 **대인 관계적** 의미는 문법의 **서법** 패턴(**Mood** patterns of the grammar)을 통해 실현된다.

이러한 관계는 Figure 4.10에 나와 있다.

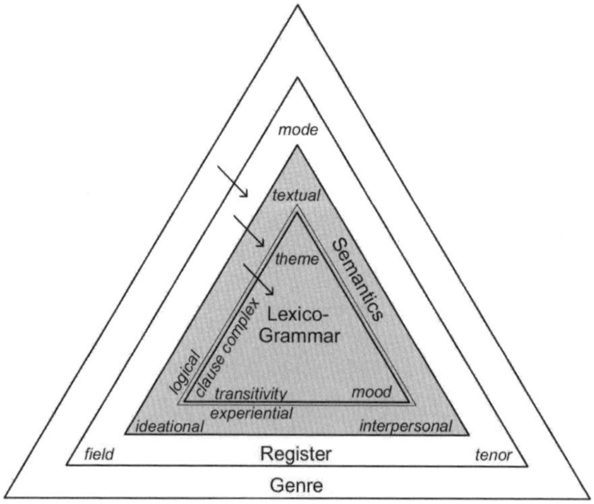

Figure 4.10 맥락, 의미, 어휘 문법

따라서 Halliday의 주장은 각 유형의 의미가 각 상황 변인에 따라 예측 가능한 체계적인 방식으로 관련되어 있다고 주장한다. 그러므로 우리가 언어 사용에서 중요한, 상황의 필드, 모드, 테너의 이 세 가지 사용역 변인을 골라 선택하는 것은 우연이 아니다. 이 변인들의 위상은 언어가 이들 의미 유형들을 만들도록 구조화되어 있는데, 이 세 가지 의미 유형(관념적, 텍스트적, 대인 관계적)이 연결되어 있다는 사실로부터 기인하는 것이다. 우리는 어휘 문법(lexico-grammar)에서 타동성, 절 복합체, 테마와 서법(Transitivity, Clause Complex, Theme and Mood)과 같은 주요 문법 자원을 찾을 수 있기에 언어가 이러한 세 가지 종류의 의미를 만들도록 구조화되어 있다는 것을 알 수 있다.

이것은 복잡한 그림이어서 최종적으로 한 가지를 수정하면 유용하다. 언어는 세 종류의 의미를 만들도록 구조화되어 있다. 그리고 이들은 어떤 상황에서도 세 종류의 의미로 나타난다. Halliday가 다음과 같이 기술하는 의미는 바로 언어가 비자의적 조직이라는 것이다.

> 자연어의 내부 조직은 언어가 진화하여 발전해 온 사회 기능적 관점에서 가장 잘 설명될 수 있다. *언어는 그것이 해야 하는 것이기 때문에 그 자체이다.* (Halliday 1973:34, 필자 강조)

따라서 우리는 초기의 기능적 질문(언어가 어떻게 사용되는가?)에서 시작하여 이제는 체계적인 관점에서 더욱 추상적인 '기능적' 차원을 탐구하기에 이르렀다. 즉 언어는 어떻게 사용하기 위해 구조화되는가이다. 이 두 번째 질문은 5장에서 10장까지 탐구될 것이며, 언어 사용 및 언어 시스템 자체의 조직과 관련하여 기능적 접근 방식을 추구한다. 언어 체계의 핵심은 어휘 문법이며, 그래서 우리는 5장에서부터 문법이 무엇을 수행하는지 그리고 우리가 문법 패턴을 어떻게 분석하는지에 대해 질문함으로써 언어의 어휘 문법적 층위를 살펴볼 것이다.

주석Notes

1 출처: School of English Handbook (1993), School of English, University of New South Wales, p.4.

2 출처: The Bridge World, Vol. 63, No. 7, April 1992, pp.4-5, 'The Bermuda Bowl III'

3 출처: P. Marston and R. Brightling The Bridge Workbook for Beginners (1985), Contract Bridge Supplies, Sydney, pp.1-3.

제5장 어휘 문법에 대한 소개

도입
교통 신호등에 대한 재고: 시스템 확장하기
우리가 언어에 대해 요구하는 것
문법적 분석의 원리: 단위와 성분성
기술 문법과 '적절성'의 개념

도입

2~4장에서는 사람들이 텍스트에서 어떻게 언어를 사용하는지, 그러한 텍스트들이 문화적, 상황적 맥락에서 어떻게 의미를 만드는지에 대해 다루었다면, 이 장에서는 다음에 대해 질문함으로써 언어의 어휘 문법적 차원에 대한 탐구를 시작한다. 즉 문법의 기능은 무엇인가? 왜 언어는 문법적 부호화라는 이 중간 층위를 갖는가? 이 장에서는 SFL 문법 분석의 몇 가지 기본 원리를 검토하고, 이어지는 장들에서 발전될, 절에 대한 다기능적 관점을 제시한다.

교통 신호등에 대한 재고: 시스템 확장하기

1장에서 교통 신호등은 내용 차원이 표현 차원을 통해 실현되는 두 차원 기호 시스템으로 기술되었다. 반면에 언어는 세 차원을 포함하는 것으로 보았다. 음운론으로 부호화되는, 내용의 두 차원(의미와 어휘 문법)을 갖는 것이다. 단순한 기호 시스템과 복잡한 기호 시스템 사이의 차이는 어휘 문법 차원의 존재에 있었다.

어휘 문법 차원은 언어적 부호화의 중간 층위로 단순히 기술되어 왔다. 이제 우리는 이 차원의 기능이 무엇인지를 더 상세히 고려해야 한다. 가령 교통 신호등과 같은 두 차원 기호 시스템으로 할 수 없는 어떤 것을 언어로 할 수 있게 되는가?

우리는 어떻게 교통 신호등 시스템을 확장할 수 있는지를 고려함으로써 이 질문에 접근할 수 있다. 1장에서 기술되었던 적색/황색/녹색 시스템은 두 가지 한계를 가지고 있다.

1. 그것은 많은 것을 의미하지 않는다. 단지 세 의미만 나타낼 수 있다.
2. 그것은 한 번에 하나만 의미한다. 내용과 표현 사이에는 일대일 관계가 있다. 즉 각 표현(유색등)은 단 하나의 내용(바라는 행동)을 나타내고, 각 내용은 단 하나의 표현으로 실현된다.

그 시스템을 발전시키기 위해, 즉 더 많은 의미를 만들기 위해 두 가지 전략이 사용될 수 있다. 첫째, 새로운 내용이 시스템에 더해질 수 있다. 즉 우리는 단순히 그 시스템이 만들 수 있는 의미의 수를 증가시킬 수 있다. 둘째, 내용들이 융합될 수 있다. 즉 한 번에 둘 이상의 의미를 만들기 위해 시스템을 사용하려고 시도할 수 있다. 각 전략은 순식간에 문제를 만든다.

새로운 내용들 더하기

더 많은 것을 의미하기 위해 시스템을 확장하고 싶다면(가령 '후진'이라는 의미를 시스템에 더하고 싶다면) 우리는 이 의미를 나타낼 새로운 등을 찾아야 한다. 각각의 새로운 내용을 위하여 우리는 새로운 표현을 발명해야 한다. 가령 우리는 이 새 의미를 부호화하기 위해 System 5.1처럼 분홍색 등을 도입할 수 있다.

사용해야 할 유색등의 수를 줄이면서 새로운 내용을 실현하기 위해 표현을 변이시키거나 조합할 수 있다. 예로 System 5.2를 보라.

새로운 내용을 위해 우리는 완전히 새로운 표현(새로운 유색등)을 제안하거나 이미 있는 유색등을 다양한 방식으로 조합할 수 있다.

매우 빠르게 이 시스템은 기억하기에나 구별하기에 번거로운 것이 될 것이다. 20개의 새로운 의미를 시스템에 추가할 때까지 운전자들이 분명히 구별할 수 있는 새로운 색을 찾고 각각의 특정 조합이 무엇을 의미하

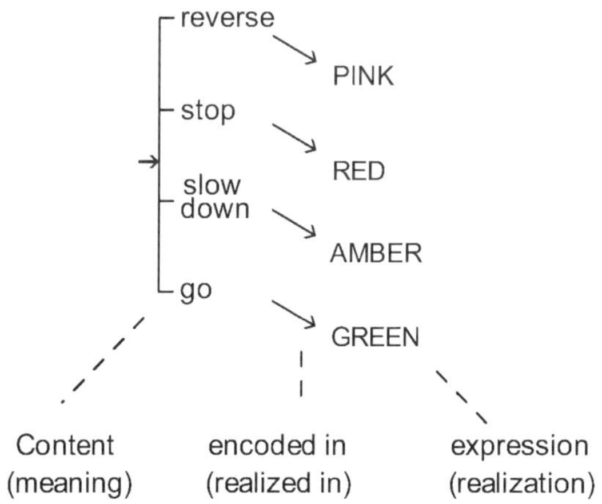

System 5.1 교통 신호등 시스템 확장

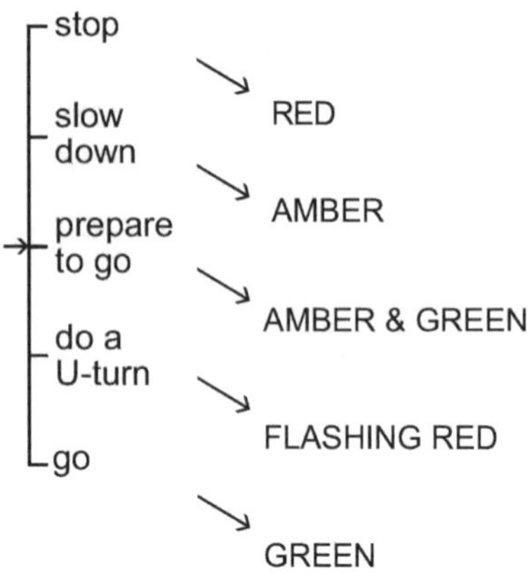

System 5.2 교통 신호등 시스템에서의
표현 조합

는지를 기억하는 데 어려움을 겪을 것이다.

그러므로 교통 신호등 시스템은 매우 중요한 결점을 갖는 것으로 보인다. 즉 그것의 **창조적 잠재성**은 매우 제한된다. 그것은 많은 것을 의미할 수 없고 많은 새로운 것들을 의미할 수 없다.

동시적인 의미들(Simultaneous meanings)

다른 전략은 한 번에 둘 이상의 것을 의미할 수 있도록 시스템을 확장하는 것이다. 그러므로 어떤 표현은 둘 이상의 내용을 실현한다. 이는 복합적인 기호 또는 기호 연쇄의 사용을 통해 수행될 수 있다. 가령 '멈춤'과 '전방 위험'을 모두 의미하고 싶을 때 다음과 같이 할 수 있다.

1. 새로운 **복합 기호**를 도입한다. 가령 흑색점을 가진 적색등과 같은 것이다. 이 표현은 '멈춤'을 의미하는 부분(적색)과 '전방 위험'을 의미하는

부분(흑색점)으로 나뉠 수 있으므로 복합적이다. 그러한 복합 기호들은 사실 많은 일반적인 도로 표지판과 같다.

2. 기호들의 **연쇄**를 도입한다. 가령 적색등 후 황색등이 반짝하는 것이 '멈춤'과 '전방 위험'을 모두 의미할 것이다.

하지만 또 다시, 시스템을 다룰 수 없게 되기까지 오래 걸리지 않을 것이다. 다시금 교통 신호등 시스템은 매우 제한적인 것으로 보인다. 그것이 더 많은 의미를 갖도록 확장하려고 하면, 서로 다른 등 또는 등의 연쇄를 기억하고 구별하는 문제에 부딪힌다.

실생활에서 이는 문제가 되지 않는데, 교통 신호등에 대해 매우 적은 의미만을 기대하기 때문이다. 우리는 6개 정도의 의미(멈춤, 출발, 멈출 준비, 좌회전/우회전하려면 출발, 좌회전/우회전하려면 멈춤 등)만을 만들기 위해 교통 신호등을 사용한다. 도로 표지판의 더 상세한 기호 시스템도 모두 합쳐 수십 개 의미만을 만든다. 이 기호 시스템은 그러한 맥락에서 꽤 잘 작동하는 것으로 보이는데, 우리가 매우 제한된 수의 의미를 만들기 위해 그것들을 필요로 하기 때문이다.

우리가 언어에 대해 요구하는 것

하지만 언어의 기호 시스템에서 우리는 그보다 훨씬 더 많은 의미들을 만들기를 원한다. 사실상 우리가 언어에 대해 요구하는 것은 우리가 무엇이든지 의미하기 위해, 무한한 의미를 만들기 위해 언어를 사용하고자 한다는 것이다. 언어는 이 요구를 충족하는데, 제한 없는 **창조적 잠재성**을 갖기 때문이다. 즉 언어는 다음과 같은 특성을 갖는다.

- 언어는 새로운 것을 의미하도록 허락한다. 당신은 다른 사람이 전에 말한 적 없는 것을 말할 수 있고, 전에 들은 적 없는 것을 이해하는 데 문제가 없다. 그래서 영어에서 말해질 수 있는 모든 문장을 듣기를 바랄 수 없지만, 당신이 들은 영어 문장들을 이해하는 데 어려움을 느끼지 않을 것이다(그것이 영어 시스템의 규약에 부합한다면).
- 언어는 모든 것을 의미하도록 허락한다. 한 언어의 화자로서 시스템의 제한 때문에 말하고 싶은 의미를 만들 수 없는 경우는 매우 드물다. (이것이 때로 발생할 때는, 감정에 사로잡혀 있거나 우리가 말하고 싶은 생각이나 믿음이 그 문화에서는 새로운 것이어서 아직 그 언어로 부호화되지 않았을 때이다.)

우리는 언어로 무한한 의미를 만들 수 있기 때문에, 언어는 교통 신호등과 매우 다르다. 이 차이는 언어가 양방향 유일성의(bi-unique, 형식과 의미가 일대일 대응 관계에 있는) 기호 시스템이 아니라는 사실에 기인한다. 언어의 내용 차원과 표현 차원 사이에는 일대일 대응관계가 없다.

언어가 그러한 양방향 유일성의 시스템이었다면 하나의 내용은 하나의 표현과 짝지어졌을 것이다. 즉 하나의 의미가 하나의 소리와 같을 것이다. 새로운 의미를 만들고 싶을 때 새로운 소리를 도입해야 할 것이다. 언어가 이 양방향 유일성 원리에 기반을 두었다면, 우리는 교통 신호등을 확장하는 데에서 발견했던 기억과 구별의 문제에 맞닥뜨렸을 것이다.

이것은 분명히 언어가 작동하는 방식이 아니다. 소리를 재사용하도록 허락하는 무언가가 있고, 그래서 개별적인 소리들은 조합되어 나타날 수 있다. 그러면 의미와 소리 사이가 아니라 의미와 단어 사이에 양방향 유일성 관계가 있는 것일까?

하지만 다시 우리는 언어가 그러한 원리로 작동하지 않는 것에 감사하게 된다. 만약 의미와 단어 사이에 양방향 유일성 관계가 있었다면 언어는 그 언어에 있는 모든 단어가 단 하나의 의미만 갖고 모든 의미가 단 하나의 단어로만 실현되는 시스템이었을 것이다.

그러한 시스템에서 새로운 의미를 만들기 바라는 매 순간 우리는 새로운 단어를 지어내야 한다. 상황은 우리가 방금 조망한 것과 크게 다르지 않다. 기억과 구별 가능성의 문제가 다시금 떠오르는 것이다. 어떻게 우리는 모든 단어를 기억할 수 있을까? 어떻게 우리는 의미들을 실현하기 위한 충분한 새로운 소리 배열을 찾을 수 있을까?

이 불가능한 기억과 구별을 피하기 위하여, 교통 신호등과 같은 시스템에서는 작동하지 않는, 언어에서 작동하는 경제성 원리 같은 것이 있어야 한다. 우리는 하나의 의미에 대응하는 하나의 소리를 갖지 않고, 하나의 의미에 대응하는 하나의 단어도 갖지 않는다. 그렇다면 언어는 어떻게 다른가? 언어는 어떻게 이 양방향 유일성의 제한에서 벗어나는가?

어휘 문법: 그 차이

언어를 다르게 만드는 것은 우리가 단순하게는 **문법적** 차원이라 말하는 **어휘 문법**이라는 중간 층위가 언어에는 있다는 것이다. 이 문법적 차원의 기능은 언어를 양방향 유일성의 제약으로부터 자유롭게 하는 것이다.

이 자유의 효과는 언어가 무한수의 내용(의미)을 실현하기 위하여 유한수의 표현 단위(소리)를 취할 수 있다는 것이다. 언어에서 우리는 무한한 목표를 실현하기 위하여 유한한 수단을 사용한다.

어휘 문법은 소리를 단어로 조합하기 위한 수단을 제공함으로써 이것을 허락하는데, 다양한 의미를 만들기 위해 다양한 **문법적 구조**로 배열할 수 있다. 가령 우리는 네 개의 단어 *John, eat, poached* (달걀을 깨뜨려 끓는

물 속에 넣어 삶다), *eggs*를 취하여 다양한 문법적 구조에서 그것들을 배열함으로써 Table 5.1처럼 다양한 의미를 얻을 수 있다.

Table 5.1 구조에서 단어들 배열하기

표현	의미
John eats poached eggs.	달걀에 대한 존의 습관적 행동에 대한 진술
John is eating poached eggs.	달걀에 대한 존의 현재 행동에 대한 진술
John ate poached eggs.	존의 과거 행위에 대한 진술
Poached eggs are eaten by John.	달걀에 일어난 일에 대한 진술
Did John eat poached eggs?	존의 과거 행위에 대한 정보 요구
Does John eat poached eggs?	존의 습관적 행동에 대한 정보 요구
John, eat poached eggs.	존에게 먹는 행위를 하라는 명령
Poached eggs ate John.	존이 먹은 것에 대한 진술
Poach eggs, John.	존에게 달걀을 깨뜨려 삶는 행위를 하라는 명령

이 문장들이 의미하는 것의 한 파트는 사용된 단어들이다(우리가 책이 아닌 달걀에 대하여, 개가 아닌 존에 대하여, 달리기가 아닌 먹기에 대하여 말하고 있다는 것). 그러나 두 번째 파트는 이 단어들을 **구조**에서 배열하는 것이다. 진술하거나 질문하거나 명령하는 것(엄밀히 말하면, 서로 다른 **서법** 선택) 사이의 의미 차이를 제공하는 것은 구조적 차이이다. 유사하게 구조적 차이는 습관적으로 일어나거나 지금 일어나는 것, 과거에 일어난 것 사이의 의미 차이(서로 다른 동사 그룹 패턴)에 책임이 있다. (이 구조적 차이는 다양한 의미를 표현하기 위하여 동사 요소(*eat*)를 약간 조정할 필요성의 밑바탕을 이룬다.)

언어 확장하기

어휘 문법이 언어에 내재된 창조적 잠재성을 제공하는 것은 언어를 확장하려고 시도함으로써 드러날 수 있다. 첫째 예로서, 새로운 어휘 의미를 만들고 싶다고 해 보자. 가령 내가 강의를 자동으로 작성하는 기계를 만든다. 당신은 단지 주제, 요점의 목록을 제공하고, 버튼을 누르면 진행된다. 이 새로운 의미를 언어에서 어떻게 부호화할 수 있을까?

첫 번째로 가능한 방법은 완전히 새로운 단어를 만드는 것이다. 즉 내용과 표현의 자의적인 쌍인 새로운 기호를 만든다. 가령 그 기계를 *boofer*로 부르기로 결정했다고 해 보자. 지금 이 새 단어를 어떻게 얻었는가? 몇 가지 영어 소리들을 취했고 새로운 방식으로 배열했다. 하지만 아무 소리나 취한 것이 아니고 아무렇게나 배열한 것이 아님이 중요하다. 가령 새로운 기계를 *hvrustu*라고 부르지는 않을 것인데, HV가 영어에서 수용되는 소리 연쇄가 아니기 때문이다.

영어의 음운론적 규칙을 지키며 새로운 단어를 '조어'함으로써 그것은 구조들에서 사용될 수 있다.

Put it in the boofer.

I'm just doing some boofing.

Boof it for me will you?

I boofed this lecture.

She's a specialist in boofography.

This material is not boofographic.

She's a boofer programmer.

한 단어를 만들었을 뿐이지만 자동적으로 그것으로 다양한 일을 할 수 있는 창조적 잠재성을 갖는다. 이 창조적 잠재성은 문법(명사를 동사, 형용사, 부사 등으로 전환하고 다양한 의미를 만들기 위해 다양한 구조에서 사용하도록 하는 영어의 부호화 원리)에서 온다.

하지만 사실 새로운 기계를 발명했을 때 완전히 새로운 단어를 만들 것 같지는 않다. 그보다는 기계를 *lecture-writer, auto-writer, lecturer's-aid* 같은 이름으로 부를 것 같다. 즉 나는 자의적이지 않은 명칭을 만들기 위하여 언어의 내재적인, 창조적인 어휘적 잠재성을 이용할 것이다. 그래서 완전히 새로운 단어를 만들기 위해 소리들을 취하는 대신 단어, 즉 이미 존재하는 내용 단위를 취하고 그것들을 새로운 방식으로 조합할 것이다. 다시, 그렇게 하는 즉시 언어의 창조적 잠재성에 접근한다.

This is lecture-written.

He did it on a lecture-writer.

Lecture-writers are on special at the moment.

새로운 단어들을 만들거나 존재하는 단어들을 새로운 방식으로 조합하는 것은 화자들이 언어의 창조적 잠재성을 이용하는 두 가지 가장 명백한 방법을 보여 준다. 둘 모두는 무한한 의미적 목표를 달성하기 위해 언어의 유한한 음운론적 수단을 사용하는 방식들이고, 언어의 중간적인 부호화 층위 덕분에 가능하다.

하지만 언어의 창조적 잠재성은 새로운 단어의 창출과 그것을 문법적 구조에서 사용할 자동적 가능성에만 제한되지 않는다. 우리는 의미를 비전형적인, '창의적으로 다른' 방식으로 만들기 위해 언어의 문법적 레퍼토리를 사용할 수도 있다.

나의 1학년 학생들이 수업에서 가만히 있지 못하고 떠들기 시작했다고 해 보자. 정숙하게 만들기 위한 한 가지 방법은 *Shut up* 또는 *Stop talking please*라고 말하는 것이다.

여기에서 한 일은 '명령'의 의미를 실현하기 위해 명령문이라는 문법적 구조를 사용하는 것이다. 그것은 명령을 표현하는 **무표적**이고 **전형적**인 방식이다. 그리고 만약 학생들이 어리다면, 또 특별히 짜증을 느낀다면, 단언의 힘으로부터 쾌감을 느낀다면 그것이 표현 방법이 될 것이다. 하지만 아래와 같이 회유책을 사용하기를 바랄 수도 있다.

Would you mind not talking while I'm talking?

제가 말할 때는 말하지 않으면 안 될까요?

이 경우에 나는 명령문 구조 대신 의문문 구조를 사용하고, 여전히 'shut up'이라는 명령을 의미함에도 불구하고 보통 질문하기 위해 사용하는 문법적 구조를 '차용한다'. 여기에서 *yes*나 *no*가 가능한 대답이 아니므로 당신은 이것이 '진짜' 질문이 아니라고 말할 수 있다. 이에 대한 반응은 학생들의 준수(또는 저항)일 것이 요구된다. 입을 다물거나 무시하거나 하는 것이다. 명령하는 다른 방식은 다음과 같이 말하는 것이다.

It's so noisy in here I can't hear myself think.

여기는 너무 시끄러워서 집중을 할 수가 없네요.

여기에서 나는 명령문도 의문문도 아닌 평서문을 사용했다. 평서문은 보통 정보를 제공할 때 사용하는 문법적 구조이다. 그러나 사실 정보를 주는 것이 아니며 학생들이 입을 다물게 하려는 것이다. 다른 대안은 다음과 같이 말하는 것이다.

What a racket!

정말 시끄럽네!

여기에서 나는 감탄문 구조를 사용했고, 여기에서도 사태에 대해 감탄하는 것이 아니라 사태가 변화하기를 명령하는 것이다.

시스템을 가지고 행하는, 맥락 제약에 매우 민감할 수 있는 방식으로 의미를 표현하기 위해 비전형적인 구조를 사용하는 이 패턴은 **문법적 은유**의 일종이다(다른 종류인 명사화는 4장에서 논의되었다). 문법적 은유는 문법이 언어 사용자들에게 제공하는 창조적 잠재성의 일부이다.

언어에서의 동시적 의미(simultaneous meanings)

어휘 문법이 언어에서 하는 일 중 하나는 창조적 잠재성을 제공하는 것이다. 즉 언어의 어휘 문법에 포함되는 새로운 기호를 창조하거나 존재하는 기호들을 다양한 방식으로 배열하거나 존재하는 구조를 비전형적 방식으로 사용함으로써 새로운 의미를 만드는 방식을 제공하는 것이다.

하지만 어휘 문법의 역할은 이보다 더 많다. 문법은 더 많은 의미를 만들도록 허락할 뿐 아니라 **한 번에 둘 이상을 의미**할 수 있도록 한다.

이것의 단순한 사례는 단순한 어휘 항목 *John*으로 예시된다. 이 어휘 항목의 실제 사용은 억양 곡선과 함께 실현되고, '존이라 불리는 사람'이라는 관념적(ideational) 의미와 동시에 '내가 존과 어떻게 관련되는가' 하는 대인 관계적 의미를 전달한다. 가령 Halliday and Matthiessen(2004:8장)의 영어 성조 선택에 대한 기술을 이용하여, Figure 5.1은 *John*이 만들 수 있는 의미 몇 가지를 보여 준다.

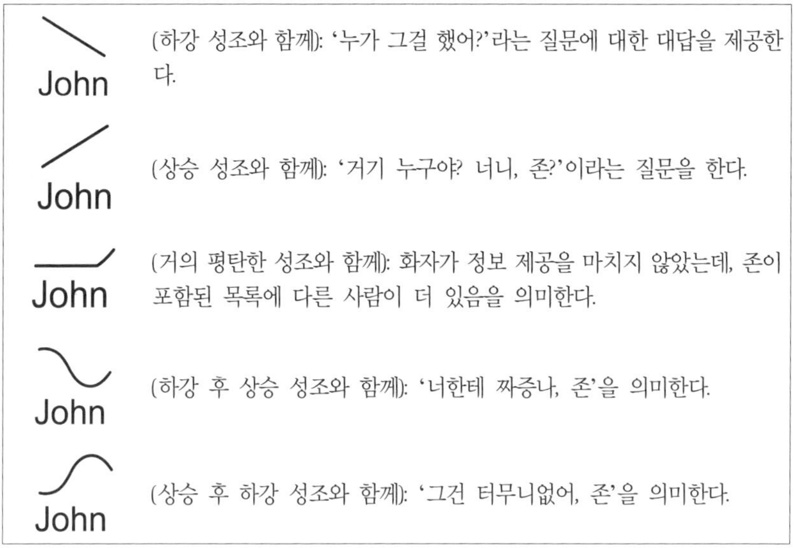
John
(하강 성조와 함께): '누가 그걸 했어?'라는 질문에 대한 대답을 제공한다.
John
(상승 성조와 함께): '거기 누구야? 너니, 존?'이라는 질문을 한다.
John
(거의 평탄한 성조와 함께): 화자가 정보 제공을 마치지 않았는데, 존이 포함된 목록에 다른 사람이 더 있음을 의미한다.
John
(하강 후 상승 성조와 함께): '너한테 짜증나, 존'을 의미한다.
John
(상승 후 하강 성조와 함께): '그건 터무니없어, 존'을 의미한다.

Figure 5.1 John의 의미

이는 언어에서 우리가 **한 번에 둘 이상을 의미**할 수 있다는 사실의 단순한 예시이다(이는 또한 의미를 만드는 데 있어서 억양이 하는 중요한 역할을 예시한다. Halliday and Mattiessen 2004:8장을 보라.). 하지만 일반적으로 상황은 이보다 훨씬 더 복잡한데, 고립된 단어가 아니라 문장들을 보통 다루기 때문이다. 그럼에도 불구하고 동시적 의미의 같은 원리가 작동한다. 예로서 절을 보자.

John eats poached eggs.

존은 수란을 먹는다.

이 문장의 의미 일부는 관념적 의미, 즉 단어 *John, poached eggs*(관련된 참여자), *eats*(그가 관여하는 과정)의 의미이다. 이 관념적 의미들은 "*Peter reading books*"나 "*the dog chewing a bone*"에 대한 절과 대조된다.

하지만 절의 의미의 다른 부분은 서술어(Predicate)^보충어(Complement)와 융합된 주어(Subject)^한정 동사(Finite verb) 구조이고, 그것이 정보를 제공하는 '평서문'의 의미를 전달한다. 여기에서 그 절은 "*Is John eating poached eggs?*"(정보를 요구하는 질문), "*Eat poached eggs, John*"(행위를 요구하는 명령)과 같은 변이형과 대비된다.

같은 절에 수반되는 세 번째 종류의 의미는 '이것은 존에 대한 메시지이다'라는 것이다. 존은 이 메시지의 테마(Theme) 또는 출발점으로서 절의 첫째 위치에 *John*을 놓는 구조적 조직을 통해 실현된다. 이는 절의 텍스트적 의미이다. 여기에서 그 절은 초점이 먹는 사람이 누구인가가 아니라 그가 먹는 것이 무엇인가에 해당하는 "*Poached eggs eats John*"과 대비된다.

이 하나의 절에서 우리는 **동시에** 세 종류의 의미를 만들고 있다. 영어의 절에서 작동하는 세 종류의 동시적인 문법 구조가 있기 때문에 그렇게 할 수 있다. 우리는 한 번에 하나의 측면에서만 절을 변이시킴으로써 각 유형의 의미를 분리할 수 있다. "*John eats poached eggs*"라는 처음의 절과 비교해 보자.

Poached eggs are eaten by John.
수란이 존에게 먹혔다.

이는 같은 관념적 의미(우리는 여전히 존이 달걀에 대해 수행하는 행위에 대해 말하고 있다), 같은 대인 관계적 의미(여전히 정보를 제공하는 평서문이다)를 갖지만, *eggs*에 대한 메시지가 되었다. 우리는 메시지의 테마 조직을 바꾸었고 그래서 텍스트적 의미를 바꾸었다.

Did John eat poached eggs?

존이 수란을 먹었어?

여기에서 우리는 같은 관념적 의미, 같은 텍스트적 의미(존에 대한 메시지임)를 갖지만 다른 대인 관계적 의미를 갖는다. 이는 더 이상 정보를 제공하는 것이 아니며 한정(Finite) 동사 요소를 주어(Subject) 앞에 두어 절의 동사 요소를 둘로(*did, eat*) 분리함으로써 정보를 요구한다.

John, eat poached eggs.

존, 수란 먹어라.

여기에서 우리는 절의 대인 관계적 의미를 바꾸었다. 그 절은 여전히 관념적으로 존, 먹는 일, 달걀에 대한 것이다. 그리고 여전히 텍스트적으로 존과 관련이 있다. 하지만 정보의 제공 또는 요구가 아니라 행위의 요구에 해당하는 명령문이다. 이는 *John*이 호칭어 요소이고 한정 동사(Finite verb)가 없으며 서술어(Predicate) 요소만 있는 구조를 통하여 실현된다.

Pete, read your books.

피트, 책 읽어라.

여기에서는 바로 이전 문장과 텍스트적으로, 대인 관계적으로는 의미가 동일하게 유지되나 관념적 의미가 바뀌었다.

이 문장들은 어휘 문법이 언어로 하여금 더 많은 의미를 만들도록 할 뿐 아니라(무제한적인 창조적 잠재성을 제공함) 한 번에 몇 가지를 의미하도록 허락한다는 것을 보여 준다. 이는 어휘 문법이 언어로 하여금 구조의 몇 가지 동시적 층위를 갖도록 하기 때문에 가능하다. 6장부터 10장까지는 이 동시적인 구조적 층위들에 대해 기술한다.

문법적 분석의 원리: 단위(units)와 성분성(constituency)

언어에 창조적 잠재성을 부여하는 것이 어휘 문법임이 수립되었다면, 이제는 어휘 문법이 어떻게 조직되어 창조적 잠재성이 이용될 수 있는지에 초점을 둘 것이다.

우리는 이 차원의 어휘 문법에 대해 두 가지 예비 관찰을 할 수 있다. 첫째는 우리가 많은 다양한 종류의 **단위**들을 발견한다는 것이다. 둘째는 이 단위들이 **성분성**을 통하여 서로 관련된다는 것이다. 즉 더 작은 단위들이 더 큰 단위를 만들고, 더 큰 단위들은 더 작은 단위들로 구성된다.

우리는 우선 언어의 **표현 면**을 고려하여 기술과 분석의 단위들을 인식하기 시작할 수 있다.

Text 5.1은 4장에서 제시된 것의 일부이다. 이것을 순수하게 그래픽 표상으로 고려함으로써(즉 의미에 대해 고려하지 않음으로써) 우리는 물리적으로 구별되는 것으로 인식할 수 있는 가장 크고 가장 작은 단위가 무엇인지 질문할 수 있다.

Text 5.1: Late Assignments

The School has a policy for the evaluation of late assignments which is fully explained in the document entitled 'Submission of Essays and Assignments', copies of which are available from any member of the School, or from the Departmental Office in Room 139 in the Woodstooe

Building.

Formal extensions of time are not granted as such, but if, through misfortune or bad planning, an assignment cannot be submitted on time, it may be submitted within the next 14 days. For each assignment, there are second and third collections on the following two weeks. Assignments in the second and third collections are divided into two categories. If the assignment is simply late it will be penalised. If it is late because of some unforeseen disability, it will not be penalised, provided that (i) documentary evidence of the disability is attached to the essay and (ii) the nature of the disability and of the evidence is acceptable to the Late Essay Committee.

Full details of penalties are provided in the 'Submission of Essays and Assignments' document.

Text 5.1: 늦게 제출한 과제

학교는 늦게 제출한 과제에 대한 평가 정책을 가지고 있고, 이 정책은 학교 구성원 누구나 또는 Woodston 건물 139번 방에 있는 부서에서 누구든 접근할 수 있는 '에세이와 과제 제출'이라는 문서에 충분히 설명되어 있다.

공식적인 시간 연장은 인정되지 않지만 만약 불행한 일이나 잘못된 계획으로 인해 과제를 제때 제출할 수 없다면, 15일 이내로 제출할 수 있다. 각각의 과제에 대하여 다음 2주간 두 번째와 세 번째 수합이 있다. 두 번째 세 번째 수합에서 과제는 두 개의 유형으로 나뉜다. 만약 과제가 단순히 늦은 거라면 벌칙을 받게 될 것이다. 만약 예상치 못한 일로 과제 제출이 늦어졌다면 (i) 과제를 할 수 없었던 상황을 증명하는 문서를 에세이와 함께 제출하고 (ii) 과제를 수행할 수 없었던 그 상황과 그에 대한 증빙자료가 늦게 제출한 에세이 위원회에서 받아들여진다면 벌칙을 받지는 않을 것이다.

벌칙에 대한 더 자세한 내용은 '에세이와 과제 제출' 문서에 나와 있다.

글의 한 부분으로 간주되는 이 텍스트는 Table 5.2에 요약된 것과 같이 각각 다른 공간적 또는 필적학적 관습에 의해 표시된 여러 개의 다른 단위로 구성된다.

Table 5.2 필적학적 표현의 단위들과 기준(필적학적 층렬의 등급 척도)

단위	단위를 확인할 때 사용되는 기준
단락(paragraph)	두 배의 간격
문장(sentence)	마침표
쉼표 단위(comma-unit)	쉼표
단어(word)	간격
글자(letter)	더 작은 간격

이러한 방식으로 필적학적인 표현 면의 단위들을 배열할 때, 단위들이 **성분성**을 통하여 서로 관련되는 것이 명백해진다. 즉 각 단위는 하나 또는 그 이상의 하위 단위들로 구성된다.

우리는 이를 **등급화된 성분 분석**(ranked constituent analysis)이라 부른다. 이 경우에는 철자적 표현의 등급화된 성분 분석이다. 각 층위의 단위들이 아래 층위에 있는 하나 또는 그 이상의 단위로 이루어지므로 **성분**이다. 그것을 가장 큰 것으로부터 가장 작은 것으로 조직화할 수 있으므로 **등급화**된 것이다. 우리는 그것을 **등급 척도**(rank scale)라고 말할 수도 있다.

이 등급화된 성분 분석 또는 등급 척도는 글자가 글쓰기의 **근본적인 성분**임을, 즉 영어에서 철자법적 표상의 가장 작은 단위임을 나타낸다. 그것은 더 나누어질 수 없다(우리는 '하위 글자'를 갖지 않는다).

필적학적 단위의 이 등급 척도를 세우는 데 있어서 우리는 글(passage)의 의미나 내용, 음운론적 속성을 참조하지 않았다. 누군가가 글을 소리 내어 읽어야 한다면, 우리는 같은 글을 음운론적 표현의 관점에서 분석할 수 있다. 여전히 글의 의미에 대해 참조하지 않은 채, 우리는 무엇이 가장 크고 무엇이 가장 작은 소리 단위인지를 질문함으로써 음운론적 표현을 분석할 수 있다. 우리는 Table 5.3처럼 등급화된 성분 분석을 수립할 수 있다.

Table 5.3 음운론적 층렬의 등급 척도

단위	단위를 확인할 때 사용되는 기준
'행(verse)'	어느 쪽이든 침묵하는 것(시작하기 전, 텍스트 읽기를 마친 후)
성조 그룹(tone group)	성조(억양 움직임이 가장 두드러진 곳)
음보(foot)	현저성(리듬 박자가 하강하는 곳)
음절(syllable)	소리 군집의 조음
음소(phoneme)	별개 소리의 조음

이는 음운론적 실현에서 **표현** 면의 **등급화된 성분** 분석이다. 그것이 나타내는 바는 다음과 같다.

- 성조 그룹(tone groups)은 음보로 이루어지는데, 음보는 음절로 이루어지고, 음절은 음소로 이루어진다.
- 음소는 우리가 식별할 수 있는 소리의 최소 단위이다. 그것은 더 나누어질 수 없다. 그래서 음운론적 표현 면의 **근본적인 성분**이다.

표현 면이 성분 위계로 조직되는 것으로 보인다는 사실은 성분성의 개념이 언어 전체에서 중요한 역할을 한다는 것을 보여 준다. 그리고 사실 어휘 문법을 위하여 성분성 위계를 세우는 것은 문법적 구조를 조사하는 데 있어서 중요한 첫 단계이다.

내용 면의 성분들

어휘 문법을 위한 등급 척도를 수립하기 위하여 우리는 표현이 아니라 내용으로서 언어를 고려할 필요가 있다. 우리는 Text 5.1을 다시 볼 필요가 있는데, 이번에는 의미의 일부로서 고려한다. 우리가 구별할 수 있는 의미의 가장 크고 가장 작은 단위는 무엇인가?

우선 전체 글(passage)이 의미를 갖는 것으로 볼 수 있다. 우리는 이 전체 의미 단위에 대해 '**텍스트**(text)'라는 명칭을 이미 가지고 있다.

전체 텍스트는 대체로 철자법 관습으로 표시되는 많은 다양한 크기의 의미 단위들로 구성된다. 가장 큰 문법적 단위는 문장인데, 처음의 대문자와 끝의 마침표로 표시된다. 문장은 어떤 것에 대한 정보의 일관되고 구조화된 포장을 나타내므로 의미 단위인데, 텍스트 그 자체보다는 더 작다. 아래는 Text 5.1의 문장 경계를 //로 표시한 것이다.

Text 5.1: 늦게 제출한 과제(Late Assignments)

The School has a policy for the evaluation of late assignments which is fully explained in the document entitled 'Submission of Essays and Assignments', copies of which are available from any member of the School, or from the Departmental Office in Room 139 in the Woodstooe Building.//

Formal extensions of time are not granted as such, but if, through misfortune or bad planning, an assignment cannot be submitted on time, it may be submitted within the next 14 days.// For each assignment, there are second and third collections on the following two weeks.// Assignments in the second and third collections are divided into two categories.// If the assignment is simply late it will be penalised.// If it is late because of some unforeseen disability, it will not be penalised, provided that (i) documentary evidence of the disability is attached to the essay and (ii) the nature of the disability and of the evidence is acceptable to the Late Essay Committee.//

Full details of penalties are provided in the 'Submission of Essays and Assignments' document.//

각 문장은 **절**(clauses)이라 불리는 문장의 많은 부분들로 구성될 수 있다. 절은 종종 콜론(:), 세미콜론(;), 쉼표로 표시되는데, 문장보다 더 작은 의미 덩어리를 만든다. 아래는 Text 5.1의 절 경계를 /로 표시한 것이다.

Text 5.1: 늦게 제출한 과제(Late Assignments)

The School has a policy for the evaluation of late assignments/ which is fully explained in the document entitled 'Submission of Essays and Assignments',/ copies of which are available from any member of the School, or from the Departmental Office in Room 139 in the Woodstooe Building.//

Formal extensions of time are not granted as such,/ but if, through misfortune or bad planning, an assignment cannot be submitted on time,/ it may be submitted within the next 14 days.// For each assignment, there are second and third collections on the following two weeks.// Assignments in the second and third collections are divided into two categories.// If the assignment is simply late/ it will be penalised.// If it is late because of some unforeseen disability,/ it will not be penalised,/ provided that (i) documentary evidence of the disability is attached to the essay/ and (ii) the nature of the disability and of the evidence is acceptable to the Late Essay Committee.//

Full details of penalties are provided in the 'Submission of Essays and Assignments' document.//

각 절은 때로 쉼표로 분리되는 단어 그룹으로 나누어질 수 있는데, 우리는 그것을 **구** 또는 **그룹**으로 가리킨다. 구 또는 그룹은 절에서 유사한 일을 하는 단어들의 집합이다. 가령 명사 그룹은 명사 같은 단어들의 그룹이고, 동사 그룹은 동사 요소들을 포함하고, 전치사 그룹은 시간, 공간, 방식 등에 대한 의미를 실현한다. 아래는 Text 5.1에서의 구와 그룹을 괄호로 표시한 것이다.[1]

Text 5.1: 늦게 제출한 과제(Late Assignments)

(The School) (has) (a policy for the evaluation of late assignments)/ (which) (is fully explained) (in the document entitled 'Submission of Essays and Assignments',)/ (copies of which) (are) (available) (from any member of the School,) (or) (from the Departmental Office in Room 139 in the Woodstooe Building.)//

(Formal extensions of time) (are not granted) (as such),/ (but if), (through misfortune or bad planning,) (an assignment) (cannot be submitted) (on time),/ (it) (may be submitted) (within the next 14 days).// (For each assignment), (there) (are) (second and third collections) (on the following two weeks).// (Assignments in the second and third collections) (are divided) (into two categories.)// (If) (the assignment) (is) (simply late)/ (it) (will be penalised.)// (If) (it) (is) (late) (because of some unforeseen disability),/ (it) (will not be penalised),/ (provided that) (i) (documentary evidence of the disability) (is attached) (to the essay)/ (and) (ii) (the nature of the disability and of the evidence) (is) (acceptable) (to the Late Essay Committee.)//

(Full details of penalties) (are provided) (in the 'Submission of Essays and Assignments' document.)//

그런데 각각의 구 또는 그룹의 의미 부분은 그것을 구성하는 개별 단어들이고, 따라서 우리는 '**단어**' 단위를 인식할 필요가 있다. 단어 사이의 경계는 철자법상 공백으로 분명히 표시되므로, 텍스트를 다시 보일 필요는 없을 것이다. 마지막으로, 단어의 의미는 더 작은 의미 덩어리의 조합으로부터 오는데, 우리는 그것을 **형태소**라 부른다. 가령 단어 '*misfortune*'은 다음의 형태소들로 구성되어 있다.

- 실질 형태소: *fortune* (이 형태소가 단어의 기본적인 의미를 표현한다)
- 형식 형태소: *mis-* (이 형태소는 실질 형태소의 대립어 또는 반의어를 형성하는 기능을 한다)

유사하게, 단어 *penalties*는 두 형태소를 포함한다.

- 실질 형태소: *penalty*
- 복수 형태소: *-s*

Table 5.4 Text 5.1의 내용 단위에 대한 1차 목록

내용 단위	철자법상의 신호
텍스트(text)	단락
문장(sentence)	대문자/마침표
절(clause)	쉼표(또는 콜론, 세미콜론)
그룹/구(group/phrase)	쉼표
단어(word)	공백
형태소(morpheme)	신호 없음 (줄 끝에서 하이픈으로 연결할 필요가 있을 때 형태소 경계에서 단어를 분리하려는 경우를 제외하고)

우리는 이 책에서 형태소 분석을 추구하지 않을 것이므로, 이 층위의 분할을 취하지 않을 것이다. 결국 우리가 갖게 되는 것은 Table 5.4에 주어진 성분들을 포함하는 내용 목록이다.

Text 5.1을 의미 있는 언어의 일부로 봄으로써, 우리는 쓰여진 표현에서 확인했던 단위들과 꽤 밀접히 관련되기도 하는 의미의 다양한 단위를 식별할 수 있다. 쓰여진 표현의 성분과 내용 성분 사이의 밀접한 관계는 철자법의 원리가 우리가 언어의 구조를 인지하는 방식으로부터 도출된다는 사실로 설명된다.

문법적 성분: 등급 척도

글을 실현하는 가장 큰 것으로부터 가장 작은 것까지의 의미 단위들을 식별해 왔지만, 위에 목록화된 것을 문법적 단위의 목록으로 사용하는 데에는 문제가 있다.

첫 번째 문제는 **텍스트**(text) 단위가 어휘 문법적 등급 척도에 속하지 않는다는 것이다. 텍스트는 4장에서 논의했듯이 의미 단위이지만 어휘 문법적 단위가 아니다. 텍스트와 그 아래의 모든 것 사이의 관계는 성분성 관

계가 아니고 실현 관계이다. Halliday and Hasan(1976:2)에서는 다음과 같이 설명한다.

> 텍스트는 문장과 같지만 단지 더 큰 것이 아니다. 그것은 종류상 문장과 다른 것이다. 텍스트는 **의미** 단위로 가장 잘 고려된다. 형식이 아닌 의미의 단위라는 것이다. 그래서 절이나 문장과 크기로 관련되는 것이 아니고 **실현**(realization)으로 관련된다 … 텍스트는 문장으로 **구성되지** 않는다. 그것은 문장으로 **실현** 또는 부호화된다(강조는 Halliday and Hasan의 것임).

텍스트와 문장 사이의 이러한 차이를 이해하는 한 방법은 텍스트 속 문장들에 대한 문장별 기술이 그 텍스트의 조화(texture)를 기술하는 데 어떻게 실패하는가를 고려하는 것이다. 2장에서 보았던 응집성(cohesive) 패턴은 같은 종류가 아닌 항목들(즉 같은 유형의 성분이 아닌 것)을 관련지을 것이다. 가령 단일한 단어/형태소 '*it*'과 선행하는 텍스트의 전체 두 단락 사이에 지시적 연결이 있을 것이다. 유사하게, 응집성 있게 연결되는 항목들은 텍스트에서 서로 인접할 필요가 없다. 가령 텍스트의 첫째 절에 있는 단어가 훨씬 더 뒤에서 사용된 단어 또는 단어들과 어휘적 연결을 가질 것이다.

응집성 관계의 이 두 특질은 우리가 **텍스트** 또는 **담화 패턴**으로 기술하는 것과 **문법적 패턴**으로 기술하는 것 사이의 중요한 구별을 보여 준다. 문법적 기술은 두 가지 일반적인 특징에 의해 제한된다.

1. 그것은 같은 종류의 항목들을 서로 관련짓는다. (예: 절과 절, 단어와 단어, 구와 구 등)
2. 그것은 인접하거나 거의 인접한 항목들을 서로 관련짓는다.

우리는 그러므로 **텍스트**를 우리의 문법적 성분 척도에서 제거할 것이다. 그것은 언어 기술의 단위이지만 의미 층렬에 있을 뿐 문법 층렬에 있지 않다. 따라서 내용 단위 중 문장, 절, 그룹/구, 단어, 형태소가 남는다.

여러 이유로 우리는 이 척도에서 문장도 제거할 것이고, 대신에 절 위가 아니라 절 옆에 **절 복합체**(clause complex)라는 새로운 항목을 더할 것이다. **문장**은 문어 표현의 단위를 나타내고, 그러므로 문어 기술에 기울어져 있다. Halliday(1994:216)에서는 구어와 문어를 동등하게 잘 다루는 문법적 기술을 바란다면 모드에 중립적인 단위가 필요하다고 제안한다. 그러므로 문어 텍스트(절 복합체 경계가 마침표로 나타내어짐)와 구어 텍스트(절 복합체 경계가 리듬, 억양, 휴지의 조합으로 나타내어짐)에서 연쇄된 절들의 연합을 가리키기 위해 **절 복합체**라는 용어를 사용한다.

하지만 **절 복합체**라는 라벨은 등급 척도에서 절보다 위에 위치하지 않고 절 옆에 위치한다. 이는 절 복합체 내의 두 절들 사이의 관계가 성분성 관계로 고려되지 않고 Halliday and Matthiessen(2004)에서 **논리적** 구조로 기술한 것에 해당하기 때문이다. 그것은 텍스트의 단계들(stages) 사이의 성분성 관계보다는 응집성 있게 관련된 항목들 사이의 관계에 더 가까운 (상호)의존성 관계이다. 우리는 9장에서 절 복합체에 대해 상세히 다룬다.

이와 같이 수정함으로써, 우리는 **문법적 층렬의 등급 척도**가 Table 5.5에서 나열된 것과 같음을 수립해 왔다.

Table 5.5 체계적 접근에서 어휘 문법적 층렬의 등급 척도

절 - 절 복합체(clause - clause complex)
그룹/구(group/phrase)
단어(word)
형태소(morpheme)

이 **문법적 등급 척도**는 문법적 층렬에서 분석과 기술의 단위를 정의한다. 언어의 완전한 문법적 기술은 그러한 단위들 각각이 어떻게 조직되는가를 기술하는 것이다.

언어 분석의 단위를 식별하는 데 있어서 우리는 서로 다른 유형의 언어 **패턴**을 수반하는 단위들을 식별하려고 노력해 왔다. **패턴**은 다양한 **구조적 조직** 또는 다양한 **구조적 배열**을 의미한다. 절을 그룹과 구별하고 그룹을 형태소와 구별하는 데 있어서 우리는 이 단위들 각각이 서로 다른 종류의 패턴을 수반한다고 말한다. 각 단위는 다른 단위와 다르게 구조화된다.

절 등급에서 우리가 발견하는 구조의 종류는 시간 또는 공간에 놓여 다른 참여자와의 관계 속에서 행위를 수행하는 참여자들의 구조이다. 가령 "*The school has a policy for the evaluation of late assignments*"는 주어(Subject), 한정어(Finite), 서술어(Predicator), 보충어(Complement)와 같은 라벨들을 통하여 기술하는 구조이다.

반면에 그룹 등급에서 우리는 확장(expansion)과 수식의 구조를 발견하는데, 그룹에는 하나의 필수적인 요소가 있고(핵) 다양한 수의적이고 기능적으로 구별되는 수식어(Modifiers)가 있다. 가령 명사 그룹인 "*the three hairy redback spiders over there*"의 구조는 핵어인 '*spiders*'의 앞과 뒤에 많은 가능한 요소들을 포함한다(명사 그룹에서 핵어는 Thing이라 불린다). 직시어(Deictic(*the*)), 수량어(Numerative(*three*)), 묘사어(Epithet(*hairy*)), 분류어(Classifier(*redback*)), 후치 수식어(Qualifier(*over there*)) 같은 것이다. (명사 그룹에 대한 기술은 Halliday and Matthiessen 2004:311-35를 보라.)

형태소 층위에서 우리의 구조는 **자립** 형태소와 **의존** 형태소의 다양한 조합 가능성을 고려한다. 가령 자립 형태소 '*friend*'에 많은 의존 형태소가 따르거나(-ship[friendship], -ly[friendly], -less[friendless]) 선행할 수 있지만(be-[befriend]),

어떤 의존 형태소들과는 결합할 수 없다(dis-[*disfriend], -ize[*friendize]).

그러므로 등급 척도의 각 단위가 성분성을 통하여 다른 단위들과 관련되지만, 각 단위가 다른 종류의 패턴을 수반하므로 구별할 필요가 있고, 각 단위는 서로 다른 구조적 기술을 요구한다.

괄호매김(bracketing)

지금까지 우리는 문법의 목적이 유한한 표현 단위로부터 무한한 의미를 만드는 것, 동시적으로 의미를 만드는 것임을 제안해 왔다. 우리는 문법이 부호화의 중간 층위로서 내용과 표현 사이의 양방향 유일성 관계를 깨뜨린다는 것도 보아 왔다. 마지막으로 우리는 문법의 기본적인 조직이 성분적인 것이며, 그로부터 등급 척도를 수립할 수 있고, 문법적 기술의 서로 다른 단위를 제공한다고 제안해 왔다. 이제 우리는 서로 다른 단위들의 구조를 어떻게 드러내고 기술할 것인지를 고려해야 한다.

문법은 서로 성분 관계에 있는 단위들로 구성되므로, 문법적 성분들이 구조를 만들기 위해 어떻게 어울리는지를 살핌으로써 문법이 어떻게 작동하는가의 일부를 드러내고 기술할 수 있다.

구조를 기술하는 것과 관련하여 생각을 시작하는 한 방법은 **성분 괄호매김**이라 불리는 것에 착수하는 것이다. 여기에서 사용할 기법은 **최소 괄호매김** 또는 등급 척도에 따른 괄호매김으로 알려진 것이다(최소 괄호매김이 최대 괄호매김 전통과 어떻게 대비되는지에 대한 논의는 Halliday 1994:20-4를 보라.).

문법적 분석에서 우리가 다룰 가장 높은 단위가 절로 결정되었으므로, 그 구조를 드러내기 위한 첫 번째 접근은 절을 성분의 관점에서 분석하는 것이다. 가령 다음의 절을 보자.

All students must satisfy all assessment requirements.

이 절의 구조를 기술할 수 있는 방법 중 하나는 그것이 어떻게 조합되었는지를 단순히 고려하는 것이다. 어떻게 가장 큰 성분(절)로부터 가장 작은 것(우리의 경우에 단어)을 얻을 수 있는가? **괄호** 또는 **나무 그림** 형식의 그래픽 표상을 사용함으로써(아래를 보라), 우리는 절이 어떻게 등급 척도의 각 층위에서 '조립되었는지'를 나타낸다.

가령 위의 절의 구조는 **가지**(직선)와 **노드**(직선이 만나는 곳)를 가진 **나무 그림**을 사용하여 다음과 같이 분석될 수 있다.

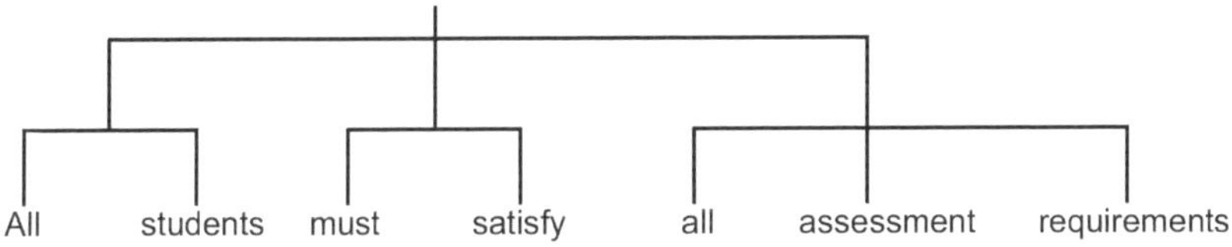

같은 구조적 정보가 **괄호**를 사용하여 포착될 수 있다.

((All) (students)) ((must) (satisfy)) ((all) (assessment) (requirements))

두 가지 표상은 괄호매김의 유형들이고, 최소 괄호매김 절차를 예시한다. 최소 괄호매김 분석은 가장 큰 문법적 성분을 취하고(우리의 등급 척도에서 **절**), 점진적으로 절을 각 등급을 구성하는 단위로 나눈다(즉 먼저 구/그룹, 뒤이어 단어, 뒤이어 형태소로 나눔). 이 절차를 통하여 각 성분은 문법적 층렬의 궁극적인 성분(형태소)에 이르기까지 더 낮은 등급에 해당하는 하나 또는 그 이상의 성분으로 구성된 것으로 보인다. 즉 다음과 같다.

1. 먼저 절이 그것을 구성하는 **구/그룹**으로 괄호 매겨진다.
2. 그러고 나서 각 그룹/구가 그것을 구성하는 **단어들**로 괄호 매겨진다.

완전한 괄호매김에서 각 단어는 그것을 구성하는 형태소들로 괄호 매겨질 것이나, 우리의 목적에서는 **단어**까지 분석하는 것만을 취한다.

다음은 최소 괄호매김을 한 절의 다른 사례이다.

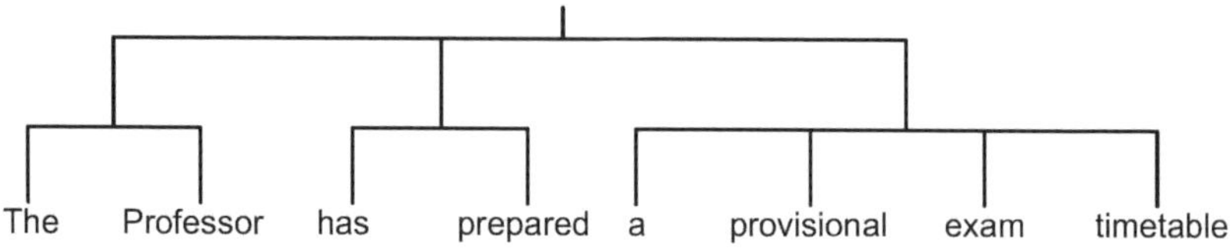

괄호를 사용하면 다음과 같이 표시될 수 있다.

((The) (Professor)) ((has) (prepared)) ((a) (provisional) (exam) (timetable))

절을 이러한 방식으로 괄호 매기는 목적은 절이 어떻게 조합되었는지에 대한 초기 통찰을 제공하는 것이다. 위에서 제시된 두 개의 단순한 절의 괄호매김은 다음과 같은 정보를 제공한다.

1. 각 절은 많은 구 또는 그룹으로 이루어져 있다.
2. 전형적으로 이 그룹들은 연쇄되고, 따라서 우리는 명사 그룹, 그에 따르는 동사 그룹, 그에 따르는 다른 명사 그룹을 발견할 수 있다.
3. 명사 그룹은 많은 단어들로 구성될 수 있는데, 주요 단어는 (이 예들에서는) 그룹의 마지막 단어이고, 명사이다(그것을 대명사로 대체할 수 있으므로). (관사, 형용사 등의) 다양한 단어가 명사 앞에 놓여 명사에 대

한 더 많은 정보를 제공할 수 있다.

4. 동사 그룹은 동사 하나로 구성될 수 있다(그 단어는 절에서 어떤 과정 또는 행위가 관련되어 있는지 말해 준다). 아니면 동사 그룹은 주동사 앞에 몇몇 단어들을 포함할 것인데, 그것은 시간(시제), 그 과정에 대한 강요(당위 양태(modulation))와 같은 추가적 차원을 명세한다.

하지만 이렇게 만들어진 사례들의 구조가 보여 주는 단순성과 규칙성을 갖는 절은 드물다. 다음의 절을 보라.

Application forms can be collected from the Secretary's Office on the first floor.

이 절은 두 개의 **전치사구**를 포함한다. '*from the Secretary's Office*'와 '*on the first floor*'가 그것이다. 이 전치사구를 괄호매기기 위한 첫 번째 접근은 구를 그것을 구성하는 네 단어로 단순히 자르는 것이다(*from, the, Secretary's, office*). 하지만 전치사를 자르면 남은 것은 사실 명사 그룹임을 발견하게 된다. 즉 '*the Secretary's office*'는 '*application forms*'와 같은 종류의 그룹인데, 핵어로 명사를 갖기 때문이다. 두 번째 전치사구에서 같은 구조를 볼 수 있다. 즉 전치사(*on*)와 명사 그룹(*the first floor*)으로 이루어져 있다. 그러므로 전치사구는 그 안에 명사 그룹을 포함하고, 이 구조적 정보는 다음과 같은 괄호매김으로 포착될 수 있다.

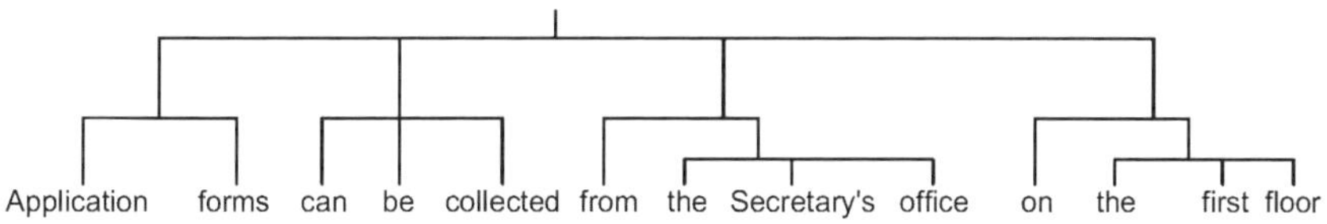

여기에서 보는 것이 절의 전형적인 성분 구조에 대한 변이임에 주목하라. 우리가 한 등급의 단위들이 그 다음 아래 등급의 단위들로 구성되기를 기대하는 반면에, 전치사구는 한 등급의 단위가 같은 등급의 단위로 구성되는 사례이다(즉 구 안에 구가 있다). 이는 **내포**(embedding) 또는 **등급 전환**(rank shift)의 사례이고, 아래에서 더 자세히 고려될 것이다. 전치사구가 이처럼 더 복잡한 내포된 구조를 갖기 때문에 우리는 그것을 그룹보다 구로 부른다.

이제 다음의 절을 어떻게 괄호매길 것인지 생각해 보자.

Application forms for postgraduate scholarships can be collected from the Secretary's Office on the first floor of the Arts Faculty building.

이 절은 두 개의 부가적인 전치사구를 포함한다. '*for postgraduate scholarships*', '*of the Arts Faculty building*'이 그것이다. 하지만 이 전치사구들은 그 절의 다른 두 전치사구와 같은 방식으로 기능하는 것으로 보이지 않는다. 다음의 괄호매김 시도는 만족스럽지 않을 것이다.

*(Application forms) (for postgraduate scholarships) (can be collected) (from the Secretary's Office) (on the first floor) (of the Arts Faculty building).

이 괄호매김이 만족스럽지 않은 이유는 '*for postgraduate scholarships*'와 명사 그룹인 '*application forms*' 사이에 존재하는 의존성을 포착하지 않기 때문이다. 구 '*for postgraduate scholarships*'는 어떤 신청서인지에 대해 더 많은 정보를 제공하기 위해 절 '안'에 있다. 유사하게, '*of the Arts Faculty building*'은 어느 빌딩의 1층인지를 명세하기 위해 절 안에 있다.

여기에서 작동하는 구조를 포착하기 위해 우리는 다음과 같이 괄호매김을 시도할 수 있다.

(Application forms for postgraduate scholarships) (can be collected) (from the Secretary's Office) (on the first floor of the Arts Faculty building).

처음과 마지막 성분은 다음과 같이 괄호 매겨진다.

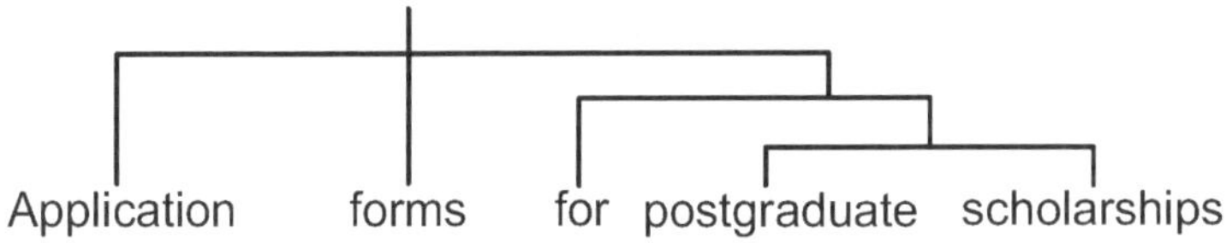

((Application) (forms)) ((for) ((postgraduate) (scholarships)))

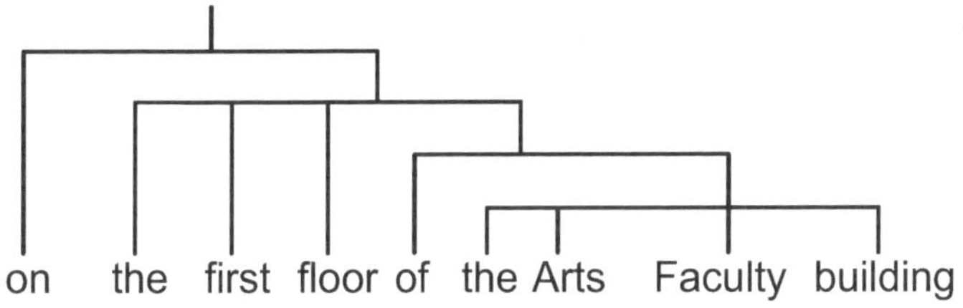

(on) (((the) (first) (floor)) ((of) ((the) (Arts) (Faculty) (building))))

이 사례들은 때로 전치사구가 명사 그룹 내부에서 핵 명사를 뒤에서 수식하거나 한정하면서 작동할 수 있음을 예시한다. 뒤에서 수식하는 전치사구는 절의 첫째 등급의 성분이 아니고 그 아래 등급(구/그룹 등급)의 성분이다. 즉 괄호매김은 그들이 절 등급의 단위 내부가 아니라 구/그룹 등급에 있는 단위 내부에서 기능하고 있다는 것을 포착해야 한다.

이는 절을 성분으로 나눌 때 특정한 구 또는 그룹이 언제 절 등급에서 작동하고 언제 구/그룹 등급에서 작동하는지를 결정할 수 있어야 한다는 것을 의미한다. 이용할 수 있는 많은 테스트가 있다.

1. **이동 가능성**: 한 요소가 절 등급의 성분이면 그것은 독립적으로 이동 가능한 경향이 있다. 가령 "*For each assignment, there are second and third collections on the following two weeks*"와 같은 절에서 구 '*on the following two weeks*'를 이동할 수 있다.

For each assignment, on the following two weeks there are second and third collections.
On the following two weeks there are second and third collections for each assignment.

어떤 요소가 절 등급의 성분이 아니라 그룹/구 등급의 성분이면, 일반적으로 독립적 이동이 가능하지 않다. 가령 "*The School has a policy for the evaluation of late assignments*"에서 전치사구 '*of late assignments*'는 절의 다른 위치에 그것을 옮겨 봄으로써 그것이 절 등급에서 작동하지 않음을 확인할 수 있다.

*Of late assignments the School has a policy
*The School has a policy of late assignments for the evaluation

2. **대체**: 단일한 절 성분으로 함께 행동하는 요소들은 하나의 대체된 항

목으로 축소될 수 있다. 가령 명사 그룹에 대해 대명사로 대체할 수 있고 동사 그룹에 대해 동사 의미를 단일한 어휘 동사(단순 현재 또는 단순 과거 시제)로 줄일 수 있다. 대체 항목이 나타내는 것이 무엇인지를 질문함으로써 성분의 경계를 결정할 수 있다. 가령 "*Formal extensions of time are not granted*"에서 "*They are not granted*"와 같이 단어 '*They*'로 대체할 수 있다. 이는 '*formal extensions*'가 아니라 '*formal extensions of time*'이 명사 그룹임을 보여 준다.

3. **탐색 질문**(probe questions): 절 등급의 성분들은 탐색 질문에 대해 '대답을 제공할' 것이다. 동사 그룹을 탐색하기 위해 'What happened?', 'What did they do?'를 질문해 보라. 그에 대해 응답하는 절의 모든 성분이 동사 그룹을 나타낸다. 가령 "*it may be submitted*"에서 동사 그룹 성분을 결정하기 위하여 'What happens to it?'을 질문하라. 답은 '*may be submitted*'이다. 명사 그룹은 'Who?' 또는 'What?'에 대해 대답을 제공할 것이다. 먼저 동사로 시작하고, 'Who did it?' 또는 'What did it do it to?'를 질문하라. 다시, 응답하는 절의 모든 부분들이 명사 그룹이다. 가령 "*Documentary evidence of the disability must be attached to the essay*"에서 먼저 동사 그룹 '*must be attached*'를 결정하고 그 후 'What must be attached?'를 질문하라. 답은 '*documentary evidence of the disability*'이다. 동사 그룹 뒤의 명사 그룹에 대하여, 가령 "*The School has a policy for the evaluation of late assignments*"에서 역시 동사 그룹을 찾고 다음에 'What does it have?'를 질문하라. 답은 '*a policy for the evaluation of late assignments*'이다. 주동사가 *to be*인 절에 대해, 뒤따르는 명사 그룹이 명사 대신 형용사만으로 구성된 것을 종종 발견할 것이다. 가령 "*The exam timetable is ready now*" 같은 것이다. 같은 방식으로 'What is the timetable?'

을 질문하라. 답은 '*ready*'이다.

전치사구와 부사적 요소들은 다양한 상황 질문에 응답한다. when, how, why, in what way, with whom, of what, what about 같은 것이다. 다시, 동사 그룹을 찾는 일로 시작하여, 적절한 질문으로 보이는 것을 질문하고, 응답에 있는 모든 것을 같은 구에 포함하는 것을 기억하라. 가령 "*The exam timetable is ready now*"에서 'When is it ready?'를 질문하면 '*now*'를 성분으로 제공할 것이고, '*now*'와 '*ready*'는 같은 질문에 의해 탐색될 수 없기 때문에, 그들이 각기 분리된 절 성분임을 알게 된다. 더 복잡한 사례는 "*Copies are available from any member of the School, or from the Departmental Office in Room 139 in the Woodstone Building*"이다. 여기에서 탐색 테스트는 'What are they?'에 대한 대답으로 '*available*'을, 'Where from'에 대한 대답으로 '*from any member of the School or from the Departmental Office*'를, 'Where?'에 대한 대답으로 '*Room 139 in the Woodstone Building*'을 제공한다.

내포(embedding) 또는 등급 전환(rank shift)

괄호매김을 할 때, 때로 절의 성분이 그 자체로 복합 구조로 보이는 경우가 있음을 발견할 것이다. 위에서 고려했던 전치사구의 경우는 절의 구조를 이해하는 데 중요한 괄호매김이 드러낼 수 있는 주요한 복잡성의 하나를 보여 준다. 한 사례로 다음의 절을 어떻게 괄호매김할 것인지 생각해 보라.

All students who are completing this year must submit their final essays.

위에서 제안된 탐색 질문, 대체, 이동 가능성 테스트를 적용한다면 동사 그룹(what must they do? they *must submit*)과 마지막의 명사 그룹(what must they submit? *their final essays*)을 확인하는 데 문제가 없을 것이다. 하지만 'who' 질문으로 절의 첫 번째 부분을 탐색할 때 그 답이 매우 긴 명사 그룹인 '*all students who are completing this year*'인 것을 보게 된다.

이것이 명사 그룹인 것은 첫째, 그 구가 명사 '*students*'에 관한 것이라는 사실에 의해, 둘째, 전체 구가 대명사 '*they*'로 대체될 수 있다는 사실에 의해 증명된다. 따라서 절의 우선적 괄호매김은 다음과 같다.

(All students who are completing this year) (must submit) (their final essays).

하지만 이 명사 그룹의 괄호매김은 그것이 다른 구가 아니라 다른 절을 포함하고 있음을 드러낸다. 이는 **내포** 또는 **등급 전환**의 더욱 복잡한 사례이다. 여기에서 우리는 한 등급(구/그룹)이 상위의 등급(절) 단위로 구성된 것을 본다. 우리는 내포된 절을 최소 괄호매김을 함으로써 이것을 다룬다(내포된 절도 전치사구를 포함하고 있어 추가적인 내포를 포함함에 주목하라). 명사 그룹의 구조는 다음과 같이 괄호 매겨질 수 있다.

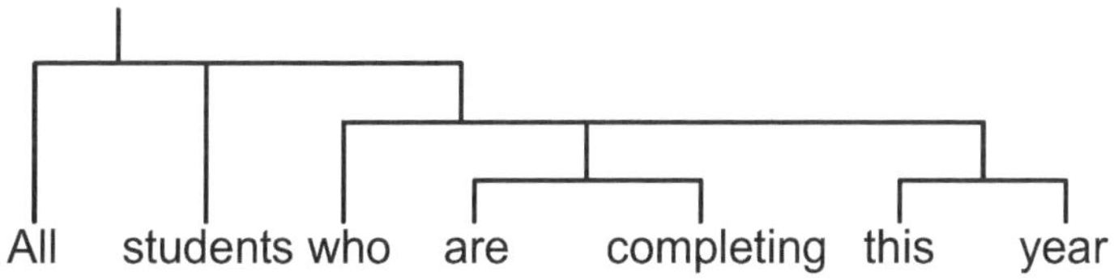

(All) (students) ((who) ((are) (completing)) ((this) (year)))

내포된 절(그룹/구 등급에서 기능하는 절들)은 명사 그룹의 후수식 위치(핵 명사에 대해 더 많은 정보를 명세하기 위해 기능하는 위치)에서 흔히 나타난다(예: which students?). 하지만 핵 명사에 의존하지 않고 직접적으로 절에 들어갈 수도 있다.

Failing the course will mean exclusion.

여기에서 'who/what?' 질문에 대한 대답이 명사 그룹이 아니라 '*failing the course*'라는 절임을 보게 된다. 이 절은 우선 다음과 같이 된다.

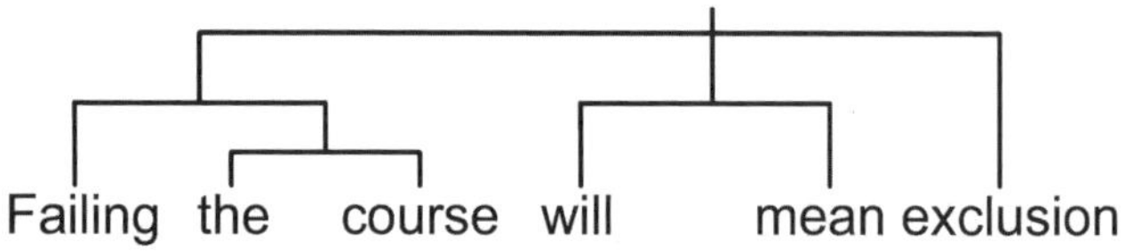

((Failing) (the) (course)) ((will) (mean)) (exclusion).

동사 뒤 슬롯을 채우는 절을 가질 수도 있다.

His excuse was that he had already failed the course.

여기에서 'what was his excuse?'에 대한 대답은 내포된 절 '*that he had already failed the course*'이다.

절이 동사 그룹의 양쪽 슬롯을 채우는 것도 가능하다:

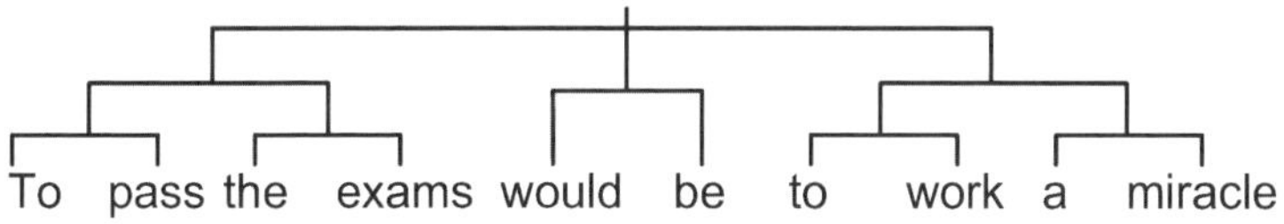

(((To) (pass)) ((the) (exams))) ((would) (be)) (((to) (work)) ((a) (miracle)))

이 예문들을 탐구하여 깨달았겠지만, 내포는 여러 등급을 관통하며 순환적으로 사용되는 절의 잠재력을 이용함으로써 절의 내용을 신장시키는 한 방법이다. 내포를 인식하기를 배웠으면, 그것이 어떤 문제를 제시하지 않는다. 하지만 체계 언어학은 한 종류의 내포를 다른 문법 모델과 조금 다르게 다루기 때문에, 한 가지 설명이 필요하다.

내포 vs 절 복합체

많은 문법적 접근들은 다음의 문장들을 내포 구조를 포함한 것으로 다룰 것이다.

i) The Department believes that students have rights and responsibilities.
   학과에서는 학생들이 권리와 책임을 가지고 있다고 믿는다.

ii) The Examiner said that the candidate should pass.
   심사위원은 그 후보자가 합격해야 한다고 말했다.

iii) You will be advised of your results when the Examiner's reports have been received.
   심사위원의 보고서가 접수되면 결과를 통지받을 것이다.

많은 접근들은 i)과 ii)의 that 절을 내포된 명사절로, iii)에서 when으로 도입된 절은 부사절로 기술할 것이다.

체계적 분석에서 문장 i), ii), iii)은 **절 복합체**(clause complex)의 사례이다. 그것들은 두 절을 포함하고, 각 절은 그 자신의 내부 성분 구조를 갖는다. i)과 ii)에서 두 절은 Halliday가 **투영**(projection)이라 부른 관계를 나타내는데(Halliday and Matthiessen 2004:441ff.), 그것에 의하여 정신적 또는 말하기 행위의 과정(예: *thinking, believing, saying, telling*…)이 간접적으로 발화 또는 생각을 보고하거나 직접적으로 말이나 생각을 인용하는 절을 부착할 수 있다. iii)에서 두 절 사이의 관계는 증진(enhancement)의 하나인데, 둘째 절은 어떤 관련된 상황 정보에 기여함으로써 첫째 절의 의미를 확장한다.

체계 분석가들은 그러한 연쇄의 절들(연쇄들은 몇 개의 절이든 될 수 있음)이 성분 관계에 있지 않고(어떤 절도 다른 절의 '부분'이 아님) 다만 논리적 관계에 있다고 논증할 것이다. 즉 각 절은 다른 절과 (상호)의존 관계에 있다. 그러므로 이 절 복합체의 체계 괄호매김은 아래와 같이 각 절이 분리된 구조를 갖는 것으로 다룬다.

i) ((The) (Department)) (believes)// (that) (students) (have) ((rights) (and) (responsibilities)).

ii) ((The) (Examiner)) (said)// (that) ((the) (candidate)) ((should) (pass)).

iii) (You) ((will) (be) (advised)) ((of) ((your) (results)))// (when) ((the) (Examiner's) (reports)) ((have) (been) (received)).

절 복합체 분석은 9장에서 다루어진다.

라벨 붙이기(Labelling)

우리는 이제 어떤 절이든 그것을 구성하는 성분들로 나눌 수 있고, 우리의 최소 괄호매김에 기반하여 우리가 관찰하는 내포의 빈도와 유형에 대해 언급할 수 있다. 하지만 괄호매김 그 자체는 문법적 분석에서 매우 제한된 도구인데, 우리가 이미 아는 구조 이상의 것을 말해 주지 않기 때문이다. 결국 우리는 때로 절들이 그룹들로 이루어지고, 그룹은 단어들로 이루어진다는 것을 알고, 다양한 종류의 등급 전환이 가능하다는 것을 안다. 그러므로 우리의 문법 구조 기술을 깊게 하기 위해서 더 강력한 기술 테크닉이 필요하다.

그러한 테크닉이 **라벨 붙이기**이다. 구조적 나무 그림의 노드에 라벨을 붙일 수 있다면 괄호매김이 훨씬 더 유용해진다. 하지만 형식적, 기능적 라벨 붙이기(formal and functional labelling)를 중요하게 구별해야 한다. 3장에서 형식적 라벨 붙이기가 어떤 항목을 부류 구성원성(그 자신이 무엇인가)의 관점에서 분류하는 것을 포함한다면, 기능적 라벨 붙이기는 어떤 항목을 그것의 역할(전체와의 관계에서 어떤 일을 하는가)에 입각하여 분류하는 것을 포함한다고 한 것을 기억할 것이다. 형식적이고 기능적인 라벨은 각 문법적 등급에서 문법적 성분을 위해 존재한다.

종종 **부류** 라벨로 알려져 있는 **형식** 라벨의 몇 사례가 Table 5.6에 제시

Table 5.6 각 등급의 형식/부류 라벨의 사례

등급	형식/부류 라벨
절 등급	한정(finite), 비한정(non-finite), 의존절(dependent clause), 종속절(subordinate clause), 관계절(relative clause) 등
그룹 등급	전치사구(prepositional phrase), 부사구(adverbial phrase), 명사 그룹(nominal group) 등
단어 등급	명사, 형용사, 관사, 부사 등

되어 있다.

단어 등급에서 이 라벨들은 때로 **품사**(part of speech)로 언급된다. 이와 같은 부류 라벨은 개별 항목이 어떤 문법적 부류에 속하는지를 말해 준다. 반면에 **기능** 라벨은 어떤 항목이 전체에 대해 어떤 문법적 기능을 수행하는지를 말해 준다. 몇몇 일반적인 기능 라벨이 Table 5.7에 예시되어 있다.

Table 5.7 각 등급의 기능 라벨의 사례

등급	기능 라벨
절 등급	주절(Main clause), 수식절(Qualifying clause), 투영된 절(Projected clause) 등
그룹 등급	주어(Subject), 한정어(Finite), 목적어(Object), 행위주(Agent), 행동주(Actor) 등
단어 등급	직시어(Deictic), 분류어(Classifier), 명사 그룹의 핵어(Thing), 핵(Head), 수식어(Modifier) 등

부류 라벨과 기능 라벨이 언제나 매치되지 않는다는 것을 보이는 것은 쉽다. 같은 부류의 항목들이 서로 다른 기능을 수행할 수 있고, 같은 기능이 서로 다른 부류의 항목에 의해 수행될 수 있다. 아래는 그 예이다.

Students don't like books. 서로 다른 기능적 역할인 주어(students)와 목적어(books)가 같은 부류(명사) 항목으로 채워진다.

Students don't like doing exams. 목적어의 기능적 역할이 첫째 사례에서는 명사 요소로 채워졌으나 여기에서는 비한정절(doing exams)로 채워진다.

문법 구조 분석의 일부로서 대응과 비대응의 가능한 범위를 포착하기 위하여, 문법적 항목들을 부류와 기능 모두에 대해 각 등급에서 라벨 붙일 수 있는 기술이 필수적인 것으로 보일 것이다.

하지만 이것을 체계 문법에서 다룰 수 있는 것으로 만들기 위해서, 그것의 포괄성에 두 가지 제한이 부과되어야 한다.

1. **절**에 초점: 등급 척도의 다양한 단위들 중에서 우리는 절의 구조를 기술하는 것에만 초점을 둘 것이다. 이는 절이 일반적으로 문법적 의미의 중심축(pivotal) 단위인 것으로 인식되기 때문이고, 절에 대해 확인될 수 있는 패턴들이 더 낮은 등급의 단위들에 대해서도 평행하기 때문이다. 일단 절 구조에 친숙하면, Halliday and Matthiessen 2004를 참조함으로써 구와 그룹 구조에 대해 상대적으로 쉽게 배울 수 있음을 발견하게 될 것이다.
2. **기능적 라벨 붙이기**를 우선시: 성분의 부류와 기능 라벨 붙이기 모두가 절의 포괄적인 기술에서 필수적이지만, 우리는 부류 라벨을 뒤에 두고 기능적 라벨 붙이기와 그것의 함의를 탐구하는 데 주목할 것이다. 우리가 어떻게 절이 다양한 의미들(아래에서 살핌)을 표현하기 위해 동시적으로 기능하는지를 분명하게 할 수 있도록 허락하는 것이 이 기능적 관점이기 때문이다. 다음 부류 라벨들의 기초적인 친숙성이 가정된다. 즉 명사구(또는 명사 그룹), 동사구(동사 그룹), 전치사구, 명사, 동사, 전치사, 부사, 형용사, 접속사. 많은 표준적인 대학 영어 문법에서 이 부류 라벨들이 친숙하게 사용될 것이다.

절 성분들의 다기능성

우리가 절 성분들의 기능적 라벨 붙이기에만 초점을 두기 때문에, 다음 주제는 어떤 기능 라벨을 성분에 붙여야 하는가이다. 절 분석에서 사용되는 기능 라벨들의 한 집합을 제공하는 것보다, 절이 어떻게 관념적, 대인관계적, 텍스트적 의미를 동시적으로 실현하는지를 드러내기 위하여 절 구조를 기술하기 위한 기능 라벨의 세 가지 집합을 발전시킬 필요가 있다는 Halliday의 주장을 탐구할 것이다.

우리는 어휘 문법이 한 번에 둘 이상 의미할 수 있게 한다는 것을 보았다. 이 의미적 복합성은 거의 모든 경우에 절의 성분들이 한 번에 두 가지 이상의 기능적 역할을 하고 있기 때문에 가능하다. 체계 접근은 기능적 조직의 이 구별되는 층위들을 기술하기를 추구하기 때문에, 언어에 대한 다기능적 접근으로 보다 정확히 기술될 수 있다.

절의 이러한 다기능성은 Halliday가 제안했듯이 우리가 보통 하나의 기능적 역할로 생각하는 것을 들여다봄으로써 드러날 수 있다. 그는 아마도 가장 친숙한 문법 역할인 주어(subject) 역할을 취한다. 다음 절을 보자.

i) The redback spider gave the captured beetle a poisonous bite.

여기에서 당신은 *the redback spider*를 주어로 식별하는 데 어려움이 없을 것이다. 하지만 예문 ii)를 보자.

ii) A poisonous bite was given to the captured beetle by the redback spider.

절의 어느 부분이 주어인지를 묻는다면, 우리는 *a poisonous bite*를 찾을 것이다. 그러면 *the redback spider*에는 어떤 일이 일어났는가? iii)을 보자.

iii) The captured beetle was given a poisonous bite by the redback spider.

이제는 주어가 *the captured beetle*이다. *the redback spider*와 *a poisonous bite*의 역할은 어떻게 기술할 수 있는가? 이제 iv)를 보자.

iv) A poisonous bite is what the captured beetle was given by the redback spider.

이 절에서 *the captured beetle*이 주어인데, 그러면 *a poisonous bite*와 *the redback spider*는 어떤 역할을 하는가?

이 예들은 우리의 주어(subject) 개념이 세 가지 서로 다른 기능적 역할의 융합임을 보여 준다. Halliday and Matthiessen(2004:53-62)는 세 가지 다른 유형의 '주어'를 구별한다.

1. **심리적 주어**: 심리적 주어는 '메시지의 관심사'인 성분(Halliday and Matthiessen 2004:55), 메시지의 '출발점'인 정보이다. Halliday는 이 심리적 주어를 가리키기 위해 기능 라벨 **테마**(THEME)를 사용한다.
2. **문법적 주어**: 문법적 주어는 '무엇이 서술되는' 성분(*ibid.*), 우리가 논평할 수 있는(argue about) 성분이다. Halliday는 이 문법적 주어를 가리키기 위해 용어 **주어**(SUBJECT)를 유지한다.
3. **논리적 주어**: 논리적 주어는 '행위를 하는 자'인 성분, 실제로 그 과정을 수행하는 성분이다. Halliday는 이 논리적 주어를 가리키기 위해 용어 **행동주**(ACTOR)를 사용한다.

이 세 기능을 분리하면, 세 절 사이의 차이를 포착할 수 있다.

The redback spider gave its prey a poisonous bite.
주어/행동주/테마

첫 번째 절에서는 주어, 행동주, 테마의 세 가지 기능적 역할이 같은 참여자에게 **'융합된'** 것을 볼 수 있다. 이것이 우리가 이 역할들 사이의 **무표적** 관련성으로 언급하는 것이다.

A poisonous bite was given to the captured beetle by the redback spider.
주어/테마 행동주

여기에서는 성분 *a poisonous bite*에 주어와 테마 역할이 융합되어 있고, 행동주 *the redback spider*는 분리된 성분이다.

The captured beetle was given a poisonous bite by the redback spider.
주어/테마 행동주

여기에서 주어와 테마는 *the captured beetle*에 융합되어 있고 행동주는 분리된 성분이다.

A poisonous bite the captured beetle was given by the redback spider.
테마 주어 행동주

여기에서 세 가지 '주어'는 모두 다른 성분에 의해 수행된다. 메시지의 출발점은 *a poisonous bite*이고 문법적 주어는 *the captured beetle*이고 *the redback spider*는 행위를 하는 자이다.

By the redback spider the captured beetle was given a poisonous bite.

테마/행동주　　　　주어[1)]

마지막 변이에서 테마와 행동주는 *by the redback spider*에 융합되고, 문법적 주어는 같은 성분이 아닌 *the captured beetle*이다.

이 예문들이 보여주는 것은 절에서 만들어지는 세 가지 다른 유형의 의미가 있다는 것이다. 누가 문법적으로 절의 논항인가에 대한 의미, 누가 행위를 하는 자를 나타내는가에 대한 의미, 무엇이 메시지의 출발점인가에 대한 의미가 그것이다. 예문들도 하나의 절 성분이 한 번에 둘 이상의 기능적 역할을 수행할 수 있음을 보여 준다. 그것은 동시에 주어와 테마이거나 주어, 행동주, 테마일 수 있다.

무표적인(즉 전형적인) 경우, 역할들의 융합이 있다. 즉 주어 역할을 하는 성분이 테마와 행동주 역할도 수행한다. Halliday가 지적했듯이 '전형적인' 경우에 기반하는 경향이 있는 문법은 단 하나의 주어 역할에 대해 이야기하는 경향이 있을 것인데, 그것이 전형적인 경우를 기술하기 위해 필요한 전부이기 때문이다. 하지만 이 전형적인 경우가 어떻게 변이할 수 있는지를 보기 시작하면, 우리는 모든 절에서 작동하는 세 가지 동시적인 구조가 있다는 것을 인식할 필요가 있다. 포괄적인 분석은 이 세 유형의 의미를 구별하기를 요구할 것이다.

절이 세 가지 다른 계열의 의미를 표현한다는 것은 절이 어떻게 세 가

1) **[역자 주]** 원문에는 a poisonous bite 부분에 주어 표시가 되어 있으나 오류로 보여 수정하였다.

지 다른 방식으로 변이될 수 있는지를 탐색함으로써 관찰될 수 있다. 가령 다음의 절들을 보자.

The redback spider gave the captured beetle a poisonous bite.

Did the redback spider give the captured beetle a poisonous bite?

What did the redback spider give the captured beetle?

Who gave the captured beetle a poisonous bite?

Give a poisonous bite, redback spider!

What a poisonous bite the redback spider gave the captured beetle!

이 절 집합에서 모든 측면이 아닌 어떤 측면이 변이되고 있다. 절들은 어떤 방식에서 유사하고, 다른 것에서는 다르다. 사실 관념적 의미(행위를 하는 자가 누구이고 어떤 실제가 표현되는가)는 불변하고, 대인 관계적 의미(절이 어떻게 대화 역할을 구성하는가)는 변이한다. 이제 다음의 절들도 보자.

The redback spider gave the captuted beetle a poisonous bite.

It was the redback spider who gave the captured beetle a poisonous bite.

By the redback spider the captured beetle was given a poisonous bite.

A poisonous bite was what the redback spider gave the captured beetle.

To the captured beetle the redback spider gave a poisonous bite.

이 절 집합에서 대인 관계적 의미는 동일하게 유지된다. 즉 각 절은 '평서문'이라는 같은 서법을 실현하고, 그래서 모두 정보를 주기 위해 상호적으로 구조화된다. 게다가 관념적 의미도 같다. 즉 모든 절은 거미, 딱정벌레, 무는 일에 대한 것이다. 하지만 절들은 텍스트적 의미에서 다르다. 즉 각 메시지의 출발점으로 취해지는 것이 다른데, 거미로부터 딱정벌레, 무는 것으로 달라진다. 이제 다음의 마지막 절 집합을 보자.

The redback spider gave the captured beetle a poisonous bite.

The redback spider bit the captured beetle with poison.

The redback spider sniffed the captured beetle.

The redback spider thought about biting the captured beetle.

The redback spider has a poisonous bite.

The redback spider is the most deadly Australian spider.

이 집합에서 우리는 같은 대인 관계적 의미(모든 절이 평서문이다), 같은 텍스트적 의미(모든 절에서 거미가 테마이다)를 보지만, 관념적 의미에서는 변이하는 것을 볼 수 있다. 즉 거미는 각 절에서 같은 일을 하지 않는다. 거미의 행위는 *giving*(무는 것이 거미로부터 분리될 수 있는 것처럼)으로부터 *biting*의 매우 구체적인 물리적 행위로, 의식적 행위(*sniffed*)를 거쳐, 정신적 행위(*thought*), 소유(*has*), 존재(*is*)까지 다양하다.

이 예들이 보여 주는 것은 각 절이 우리에게 이제 꽤 친숙한 관념적 의미, 대인 관계적 의미, 텍스트적 의미라는 세 가지 다른 유형의 의미를 실현하기 위해 동시적으로 세 가지 방식에서 구조화된다는 것이다.

각 종류의 의미는 특정한 **기능의 배열**(configurations of functions)을 통해 표현된다. 가령 절의 주어만을 분석하는 것은 대인 관계적 의미에서의 변이를 포착하는 데 충분하지 않다. 우리는 절의 다른 모든 성분들에도 기능 라벨을 붙여야 한다.

Did	*the redback spider*	*give*	*the captured beetle*	*a poisonous bite?*
한정어 (Finite)	주어(Subject)	서술어 (Predicator)	보충어(Complement)	보충어 (Complement)

우리는 세 가지 다른 유형의 의미가 문법 구조를 통해 어떻게 표현되는지를 기술해야 하므로, 세 가지 집합의 기능 라벨을 찾아야 한다.

Did	*the redback spider*	*give*	*the captured beetle*	*a poisonous bite?*
i) 한정어(Finite)	주어(Subject)	서술어 (Predicator)	보충어 (Complement)	보충어 (Complement)
ii)	행동주(Actor)	과정 (Process)	수혜자(Beneficiary)	범위(Range)
iii) 테마(Theme)		레마(Rheme)		

그래서 절의 구조를 조사하는 데 있어서 우리는 실제로 세 가지 유형의 기능 배열을 조사한다. 이는 우리가 세 가지 질문을 던져야 함을 의미한다.

1. 언어는 대인 관계적 의미가 만들어지는 것을 가능하게 하기 위해 어떻게 구조화되는가? 여기에서 우리는 서로 다른 서법 구조가 어떻게 절들로 하여금 텍스트에서 서로 다른 대인 관계적 의미를 실현하도록 하는지를 탐색한다.
2. 언어는 관념적 의미가 만들어지는 것을 가능하게 하기 위해 어떻게 구조화되는가? 여기에서 우리는 서로 다른 타동성 구조가 어떻게 절들로 하여금 텍스트에서 서로 다른 경험적 의미를 실현하도록 하는지를 기술한다.
3. 언어는 텍스트적 의미가 만들어지는 것을 가능하게 하기 위해 어떻게 구조화되는가? 여기에서 우리는 서로 다른 테마 구조가 어떻게 절들로

하여금 텍스트에서 서로 다른 텍스트적 의미를 실현하도록 하는지를 조사한다.

다음 장에서 우리는 첫 번째 질문에 집중한다. 우리는 상호작용이 가능하도록 하는 절의 구조를 조사함으로써 언어가 대인 관계적 의미를 부호화하기 위해 어떻게 구조화되는지를 살필 것이다. 그런데 우리가 제시할 문법의 유형에 관해 한 가지를 마지막으로 언급할 필요가 있다.

기술 문법과 '적절성(appropriacy)'의 개념

많은 사람들은 영어 문법을 기술할 때 사람들이 어떻게 영어를 사용해야 하는지에 대한 설명을 작성한다고 생각한다. 그러한 사람들에게 문법 연구는 당신이 어떻게 '옳게' 말하거나 써야 하는가에 대한 연구와 동일하다. 하지만 언어학자들은 한편으로 사람들이 그들이 하는 방식으로 언어를 사용할 수 있게 하는 언어의 문법적 시스템과, 다른 한편으로 영어 문법이 어떻게 사용되어야 하는가에 대한 사람들의 도덕적, 사회적 판단 사이의 분명한 구별에 찬성한다.

옳고 그름, 해야 하는 것과 하지 말아야 하는 것의 관점에서 문법을 바라보는, 도덕적 판단을 부과하는 문법은 **처방 문법**(prescriptive grammar)이다. 우리가 어떻게 말해야 하는가에 대한 설명은 **처방** 또는 **규범**(normative) 문법이다. 그러한 문법은 언어학자들에게 흥미로운데, 언어 사실에 대해 말해 주는 것 때문이 아니라 주어진 시기의 사회의 가치관과 편견에 대해 말해 주는 것 때문이다.

언어학자들이 기술하는 종류의 문법은 **기술 문법**(descriptive grammar)이다. 기술 문법은 언어 사용의 좋고 나쁨, 옳고 그름에 대해 판단하지 않는다. 기술 문법은 화자들이 실제로 어떻게 언어를 사용하는가에 대한 설명이다. 언어학자들은 특정 구조를 사용해야 하거나 사용하지 않아야 하는지에 대해 판단하는 것에 관심을 두지 않는다. 그들은 단순히 언어 사용자들이 하는 일을 할 수 있게 하는 문법을 기술한다.

그러므로 가령 현대 구어 호주 영어의 기술 문법을 작성한다면, 우리는 종속태(subjunctive voice)라 불리는 것을 기술할 필요가 없음을 알게 되는데, 그것이 거의 사용되지 않기 때문이다. 가령 우리는 구어에서 *I wish I were rich*를 듣기 어렵고 *I wish I was rich*를 듣는다. 하지만 현대 문어 호주 영어에서는 여전히 그 구별을 인지할 필요가 있다.

또한 사람에 대해 묻는 wh-의문사가, 주어일 때 '*who*'이고 간접 목적어일 때 '*whom*'이라고 말하고 싶지 않을 것인데, 현대 구어 호주 영어에서 *Whom did you give it to?*가 아니라 *Who did you give it to?*를 듣게 되기 때문이다.

하지만 언어학자들이 언어 사용에 대한 가치 판단을 하지 않는다는 사실은 용법을 전혀 평가하지 않는다는 것을 뜻하지 않는다. 언어학자는 *I seen the movie yesterday*나 *What did youz all used to do?*라고 말하는 것이 잠재적 고용주에게 좋은 인상을 남기지 못하는 것을 설명할 수 있어야 한다. 우리의 기술 목표는 그러한 용법을 '그른 것'으로 라벨 붙이지 않는 것을 의미하지만, 기술 문법은 그러한 비표준적 형식의 사용에 대한 제약을 설명할 수 있어야 한다.

기술 문법은 좋고 나쁨, 옳고 그름이 아니라 **적절성** 또는 **부적절성**에 대해 진술하거나 평가함으로써 이런 일을 한다. 적절성의 정도는 융통성 없는 문법적 '규칙'에 대한 이분법적 진술이 아니라 맥락 속에서 사용하기 위한 선택지의 집합인 문법에 대한 진술로서 평가된다. 어떤 선택은 특정 맥락에서 적절하지만 다른 맥락에서는 부적절하다. 문법이 해야 하는 일의 일부는 다양한 선택을 위한 적절성의 맥락적 범위를 명세하는 것이다.

그러므로 우리의 기술 문법은 비격식적 상황(예: 동등한 힘, 높은 친밀도, 빈번한 접촉이 있는 친구들 사이)에서는 꽤 적절한 단순 과거에 대한 과거 분사의 비표준적 사용(*seen*) 또는 복수 2인칭 대명사로서 *youz*의 비표준적 사용이 격식적 상황(동등하지 않은 힘 등)에서는 부적절하고, 그러한 형식들이 특정한 사회경제적 정보(사회 계층, 민족성)를 수반하기 때문이고, 그러한 정보를 외현적으로 드러내는 것이 우리가 다른 이들과 동등하게 상호작용한다는 내재적인 이데올로기적 믿음(환상)을 방해한다고 설명할 것이다.

이 책에서 탐색할 문법 기술의 종류는 사용 맥락이 주어졌을 때 특정한 언어적 선택의 **적절성**에 대해 진술할 수 있도록 한다. 모든 가능한 선택의 시스템(언어의 종합적인 문법적 **잠재성**)을 언어가 특정 맥락에서 사용될 때 만들어진 문법적 선택(그 잠재성이 구체적인 사용 맥락에서 어떻게 **실제화**되는가)과 관련지을 수 있게 하는 것이 문법이다.

그러므로 이어지는 장들이 우리를 세부적인 문법 분석으로 몰아넣지만 우리에게 문법은 목적 달성을 위한 수단이다. 문법 분석을 수행할 수 있기 위하여 어휘 문법이 어떻게 구조화되는가에 대해 이해하는 것은 사람들이 사회생활을 수행하기 위하여 언어를 어떻게 사용하는가를 기술하고, 논의하고, 비교하고, 이해하게 되기를 원한다면 소유해야 하는 필수적인 기술이다.

다음 장에서는 절의 서법 구조를 통하여 대인 관계적 의미의 문법적 실현을 들여다봄으로써 사용되는 영어의 문법적 기술로의 여행을 시작한다.

주석Notes

1 절 등급에서 작동하는 구/그룹(즉 내포되지 않은 것)만이 이 예에서 제시되고, 불연속적인 그룹/구는 표시하지 않는다.

제6장 대인 관계적 의미로서의 문법: 무드

도입

앞 장에서 우리는 어휘 문법이 수행하는 두 가지 중요한 역할을 확인했다. 그 역할은 우리가 원하는 것을 의미하도록 하고, 한 번에 둘 이상의 의미를 생성할 수 있도록 하는 것이다. 각 절의 성분은 한 번에 두 개 이상의 기능적 역할을 수행하는 것을 입증할 수 있으므로 텍스트에서 절이 '대인 관계적, 관념적, 텍스트적 의미'를 동시에 실현하는 방법을 기술하는 3세트의 기능 라벨을 개발할 필요가 있다.

이 장에서는 대인 관계적 의미를 표현할 수 있도록 절이 어떻게 구성되어 있는지 살펴볼 것이다. 먼저 상호작용의 의미 조직과 절 서법(Mood) 구조의 문법적 차이 관계를 확립할 것이다. 이후 다양한 서법 유형의 절들에서 나타나는 기능적 성분과 그 성분의 배열(configurations)을 확인하고 상호작용에서 양태(modality)(인식 양태(modalization), 당위 양태(modulation))의 역할을 살펴보기로 한다.[1]

대인 관계적 의미와 대화 구조

다음의 실제 텍스트는 이 장에서 다루어야 할 많은 이슈들을 소개하거나 논지를 전개하기 위한 예로 사용할 수 있다. 이제 텍스트를 끝까지 읽으면서 상호작용 참여자 사이의 관계를 어떻게 구체적으로 지정할 수 있는지, 그리고 어떻게 말할 수 있는지 고심해 보라.

Text 6.1: Henry James

1	Simon	The whole point – it's like grammar, right, it's out the window, right, the whole thing is just up the shoot, right, it's just gone, really ... some part of me. Everything you got taught, you know. It's hard to get All those values you grew up with. They don't have them any more, do they, these young people?
2	Sue	All those values you grew up with. They don't have them any more, do they, these young people?
3	Simon	I don't know. I don't know, like. There's so many – I have so much respect for the guys that could write. Like just Henry James, right. You read Henry James. This is a guy that can write.
4	Diana	Oh now he's talking about Henry James!
5	Simon	No?
6	Diana	What is this about Henry James?
7	Sue	It's so tortured. I think he had so much trouble coming to the point.
8	Diana	Henry James would do one sentence and it would go for a page and a half!

9	Sue	Page after page!
10	Simon	I loved him. I don't – I learnt the English language from this guy. He was – oh he was absolutely amazing.
11	Diana	Of course he's amazing, but he's not of this world. He's not contemporary. You can't do that these days.
12	Simon	Can't they?
13	Diana	Sometimes you get something to read and it's like Henry James. The sentence goes on for a page and a half.
14	George	Simon, what were those books you gave me to read?
15	Simon	So there they are. So poor old Henry's out the shoot too.
16	Diana	Well
17	Simon	(to George) Ever read a novel called 'The Bostonians'?
18	George	No. You know I haven't.
19	Simon	I will buy you a copy of this novel.
20	George	You know I won't read it.
21	Diana	Oh dear! What you should do is
22	George	Well what was that book that you gave me to read that I never read? It was some goddamn book.
23	Simon	Oh that was called the 'Wu Li Masters' or something.
24	George	I started reading that and it was
25	Simon	That was about quantum physics.
26	George	Yea. There was just no way that I could read that book, Simon.
27	Simon	It was quantum physics, George. That was Einstein.
28	George	Yea but
29	Simon	I was trying to appeal to you.
30	George	This guy, this guy was a big wanker, though, this guy that wrote that.
31	Simon	You read two sentences in the book and gave it up.
32	George	Because he wasn't – he didn't know anything about physics.
33	Simon	Oh he knew heaps about physics!

34 George He did not

35 Marg Who?

36 Simon It wasn't

37 Marg Did you do physics, George?

38 George I did a bit.

39 Simon 'The Wu Li Masters'. Its just – it's about Buddhism and quantum physics and Einstein.

40 George He was trying to make me read it.

41 Simon So I gave I bought George the book.

42 Sue (surprised) Buddhism and quantum physics?

43 Simon Yes. No it's really quite a nice analogy. He's really he's very lucid in explaining quantum physics, right, so that the layman can actually understand the Buddhist you know what Einstein

44 George He was not

45 Simon The whole rel – he explains relativity in

46 George He wasn't a physicist, though, this guy.

47 Simon I think in fact he was.

48 George No.

49 Simon What was he then?

50 George He was nothing!

51 Simon Who says? Well the book was great.

52 George I didn't read it.

53 Sue What do you read apart from bridge books, George?

54 George I don't like books like that. I like adventure stories, you know, like I like – I've read a few of that guy um what's his name Wilbur Smith. I like his books. I think they're good fun to read. And I like some other science fiction stories. Oh it just depends, you know like, none of this bloody heavy literature and stuff. It's boring. You read stuff to enjoy it, not to read it after and say 'Oh yea that was deep and meaningful' you know like

55 Simon It's like it's like going to a movie. You want to see something that's

56	George	Yea I mean I want to enjoy it. I don't want to find out the meaning of life or something like that from it.
57	Simon	Well god who wants to find out the meaning of life?
58	George	Oh you know what Oh you know what I mean.

Text 6.1: 헨리 제임스

1	Simon	전체적인 요점은 문법과 같아. 맞아, 창밖으로 나왔어, 맞아, 모든 게 끝났어, 정말, 사라졌어...내 일부분이야. 네가 가르쳐 준 거 모두 말이야. 그건 이해하기가 어려울 텐데.
2	Sue	너와 함께 성장한 가치들. 그들은 더 이상 그것들을 가지고 있지 않아, 그렇지 않을까? 이 젊은이들은?
3	Simon	나도 몰라. 모르겠어, 정말 많아 - 난 글 쓸 수 있는 남자들을 너무 존경해, 헨리 제임스처럼. 맞아, 헨리 제임스를 읽었잖아. 이 사람은 글 좀 쓸 줄 아는 사람이야.
4	Diana	와우, 이제는 그(Simon)가 헨리 제임스에 대한 이야기를 다 하네!
5	Simon	아니지?
6	Diana	헨리 제임스에 대한 게 뭐야?
7	Sue	그건 고문이나 다름없이 너무 고통스러워. 난 그가 핵심에 도달하기까지 아주 힘들었을 거라고 생각해.
8	Diana	헨리 제임스는 그걸 한 문장으로 쓸 거고, 그건 한 페이지 반이 될 수도 있어!
9	Sue	몇 페이지가 될 수도 있지.
10	Simon	난 그를 사랑했어. 아니, 난 이 남자한테 영어를 배웠어. 그는 정말 대단했어.
11	Diana	물론 그는 놀랍지만, 그는 이 세상에 있지 않아. 그는 우리와 동시대 인물이 아니야. 넌 지금 그럴 수 없어.
12	Simon	그럴 수 없단 말이야?
13	Diana	넌 가끔 무언가 읽을거리를 찾는데, 그건 꼭 헨리 제임스 (스타일) 같아. 문장이 한 페이지 반이나 계속 이어져.
14	George	사이먼, 네가 나에게 읽으라고 준 책들은 뭐야?
15	Simon	그래서 거기에 그런 것들이 있어. 불쌍한 헨리도 죽었어.

16 Diana 음.

17 Simon (조지에게) '보스턴 사람들'이라는 소설을 읽어 본 적이 있어?

18 George 아니. 너도 알다시피 나는 책 안 읽잖아.

19 Simon 이 소설책 하나 사 줄게.

20 George 넌 내가 그거 안 읽을 거라는 걸 알고 있잖아.

21 Diana 아, 이런! 네가 해야 할 일은

22 George 글쎄, 네가 내게 읽으라고 줬지만 내가 안 읽은 그 책 뭐였더라? 빌어먹을 책이었는데.

23 Simon 아, 그건 "Wu Li Masters"인가 뭔가라고 했는데.

24 George 난 그거 읽기 시작했는데.

25 Simon 그건 양자 물리학에 관한 거였어.

26 George 맞아. 난 그 책을 도무지 읽을 수가 없더라고, 사이먼.

27 Simon 그건 양자 물리학이었어, 조지. 아인슈타인이었어.

28 George 그래, 하지만

29 Simon 나는 네가 흥미를 갖게 하려고 했었던 거야.

30 George 이 녀석은 재수 없는 새끼야, 하지만, 이 남자, 그걸 쓴 남자.

31 Simon 책에서 두 문장을 읽고 포기하셨군요.

32 George 그는 그렇지 않았기 때문에 - 그는 물리학에 대해 아무것도 알지 못했어.

33 Simon 오, 그는 물리학에 대해 많은 걸 알고 있었어!

34 George 그는 그렇지 않았어.

35 Marg 누구?

36 Simon 그건 아니었어.

37 Marg 너 물리학 했었니, 조지?

38 George 잠깐 했어.

39 Simon "The Wu Li Masters". 그건 불교와 양자물리학과 아인슈타인에 관한 이야기야.

40 George 그는 나한테 그걸 읽게 하려고 했어.

41 Simon 그래서 난 조지한테 그 책 사 줬어.

42 Sue (놀라서) 불교와 양자 물리학?

43 Simon 그래. 아니, 정말 좋은 비유야. 그는 정말로 양자물리학을 설명하

는 데 있어서 매우 명석해, 맞아, 그래서 평신도들이 불교신자들을, 실제로 이해할 수 있게, 너도 알다시피 아인슈타인이 무엇을 아는지 알 수 있게.

44 George 그는 아니었어.

45 Simon 전체 - 그는 상대성을 설명했어.

46 George 하지만 그는 물리학자가 아니었다고.

47 Simon 나는 사실 그가 그랬다고 생각해.

48 George 아니야.

49 Simon 그때 그는 뭐였니?

50 George 그는 아무것도 아니었어!

51 Simon 누가 그래? 음, 그 책은 훌륭했어.

52 George 난 그거 안 읽었어.

53 Sue 브리지 책(bridge books) 말고 뭘 읽어, 조지?

54 George 난 그런 책은 좋아하지 않아. 난 모험 이야기를 좋아해, 너도 알다시피, 난 좋아해. - 난 그 사람 거 중 몇 권 읽었어. 음…그 사람 이름이 뭐더라? 윌버 스미스야. 난 그 사람 책이 좋아. 읽기에 좋은 것 같아. 그리고 난 다른 공상과학 소설들도 좋아해. 오, 이건 그때그때 달라. 너도 알다시피, 이런 피비린내 나는 무거운 문학이나 그런 건 전혀 그렇지 않잖아. 지루해. 넌 그걸 즐기기 위해 읽은 거지. 다 읽고 나서 '오, 맞아. 그건 참 깊고 의미 있는 내용이었어.'라고 하기 위해 읽는 건 아니지. 너도 알잖아.

55 Simon 마치 영화를 보러 가는 것 같아. 뭔가 눈에 띄는 걸 보고 싶겠지.

56 George 그래, 난 그걸 즐기고 싶다는 뜻이야. 나는 그거에서 삶의 의미나 그거 같은 것도 찾고 싶지 않아.

57 Simon 음, 인생의 의미를 찾고 싶은 신(god)은?

58 George 오, 내 말이 무슨 뜻인지 알겠지.

이 대화에서 상호작용하는 다섯 사람을 모두 '친구'라고 결정하는 데에는 의심의 여지가 거의 없다.[2] 이것은, 예를 들어, 낯선 사람들 간에 나누는 첫 대화를 기록한 것이나 영어 학원의 직원회의를 녹음하여 전사한 자료도 아니다. 이들 관계는 교류가 매우 잦고, 정서적으로 개입이 강하며, 동등한 힘이 작용한다는 것을 나타내는 단서들이 있는데 이 가운데 여러분이 언급했을 가능성이 있는 것은 다음과 같다. 즉 화자들이 공손성 공식을 사용하지 않으면서 서로를 자유롭게 방해하고, 잦은 욕설과 일상적 구어체 어휘소와 속어를 무의식적으로 자주 사용하고, 공개적으로 의견을 강력하게 주장하고, 서로의 이름을 부르는 것 등이다. 즉 이 텍스트는 제4장에서 언급한 것과 같이 비격식 테너(informal tenor)의 많은 특성을 보여 준다. 이로써 우리는 다시 맥락(이 경우 사회적 역할 관계나 테너)이 텍스트 내에서 언어로 실현되었다는 증거를 찾을 수 있다.

이 대화가 낯선 사람들이라기보다는 여러 친구들과 이야기하는 것이라는 사실을 보여 주는 중요한 단서 중 하나는 화자들이 참여하고 있는 일종의 대화 교환에서 찾을 수 있다. 이 사람들은 단순히 대화를 하는 것이 아니라 서로 티격태격 **논쟁(arguing)**을 벌이고 있다. 자유롭게 자신들의 의견을 강하게 피력하면서(*This is a guy that can write, 이 사람은 글을 좀 쓸 줄 아는 사람이야.*), 동시에 의견이 직접적으로 묵살되기도 한다(*It's so tortured. 그건 고문이나 다름없이 너무 고통스러워. I think he had so much trouble coming to the point. 난 그가 핵심에 도달하기까지 아주 힘들었을 거라고 생각해.*). 주장은(*Because he wasn't s - he didn't know anything about physics, 그는 그렇지 않았기 때문에……: 그는 물리학에 대해 아는 게 아무것도 없어.*) 반박될 수밖에 없다(*Oh, he knew heaps about physics, 오, 그는 물리학에 대해 많은 걸 알고 있었어.*). 제안들은(*I will buy you a copy of this novel. 내가 이 소설책 하나 사 줄게.*) 갑자기 거부되기도 한다(*You know I won't read it, 넌 내가 그거 안 읽을 거라는 거 알고 있잖아.*) 그리고 설명할 때에는(*I don't want to find out the meaning of life or something like that from it, 나는 그거에서 삶의 의미나 그거 같은 것도 찾고 싶지 않아.*) 이의 제기를 받기도 한다(*Well, god who wants to find out the meaning of life? 음. 인생의 의미를 찾고 싶은 신은?*).

이들이 친구 사이임에도 이렇게 서로 논쟁을 하는 것이 여러분에게 아마 모순처럼 보일 수도 있다. 우리는 '친구들'이라고 하면 서로의 의견에 동의해 줄 사람들이라고 생각하는 경향이 있는데, 사실 일상적인 대화를 녹음한 Text 6.1은 친구들이 어떻게 상호작용하는지를 보여주는 상당히 전형적인 예라고 볼 수 있다. 그렇다면 왜 친구들끼리는 티격태격 논쟁을 하고 싶어 해야 하는가?

그에 대한 대답은 다음과 같다. 우리가 다른 사람들과 함께하는 사회적 역할을 확립하고 발전시킬 수 있는 방법은 지속적으로 대화에 참여하는 것이다. '친구들', '낯선 사람들', '남자', '여자', '으스대는', '굴욕적인'과 같은 사회적 정체성을 확립시키는 것은 역할 라벨(a role label) 표지를 든다고 되는 것이 아니다. 이것은 대화를 통해 이루어진다. 예를 들어 남자이고 친구 사이라는 것은 대화를 지배할 수 있다는 것을 의미하며 George와 Simon과 같이 직접적이고 대립적으로 논쟁을 할 수 있다는 것을 의미한다. 여자이고 친구 사이라는 제안은 하되 싸우지도 않고 발언을 포기하거나(*Oh dear! What you should do is....오 이런! 네가 해야 할 일은……*), 분명히 확인하거나(*Did you do physics, George? 너 물리학 했어, 조지?*), 그리고 사람들에 대해 특히 남자에 대해 알아냄으로써(*What do you read apart from bridge books, George? 너는 브리지 게임 책 말고 뭐 읽어?, 조지?*) 대화를 지속시켜 나갈 의지와 능력이 있다는 것을 의미한다.

논쟁에 참여하는 방식은 Text 6.1의 참여자들이 서로의 관계를 명확하게 하는 방법으로, 이것은 대화의 일반적인 기능을 구체적으로 보여준다. 즉 대화란 역할과 태도에 대한 대인 관계적 의미를 언어로 표현할 수 있도록 우리에게 주어진 수단이다. 따라서 대화에 참여할 수 있다는 것은 대인 관계적 의미 교환을 협상할 수 있고 다른 언어 사용자들과의 사회적 관계를 실현할 수 있다는 것을 의미한다.

이 장의 목적은 어떻게 대화가 가능한지 분석하는 것이다. 절이 어떻게 구조화되어 있어서 이의 제기를 하고, 주장하고, 동의하고, 반박하고, 제안하고, 거절하기 등을 위해 사용할 수 있는지를 살펴보는 것이다. 대화를 가능하게 하는 절의 구조를 설명할 수 있다는 것은 상호작용적 텍스트에서 대인 관계적 의미가 어떻게 실현되고 있는지를 밝히고 설명할 수 있다는 것을 의미한다.

상호작용의 의미론

Halliday(1984년, Halliday and Matthiessen 2004:106-111)는 의미론적 관점에서 상호작용의 문법에 접근한다. 그는 우리가 상호작용을 위해 언어를 사용할 때마다, 우리가 하는 일 중 하나는 우리의 관계, 즉 지금 말하는 사람과 그리고 아마도 다음에 말할 사람 사이와의 관계를 설정하는 것이라고 지적했다. 그 관계를 확립하기 위해 우리는 교대로 말을 한다. 우리가 교대로 말할 때, 우리는 대화 교환에서 서로 다른 **발화 역할**(speech role)을 맡는다. 우리가 맡을 수 있는 발화에서의 기본적인 역할은 다음과 같다.

giving:

Would you like to borrow my copy of 'The Bostonians'?

'The Bostonians' is a novel by Henry James.

제공하기:

내 책 '보스턴 사람들' 빌려 갈래?

'보스턴 사람들'은 헨리 제임스의 소설이야.

demanding:

Can I borrow your copy of 'The Bostonians'?

Who wrote 'The Bostonians'?

요청하기:

네 책 '보스턴 사람들' 좀 빌릴 수 있을까?

누가 '보스턴 사람들'을 썼어?

대화 교환에서 제공하기나 요청하기를 선택하는 것과 동시에 우리는 교환하는 *물품*(*commodity*)의 종류를 선택한다. 즉 여기에서의 선택은 **정보** 교환이거나

Who wrote 'The Bostonians'?

'The Bostonians' is a novel by Henry James.

누가 '보스턴 사람들'을 썼어?

'보스턴 사람들'은 헨리 제임스의 소설이야.

또는 **재화와 서비스**를 교환하는 것이다.

Can I borrow your copy of 'The Bostonians'?

Would you like to borrow my copy of 'The Bostonians'?

네 책 '보스턴 사람들' 좀 빌릴 수 있을까?

내 책 '보스턴 사람들' 빌려 갈래?

이러한 '발화 역할'과 '물품'의 두 영역을 교차 분류함으로써 우리는 대화를 진전시키기 위해 만들 수 있는 네 개의 기본 '이동마디(move)'를 생각해 낼 수 있다. 이것들은 Table 6.1로 나타낼 수 있다.

이 네 개의 기본적인 '*진술, 질문, 제안, 명령*'의 이동마디 유형은 Halliday

가 **발화 기능**(speech functions)으로 언급한 것들이다. 그래서 우리는 대화의 모든 시작 이동마디가 이러한 발화 기능들 중 하나 또는 나머지 다른 것들이어야 하며, 각 발화 기능은 발화 역할과 물품 선택, 이 두 가지 모두를 수반해야 한다고 말한다.

그러나 Text 6.1이 분명하게 보여주듯이 대화는 본질적으로 상호작용적이다. 다시 말해 대화는 전형적으로 단순히 한 명의 화자에 의한 한 개의 이동마디만으로 이루어지지 않는다. 우리는 한 명의 화자가 대화 교환을 시작하면 그 이후 다른 화자가 응답할 가능성이 매우 높다는 것을 인식할 필요가 있다. 따라서 대화 **개시** 이동마디와 **응답** 이동마디 사이에 선택권이 있음을 또한 이해할 필요가 있다.

initiating	responding
Who wrote 'The Bostonians'?	-Henry James
'The Bostonians' is a novel by Henry James.	-Yea, I know.
Can I borrow your copy of 'The Bostonians'?	-Sure.
Would you like to borrow my copy of 'The Bostonians'?	-OK.

개시	응답
누가 '보스턴 사람들' 썼어'?	-헨리 제임스
'보스턴 사람들'은 헨리 제임스 소설이다.	-응, 나도 알아.
네 책 '보스턴 사람들'도 빌릴 수 있을까?	-물론이지.
내 책 '보스턴 사람들' 빌려 갈래?	-오케이.

응답 이동마디에 대한 선택은 방금 이루어진 개시 이동마디에 의해 제약을 받는다. 내가 역할을 맡을 때마다 나는 또한 여러분에게 역할을 할당한다. 내가 상호작용을 시작할 때마다 여러분이 나와의 상호작용을 원할 경우 나는 여러분에게 응답하기 역할을 하도록 하는 것이다.

응답에서 직면하는 대안적 선택은 크게 두 가지 유형으로 구분될 수 있다. 즉 **지지** 응답 이동마디와 **대립** 응답 이동마디 유형이다.

Initiating	Supporting response	Confronting response
Who wrote 'The Bostonians'?	-Henry James	-How would I know?
'The Bostonians' is a novel by Henry James.'	-Yea, I know.	-I think you're wrong there.
Can I borrow your copy of 'The Bostonians'?	-Sure.	-Sorry, I don't lend my books.
Would you like to borrow my copy of 'The Bostonians'?	-OK.	-What for?

개시	지지 응답	대립 응답
누가 '보스턴 사람들' 썼어?	-헨리 제임스	-내가 어떻게 알아?
'보스턴 사람들'은 헨리 제임스 소설이야.	-응, 나도 알아.	-나는 네가 잘못 알고 있다고 생각해.
네 책 '보스턴 사람들' 좀 빌릴 수 있을까?	-물론이지.	-미안, 나는 내 책을 빌려 주지 않아.
내 책 '보스턴 사람들' 빌려 갈래?	-오케이.	-뭐 하러?

Table 6.1 Speech roles and commodities in interaction(based on Haliday 1994:69)

	COMMODITY EXCHANGED	
SPEECH ROLE	Information	Goods and Service
giving	statement	offer
demanding	question	command

Table 6.1 상호작용에서의 발화 역할과 물품(Haliday 1994:69를 기반으로)

	물품 교환	
발화 역할	정보	재화와 서비스
제공하기	진술	제안
요청하기	의문	명령

일부 사용역에서 예상되는 응답은 지지 이동마디이지만, 다른 사용역(예: 캐주얼 대화)에서는 Text 6.1에서 보여 주듯이 대립 응답이 더 일반적으로 나타난다. 이 상호작용적 차원을 통합하면 이제 Table 6.2와 같이 대화 의미론에 대한 우리의 생각을 요약할 수 있다.

이것은 이제 A, B, C라는 세 명의 화자가 참여한 간단한 대화에서 이동마디 순서를 기술하는 데 사용할 수 있는 여덟 개의 발화 기능 분류 목록을 제공한다.

A	Have you ever read "The Bostonians?"	question
B	I really wouldn't know.	disclaimer
C	Yes, I have.	answer
A	It's by Henry James.	statement
C	Yea.	acknowledgement
B	No it's not!	contradiction
C	Would you like to borrow my copy?	offer
B	Well, OK.	accept
A	You'll enjoy it.	statement
C	Yea.	acknowledgement
C	Here, take it!	command
B	{takes book} Thanks.	compliance

A	'보스턴 사람들' 읽어 본 적이 있어?	질문
B	나야 정말 모르지	부인
C	응, 있어.	대답
A	헨리 제임스가 쓴 거야.	진술
C	응.	인정
B	아니, 그렇지 않아!	반박
C	내 책 빌려 갈래?	제안

B	음, 오케이.	수락
A	너한테 그거 재미있을 거야.	진술
C	응.	인정
C	자, 받아!	명령
B	[책을 받고] 고마워.	준수

Table 6.2 Speech function pairs(adapted from Halliday 1994:69)

SPEECH FUNCTION PAIRS		
initiating speech function	responding speech function	
	SUPPORTING	CONFRONTING
offer	acceptance (maybe non-verbal)	rejection
command	compliance (maybe non-verbal)	refusal
statement	acknowledge	contradiction
question	answer	disclaimer

Table 6.2 **발화 기능 쌍**(Halliday 1994:69**를 수용하여**)

발화 기능 쌍(개시와 응답)		
발화 기능 개시	발화 기능 응답	
	지지	대립
제안	수락 (아마 비언어적)	거절
명령	준수 (아마 비언어적)	거부
진술	인정	반박
질문	대답	부인

대화가 어떻게 운용되는지에 대한 기본 밑그림을 확립했기 때문에, 우리가 상호작용할 때 우리가 생산하는 절들과 이것이 어떻게 연계되는지 질문할 필요가 있다. 다시 말해 어떤 문법 구조가 이러한 의미를 실현하는가? 이러한 다양한 발화 기능 분류와 관련하여, 특히 흥미를 끄는 것은 우리가 발화 기능의 의미적 선택과 그것을 부호화하기 위해 전형적으로

선택된 문법 구조 사이의 상관관계를 인지할 수 있다는 것이다. 만약 예를 들어, 진술하고자 하면 특정 구조의 절, 즉 평서절(declarative clause)을 전형적으로 사용할 것이다.

A	It's by Henry James.	진술

다른 한편으로 만약 명령하기를 원하는 경우, 명령절을 사용한다.

C	Here, take it!	명령

만약 무언가를 제공하고자 하면, 'would like' 의문문(우리가 **조절된 의문문(modulated interrogative)**으로 부르는)을 사용할 것 같다.

C	Would you like to borrow my copy?	제안

그리고 마지막으로 질문을 하고 싶다면 당연히 우리가 의문문이라고 부르는 절을 사용할 것이다.

A	Have you ever read 'The Bostonians'?	질문

또한 개시 이동마디의 구조와 응답 이동마디의 구조 사이에는 상관관계가 있다. 위에 제시된 예에서 나타나듯 대부분의 개시 이동마디는 길이가 긴 반면 대부분의 응답 이동마디는 짧다는 것을 알 수 있다. 응답 이동마디는 일반적으로 일종의 축약 또는 **생략**(abbreviation or **ellipsis**)을 포함하거나 우리가 **소절(minor clauses)**이라고 부르는 것(이들 용어에 대해서는 아래

에서 설명)이기 때문에 짧다.

answer	Yes, I have.	instead of *'Yes I have read it.'*
acknowledgement	Yea.	instead of *'Yea I know it's by Henry James.'*
accept	Well, OK.	instead of *'Well OK, I will borrow it.'*
compliance	Thanks.	instead of *'Thanks, I'm taking the book.'*

대답	응, 읽었어.	'*나는 그걸 읽었어.*'를 대신하여
인정	응.	'*응 Henry James의 작품이라는 걸 알아.*'를 대신하여
수락	좋아, 오케이.	'*오케이, 그럼 내가 그거 빌릴게.*'를 대신하여
준수	고마워.	'*고마워, 내가 그 책 가져갈게.*'를 대신하여

우리가 여기서 밝히고 있는 차이점들은 무작위로 선정된 것이 아니다. 이들은 절의 서법 구조라고 불리는 것과 관련이 있다. 절의 서법 구조는 주어 성분을 포함하는 일련의 기능적 성분 집합 조직을 나타낸다. 기본 서법 유형은 앞서 이미 언급되었다. 우리는 이 결과들을 Table 6.3으로 요약할 수 있다.

물론 위에 제시된 절의 예들만이 유일하게 나타날 수 있는 것은 아니다. 이것들은 전형적인 상관관계일 뿐이다. 재화와 서비스(goods and service)를 요구할 때 모두 의문문일 필요는 없다. 우리는 유표적 상관관계와 무표적 상관관계에 대한 가능성을 고려할 필요가 있다. 따라서 명령은 일반적으로 명령절(*Read Henry James*)로 표현되지만, 평서문(*I'm hoping you'll read some Henry James*)이나 조절된 의문문(*Would you mind reading Henry James, please?*)으로도 표현될 수 있다.

Table 6.3 Speech functions and typical mood of clause

SPEECH FUNCTION	TYPICAL MOOD IN CLAUSE
statement	declarative Mood
question	interrogative Mood
command	imperative Mood
offer	modulated interrogative Mood
answer	elliptical declarative Mood
acknowledgement	elliptical declarative Mood
accept	minor clause
compliance	minor clause

Table 6.3 발화 기능과 절의 전형적인 서법

발화 기능	전형적인 절의 서법
진술	평서법(declarative Mood)
의문	의문법(interrogative Mood)
명령	명령법(imperative Mood)
제안	조절된 의문법(modulated interrogative Mood)
대답	생략형 평서법(elliptical declarative Mood)
인정	생략형 평서법(elliptical declarative Mood)
수락	소절(minor clause)
준수	소절(minor clause)

제안은 전형적으로 조절된 의문문으로 표현되지만(*Would you like to borrow 'The Bostonians'?*), 명령문이나(*Take my copy of 'The Bostonians'*) 평서문으로(*There's a copy of 'The Bostonians' here.*) 표현될 수 있다.

질문은 주로 의문문으로 표현되지만(*Is 'The Bostonians' by Henry James?*), 조절된 평서문으로도 표현될 수 있다(*I was wondering whether 'The Bostonians' might be by Henry James*) 그리고 진술은 대개 평서문에 의해 표현되지만(*'The Bostonians' was Henry James' last novel*) 태그된 평서문으로도 표현될 수 있다

(*'The Bostonians' was Henry James' last novel, wasn't it?*).

이제 대화에 관련해 발견한 것들을 Table 6.4로 요약할 수 있다.

Table 6.4는 전형적인 또는 비전형적인 선택이 언제 그리고 왜 이루어지는지에 대한 질문을 던진다. 누가 그 유표적 선택을 사용하며, 그 이유는 무엇인가? 예를 들어 명령할 때 명령문 구조보다는 평서문 구조를 선택할 때의 함의(implications)는 무엇인가? 이러한 이슈들에 대해 기능 언어학자들은 분명히 상당한 관심을 가지고 있으며, 그것은 유표적이거나 무표적 구조들 사이의 선택이 맥락적 요구(사용역이 무엇이고, 특히 테너 관계가 무엇인지)에 의해 영향을 받는 것 같기 때문인 것 같다.

그러나 만약 절 구조와 맥락 차원 사이의 이러한 연결 관계를 탐구할 수 있으려면, 먼저 우리가 언급하고 있는 구조들을 설명할 수 있어야 한다. 평서문이란 무엇인가? 어떤 종류의 의문문들이 있는가? 그러므로 우리는 Halliday가 '교환으로서 절의 문법(the grammar of the clause as exchange)'이라고 일컫는 것을 연구할 필요가 있다. 명령문과 의문문의 구조 차이는 무엇인가? 또는 의문문과 평서문의 차이는 무엇인가? 그래서 이 장에서는 이러한 구조들을 구성하는 성분들의 기능 배열 양상을 살펴보기로 한다.

그러나 이를 위해서는 무엇보다도 무엇이 이와 관련된 기능적 성분인지 알아내야 한다. 그래서 사실 다음의 두 가지 질문을 다룰 필요가 있다.

1. 절의 서법 구조를 설명하기 위해 우리가 식별할 필요가 있는 기능적 라벨이 표시된 성분은 무엇인가?
2. 어떤 다른 배열로 그것들이 발생할 수 있는가? 즉 그것들이 실현하는 다른 구조는 무엇인가?

우리는 정보를 교환할 수 있도록 어떻게 절이 구성되는지에 초점을 맞추고 서법 구조에 대한 탐색을 시작할 것이다. 절이 정보 교환에 사용될 때, Halliday는 이를 **명제**(proposition)로 부른다. 그렇다면 우리가 살펴보고 있는 것은 명제의 문법이다. 나중에 우리가 **제안**의 문법(the grammar of proposals)을 살펴볼 때 재화와 서비스(goods and service) 교환이 가능하도록 하기 위해 그 절이 어떻게 구성되는지 검토할 것이다.

Table 6.4 Summary of dialogue

SUMMARY OF DIALOGUE		
speech function	typical clause Mood	non-typical clause Mood
command	imperative	modulated interrogative declarative
offer	modulated interrogative	imperative declarative
statement	declarative	tagged declarative
question	interrogative	modulated declarative

Table 6.4 대화 요약

대화 요약		
발화 기능	전형적인 절 서법	비전형적인 절 서법
명령	명령문	조절된 의문문 평서문
제안	조절된 의문문	명령적 평서문
진술	평서문	태그된 평서문
질문	의문문	조절된 평서문

정보 교환: 명제의 문법 구조

우리가 정보를 교환하는 가장 일반적인 상황 중 하나는, Text 6.1에서 제시한 것처럼 논쟁을 하는 것이다. 그 논쟁을 살펴보면, 우리는 교환하기로서의 절의 문법에서 인식해야 할 기능적 성분(functional constituents)을 찾아낼 수 있다. 다음 Text 6.1의 발췌문을 생각해 보라.

Diana	You can't do that these days.
Simon	Can't they?
…	
Simon	(to George) Ever read a novel called 'The Bostonians'?
George	No. You know I haven't.
…	
George	He wasn't a physicist, though, this guy.
Simon	I think in fact he was.
George	No.
…	
George	He didn't know anything about physics.
Simon	Oh he knew heaps about physics!
George	He did not.

이 발췌문 각각에서 첫 번째 화자의 절은 진술이고, 그 후 두 번째 화자에 의해 논쟁이 시작되며, 첫 번째 화자는 때때로 다시 대화에 참여한다. 이 대화에서의 논쟁이 어떻게 진행되는지를 질문하면, 그 절이 두 개의 부문(component)을 가진 것처럼 보이는 것을 알 수 있다. 논쟁을 계속하기 위해서는 대화를 주고받으면서 자주 사용되는 부문(*you can't / (you) ever read / he wasn't / he didn't know*)이 있다. 반면에 논쟁이 일단 진행되면 절의 두 번째 부분(*do that these days / a novel called 'The Bostonian' / a physicist / anything about physics*)은 사라진다.

논쟁에서 서로 주고받는 부문을 바로 절의 **무드(MOOD)** 요소(우리는 절의 MOOD 성분을 일반적인 용어인 서법(Mood)과 구별하기 위해 대문자를 사용한다.)라고 부른다. 다른 부문은 **잔여부(RESIDUE)**라고 불린다. 그렇다면 우리는 이미 명제들을 두 가지 기능적 성분으로 나눌 수 있다고 제안할 수 있다. 예를 들어,

He wasn't	*a physicist.*
MOOD	RESIDUE

이 절의 어떤 부분이 MOOD 요소를 구성하는지를 알기 위해, 우리는 응답하는 화자가 그/그녀의 입장을 취할 때 절의 어떤 부분이 사라질 수 없는지를 묻는다. 그 절의 핵심 부분은 논쟁의 요점을 포함하고 있기 때문이다. 이에 우리는 다음과 같이 논쟁을 계속할 수 있다.

He was. (leaving out a *physicist*)(그는 그랬어. (*a physicist*는 빼고))

그러나 다음처럼 말하지는 않는다.

a physicist (leaving out *he was*)(물리학자 (*he was*는 빼고))

Halliday는 절의 어느 부분이 MOOD이고 어느 부분이 **태그(tag)**를 추가하기 위한 RESIDUE인지를 찾기 위해 문법 테스트를 사용한다. **태그**는 평서문 뒤에 붙을 수 있으며 그것은 질문으로 바꿀 수 있다. 우리는 종종 우리가 말하고 있는 것을 완화시키기 위해 이렇게 한다. 다음을 비교하라.

It's so torturous. (untagged) versus It's so torturous, isn't it? (tagged)

너무 고달프다. (태그가 없는) 대(對) 너무 고달프다, 그렇지 않니? (태그가 있는)

긍정의 평서문에 태그(tag)를 추가할 때에는 보통 부정 형태로(not 또는 n't 사용) 태그를 하여 문장을 바꾼다는 점에 유의하게 된다. 부정의 평서문에 태그를 붙일 때에는 일반적으로 태그를 긍정으로 만든다.

He wasn't a physicist, was he?(그는 물리학자가 아니다. 그렇지?)

태그(tag)에서 포착되는 요소는 절의 무드(MOOD) 성분이다. 그래서 교환하기로서의 절의 문법에 대해 가장 먼저 논의할 수 있는 부분은 그 절이 두 가지 기능적 성분, 즉 논쟁을 이끄는 기능을 하는 무드(MOOD) 요소와 빼거나 **생략될** 수 있는 잔여부(RESIDUE)로 구성되어 있다는 것이다. Halliday는 무드(MOOD) 요소를 '상호작용적 사건으로서 절에 주어지는 책임(the burden of the clause as an interactive event)'을 전달하는 부문으로 설명한다. 이것이 바로 명제의 핵심이 일정하게 유지되는 이유다. 명제의 핵심을 전달할 수 있게 하는 MOOD 요소 부문은 잔여부(RESIDUE)가 생략된 대화 상대의 응답 이동마디를 확인함으로써 밝힐 수 있다. 예를 들면 다음과 같다.

He wasn't a physicist.

-Yes, he was. -No, he wasn't.

이러한 예는 MOOD 성분에 다음과 같은 세 가지 주요 요소가 있음을 시사한다.

1. **극성(polarity)** 표현: **YES**(**긍정**의 극성) 또는 **NO**(**부정**의 극성)

2. 명사류 요소(nominal-type element), 우리는 이것을 **주어(SUBJECT)**라고 부를 것이다.

3. 동사류 요소(verbal-type element), 우리는 이것을 **한정어(FINITE)**라고 부를 것이다.

그러나 화자가 논쟁을 할 때 자신의 주장을 굽히지 않으면서 극성 요소를 생략할 수 있기 때문에, 무드(MOOD)에 필수적인 두 부문인 주어(항상 품사 분류에서 명사 그룹에 의해 표현됨)와 한정어(항상 동사 그룹에 의해 표현됨)밖에 없는 것으로 보인다.

논쟁을 하려면 이 두 요소를 모두 하나의 절에 포함시켜야 한다는 것을 증명하기는 쉽다. 예를 들어 내가 방에 들어가서 간단히 이렇게 말하는 것을 상상해 보라.

is

위와 같은 경우 우리는 논쟁할 수 없다. 왜냐하면 여러분이 나에게 "*What* is? What are you talking about?"이라고 물어야 하기 때문이다. 다시 말해 여러분은 내가 말하는 절의 주어(SUBJECT)가 무엇인지 알아내야 한다. 마찬가지로 내가 걸어 들어와 이렇게 말한다면

Henry James

여러분이 'What *about* Henry James?'로 문장을 만들 때까지, 즉 내가 어떤 한정어(FINITE 요소)를 Subject에 붙일 때까지 우리는 다시 논쟁을 할

수 없다.

무드(MOOD)의 성분(Constituents of the MOOD)

따라서 우리는 절의 무드(MOOD) 부문으로 두 가지 필수 기능 성분인 주어와 한정어를 구별했다. 우리가 제시하는 이 문법적 분석을 통해 우리가 인식하는 각 기능적 역할을 다음과 같이 구별한다.

- 그것의 기능이 무엇이고, 그것이 절에서 무엇을 하는가?: 기능에 대한 *정의* 그리고
- 해당 기능을 채우는 요소를 우리는 어떻게 인식하는가? 즉 기능에 대한 *식별*

정의와 식별은 동일하지 않다. 정의는 요소들이 만드는 역할이나 기여도 관점에서 이루어질 것이다. 식별은 절의 어떤 부분이 특정 기능을 채우는지 찾기 위해 적용할 수 있는 한 가지 또는 여러 가지의 문법 테스트 관점에서 이루어질 것이다.

주어(Subject)

Halliday와 Matthiessen(2004:117)에서 주어는 명제(proposition)를 긍정하거나 부정할 수 있는지를 언급함으로써 실현되는 것으로 정의된다. 그것은 명제의 성패, 즉 '책임을 부여받은' 사람이나 물건을 제공한다.

주어 식별은 태그 테스트(tag test)에 의해 이루어질 수 있다. 태그에서 대명사에 의해 선택되는 요소가 주어이다. 그래서 어떤 절의 주어를 밝히려면 그 절에 단순히 태그를 붙이면 된다. 평서문에서는 간단하다.

Henry James	*wrote 'the Bostonians'*	*(didn't he?)*
Subject		Subject

절마다 하나의 주어만 존재하지만, 주어일 수 있는 항목들의 부류는 다양할 수 있다. Subject가 하나의 단어(명사 또는 대명사)일 수도 있고, 긴 명사구일 수도 있다.

'The Bostonians', 'portrait of a Lady' and 'Washington Square'	*were all written by Henry James*	*(weren't they?)*
Subject		Subject

내용이 없는 무의미 단어, *there*는 다음 태그 테스트에서 나타난 것과 같이 주어로서 기능할 수도 있다.

There	*was just no way*	*(was there?)*
Subject		Subject

Subject는 심지어 절 자체일 수도 있다(주어로서의 내포절 예).

Actually,	*what I was looking for*	*was pink champagne*	*(wasn't it?)*
	Subject		Subject

태그 테스트와 함께 주어를 발견하는 데 도움이 될 만한 또 다른 테스트로는 동사를 단수형에서 복수형(*was reading*을 *were reading*으로 *likes*를 *like*로) 또는 복수형에서 단수형으로 바꾸는 것(*were*을 *was*로, *like*를 *likes*로)이다. 그 다음으로 절에서 바꾸어야 할 해당 부분이 주어이다.

Only idiots **read** Henry James. (오직 바보들만이 헨리 제임스를 읽는다.)

복수 *read*를 단수 *reads*로 바꾸면 반드시 바꾸어야 할 성분이 *only idiots*에서 *only one idiot*임을 알게 될 것이다. 그래서 *only idiots*가 주어임이 분명한 것이다.

한정어(Finite)

무드(MOOD) 요소의 두 번째 필수 성분은 한정어이다. Halliday와 Matthiessen(2004:115)은 한정어를 기능적 측면에서 정의하여, 우리가 논쟁할 수 있도록 명제를 확고히 정립했다.

한정어를 식별하는 데에는 부가 의문문 테스트를 다시 사용한다. 부가 의문문의 동사부는 한정어가 어떤 요소인지 알려 준다. 예를 들면 다음과 같다.

George	*was*	*reading Henry James*	*wasn't*	*he?*
Subject	Finite		Finite	Subject

여러분이 만든 절이 동사부가 2개나 혹은 그 이상(*was reading, will be leaving, has finished* 등)으로 구성된 경우 여러분은 한정어 식별에 아무런 어려움이 없을 것이다. 그것은 부가 의문문 테스트로 분명히 알 수 있듯이 동사부 요소들 중 첫 번째 요소(*was, will, has*)가 될 것이다. 각 절에는 하나의 한정어(finite)만이 존재한다는 것에 유의하라. 그러나 다음 절들에 적용되는 부가 의문문 테스트를 생각해 보라.

I learnt the English language from this guy (didn't I?)

He knew nothing about physics (did he?)

The sentence goes on for a page and a half (doesn't it?)

태그 부분에서 'did'는 어디에서 오는 것인가? 단순 현재 또는 단순 과거 평서문의 동사와 함께 한정어(Finite) 요소는 서술어(Predicator)라고 알려진 또 다른 요소와 융합된다. 현대 이전 시기의 영어에서도 그리고 여전히 현대 영어에서도 'did'는 강조[1] 기능을 하는 형태로서 태그뿐만 아니라 절의 주요 부분에 존재하곤 했다.

I	*did*	*learn the English language from this guy*	*didn't*	*I?*
Subject	Finite		Finite	Subject

비강조적인 현대 영어에서 *did* 한정어는 동사의 내용 부분(content part)에 융합된다. 그러나 전문적으로 tag를 붙이면 우리가 확인할 수 있듯이, 그것은 여전히 절에 존재한다.[2] 태그 테스트에서 *did*가 한정어로 확인되면, 여러분은 다음과 같이 동사부 요소의 전반부에 한정어를 쓴다.

I	*learnt*		*the English language*	*from this guy.*
Subject	Finite			
MOOD				

동사의 의미가 'to have(가지고 있다, '소유(possess)'의 의미에서)의 의미이면 태그 테스트는 한정어를 보여줄 것이다. 우리는 동사부에 라벨화될 수 있는 동사부 성분이 없는 경우, 동사 아래 슬롯의 반쪽 부분에 한정어를 쓸 필요가 없다는 것을 아래의 두 예를 통해 알게 될 것이다.

He	*wasn't*	*a physicist*	*(was*	*he?)*
Subject	Finite		(Finite	Subject)

1) **[역자 주]** 단호한/정확한
2) **[역자 주]** 그것은 did 한정어를 가리킴.

He	*has*	*a copy of 'The Bostonians'*	*(hasn't*	*he?)*
Subject	Finite		(Finite	Subject)

위에서 언급한 바와 같이 한정어의 기능은 명제를 고정시켜 현실로 가져와 실제적으로 명제에 대해 논의할 수 있도록 하는 것이다. 이것은 Halliday와 Matthiessen(2004:116)이 말하는 한정 동사 운용자(Finite Verbal Operators)로 이루어지며, 이 한정 동사 운용자(Finite Verbal Operators)는 다음 두 유형으로 구별된다.

1. **시간 한정 동사 운용자(Temporal Finite Verbal Operators)**: 이런 단어들은 시간을 기준으로 명제를 확실하게 한다. 이들은 한정어에 과거(*I learnt the English language from this guy*), 현재(*The sentence goes on for a page and a half*), 또는 미래(*I will buy you a copy of this novel tomorrow*) 중에서 하나의 시제(tense)를 부여한다.
2. **한정 양태 운용자(Finite Modal Operators)**: 이런 단어들은 시간(time)이 아닌 양태(Modality)를 고려함으로써 명제를 확실하게 한다. 양태(Modality)는 이 장의 뒤 부분에서 더 면밀히 살펴볼 것이다. 현 시점에서 우리는 이들을 단순히 어떤 사건이 그럴지/그렇지 않을지에 대한 화자의 판단을 표현하는 한정어 요소로 식별할 수 있다.

Henry James	*could*	*write.*
Subject	Finite: modal	

Henry James	*must*	*have written that.*
Subject	Finite: modal	

그래서 한정어는 명제를 논쟁의 여지가 있게 만들기 위해 시제나 양태

를 전달하는 것이다. 한정어는 또한 **극성**의 의미 자질(the semantic feature of **polarity**)로 구성되어 있다. 대화에서 논쟁의 여지를 주기 위해서는 긍정적(something *is*)이거나 부정적(something *isn't*)이어야 하기 때문이다.

Henry James *was* writing 'The Bostonians'. positive polarity(긍정 극성)
Henry James *wasn't* writing 'The Bostonians'. negative polarity(부정 극성)

극성이 긍정적일 때에는 비록 한정어가 분리된 요소로 나타나지 않아도 극성은 항상 한정어에 존재한다. 극성이 부정일 때에는 not 또는 n't 형태소가 사용되어야 한다. 단순 현재 또는 단순 과거에서 동사를 부정할 필요가 있는 즉시 한정어 요소를 명확하게(즉 다시 *did*를 도입) 할 의무가 있으며 그렇기에 한정어에 부정을 덧붙일 수 있게 되어 그것이 한정어의 일부라는 것을 알 수 있다.

Henry James wrote 'The Bostonians'. no *do* Finite (*do* 한정어가 없음)

*do*를 다시 도입하면 다음과 같다.

Henry James	*didn't*	*write 'The Bostonians'.*
Subject	Finite: negative	

한정어를 식별할 수 있으면, 우리는 이제 다음의 절 유형들 간의 차이를 이해할 수 있게 된다.

I'm reading Henry James. (나는 헨리 제임스[3])를 읽고 있어.)
Reading Henry James. (헨리 제임스[4]) 읽기)

To read Henry James. (헨리 제임스[5]를 읽기 위해)

첫 번째 절은 **한정절**(**finite** clause)이다. 즉 그것은 한정어 요소인 *am*을 포함하고 있다. 두 번째 절은 **비한정절**(**non-finite** clause)의 예다. 만약 한정어(Finite) 요소가 존재하지 않으면, 절에 태그를 붙여 봄으로써 그 존재 여부를 명백하게 알아낼 수 있다. 즉 우리는 주어가 누구인지(I, George, the Smiths)를 모를 뿐만 아니라 'am', 'were', 'will be', 'might be going to' 등인지 아닌지도 알지 못한다. 비한정절은 시제나 양태(modal)와 같은 동사부 요소들이 선택되지 않은 절이다. 세 번째 절도 한정어 요소가 없기 때문에 비한정절의 일종이다. 우리는 이것을 일반적으로 **부정사**절(**infinitive** clause)이라고 부른다. 즉 동사의 부정사 형태인 'to' 형식은 사전에 동사가 나열될 때 사용되는 형태이다.

주어와 한정어, 이 두 요소는 무드(MOOD)의 성분을 형성하기 위해 함께 연결된다. 무드(MOOD) 요소로서의 역할을 포착하기 위해 우리는 일반적으로 이 두 요소를 무드(MOOD)의 박스 부분에 함께 넣고, 잔여부(RESIDUE) 박스에는 절의 다른 성분들을 넣는다.

I	*learnt*		*the English language form this guy.*
Subject	Finite		
MOOD		RESIDUE	

Simon	*mightn't*	*have read 'The Bostonians'.*
Subject	Fin: modal: neg	
MOOD		RESIDUE

3) **[역자 주]** 헨리 제임스가 쓴 책.
4) **[역자 주]** 헨리 제임스가 쓴 책.
5) **[역자 주]** 헨리 제임스가 쓴 책.

따라서 무드(MOOD) 요소에 대한 전체적인 분석은 주어와 한정어에 라벨을 부착하는 것뿐만이 아니라 무드(MOOD) 박스 안에 배치하는 것도 포함된다. 우리는 이제 절의 다른 요소, 즉 잔여부(RESIDUE)의 요소를 식별하고 라벨을 붙여야 한다.

잔여부(RESIDUE) 성분(Constituents of the RESIDUE)

우리는 절의 잔여부(RESIDUE) 부문이 무드(MOOD) 부문보다 절에 대한 논쟁에서 다소 덜 핵심적인 부분이라고 제안했다. 예를 들어 잔여부(RESIDUE)가 대화 구조의 응답 이동마디에서 생략될 수 있다는 점에 주목했다. MOOD 부문이 주어와 한정어의 두 가지 성분을 포함하였듯이, 잔여부(RESIDUE) 부문에도 서술어(Predicator), 하나 이상의 보충어(Complements), 다양한 유형의 부가어(Adjuncts)와 같은 몇 가지 기능적 요소들이 포함될 수 있다. 우리는 차례로 이것들을 검토할 것이다.

서술어(Predicator)

서술어는 동사 그룹의 어휘적 또는 내용적 부분이다. 예를 들어 다음과 같다.

I	*'m*	*reading*	*'The Bostonians'.*
Subject	Finite	Predicator	
MOOD		RESIDUE	

동사 그룹에는 두 요소가 포함되어 있다. 즉 *am reading*이다. 동사 그룹의 첫 번째 부분인 *am*은 수, 시제, 극성 등의 선택권을 전달하므로 한정어(Finite)이다. 두 번째 동사 요소인 *reading*은 우리에게 실제로 어떤 과

정이 진행되고 있었는지 말해 준다. 이 요소는 서술어이다. 그래서 서술어는 대화 중인 실제 사건, 동작 또는 과정을 지정하는 역할로 채워지는 것으로 정의할 수 있다.

서술어는 절에서 하나의 한정어(single Finite) 요소 뒤에 있는 동사 그룹의 모든 요소로 식별된다. 따라서 동사 그룹이 긴 절에서는 다음과 같이 처리한다.

Simon	*might*	*have been going to read*	*'The Bostonians'.*
Subject	Finite: modal	Predicator	
MOOD		RESIDUE	

*might*는 한정어이다. 그리고 나머지 동사부에 있는 모든 요소들(*have been going to read*)이 서술어이다.

단지 하나의 동사 성분(즉 동사의 단순 현재와 단순 과거 시제)만이 존재하는 절에는 한정어(Finite)와 서술어 요소가 융합한다. 앞서 살펴본 것처럼 여기에는 뚜렷하게 드러나는 한정어(Finite) 요소가 없다. 이 절들을 분석하는 데 있어, 우리는 한정어를 동사의 절반 부분과 일치시키고 어휘적 의미를 전달하는 동사의 나머지 부분은 서술어(Predicator)로 라벨화하였다.

He	*knew*		*nothing about physics.*
Subject	Finite	Predicator	
MOOD		RESIDUE	

Halliday와 Matthiessen(2004:122)은 절 처리 과정 유형을 지정하는 기능 외에, 서술어는 절에서 세 가지 다른 기능을 갖는다고 지적했다.

1. 부차적으로 시제를 표현함으로써 시간 의미를 추가한다. 예를 들어, *have*

*been going to read*에서 기본 시제(*have*, present)는 한정어로 지정되지만 부가적인 시제(*been going to*)는 서술어에 지정되어 있다.

2. 상(aspects)과 국면(phases)[6]을 지정한다. 즉 서술어의 관념적 의미를 바꾸지 않은 채 동사 처리 과정에 영향을 주는 *seeming, trying, helping*과 같은 의미이다.

Simon	*was*	*trying to read*	*'The Bostonians'.*
Subject	Finite	Predicator	
MOOD		RESIDUE	

3. 절의 태(voice)를 지정한다. 즉 능동태(*Henry James wrote 'The Bostonians*)와 수동태(*'The Bostonians' was written by Henry James*)의 구분이 서술어를 통해 표현될 것이다.

'The Bostonians'	*was*	*written*	*by Henry James.*
Subject	Finite	Predicator	
MOOD		RESIDUE	

대부분의 비생략형 절(non-elliptical clauses)은 서술어를 포함하겠지만, 단순 과거 및 단순 현재 시제에는 서술어가 없는 동사가 두 개 있다. 즉 '취하다(take)'의 의미가 아닌 '소유하다(possess)' 의미로서의 *to be, to have*이다.

He	*is/was*	*a physicist.*
Subject	Finite	
MOOD	RESIDUE	

Simon	*has/had*	*a copy of 'The Bostonians'.*
Subject	Finite	
MOOD	RESIDUE	

---

6) **[역자 주]** 8장에서 논의하는 대화 구조에서의 국면이 아닌 변화나 진행 단계를 의미.

이들 동사와 연관되어 있는 서술어는 다른 서법(예: 그것을 의문문으로 바꾸는 경우)에서 동사를 사용하거나 진행 시제를 사용하는 경우에 바로 나타난다.

He	*was*	*being*	*a physicist.*
Subject	Finite	Predicator	
MOOD		RESIDUE	

Does	*Simon*	*have*	*a copy of 'The Bostonians'?*
Finite	Subject	Predicator	
MOOD		RESIDUE	

영어에서 흔히 발생하는 것은 **구 동사(phrasal verbs)**인데, 여기에서 서술어는 어휘적 동사와 이에 연속하는 부사(to run on), 전치사(to write up) 또는 부사와 전치사(to look out for)로 구성된다.

특정 동사+부사/전치사 배치 조합이 구 동사(phrasal verb)(따라서 서술어의 일부로 취급되어야 함)인지 또는 서술어 다음에 오는 별개의 상황 부가어(circumstantial adjunct, 아래 제시)가 있는지의 여부를 결정하는 테스트는 다음 세 가지를 포함한다.

1. 이동성(movability): 전치사가 독립적으로 이동할 수 있는 구를 가지게 된다면, 그것은 구 동사(phrasal verb)가 아니다. *He wrote on the page*에서 *on the page, he wrote*(독립적으로 이동할 수 있으므로, on은 Predicator의 일부가 아니다.)와 *He wrote up the story*에서 **Up the story he wrote*(이므로 up은 서술어의 일부로 볼 수 있다)와 비교해 보라. 마찬가지로 부사가 독립적으로 움직일 수 있는 경우, 그것은 구 동사(phrasal verb)가 아니다.

2. 대체(substitution): 종종 하나의 어휘적 동사(lexical verb)는 구 동사(phrasal verb)로 대체될 수 있다. 예를 들어 *continue*는 *go on*으로 가능하다.
3. 위치(position): 구 동사(phrasal verb)의 구성요소인 부사는 다음과 같이 절의 끝으로 이동할 수 있다. *He ran the sentence on(그는 형을 집행했다).*은 *가능하지만* **He ran the race on.*은 불가능하다.

보충어(Complement)

잔여부(RESIDUE)의 두 번째 부문은 보충어이다. 보충어는 절에서 필수적이지 않은 요소로 정의되며, 이는 명제(proposition)의 주요 논항에 의해 어떻든 간에 다소 영향을 받는다.

보충어는 주어(Subject)가 될 수 있는 잠재력을 갖고 있지만 실제로는 그렇지 않은 잔여부(Residue) 내 요소로 정의된다. 보충어는 절을 수동태로 만드는 과정을 통해 주어가 될 수 있다.

Henry James	*wrote*		*'The Bostonians'.*
Subject	Finite	Predicator	Complement
MOOD		RESIDUE	

'The Bostonians'	*was*	*written*	*by Henry James.*
Subject	Finite	Predicator	(Adjunct: see below)
MOOD		RESIDUE	

서술어가 *give*이거나 그 동의어인 절에서는 다음 두 개의 보충어가 포함될 수 있다.

Simon	*gave*		*George*	*a book.*
Subject	Finite	Predicator	Complement	Complement
MOOD		RESIDUE		

수동태 테스트는 두 요소 중 어느 것이라도 주어가 될 수 있으므로 그 둘 모두를 보충어로 식별한다.

George	*was*	*given*	*a book*	*by Simon.*
Subject	Finite	Predicator	Complement	Adjunct (see below)
MOOD		RESIDUE		

A book	*was*	*given*	*to George*	*by Simon.*
Subject	Finite	Predicator	Adjunct	Adjunct (see below)
MOOD		RESIDUE		

보충어는 일반적으로 위의 모든 예에서 보이는 것처럼 명사 그룹이다. 때로는 전체 절일 수도 있는데 다음과 같은 내포의 예가 있다.

Henry James	*is*	*a guy that can write.*
Subject	Finite	Complement
MOOD		RESIDUE

보충어에는 속성 보충어(Attributive Complements)라고 불리는 특별한 하위 부류가 있는데, 여기서 보충어는 형용사 부류(단어 또는 구)로 실현된다.

He	*isn't*	*contemporary.*
Subject	Finite: neg	Complement: attributive
MOOD		RESIDUE

이런 예들에서 보충어들은 주어를 서술하여 해당 속성을 제공하는 기능을 한다. 기술적으로, 속성 보충어는 주어가 될 수 없다(또한 수동태를 형성할 수는 없다).

*Contemporary is not been by him.

부가어(Adjuncts)

우리가 설명할 필요가 있는 마지막 성분은 부가어이다. 부가어는 절에 추가 (그러나 중요하지 않은) 정보를 제공하는 요소로 정의될 수 있다. 주어가 될 잠재성이 없는 요소로 식별될 수 있다. 즉 이들은 명사류 요소가 아닌 부사 또는 전치사이다. 다음에서 절의 부가어는 굵게 표시된 것이다.

I learnt the English language **from this guy**.

Camels always walk **like that**.

Actually, I really wanted pink champagne.

Frankly, I can't stand Henry James.

모든 부가어들이 이러한 특성을 공유하지만, 부가어의 절에 대한 기여도가 주로 관념적, 대인 관계적, 텍스트적인지에 따라 세 가지 범주로 구분할 수 있다. 부가어의 세 부류는 절의 무드/잔여부(MOOD/RESIDUE) 분석에서 서로 다른 위치를 부여받는다. 다음으로 이어질 논의의 마지막 부분에서는 모든 부가어 유형을 요약하여 표로 제공할 것이다.

관념적 의미 부가하기: 상황 부가어(Circumstantial Adjuncts)

상황 부가어(Circumstantial Adjuncts)는 절 처리 과정에서 나타나는 관련 상황 몇 가지를 표현함으로써 절에 관념적인 내용을 추가한다. 상황적 의미는 시간(*when*으로 감지되는), 장소(*where*), 원인(*why*), 화제(*about what*), 동반자(*with whom*), 수혜자(*to whom*), 주체(*by whom*)를 의미할 수 있다. 다음은 몇 가지 분석된 예이다.

시간(TIME): when

They	*can't*	*do*	*that*	*these days.*
Subject	Finite: mod/negative	Predicator	Complement	Adjunct: circumstantial
MOOD		RESIDUE		

원인(CAUSE): what for

You	*read*		*books*	*for fun.*
Subject	Finite	Predicator	Complement	Adjunct: circumstantial
MOOD		RESIDUE		

화제(MATTER): of what, about what

Henry James	*writes*		*about women.*
Subject	Finite	Predicator	Adjunct: circumstantial
MOOD		RESIDUE	

행위주(AGENT): by whom

George	*was*	*read*	*'The Bostonians'*	*by Simon.*
Subject	Finite	Predicator	Complement	Adjunct: circumstantial
MOOD		RESIDUE		

행위주 상황어(Agent Circumstantials)는 행위주가 삭제되지 않는 수동태에서 나타난다. 행위주 상황어는(다른 상황어들과 달리) *Simon read George 'The Bostonians'*와 같이 능동태로 바꾸고 전치사 *by*를 삭제하여 절의 주어로 만들 수 있다.

상황 부가어들은 일반적으로 전치사구와 시간, 방식, 장소 등의 부사로 표현된다. 상황 부가어들은 명제에서 논쟁의 여지가 있을 수 있는 부분인 의미에 기여하지 않는다. 비록 상황 부가어들이 언제나 진위를 따지는 질문에 유용하게 사용할 수 있기는 하나, 이들은 절의 잔여부(RESIDUE)의 부분으로서 취급되며 위에서 보여 준 것처럼 잔여부(RESIDUE) 박스에서 분석되어야 한다.

대인 관계적 의미 추가하기: 양태 부가어(Modal Adjuncts)

양태 부가어(Modal Adjuncts)는 절에 대인 관계적 의미를 더하는 절 성분이다. 즉 대화를 생성하거나 유지하는 데 어떻게든 관련되는 의미를 더한다. (주어/한정어에 몇 가지 자격을 첨가하여) 무드(MOOD) 요소에 직접적으로 영향을 주거나 또는 간접적으로 태도를 나타내는 표현을 단순히 추가하거나 상호작용 자체를 지시하려는 시도를 해서 수행할 수 있다. 양태 부가어(Modal Adjunct)에는 4가지 주요 유형이 있다.

1. 서법 부가어(Mood Adjuncts)
2. 극성 부가어(Polarity Adjuncts)
3. 코멘트 부가어(Comment Adjuncts)
4. 호칭 부가어(Vocative Adjuncts)

1과 2는 무드(MOOD)의 성분에 직접적으로 작용하므로 무드(MOOD) 요소로 표시되지만, 3과 4는 전체 절에 영향을 미치므로 무드(MOOD) 또는 잔여부(RESIDUE) 박스에 포함되지 않는다. 이제 양태 부가어(Modal Adjuncts)의 각 하위 부류를 간략히 논의할 것이다.

1. 서법 부가어

Halliday와 Matthiessen(2004:126-9)에 따르면, 다음 범주 항목은 서법 부가어로 분류할 수 있다.

i) 개연성 표현(expressions of probability): *아마(perhaps), 어쩌면(maybe), 아마도(probably)*

ii) 일상성 표현(expressions of usuality): *때때로(sometimes), 보통(usually)*

iii) 강조 표현 또는 최소화 표현(expressions of intensification or minimization): *정말로(really), 아마도(absolutely), 단지(just), 다소(somewhat)*

iv) 추정 표현(expressions of presumption): *명백하게(evidently), 분명히(presumably), 명백하게(obviously)*

v) 의향 표현(expressions of inclination): *행복하게(happily), 기꺼이(willingly)*

Camels	*probably/maybe/usually/always/sometimes*	*walk*		*like that.*
Subject	Adjunct: mood	Finite	Predicator	Adjunct: circumstantial
MOOD			RESIDUE	

개연성 의미를 표현하는 서법 부가어(Mood Adjuncts)는 위에 언급된 양태 운용자(Modal Operators)와 밀접한 관련이 있으며, 이에 대해서는 아래의 양태(Modality) 섹션에서 다시 논의할 것이다. 양태 부가어(Modal Adjuncts)는 화자가 개연성/가능성(probability/likelihood)에 대한 판단을 명제에 추가할 수 있는 두 번째 기회를 제공한다. 많은 생략형 응답(*Maybe, Possibly, Perhaps, Presumably*)은 서법 부가어(Mood Adjuncts)로 분류된다. 서법 부가어(Mood Adjuncts)를 인식하는 데 좋은 테스트는 생략형 응답에서도 그것이 유지되는지를 보는 것이다.

He was a great writer.

-*Maybe*
Adjunct: modal
MOOD

-*Obviously*
Adjunct: modal
MOOD

2. 극성 부가어: 'Yes' 그리고 'No'

*yes*와 *no*, 그리고 일반 대화 응답에서 흔히 이들을 대신해 사용되는 선택형(*yea, yep, na, nope, etc.*)은 다음의 두 가지 다른 방식으로 기능할 수 있다.

i) 극성 부가어로서: YES 또는 NO가 생략된 절을 대신할 때 이들은 극성 부가어로 분석되어야 한다. 그들은 생략된 무드(MOOD) 성분을 대신하고 있기 때문에 극성 부가어는 절의 무드(MOOD) 성분의 일부로 분류된다.

Henry James was a guy that could write.

-*Yes.*
Adjunct: Polarity
MOOD

극성 부가어로서의 역할에서 이들은 항상 강조 항목이 되고 억양으로 실현되며 주어와 한정어를 명시적으로 만들 수 있다(예: *Henry James was a guy that could write. – He was.*).

ii) 텍스트 부가어(Textual Adjuncts)로서: 절을 이끄는 문두 강세가 없는 위치에서 YES 또는 NO(또는 더 일반적으로는 *yep* 또는 *na*)가 나타나면, 이들은 연속성 항목(continuity items)으로 취급되고 텍스트 부가어로 분류되어야 한다(아래 참조).

3. 코멘트 부가어(Comment Adjuncts)

서법(Mood) 부가어와 극성 부가어는 명제에 대해 논쟁할 수 있는 부분(즉 무드(MOOD) 성분에)과 직접적으로 관련된 의미를 표현하지만, 코멘트 부가어는 전체 절에 대한 평가를 표현하는 기능을 한다. 다음의 예를 보자.

Frankly	*I*	*can't*	*stand*	*Henry James.*
Adjunct: comment	Subject	Finite: mod/neg	Predicator	Complement
	MOOD		RESIDUE	

Unfortunately	*I*	*'ve*	*never*	*read*	*'The Bostonians'.*
Adjunct: comment	Subject	Finite	Adjunct: mood	Predicator	Complement
	MOOD			RESIDUE	

코멘트 부가어는 일반적으로 절의 앞 위치에서 또는 주어(Subject) 바로 뒤에 나타나며 부사에 의해 실현된다. Halliday(1994:49)는 코멘트 부가어에 의해 표현되는 것으로 다음의 의미를 정의한다.

- 허가(admission): *솔직히(frankly)*
- 단언(assertion): *솔직히(honestly), 정말로(really)*
- 얼마나 바라는가(how desirable): *다행히(luckily), 잘하면(hopefully)*
- 얼마나 지속적인가(how constant): *일시적으로(tentatively), 잠정적으로(provisionally)*
- 얼마나 유효한가(how valid): *전반적으로 말하면(broadly speaking), 일반적으로(generally)*
- 얼마나 분별력이 있는가(how sensible): *이해하기 쉽게(understandably), 현명하게(wisely)*
- 얼마나 예상가능한가(how expected): *예상대로(as expected), 놀랍게도*

(*amazingly*)

코멘트 부가어는 태도와 평가를 표현하는 데 첨가되는 것이므로 절에서 대인 관계적 요소로 여겨질 수 있다. 그러나 Halliday는 코멘트 부가어의 범위가(단지 한정어 요소가 아니라) 전체 절이므로 무드/잔여부(MOOD/RESIDUE) 구조 밖에서 운용되는 것이라 주장한다.

4. 호칭 부가어(Vocative Adjuncts)

호칭 부가어(Vocative Adjuncts)는 '다음 차례 화자'를 지정하여 담화를 통제하는 기능을 한다. 호칭 부가어(Vocative Adjuncts)는 이름으로 식별되는데, 이때 이름은 주어와 보충어로 기능하지 않지만 이름이 불리어 지정된 사람에게 말을 건네는 데 사용된다.

코멘트 부가어와 마찬가지로, 호칭 부가어는 절의 무드(MOOD) 성분에 직접적으로 영향을 미치지 않지만 절 전체에 영향을 준다. 호칭 부가어는 일반적으로 절의 처음이나 끝에서 나타나지만, 절의 다양한 성분 경계에서 발생할 수 있다. 호칭 부가어의 효과는 절의 텍스트적 조직에 기여하기 때문에 무드(MOOD) 또는 잔여부(RESIDUE)에 속하지 않아 이들 박스에서 나타나지 않는다.

Did	*you*	*do*	*physics*	*George?*
Finite	Subject	Predicator	Complement	Adjunct: vocative
MOOD		RESIDUE		

Everyone	*knows*		*that,*	*Simon.*
Subject	Finite	Predicator	Complement	Adjunct: vocative
MOOD		RESIDUE		

텍스트적 의미 더하기: 텍스트 부가어(Textual Adjuncts)

텍스트적 의미는 메시지 자체의 조직과 관련된 의미이다. 텍스트 부가어(Textual Adjuncts)는 두 가지 주요 유형이 있다. 즉 **접속 부가어(Conjunctive Adjuncts)**와 **연속 부가어(Continuity Adjuncts)**이다. 접속 부가어(Conjunctive Adjuncts) 유형은 **응집성 접속어(cohesive conjunctions)**로 표현되며 한 문장과 다른 문장을 연결하는 역할을 한다. 일반적으로 문장의 시작 부분에서 발생하지만 다른 지점에서도 발생할 수 있다. 그들은 제2장에서 우리가 처음 접한 정교화(elaboration), 확대(extension) 및 증진(enhancement)과 같은 논리적 의미 연계성을 논의할 때 표현으로 사용된다. 문어 텍스트에서 접속 부가어(Conjunctive Adjuncts)는 *however, moreover, nevertheless, in other words* 등이다. 그러나 대화에서 화자는 종종 *so, like, I mean*과 같은 비격식적인 접속어를 사용한다. 왜냐하면 이런 응집성 접속어들은 텍스트적 의미를 추가하지만 대인 관계적 의미는 추가하지 않기 때문이다. 접속 부가어는 **무드(MOOD)** 박스나 **잔여부(RESIDUE)** 박스에 속하지 않으며 다음과 같이 분석할 수 있다.

So	*poor old Henry*	*'s*	*out the shoot*	*too.*
Adjunct: conjunctive	Subject	Finite	Complement	Adjunct: conjunctive
	MOOD		RESIDUE	

응집성 접속어 대 배열 접속어(Cohesive vs tactic conjunctions): 구별하기

유감스럽게도 초보자의 문법적 분석을 위해 접속 부가어에 대해 보다 명확하게 해야 할 것이 한 가지 더 있다. 모든 접속사가 접속 부가어는 아니다. 제9장에서 알게 되겠지만, 엄격히 말해 (문장을 연결하는) **응집성 접속어**와 (절 복합체 내부에서 절을 연결하는) **구조적** 또는 **배열 접속어(structural or tactic conjunctions)**는 문법적으로 구분된다. 응집성 접속어가 동일 절에서는 나타나지 않는 의미들 사이의 의미적 연결을 구성하는 반면, 배열 접속어는 단 하나의 문장 (절 복합체) 내에서 절 사이의 구조적 관계를 표현한다. 우리는 이미 응집성 접속어에 익숙하다. 배열 접속어는 *because, when, if, although, and, but, as, before, since*가 포함된다. 다음을 비교하라.

i) I don't read Henry James. Therefore, I can't comment on the length of his sentences.

ii) I don't read Henry James because his sentences are too long.

i)에는 두 문장이 있다. 각 문장은 하나의 절로 구성된다. 증진의 응집성 연결(cohesive tie of enhancement)은 응집성 접속어 *therefore*에 의해 두 문장 사이에서 성립된다. *therefore*는 선택적으로 사용할 수 있고 이동 가능하다는 점에 유의하라. (단지 명시적 응집력을 약화할 뿐) 문장의 구조적 완전성에 영향을 미치지 않고 생략될 수 있다. 그리고 절의 다른 곳에 배치될 수 있다(*I can't comment, therefore, on the length of bis sentences.*). 우리는 서법(Mood) 분석에서 *therefore*를 무드(MOOD) 박스와 잔여부(RESIDUE) 박스 밖에 두고 *therefore*를 **접속 부가어**로서 분석함으로써 *therefore*의 선택적, 텍스트적인 역할을 알 수 있다.

I	*don't*	*read*	*Henry James.*
Subject	Finite	Predicator	Complement
MOOD		RESIDUE	

Therefore,	*I*	*can't*	*comment*	*on the length of his sentences.*
Adjunct: conjunctive	Subject	Finite	Predicator	Adjunct: circumstantial
	MOOD		RESIDUE	

그러나 ii)에서는 (절 복합체로서) 한 문장 안에 두 개의 절이 있다. 두 절은 선택적 결합이나 이동이 가능하지 않는 배열 접속어 *because*에 의해 연결된다. 우리는 구조적 부가어(structural conjunction)를 사용하지 않고 이러한 증진적 구조 관계를 생성할 수 없으며 두 번째 절에서는 어느 위치로든 *because*를 이동할 수 없다. 9장에서 살펴보겠지만 *because*와 같은 배열 접속어는 텍스트적 의미를 추가하는 것이 아니라 논리적 의미를 추가하는 것 같다. 이는 우리가 절 복합체 분석을 통해 포착할 수 있다. 이러한 이유 때문에 많은 분석가들은 *because*와 같은 배열 접속어(tactic conjunctions)(그리고 다른 순수한 구조적 단어)에 어떤 라벨도 지정하지 않는다.

I	*don't*	*read*	*Henry James.*
Subject	Finite	Predicator	Complement
MOOD		RESIDUE	

because	*his sentences*	*are*	*on the length of his sentences.*
	Subject	Finite	Complement
	MOOD		RESIDUE

응집성 접속어와 배열 접속어에 의해 만들어진 의미가 겹치는 것처럼, 사용 단어도 어느 정도 중첩이 있다. 예를 들어 *so*는 응집적으로(하나의 문장을 앞 문장에 연결하기 위해) 또는 배열적으로(하나의 절 복합체 내에서 구조적으로 두 절을 연결하기 위해) 연결하는 기능이 있다. 그리고 문제를 더욱 복잡하게 하기 위해 대화론자(coversationalists)들은 종종 자신의 발언을 다른 화자 이전 발언에 연결하기 위해 배열 접속어를 사용한다. 이 경우 우리는 실제로 그들의 접속을 응집적으로 다루어야 한다. 예를 들어 George가 Simon에게 다음과 같이 도발한다.

Because	*he*	*didn't*	*know*	*anything about physics.*
Adjunct: conjunctive	Subject	Finite: neg	Predicator	Complement
	MOOD		RESIDUE	

여기에서 George의 *because*는 Simon의 앞선 언급과 한층 강화된 관계를 형성한다.

따라서 서법(Mood) 분석을 목적으로, 응집성 접속어는 텍스트적 역할을 수행하는 절에서 실제 부가적이고 필수적이지 않은 부문이기 때문에 **접속 부가어**로 분류되어야 한다. 그러나 배열 접속어는 라벨화를 하지 않은 채로 남겨 둘 수 있다. 그러나 이 단계에서 이런 구별을 하기가 어렵다는 것을 알게 되면 모든 접속사를 접속 부가어로 라벨을 붙여도 큰 타격은 없다. 사실 현대 영어에서는 응집적 부가어(예: *however*)가 어찌되었든 배열 접속어로 사용되고 있는 추세이므로, 이 영역의 영어 문법은 현재 유동적인 상태라 할 수 있다.

연속 부가어(Continuity Adjuncts)

텍스트 부가어(Textual Adjuncts)의 두 번째 하위 범주는 연속 부가어(Continuity Adjunct)이다. 이 범주는 지속적이고 연속적인 항목, 특히 캐주얼 대화에서 예를 들어 *as well, yea, oh*가 절을 시작하기 위해 나타나거나 이전 대화에 대한 응답으로 제공되는 신호를 포함한다. 접속 부가어(Conjunctive Adjuncts)와 달리, 구체적 논리 관계(즉 정교화, 확대 또는 증진)는 부가어에 의해 표현되지 않는다. 이것들은 단순히 화자가 더 많이 말하고 있음을 알린다. 다시 말하지만 이 연속 부가어는 무드(MOOD) 또는 잔여부(RESIDUE) 박스에 속하지 않으며 논증의 차원이 아닌 절의 텍스트 구성에 기여한다.

Well	*what*	*was*	*that book you gave me?*
Adjunct: continuity	Subject	Finite	Complement
	MOOD		RESIDUE

연속 부가어(Continuity Adjuncts)와 접속 부가어(Conjunctive Adjuncts)는 순서대로 발생할 수 있다.

oh	*now*	*he*	*'s*	*talking*	*about Henry James.*
Adjunct: continuity	Adjunct: conjunctive	Subject	Finite	predicator	Adjunct: circ
		MOOD		RESIDUE	

위에서 언급한 바와 같이, 절을 시작하면서 강세를 받지 않는 문두(또는 거의 문두) 위치에서 *yes*와 no(또는 더 일반적으로 *yea*나 *na*)가 발생하면, 그것들은 텍스트적 항목으로 취급하고 연속 부가어로 분류해야 한다. 이러한 상황에서 YES 또는 NO의 기능은 주로 극성(한정어에서 표현됨)을 표현하는 것이 아니라 화자가 말차례를 가지면서 자신의 입장을 선언할 것이라는 신호를 보내는 것이다.

Yea,	*I*	*know.*	
Adjunct: textual	Subject	Finite	Predicator
	MOOD		RESIDUE

수신인이 상대에게 계속 청취한다는 신호를 보내기 위해 (보통은 일정한 간격으로 반복되는) *yes*를 사용하는 것은, 생략된 무드(MOOD) 요소가 포함되지 않았기 때문에 텍스트 부가어라고 생각해야 한다.

부가어 요약

우리가 살펴본 다른 구성 요소와는 달리, 부가어는 발생 횟수를 제한받지 않는다. 하나의 절에 여러 유형의 부가어들이 무한대로 포함될 수 있다. 예를 들어 다음과 같다.

But	unfortunately	Henry James' novels	can't	usually	be bought	in local bookshops.
Adjunct: conjunctive	Adjunct: comment	Subject	Finite: mod/neg	Adjunct: mood	Predicator	Adjunct: circ
		MOOD			RESIDUE	

Table 6.5은 부가어들의 여러 유형을 식별하고 위치와 함께 요약한 것이다.

Table 6.5 Summary of types of Adjuncts

SUMMARY OF ADJUNCTS				
Type	sub-type	meanings	class of item	location in analysis
ideational	circumstantial	time, manner, location, etc.	prepositional phrase, adverb	in RESIDUE
interpersonal (modal)	mood	intensity probability usuality presumption	adverb	in MOOD
	polarity	positive or negative	yes/no(elliptical)	in MOOD
	comment	speaker's assessment of whole message	adverb, prepositional phrase	not in MOOD or RESIDUE
	vocative	nominating next speaker	name	not in MOOD or RESIDUE
textual	conjunctive	logical linking of messages	cohesive conjunction	not in MOOD or RESIDUE
	continuity	message coming	minor clauses, adverbs(yeh/nah)	not in MOOD or RESIDUE

Table 6.5 부가어 유형 요약

부가어 요약				
유형	하위 유형	의미	항목 분류	분석 위치
관념적	상황	시간, 태도, 위치 등	전치사구, 부사	잔여부에 위치
대인관계적 (양태적)	서법	강조, 개연성, 일상성, 추정	부사	무드에 위치
	극성	긍정 또는 부정	네/아니요(생략형)	무드에 위치
	코멘트	메시지 전체에 대한 화자의 단언	부사, 전치사구	무드나 잔여부에 위치하지 않음
	호칭	다음 화자 지명하기	이름	무드나 잔여부에 위치하지 않음
텍스트적	접속	메시지의 논리적 연결	응집성 접속어	무드나 잔여부에 위치하지 않음
	연속	메시지 등장	소절, 부사 (응, 아니)	무드나 잔여부에 위치하지 않음

요약: 평서절의 서법(Mood) 구조

이 시점에서 우리는 평서절의 서법 구조에 나타나는 모든 성분을 확인하고 라벨을 지정했다. 우리가 도입한 라벨은 이제 **완전절**(major clauses)과 **소절**(minor clause)의 중요한 차이를 구별할 수 있게 해 준다. 완전절은 무드(MOOD) 부문이 있는 절이다. 무드(MOOD) 부문은 때로는 생략될 수는 있다. 다음은 완전절의 예이다.

생략 요소가 없는 (완형) 완전절

Henry James	*wrote*		*'The Bostonians'.*
Subject	Finite	Predicator	Complement
MOOD		RESIDUE	

생략 요소가 있는 완전절(Did Henry James write it? **질문에 대한 답변으로**)

Yes	*(he*	*did).*
Adjunct: Polarity	(Subject	Finite)
	MOOD[7]	

생략 요소가 있는 완전절에서 우리는 주어(Subject)와 한정어(Finite)를 채울 수 있기 때문에 무드(MOOD) 부문이 선택되었음을 알 수 있다.

반면에 **소절**은 절대로 무드(MOOD) 구성 요소를 갖고 있지 않는 절이다(예: *Oh dear!, Well!, Eh?, OK*).

소절은 일반적으로 짧지만 이 간결함은 생략의 결과로 나타나는 것이 아니다. 소절은 주어(Subject) 및 한정어(Finite)를 채울 수는 없다. 이는 단지 이런 절들이 주어(Subject) 또는 한정어(Finite)를 선택하지 않는다는 간단한 이유에서이다. 'OK'는, '*I'm OK*' 또는 '*It's OK*' 또는 '*We'll be OK*'라는 뜻이 아니라 단순한 'OK'를 의미한다. 주어와 한정어가 늘 없으므로 이와 일관되게 소절에는 태그를 붙일 수 없고, 오히려 여러 다른 방식으로 태그를 붙일 수 있다고 해도 애초에 주어 또는 한정어가 없기 때문에 어떤 방식으로 태그를 붙이는 것이 더 좋은 방식인지를 결정할 수 없다.[8]

완전절은 주어와 한정어를 선택한 절이다. 그런데 지금까지 우리는 한 종류의 완전절인 **평서문**을 설명했으며, 그 전형적인 구조는 다음과 같다.

Simon	*has*	*been reading*	*Henry James*	*lately.*
Subject	Finite	Predicator	Complement	Adjunct:circ
MOOD		RESIDUE		

7) **[역자 주]** 원문에는 MOOD 부분의 구획이 이루어지지 않았으나 내용상 오류로 판단하여 주어와 한정어 부분만을 MOOD 부분에 속하도록 구획.

8) **[역자 주]** 소절 OK는 '*I am OK, It's OK*'가 아닌 단순 OK이므로 tag를 붙이려 해도 *am I?, isn't OK?* 라고 해야 할지 결정하기 어렵다.

주어는 한정어, 서술어, 보충어, 부가어 앞에 온다. 이것은 평서절의 전형적인 S^F^P^C^A 구조이다. 이제 다른 절 유형의 구조를 살펴볼 것이다. 새로운 성분을 식별할 필요는 없어도 주어, 한정어, 서술어, 보충어, 부가어의 성분들이 어떤 순서로 정렬되는가는 중요하다.

극성 의문문(Polar interrogatives)

영어에서 질문하기는 두 가지 주요 구조가 있다. **극성 의문문**(yes/no questions), **WH-의문문**(who, what, which, where, when, why, how를 사용하는)이다.

극성 의문문 구조는 한정어가 주어 앞에 위치하는 것과 관련된다. 예를 들어 다음과 같이 평서문에서 극성 의문문을 도출할 수 있다.

Simon	*is*	*reading*	*Henry James.*
Subject	Finite	Predicator	Complement
MOOD		RESIDUE	

Is	*Simon*	*reading*	*Henry James?*
Finite	Subject	Predicator	Complement
MOOD		RESIDUE	

의문문 도출과 관련이 있는 평서문에 한정어/서술어가 융합되어 포함된 경우(예: 단순 과거 및 단순 동사), 주어 앞에 배치할 한정어를 가져야 한다. 이 한정어는 일반적으로 보조 동사 *do*이다.

Simon	*learnt*		*the English language*	*from Henry James.*
Subject	Finite	Predicator	Complement	Adjunct: circumstantial
MOOD		RESIDUE		

Did	Simon	learn	the English language	from Henry James?
Finite	Subject	Predicator	Complement	Adjunct: circumstantial
MOOD		RESIDUE		

단순 시제에서 서술어가 없는 to *be* 동사 경우, 극성 의문문의 구조는 다음과 같다.

Is	*he*	*a physicist?*
Finite	Subject	Complement
MOOD		RESIDUE

평서문의 단순 시제로 서술어를 가지고 있지 않은 동사 to *have* 경우, 극성 의문문을 구성하기 위해 한정어와 서술어 슬롯을 채우는 것이 필요하다는 것을 알게 되며, 일반적으로 *got* 또는 *have* 단어가 서술어로서 도입된다.

Simon	*has*	*a copy of 'The Bostonians'.*
Subject	Finite	Complement
MOOD		RESIDUE

Does	*Simon*	*have*	*a copy of 'The Bostonians'?*
Finite	Subject	Predicator	Complement
MOOD		RESIDUE	

Has	*Simon*	*got*	*a copy of 'The Bostonians'?*
Finite	Subject	Predicator	Complement
MOOD		RESIDUE	

대화의 개시 이동마디로서 나타나는 극성 의문문은 생략이 있는 완전절에 의해 응답된다. 사용되는 생략형의 유형은 보통 극성의 양태 부가어(Modal Adjunct of Polarity) 또는 개연성을 나타내는 서법 부가어가 되거나

Does Simon have a copy of 'The Bostonians'?

-Yes
Adjunct: polarity
MOOD

-No
Adjunct: polarity
MOOD

-Maybe
Adjunct: mood
MOOD

또는 잔여부(RESIDUE)가 생략된 것일 수 있다.

Does Simon have a copy of 'The Bostonians'?

-He	*does.*
Subject	Finite
MOOD	

WH 의문문

WH 의문문에서는 WH 요소의 존재를 인식할 필요가 있다. 이 WH 요소는 항상 절 구조의 다른 요소와 합병되거나 융합된다. 그것은 주어, 보충어, 상황 부가어 중의 하나와 융합될 수 있으며, 융합되는 요소의 상태에 따라 무드(MOOD) 또는 잔여부(RESIDUE)의 성분으로 표시된다.

주어와 함께 융합된 WH 요소(무드(MOOD) 부분에서)

Who	wrote		'The Bostonians'?
WH/Subject	Finite	Predicator	Complement
MOOD		RESIDUE	

보충어와 함께 융합된 WH 요소(잔여부(RESIDUE) 부분에서)

What	does	'quantum leap'	mean?
WH/Complement	Finite	Subject	Predicator
RESIDUE …	MOOD		… RESIDUE

상황 부가어와 함께 융합된 WH 요소(잔여부(RESIDUE) 부분에서)

When	did	Henry James	write	'The Bostonians'?
WH/Adjunct:circ	Finite	Subject	Predicator	Complement
RESIDUE…	MOOD		…RESIDUE	

WH 요소는 예상되는 응답에 제공될 요소를 지정한다. 일반적으로 응답의 이동마디에는 필요한 정보 외에 모든 것이 생략된다.

Who wrote 'The Bostonians'?

-Henry James
Subject
MOOD

When did Henry James write'The Bostonians'?

-Late 19th century.
Adjunct: circumstantial
RESIDUE

be 동사 절에서 WH 요소가 사용되는 경우, WH 요소가 주어 또는 보충어와 융합 가능한지의 여부를 결정하기가 어려울 수 있다. 예를 들어,

Who was Henry James?

Who is the author of 'The Bostonians'?

이 절의 구조를 결정하려면 질문에 대한 대답을 제공한 후에 그 대답 구조를 분석해 보라.

Who was Henry James?

–Henry James	*was*	*the author of 'The Bostonians'.*
Subject	Finite	Complement
MOOD		RESIDUE

그래서 WH/보충어이다.

Which was Henry James'most famous book?'

–'The Bostonians'	*was*	*Henry James' most famous book.*
Subject	Finite	Complement
MOOD		RESIDUE

그래서 WH/주어이다. 추가 테스트는 동사 형태를 단순한 형태에서 연속 형태로 바꾸는 것이다(*is-is being*). WH가 보충어와 융합하는 경우, 절의 다른 참여 요소는 서술어 앞에서 발생한다.

Who is Henry James?

Who	*is*	*Henry James*	*being?*
WH/Complement	Finite	Subject	Predicator
RESIDUE. . .	MOOD		. . . RESIDUE

WH가 주어와 융합하는 경우, 절의 다른 참여 요소는 서술어 뒤에서 발생한다.

Who is the author of 'The Bostonians'?

Who	*is*	*being*	*the author of 'The Bostonians'?*
WH/Subject	Finite	Predicator	Complement
MOOD		RESIDUE	

WH 요소가 주어와 융합되는 경우, WH 의문문의 일반적인 구조는 한정어 앞에 주어가 위치하는 평서문 구조와 유사하다.

Who	*had*	*read*	*'The Bostonians'*	*at school?*
WH/Subject	^ Finite	^ Predicator	^ Complement	^ Adjunct

WH 요소가 보충어나 부가어와 융합하는 경우, 전형적인 구조는 주어 앞에 한정어 요소가 나타나는 극성 의문문의 구조이다.

What	*did*	*Henry James*	*write*	*about?*
WH/C	^ Finite	^ Subject	^ Complement	^ Adjunct

When	did	Henry James	write	'The Bostonians'?
WH/A	^ Finite	^ Subject	^ Predicator	^ Complement

감탄문(Exclamatives)

놀람, 혐오감, 걱정 등의 감정 표현을 위한 상호작용에 사용되는 감탄문 구조는 의문문과 평서문의 패턴이 섞여 있다. WH 의문문과 마찬가지로 감탄문 구조는 WH 요소의 존재를 필요로 하며, 보충어 또는 부가어와 융합한다.

(잔여부(RESIDUE) 부분으로서) 보충어와 융합한 WH

What a great writer	*Henry James*	*was!*
WH/Complement	Subject	Finite
RESIDUE	MOOD	

(잔여부(RESIDUE) 부분으로서) 속성 보충어와 융합한 WH

How amazing	*he*	*was!*
WH/Attribute	Subject	Finite
RESIDUE	MOOD	

(잔여부(RESIDUE) 부분으로서) 부가어와 융합한 WH

How fantastically	*Henry James*	*wrote!*	
WH/Adjunct: circumstantial	Subject	Finite	Predicator
RESIDUE …	MOOD		… RESIDUE

구조적으로, 절은 평서문의 패턴을 가지며 주어는 한정어에 선행한다. 즉 WH/C ^S ^F ^P ^A 순서이다.

감탄문 이동마디에 대한 전형적인 반응은 극성(동의 또는 비동의)이며, 극성 부가어를 제외하고 모든 것이 생략된다.

What great books Henry James was writing last century!

-Yep.
Adjunct: polarity
MOOD

때로는 생략에서 주어(Subject), 서법 부가어(Mood Adjunct), 한정어(Finite)를 남길 수 있다.

What great books Henry James was writing last century!

-He	*sure*	*was.*
Subject	Adjunct:mood	Finite
MOOD		

대답을 하는 사람은 종종 소절을 도입한다.

What great books Henry James was writing last century!

-Too right.
Minor

양태(Modality): (1) 인식 양태(modalization)

우리는 지금까지 정보를 제공하고 요구하는 절의 조직, 즉 명제의 문법을 설명하는 데 관여하는 구조적 요소들을 다루어 왔다. 우리는 정보를 교환할 때 절이 **명제** 형태를 취할 것을 제안했다. 명제는 논쟁의 여지가 있지만 특별한 방식으로 논의될 수 있다. 우리가 무엇이 존재하는지 그렇지 않은지에 대해 논쟁을 벌이면서 정보를 교환할 때, 정보는 인정되거나 거부될 수 있다.

그러나 극성의 양극만이 유일하게 나타나는 것은 아니다. 이 두 극단 사이에는 확신의 정도 또는 일상성 등의 선택할 표현이 많이 있다. 예를 들어 어떤 것은 '*아마도*(*perhaps*)'이고, 어떤 것은 '*확실*(*for sure*)'하지 않다. 어떤 것은 '*때때로*(*sometimes*)'이고, 어떤 것은 '*항상*(*always*)'이 아니다. 이러한 중간적 위치는 우리가 **인식 양태(modalization)**라고 부르는 것이다.

인식 양태는 일반적으로 **양태(modality)**라는 문법 영역의 절반에 해당하며, 이는 언어 사용자가 메시지에 개입하여 다양한 여러 종류의 태도와 판단을 표현하는 다양한 방법과 관련되는 복잡한 영어 문법 영역이다. 명제의 개연성 또는 빈도에 관한 논의를 위해 양태(modality)가 사용되는 경우 이를 인식 양태(modalization)라고 한다. 양태(modality)가 제안의 의무나 의향을 논의하는 데 사용될 때에는 이를 당위 양태(modulation)라 부른다(이는 나중에 논의할 것이다).

Halliday와 Matthiessen이 제시한 대로(2004:147-50과 617-21), 인식 양태(Modalization)는 두 가지 종류의 의미 표현을 포함한다.

i) **개연성(probability)**: 화자가 어떤 일이 일어나거나 어떤 일이 일어날 가능성 또는 개연성에 대한 판단을 표현하는 경우
ii) **일상성(usuality)**: 화자가 어떤 일이 일어나거나 어떤 일이 있는 빈도에 대한 판단을 표현하는 경우

우리는 우리의 분석 두 곳에서 이미 이러한 인식 양태의 의미를 접했다. 즉 하나는 양태 운용자(modal operators)의 한정어 범주 안에서 그리고 또 하나는 서법 부가어(Mood Adjuncts) 부류 안에서이다. 따라서 인식 양태(modalization)를 통해 만들어진 의미는 다음 세 가지 방식으로 절에 나타날

수 있다.

1. **한정 양태 운용자(finite modal operator)의 선택을 통해**

'The Bostonians'	*might*	*have been written*	*by Henry James.*
Subject	Finite:modal	Predicator	Adjunct:circ
MOOD		RESIDUE	

2. **개연성, 확실성 등의 서법 부가어 사용을 통해**

'The Bostonians'	*was*	*possibly*	*written*	*by Henry James.*
Subject	Finite	Adjunct:mood	Predicator	Adjunct:circ
MOOD			RESIDUE	

3. **양태 한정어(modal Finite)와 서법 부가어를 모두 사용하는 것을 통해**

'The Bostonians'	*might*	*possibly*	*have been written*	*by Henry James.*
Subject	Finite:modal	Adjunct:mood	Predicator	Adjunct:circ
MOOD			RESIDUE	

양태 운용자(modal operators)와 서법 부가어(Mood Adjuncts)는 이것들이 표현하는 확실성이나 일상성의 정도에 따라 분류할 수 있다. 즉 높음(*must, certainly always*), 중간(*may, probably, usually*), 낮음(*might, possibly, sometimes*)이다. 따라서 동일한 의미가 두 가지 방식으로 실현될 수 있다. 각 양태 운용자(modal operator)는 일반적으로 동일한 의미를 포착하는 양태 부가어(Modal Adjuncts)에 대응된다.

LOW

Possibly *Henry James might have written 'The Bostonians'.*

Henry James ***sometimes*** *wrote incredibly long sentences.*

MEDIAN

Perhaps *Henry James could have written 'The Bostonians'.*

Henry James ***usually*** *wrote incredibly long sentences.*

HIGH

Certainly *Henry James must have written 'The Bostonians'.*

Henry James ***always*** *wrote incredibly long sentences.*

낮음

혹시 *헨리 제임스는 '보스턴 사람들'을 썼을지도 모른다.*

헨리 제임스는 ***때때로*** *믿을 수 없을 정도로 긴 문장을 썼다.*

중간

아마도 *헨리 제임스는 '보스턴 사람들'을 쓸 수 있었을 것이다.*

헨리 제임스는 ***보통*** *믿을 수 없을 정도로 긴 문장을 썼다.*

높음

확실히 *헨리 제임스는 '보스턴 사람들'을 썼음에 틀림없다.*

헨리 제임스는 ***항상*** *믿을 수 없을 정도로 긴 문장을 썼다.*

인식 양태(modalization)가 부정되면 어떤 동사(*can, could*)가 그 위치(중간에서 높음으로)를 바꿀 수 있지만, 여전히 정도에 따라 세 개로 구별할 수 있다.

높음

Henry James ***certainly*** *did not write 'The Bosstonians'.*

Henry James ***could not possibly*** *have written 'The Bostonians'.*

중간

Henry James ***probably*** *didn't write 'The Bostonians'.*

낮음

Henry James ***possibly might not*** *have written 'The Bostonians'.*

높음

Henry James ***never*** *wrote long sentences.*

중간

Henry James did ***not usually*** *write long sentences.*

낮음

Henry James did ***not always*** *write long sentences.*

높음

헨리 제임스는 ***확실히*** *'보스턴 사람들'을 쓰지 않았다.*

헨리 제임스는 ***혹시라도*** *'헨리 제임스'를* ***쓸 수 없었을*** *것이다.*

중간

헨리 제임스는 ***아마도*** *'보스턴 사람들'을 쓰지 않았다.*

낮음

헨리 제임스는 ***혹시*** *'보스턴 사람들'을 쓰지* ***않았을지도 모른다.***

높음

헨리 제임스는 ***절대로*** *긴 문장을 쓰지* ***않았다.***

중간

헨리 제임스는 ***보통*** *긴 문장을 쓰지* ***않았다.***

낮음

헨리 제임스는 ***항상*** *긴 문장을 쓰지* ***않았다.***

인식 양태(Modalization)는 화자(그/그녀)가 말하는 것에 대한 화자 자신의 태도를 표현한 것이다. 그것은 화자가 텍스트에 개입하는 방식으로, 확실성에 대한 판단, 즉 어떤 일이 발생하거나 존재할 빈도의 가능성을 표현한다. 인식 양태(Modalization)는 항상 화자의 암시적 판단을 표현한다.

그러나 사람들은 언어를 잘 다룰 수 있기 때문에, 인식 양태(Modalization)도 **명시적**으로 실현될 수 있다. 화자는 자신의 판단이 표현되는 것을 분명하게 알 수 있다. Halliday는 이것을 특정 유형의 서법 부가어(Mood Adjunct)를 사용하여 수행할 수 있다고 지적한다.

low: I reckon, I guess

I reckon	*Henry James*	*wrote*		*'The Bostonians'.*
Adjunct: mood	Subject	Finite	Predicator	Complement
MOOD			RESIDUE	

median: I think, I suppose

I think	*Henry James*	*wrote*		*'The Bostonians'.*
Adjunct: mood	Subject	Finite	Predicator	Complement
MOOD			RESIDUE	

high: I'm sure

I'm sure	*Henry James*	*wrote*		*'The Bostonians'.*
Adjunct: mood	Subject	Finite	Predicator	Complement
MOOD			RESIDUE	

이들과 같은 서법 부가어(Mood Adjuncts)는 Halliday가 **문법적 은유**(grammatical metaphor)라 부른 예들인데 이 경우에는 **양태 은유**(metaphors of modality) (Halliday and Matthiessen 2004:626-30)이다. 일반적으로 한정 양태 운용자(finite modal operator) 또는 부가어 중 하나로 실현될 수 있는 양태(modality)가 사실상 절에서 실현되기 때문에 이들은 은유로 분류된다. *I think, I reckon, I'm sure*는 이들 자체의 무드/잔여부(MOOD/RESIDUE) 구조를 가진 기술적으로 완전한 절이다.

I	*think*	
Subject	Finite	Predicator
MOOD		RESIDUE

따라서 보통 자체적으로 절로 인식되는 것은 부가어를 가장한 절의 성분으로 드러난다.

우리는 태그 테스트를 적용하여 이 절이 실제로는 은유적으로 기능한다는 것을 알 수 있다. *I reckon Henry James wrote The Bostonian*을 태그할 때, 우리는 *don't I*(절의 주어가 I였음을 나타내는) 대신 *didn't he*를 선택하며, 이는 사실 문법적 주어는 *Henry James*이고 *I reckon*의 *I*는 절에서 부가어로 기능하고 있음을 나타내는 것을 알 수 있다.

I reckon Henry James wrote 'The Bostonians', *didn't he?* (not *don't I*)

I'm sure Henry James wrote 'The Bostonians', *didn't he?* (not *aren't I*)

이 유사절(pseudo-clauses)이 실제 부가어로 작동하기 때문에 절에서 인식 양태(modalization)를 표현하는 다른 방법과 결합할 수 있으며, 그렇기에 절 유형 부가어(clause-type Adjuncts), 표준 서법 부가어(standard Mood Adjuncts), 양태 한정 운용자(modal Finite operator)를 통해 인식 양태(modalization)를 채울 수 있다.

I reckon	*Henry James*	*might*	*possibly*	*have written*	*'The Bostonians'.*
I think	*Henry James*	*could*	*probably*	*have written*	*'The Bostonians'.*
I'm sure	*Henry James*	*must*	*certainly*	*have written*	*'The Bostonians'.*
Adjunct:mood	Subject	Finite:mod	Adjunct:mood	Predicator	Complement
MOOD			RESIDUE		

이런 부가어 같은 절은 대명사 *I*를 통해 인식 양태(modalization)의 소유권이나 출처를 명시적으로 나타낸다. 그러나 화자는 또한 그들이 표현하는 판단이 '단지 그들만의 것'이 아니라 몇 가지 객관적인 지위를 가지고 있는 것처럼 보이게 할 수 있다.

It is possible that Henry James wrote 'The Bostonians'.

It is probable that Henry James wrote 'The Bostonians'.

It is certain that Henry James wrote 'The Bostonians'.

앞의 예와 같이 이 인식 양태(modalization)의 표현은 문법적 은유를 포함한다. 즉 인식 양태를 표현하는 절이 주절에 추가된다. 이 모든 양태화된 유사절은 실제로 'I think in my opinion that…'을 의미하나, '*it is … that*' 구조의 사용은 화자로 하여금 표면적으로 객관적인 공식 뒤에 숨는 것을 허용한다. 다시 말하지만, 이러한 인식 양태(modalization)의 객관적 표현은 한정 양태 운용자(Finite modal operators)와 일반 서법 부가어 사용으로 강화될 수 있다.

It possible that	*Henry James*	*might*	*conceivably*	*have written*	*'The Bostonians'.*
It probable that	*Henry James*	*could*	*most likely*	*have written*	*'The Bostonians'.*
It is certain that	*Henry James*	*must*	*definitely*	*have written*	*'The Bostonians'.*
Adjunct:mood	Subject	Finite:mod	Adj:mood	Predicator	Complement
MOOD			RESIDUE		

인식 양태(Modalization)는 문법적으로 매우 풍부하여 확실성과 일상성을 판단하는 데 큰 미묘함을 부여한다. 그러나 역설적으로, 우리가 말하는 것이 더 확실할수록 그것은 덜 확실한 것으로 밝혀졌다. 우리가 어떤 것이 확실하다면, 우리는 어떤 양태(modality)를 사용하지 않는다. 예를 들어 '*Henry James wrote 'The Bostonian*'이다.

따라서 양태(modality)를 사용하는 것은, 비록 그것이 강력하게 나타나도, 명제를 양태(modality)가 없는 것보다 더 잠정적인 것으로 만든다. 예를 들어 *I'm absolutely convinced that Henry James certainly must most definitely have written 'The Bostonian'*은 여전히 *Henry James wrote 'The Bostonians'*라고 말하는 것보다 확실하지 않다.

이 절이 어떻게 상호작용할 수 있도록 구조화되었는지에 대한 우리의 분석은 주고받는 정보가 절 서법(Mood)(의문문, 평서문, 감탄문) 선택, 인식 양태(modalization)를 표현하거나 표현하지 않는 선택, 이 모두를 포함한다는 사실을 포착해야 한다. 화자가 인식 양태(modalization)를 표현하기로 선택한 경우, 이는 여러 가지 방법을 통해 문법적으로 성취될 수 있다. 즉 주절 내에서, 한정 양태 운용자(Finite modal operators)의 선택 그리고/또는 하나 혹은 그 이상의 서법 부가어 선택, 그리고/또는 외부적으로 주관적 또는 객관적으로 표현될 수 있는 유사절을 추가함으로써 가능하다.

이제 재화와 서비스를 교환할 수 있도록 언어가 어떻게 구성되어 있는지 알아볼 것이다.

재화와 서비스 교환하기: 제안의 문법

우리가 사람들과 상호작용을 할 때, 단지 정보를 교환하고 어떤 사물이 존재하는지에 대한 여부를 논쟁하기 위해서만 언어를 사용하는 것은 아니다. 우리는 서로의 행동에 영향을 주기 위해 언어를 사용한다.

우리의 상호작용 의미론 다이어그램은 재화와 서비스 교환을 위해서는, 즉 재화와 서비스를 제공하거나(우리에게 **제안**하기의 발화 기능을 제공) 요구함으로써(**명령**의 발화 기능을 제공), 두 범주의 언어 사용이 이루어지는 것으로 인식된다. 지금 우리가 검토하고자 하는 것은 이 두 가지 상호작용의 방식이 어떻게 문법적으로 표현되는가이다.

우리는 제안(proposals)과 명제(propositions)에 매우 중요한 차이가 있다는 것에 주목하는 것으로 논의를 시작할 수 있다. 다시 말해 이 둘은 교환에서 다른 유형의 결과, 다른 유형의 주고받기를 수반한다. 다음의 예를 생각해 보자.

정보 교환(exchanges of information):

Henry James wrote 'The Bostonian'	*-Yea I know.*
Did Henry James write 'The Bostonians'?	*-Yes, he did.*

재화와 서비스 교환(exchanges of goods and services):

Lend me your copy of 'The Bostonians'.	*(hands it over)*
	-OK.
Would you like to borrow my copy of 'The Bostonians'?	*-yes please*
	-no thanks
	-(takes it)

이 예들은 대화 개시 이동마디에 대한 반응으로 정보를 교환할 때에는 거의 항상 언어적으로 그리고 일반적으로 대화 시작을 이끄는 절의 생략 부분이 수반된 극성 표현이어야 한다는 것을 나타낸다. 그러나 제안(proposals)을 통해 우리는 응답의 이동마디가 비언어적일 수 있음을 알 수 있다. 종종 단순히 행동을 취하는 것만으로도 충분하다. 제안(proposal)에 대한 응답은 언어적으로도 표시되지만, 이것은 명제(propositions)에 대한 응답으로는 사용할 수 없는 표현 방식이다.

Did Henry James write 'The Bostonians'?	**Yes please.*
Henry James wrote 'The Bostonians'.	**Fine.*

제안(proposals)의 경우에는 *please, thank you, OK*와 같은 단어를 선택적으로 언어 응답에 덧붙일 수 있음을 알 수 있다.

우리가 재화와 서비스를 교환할 때에는 매우 다른 유형의 '논쟁'을 하기 때문에, 제안으로 시작하거나 명제로 시작한 이후 이어지는 응답 유형에는 차이가 발생한다. 명제에 대해서는 무엇인지 아닌지에 대해 논쟁하고, 제안을 위해서는 어떤 일이 *발생하거나 발생하지 않는지*에 대해 논쟁한다. 그러한 논쟁은 정보가 될 수 있는 방식으로 용인되거나 부인될 수 없지만, 반응은 수용이나 거부를 통해 비언어적이거나 언어적으로 나타날 수 있다.

그렇다면 교환의 과정이 다르므로 제안의 문법이 명제의 문법과 다르다는 것은 그리 놀라운 일이 아니다. 그런데 재화와 서비스를 교환에 사용하는 경우 절의 구조를 설명하기 위해서는 새로운 기능적 성분을 인식할 필요는 없다. 우리가 먼저 해야 할 일은 우리에게 이미 익숙한 성분의 배열이 명령(command)과 제안(offer)을 어떻게 서로 다른 방식으로 구성하는지를 살펴보고, 두 번째로 당위 양태(modulation) 표현을 통한 화자의 판단에 의해 재화와 서비스의 의미가 어떻게 영향을 받는지 알아보는 것이다.

재화와 서비스 요구하기: 명령문 구조

이 장의 초반부에 재화와 서비스에 대한 요구가 일반적으로(그러나 항상 그렇다는 것은 아니지만) 명령문으로 실현될 것이라고 제안했다. 즉 우리는 종종 **명령문**을 만들기 위해 명령형 유형의 서법 절을 사용한다. 명령형 구조는 다음 유형 중 하나일 수 있다.

i) 한정어와 주어가 결합된 무드(MOOD)로 구성된 명령문

Don't	*you*	*take*	*my copy of 'The Bostonians'.*
Finite:neg	Subject	Predicator	Complement
MOOD		RESIDUE	

이 명령형 구조는 일반적으로 주어의 표현을 가능하도록 기능하는 형태소 *let*을 사용한다(그러므로 주어 성분의 일부로 그것(let)을 취급할 것이다).

Do	*let us*	*read*	*'Henry James'.*
Finite	Subject	Predicator	Complement
MOOD		RESIDUE	

ii) (주어 없이) 한정어만으로 이루어진 무드(MOOD)로 구성된 명령문

Do	*read*	*'The Bostonians'.*
Finite	Predicator	Complement
MOOD	RESIDUE	

iii) (한정어 없이) 주어로만 이루어진 무드(MOOD)로 구성된 명령문

Let's	*read*	*Henry James.*
Subject	Predicator	Complement
MOOD	RESIDUE	

You	*read*	*Henry James.*
Subject	Predicator	Complement
MOOD	RESIDUE	

iv) (무드(MOOD) 요소가 전혀 없이) 잔여부(RESIDUE)로만 구성된 명령문

Read	*Henry James.*
Predicator	Complement
RESIDUE	

일부 명령문은 무드(MOOD) 성분을 포함하지 않지만 태그가 붙을 수 있으므로(즉 주어/한정어 요소가 생략된 것으로 간주되는 반면, 소절은 첫 위치에 주어/한정어를 선택하지 않으므로) 소절이 아니라는 점을 유의하라.

재화와 서비스 제공하기: 제안의 문법

마지막으로 우리가 깊이 논의해야 할 문법 구조가 갖는 주요 발화 기능 부류(class)는 제안하기이다. 다시 말해 재화와 서비스를 제공(give)하는데 절을 사용하는 것과 관련된 것이다.

각 발화 기능의 전형적 실현 방식을 열거했던 이전 논의에서 살핀 것처럼 제안(offer)은 일반적으로 **조절된 의문문**(modulated interrogative)으로 표현된다. 우리가 이미 의문문의 구조를 자세히 기술한 것처럼, 제안(offer)은 명령, 질문, 진술 등의 다른 발화 기능과 달리 독특한 구조적 구성을 통해 표현되지 않는다. 오히려 그것은 질문의 구조를 '차용(borrows)'한다. 즉 주어 앞에 한정어가 위치하는 의문문 서법의 구조이다. 그러나 제안의 질문 구조에서 언어적 요소는 전형적으로 인식 양태(modalization, 개연성 probability)와 당위 양태(modulation, 의향과 의무 inclination and obligation) 의미 표현과 관련되므로 이 점에서 차이를 나타낸다. 아래에서 좀 더 자세하게 당위 양태(modulation)에 대해 살펴볼 것이다. 그러나 먼저 다음과 같이 몇 가지 일반적인 제안하기 절(offer clauses)에 대한 분석을 살펴보자.

i) 한정어에서 표현되는 당위 양태: 한정어는, *will* 혹은 *Shall*의 의지(willingness)의 의미를 표현한다. 즉 화자의 관점에서 바라본 긍정적인 의향을 표현한다(주어: I).

Will	*I*	*lend*	*you*	*my copy of 'The Bostonians'?*
Fin:modulated	Subject	Predicator	Complement	Complement
MOOD		RESIDUE		

ii) 서술어에서 표현되는 당위 양태: 어휘는 좋아하거나 원하는 의미를

가진 동사(a verb of liking or desiring)이고, 절은 수신자 관점(주어: you)의 의향을 나타낸다. 한정어(Finite) 요소는 일반적으로 인식 양태(개연성, probability)의 의미를 나타낸다.

Would	*you*	*like*	*my copy of 'The Bostonians'?*
Fin:modalized	Subject	Pred:modulated	Complement
MOOD		RESIDUE	

iii) 복합 서술어에서의 당위 양태: 제안하기는 조절된 복합 서술어를 사용하여 표현되곤 한다. 즉 부정사형의 두 번째 동사가 연속되는 *like, desire, need*와 같은 동사를 포함하는 서술어를 의미한다. 한정어는 일반적으로 양태화(modalized)된다.

Would	*you*	*like to borrow*	*my copy of 'The Bostonians'?*
Fin:modalized	Subject	Predicator:complex:modulated	Complement
MOOD		RESIDUE	

양태(Modality): (2) 당위 양태(modulation)

우리가 지금까지 살펴본 명령문과 조절된 의문문 구조(modulated interrogative structures)와는 별개로, 사람들이 우리를 위해 무언가를 하도록 하거나 사람들을 위해 무언가를 제안하기 위해 언어를 사용하는 방법은 다양하다. 예를 들어, 다음은 우리들을 위해 사람들이 무엇인가를 하도록 (또는 하지 않도록)하는 것과 같이 사람들을 특별한 방식으로 행동하도록 하는 것이다.

1. You shouldn't take my copy of 'The Bostonians'.
2. We must read 'The Bostonians'.

3. You are obliged to read Henry James!

4. You're required to read 'The Bostonians'.

1. 너는 내 책 '보스턴 사람들'을 가져가면 안 돼.

2. 우리는 '보스턴 사람들'을 읽어야 해.

3. 너는 헨리 제임스[9]를 읽어야 할 의무가 있어!

4. 너는 '보스턴 사람들'을 필수적으로 읽어야 해.

의미론적으로 이 모든 절들은 명령의 의미를 갖는다. 위의 모든 절들은 재화와 서비스를 요구하지만 문법적으로 명령문 구조인 절은 없다. 구조적으로 이 절들은 실제로는 주어(Subject), 한정어(Finite), 서술어(Predicator), 보충어(Complement)의 구조를 가진 평서문(declaratives)이다.

그러나 단순히 이들을 평서문으로 설명하기에는 충분하지 않은데, 이는 이들 평서문에 각각 추가적으로 나타나는 의미적 차원에 대한 설명이 필요하기 때문이다. 이들의 차이점은 절의 동사부 요소에 있다. 예1과 2는 개연성(probability)이 아니라 **의무(obligation)**와 **필요성(necessity)**의 의미를 표현하는 한정 동사 운용자(Finite verbal operators)인 *should, must*를 사용했다. 그러한 한정어(Finite)는 Halliday와 Matthiessen(2004:147)에서 조절된 한정어(modulated Finites)로 기술되었다.

You	*shouldn't*	*take*	*my copy of 'The Bostonians'.*
Subject	Finite: modulated	Predicator	Complement
MOOD		RESIDUE	

9) **[역자 주]** 헨리 제임스가 쓴 책.

We	must	read	'The Bostonians'.
Subject	Finite: modulated	Predicator	Complement
MOOD		RESIDUE	

예 3과 4에서 의무와 필요성(obligation and necessity)은 서술어 성분에 의해 같은 의미로 표현된다.

You	*are*	*obliged to read*	*Henry James!*
Subject	Finite	Predicator:modulated:complex	Complement
MOOD		RESIDUE	

You	*'re*	*required to read*	*'The Bostonians'.*
Subject	Finite	Predicator:modulated:complex	Complement
MOOD		RESIDUE	

이제 다음 예를 생각해 보자.

I want to lend you 'The Bostonians'.

I'd like to lend you 'The Bostonians'.

I'm willing to lend you 'The Bostonians'.

I'm happy to lend you 'The Bostonians'.

I'm determined to lend you 'The Bostonians'.

나는 네게 '보스턴 사람들'을 빌려 주길 원해.

나는 네게 '보스턴 사람들'을 빌려 주고 싶어.

나는 네게 '보스턴 사람들'을 기꺼이 빌려 줄 수 있어.

나는 네게 '보스턴 사람들'을 빌려 줄 수 있어서 기뻐.

나는 네게 '보스턴 사람들'을 빌려 주기로 결심했어.

이 모든 절은 재화와 서비스를 제공하는 방법이다. 다시 말해 각각은 제안하기(offer) 기능을 수행하지만, 문법적으로는 평서문 구조를 가지며 위의 형용사를 포함하는 평서문에서는, '내가 널 위해 무언가를 기꺼이 할 거야(how willing I am to do something for you)'와 같은 의향(inclination)이 나타난다. 그런 절들은 다음과 같이 분석할 수 있다.

I	*'m*	*determined to make*	*you*	*a coffee.*
Subject	Finite	Predicator:modulated:complex	Complement	Complement
MOOD		RESIDUE		

그러나 내가 이 다양한 방법으로 여러분이 하라는 대로 따를 수 있는 것처럼 나도 여러분에게 나의 행동을, 예를 들어 지시, 충고, 조언, 허가, 착수 또는 역량을 요구하며, 따르라고 할 수 있고, 이는 다음과 같이 분석할 수 있다.

Must	*I*	*read*	*'The Bostonians?'*
Finite:modulated	Subject	Predicator	Complement
MOOD		RESIDUE	

Can	I	have	a coffee?
Finite:modulated	Subject	Predicator	Complement
MOOD		RESIDUE	

Are	*you*	*willing to make*	*the coffee?*
Finite	Subject	Predicator:complex:modulated	Complement
MOOD		RESIDUE	

위에서 살펴본 모든 예에서 **당위 양태**(modulation)에 대한 의미적 차원을 참조할 필요가 있다. 당위 양태(modulation)는 양태(modality)의 두 번째 영역으로, 명제에서 인식 양태(modalization)를 보완한다. 명제와 함께, 우리가 단

지 *is*와 *isn't*에 대해 논쟁한 것뿐만 아니라 그 둘 사이에서의 개연성의 정도에 대해 논쟁한 것도 기억해야 한다. 이와 마찬가지로, 제안(proposals)에서도 *do* 또는 *don't*에 대해서만 논쟁하지는 않는다. 이 둘 사이에도 척도(scale)가 있을 것이며, 이 경우 척도는 가능성(possibility)이나 일상성이 아닌 **의무와 의향**과 관련되는 것이다.

다시 말하지만 우리는 인식 양태(modalization)와 마찬가지로 당위 양태(modulation)의 정도를 인식할 수 있다(high: must/required to, median: should/supposed to, low: may/allowed to). 그리고 인식 양태(modalization)를 통해 발견한 것처럼 당위 양태(modulation)의 이런 의미들은 여러 가지 다른 방식으로 절에서 표현될 수 있다.

1. 한정어에서 조절된 동사부 운용자(in the Finite, as a modulated verbal operator):

You	*shouldn't/must/have to*	*take*	*my copy of 'The Bostonians'.*
Subject	Fin:modulated:neg	Predicator	Complement
MOOD		RESIDUE	

절에서 당위 양태(modulation)를 표현하는 이런 직접적 방식뿐만 아니라 우리는 인식 양태와 마찬가지로 주절(main clause) 밖에 있는 주관적, 객관적 표현의 가능성(possibility)을 발견할 수 있다. 따라서 의향(inclination)의 의미는, 화자의 의향을 형용사 요소로 만들고 그 다음 부정사절이 이어지게 만들어 주관적으로 표현될 수 있다. 위에서 예로 제시한 바와 같이, 우리는 다음의 절에서 이들을 분석할 것이다.

I	*'m*	*willing to make*	*the coffee.*
Subject	Finite	Predicator:modulated:complex	Complement
MOOD		RESIDUE	

의무(obligation)와 필요성(necessity)의 의미는 서술어의 수동태 확장을 통해 객관적으로 표현될 수 있다.

You	*'re*	*required to read*	*Henry James.*
Subject	Finite	Predicator:modulated:complex	Complement
MOOD		RESIDUE	

당위 양태(modulation)는 화자가 행동과 사건에 대한 판단이나 태도를 표현하는 방법이다. 다른 사람들에게 어떤 행동을 하거나 다른 사람들을 위해 어떤 행동을 할 때, 우리는 *do* 또는 *don't, I'll give you this* 또는 *I won't give you this*와 같이 독단적인 선택만을 하는 것이 아니라, 준수(compliance)와 거부(refusal)의 양극성 사이에서 의무와 의향을 표현할 수 있다.

인식 양태와 당위 양태 사이의 유사성은 매우 강력하다. 물론, 인식 양태와 당위 양태의 유사성은 우리가 이들을 양태의 라벨 하에서 함께 다루기 때문이다. 이 둘은 화자가 정보 또는 물품과 서비스의 교환을 달성하는 데 있어 이용할 수 있는 (상호)보완적 자원을 나타낸다. 우리는 이들을 우리의 말을 부드럽게 완화하는 문법적인 자원으로 생각할 수 있다.

물론 어떤 대화 교환이든 나는 항상 판세를 뒤집을 수 있다. 내가 할 수 있는 한 가지 일은 여러분에게 이의를 제기하는 것이다. 그리고 그렇게 할 때 나는 일반적으로 여러분이 하는 말에 나타나는 인식 양태(modalization)나 당위 양태(modulation)에 의문을 갖는다.

Henry James definitely wrote 'The Bostonians'.

–Are you sure?

Couldn't Henry James have written 'The Bostonians'?

–How could he?

Will you have a coffee?

–Why would/wouldn't I?

You should read Henry James.

–Why should I?

여러분이 대화를 시작할 때 양태를 명백히 나타내지 않는다고 해도 여러분이 양태화(modalize)를 하지 않기 위해 암묵적인 선택을 했다는 사실에 이의를 제기할 수 있다.

Henry James wrote 'The Bostonians'.

–Are you sure?

Will you have a coffee?

–Why (do you want me to)?

Read Henry James.

–Why should I?

인식 양태와 당위 양태는 매우 복잡한 시스템이며 흥미로운 방식으로 상호작용한다. 이들은 모두 같은 절에서 발생할 수 있다.

You should probably read 'The Bostonians'.

I think you could perhaps be obliged to read Henry James.

Will I sometimes have to read Henry James? –Yep, I think you'll have to occasionally.

Do I definitely have to read it? –You certainly do.

동일한 하나의 절에서 인식 양태와 당위 양태가 함께 나타날 수 있다는 사실은 명제와 제안(propositions and proposals) 사이의 경계가 지금까지 생각해 왔던 것만큼 뚜렷하게 구분되지 않을 수 있다는 것을 암시한다. 실제로 교환 대상이 정보인지, 재화나 서비스인지를 결정하기 어려운 두 가지 주요 상황이 있다.

첫 번째는 제3자의 행동에 대해 누군가와 이야기하고 있을 때이다.

다음 내용을 비교해 보자.

i) Di to George: *You really have to start reading some Henry James.*

ii) Di to Simon: *George really has to start reading some Henry James.*

i) Di가 George에게: *너는 정말 헨리 제임스를 좀 읽기 시작해야 해.*

ii) Di가 Simon에게: *조지는 정말로 헨리 제임스를 좀 읽기 시작해야 해.*

첫 번째 절에서 Di는 George에게 재화와 서비스에 대한 요구를 분명히 했다. 그녀는 당위 양태를 사용한 평서문 구조를 통해 실현되는 명령을 내리고 있다. 그러나 두 번째 절에서 Di는 동일하게 의무의 의미를 표현하고 있지만 이번에는 명령에 관계된 사람을 대상으로 하지는 않고 제3자를 대상으로 한다. Di의 명령을 따르는 것이 Simon에게 달린 것이 아니기 때문에 실제로 ii)에 대한 적절한 대응은 *OK가 아니라 Yes, I agree*이기 때문이다. ii)에서 실제로 교환되는 것은 정보라는 것을 알 수 있다. 그러나 교환된 정보는 화자의 의무에 대한 태도에 의해 영향을 받는다. 우리 문화에서 우리는 그러한 종류의 정보는 **의견(opinion)**이라 부른다.

정보 교환을 위해 제안의 문법을 '차용'할 때 우리는 의견(opinions)으로 표현한다. 우리는 재화와 서비스가 제공될 수 없는 교환에서는 제안의 당위 양태 자원을 사용한다. 의견(opinion)은 *George is reading Henry James. 와 같이* 조절되지 않은 절로 정의할 수 있는 **사실(fact)**과 대조를 이룬다.

이러한 구별은 정보의 진실 또는 거짓과 아무 관련이 없다. 이것은 문법적으로 구분된다. 캐주얼 대화에서 우리가 교환하는 대부분의 정보는 사실(fact)이 아니라 의견(opinion)이다. 물론 우리는 우리의 의견을 대략 확신할 수 있다. 예를 들어 Di가 Simon에게 다음과 같이 말하면,

> *I think that George probably has to read some Henry James.*
> *나는 조지가 헨리 제임스를 아마 읽어야 한다고 생각한다.*

그녀는 자신의 의견에 대한 영향력에 대해 불확실성(uncertainty)의 정도를 표현하고 있다.

이것은 제안의 문법과 명제의 문법이 교차하는 한 예이다. 이러한 상황에서 일반적으로 재화와 서비스 교환을 조절하는 데 사용되는 자원은 특정 종류의 정보를 교환하기 위해서 차용되거나 전이된다(borrowed or transferred). 그러나 그들은 재화와 서비스의 의미를 유지하고 있다. George가 Simon에게 Di의 발언을 들려주면, 그는 명령이 내려진 것처럼 반응할 것이다(예: *OK, I will* or *No, I don't want to*).

그리 명확하게 구별되지 않는 두 번째 상황은 지시, 조언 또는 허가(direction, advice or permission)를 요구하는 당위 양태(modulation)를 사용할 때이다.

> Must I read it now?
> Can I read 'Portrait of a Lady' first?
> Should I read 'The Bostonians'?

이러한 요구 유형들에는 실재하는 물품이 교환되지 않는다. 요구되는 것은 수행될 행동 방침에 대한 판단과 의견이다. 따라서 이들 유형은 재화와 서비스의 교환과 정보 교환 사이의 중간 단계와 같다. 이 유형들은 행동으로 이어진다. 그러나 전형적인 반응은 의견으로서의 언어적 표현이다.

Must I read it now?	–Yes, you must.
Can I read 'Portrait of a Lady' first?	–If you like.
Should I read 'The Bostonians'?	–No, you needn't bother.

그래서 조언이나 허가와 같은 일은 문법에서 정보의 종류가 아니라 재화의 유형으로 부호화된 것처럼 보인다. 일상적인 표현은 이러한 허가와 조언을 교환 물품으로서 포착한다.

He gave me some advice.

I got his permission.

일부 상호작용은 이러한 중간재 교환을 중심으로 한다. 예를 들어 의사에게 진료를 받는 것은 일반적으로 조언의 교환이다(상호교환이 아니며, 물론 의사들은 체중 감량, 대기실 청소 또는 비용 절감에 대해 조언받는 것을 좋아하지 않는다).

요약

우리가 언어를 사용할 때마다 우리는 상호작용하고 교환하기 위해 언어를 사용한다. 교환에서의 첫 번째 선택은 대화 개시자나 응답자로서 화자 역할을 맡을지의 여부를 결정하는 것이다. 우리가 교환을 시작하기로 결정한다면, 우리는 제공하는(giving) 발화 역할 또는 요청하는(demanding) 발화 역할을 해야 한다. 그러나 상호작용을 위해서 정보(무형(無形)의 순수한 언어 물품) 또는 재화와 서비스(유형(有形)의 물품이나 활동) 중 하나를 교환해야 한다.

발화 역할과 물품 종류를 선택하는 것은 서법 구조의 선택을 통해 문법적으로 표현된다. 즉, 주어, 한정어, 서술어, 보충어, 부가어와 이들의 배열(예: 한정어 앞에 주어가 옴, WH 융합, 무드 요소의 부재 등)과 같은 기능적 성분에 대한 선택이다. 개시 역할과 응답 역할 사이의 구별은 **완형절**과 **생략절**(**full** and **elliptical** clause types) 유형 간의 구조적 차이와 관련된다. 제공하기와 요구하기의 구분은 **평서문**과 **명령문**이 서로 다른 구조인 것과 연관시킬 수 있다. 정보 그리고 재화와 서비스의 구분은 **완전절**과 **소절**의 서법 차이와 관련될 수 있다.

재화와 서비스 또는 정보를 위한 언어 교환은 기본적으로 극성에 대한 논쟁이지만(is/isn't 또는 do/don't), 언어적 상호작용은 대개 절대적 합의/수락 또는 모순/거부와 같은 흑백 교환이 아니다. **인식 양태**와 **당위 양태**의 두 가지 하위 문법 시스템은 **양태** 라벨 하에 함께 합쳐지고, 언어는 우리가 의무/의향(obligation/inclination)의 개연성/일상성(probability/usuality)의 정도를 표현함으로써 교환을 완화시킬 수 있게 한다.

지금까지 우리는 이 장에서 상호작용에 필수적인 의미 종류를 만들 수 있도록 절이 어떻게 구성되어 있는지 살펴보았다. 제안, 명령, 진술, 질문, 그리고 문법적 서법(Mood) 부류들의 의미론적 범주 또는 **발화 기능** 간의 상관관계를 밝혔다. 그래서 '상호작용을 가능하게 하는 언어가 어떻게 구성되어 있는가?'라는 질문을 할 때, 우리는 서법과 양태 시스템에서 (주로) 그 해답을 찾는다. 서법의 기능적 문법 성분과 그들의 다양한 배열을 기술하는 데 있어서, 우리가 서로 대화할 수 있도록 언어가 어떻게 구조화되었는지를 설명하고 있다.

서법의 의미: 서법, 대인 관계적 의미, 그리고 테너

절 유형에 대해 이렇게 다소 장황하고 전문적인 기술을 하는 데 있어 그 출발은 절의 서법 구조를 설명하면서 우리가 대화를 통해 대인 관계적 의미를 표현하는 데 언어가 어떻게 사용되는지 설명하는 것이다.

실제 사람들이 서로 교환하는 절에서 서법과 양태 시스템을 어떻게 사용하는지를 살펴봄으로써 화자가 어떻게 대인 관계적 차원(예를 들어 대인 관계에서의 힘과 연대, 친밀도의 정도, 서로에 대한 친근함의 단계, 태도와 판단)에서 의미를 부여하는지 알 수 있다. 여러분은 이전 장에서, 체계 모델(systemic model)이 절에 있는 서법의 문법적 패턴에서부터 대인 관계적 의미의 의미론에 이르기까지, 그리고 테너의 사용역 변인과 관계되는 맥락으로까지 나가는 데 있어 직접적인 연관성을 추적할 수 있다고 주장한 것을 기억할 것이다.

서법 분석으로 테너의 차원을 밝히는 아주 간단한 방법은 어떤 상황에서 누가 말하고 있는지를 고려하는 것이다. 힘이 가장 뚜렷하게 나타나는 경우는 교환에서 누가 화자가 되고 얼마나 지속할 것인가이다. 예를 들어 일반적인 교실 상황(1학년, 2학년 또는 3학년)에서 교사는 대부분의 시간 동안 화자가 된다. 우리가 여러 장르의 교실 상호작용을 위해 만든 사회에서 불평등한 힘의 관계는 교사의 지배적인 단순한 화자로서의 역할에 의해 언어적으로 실현된다. 교사는 교실에게 말을 하는 사람이기 때문에 누가 교실에서 책임을 수행하는지 분명하다. 반면에 캐주얼 대화에서는 화자 역할에 보다 자유로운 접근이 가능하다. 역할 관계 연대(solidarity)는 화자 역할을 더 많이 공유함으로써 언어적으로 행해진다. 아무도 본질적으로

오랫동안 발언할 수 있는 권리는 없다.

그러나 이 장의 초반부에 제시된 간단한 캐주얼 대화를 연구하면서 일부 계층의 사람들이 다른 사람들보다 더 자주 화자가 된다는 것을 발견하기는 어렵지 않았다. 특히 남자들, 남녀가 섞인 캐주얼 회화에서 남성들은 화자가 되는 경향이 더 많고 여성보다 화자의 역할을 더 오래 지속한다.

테너 차원이 실현되는 서법 선택의 두 번째 영역은 화자 역할을 할 때 화자가 무엇을 하는지를 살펴봄으로써 알 수 있다. 예를 들어, 누가 제공하는 것인가? 누가 요구하는 것인가? 그리고 이것이 상호적 권리인가?

상호작용이 부족할 때 나타나는 지위 관계를 발견할 수 있다. 예를 들어 가르치는 일이 사람들에게 지식을 주는 것이라는 언중의 태도에도 불구하고, 교육적 상황에서는 언어적 측면에서 교사는 자주 요구하며, 학생들은 매우 자주 제공하는 행위를 한다는 것을 알게 된다. 이러한 역할의 비교호성은 교사와 학생 간의 불평등한 권력 관계를 분명하게 보여 준다. 거래를 위한 만남에서 영업 사원의 사회적 역할은 제안(재화와 서비스 제공하기)의 발화 역할을 맡는다는 것을 의미하므로 조절된 의문문을 산출하며(*May I help you?*), 반면 고객의 사회적 역할은 명령(즉 재화와 서비스를 요구함)의 발화 역할을 맡는다는 것을 의미하며, 명령형이나 조절된 평서문을 산출한다(*Give me six of those; I'd like six of those*). 따라서 우리가 어떤 상황에서 수행하는 사회적 역할과 서법 시스템에서 우리가 하는 선택 사이에는 분명한 관계가 있다.

일상 대화에서 이론적으로 사람들이 제공하고 요구할 수 있는 본질적인 권리는 없다. 힘이 똑같이 공유되기 때문에 누구나 무엇이든 할 수 있다. 그러나 Text 6.1과 같은 발췌 내용을 분석한 결과, 여성은 정보를 요구하지만 재화와 서비스를 제공한다. 반면 남성은 정보를 제공하지만 재화와 서비스를 요구한다. 발화 역할의 선택에서 그리고 서법 구조에서 그 역할에 대응되는 실현형에서 문화적으로 성별에 따라 기대되는 언어 인식을 알 수 있다. 여성들은 대화를 지원하고 남성들은 그냥 편안히 그것을 수행한다.

테너와 관련되는 서법(Mood) 선택의 또 다른 차원은 양태에 대한 선택이다. 누가 인식 양태를 선택하고 누가 당위 양태를 선택하는가? 이것은 힘의 관계와 정서적 개입을 실현시킨다.

먼저 인식 양태를 취하면, 우리는 정보에 대한 머뭇거림으로써 인식 양태의 본래 의미 또는 중립적 의미, 그리고 존중을 표현하는 파생 기능을 구별할 수 있다. 만약, 캐주얼 대화에서 *I think Henry James probably wrote 'The Bostonians'*이라고 말했을 때, *I think, probably*는 나의 확신이 부족하다는 것을 표현했을 것이다. 이것은 나는 나의 주장을 100% 확신하지 못했다는 의미이다.

그러나 나의 영어 강사가 영어 시간에 '*The Bostonians*'을 Jane Austen이 쓴 것이라고 했다면 나는 다음과 같이 말하고 싶다.

> That might not be quite right. I think Henry James might have written 'The Bostonians'(그게 옳지 않을 수도 있어요. 나는 Henry James가 'The Bostonians'을 썼을지도 모른다고 생각해요.).

이 경우 인식 양태는 불확실성을 전혀 나타내지 않으며, 그 대신 오히려 강사의 우월한 지위를 존중한다. 만약 내가 *You're wrong. Henry James wrote 'The Bostonians'*라고 말했다면 나는 무례하게 말한 것으로 여겨졌을 것이다. 계층적 상황에서의 공손함은 상사 지위를 적절하게 인정하면서 말하는 것을 의미하기 때문이다. 인식 양태를 신중하게 사용하는 것은 잘 모르는 사람들, 즉 접촉 빈도가 낮은 사람들과의 상호작용에서 사용하는 것이다.

발화를 완화하기 위해 인식 양태를 사용하는 것도 제안(proposals)과 함께 작동한다. 사실 명령(재화와 서비스에 대한 수요)에서 의견(조절된 평서문/의문문)으로 전환되는 주요 동기 중 하나는 이것이 인식 양태의 사용을 허용한다는 것이다. 예를 들어 동등한 힘의 상황에서 Di는 George에게 말할지도 모른다.

Read some Henry James.

상급생에게 이렇게 하도록 충고할 때 그녀는 다음처럼 말할 것 같은데,

Perhaps you should read some Henry James.

이때 인식 양태는 'should'의 힘을 약화시키는 데 사용된다. 또는

Maybe you'd like to read some Henry James.

라고 말할 것이다. 여기에서 존중은 의무에서 의향으로의 전환과 의견을 약화시키기 위한 인식 양태 사용으로 표현된다.

다양한 사용역에서 인식 양태의 사용은 가능성에 대한 화자의 판단과는 거의 관계가 없지만 상호작용자 간의 불평등한 힘 또는 빈번하지 않은 접촉에 대한 상호작용자의 인식에 신호를 보내는 기능을 한다.

우리가 중립적 의미를 실현하기 위해 인식 양태 사용을 기대하는 캐주얼 대화에서도 여성이 남성보다 인식 양태를 훨씬 더 자주 사용하는 것을 발견했다. Text 6.1에서, 예를 들어, George와 Simon은 불확실한 용어를

사용하지 않고(즉 어떠한 당위 양태 없이) 서로 자유롭게 대립한다는 것을 알 수 있는 반면 여성들은 인식 양태를 통해 그들의 발화를 종종 완화한다.

절에서의 양태와 테너 차원 간의 보다 밀접한 관계는 객관적인 양태 사용에서 설명된다. 예를 들어 학생들에게 텍스트를 읽게 하는 두 가지 방법을 비교해 보라.

It is required that all students read 'The Bostonians'.

You must all read 'The Bostonians'.

첫 번째로 우리는 명령의 주체가 모호해지는 것을 알 수 있다 즉 탈개인화(depersonalization)는 응답자(학생)에게 논쟁할 상대를 없게 만든다. 다음 두 가지 대안에 대한 응답을 비교해 보자.

It is required that all students read 'The Bostonians' –Who says?

You must all read 'The Bostonians' –No, we don't have to.

객관화된 버전에서 학생들은 먼저 상호작용 참여자 상대가 누구인지 설정해야 한다. 첫 번째 예에서 시도한 것은 개인적 태도로 비개인적인 표현을 제시한 용어적 모순이다. 이러한 패턴이 계층적 상황에서 많이 발생하는 이유는 사람들이 명령이 이슈가 되지만 책임질 필요 없이 다른 사람에게 일을 하도록 하는 은밀한 시도로 사용되기 때문이다. 이렇게 힘이 드러나지 않는 표현은 상호작용 참여자가 시도할 수 있는 당위 양태의 주체를 없도록 하는 것이다.

양태는 긍정적이든 또는 부정적이든 우리가 말한 것에 대해 정서적으로 영향을 준다. 예를 들어 *absolutely, amazingly, unbelievably*과 같은 강화사들(서법 부가어)을 사용하는 허세 많고 흥분을 잘하는 사람과 실제로 이러한 양태를 전혀 사용하지 않는 차갑고 이성적으로 물러설 줄 아는 사람을 비교해 보라. 따라서 양태를 선택하는 것은 대인 관계의 다른 면, 즉 'inter'보다는 'personal'을 표현할 수 있다.

서법(Mood) 패턴이 테너(Tenor)의 표현과 관련이 있는 최종 영역은 서법 선택과 발화 기능 간의 일치 또는 불일치 관계이다. 이 장에서는 제안, 명령, 진술, 질문 및 다른 서법 유형의 문법 구조의 의미론적 범주 간에 일반적인 상관관계가 존재한다고 여러 번 제안했다. 그래서 일반적으로 명령은 명령형 구조, 의문문을 통한 질문 등으로 표현될 것이다. 만약 이것이 무표적인 선택이라면, 우리가 '다른 모든 것들이 평등하다'는 선택을 할 경우 매우 흥미로운 점은 이 선택이 이루어지지 않을 때를 살피는 것이다. 명령형으로 실현되지 **않는** 명령의 중요성은 무엇인가? 예를 들어 선생님이 *Get on with your work.*라고 직접적으로 명령하는 대신 *Shall we just have some practice doing that now?*라고 제안할 때, 또는 의문문 형식으로 실현되지 **않은** 질문을 한다고 할 때 표시되는 선택된 서법 구조는 일반적으로 불평등한 힘, 복종 또는 낮은 접촉 및 관여와 같은 테너 차원을 표현하는 역할을 한다.

많은 상호작용 상황에서 우리는 실제로 많은 현실적인 선택을 하지 못한다. 우리가 적절하게 행동하기를 원한다면 특정 상황에서 대인 관계의 사회적 정의를 받아들여야 한다. 예를 들어 교사와 학생 간의 관계가 불평등한 힘으로 여겨지는 것은 문화적으로 해석되어야 한다는 것을 받아들여야 한다. 채소 가게에서 우리의 역할은 불평등하고 사이가 먼 지인임을 인정해야 한다. 우리가 사회적 역할을 받아들였다는 증거는 담화의 역할, 즉 우리가 서법과 양태를 선택하는 부분에서 발견된다. 우리가 사용하는 절의 유형을 통해 우리는 전통적으로 확립된 사회적 역할을 수행한다는 것을 안다.

따라서 교환으로서의 절 문법 연구에서, 실제로 어떻게 대인 관계의 의미가 만들어지는지를 연구한다. 서법과 양태 시스템은 상호작용자 간의 대인 관계를 이해하는 열쇠이다. 화자가 하는 문법적 선택 그리고 담화에서의 역할을 살펴봄으로써 우리는 계층적, 사회 문화적 역할이 사회적으로 창조되고 유지되는 것을 발견하고 연구하는 방법을 얻게 된다.

우리는 이제 제4장에서 제기된 주장, 즉 대인 관계적 의미를 통해 실현되는 테너는 궁극적으로 교환으로서의 절 문법을 통해 실현된다는 것을 검증할 수 있게 되었다. 우리의 분석을 통해 서법과 양태(그리고 호칭(Vocation)과 태도(Attitude)와 같이 토론할 여유가 없는 일부 시스템뿐만 아니라)의 선택이 어떻게 테너의 실현인지를 연구할 수 있다. 화자가 서법과 양태를 위해 선택한 것을 면밀히 검토함으로써 텍스트에서 표현되는 대인 관계를 밝힐 수 있다. 11장 뒤의 부록에서는 1장에서 제시된 Crying Baby에 대한 세 개의 텍스트에 대한 서법 분석을 제공한다. 이러한 서법 분석의 함의(implications)는 11장에서 논의될 것이다.

이 장 전반에 걸쳐 **선택** 개념(notion of **choice**), 즉 서법이나 발화 기능의 선택, 인식 양태 또는 당위 양태의 선택 등이 자주 언급되었다. 다음 장에서는 SFL에서 시스템의 위치와 기능을 검토하여 선택에 대한 체계적 강조 사항을 설명하고 발전시킬 것이다. SFL에서 이 논의는 8장, 9장 및 10장의 타동성, 테마 및 절 복합체의 문법적 체계에 대한 지속적인 탐구를 위한 맥락을 제공할 것이다.

주석Notes

1 더 자세한 논의는 Halliday and Matthiessen(2004, 3장)을 참조하라.

2 본문에서 제시한 저녁 파티 대화의 예는 저자가 소장한 'Stephen's Dinner'에서 발췌한 것이다.

제7장 시스템: 선택으로서의 의미

도입

앞 장에서 우리는 언어에 대한 기능적 접근법이 무엇을 말하는 것인지를 조금 깊이 탐색해 보았다. 이 장에서는 체계기능 접근법의 또 하나의 주요한 차원인 '**체계**(systemic)'를 설명하는 것이 목적이다. 이를 위하여 우리는 1장에서 살폈던 몇 가지 개념들로 다시 돌아가, 한 기호가 다른 기호들과 계열적이고 결합적인 관계를 맺음으로써 어떻게 의미를 얻게 되는지를 살펴볼 것이다. 이 장에서는 실현 진술(realization statements)을 통해 포착된 구조를 가지고 언어 기호 간의 계열 관계를 파악하기 위해 **시스템**의 체계적 용법에 대해 논의하려고 한다. 미래의 문법 기술이 기능적으로 그리고 체계적으로 제시될 수 있도록 시스템을 도해하기 위해 체계주의자들이 사용한 규약을 이번 장에서 소개할 것이다.

기호 시스템

1장을 통해 독자는 기호 시스템(semiotic systems) 속 기호(sign)가 두 개의 차원, 다시 말해서 **내용**(곧 의미)과 **표현**(곧 실현)을 포함하고 있고, 또 내용과 표현의 관계가 자의적이라는 것을 기억하고 있을 것이다. 가령 신호등 시스템에서 '멈추시오'란 의미와 '적색'이란 색의 연합은 자연적이지 않고 관습적이다. 그렇기 때문에 관습에 의해 바뀔 수도 있다. 예를 들어 '멈추시오'란 의미를 '보라색'으로 구현할 수도 있다는 것에 우리는 동의할 것이다. System 7.1과 System 7.2 간의 대립이 나타내는 바와 같이, 우리는 시스템 자체에는 아무런 영향을 주지 않으면서도 시니피에(signfié)와 시니피앙(signifiant)의 연합을 바꿀 수 있다.

만약 우리가 혼란을 피하기 위하여 '가시오'와 '녹색'의 연합을 바꿀 수만 있다면, 심지어 '멈추시오'란 의미를 '녹색'으로 부호화하기로 결정할 수도 있다. 만일 '가시오/녹색' 연합을 바꾸지 않는다면, 우리는 더 이상 동일한 기호 시스템을 소유할 수 없을 것이다. 세 개의 기호 대신, System 7.3에 보인 바와 같이 이제는 오로지 두 개의 기호로만 구성된 시스템을 소유할 것이다.

하지만 기호 시스템이 자의적이고 사회적인 관습이라면 색의 '의미'에 대해서 우리는 진정으로 무엇을 말할 수 있겠는가? 기호 시스템 속 기호들은 어떻게 해서 의미를 획득하게 되는가?

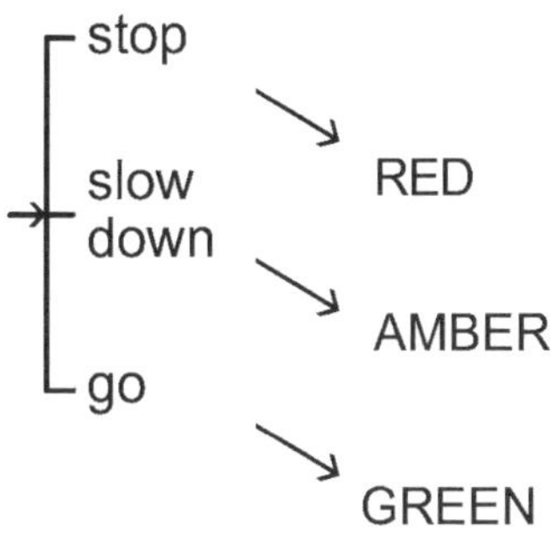

System 7.1 기존의 신호등 시스템

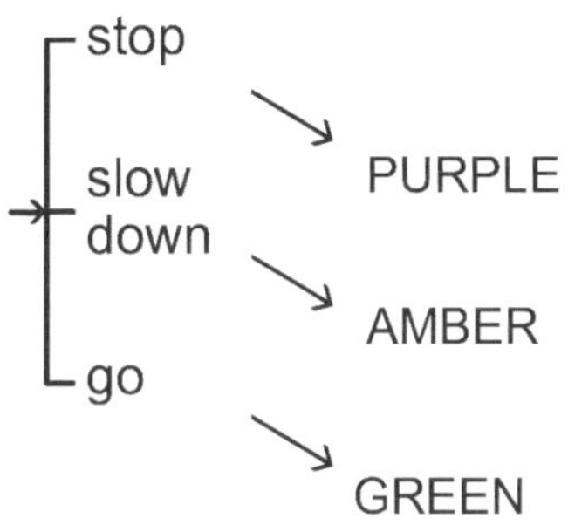

System 7.2 신호등 시스템 실현의 변화

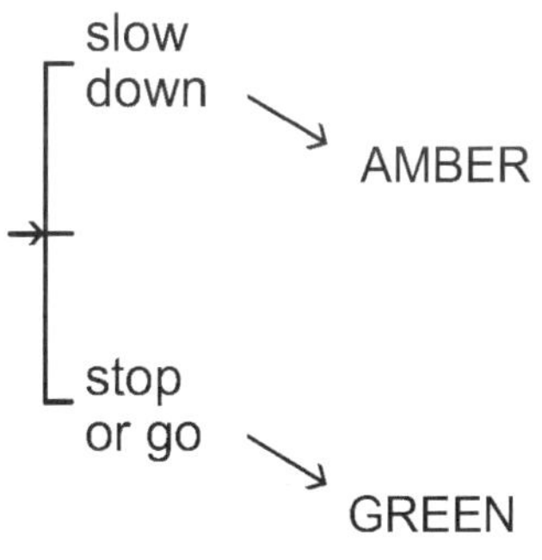

System 7.3 두 개의 신호등 기호 시스템

신호등의 예를 통해서, 우리는 각 기호의 의미가 대체적으로 **그것이 아닌 것으로부터(from what it is not)** 나온 것임을 알 수 있다. 녹색과 가시오의 연합이 의미를 가질 수 있는 것은 녹색/가시오의 연합이 다른 두 개의 내용/표현 쌍들(적색/멈추시오, 황색/천천히)과 대립되는 것에서 비롯되었다. 하나의 기호가 갖는 의미는 다른 두 기호와 대립함으로써 발생한다. 이 말이 뜻하는 것은 다음과 같다. 그것 말고 다른 것들이 의미하는 것을 그것이 의미하지 않기 때문에 그것이 의미하는 것을 의미하는 것이다.

언어 기호의 시스템에서도 내용과 표현의 관계가 자의적이므로, "언어 기호의 의미가 무엇인지를 우리는 어떻게 알까?"라는 똑같은 질문이 제기될 수밖에 없다.

'도롱뇽(axolotl)'이라는 어휘 기호의 예를 가져와 보자. 내가 외국인이라고 치고 당신이 나에게 이 단어의 의미를 가르친다고 상상해 보자. 그것이 무엇을 의미하는지를 나에게 가르칠 수 있다고 생각할 수 있는 방법 중 하나는, 인근 수족관에 나를 데려가서 종류가 모두 제각각이며 열 마리 남짓 되는 도롱뇽을 담고 있는 물고기 탱크를 보여주는 것이다. 끈질기게 각각을 가리키면서 '도롱뇽'이라고 말할 수 있을 것이다. 일단 내가 이 탱크를 연구할 기회를 얻게 된다면, 당신은 내가 '도롱뇽'이 무엇을 뜻하는지 알 수 있을 거라고 자신할 수 있을 것이다. 그래서 내가 바로 다음 번 탱크를 보려고 움직이면서 그 탱크 안 수중 생명체를 가리키며 '도롱뇽'이라고 말하면 당신은 아마 깜짝 놀랄 것이다. 당신이 '아니야. 저것은 금붕어야.'라고 지적할 수도 있다. 다음 번 탱크에서 나는 그곳 생명체를 다시 '도롱뇽'이라고 주장하지만, 안타깝게도 그놈들은 문어다. 이렇게 하여 나는 각 탱크마다 모든 생명체를 '도롱뇽'이라고 잘못 부르게 된다. 이에 절망한 당신은 기발한 교육 전략이 다소 실패했음을 마침내 인정해야 한다.

무엇이 문제인지 분명하다. 당신은 나에게 단어 '도롱뇽'의 상보적인 가능성만을 보여 주었다. 당신은 그 이름으로 불릴 수도 있었던 오직 그것들만 나에게 보여 주었다. 당신은 무엇이 그렇지 않은지, 즉 어떤 대립이 있는지를 나에게 보여 주는 것을 잊어버렸다. 이 예로부터 우리는 무엇이 '도롱뇽'인지에 관한 앎의 일부가 무엇이 '도롱뇽'이 아닌지에 관한 앎을 포함한다는 것을 알게 되었다. 좀 더 전문적으로 말하자면, 우리는 언어 기호의 의미 일부가 그것의 대립성을 포함한다는 것을 말할 수 있게 된다.

이러한 대립관계는 자연적으로 설정되는 것이 아니라 관습에 의해 설정된다. 그리고 Saussure(1959/66)에서는 기호의 자의성이 가진 함의를 입증하기 위해 수많은 유추를 활용하였다.[1] 그중 하나는 언어와 체스 게임을 비교해 보는 것이다(Saussure 1959/66:88, 110). 체스 말인 루크(rook)를 분실했다고 가정해 보자. 우리가 계속해서 게임을 할 수 있는 방법이 있을까? 물론 답은 그럴 수 있다는 것이다. 게임을 계속하기 위해서는, 담배 라이터와 같은 어떤 물건을 찾아서 이것이 분실한 루크의 대체물이라고 우리 둘이 합의하기만 하면 된다. 따라서 담배 라이터는 관습상 루크가 되고, 우리는 다음 두 가지 조건이 만족되는 한 어떠한 문제도 없이 게임을 계속해서 할 수 있을 것이다.

1. 담배 라이터는 체스 판에서 대각선으로 움직이지 않고 체스 판의 위쪽으로 또는 체스 판을 가로질러서 움직이기만 한다면 정확히 루크와 똑같은 움직임으로 게임을 수행할 것이다.
2. 담배 라이터는 어떤 다른 말과도 혼동될 수 없다. 우리는 그 담배 라이터를 퀸이나 졸로 인식하지 않는다.

이 유추는 체스에 관한 두 가지 중요한 점을 입증한다. 첫째, 중요한 것은 체스 말의 **실체**(substance)가 아니다. 어떤 물건이든 그 게임에 영향을 주지 않고서 훌륭하게 대체물로서 역할을 한다면 체스 말의 모양, 색, 크기가 문제가 되지 않는다. 말은 이처럼 관습적이다. 둘째, 중요한 것은 개개의 말이 다른 말과 맺게 되는 **관계**다. 즉 말이 다른 말들에 대해 상대적으로 어떻게 행동하느냐가 중요하다는 것을 입증했다.

언어에 적용해 보면, 이 유추는 두 가지 함의를 갖는다. 첫째, 언어 기호는 실체가 아니라 자의적인 형식일 뿐이다. 특정한 소리 조합은 특정한 사물에 자연적으로 고정되지 않는다. 그보다 그 관계는 자의적이고 사회적인 관습에 의해 설정된다. 둘째, 각 기호의 의미는, 개별 기호가 다른 기호들과 맺는 관계를 가리킨다.

기호들 간의 관계: 계열 축과 결합 축

한 기호의 의미는 다른 기호와 맺는 관계에서 도출되어야 한다고 Saussure가 주장하였다. 언어 기호 사이의 두 가지 관계, 또는 우리가 관계를 살펴볼 수 있는 두 **축**은 **결합 축**(syntagmatic axis)과 **계열 축**(paradigmatic axis)이다. 먼저 결합 축은 연쇄(sequence) 관계나 기호들 사이의 **사슬**(chain) 관계를 포착한다. 그리고 또 하나는 계열 축으로서 기호들 사이의 대립 관계나 **선택** 관계를 포착한다. 이러한 사슬 관계와 선택 관계의 축은 <Figure 7.1>에 보였다.

결합관계, 다시 말해 사슬의 축을 따라 이루어지는 관계는, 기호가 연속적으로 혹은 구조적으로 조합되어 앞뒤에 이어져 있는 한 기호와 다른 기호 간의 관계를 말한다. 선택의 축을 따라 이루어지는 관계인 **계열관계**는, 한 기호가 다른 기호에 대해서 대립적인 관계에 있는 상태이며, 같은 위치에서 나타날 수도 있는 한 기호와 다른 기호들 간의 관계다.

언어의 경우, 이런 두 가지 관계를 활용하여 언어 시스템의 각 개별 층렬(strata)과 등급(rank)에서 언어 기호를 정의할 수 있다.

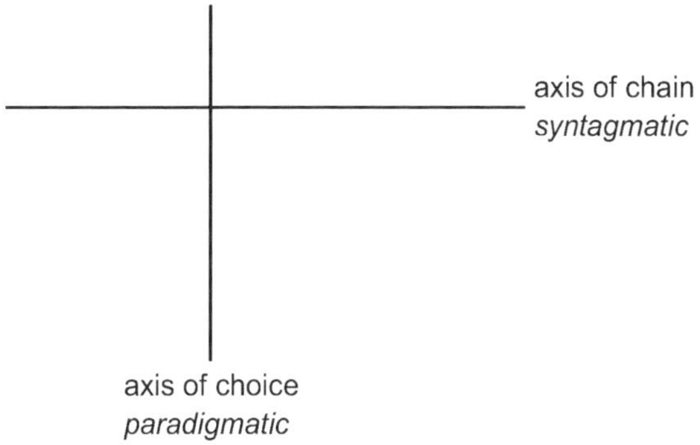

Figure 7.1 사슬과 선택의 축

예를 들어 음운 층렬의 경우, 우리는 **결합관계**를 통하여 음소 /p/를 정의할 수 있다. 그래서 우리는 음운 정보를 다음과 같이 나열할 수 있다.

- /p/는 모음을 선행할 수도 있고 후행할 수도 있다.
- 음절 내부에서 유음 /l/과 /r/은 /p/를 후행할 수 있는 유일한 자음이며, /s/는 /p/를 선행할 수 있는 유일한 자음이다.

음소 /p/의 의미 일부는 이러한 결합 가능성으로부터 나온다. 의미의 제2 차원은 **계열관계**(주어진 맥락에서의 대립관계)로부터 나온다. 가령 /…it/이라는 연쇄에서 앞소리의 음운론적 맥락을 예로 들어보자. 우리는 /p/가 음소 /b, t, l, h, s, n, w, z/와 대립하여 위치하도록 결정할 수 있지만(우리는 단어 /bit/, /tit/, /lit/, /hit/, /sit/, /nit/, /wit/, /zit/을 만들 수 있고, 각각은 서로 다른 무언가를 뜻한다.), /v/ (*vit) 등은 만들 수 없을 것이다. 이와 같이 음소

/p/의 의미는 이러한 두 가지 유형의 관계 합으로부터 나온다.

다음으로 어휘 문법 층렬의 가장 하위에 속하는 형태론적 수준을 살펴보자. 우리는 형태소의 의미를 결정하기 위해 정확히 동일한 원리를 적용할 수 있다. 예를 들어 형태소 friend의 의미는, 의존 형태소(접두사, 접미사)나 자립 형태소(다른 독립적 어휘항목)와의 **결합** 가능성이나 조합 가능성에 의해 정의된다. 이를테면 형태소 friend와 결합할 수 있는 형태소에는 –less (*friendless*), –ly (*friendly*), un– (*unfriendly*), be– (*befriend*), –ship (*friendship*), –liness (*unfriendliness*) 등이 있다. 그러나 형태소 friend는 dis– (**disfriend*), –ation (**friendation*), sub– (**subfriend*), over– (**overfriend*), –ize (**friendize*) 등과는 조합할 수 없다.

friend의 의미 일부는 이러한 결합 가능성으로부터 나오지만, 그 의미는 또한 **계열적**이거나 대립적인 관계에서 나오기도 한다. 어떤 형태소가 friend 대신에 실현될 수 있을지를 찾아보자. 여기서 우리는 *friend*가 *lecture, member, dictator, professor* 등과 계열관계에 있다는 것을 알게 되는데, 이들이 모두 –*ship*의 환경에서 모두 서로 대조되기 때문에 그럴 수 있다(*lectureship, membership, dictatorship, professorship* 등).

문법 단위의 크기를 확장해 보면, 절의 의미도 역시 관계적으로 설정된다. 예를 들어 the baby slept란 절은 앞뒤에서 공기하는 구성 요소들에 의해 일부 의미가 정해진다.

> Yesterday, due to fatigue <u>the baby slept</u> soundly all night in bed with his toys without dreaming. (어제 피로로 아기는 꿈도 꾸지 않고 장난감과 함께 침대에서 밤새도록 푹 잤다.)

여기서 the baby slept는 시간(time), 원인(cause), 장소(location), 동반(accompaniment),

양상(manner) 등의 의미를 표현하는 수많은 상황 부가어(Circumstantial Adjuncts)와 조합될 수 있다. 그러나 그 절은 보충어(Complement), 속성 보충어(Attributive Complement), 수혜자(Beneficiary)를 표현하는 부가어와는 조합할 수 없다.

*the baby slept / the night

*the baby slept night

*the baby slept to his mother

이와 같이 절의 의미 일부는 절 요소들이 적절하게 조합하면서 구성한 집합이다. 그러나 절은 또한 계열적 대립관계를 통해 부분적으로 정의된다. 이는 또한 해당 절을 대체할 수 있으면서 의미상 차이를 가져 오는 절이 있음을 말해 준다. 여기서는 잠자는 행위와 대립되는 여타 유형의 과정이나 행위를 포함하고 있다.

The baby slept	(생리적인 행위)
vs	
The baby thought	(정신적인 행위)
The baby hit	(물리적인 행위)
The baby was	(행위가 아님, 단지 존재함)

결합관계는 **구조**, 즉 요소들이 선형적인 배열 상태에 있는 연쇄의 형식을 취한다. 반면에 계열관계는 **계열**을 취한다. 이때 계열이란 특정한 맥락에서 대립되는 집합이나 선택지의 집합을 말한다. 외국어를 학습하기 위해 사용하는 일반적인 방법은 해당 언어에서 중요한 계열을 암기하여 학습하는 것이다. 가령 프랑스어 불규칙동사 aller의 계열은 프랑스어를 공

부하였던 사람들에게 친숙한 고리다.

Je vais

Tu vas

Il va

Nous allons

Vous allez

Ils vont

앞 장에서 동사가 아니라 절 차원의 수많은 계열을 이미 살펴보았다. 예컨대, 5장에서 제시된 아래 그룹의 예는 계열을 구성한다.

Set 1:

The redback spider gave the captured beetle a poisonous bite.

(붉은 등거미는 포획된 딱정벌레에게 독을 물렸다.)

Did the redback spider give the captured beetle a poisonous bite?

(붉은 등거미는 포획된 딱정벌레에게 독을 물렸는가?)

What did the redback spider give the captured beetle?

(붉은 등거미는 포획된 딱정벌레에게 무엇을 주었는가?)

Who gave the captured beetle a poisonous bite?

(누가 포획된 딱정벌레에게 독을 물렸는가?)

Give a poisonous bite, redback spider!

(독을 물려라, 붉은 등거미야!)

What a poisonous bite the redback spider gave the captured beetle!

(붉은 등거미가 포획된 딱정벌레에게 물린 것은 독이구나!)

Set 2:

The redback spider gave the captured beetle a poisonous bite.

(붉은 등거미는 포획된 딱정벌레에게 독을 물렸다.)

It was the redback spider who gave the captured beetle a poisonous bite.

(포획된 딱정벌레에게 독을 물린 것은 붉은 등거미였다.)

By the redback spider the captured beetle was given a poisonous bite.

(붉은 등거미에 의해, 포획된 딱정벌레가 독이 물렸다.)

A poisonous bite was what the redback spider gave the captured beetle.

(독을 물림은 붉은 등거미가 포획된 딱정벌레에게 준 것이다.)

To the captured beetle the redback spider gave a poisonous bite.

(포획된 딱정벌레에게, 붉은 등거미가 독을 물렸다.)

Set 3:

The redback spider gave the captured beetle a poisonous bite.

(붉은 등거미는 포획된 딱정벌레에게 독을 물렸다.)

The redback spider bit the captured beetle with poison.

(붉은 등거미는 포획한 딱정벌레를 독으로 물었다.)

The redback spider sniffed the captured beetle.

(붉은 등거미는 포획된 딱정벌레의 냄새를 맡았다.)

The redback spider thought about biting the captured beetle.

(붉은 등거미는 포획된 딱정벌레를 물어뜯을 생각을 했다.)

The redback spider has a poisonous bite.

(붉은 등거미는 독이 있다.)

The redback spider is the most deadly Australian spider.

(붉은 등거미는 호주에서 가장 치명적인 거미다.)

위에서 제시된 것들은 절의 계열로서, 특정한 방식으로 대조되는 절의 목록을 제시한 것이다. 이제 당신은 Set 1의 절에 대하여 서법(Mood)의 선택 계열을 예시한 것으로 확인할 수 있어야 한다. 이같이 계열을 구축하는 것은 단위들 간 계열관계를 확인하기 위한 첫 단계에 해당한다.

Saussure(1959/66:111)에서 지적한 대로 '언어는 순수한 가치(value) 체계일 뿐이다.' 따라서 언어 연구는 각 단계(각 언어 단위)에서 언어 기호에 의미를 부여해 주는 계열관계와 결합관계를 설정하는 일이 뒤따를 수밖에 없다. Saussure 이래로 언어학적 접근법은 이러한 유형의 관계 중 하나에 우선권을 부여하게 되었다. 이를테면 형식 문법적 접근법에서는 결합관계에 우선권을 부여하는 경향이 있었고(어떤 부류 어떤 요소들이 그 다음에 나오는지), 반면에 기능 문법적 접근법에서는 계열관계에 우선권을 부여하는 경향이 있었다(어떤 기능적 요소가 서로 대립하여 존재하는지).

체계적 접근법에서는 계열관계에 이론적 우선권을 부여하지만, 그 시스템 네트워크를 관통하는 형식화에서는 계열관계와 결합관계 모두를 포착하게 된다. 이 점은 다음부터 살펴볼 것이다.

수정된 서법: 서법의 결합관계와 계열관계

앞 장에서 우리는 영어 절에서 서법 성분이 구성할 수 있는 가능한 조합을 바탕에 두고 절의 결합관계를 살펴보았었다.

Subject ^ Finite ^ Predicator ^ Complement ^ Adjunct

위는 생략된 것이 없는 평서문이 무엇을 '의미'하는지에 대한 결합적인 정의를 보여준다. 이처럼 절의 구조를 진술하는 것은 또한 결합적 조직을 진술하는 것이기도 하다. 그래서 우리는 이제 좀 더 전문적인 용어, 즉 '**결합관계에 있는 기능적 성분 집합**(**the set of functional constituents in syntagmatic relation**)'이란 용어를 가지고 **구조**를 정의할 수 있게 되었다.

그러나 Saussure의 주장을 적용하려면 절을 구성하는 요소들 사이의 계열관계도 기술할 필요가 있다. 평서문이 무엇을 '의미'하는지를 완전히 기술하기 위해서는 말이다. 사실 이전 장에서도 우리는 계열관계를 살펴보았었다. 이를 통해서 우리는 다음 공식과

Subject^Finite^Predicator^Complement^Adjunct

다음 공식을 서로 비교해 보면,

Finite^Subject^Predicator^Complement^Adjunct	(완전한 의문문)
WH-Complement^Finite^Subject	(WH-의문문)
WH-Complement^Subject^Finite	(감탄문)
Predicator^Complement	(명령문)

우리는 서로 다른 서법 절의 구조들 간 계열적 대립관계를 기술하고 있었던 셈이다. 6장에서 i) 결합: 성분들이 선형적인 연쇄로 어떻게 서로 연결되는지를 기술하기 위하여 구조를 가지고 절의 유형을 기술하였고, ii) 계열: 성분의 형상(configuration)이 서로 어떻게 다른지를 기술하기 위하여 우리는 그들의 대립관계를 통하여 절의 유형을 기술하였다.

6장에서 우리는 절의 결합 구조를 포착하기 위하여 라벨이 부착된 상자를 기능적으로 사용하였다. 그러나 앞 장에서 하지 못했던 것은 계열적 기술을 위한 형식화였고, 결합과 계열의 관련성을 포착하기 위한 방법론

이었다.

시스템

계열관계를 포착하기 위해 체계 모델에서 사용한 형식화는 시스템(system)이었다. 기본적인 시스템은 대립관계에 있는 둘 이상의 기호 집합과 진입 조건(entry condition)으로 구성된다. 여기서는 오직 하나만이 선택되어야 한다. 그 시스템에서 기호는 '항(terms)'으로 불린다. 시스템은 항상 좌에서 우로 읽힌다. System 7.4에서 기본적인 시스템을 살펴보라.

이 시스템은 '만일 x의 진입 조건이 적용되면 a나 b 중에서 선택되어야 한다'라고 이해되어야 한다. 1장에서 신호등의 내용을 나타내기 위해 필요했던 것과 같은 것이 시스템이다. System 7.5를 보라.

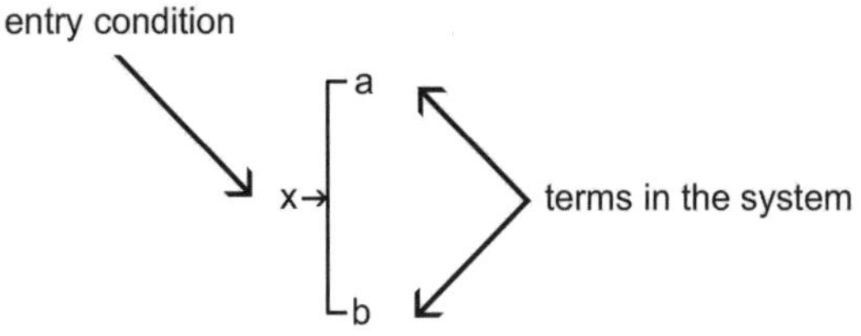

System 7.4 기본 시스템

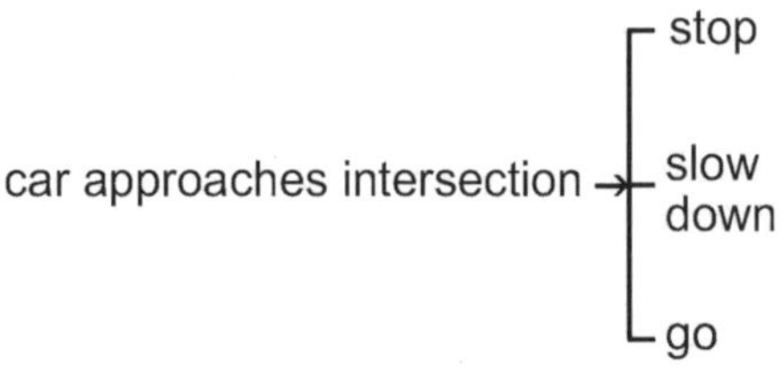

System 7.5 시스템으로서의 신호등

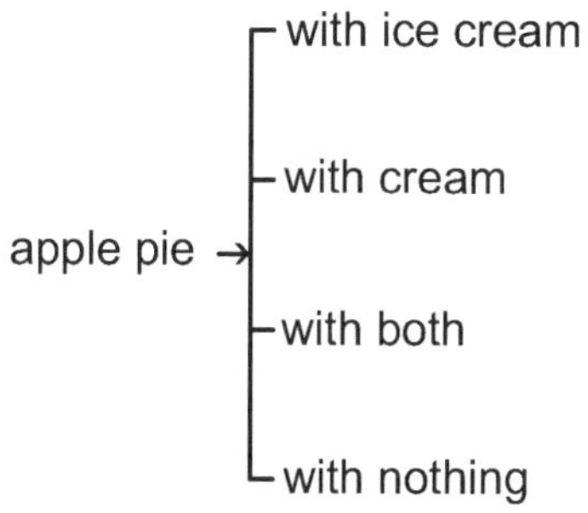

System 7.6 2분지가 아닌 시스템

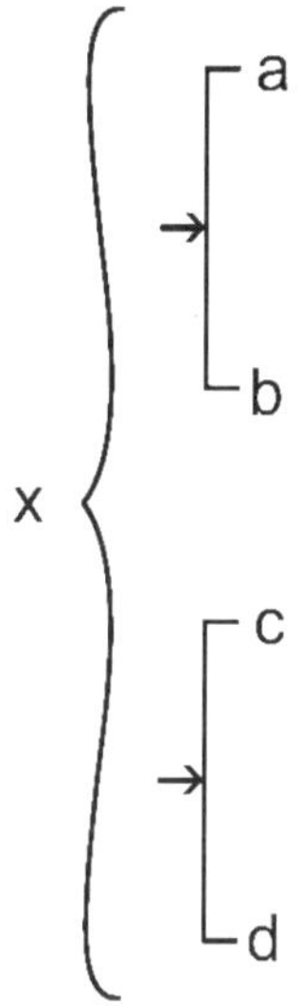

System 7.7 동시 선택

시스템은 오직 두 가지 선택지만으로 구성되어야 할 이유는 없다. 가령 디저트를 제공받을 때 당신이 직면하게 되는 시스템은 System 7.6과 같다.

시스템은 일반적으로 이보다 더 복잡하다. 시스템은 자주 동시 선택을 수반한다. 이는 System 7.7에서 보듯 괄호의 사용으로 알 수 있다.

이 시스템은 '만약 x의 진입 조건이 충족되면 a나 b 중에서 하나를, 그리고 c나 d 중에서 하나를 선택하여야 한다'를 말하는 것으로 읽혀야 한다. 이 체계의 '출력'은 어느 하나일 것이다

a+c

a+d

b+c

b+d

그러나 다음은 아니다.

*a+b; or

*c+d

System 7.8은 이와 같은 시스템의 구체적인 실례를 보여 준다.

따라서 스테이크나 생선 요리와 함께 샐러드나 채소 중에서 어느 하나를 선택할 수 있으나, 스테이크와 생선 요리 모두를 혹은 샐러드와 채소 모두를 선택할 수는 없다.

대부분의 기호 시스템은 오직 하나의 시스템만 사용하는 것으로 기술되지는 않는다. 보통 우리는 선택이 다시 다른 선택을 이끄는 것을 발견하게 된다. 가령 채소를 선택했으면 다시 당근이나 호박 중 하나를 선택할 때가 있다. 그 이상의 선택을 포착하기 위해서, 위에서 소개한 관습을 적용하여, 그 이상의 시스템을 간단히 기술해 본다. 예컨대 System 7.9에서 보인 것처럼 단순 시스템을 확장해 볼 수 있다.

여기서는 먼저 a나 b 중에서 어느 하나를 골라야 한다. 만일 a를 골랐

다면 다시 m이나 n 중에서 어느 하나를 선택하기 위해 이동한다. 이와 달리 만약 b를 골랐다면 y나 z 중에서 어느 하나를 선택해야 한다.

좀 더 복잡한 시스템으로 확장해 보기로 한다. System 7.10을 보자.

System 7.10에서 나올 수 있는 가능한 출력은 다음과 같다. (최종 선택만 아래에 적었다.)

m y
m z
m j
m k
n y
n z
n j
n k
p y
p z
p j
p k
q y
q z
q j
q k

확장된 시스템 네트워크의 구체적인 실례는 System 7.11에 나와 있다. 이 네트워크로부터 대안이 되는 몇 개의 식사 유형을 구성할 수 있어야 한다.

그 시스템의 기본 구성 개념은 **선택**의 개념이다. 시스템 네트워크 내 각 시스템은 선택이 이루어진 지점을 나타낸다. (시스템 네트워크의 가장 좌측에 있는 시스템으로부터) 처음 한 선택은 **최소한의 섬세한**(least delicate) 선택이라 불린다. 그것은 논리적 우선성의 측면에서 해야 할 최초의 선택이었다. 네트워크가 오른쪽으로 확장하면서 마지막 시스템(네트워크의 가장 오른쪽 끝)에 도달할 때까지 우리는 섬세하게 이동하고 있다고 말한다. 이를 **최대한의 섬세한**(most delicate) 시스템이라고 부르며 여기서 가장 섬세한 선택을 하게 된다. 위에서 언급한 저녁식사 네트워크에서 최소한의 섬세한 선택은 스테이크와 생선 요리 중에서 행해지고 혹은 채소와 샐러드 중에서 행해진다. 최대한의 섬세한 선택은 으깬 감자와 구운 감자 중에서 행해지고, 고기/생선의 유형과 준비의 방식, 그리고 채소의 유형을 고를 때도 행해진다.

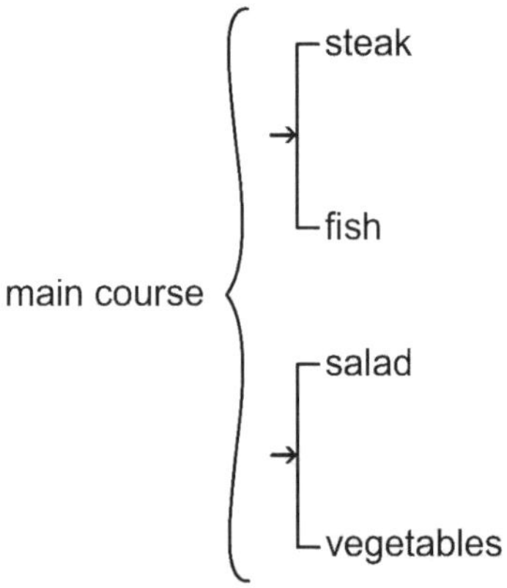

System 7.8 동시 선택의 예

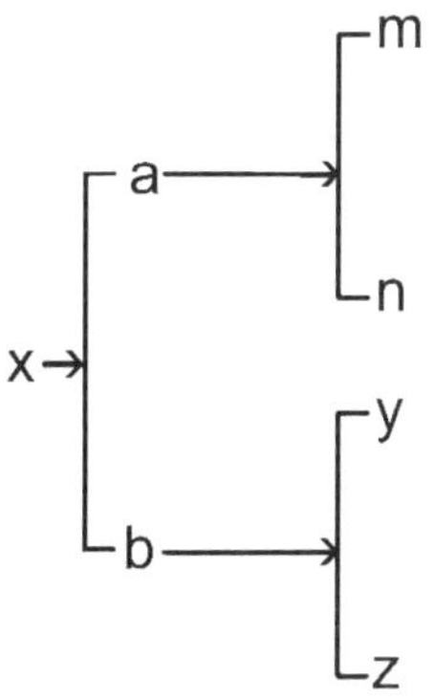

System 7.9 섬세함의 수준에서 시스템 확장하기

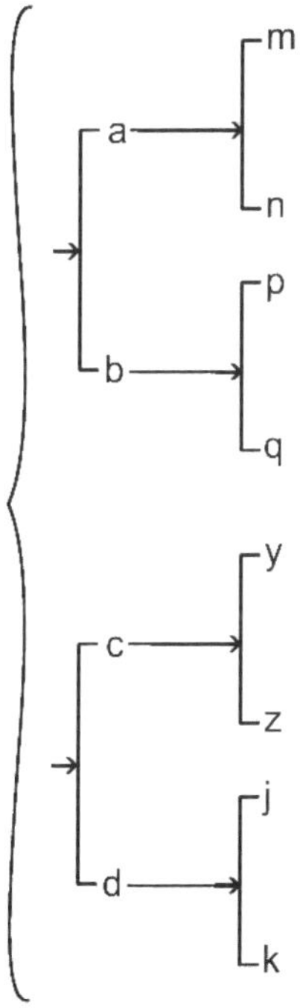

System 7.10 동시 선택과 섬세함 수준의 증가

이런 예가 보여주듯이, 섬세함의 척도는 선택지들 사이에서 논리적으로 형성되는 우선성을 말한다. 이를테면 으깬 감자나 구운 감자 중 어느 하나를 선택하기 전에 칩스가 아니라 먼저 감자를 선택해야 하는데, 이는 샐러드보다는 먼저 채소를 선택해야 함을 의미한다.

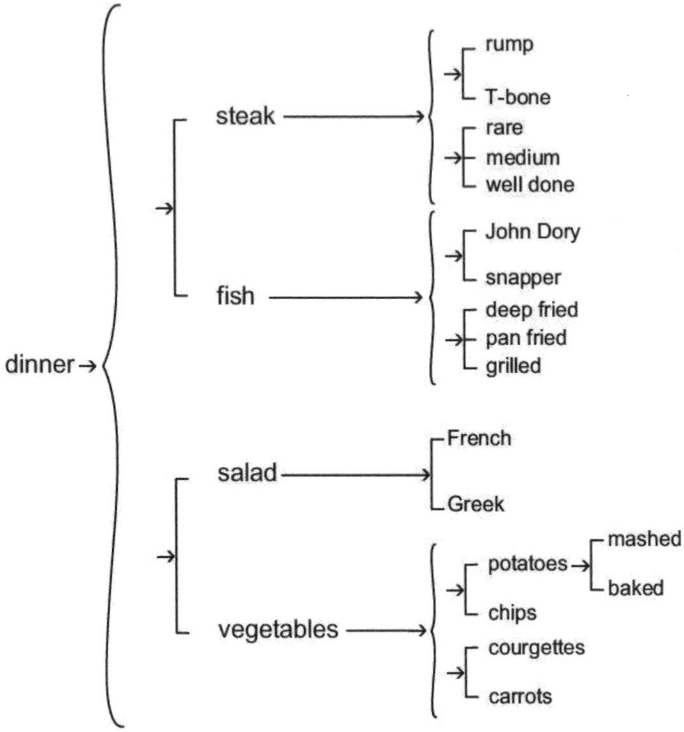

System 7.11 확장된 시스템 네트워크의 예

시스템 네트워크는 시간과는 아무런 관계가 없다. 시스템 선택에서는 시간적 연쇄를 포착하지 않는다. 예를 들어 당신이 정말로 칩스를 원한다는 결정을 미리 내려놓고서 식당에 입장할 수도 있다. 대기하는 줄에 일단 서서 으깬 감자와 같은 것을 또한 먹기로 결정할 수도 있다. 또 자리에 들어가서 생선 요리를 먹기로 결정할 수도 있다. 이와 같이 현실적인 시간 연쇄는 이 네트워크에 드러나지 않는다. 대신에 시스템 네트워크에서 발견되는 것은 시스템의 논리적 구조다. 가령 어느 특정 식당에서 만일 당신이 칩스를 먹기를 원한다면 으깬 감자를 먹을 수 없다.

시스템 네트워크를 읽고 쓰는 데 필요한 기본 규칙을 제시하였으므로, 이제 System 7.12에 제시된 언어 시스템 네트워크를 살펴볼 차례다. 그것이 뭘 의미하는지 알아보는 데는 시간이 좀 걸릴 것이다.

시스템과 구조의 관련성

System 7.12에 제시된 시스템 네트워크는 절에서 서법의 계열관계를 포착한 것이다. 그러나 이것만으로는 불완전하다. 6장에서 다룬 구조 기술이 빠졌을 수도 있다. 지금 포착한 시스템은 오직 계열관계뿐이다. 그러나

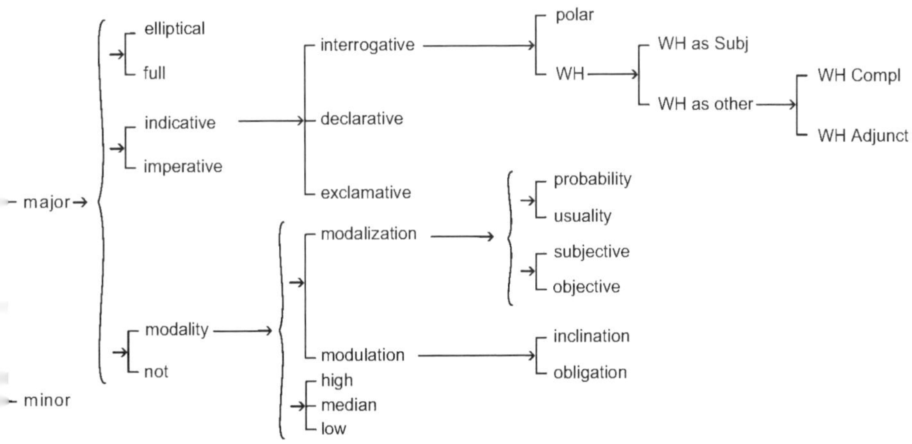

System 7.12 언어 네트워크

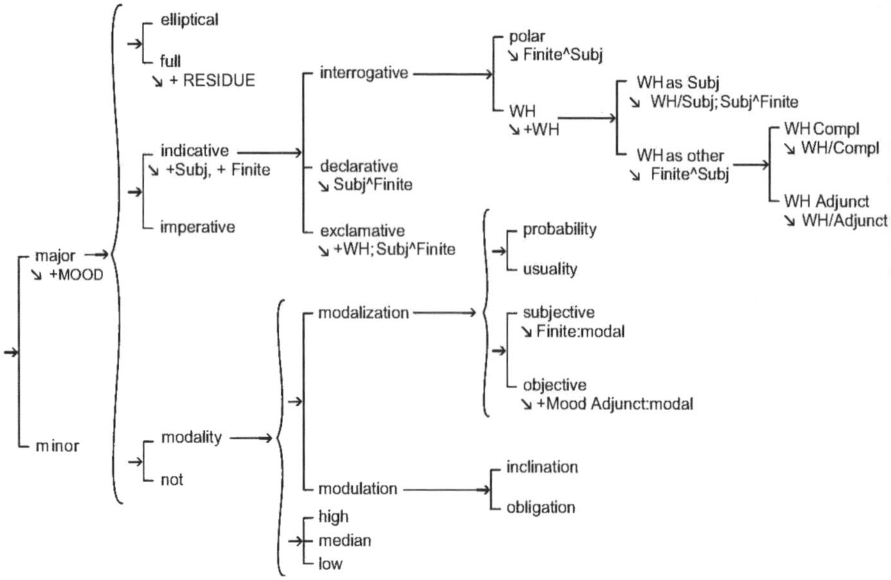

System 7.13 실현된 서법 네트워크

완전한 네트워크는 계열관계와 결합관계를 모두 포착한다. 완전한 시스템 네트워크는 System 7.13에 제시되어 있다.

이것과 이전 시스템 사이의 차이는 이렇다. 이 시스템에서 행해지는 각 선택은 **실현**(realization)을 통해 표현된다. 우리는 이 시스템에다 '**실현 진술**(realization statements)'을 더했는데, 이를 통해 우리는 서로 다른 선택의 출력물을 나타낸다. 언어 시스템의 출력이 구조적 진술임을 주목하자. 이러한 구조적 진술이나 실현은 다음을 포함할 수 있다.

- 기능적 성분의 **존재**(예: *full*의 선택은 구조적 요소+잔여부(RESIDUE)의 존재에 의해 구현됨)
- 기능적 성분의 **순서**(예: 극성 의문문(polar interrogative)의 선택은 주어

(Subject) 앞에 한정어(Finite) 성분을 위치시키는 것, 즉 한정어^주어 (Finite^Subject)를 통해 구현됨)

○ 기능적 성분의 **융합**(예: WH-보충어(WH-Complement) 의문문의 선택은 보충어 요소와 함께 WH 요소를 WH/Compl와 같이 융합함으로써 구현됨)

○ 특정 성분의 하위 부류를 **구체화함**(예: 인식 양태(Modalization)를 선택함은 하위 부류 양태(modal)의 한정어를 선택하는 것을 포함함)

완전한 시스템 네트워크는 선택을 시스템으로 조직하며, 이러한 선택이 어떻게 구조로 실현되는지를 구체적으로 보여준다. 이런 식으로 네트워크는 절의 계열관계와 결합관계를 포착한다. **시스템**을 통해서는 성분 간의 **계열**관계, 즉 선택을 포착하며, 반면에 **실현**을 통해서는 성분 간의 **결합**관계, 즉 구조를 포착한다.

이를테면 이와 같은 네트워크에서 우리는 결합적으로 또 계열적으로 문법 기호 '평서절'의 의미를 정의할 수 있게 된다. 우리는 구조를 통해서(예: 주어^한정어(Subject^Finite)), 또 그것이 아님을 통해서(그것과 대조되는 다른 절 유형을 통해서, 가령 의문문과의 대조를 통해서) 그것을 정의할 수 있다.

계열관계의 우선성

위에서 제시한 시스템 네트워크는 결합관계와 계열관계를 포착하기 위한 편리한 형식일 뿐만 아니라, 이를 통하여 결합관계와 계열관계의 상대적 중요성에 관한 이론적 주장도 할 수 있다. 체계기능 접근법은 계열관계에 이론적 우선성을 부여한다. 체계주의자들은 언어가 의미를 만드는 방법을 이해하는 데 있어서 선택이나 대립이라는 개념을 근본적으로 중요하게 생각한다.

다시 말해 우리는 선택을 통해서 언어를 모형화한다. 우리는 선택에 의해 의미를 부여하는 자원으로 언어를 표상한다. 이러한 계열적 선택은 시스템을 통해서 포착된다. 선택의 결과 혹은 출력물은 실현 진술에 의해 포착된 구조다.

대립이 일차적인 범주이기 때문에 시스템을 설정하는 방법론은 대단히 중요하다. 이것은 대립관계가 있을 때 어떻게 결정하는지를 설명해야 한다는 것을 의미한다. 다시 말해서 어떤 기준으로 시스템을 구축할 수 있을까?

그 질문에 대해 답을 하자면, 우리가 구조에서 차이를 발견할 때다. 시스템이나 시스템 네트워크에서 모든 선택은 구조에 의해 실현된다. 그래서 구조 위에서 차이를 확인할 수 있을 때에만 시스템을 구축할 수 있다.

이 점을 설명하기 위해 문법 층렬(여기서는 형태소 단위에서만)에서 시스템을 구축해 보자. 우리가 구축하게 될 시스템은 영어에서 주어 인칭대명사의 계열을 기술하는 것이다.

I	*like Henry James*
you	*like Henry James*
he/she/it	*likes Henry James*
we	*like Henry James*
they	*like Henry James*

이 계열에 기반한 시스템은 System 7.14에 제시하였다.

이 예가 보여주는 것은 이렇다. 구조적 반영체가 있을 때, 다시 말해 구조에 차이가 있을 때에 시스템이 구축된다는 것을 이 예가 보여준다. 가령 단 한 사람에게 말하는 것과 여러 사람들에게 말하는 것 사이에는 실세계 수준의 차이가 있지만, 우리는 하나의 대명사 형태(*you*)만 가지고 있기 때문에 실은 2인칭 대명사를 위한 단수 대 복수의 선택을 마련할 필요가 없다.

이 시스템을 가지고 우리는 최종적인 시스템 기술 규약(final system-writing convention)을 주장할 수 있다. (관련되는 대립을 포착했다는 점에서) 그 시스템이 완벽할지는 모르겠으나 다소 투박하기는 하다. 단수/복수 대립이 다른 두 곳에서는 반복되어야 하기 때문이다. System 7.15는 이 시스템의 대안이 되는 그림이다.

이 시스템은 둘 이상의 각괄호를 사용하여 각 시스템에 있는 선택들 사이에서 가능한 상호 관계를 포착한다. 각괄호는 '또는' 관계를 포착하기 위해서 사용한다. 만약 1인칭 또는 3인칭인 경우, 단수나 복수를 선택하라는 식이다. 중괄호는 '그리고' 관계를 나타낸다. 만약 단수이고 3인칭의 경우 남성, 여성이나 혹은 중성을 선택하라는 식이다. 두 시스템 모두 동일한 체계적 대조를 포착한다. 그 차이는 순수하게 현상적(presentational)이다.

시스템은 구조적 차이가 있을 때에만 구축되지만, 섬세함의 척도는 구조가 한 지점에서 비슷할 수 있으며, 이후 보다 섬세한 구조적 차이를 위해 차별화될 수 있다는 것을 의미한다. 예를 들어 6장에서 우리는 다음의 구조적 차이를 전혀 보여주지 않았다.

Who	*is*	*Henry James?*
WH/Complement	Finite	Subject
RESIDUE	MOOD	

What	*is*	*Henry James?*
WH/Complement	Finite	Subject
RESIDUE	MOOD	

이러한 섬세함의 수준에서 양 절은 WH 요소가 보충어와 융합되고 한정어(Finite)와 주어(Subject)를 선행한다는 점에서 구조적으로 동일하다. 하지만 만약 섬세함의 수준에서 한 발 더 들어가 분석을 하게 되면, 인간 행동주(human actor)에 관해 질문하는 의문문(who-interrogatives, 누구-의문문)과, 비인간의 참여자에 대해 질문하는 의문문(what-interrogatives, 무엇-의문문) 간의 구분을 포착할 수 있다. 다시 말해서 System 7.16에서 보인 바와 같이, 의문문의 하위 종류를 지정하는 단어를 선택하여 실현된 것을 통해서 그렇게 할 수 있다.

체계적인 표기법을 통해서, 덜 섬세한 수준에서는 두 구조가 구조적 실현을 공유하는 대신, 좀 더 섬세한 수준에서는 두 구조가 구조적으로 달라질 수 있음을 알 수 있다. 네트워크가 발전되는 섬세함의 정도는 일반적으로 설명의 목적에 의해 결정될 것이다.

문법적 시스템과 의미적 시스템: 사전 선택을 통한 연결

지금까지 증명된 언어 시스템은 절과 형태소 단위 등의 문법 층렬에서 나온 것이었다. 그러나 시스템은 언어의 모든 층렬과 등급에서 계열을 포착하기 위해 사용된다. System 7.17은 의미 층렬로부터 나온 친숙한 시스템이다.

6장에서 개략적으로 제시한 것에서 약간 확장한 이 시스템은, 대화의 모든 이동마디(move)는 제공하기나 요청하기라는 발화 역할 중에서 선택을 해야 하고, 재화와 서비스 또는 정보라는 물품들 중에서 선택을 해야 하며, 개시 또는 응답의 상호 교환적 역할 중에서 선택을 해야 한다고 설명하고 있다. 이때 일차 선택의 몇 가지는 좀 더 섬세하게 기술된다. 일례로, 재화와 서비스를 제공하는 것은 화자가 중심이 되기도 하며(*May I get you a coffee?*) 혹은 청자가 중심이 되기도 한다(*Would you like a coffee?*). 재화와

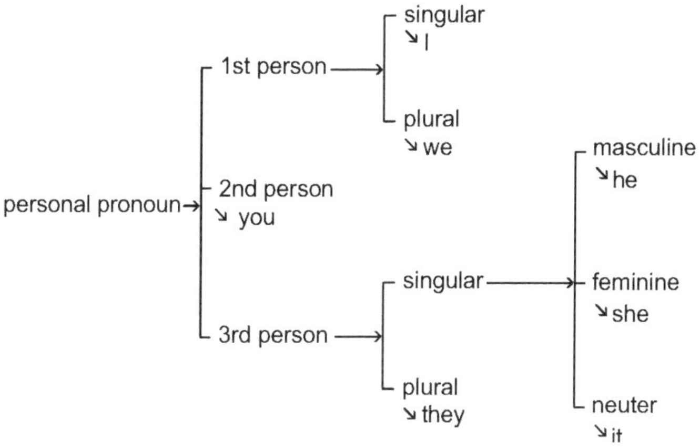

System 7.14 인칭 대명사 시스템

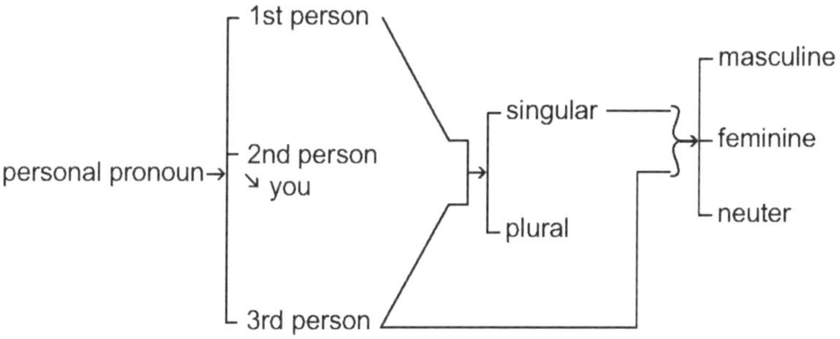

System 7.15 인칭 대명사 시스템의 대안적인 도식

서비스를 요구하는 것은 화자와 청자를 연합시켜 행해지기도 하고(*Let's read a book*) 또는 배타적으로 행해지기도 한다(*Read it*). 정보를 요구하는 것은 설명 질문(*Who wrote it?*) 혹은 확인 질문(*Is it by Henry James?*)으로 행해질 수 있다. 정보의 경우 의견(*He should stop smoking*)이나 사실(*He quit last week*) 중에서 어느 하나를 골라야 한다. 응답의 이동마디에서는 동의하거나(*Yes, that's right*) 아니면 부정한다(*No, you're wrong there*).

이 장에 제시된 다른 모든 네트워크와 마찬가지로 이 네트워크는 여전히 매우 섬세하지 못한 수준에 머물러 있다. 체계주의자들에게 있어서,

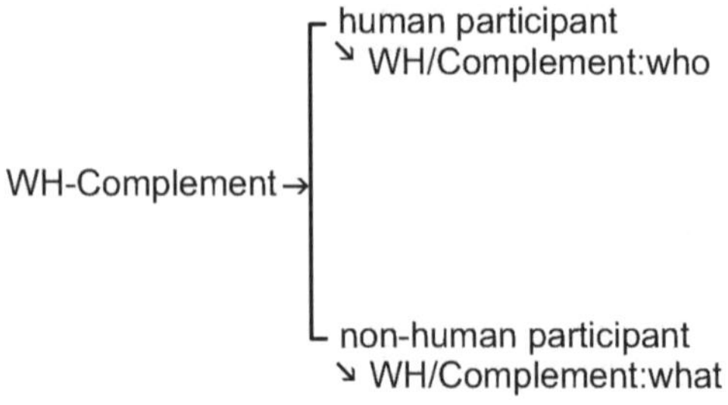

System 7.16 WH-보충어 시스템

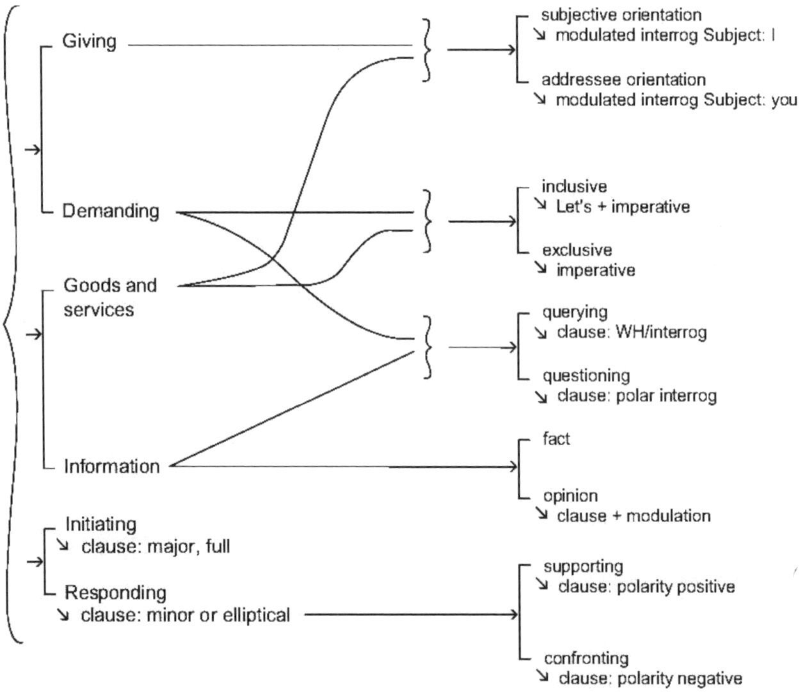

System 7.17 발화 기능 시스템(담화-의미 층렬)

'시스템 분석'은 어떤 자료에서 발견되는 계열의 분석을 통해, 덜 섬세한 네트워크를 취하여, 섬세하게 오른쪽으로 확장하는 것과 관련이 있다. 예를 들어 체계 문법학자는 각각의 소절(minor clause)을 대조하기 위하여 대화형 말뭉치를 사용하고, 더 섬세한 시스템을 구체화하고 또 실현하면서, 서법 시스템을 가지고 섬세하게 소절의 범주로 옮겨가려고 한다. 체계적인 담화 분석가는 특정 말뭉치에 어떤 종류의 의견이 어떻게 표현되는지를 질문하면서, 의견의 발화 기능을 선택하고 이것을 더 섬세하게 받아들이려고 한다(발화 기능 네트워크에 관해서는 Eggins and Slade 1997 참조).

이 마지막 포인트는 의미 시스템에서 실현 진술이 무엇인지에 대한 문제를 제기한다. 위의 발화 기능 시스템이 나타내듯이, 의미 시스템을 위해 지정된 실현은 문법 시스템의 실현 진술과 같은 구조가 아닐 수도 있다. 체계 모형은 층렬들 사이에서 실현의 관계를 가졌다는 것을 기억할 것이다. 즉 의미론은 어휘 문법(lexico-grammar)을 통해 실현된다는 것을 말이다. 체계적 표기법은 이것이 의미하는 바를 명확히 한다. 의미적 수준에서 이루어진 선택은 문법 시스템으로부터 나온 자질의 **사전 선택(pre-selection)**을 통해 실현된다. 따라서 개시 이동마다 선택에는 서법 시스템으로부터 생략되지 않은 완전절(non-elliptical major clause)을 사전 선택하는 것이 포함된다.

사전 선택은 이미 일부 문법적 선택이 이루어졌음을 의미하지만, 어휘 문법 시스템이 잉여적이라고 할 수는 없다. 왜냐하면 비록 의미 시스템이 전형적이거나 적절한 문법적 선택을 사전 선택할 수 있지만, 덜 전형적이면서 적절하지 않은 선택도 할 수 있는데, 이는 이런 선택이 어휘 문법 시스템에서도 가능하기 때문이다.

시스템의 함의: 잠재(potential) 대 실제(actual)

체계주의자들은 계열관계에 우선권을 줌으로써, 선택을 통해 의미를 만드는 시스템으로 언어를 표상한다. 우리는 시스템을 도해함으로써, 화자들이 어떤 선택을 할 수 있는지를 포착하려고 한다. 그들이 실제로 무엇을 의도했는지에 관한 의미를 완전히 이해할 수 있는 것은 누군가가 무엇을 의도할 수 있었는지를 알아야 가능하기 때문에 우리가 이렇게 하는 것이다.

이로써 우리는 1장에서 언급했던 구분, 다시 말해서 당신이 의미할 수 있는 것(언어적 **잠재성**)과 당신이 어떤 특정한 경우에 의미하는 것(**실제성**) 사이의 구분으로 되돌아가게 된다. 시스템 네트워크는 화자가 활용할 수 있는 **의미 잠재성(meaning potential)**을 나타낸다. 예를 들어 서법 시스템은 상호작용에서 당신이 의미할 수 있는 것을 나타낸다. 우리가 텍스트를 볼 때, 화자들이 실제로 무엇을 의미했는지는 그들이 한 선택을 설명함으로써 살펴볼 수 있다. 그런 다음 우리는 그 선택을 설명할 수 있고, 화자가 가졌던 다른 대안과 연관시킴으로써 '그것이 무엇을 의미하는지'를 설명할 수 있다. 그래서 우리는 '화자가 다른 것 말고 왜 그 선택을 했는가?'라고 물을 수 있다.

예를 들어 왜 어떤 사람은 교사로 일하러 가서 학생들에게 '*I can hardly hear myself think in here*(*여기서는 내가 생각하는 것조차 들을 수 없다*)'고 말하는 반면, 왜 집에 가서 아이들에게는 '*Stop making that racket!*(*소란을 그만 피워!*)'라고 말하는가? 화자는 왜 명령문의 서법보다 평서문의 서법을 선택했을까? 해답은 거의 확실히 상황 맥락의 차원을 탐구하여야 찾을 수 있다. 왜냐하면 만약 우리가 언어 시스템 안에서만 설명할 거리를 찾는다면, 우리는 우리 자신이 원을 그리며 빙글빙글 돌아다니는 것을 발견할 것이기 때문이다(예를 들어 그는 평서문을 선택하기를 원하지 않았기 때문에 명령문을 선택했다).

그 사람이 하고 있던 사회적 역할과 이로 말미암아 그에게 접근하게 해 주는 것으로 보이는 담화적 역할 사이의 관계를 고려함으로써 우리는 그 선택을 설명하기 시작할 수 있다. 우리 문화에서 부모의 역할(불평등한 힘, 빈번한 접촉, 높은 정서적 개입)은 명령과 일치되게 실현(즉 명령의 선택)하는 반면, 교사의 역할(불평등한 힘, 빈번한 접촉, 그러나 정서적 개입이 없음)은 교사가 명령의 발화 기능적 의미를 위장할 방법을 찾게 되므로, 명령과는 불일치하게 실현된다. 그러므로 체계 언어학은 잠재 의미와 실제 의미 선택 사이의 관계에 대하여 질문하는 것을 지향한다. 그러한 질문들은 기능적인 접근을 요구하고, 언어 바깥에서 설명할 것을 요구한다.

이러한 잠재적/실제적 지향은 또한 여러 가지 선택을 비교하는 것이 타당할 수 있게 하는 틀을 제공한다. 특히 언어 선택의 **적절성**을 고려하게 한다. 예를 들어 부모가 그의 어린 자녀에게 말을 할 때 명령문을 선택하는 것이 매우 적절하다고 사회에서는 생각하지만, 일반적으로 아이가 부모에게 명령문을 사용하는 것은 부적절하다고 생각한다는 것을 구어 데이터가 우리에게 보여주곤 한다. 다시 우리는 사회적 적절성의 함의를 탐구할 수도 있고 원하지 않을 수도 있다.

선택을 통하여 맥락에 따른 의미를 만들기 위한 시스템으로 언어를 해석하는 것은, 언어학자들이 할 수 있는 가장 흥미로운 질문들을 던지는 방법을 우리에게 제공한다. 가령 다음과 같은 질문 말이다. 왜 화자는 다른 선택을 하지 않고 그 선택을 하였는가? 그리고 우리는 선택들을 단지 언어적 선택으로만 해석하는 것이 아니라 사회적 선택으로 해석하는 방법이 있는데, 이것은 어떤 선택이 한 맥락에서 적절하지만 다른 맥락에서 부적절하게 만드는 암묵적이고 은밀한 사회적 관습을 필연적으로 밝혀내게 한다.

요약

Halliday는 이 장에서 다룬 자료에 대한 간략한 요약을 제공한다.

> 시스템 네트워크는 선택으로서의 언어 이론이다. 그것은 선택을 통해 의미를 만들기 위한 자원으로서 언어, 또는 언어의 어떤 부분을 표상한다. 네트워크의 각 선택 지점은 다음을 지정한다.
>
> 1) 환경 또는 맥락: 진입 조건 또는 이미 수행한 선택
>
> 2) 선택할 수 있는 가능성의 집합
>
> 네트워크의 출력은 구조다. 구조는 네트워크를 통과할 때 선택한 자질들의 집합을 실현하는 것이다(Halliday 1985a:xxvii[2]).

이제 시스템의 실용적이고 이론적인 측면을 다루게 되었으므로 다음 장에서는 절에 대하여 기능적 설명을 다시 하되, 시스템 네트워크와 기능 상자 다이어그램을 사용하여 관념적 의미, 즉 **경험적 의미**의 첫 번째 요소가 텍스트 안에서 부호화하기 위해 절이 어떻게 구조화하는지를 설명하려고 한다.

주석Notes

1 Culler(1976)에서는 언어에 관한 Saussure의 아이디어를 살펴볼 수 있도록 했다.

2 이 단락은 Halliday(1994)와 Halliday and Hasan(2004)에서 쓴 내용을 재인용했다. 그러나 1985a의 버전에서 좀 더 축약된 내용을 발견했다.

제8장 경험적 의미의 문법: 타동성

도입

7장에서 우리는 선택을 통해 의미를 체계적으로 모형화하는 방식과, 계열관계가 시스템 안에서 포착되는 형식을 살펴보았다. 이 장에서는 구조에 초점을 두어, 구조적 차이를 야기하는 계열적 대립관계를 제시하기 위하여 체계적인 표기법(systemic notation)을 활용할 것이다. 그러나 이 장과 다음 장에서는 실재(reality)를 언어로 어떻게 표현하는지에 관한 의미, 즉 **관념적 의미**(ideational meanings)를 실현하기 위하여 절을 조직하는 방법에다 의미적 초점을 옮겨 보기로 한다. SFL의 연구에서, 의미의 관념적 부분은 사실상 다음 두 가지 요소, 즉 절 안에서의 **경험적 의미**(이 장에서 다룰 것임)와 절 복합체(clause complexes)에서 절과 절 간의 **논리적 의미**(9장에서 다률 것임)를 아우른다.

경험적 의미는 관련 참여자 역할과 배열(configurations)을 함의하는 과정을 선택함과 동시에, 타동성(Transitivity)의 시스템이나 과정 유형(process type)의 시스템을 통하여 표현된다. 체계주의자들은 절의 경험적 의미(experiential meaning)가 대인 관계적 의미(interpersonal meaning)와 동시에 실현됨으로써, 절의 타동성에 대한 기술이 동시에 서법(Mood) 기술을 보완한다고 주장한다. 절의 서법 구조는 테너(Tenor)의 맥락적 차원과 관련될 수 있지만, 타동성의 선택은 필드(Field)의 차원과 관련이 있는데 여기에는 상호작용자(interactants)가 경험적 실재를 부호화함을 실현하는 것으로 간주되는 과정 유형과 참여자 역할을 선택하는 것이 포함된다. 바꿔 말하면 그들의 대화에 내용을 제공하는 행위, 관계, 참여자 및 상황 등의 세계를 포함한다.

우리는 문법에 대해 기능적으로 접근하는 것이 갖는 함의 중 하나로 되돌아가서 논의를 시작해 볼 것이다. 한 개 절을 구성하는 거의 모든 요소들이 한 번에 하나 이상의 기능적 역할을 수행하고 있다는 것 말이다.

텍스트와 절에서의 동시적 의미

6장에서 인용한 대화의 또 다른 부분을 가지고 논의를 시작해 보자. 우리는 이제 거기 있는 참여자들이 서로 친구임(Stephen, Simon, Diana, George, Margaret, Sue)을 알고 있다. 성공적으로 대화를 지속하기 위해서는 참여자들이 협상을 계속해야 하며, 참여자들이 정보에 대해 주장을 하거나 재화와 서비스를 이전할 때 수요자 또는 제공자, 개시자 또는 응답자의 역할을 하면서 물품을 교환해야 한다는 것을 6장에서 살펴보았다. 상호작용하는 중에 참여자들이 선택한 서법(Mood)과 양태(Modality)는 그들 사이의 역할 관계를 나타내는 대인 관계적 의미를 표현한다. 다음 발췌문을 읽으면서, 대인 관계적 의미를 교환하기 위해 참여자들이 어떤 선택을 하고 있는지 주의해서 살펴보라. 텍스트를 단계별로 나누는 것은 나중에 설명할 것이며, 이번 단계에서는 무시할 것이다. 아래에서 좌측 열의 번호는 대화상 말차례(turns)를 가리킨다.

Text 8.1: Giving Blood[1]

PHASE 1

1	St	Do you give blood?
2	Si	Yea. Last time I gave blood I gave
3	St	There's nothing of you. How can you give blood?
4	Si	How much they take out of you?
5	Di	Oh an armful
6	St	Oh come on!
7	Si	How much? How much?
8	Di	I think a pint or whatever it is 800 um millimetres.
9	Si	The last time I gave blood was is Greece, right, where they pay you
10	St	Simon, isn't that where they put the needle in
11	G	Have you ever given blood, Stephen?
12	St	No
13	G	No you wouldn't
14	Di	I've don't it 36 times. That's why I have all this scar tissue. I said 'Can you avoid the scar tissue?' And they said 'We like to get it into the vein'
15	St	. . . heroin don't they put the needle in there?
16	Di	I know I said 'I'm beginning to look like a junkie' and she said 'No, no, no junkies look a lot worse than that'
17	Si	How how did - have you given blood before?
18	Di	36 times

19 St It makes me go all funny just thinking about it

20 G You've never done it, obviously

21 St Oh no

22 Di No I do it because I had a daughter who when she was two days old needed blood transfusions cause she was getting sort of premature jaundice and things. This was in Geneva. And they rang me up on the Sat- this was Saturday night and said 'You've got to come in and have your blood tested against the donor's'. And there were these two wonderful Swiss men who'd left their dinner you know 8 o'clock at night and come there to give blood to my daughter. And I was really impressed and you know I had to give blood to be tested to see if it was compatible with theirs. And I had to deliver it to the clinic where she was. There was snow on the ground and everything. It was very exciting. And then I stayed up all night and watched this um operation taking place and fortunately her umbilical artery hadn't closed so because I mean all the other things would have been minute.

23 S So tiny, yea.

24 Di So they could actually do it through the umbilical artery or whatever. So I said 'OK', you know, 'be a blood donor after that'. But in Switzerland they give you a cognac. Here they give you tea and bikkies.

25 Si In Greece they give you nothing

26 M They pay you, you said

27 Si Yea they pay you

28 G Oh well that's

29 Si Oh they give you a cup of tea. Well they tell you they're taking a pint you know then they ...

PHASE 2

30 Di It doesn't hurt. They just put a little thing in and I mean 'cause I hate injections. I used to hate them.

31 Si Tell you what. When they drain a litre out of you - A pint you're laughing. The cop a litre out of you and it's like

32 Di They can't take a litre out of somebody! It's too much

33 Si You should believe me

PHASE 3

34 Di How many pints of blood do you think you've got?

35 St 8

36 S Yea

37 Di 8-Between 8 and 9 isn't it? I mean depending on the size of you?

38 Si A litre's not so big. Hang on. You get a litre of milk and it stands this tall

39 St I have 9 because everyone else has 8

40 Si You get a pint of milk and it stands this tall. The difference is

41 Di You probably haven't got much more than 8. You're very skinny. And how long do you think it takes to be replaced?

42 St About a day

43 S A day, isn't it?

44 Di No, no. God it's more than a day!

PHASE 4

45 Si I'm telling you they took a litre out of me

46 S So you walk round weak-kneed all this

47 Di 3 days. No I'm not weak at all. We're used to giving blood. No. It's the guys who faint. Women are fine

48 Si It's the guys who faint'holy shit!

49 Di Course they do. Women are used to giving blood. They give blood once a month

50 Si Women are used to giving blood!

PHASE 5

51 M Do you want some more soup, Diana?

52 Di Just a little bit

53 M OK. I'll come – I'm just heating it so I'll take – George, more soup?

54 Di I won't be a pig if no-one else

55 M No I'm heating it up. George will

56 G Yea, I'll have some more

57 M Stephen, more soup?

58 St Just a touch

59 M Oh good

60 Di Well I'll bring those out so you don't have to. Just give me a whistle

PHASE 6

61 Di If you weigh under 50 kilos they take less

62 Si Oh no believe me when you pay when they pay you some money they don't give a shit what you weigh, right, they just shoot it up. They wait till you turn green

PHASE 7

63 Di You have to fill in all sorts of forms now about AIDS and stuff, you know. Like, do you think your partner is actually fucking fellows that kind of thing you know I mean

PHASE 8

64 Di Cause there are women who go in there who are married and have no idea that their husbands are actually picking up little boys. And that's really the danger. There's no way those women can know

65 S They're the real victims

66 Di No well I mean they don't know that they may be giving blood and shouldn't be. That's terrible

PHASE 9

67 Si I tell you what. I give my award for the most unfortunate female of the year, right, to the poor lady that starts a relationship with

		a guy, gets pregnant, right, and
68	(all)	(laughter)
69	Si	and he proposes marriage, right and they decide they'll get married in Israel, and so they book the flight
70	S	'Can you take my bag for me?'
71	G	Well at least she didn't get blown up, Simon
72	Si	And she – he hands her the bags and sweet as apple pie, right, she trips off to the airport. At the last minute there's a hitch and he can't make it, right. So he's going to meet her there and then I mean how would you feel?
73	G	She was a bit dumb
74	St	Why?
75	Di	Did this happen? Who are we talking about? What's going on?

Text 8.1: 헌혈[1]

PHASE 1

1	St	헌혈했니?
2	Si	응, 지난번에 난 헌혈했어. 난 했어.
3	St	너한텐 아무것도 없는데 어떻게 헌혈을 했어?
4	Si	걔들 네게서 얼마나 뽑아 갔는데?
5	Di	아주 많이.
6	St	그러지 말고 정확히 알려줘.
7	Si	얼마나? 얼마나?
8	Di	내 생각에 1파인트든 뭐든 800밀리미터 정도였어.
9	Si	지난번에는 그리스에서 헌혈을 했었는데. 맞아. 그들이 너에게 돈 줬던 곳.
10	St	사이먼, 거기 바늘 꽂은 데 아니야?
11	G	헌혈해본 적 있니, 스티븐?
12	St	아니.
13	G	맞아, 넌 안 했을 거야.
14	Di	난 36번이나 했어. 그래서 이 흉터 자국이 그 때문에 생긴 거야.

'상처가 안 나게 해 줄 수 있나요?'라고 말했어. 그랬더니 '우리는 주사 바늘을 정맥에 찔러 넣을 수밖엔 없어요.'라고 대답하더라.

15	St	… 헤로인도 거기에(정맥에)다 주사하지 않아?
16	Di	응, 알아. '저는 이제 마약 중독자처럼 보이겠어요.'라고 말하자 그녀는 '아니, 아니에요, 어떤 마약 중독자든 이보다 더 심한 경우는 없을 거예요.'라고 하더라고.
17	Si	어떻게 어떻게. 너 전에 헌혈해 본 적 있지?
18	Di	36번.
19	St	그거 생각만 해도 웃기다.
20	G	넌 아마 절대로 안 해봤을 거야, 분명히.
21	St	응. 절대 아니지.
22	Di	아니, 사실 나에겐 딸이 하나 있었는데 딸이 태어난 지 이틀 되던 날 수혈이 필요했어, 딸이 미숙아로 태어나서 황달 증상이 나타났었거든. 이건 제네바에서 일어난 일이야. 토요일 밤이었는데 병원으로부터 전화를 받았어. '병원으로 빨리 오셔서 기증자의 혈액 검사를 해야만 해요.'라고 병원에서 그러더라고. 그리고 저녁 8시에 식사를 마친 두 명의 멋진 스위스 남자가 내 딸에게 수혈을 해 주기 위해 왔어. 난 정말 감명 받았지. 그리고 그들의 피와 잘 맞는지를 알아보기 위해서 검사를 진행했고, 곧 딸이 있는 병동으로 피를 전달했어. 땅에는 눈과 모든 것이 쌓이기 시작했어. 아주 초조했어. 그러고 나서 밤새 수술이 진행되는 것을 지켜봤고 다행히도 그녀의 탯줄동맥이 닫히지 않았더라고. 다른 모든 것들은 아주 사소하게 여겨지는 순간이었어.
23	S	너무 작네, 그렇지.
24	Di	그래서 그들은 사실 탯줄 동맥을 통해서만 수술을 할 수 있었어. 그래서 '좋아, 앞으로는 헌혈자가 되어보자'고 했지. 하지만 스위스에서는 코냑을 주더라고. 여기서는 차와 자전거를 주고.
25	Si	그리스에선 아무것도 안 주는데.
26	M	돈 준다고 했잖아.
27	Si	맞아, 돈 줘.
28	G	아, 그건.
29	Si	오, 그들은 너에게 차 한 잔을 줘. 음.. 그들은 1파인트 정도 피를 빼가는 것이라 말하지. 그리고 그들은...

PHASE 2

30 Di 아프지는 않았어. 그들은 아주 작은 것을 안에다 넣었지. 왜냐하면 내가 주사를 싫어했거든. 나는 주사를 싫어하곤 했어.

31 Si 실은 말이지.. 그들이 너에게서 1리터를 뽑았을 때 말이야--그러니깐 1파인트. 넌 그때 웃고 있었잖아. 경찰은 1리터를, 하여간.

32 Di 그들은 어느 누구에게서도 1리터를 가져갈 수 없어. 그건 너무 많잖아.

33 Si 넌 나를 믿어야 해.

PHASE 3

34 Di 넌 몇 파인트의 피를 받은 것 같니?

35 St 8

36 S 그래.

37 Di 8-8에서 9사이, 그렇지 않니? 내 말은 네 몸 사이즈에 달려있는 것 아니야?

38 Si 1리터는 그다지 많지 않아. 기다려봐. 우유 1리터를 받으면 이 정도 높이가 되잖아.

39 St 난 9인 것 같아. 왜냐하면 모든 사람들이 8이니까.

40 Si 우유 1파인트를 받으면 이 높이가 되는 거잖아. 그 차이는...

41 Di 넌 아마 8보다 많이 받지는 않았을 거야. 넌 아주 날씬하잖아. 그리고 회복하는 데는 어느 정도 시간이 걸린다고 생각해?

42 St 하루 정도

43 S 하루라고?

44 Di 아냐, 아냐. 맙소사. 하루 이상이야.

PHASE 4

45 Si 내 말은 그들이 나에게서 1리터를 가져갔다는 거야.

46 S 그래서 이렇게 니가 맥을 못추고 걸어 다니는 거구나.

47 Di 3일. 아냐, 난 전혀 약하지 않아. 우리는 헌혈하곤 했잖아. 아냐. 기절하는 사람은 남자야. 여자들은 괜찮아.

48 Si '기절하는 사람이 남자라니.' 제길.

49 Di 물론 그래. 여자들은 헌혈하곤 하잖아. 한 달에 한번씩.

50 Si 여자들은 헌혈하지.

PHASE 5

51 M 수프 좀 더 할래, 다이애나?

52 Di 약간만.

53 M 알았어. 좀 데우고 가져갈게. 조지, 수프 더 줄까?

54 Di 아무도 (수프를 더 원하는 사람이) 없다면 난 돼지처럼 되진 않을래.

55 M 아니. 나 수프 데우고 있어. 조지는 아마 먹을 거야.

56 G 그래. 난 좀 더 먹을게.

57 M 스테판, 수프 좀 더 먹을래?

58 St 조금만.

59 M 응, 좋아.

60 Di 음.. 내가 가져갈 테니 너희들은 그냥 있어도 돼. 그냥 휘파람만 불어줘.

PHASE 6

61 Di 만약 네가 50킬로그램 이하면 그들은 (피를) 덜 빼갈 거야.

62 Si 아, 아니야. 내 말 좀 믿어. 네가 돈을 지불할 때 아니, 그들이 네게 돈을 줄 때 네 몸무게가 얼마인지 신경도 안 써, 맞아, 그냥 주사바늘을 꽂는 거지. 그리고 네 안색이 파래질(창백해질) 때까지 그들은 기다리잖아.

PHASE 7

63 Di 넌 이제 에이즈 같은 것들에 대해 각종 서류들을 작성해야 해. 네 생각엔 네 파트너는 정말 빌어먹을 놈들인 거 같아? 그러니깐 내 말은...

PHASE 8

64 Di 거기에 들어가 결혼해서 남편들이 실제로 어린 남자아이들을 데리고 온다는 것을 모르는 여자들이 있기 때문이야. 그 여자들이 알 리가 없어.

65 S 그들이 진정 희생자지.

66 Di 아냐. 내 말은, 그들은 그들이 수혈을 해야 할 수도 또는 해서는 안 된다는 것을 모른다는 거지. 그건 정말 끔찍한 일이야.

PHASE 9

67 Si 사실은 이래. 난 올해 가장 불행한 여자에게 상을 주었어. 맞아. 사내랑 사귀기 시작하고 임신한 불쌍한 여인에게 주었어, 맞아, 그리고...

68 (all) (웃음)

69 Si 그러자 그는 결혼하자고 했어, 맞아, 그리고 그들은 이스라엘에서 결혼하기로 했고 비행기 예약을 했어.

70 S '내 가방 좀 챙겨 가져가 줄 수 있을까?'

71 G 음. 적어도 그녀는 폭발하지는 않았어, 사이먼.

72 Si 그리고 그녀는 - 그는 그녀에게 가방과 애플파이 같은 달달한 걸 건네주었고, 맞아, 그녀는 공항으로 떠났어. 마지막 순간에 문제가 생겨서 그는 약속을 지킬 수가 없었던 거야, 그렇지. 그래서 그는 그녀를 만나러 그곳에 간 거야. 그런데 너는 기분이 어떨 것 같아?

73 G 그녀는 약간 멍청하네.

74 St 왜?

75 Di 무슨 일 있었어? 누구에 관해 이야기하는 거야? 무슨 일인데?

상호작용하는 사람들이 어떻게 서로의 역할 관계를 만들고 또 명확하게 하는지는 6장의 이점을 활용하여 제시할 수 있다. 여기서 서법의 선택을 분석해 보면, 재화와 서비스를 제공하는 주인인 Margaret이 있으며(*Do you want some more soup, Diana? ... Stephen, more soup?*), 성별에 따라 더 직접적으로, 또는 덜 직접적으로 그것을 수용함으로써 (성별 특징을 가진) 손님으로서의 역할을 언어적으로 수행하는 다른 참여자들도 있다(*Di: I won't be a pig if no-one else. ... G: Just a little bit vs Yea, I'll have some more.*). 우리는 남성 참여자들 사이에서 괴롭히는 관계가 George의 질문(*Have you ever given blood, Stephen?*)을 통해 계속되고 또 비판(*No, you wouldn't.*)하는 것을 볼 수 있다.

우리는 또한 Diana가 연예인/연기자의 역할을 맡아서 제네바와 관한 이야기를 하는 데 확장된 평서절 연쇄를 사용하는 것을 볼 수 있다. 상호작용자들에 의해 수행되는 이러한 차원의 역할은 텍스트를 이루는 절의 서법 분석을 통해서 명확히 할 수 있다.

그러나 이렇게 상호작용에 참여하는 이들은 서로 간의 관계를 나타내고 명확히 하는 것과 동시에, 무엇인가에 관해 이야기하고 있다. 사실 무언가를 말하지 않고서 관계를 만들어내는 것은 불가능하다. 그들의 이야기에는 내용이 있고, 이 내용은 표상적이거나 경험적인 의미를 담고 있다. 우리는 거기에 이야기에 관한 주제를 포착하는 제목을 닮으로써 텍스트의 경험적 차원을 요약할 수 있었다. 즉 '피(blood)'이다. (이 장의 마지막에서는 이 주제가 탐구되는 다른 방식에 대해서 다시 살펴보려 한다.)

텍스트에 참여하기 위하여 참여자들은 대인 관계적 의미뿐만 아니라 경험적 의미도 생산해야 한다는 것을 우리는 인식할 필요가 있다. 우리는 또한 이런 종류의 의미가 동시에 만들어진다는 것도 알아야 한다. George가 (정보를 찾는 사람의 역할을 보여주기 위하여) 질문을 하고 나서 피에 대해 이야기하기 시작하는 것은 아니다. 질문 자체가 피에 관한 것이다. 마찬가지로 George는 Simon이 말한 무언가에 도전하지 않고서는 Simon을 반박할 수는 없다(그렇게 함으로써 그들 사이에 존재하는 전투적인 남자 관계를 나타낼 수 없다). 그들은 각자가 다른 사람에 대해 어떻게 느끼는지를 알리는 방식으로 말할 뿐 아니라, 그들의 대화는 반드시 무언가에 관한 것이어야 한다.

경험적 의미와 대인 관계적 의미를 동시에 부호화하기 위해서는 텍스트를 구성하는 절을 동시에 구조화하여야 한다. 이러한 의미 층위들이 절에서 어떻게 표현될 수 있는지를 설명할 때, 이러한 의미 층위들이 텍스트에서 어떻게 표현될 수 있는지를 우리가 설명할 수 있는 위치에 있게 될 것이다.

메타기능

5장에서 살펴본 바에 따르면, 주어 역할에 관한 Halliday의 예는 각각의 절이 한 종류의 의미만 표현하는 것이 아니라 실은 세 종류의 의미를 표현하기 위해 사용되었다. 각 유형의 의미를 포착하기 위해서 우리는 주어(Subject), 테마(Theme), 행동주(Actor)라는 세 개의 역할을 따로 구분해 놓았다. 절의 서법 구조를 기술하면서 우리는 주어의 성분과, 관련된 기능을 자세히 설명했다. 이제 이러한 서법 성분을 가지고 위의 Text 8.1에서 나오는 모든 절을 분석할 수 있게 되었다. 예를 들어 Diana의 말을 떠올려 보라.

But	*George*	*in Switzer-land*	*they*	*give*		*you*	*a cognac.*
Adjunct: conjun	Adjunct: vocative	Adjunct: circ	Subject	Finite	Pred	Complement	Complement
		RESIDUE	MOOD		RESIDUE		

이 분석이 보여주는 것은, 이 절이 특정한 상호작용자를 대상으로 하면서 생략된 요소가 없는 평서문의 구조로 되어 있으며, 이 절을 이루는 서법의 구성 요소인 they와, giving이란 행위를 중심으로 논의되고 있다는 사실이다. 게다가 화자는 사실(fact)로서 메시지를 제시하고 있다. 즉 이 절에는 당위 양태(modulation)도 인식 양태(modalization)도 없다. 우리가 수행한 구조 분석에 근거하여 우리는 평서형 개시문에 대한 가능한 (그리고 불가능한 또는 그럴 것 같지 않은) 응답 이동마디를 예상할 수 있고, 다른 응답들은 어떤 의미 값(semantic value)을 부호화하는지를 제시할 수 있다. George가 다음 화자가 될 가능성이 매우 높다고 말하는 것 말고도 우리는 다음 화자가 무엇을 말할지도 예측할 수 있다.

do they? really?	- 인정(acknowledgement)
no they don't	- 반박(contradiction)
how do you know?	- 도전(challenge)

우리의 구조 분석은 또한 다음의 응답이 나올 가능성은 매우 낮다는 것을 알려 준다.

- should he?
- you don't have to
- thanks

따라서 이 절의 서법 기술을 통해 어떻게 상호작용이 이루어질 수 있도록 기능하는지를 확인할 수 있게 된다. George를 지명하여 응답하게 하고, 그에게 주장할 정보를 줌으로써 가능해진다.

그러나 이러한 분석은 이 절에서 만들어지는 의미를 다 설명하지는 못했다. 상호작용이 어떻게 구조화하는지, 그리고 상호작용이 잠재적으로 어떻게 지속되는지에 관한 의미를 만드는 것뿐만 아니라, 이 절은 또한 경험의 표현이면서, 내용 의미(content meaning)의 포장이기도 하다. 절은 단순히 정보를 주는 것이 아니다. 절은 **무언가에 관한** 정보를 주는 것이다. 가령 절은 어떤 특정한 장소(*Switzerland*)에서, 어떤 집단의 사람들(*they*)이 이득을 얻을 사람(*you*)에게 어떤 사물(*cognac*)을 가지고 꽤 구체적인 행위(*giving*)를 한다는 정보를 주고 있다. 이러한 종류의 표현 의미를 파악하려면, 우리는 성분이 내용 의미를 부호화한다는 사실을 포착하기 위해 이전과 다른 라벨 세트를 사용하여 이 절을 다르게 분석할 필요가 있다. 그렇다면 다른 세트의 라벨을 사용하여 이 절을 다음과 같이 기술할 수 있을 것이다.

But	*George*	*in Switzerland*	*they*	*give*	*you*	*a cognac.*
		Circumstance: location	Actor	Process: material	Beneficiary	Goal

이런 구조적 설명을 통해 우리는 내용 역할에 부합하는 절의 성분들에 라벨을 붙일 수 있지만, 그렇게 하면 상호작용을 설정하는 데에서는 성분들의 역할이 모호하게 된다. 우리는 둘 다 보여줄 필요가 있다. 왜냐하면 they와 같은 성분은 명제가 의존하는 논쟁 가능한(arguable) 참여자들(즉 주어)을 나타내고, 그리고 특정한 종류의 행위를 수행하는 데 수반되는 참여자들을 나타내기 때문이다. 이 절은 두 종류의 의미를 동시에 구현하는 것으로 가장 잘 설명된다.

<table>
<tr><td>But</td><td>George</td><td>in Switzer-land</td><td>they</td><td colspan="2">give</td><td>you</td><td>a cognac.</td></tr>
<tr><td>Adjunct: conjun</td><td>Adjunct: vocative</td><td>Adjunct: circ</td><td>Subject</td><td>Finite</td><td>Predicator</td><td>Complement</td><td>Complement</td></tr>
<tr><td colspan="2"></td><td>RESIDUE</td><td colspan="2">MOOD</td><td colspan="3">RESIDUE</td></tr>
<tr><td></td><td></td><td>Circumstance: location</td><td>Actor</td><td>Process: material</td><td></td><td>Beneficiary</td><td>Goal</td></tr>
</table>

이 두 가지 분석을 서로 이어보면 제5장에서 언급한 언어의 의미적 복잡성이 입증된다. 이 절의 성분은 한 번에 둘 이상의 기능 역할을 수행하는 경우가 매우 많다.

그렇지만 심지어 이러한 설명도 이 절이 만들어내는 의미를 완전히 설명하지는 못한다. 상호작용에 관한 의미와 실재에 관한 화자의 경험뿐만 아니라, 이 절은 또한 이 정보가 대화에서 인접한 다른 정보들과 어떻게 관련되는지에 대한 의미를 만들고 있기 때문이다. 예를 들어 절의 첫머리에 온 but은 이 메시지와 다른 메시지가 대조적인 관계에 있음을 분명하게 표시한다. 호칭어(vocative)를 첫머리에 배치하는 것은 말차례 교환(turn-taking) 시스템을 관리하는 데에 주어진 우선순위를 나타낸다. 그리고 절의 끝보다는 맨 처음에 위치 *in Swizerland*를 배치함으로써, 화자는 그 정보 덩어리를 강조하려고 하고 있다. 10장에서 자세히 살펴보겠지만, 화자가 절에서 무엇을 가장 먼저 두느냐를 살펴보면 **텍스트적** 의미의 부호화를 포착할 수 있다. 이를 위해서는 출발점('내가 말하고자 하는 것')을 지칭하는 테마(Theme)와 도착점('내가 그것에 관해 당신에게 말하고 있는 것')을 표기할 수 있도록 레마(Rheme)가 있는 또 다른 기능 라벨이 필요하다. 이 절에 관한 종합적 분석은 다음과 같다.

But	*George*	*in Switzer-land*	*they*	*give*		*you*	*a cognac.*
Adjunct: conjun	Adjunct: vocative	Adjunct: circ	Subject	Finite	Predicator	Complement	Complement
		RESIDUE	MOOD		RESIDUE		
		Circumstance: location	Actor	Process: material		Beneficiary	Goal
textual	interper-sonal	topical					
THEME			RHEME				

이 예에서 알 수 있듯이, 모든 성분들이 각 의미 유형에서 역할을 하고 있는 것은 아니다. 예컨대 호칭어인 George는 상호작용을 구조화하는 데는 중요한 역할을 하지만, 내용 의미에서는 어떤 역할도 표현되지 않는다(그는 누군가에 의해 불릴 뿐이고, 무언가에 관해 말해지는 것은 아니다). 마찬가지로 but이라는 접속어는 경험적 기능을 전혀 하지 못하고, 서법(MOOD)/잔여부

(RESIDUE) 구조의 바깥에 있다(따라서 논쟁이 불가능하다). 그러나 그것은 테마의 가닥(strand)에서는 중요한데, 거기서는 이 메시지와 다른 메시지 간의 텍스트 연결을 수행해 내기 때문이다. 다른 성분들(예: *They give you a cognac*)은 테마 가닥에서는 차이가 나지 않고 모두 레마라는 한 개의 라벨을 부여 받는다.

그러나 그 예는 또한 대부분의 절 성분들이 둘 또는 빈번하게 세 가지 기능적 역할을 수행하고 있다는 것을 보여준다. 각 성분들은 이처럼 최대 세 유형의 의미를 실현하고 있다. 상호작용에 관한 의미(대인 관계적 의미), 실재에 관한 의미(경험적 의미), 메시지에 관한 의미(텍스트적 의미)가 그에 해당한다.

의미적 복잡성이 갖는 실질적인 함의는 우리가 세 번 이상 그 절의 구조를 설명해야 한다는 것이다. 단지 서법 구조만을 기술하는 것은 충분하지 않다. 그것은 절의 의미 중 오직 한 종류만 우리에게 설명하는 꼴이다. 우리는 또한 경험을 표상하는 것으로서(이 절의 관심사다), 그리고 메시지로서 절의 구조를 기술할 필요가 있다(10장).

절이 세 가지 다른, 그렇지만 본질적으로 상호보완적인 방식으로 동시에 구조화한다는 사실은 *the redback spider*(붉은등 거미)에 대한 계열 집합으로 제7장에서 증명되었다. 각 절에서는 한 가지 유형의 의미만 변경되었고 다른 종류의 의미들은 일정하게 유지되었다.

이 세 유형의 의미, 즉 대인 관계적 의미, 관념적 의미(경험적 의미와 논리적 의미를 포함함), 텍스트적 의미는 메타기능(의미 기능)으로 알려져 있다. 우리가 이 책의 문법 단원에서 탐구하고 있는 것은, 각 메타기능이 어휘 문법적 층렬에서 주요 시스템을 통해 어떻게 실현되는가이다. 구체적으로 경험적 메타기능은 타동성 선택을 통해서, 대인 관계 메타기능은 서법 선택을 통해서, 텍스트 메타기능은 테마 선택을 통해서 실현되는 양상을 살펴볼 것이다.

경험적 의미의 소개: 타동성의 시스템

6장에서 우리는 기능 문법적 분석에 관한 두 가지 기본적인 원리를 입증하였다.

1. 의미의 차이를 설명하는 것은 단지 하나의 성분이 아니라 기능의 배열이다. 상호작용을 가지고 절의 구조를 설명하기 위해서는 각 절의 서법 요소에 라벨을 붙이는 것만으로는 충분하지가 않다. 우리는 다양한 기능적 성분(서법, 잔여부(RESIDUE), 주어, 한정어, 보충어, 부가어)에 라벨을 붙이고 가능한 배열을 살펴봐야 했다.
2. 대인 관계적 의미에 수반되는 한 가지 주요한 시스템이 존재한다. 바로 서법 선택 시스템이다. 양태(Modality) 체계(인식 양태와 당위 양태)는 이 서법 시스템에 의존한다.

경험적 메타기능을 살펴볼 때 우리는 절의 문법을 표상(representation)으로 보게 된다. 교환으로서 살펴본 절과 마찬가지로, 우리는 이런 종류의 의미에 관련된 문법적 선택의 주요 시스템이 하나 있다는 것을 알 수 있다. 그것은 바로 **타동성(TRANSITIVITY)** 시스템, 즉 과정 유형(process type) 시스템이다. 타동성 시스템은 7장에서 제시한 관습을 사용하여 system 8.1에 제시하였다.

과정 유형 시스템은 다음과 같은 계열의 차이에 기초가 된다.

Diana gave some blood.	[물질적 과정(material)]
Diana thought she should give blood.	[정신적 과정(mental)]
Diana said that giving blood is easy.	[말하기 과정(verbal)]

Diana dreamt of giving blood. [의식적 행위 과정(behavioural)]

There is a reward for giving blood. [존재 과정(existential)]

Diana is a blood donor. [관계 과정(relational)]

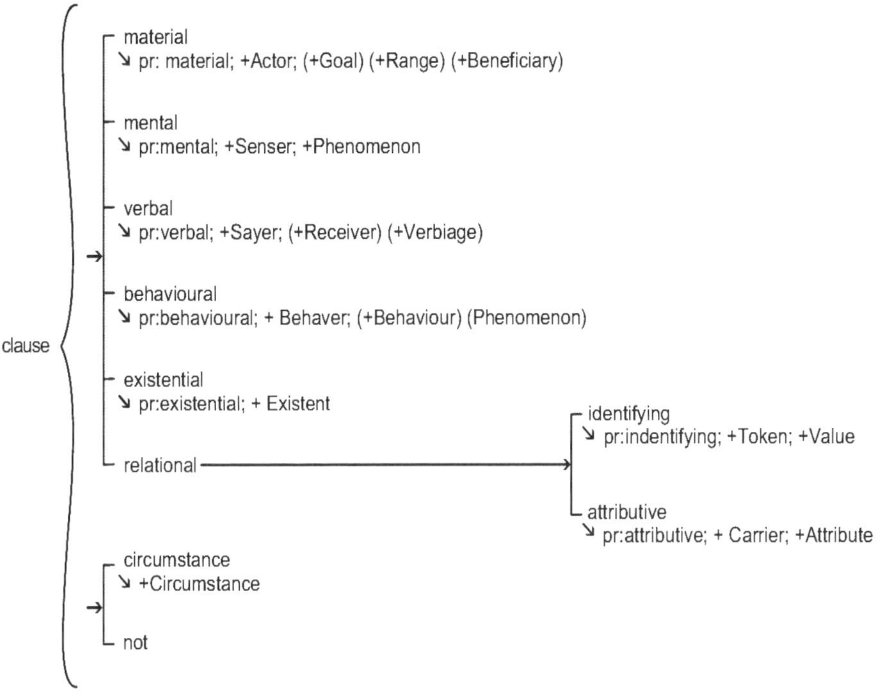

System 8.1 타동성

상황 시스템(circumstantial system)은 *Diana gave blood*과 같은 단순절과 'Last year, in Geneva, *Diana gave blood voluntarily and without pain with her sister at the clinic*'과 같이 확대된 절 사이의 차이점을 포착한다.

이처럼 하나의 주요 시스템(과정 유형)과 하나의 부수적 시스템(상황

(circumstantial))이 있다. 그러나 실현 진술에서 알 수 있듯이 과정의 선택은 특정 역할의 특정 배열을 수반한다. 우리는 각 절에서 선택한 과정 유형을 기술하는 것만으로는 충분하지 않음을 알게 될 것이다. 각 과정은 서로 다른 배열로 발생하는 서로 다른 참여자의 역할과 연관되어 있다.

예를 들어 실현 진술(realization statement)에서 물질적 과정을 선택함은 관련된 (의무적인) 행동주 역할과 더불어 목표(Goal), 범위(Range), 수혜자(Beneficiary)와 같은 수의적 요소를 선택하는 것을 포함한다. 반면에 정신적 과정(mental process)을 선택함은 감각자(Senser)와 현상(pheonomenon)과 같은 역할을 포함할 것이다. 따라서 절의 문법을 표상으로 기술할 때, 우리는 과정 유형 간의 차이뿐만 아니라 기능적 참여자 역할과 관련된 차이와 가능한 상황(circumstances)의 선택도 설명해야 한다.

절의 타동성 구조를 분석할 때 다음에 보인 절의 세 가지 양상을 설명하는 것이 필요하다.

1. 과정의 선택: 과정의 선택은 절의 동사 그룹에서 실현될 것이다.

   Last year Diana <u>gave</u> blood.

2. 참여자의 선택: 참여자들은 명사 그룹에서 실현될 것이다.

   Last year <u>Diana</u> gave <u>blood.</u>

3. 상황(circumstances)의 선택: 상황(circumstantial) 의미는 부사 그룹이나 전치사구를 통해 표현된다.

   <u>Last year</u> Diana gave blood.

이 장의 나머지 부분에서는 다양한 유형의 과정과 그와 관련된 참여자 역할의 배열을 설명하는 데 집중할 것이다.

물질적 과정(Material processes)

다음에 나온 절을 살펴보자.

Diana has donated blood 36 times(Diana는 36번 헌혈했다.).

Diana went to Geneva(Diana는 제네바에 갔다.).

Diana stayed up all night(Diana는 밤을 새웠다.).

The Swiss men left their dinner(그 스위스 남자는 저녁을 남겼다.).

They gave Diana a cognac(그들은 Diana에게 꼬냑을 주었다.).

위의 모든 절은 무언가 하는 것(doing), 다시 말해 보통은 구체적이고 가시적인 행위의 과정을 기술하고 있다. 무언가 하는 과정을 일컬어 우리는 **물질적** 과정(material processes)이라고 부른다. 물질적 과정의 기본적인 뜻은, 어떤 개체가 어떤 일을 하고, 어떤 행위에 착수한다는 것이다. 이것이 바로 물질적 과정의 정의다.

물질적 과정을 확인할 수 있는 하나의 기준은 다음과 같은 질문을 통하는 것이다. *What did x do?*(*x는 뭐 하니?*)

What has Diana done?	*Diana has donated blood 36 times.*
(Diana는 뭐 했니?)	(Diana는 36번 헌혈했다.)
What did Diana do?	*Diana went to Geneva.*
(Diana는 뭐 했니?)	(Diana는 제네바에 갔다.)

다음 절은 물질적 과정이 아닌데, 그 까닭은 다음과 같은 방식으로 물질적 과정임을 확인할 수 없기 때문이다.

There are an incentive to donate blood in Switzerland(스위스에서는 헌혈을 하면 인센티브가 있었다.).

- 우리는 'What did there?(거기서 뭐 했니?)'라고 질문할 수 없다.

  Diana is a blood donor(Diana는 헌혈자이다.).

- 우리는 'what did Diana do?(Diana는 뭐 했니?)'라고 질문할 수 없다.

  (**She beed a blood donor.*는 대답이 될 수 없을 것이다.)

따라서 물질적 과정은 무언가 하는 것에 관한 과정이자 행위에 관한 과정이다. 행위에는 행동주들(actors), 즉 **참여자들**이 뒤따르게 마련이다. 참여자들은 명사 그룹을 통해 구현된다. 우리는 과정에 딸린 참여자 수들 간의 중요한 구분을 해낼 수 있다.

<u>Diana</u> went to Geneva.	(Diana는 제네바에 갔다.)
<u>Diana</u> stayed up all night.	(Diana는 밤을 새웠다.)

이 예에서는 오로지 한 참여자, 다시 말해 **행동주**, 즉 행위를 하는 사람(이 절에서는 *Diana*)만이 있다. 그러나 모든 물질적 과정에 오로지 한 참여자만 있어야 하는 것은 아니다.

<u>Diana</u> has donated <u>blood</u> 36 times.	(Diana는 36번 헌혈했다.)
<u>The Swiss men</u> left <u>their dinner</u>.	(그 스위스 남자는 저녁을 남겼다.)
They gave <u>Diana a cognac</u>.	(그들은 Diana에게 꼬냑을 주었다.)

이 예들이 보여주듯이, 어떤 물질적 과정에서는 한 참여자만 있지만, 다른 데서는 둘 또는 심지어 셋까지도 있을 수 있다. 그래서 우리는 다음

을 구분할 수 있다.

1. 오직 한 참여자만 존재하는 과정: 이 과정을 일컬어 중간태(middle), 또는 **자동성(intransitive)**라고 한다. 이런 절에서는 '누군가가 무언가를 함'을 말하며, 'What did x do?(x는 뭐 했니?)'라고 질문하여 확인할 수 있다.
2. 둘 이상의 참여자가 존재하는 과정: 이 과정은 **영향성(effective)**, 혹은 **타동성(transitive)**이라고 한다. 이런 절에서는 '누군가가 무언가를 하고 그 행위는 또 다른 개체를 수반함'을 말한다. 타동성의 절은 'what did x do to y?(x는 y에 뭐 했니?)'와 같은 질문으로 확인할 수 있다.

어떤 영향성(effective)이나 타동성의 과정(예: *give*)은 항상 세 참여자들을 수반해야 한다. 이들은 'what did x do to y to z?'의 질문을 통해 확인할 수 있다.

만일 다음 쌍의 영향성 과정을 살펴본다면, 영향성 절(effective clause)이 **능동(active)**이나 **수동(passive)**이 될 수 있음을 확인할 수 있을 것이다.

1. 능동: 'what did x do (to y)?(x는 (y에) 뭐 했니?)'로 확인 가능

   They tested my blood.

   She carried the bomb.
2. 수동: 'what happened to y?(y에 무슨 일이 일어났니?)'로 확인 가능. 수동의 경우, 'who by?(누구에 의해?)'라고 질문할 수 있다.

   My blood was tested (by them).

   The bomb was carried onto the plane (by her).

능동 절과 수동 절의 차이는 행동주 역할(행위를 하는 이)이 주어의 서법

기능과 융합할 수 있는지에 달려 있다. 능동의 경우, 행동주 역할과 주어는 동일한 구성 요소에 사상될 수 있다. 그러나 수동의 경우, 주어는 행동주 역할이 될 수 없다(아래의 분석된 예들을 보라).

물질적 과정에서의 직접 참여자: 행동주와 목표

물질적 과정을 나타내는 절에서 가장 빈번하게 나타나는 두 개의 참여자는 바로 **행동주**와 **목표**다.

행동주(ACTOR): 행동주는 절의 성분으로, 행위를 수행한다. 절이 오직 하나의 참여자만 갖고 또 능동일 때 그 참여자는 행동주가 될 것이다.

Diana	*went*	*to Geneva.*
Actor	Process:material	

So	*you*	*walk round*	*weak-kneed for 3 days.*
	Actor	Process:material	

목표(GOAL): 목표는 과정이 향하는 곳이자 행위가 미치는 것으로서의 참여자를 말한다. 전통 문법에서는 이 참여자를 직접 목적어(Direct Object)로 다루었으며, 서법의 분석에서는 보통 보충어(Complement) 참여자에 사상된다. 수동에서 목표는 보통 주어로 나타난다.

They	*avoided*	*the scar tissue.*
Actor	Process:material	Goal

These two wonderful Swiss men	*left*	*their dinner.*
Actor	Process:material	Goal

한 절당 하나의 목표만이 존재할 수 있다.

수동의 경우, 목표는 주어가 되며, 행동주는 생략될 수 있다.

능동

They	*tested*	*my blood*	*against the donors'.*
Actor	Process	Goal	

수동

My blood	*was tested*	*against the donors'*	*(by them).*
Goal	Process:material		(Actor)

능동

She	*carried*	*the bomb*	*onto the plane.*
Actor	Process:material	Goal	

수동

The bomb	*was carried*	*onto the plane*	*(by her).*
Goal	Process		(Actor)

목표 대 범위

Halliday(1994:146-9)[2]에서는 목표와 범위(range)로 불리는 참여자 간의, 때로는 어렵기도 하지만 중요한 구분을 했다. 다음 예를 살펴보자.

They did the transfusion(그들은 수혈을 했다.).

They transfused the blood(그들은 피를 수혈했다.).

이들은 무언가를 하는 과정이니만큼 이들을 물질적 과정으로 분류할 수 있다. 각 절은 두 개의 참여자를 갖고 있다. 하지만 they는 양 절에서 분명히 행동주이지만 다음 질문을 할 수 있겠다. 두 번째 참여자(*the transfusion, the blood*)에는 어떤 라벨이 부착되어야 하는가? 처음에 우리는 이 참여자들을 목표라고 불렀지만, 목표를 확인할 수 있는 질문 'What did x do to y?(x는 y에 무엇을 하였니?)'로 확인할 수 없다는 점에서 문제라고 할 수 있다.

예를 들어 'What did they do to the transfusion?(그들은 수혈에 무엇을 했니?)'라고 묻는 것은 타당하지 않다. 왜냐하면 'They did it'이라는 대답이 잉여적이기 때문이다. 이 경우, 비록 분리된 참여자(*transfusion*)가 있는 것 같기는 하지만 동사에 매우 결속되어 있는 것처럼 보인다. 즉 수혈을 할 때는 오직 한 행위만이 벌어진다.

이와 마찬가지로, 우리가 두 번째 예를 'What did they transfuse?(그들이 수혈한 것은 무엇이니?)'로 확인한다면, 대답은 단연 'the blood.(피요.)'일 것이다. 왜냐하면 수혈될 수 있는 것은 오직 그것뿐이기 때문이다.

따라서 이 두 가지 경우, 우리가 위에서 살펴보았던 과정과 목표의 관계보다 과정과 둘째 참여자의 관계가 더욱 밀접한 것으로 보인다. Halliday는 이들처럼 덜 독립적인 참여자를 **범위(Ranges)**라고 불렀으며, 범위는 다음 두 가지 중 하나를 특정한다고 제안하였다.

1. 과정 그 자체를 다시 말하거나 지속한다.
2. 과정의 정도나 '범위'를 표현한다.

과정 자체를 표현하는 범위의 예는 다음과 같다.

They	*ran*	*the race.*
Actor	Pr:material	Range

여기서 race는 과정 run을 다시 진술한 것이다. 만약 당신이 달리지 않

는다면 레이스를 하지 못할 것이다. 그래서 두 개의 참여자는 사실은 같은 것을 말하고 있다. 이와 같은 동사는 보통 단일한 과정, 즉 *raced*로 융합되는 편이다.

범위의 또 다른 예로는 우리가 전통 문법에서 동족 목적어(cognate object)라고 부르는 것이 있다. 그 예에는 do a dance, sing a song 등이 있다. 여기서 동사의 목적어는 동사 의미 그 자체로부터 도출되고, 그 때문에 우리는 한 개의 동사 요소만을 가지고 대체할 수 있다. *dance*나 *sing*처럼 말이다.

범위의 두 번째 유형은 동족은 아니지만 과정의 영역이나 정도를 표현하는 것으로 다음과 같은 예가 있다.

They	*were playing*	*bridge/tennis/a game.*
Actor	Pr:material	Range/Range/Range

Halliday는 '브리지'나 '테니스' 혹은 '게임'과 같은 성분은 게임이 플레이를 하는 것이 없이는 존재할 수가 없기 때문에 완전히 자율적이지는 않다고 주장하였다. 이들은 범위나 영역(domain)을 표현하면서, 과정의 지속을 나타낼 뿐이다. 이 경우 이들이 목표가 아님을 쉽게 알 수 있다. 왜냐하면 이들은 과정을 통하지 않고서는 존재하지 않기 때문이다. 범위는 과정 그 자체를 위한 또 다른 이름이다. 덜 명백하지만 유사한 범위가 다음과 같이 나타날 수 있다.

Have	*you*	*given*	*blood*	*before?*
	Actor	Pr:material	Range	

They	*served*	*the dinner.*
Actor	Pr:material	Range

'*blood*'와 '*dinner*'가 과정과는 따로 존재하지만, 이 참여자들을 *do to*나

*do with*와 함께 검출하기가 힘들다는 것을 여전히 발견하게 된다. 둘째 참여자는 단지 과정의 범위나 영역을 특정할 뿐이다.

세 번째 유형의 범위는 do, have, give, take, make 따위의 허사(dummy verb)의 쓰임새에 의해 만들어진 것이다.

You	*just*	*give*	*me*	*a whistle.*
Actor		Process:material		Range

give	*a smile*
Pr:material	Range

have	*a bath*
make	*a mistake*
take	*a look*
Pr:material	Range

이는 영어에서 매우 흔한 패턴으로서, 여기 동사는 자체의 내용 없이 명사성 범위의 성분을 통해 의미를 표현한다.

목표와 범위를 구분하기가 항상 쉬운 것은 아니지만 Halliday(1994:148)에서는 다음과 같이 적용될 수 있는 수많은 테스트를 열거하였다.

1. 참여자가 범위라면 'x는 y에 무엇을 했니?'와 같은 질문법으로 명확하게 확인할 수는 없다. 범위는 보통 do to나 do with에 의해 확인될 수 없는 반면 목표는 가능하다.
2. 범위는 인칭대명사일 수 없다.
3. 범위는 일반적으로 소유격에 의해 수식될 수 없다. (예: **Just give me your whistle*)
4. 범위는 목표보다 주어가 될 확률이 적다. 범위는 다음처럼 주어로 쓰이

면 자주 이상해진다. The whistle wasn't given by you, was it? The blood was given by you, was it?

5. 범위는 전치사구로 자주 실현될 수 있다.

I'm playing bridge.	I'm playing Simon at bridge.
He plays the piano.	He plays beautifully on the piano.
He does great whistle.	He does great at whistling.

6. '허사'를 사용하는 범위는 하나의 동사로 융합될 수 있다.

give a whistle - whistle

do a dance - dance

give a lecture - lecture

7. 범위는 결과의 속성, 즉 과정의 결과를 보여주는 요소를 취할 수 없다. 즉, 다음 목표는 결과 속성어(Resultative attribute)를 취할 수 있지만

She	*cooked*	*dinner*	*to perfection/to a turn.*
Actor	Pr:material	Goal	Resultative attribute

범위는 결과 속성어를 취할 수 없다.

**She*	*served*	*dinner*	*to perfection/to a turn.*
Actor	Pr:material	Goal[1]	Resultative attribute

목표로부터 범위를 구분하는 것이 항상 쉬운 것은 아니나 다음 예는 그 차이를 강조하는 데 도움을 줄 수도 있다.

1) **[역자 주]** Range의 오기로 보임.

RANGE	GOAL
shoot a gun	shoot a kangaroo
kick a goal	kick the dog
serve dinner	serve the ball
give a smile	give a present
make a mistake	make a cake
take a bath	take a biscuit

수혜자(Beneficiary)

물질적 과정의 절에서 나타날 수도 있는 또 하나의 참여자는 수혜자이다. 다음 절을 살펴보자.

But in Switzerland they give you a cognac.
(그러나 스위스에서 그들은 당신에게 꼬냑을 준다.)
They gave blood to my daughter.
(그들은 내 딸에게 수혈을 해 주었다.)

이 절은 세 개의 참여자가 있는데, 각각에는 과정으로 인하여 이익을 얻었다고 할 수 있는 하나의 참여자(*you, my daughter*)를 포함하고 있다. 과정으로 인하여 이익을 취한 참여자를 수혜자라고 할 수 있다.

수혜자에는 두 가지 종류가 있다. 하나는 (무언가가 주어진 이로서) **수령자(Recipient)**가 있고, 다른 하나는 (무언가가 행해지는 이로서) **의뢰자(Client)**가 있다.

의뢰자와 수령자는 절에서 그 위치에 따라 전치사와 함께 나타날 수도 있고 그렇지 않을 수도 있다. 만일 절의 마지막 위치에다가 의뢰자와 수령자를 둔다면 전치사 사용은 필수다.

수령자(Recipient): 재화가 주어지는 대상

But	*in Switzerland*	*they*	*give*	*you*	*a cognac.*
		Actor	Pr:material	Recipient	Goal

But	*in Switzerland*	*they*	*give*	*a cognac*	*to you.*
		Actor	Pr:material	Goal	Recipient

이 수령자는 절의 주어가 되는 것이 가능하며, 이 때문에 다양한 수동이 가능하다.

In Switzerland	*you*	*are*	*given*	*a cognac.*
Adj:circ	Subject	Finite	Predicator	Complement
RESIDUE...	MOOD		...RESIDUE	
	Recipient		Pr:material	Goal

다음 두 수동을 비교해 보자.

수령자-수동(Recipient-passive)

My daughter	*was*	*given*	*blood.*
Subject	Finite	Predicator	Complement
MOOD		RESIDUE	
Recipient		Pr:material	Range

범위-수동(Range-passive)

Blood	*was*	*given*	*to my daughter.*
Subject	Finite	Predicator	Adj:circ
MOOD		RESIDUE	
Range		Pr:material	Recipient

의뢰자 역할을 하는 성분(즉 서비스 대상자)은 또한 전치사와 함께, 혹은 전치사 없이 나타날 수 있다.

I	*'ll heat*	*you*	*up*	*some soup.*
Actor	Pr:material	Client	Process	Goal

I	*'ll heat up*	*some soup*	*for you.*
Actor	Pr:material	Goal	Client

수령자-수동보다는 빈도가 낮기는 하지만 다음과 같은 의뢰자-수동이 가능하다.

Marg	*cooked*	*dinner*	*for them all.*
Actor	Pr:material	Goal	Client

Marg	*cooked*	*them all*	*dinner.*
Actor	Pr:material	Client	Goal

They	*were*	*all*	*cooked*	*dinnner*	*for*	*by Marg.*
Client...		...Client	Pr:material	Goal		Actor

그러나 **You will be heated up some soup for.*는 불가능하다.

상황(Circumstances)

물질적 과정의 절에서 우리가 마지막으로 살펴볼 필요가 있는 참여자 유형은 바로 상황으로서, 이는 보통 부사 그룹이나 전치사 구에 의하여 구현된다.

상황은 물질적 과정과 함께 나타날 뿐 아니라 모든 과정 유형과도 함께 나타날 수 있다. 다음 예에서 이를 잘 볼 수 있을 것이다. 이들을 이끌어내는 데 어떤 탐색 질문이 사용되는지를 잘 살펴보면 상황을 가장 잘 확인할 수 있을 것이다.

1. **정도**: how long? (지속); how far? (공간적 거리)

I	*'ve given*	*blood*	*36 times.*
Actor	Pr:material	Goal	Circ:extent

I	*stayed up*	*all night.*
Actor	Pr:material	Circ:extent

2. **위치**: when? (시간); where? (공간)

They	*rang*	*me*	*up*	*on the Saturday night.*
Actor	Pr:material...	Beneficiary	...Pr:material	Circ:location

I	*delivered*	*it*	*to the clinic where she was.*
Actor	Pr:material	Goal	Circ:location

3. **양상**: how? with what? (수단); how ...-ly(질); what ...like? (비교)

so	*they*	*did*	*the transfusion*	*through the umbilical artery.*
	Actor	Pr:material	Range	Circ:manner

In Switzerland,	*unlike Greece,*	*they*	*give*	*you*	*a cognac.*
Circ:location	Circ:manner	Actor	Pr:material	Beneficiary	Goal

4. **원인**: why? (원인); what for? (이유); who? who for? (조력)

My daughter	*survived*	*thanks to the two Swiss men.*
Actor	Pr:material	Circ:cause

She	*carried*	*the bomb*	*for her boyfriend.*
Actor	Pr:material	Goal	Circ:cause

5. **동반**: with whom?

She	*got*	*on the plane*	*with/without her boyfriend.*
Actor	Pr:material	Circ:loc	Circ:accompaniment

6. **화제**: what about?

As for Greece,	*they*	*give*	*you*	*nothing.*
Circ:matter	Actor	Pr:material	Beneficiary	Goal

7. **역할**: what as?

She	*was travelling*	*to Israel*	*as a tourist.*
Actor	Pr:material	Circ:location	Circ:role

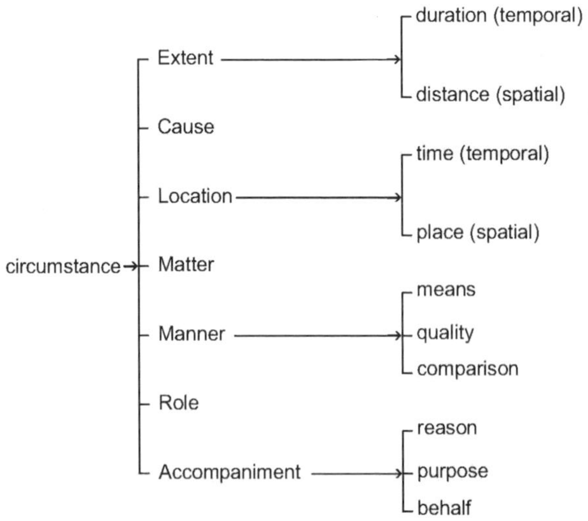

System 8.2 상황 시스템[2)]

2) [역자 주] 그림에서 reason, purpose, behalf는 Accompaniment가 아니라 Cause의 하위에 있어야 함.

사역 구문(Causative constructions)

지금까지 우리는 행동주(Actor)의 역할이 무언가를 하는 이, 즉 행위를 하거나 착수한 이가 하는 역할임을 살펴보았다. 여기서 **행위주(Agent)**라는 참여자(행동을 개시하는 이, 무언가를 야기하는 이)를 확인하는 것이 유용하겠다. 행위주와 행동주의 역할은 동일한 성분에 배당되는 것이 보통이다. 왜냐하면 행동주는 행동을 야기하는 사람인데 이는 행위주도 마찬가지다.

비사역: girlfriend = doer(Actor)(행하는 자(행동주)) + initiator(Agent)(개시자(행위주))

His girlfriend	*carried*	*the bomb*	*onto the plane.*
Actor	Pr:material	Goal	Circ:loc

그러나 **사역** 구문의 경우에는 행위주와 행동주가 구별되는데, 행위주는 자신이 아닌 다른 행동주에게 행위를 수행하게 한다. 일반적으로 이때는 사역 과정을 담당하는 *make*를 수반한다.

He	*made*	*his girlfriend*	*carry*	*the bomb*	*onto the plane.*
Agent	Pr:causative	Actor	Pr:material	Goal	Circ:loc

They	*make*	*you*	*fill in*	*forms.*
Agent	Pr:causative	Actor	Pr:material	Range

일반적으로 행위주의 역할은 절이 사역 구문이 아닌 경우 볼 수가 없다. 사역 구문이 아닌 경우에는 행동주의 단일 라벨만이 사용될 수 있다.

서법 대 타동성 분석: 동시적 기능

우리는 이제 모든 물질적 과정의 절에 대한 두 층위의 구조를 기술할 차례인데, 구체적으로는 타동성 구조와 서법 구조에 관하여 살펴볼 것이다.

And	*fortunately*	*they*	*could*	*do*	*it*	*through the umbilical artery.*
Adjunct: conjun	Adjunct: comment	Subject	Finite:mod	Predicator	Complement	Adjunct: circ
		MOOD		RESIDUE		
		Actor		Pr:material	Goal	Circ: manner

이 절에서 알 수 있듯이, 몇 개의 성분들(예: *they, it, through the umbilical artery*)은 양쪽 분석에서 기능을 다 가지고 있다. 다시 말해서 이들 요소는 대인 관계적 의미와 경험적 의미를 모두 가지고 있다. 서법 분석을 통해 주어, 보충어, 서술어, 부가어 : 상황(Adjunct : Circumstantial)의 라벨이 붙은 성분들은 또한 타동성 역할을 위해서도 모두 라벨이 부착될 것이다.

그렇지만 다른 성분들(예: could)은 오직 서법에서만 성분의 역할을 배당받을 수가 있다. 일부 성분들이 경험적 의미보다는 대인 관계적 의미를 표현하기 위해 실제로 이 절 안에 포함되어 있다고 할 수 있겠다. 이들은 서법 분석상 서법 상자 안에 있는 성분들로, 한정어(양태(modal) 혹은 시간 요소들로 이때는 서술어와 결합하지 않는다), 서법 부가어, 인식 양태와 당위 양태의 실현을 말한다. 이 요소들은 상호작용이 어떻게 조직되는지, 그리고 상호작용에 대한 화자의 태도 의미를 표현한다. 이들은 대인 관계적 의미면에서는 풍부하지만 경험적 의미가 비어 있어서 타동성 역할을 위한 라벨이 부착되지 못한다(왜냐하면 이들은 어떠한 역할도 하지 못하기 때문이다).

마지막으로 일부 요소들(예: *and, fortunately*)은 서법/잔여부(Residue) 구조의 바깥에 놓여 있음을 발견할 수 있다. 이 성분들은 타동성 기능을 갖지는 못하지만 텍스트적 의미를 표현하기 위해 해당 절에 속할 수 있다. 접속어, 연속어(Continuity), 호칭어(Vocative), 코멘트(Comment) 부가어들은 타동성의 라벨이 부착되지 않을 것이다.

정신적 과정(mental processes)

다음 예를 살펴보자.

I hate injections(난 주사가 싫어.).

She believed his excuses(그녀는 그의 변명을 믿었지.).

I don't understand her letter(난 그녀의 편지를 이해하지 못해.).

I don't know her name(난 그녀의 이름을 몰라.).

They don't give a shit about it(그들은 그것에 대해 조금도 개의치 않아.).

위의 예에서 우리는 사람들이 항상 구체적인 행위 과정만 이야기하는 것은 아님을 알 수 있다. 우리는 우리가 하는 행위에 관해서 매우 자주 이야기하는 것은 아니다. 그 대신 우리가 생각하고 느낀 것을 꽤 자주 이야기한다. Halliday는 생각하거나 느낀 것의 의미를 부호화하는 과정을 일러 정신적 과정(mental processes)이라고 하였다.

이들에 대해서 'x가 y에 무엇을 했지?'라고 묻는 것이 이상하므로 이런 점에서 물질적 과정과는 다르다는 것을 알 수 있을 것이다.

What did you do to the injection? *I hate it.*

What did she do to his excuses? *She believed them.*

What don't I do to her behaviour? *I don't understand it.*

이 절의 경우, 'what do you think/feel/know about x?(당신은 x에 대해 무엇을 생각하니/느끼니/알고 있니?)'라고 질문하는 것은 타당하다.

What you think about injections? (당신은 주사에 대해 무엇을 생각하니?) *I hate them.* (나는 그것을 싫어해.)

What did she think about his excuses? (그녀는 그의 변명에 대해 무엇을 생각하니?) *She believed them.* (그녀는 그것을 믿어.)

이런 정신적 과정과 물질적 과정의 차이 중 하나는 우리가 이들을 각각 다른 질문을 통해 탐색한다는 것이다. 우리가 만약 탐색하게 되면 감지 가능한 그리고 물리적인 의미에서 구체적인 행위나 행동에 관해서는 질문할 수는 없어도 생각, 느낌, 지각과 같은 정신적 반응에 관해서는 질문할 수 있다. 실제로 질문을 던져 탐색하게 될 때, 우리는 실재적이고 육체적 의미에서 행위에 대해 질문하는 것이 아니라 정신적 반응에 대해 질문하는 것을 알게 된다.

Halliday는 정신적 과정을 맡는 동사들을 다시 세 가지 부류로 나누었다. **인지**(사고, 앎, 이해를 담당하는 동사로, *I don't know her name*), **감정**(좋아함, 무서워함을 담당하는 동사로, *I hate injections*), **지각**(봄, 들음의 동사로, *Simon heard it on the news*)을 뜻하는 동사가 이에 해당한다.

물질적 과정과 정신적 과정을 탐색하는 방식에서 드러나는 차이는, 그들의 차이를 드러내는 의미적 이유에 있다. 그러나 우리가 다른 분석을 원하는 주된 이유는 아래에 열거된 여러 가지 방법으로 정신적 과정이 물질적 과정과 문법적으로 다르게 작용하기 때문이다.

1. 무표적인 현재 시제의 선택: Halliday는 정신적 과정과 물질적 과정 간의 중요한 차이로 무표적인 현재 시제에 주목했다. 정신적 과정에서는 무표적인 현재 시제가 단순 현재로 나타난다.

I hate injections. (나는 주사를 싫어해.) Simon loves the soup. (Simon은 수

프를 좋아해.) She knows his name. (그녀는 그의 이름을 알아.)

그러나 물질적 과정에서는 무표적인 현재 시제가 현재 진행형(-ing)으로 나타난다.

Marg is heating the soup up. (Marg는 수프를 데우고 있다.)

Diana is donating blood because of her experience in Geneva. (Diana는 제네바에서의 경험 때문에 헌혈을 하고 있다.)

만일 우리가 습관적인 행위의 특별하고 유표적인 의미를 전달하기를 바란다면 물질적 과정에 단순 현재 시제만을 사용한다.

Marg heats the soup up (every day). (Marg는 수프를 (매일) 데운다.)

Diana donates blood (every year). (Diana는 (매년) 헌혈한다.)

그렇다고 정신적 과정이 현재 진행형으로는 나타나지 말아야 하고 물질적 과정이 단순 현재형으로 나타나지 말아야 한다는 것은 아니다. 하지만 두 과정을 구분하는 아주 분명하고 무표적인 상관 관계가 있다. 유표적인 현재 시제를 선택하는 것은 또 다른 차원의 의미를 전달한다. 사실, 비진행형 시제와 정신적 과정의 일반적 결합이 나타난다. 심지어 과거 시제의 경우도

She believed his excuses. (단순 과거)

를 받는 것이

She was believing his excuses. (과거 진행)

을 받는 것보다 더 흔하다.

그러나 대립되는 면이 가장 두드러지는 경우는 현재 시제다.

2. 참여자의 수: 물질적 과정에는 하나나 두 참여자(이들은 중간성이거나 영향성일 수 있음)가 있을 수 있지만, 정신적 과정은 항상 두 참여자가 있어야 한다(단, 아래 논의한 바대로 투영의 상황을 제외함). 항상 정신적 과정과 결합된 명사 유형의 두 참여자들이 있을 것이다. 한 참여자가 분명히 없더라도 그 절을 이해하기 위해서는 맥락에서 그 참여자를 찾아야 할 것이다. 가령 *She believed*는 항상 *She believed something or someone*을 함의한다.

따라서 자동성의 정신적 과정은 존재하지 않는다. 모든 정신적 과정은 두 개의 참여자를 요구한다. 정신적 과정을 나타내는 절에서 그 참여자들에 대해 어떤 라벨을 붙여야 하는지 의문이 생긴다. 정신적 과정임을 확인할 수 있도록 행동주, 목표 등의 라벨을 그대로 유지해서 사용하는 것이 하나의 옵션이 될 수 있다. 그러나 이와 같은 재활용은 다음 두 가지 이유에 의해 거부된다.

i) 첫째, 정신적 과정이[3] 행위 과정(action processes)과 같은 방식으로 탐색될 수는 없으므로 행동주와 같은 역할은 적절해 보이지 않는다.

ii) 둘째, 다른 것은 물질적 과정의 절에서보다 정신적 과정에서 참여자가 될 수 있다.

---

3) **[역자 주]** 원문에서는 "firstly, since material processes are not probed as action processes," 라고 되어 있어 원문대로라면 '물질적 과정'이라고 해야 하나, 의미적으로 여기에서는 '정신적 과정(mental process)'가 더 적절하다고 판단하여 수정하여 제시하였다.

이는 우리에게 정신적 과정과 물질적 과정 사이에 존재하는 세 번째 주요한 차이로 안내한다.

3. **능동적 참여자의 특성**: 정신적 과정의 절에 있는 참여자는 의식이 있는 **인간 참여자**이어야만 한다. 이 참여자를 일컬어 **감각자**(Senser)라고 부른다. 느끼고, 생각하고, 지각할 수 있는 감각자는 인간이거나 의인화한 비인간이어야 한다. 한 마디로 의식이 있는 존재여야 한다는 것이다.

She	*believed*	*his excuses.*
Senser	Pr:mental	

I	*hate*	*injections.*
Senser	Pr:mental	

물질적 과정과는 대조적으로, 능동적 참여자에 관한 한, 물질적 과정보다 정신적 과정에서 선택이 좀 더 제약된다고 말할 수 있다. 물질적 과정의 절에서는 어떠한 명사 성분도 행동주가 될 수 있지만, 정신적 과정의 절에서는 오직 의식이 있는 인간만이 감각자가 될 수 있다.

정신적 과정에서 어떤 라벨이 두 번째 참여자에 부착될 수 있는지 살펴보게 되면, 정신적 과정과 물질적 과정 사이의 또 다른 차이점을 발견할 수 있는데, 여기서 그 선택은 물질적 과정보다 정신적 과정이 좀 더 폭이 넓다.

4. **비능동적 참여자의 특성**: Halliday는 정신적 과정의 절에 있는 두 번째 참여자에 대해서 **현상**(Phenomenon)이라는 라벨을 붙였다. 현상은 의식이 있는 감각자가 생각하고 느끼고 지각한 것을 말한다.

She	*believed*	*his excuses.*
Senser	Pr:mental	Phenomenon

Do	*you*	*want*	*more soup?*
	Senser	Pr:mental	Phenomenon

이 예들이 물질적 과정의 절에서 목표를 연상시키기는 하지만, 물질적 과정의 목표에서보다 정신적 과정에서 사실 더 광범위한 요소들이 현상이 될 수 있다고 Halliday가 입증했다. 위에서 분석한 유형의 단순 현상뿐만 아니라 Halliday는 또한 두 가지 유형의 내포된 현상을 확인했다. 동작(Acts)과 사실(Facts)이 바로 그것이다.

현상: 동작(PHENOMENON:Acts)

동작은 지각(보기, 듣기, 주목하기 등)의 정신적 과정과 함께 나타난다. 동작은 마치 단순 명사인 양 행동하는 미완료 비한정 절을 통해 구현된다.

I	*saw*	*[the operation taking place.]*
Senser	Pr:mental	Phenomenon:act

He	*felt*	*[the needle going in.]*
Senser	Pr:mental	Phenomenon:act

동작을 확인하는 테스트가 하나 있다. 정신적 과정의 바로 뒤에 단어 *that*을 삽입할 수 있는지를 가지고 테스트하는 것이다.

*I saw that the operation taking place.

동작을 실현하는 내포절이, 그것을 다시 (긴) 명사 그룹으로 표시함으로써 단순한 '사물' 현상('thing Phenomenon)으로 바꿀 수 있는지를 테스트하는 방법이 더 있다.

I *He*	*saw* *felt*	*the occurrence of the operation.* *the insertion of the needle.*
Senser	Pr:mental	Phenomenon

동작이 물질적 과정의 절에 출현할 수 없는 다음 예를 주목해 보자.

*Marg cooked the soup heating up.

*They tested my blood being good.

현상: 사실(PHENOMENON: Facts)

두 번째 유형의 내포된 현상(embedded Phenomenon)은 Halliday가 사실 현상(Fact Phenomenon)이라고 불렀던 것이다. 사실은 내포절로서, 한정적이면서도 마치 단순 명사처럼 기능하는 'that'에 의해 보통 도입된다. 그것은 사실-내포(Fact-embedding)로 확인되는데, 그 이유는 사실-명사가 (외현적이든 암시적이든) that의 앞에 삽입될 수 있기 때문이다.

She	*didn't realize*	*{that it was a bomb}.*
She	*didn't realize*	*{the fact that it was a bomb}.*
Senser	Pr:mental	Phenomenon

She	*regretted*	*{that they hadn't watched the operation}.*
She	*regretted*	*{the fact that they hadn't watched the opertaion}.*
Senser	Pr:mental	Phenomenon

사실 현상 절은 사실-내포(Fact-embedding)를 주어로 갖게 되면, 능동적이면서 같은 뜻을 갖는 정신적 과정의 동사를 사용하여 보통은 도치될 수 있다(이러한 도치 패턴은 아래에 논의될 것이다).

{The fact that it was a bomb}	*escaped*	*her.*
{The fact that they hadn't watched the opertaion}	*disappointed*	*her.*
Phenomenon	Pr:mental	Senser

위 예들이 보여준 것처럼 사실 현상은 사실-명사가 비록 암시적일 수 있을지도 모르겠지만 그 명사를 암시적으로 뒤에서 수식하는 절이다. Halliday(1994:266-7)에서는 사실-명사를 네 개의 하위 부류로 나누었다.

1) 'cases' 예: fact, case, point, rule, …

ii) 'chances' 예: chance, possibility, likelihood, probability, certainty, …

iii) 'proofs' 예: proof, indication, implication, confirmation, demonstration, …

iv) 'needs' 예: requirement, need, rule, obligation, …

물질적 과정에는 사실 현상이 출현할 수 없음을 주목하라.

*Marg cooked the fact that the dinner was ready.

*The fact that the dinner was ready Marg …

*Marg cooked the news that the dinner was ready.

물질적 과정에서의 목표보다 사실과 동작이 현상 범주를 더 광범위하게 만드는 방법을 이해하는 것이 중요하겠지만, 대부분의 분석 목적을 위해서는 그 성분을 '현상'이라는 라벨을 붙이는 것으로 충분하다.

5. 도치 가능성: Halliday가 확인한, 정신적 과정과 물질적 과정의 주요한 다섯 번째 차이는 많은 정신적 과정에서 나타나는 도치 가능성이다. 다음 정신적 과정의 쌍을 살펴보자.

A	B
I hate injections.	Injections piss me off.
(나는 주사를 싫어해.)	(주사를 나를 화나게 한다.)
She believed his excuses.	His excuses convinced me.
(그녀는 그의 변명을 믿었다.)	(그의 변명이 나를 설득시켰다.)
I don't understand her letter.	Her letter puzzles me.
(나는 그녀의 편지를 이해할 수 없다.)	(그녀의 편지는 나를 어리둥절하게 한다.)
I don't know her name.	Her name escapes me.
(나는 그녀의 이름을 모른다.)	(그녀의 이름이 기억이 나지 않는다.)
They don't give a shit about it.	It doesn't worry them.
(그들은 그것에 대해 조금도 개의치 않는다.)	(그것은 그들을 걱정시키지 않는다.)

A열의 각 절은 그에 대응하는 B열의 절과 의미 면에서 매우 비슷하다. 타동성의 물질적 과정을 위해 확인된 능동과 수동의 구분을 한번 적용해 볼 수 있다. 하지만 다음과 같은 주요한 차이가 있다. 아래 A열의 절과 B열의 절에서 수동이 존재하는 사실에서 알 수 있는 것처럼 A열에 있는 절과 B열에 있는 절이 모두 능동이 될 수 있다.

A	B
Injections are hated (by me).	I am pissed off by injections.
(주사는 (나에 의해) 싫어졌다.)	(나는 주사 때문에 화가 난다.)
His excuses were believed by her.	She was convinced by his excuses.
(그의 변명은 그녀에 의해 믿어졌다.)	(그녀는 그의 변명에 설득당했다.)
Her letter is not understood (by me).	I am puzzled by her letter.
(그녀의 편지가 (나에 의해) 이해되지 않는다.)	(나는 그녀의 편지에 어리둥절하다.)

위 절에 대해서는 능동/수동의 변이를 가지고서는 설명할 수가 없다. 사실 우리가 여기서 다루려고 하는 것은 도치 가능성, 일종의 두 방식의 과정이다. 이는 타동성과 서법 기능에 대하여 우리의 참여자 역할 라벨을 붙임으로써 이끌어낼 수 있다.

능동:

She	*believed*		*his excuses.*
Subject	Finite	Predicator	Complement
MOOD		RESIDUE	
Senser	Pr:mental		Phenomenon

His excuses	*convinced*		*her.*
Subject	Finite	Predicator	Complement
MOOD		RESIDUE	
Senser	Pr:mental		Phenomenon

수동:

His excuses	*were*	*believed*	*(by her).*
Subject	Finite	Predicator	(Adjunct:circ)
MOOD		RESIDUE	
Phenomenon		Pr:mental	(Senser)

She	*was*	*convinced*	*(by his excuses.)*
Subject	Finite	Predicator	(Adjunct:circ)
MOOD		RESIDUE	
Senser		Pr:mental	(Phenomenon)

구조 분석을 통해 우리는 단순히 능동/수동의 쌍이 아니라, 도치 가능한 동의문으로서 능동을 다루고 있음을 알고 있다. 우리는 주어로서 감각

자나 현상을 가지고 정신적 과정의 의미를 능동의 절로 표현할 수 있다. 이와 유사하게, 우리는 주어로서 감각자나 현상을 가지고 정신적 과정의 의미를 수동의 절로 표현할 수 있다. 정신적 과정의 동사가 모두 쌍으로 존재하는 것은 아니지만 많은 것이 그렇다. 이러한 도치 가능성은 정신적 과정과 물질적 과정을 구분할 수 있는 또 다른 근거가 된다. 왜냐하면 물질적 과정은 그와 같은 쌍을 만들지 못하기 때문이다. 예를 들어, 절을 능동으로 두는 한 물질적 과정의 목표를 주어로 만들 수는 없다.

I'm heating up the soup.	*The soup's … me up. ???
(나는 수프를 데우고 있다.)	
She carried the bags.	*The bags … her. ????
(그녀는 가방을 메었다.)	

6. 투영(projection): 정신적 과정과 물질적 과정 간의 주요한 여섯 번째 차이는 이렇다. (지각을 제외하고) 대부분의 정신적 과정은 **투영**할 수 있다. 그러나 물질적 과정은 그럴 수 없다.

6장에서 투영이 간략하게 언급되었는데, 그곳에서는 **절의 복합 관계**에 대한 체계적 해석이 다수의 다른 문법적 접근에 대한 해석과 다르다는 것이 설명되었다. 절 복합체는 9장의 주제로, 여기서는 정신적 과정의 특이한 양상이 평가될 수 있도록 매우 간단한 개요만 살필 것이다.

설명을 돕기 위해 여기서는 첫째로, 한 절(전형적으로 첫째 절)이 **투영하는** 정신적 과정 중 어디에 있는지를 보여주는 몇 가지 예를 살펴볼 것이다 (음영 처리된 상자는 절의 경계를 나타낸다).

So	*I*	*thought*		*I*	*'d give*	*blood.*
	Senser	Pr:mental		Actor	Pr:material	Range

So	*I*	*thought*		*'Oh bugger*	*I*	*'ll give*	*blood.*
	Senser	Pr:mental			Actor	Pr:material	Range

'He	*will meet*	*me*	*in Israel'*		*she*	*believed.*
Actor	Pr:material	Goal	Circ:loc		Senser	Pr:mental

He	*decided*		*that*	*he*	*'d meet*	*her*	*in Israel.*
Senser	Pr:mental			Actor	Pr:material	Goal	Circ:loc

'I	*'ll meet*	*her*	*in Israel'*		*he*	*decided.*
Actor	Pr:material	Goal	Circ:loc		Senser	Pr:mental

he	*decided.*		*to meet*	*her*	*in Israel'*
Senser	Pr:mental		Pr:material	Goal	Circ:loc

위 예들 각각에서 우리는 두 개의 절을 다루고 있다. 두 절의 관련성은 한 절이 두 번째 절을 '내밀거나(shoots out)' **투영**하는 방식에 의한 관련성을 말한다. 투영(projection)이란 Halliday가 **논리적** 관련성이라고 칭한 바가 있는데, 이는 인접한 절들 사이에서 성립되는 관련성을 말한다. 투영은 우리가 간접적이거나 보고된 생각, 혹은 직접적이거나 인용된 생각이란 용어로 아마 알고 있었던 관련성을 말한다. 정신적 과정의 투영은 **인용**이나 **보고된 아이디어**를 다룬다.

앞으로 9장에서 좀 더 명확히 살펴보겠지만, 두 개의 절이 성분성의 면에서는 관련이 있지 않다. 투영된 절은 투영하는 절의 내포된 성분이 아니다. 다음과 같은 이유에서 첫 번째의 것 안에서 내포되지 않는다고 말할 수 있다.

i) 그것은 한정절(Finite clause)이다. (그래서 동작이 될 수 없다.)

*So I thought giving blood.

ii) 그것은 어떠한 사실 명사(Fact noun)에도 의존하지 않는다. (그래서 사실이 될 수 없다.)

*So I thought [the fact] that I'd give blood.

iii) 그것은 타동성과 서법에 있어서 고유한 절 구조를 가지고 있다. (그래서 단순명사 현상이 될 수 없다.)

So	*I*	*thought*			*I*	*'d*	*go and give*	*blood.*
Adj:conjun	Subject	Finite	Pred		Subject	Finite	Pred	Compl
	MOOD		RESIDUE		MOOD		RESIDUE	

따라서 우리는 여기서 어떠한 종류의 내포 혹은 등급 전환(rank shift)에 관해서도 다루지 않을 것이다. 그 대신, 양 절에서 두 단위의 동일한 등급(rank) 간 논리적 의존성을 다루려고 한다. 이들은 두 개의 분리된 절로, 첫 번째 절은 정신적 과정이지만 두 번째 절은 사실 물질적 과정의 절이다.

투영은 인접한 절을 결속할 수 있는 논리적 관련성의 또 다른 유형 중 하나일 뿐이다. **투영**하는 절 안에는 정신적 과정의 동사가 포함되어 있으며, **투영**된 절 앞이나 뒤에 나타날 수도 있다. 투영 관련성에 있는 두 개의 절은 서로 의존해 있을 수도 있고 자율적일 수도 있다. 만약 그 절이 **의존적**이라면 이른바 **보고(reporting)**라고 부를 수도 있는 것이 포함되며, 반대로 그 절이 **자율적**이라면 **인용(quoting)**이 포함될 수도 있다.

- 첫 번째 절이 투영하고, 두 번째 절은 의존적임(보고)

  So I thought//I'd go and give blood.

- 첫 번째 절이 투영하고, 두 번째 절은 독립적임(인용)

So I thought,//'I'll go and give blood'.

- 두 번째 절이 투영하고, 첫 번째 절은 의존적임(보고)

I'd go and give blood,//I thought.

- 두 번째 절이 투영하고, 첫 번째 절은 독립적임(인용)

'I'll go and give blood',//I thought.

투영된 절이 보고인 경우, 거기에 that을 삽입하는 것이 일반적이다.

So I thought // [that] I'd go and give blood.

반면에 인용인 경우, that은 삽입될 수 없다. 그 대신 독립적인 관계는 인용 표시를 하거나 휴지나 음성 자질의 변조를 통해 운율적으로 신호가 만들어질 것이다.

대부분 인지의 정신적 과정의 경우, 보고를 하거나 인용을 할 수 있지만, 정서(affection)의 과정인 경우, 오직 보고만이 가능하다.

Simon	*wanted*		*to get*	*a cognac.*
Senser	Pr:mental		Pr:material	Goal

그러나 다음은 가능하지 않다.

Simon wanted, // 'To get a cognac'.

She	*was hoping*		*to get married*	*in Israel.*
Senser	Pr:mental		Pr:material	Circ:location

She	*was hoping*		*that*	*they*	*'d get married*	*in Israel.*
Senser	Pr:mental			Actor	Pr:material	Circ:location

두 절이 투영으로 관련되는 것은 오직 두 유형의 과정, 곧 정신적 과정과 말하기(verbal) 과정의 특징이다. 반면에 물질적 과정은 가능하지 않다.

*Marg was cooking that the soup was hot.

*'The soup is hot' Marg cooked.

분석에 관한 한, 투영의 경우 두 개의 절이 있다는 것을 이해하는 것이 중요하다. 각 절은 타동성 구조의 측면에서 분석될 필요가 있다. 오직 투영하는 절만이 정신적 과정(혹은 말하기 과정)이 될 수 있을 것이다. 투영된 절은 어떠한 유형의 과정이어도 좋다. 즉 물질적 과정이든 정신적 과정이든 말하기 과정이든 존재 과정이든 관계 과정이든 말이다.

정신적 과정의 절에서의 상황

각 상황 요소의 전체 범위(range)는 물질적 과정에서와 마찬가지로 정신적 과정에서도 발생할 수 있다.

Afterwards	*she*	*must have felt*	*a lot of pain.*
Circ:loc	Senser	Pr:mental	Phenomenon

I	*heard*	*that story*	*on the news.*
Senser	Pr:mental	Phenomenon	Circ:loc

의식적 행위 과정(Behavioural processes)

세 번째 유형의 과정은 의식적 행위 과정으로, 다음에 예시하였다.

Diana sighed loudly(Diana는 크게 한숨을 쉬었다.).

The poor woman cried for hours(가난한 여자는 몇 시간이나 울었다.).

Simon sniffed the soup(Simon은 코를 킁킁거리며 수프 냄새를 맡았다.).

Halliday는 이 과정을 의미적으로 기술하기를, 정신적 과정과 물질적 과정 사이에 있는 '반쪽짜리 집'이라고 했다. 다시 말해서, 이 과정이 구현하는 의미는 한편으로는 물질적이며 다른 한편으로는 정신적이어서 그 둘 사이 어느 가운데에 있다는 말이다. 이들은 부분적으로는 행위에 관한 것이지만 의식적인 존재에 의해 경험되어야만 하는 행위다. 의식적인 행위는 생리적인 과정이면서 동시에 심리적인 행위이기도 하다. 예를 들어보자.

breathe, cough, dream, frown, gawk, grimace, grin, laugh, look over, scowl, smile, sniff, snuffle, stare, taste, think on, watch, …

정신적 과정과의 밀접한 관계를 나타내는 일부 의식적인 행위들은 사실, 정신적 과정의 동의어와 대립된다. 예컨대, *look at*은 의식적인 행위이지만 *see*는 정신적이고, *listen to*는 의식적인 행위이지만 hear는 정신적이다.

이들 유형의 동사들은 의미적으로 물질과 정신의 혼합일 뿐만 아니라 문법적으로도 물질적 과정과 정신적 과정의 사이에 있다.

대다수의 의식적인 행위는 **한 개의 참여자**만 취한다. 따라서 의식적인 행위는 보통 다른 참여자에까지 확대되지 않는 형태의 행위(doing)를 표현한다. 이와 같이 의무적인 참여자를 **의식적 행위자**(Behaver)라고 부르며 이는 (정신적 과정의 절에서 감각자와 마찬가지로) 전형적으로 의식이 있는 존재가 된다.

She	*sighed*	*with despair.*
Behaver	Pr:behavioural	Circ:manner

He	*coughed*	*loudly.*
Senser	Pr:behavioural	Circ:manner

의식적인 행위는 범위(Range)와 같은 두 번째 참여자를 포함할 수 있다. 이때는 그 과정을 재서술하는 것이다. 이러한 참여자를 **의식적인 행위물(Behaviour)**이라고 부른다.

He	*smiled*	*a broad smile.*
Behaver	Pr:behavioural	Behaviour

과정을 재서술하지 못하는 또 다른 참여자가 있다면 그것은 **현상**이라고 부를 것이다.

Georage	*sniffed*	*the soup.*
Behaver	Pr:behavioural	Phenomenon

의식적 행위 과정은 종종 상황 요소와 함께 나타나는데, 그 요소는 특히 양상과 원인에 해당한다.

Simon	*laughed*	*at the girl's stupidity.*
Behaver	Pr:behavioural	Circ:cause

She	*was crying*	*with frustration.*
Behaver	Pr:behavioural	Circ:manner/cause

의식적 행위가 비록 정신적 과정의 많은 특성을 드러내기는 하지만, 그 과정은 '생각하기/느끼기' 등보다는 '무언가를 하기'와 같이 기능한다. 이를 보여주는 증거는, 물질적 과정에서처럼 의식적 행위에 대한 무표적인 현재 시제가 현재 진행이라는 점에서 찾을 수 있다.

현재 진행 시제(무표): I am watching the operation.
(나는 수술을 지켜보고 있다.)
They're all listening to Simon's story.
(그들은 모두 Simon의 이야기를 듣고 있다.)

현재 시제(유표): I watch the operation. (나는 수술을 지켜본다.)
They listen to Simon's story.
(그들은 Simon의 이야기를 듣는다.)

물질적 과정과 마찬가지로 의식적 행위 과정 역시 투영할 수 없다. 다시 말해 의식적 행위 과정은 인용하거나 보고할 수 없다.

*They're all listening [that] Simon's story …

따라서 의식적인 존재의 역할을 수반하지만 투영할 수 없고 현재 진행 시제를 취하는 의식적 행위들은 정신적 과정과 물질적 과정 사이에서 의미적으로나 문법적으로나 반쯤 혼합된 것이다.

말하기 과정(Verbal processes)

다음 절은 모두 말하기 과정의 예들이다.

So I asked him a question. (그래서 나는 그에게 질문을 했다.)
They tell you nothing. (그들은 네게 아무것도 말하지 않는다.)
Simon told them a story. (Simon은 그들에게 이야기를 했다.)
The Arab boyfriend told her a lot of rubbish. (그 아랍인 남자친구는 그녀

에게 많은 헛소리를 했다.)

위의 예들이 보여주듯이, 말하기 과정은 말하는 행위의 과정이다. 의미의 상징적 교환을 포함하여 *saying*과 그 유의어들이 이에 해당한다.

My recipe says red wine. (나의 영수증에 레드와인이라고 써 있다.)

말하기 과정은 전형적으로 세 개의 참여자를 포함하는데, **발화자(Sayer)**, **수신자(Receiver)**, **발화 내용(Verbiage)**이 그것이다. 말하기 과정을 책임지는 참여자인 **발화자**는(비록 전형적으로는 그러하지만) 의식적인 참여자일 필요는 없다. 그냥 신호만 발생시켜줄 수 있으면 된다. **수신자**는 말하기 과정이 지향하는 참여자다. 말하기 메시지의 수혜자로, 절에서의 위치에 따라 전치사를 동반하기도 하고 그렇지 않기도 하다. **발화 내용**은 말하기 과정을 명사화한 진술이다. 일부 말하기의 의식적 행위를 표현하는 명사로는 *statement, questions, retort, answer, story* 등이 있다.

So	*I*	*asked*	*him*	*a question.*
	Sayer	Pr:verbal	Receiver	Verbiage

The Arab boyfriend	*told*	*her*	*a lot of rubbish.*
Sayer	Pr:verbal	Receiver	Verbiage

모든 종류의 과정이 그러하듯이, 상황은 말하기 과정에서도 나타날 수 있다. 가장 보편적인 유형은 양상 상황이다.

They	*'re talking*	*about the news.*
Sayer	Pr:verbal	Circ:manner

What	are	they	talking	about?
Circ:manner...		Sayer	Pr:verbal	...Circ:manner

다수의 말하기 과정이 명사류 요소를 동반하지만 발화 내용의 경우, 말하기 과정이 투영하는 특징적인 자질을 가지고 있다. 다시 말해서 정신적 과정과 마찬가지로 말하기는 절 복합체를 구성하는데, **인용**을 하거나 **보고**를 하는 두 번째 절을 투영한다. 그러나 정신적 과정의 경우는 생각의 보고나 인용인데, 말하기 과정의 경우는 발화의 인용이나 보고(또는 Halliday의 용어로는 '**언표(locution)**')이다. 두 절이 상호의존성의 관계에 있다면 인용, 즉 **직접 발화**로 나타나고, 투영된 절과 투영한 절이 의존성 관계에 있다면 간접 발화, 즉 **보고된 발화**로 나타난다. 투영하는 절은 해당 연속체에서 첫 번째나 두 번째 자리에서 나타날 수 있다. 투영하는 절(말하기 과정의 절)과 투영되는 절(어떤 유형의 절도 될 수 있음) 모두의 타동성 구조에 대한 분석은 반드시 기술되어야 한다.

직접/인용된 발화

I	said		'Can	you	avoid	the scar tissue?'
Sayer	Pr:verbal			Actor	Pr:material	Goal

간접/보고된 발화

I	asked	them		to avoid	the scar tissue.
Sayer	Pr:verbal	Receiver		Pr:material	Goal

직접/인용된 발화

'They	pay	you,'		you	said
Actor	Pr:material	Client		Sayer	Pr:verbal

간접/보고된 발화

You	*said*		*that*	*they*	*pay*	*you.*
Sayer	Pr:verbal			Actor	Pr:material	Client

인용된 절 또는 보고된 절은 위에서 살펴본 것처럼 명제(정보)나 제안(재화와 서비스)이 될 수 있는데, 이 경우 서법 요소는 직접 인용에서는 생략되나 당위 양태(modulation)는 간접 보고에서는 사용될 수 있다.

직접/인용

He	*said*			*'Carry*	*the bags'.*
Subject	Finite	Predicator		Predicate	Complement
MOOD		RESIDUE		RESIDUE	
Sayer	Pr:verbal			Pr:material	Goal

간접/보고

He	*said*			*she*	*should*	*carry*	*the bags.*
Subject	Finite	Predicator		Subject	Fin:modul	Pred	Compl
MOOD		RESIDUE		MOOD		RESIDUE	
Sayer	Pr:verbal			Actor		Pr:mat	Goal

보고된 절은 한정적이거나 비한정적이다.

He	*demanded*			*that*	*she*	*carry*		*the bags.*
Subject	Finite	Pred		Adj:conjun	Subj	Finite	Pred	Compl
MOOD		RESIDUE			MOOD		RESIDUE	
Sayer	Pr:verbal				Actor	Pr:material		Goal

He	*commanded*		*her*		*to carry*	*the bags.*
Subject	Finite	Predicator	Compl		Predicator	Compl
MOOD		RESIDUE			RESIDUE	
Sayer	Pr:verbal		Receiver		Pr:material	Goal

발화가 보고될 때 that 절이 보통 동반되지만 이것이 내포된 사실 절이 아님에 주의하라. 왜냐하면 우리는 사실(Fact) 명사를 도입할 수 없기 때문이다.

*She told me the fact that junkies look worse than that.

*He said the fact that she should carry the bags.

투영에 관해서는 다음 장에서 더 자세히 살펴보기로 한다.

행위에서 존재로: 존재 과정과 관계 과정

지금까지 행위나 사건과 관련이 있는 모든 과정 유형이 지닌 구조를 살펴보았다. 영어에는 행위의 의미를 부호화할 수 없되, 존재의 상태는 부호화할 수 있는 대단히 거대한 그룹의 과정이 존재한다. 다음이 그런 예들이다.

There were these two wonderful Swiss men. (이 두 명의 멋진 스위스 남자가 있었다.)

How many pints of blood are there in your body? (당신의 몸에는 몇 파인트 피가 있나?)

She must have been really stupid. (그녀는 정말 멍청했음에 틀림없다.)

이에 해당하는 두 가지 주요한 과정이 있다. 1. **존재** 과정(existential processes)으로서, 사물이 존재한다고 간단하게 진술된다. 2. **관계** 과정(relational processes)으로서, 사물이 다른 사물과 관계하여 존재한다고 진술된다(속성이 할당되거나 확인된다). 이제부터 두 부류의 과정이 지니는 구조를 살펴보기로 하자.

존재 과정(Existential processes)

존재 과정은 '무언가가 있다/있었다'를 상정함으로써 경험을 나타낸다. 가령,

There was snow on the ground(땅 위에 눈이 쌓여 있었다.).

There were these wonderful Swiss men(이 두 명의 멋진 스위스 남자가 있었다.).

There's a hitch(문제가 있다).

존재의 경우, 그 구조가 there라는 단어를 포함하기 때문에 쉽게 식별할 수 있다. 존재 과정의 쓰임인 경우, there는 표상적 의미를 전혀 갖지 못한다. 장소를 지시하지 못한다는 말이다. 절에 there가 있는 이유는 영어의 모든 절이 주어를 요구하기 때문이다. 존재적 주어로 사용되는 there와, 장소의 상황으로 사용되는 there를 구분하는 것이 중요하다. 구조적 there가 일반적으로 강세를 받지 못하는 반면, 상황적 there는 일반적으로 강세를 받고 억양 곡선을 실현한다.

구조적 there:

There is a book on the table, a bag on the chair(책상 위에 책이 있고, 의자 위에 가방이 있다).

상황적 there:

There is your book – on the table(거기에 당신의 책이 있어요. 책상 위에.).

존재 과정에서 구조적 there는 어떤 기능 라벨도 부착받지 못하는데, 이는 표상적 의미를 갖지 못하기 때문이다. 그것은 타동성에 대해 분석되지 않은 채로 남겨져 있지만, 서법 분석에서는 물론 주어 역할이 할당되어 있다.

존재 과정에는 be 동사, 혹은 이와 유사어인 exist, arise, occur 등이 전형적으로 배열된다. 존재 과정에서 기능 라벨을 부여받는 유일한 의무 참여자는 **존재자(Existent)**이다. 보통은 there is/there are를 뒤따르는 이 참여자는 어떤 종류와 상관없는 현상일 수 있지만 실은 종종 사건(명사화한 행위)이 뒤따르는 편이다. 예컨대, There was a battle에서처럼 상황적 요소(특히 장소)는 존재 과정에서 흔히 나온다.

There	*was*	*snow*	*on the ground.*
	Pr:existential	Existent	Circ:location

There	*were*	*these two wonderful Swiss men.*
	Pr:existential	Existent

Should	*there*	*arise*	*any difficulties*
		Pr:exist	Existent

관계 과정(Relational processes)

관계 과정 범주는 영어의 절에서 존재물(being)이 표현될 수 있는 여러 가지 방식을 포괄한다. 관계 과정이 포괄하는 예는 다음과 같다.

i) Di is a blood donor. (Di는 헌혈자이다.)

ii) The operation was in Geneva. (수술이 제네바에서 있었다.)

iii) The operation lasted one hour. (그 수술은 한 시간이나 계속 되었다.)

iv) The story was Diana's. (그 이야기는 Diana의 것이었다.)

v) Diana has a daughter. (Diana에게는 딸이 하나 있다.)

vi) Women are the brave ones. (여자들은 용감한 사람들이다.)

vii) The best place to give blood is in Geneva. (헌혈하기 가장 좋은 곳은 제네바다.)

viii) The operation took one hour. (그 수술은 한 시간이 걸렸다.)

ix) The bomb was her boyfriend's. (그 폭탄은 그녀의 남자 친구 것이었다.)

x) The bomb belonged to the boyfriend. (그 폭탄은 그 남자 친구의 것이었다.)

System 8.3은 이러한 대조를 포착한다.

이는 타동성 절의 풍부하고 복잡한 영역이므로 여기서는 대략적인 내용만 다루기로 한다(좀 더 자세한 논의는 Halliday and Matthiessen(2004:210-48)을 참조하라). 속성 관계(attributive) 과정과 확인 관계(identifying) 과정 간의 기본적인 구조적 차이를 명확히 함으로써 논의를 시작하기로 한다. 우선 연결자(Intensive)의 하위 유형을 살펴보기로 하자.

연결자 속성 과정(Intensive Attributive Processes)

연결자 관계 과정(intensive Relational process)은 두 항의 관련성을 설정하게 되는데, 여기서 그 관련성은 동사 be나 그것의 유의어로 표현된다.

속성 관계의 하위 유형에서는, 질, 분류, 혹은 기술적 묘사(속성)가 참여자(속성 수반자(Carrier))에 할당된다. 속성 수반자는 항상 명사나 명사류 그룹에 의해 실현된다.

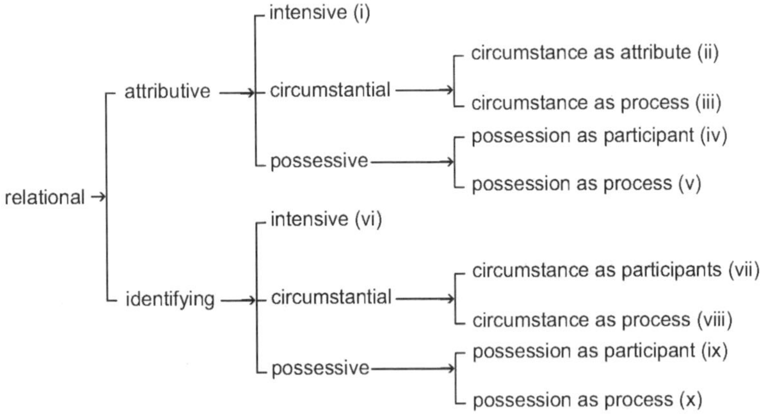

System 8.3 관계적 과정

속성 관계 연결(Attributive intensive)의 의미는 'x는 부류 a의 구성원이다'를 뜻한다. 이때 속성(Attribute)도 역시 명사류 그룹으로 구현되는데, 전형적으로는 (a/an으로 도입되는) 비한정 명사류로 실현된다.

Diana	*is*	*a talkative dinner guest.*
Carrier	Pr:intensive	Attribute

I	*won't be*	*a pig.*
Carrier	Pr:intensive	Attribute

서술적인 속성 연결의 경우, 속성은 속성 수반자에 속하는 것으로 여겨지는 질이나 묘사로서, 'x는 속성 a를 수반한다'를 뜻한다. 이때 속성은 전형적으로 형용사다.

You	*are*	*very skinny.*
Carrier	Pr:intensive	Attribute

All the other things	*would have been*	*minute.*
Carrier	Pr:intensive	Attribute

비록 연결 동사(intensive verb)로는 be가 가장 흔하게 사용되지만, 그 밖에 다양한 연결 동사의 유의어가 더 있다. 이들 중 몇 가지는 Table 8.1에 예로 들어 놓았다.

속성 관계 연결의 가장 핵심적인 성질은 속성 관계의 절이 **도치될 수 없다**는 것이다. 이는 그 절의 수동형이 없다는 말이기도 하다. 주어는 절대로 속성 역할과 융합할 수 없지만 그 대신 속성 수반자 역할과는 항상 융합한다. 이는 사실 속성 연결에서는, 속성 수반자에 할당되는 뜻을 부호화하도록 기능하는 속성과 함께 독립적인 명사류 참여자, 즉 속성 수반자만을 포함하기 때문이다. 이를테면 다음은 관련된 절의 수동 버전이 아니라 절의 성분을 재배치한 것일 뿐으로, 이때 주어(항상 속성 수반자가 됨)는 절의 마지막 위치로 이동한다.

Table 8.1 연결 속성 동사(Intensive Attributive verbs)

VERB	CARRIER	Process:intensive	ATTRIBUTE
become	She	became	suspicious.
turn	He	turned	pale.
grow	She	grew	serious.
turn out	It	turned out	OK.
start out	She	started out	healthy.
end up	She	ended up	dead.
keep	She	kept	quiet.
stay		Stay	still.
remain		Remain	patient.
seem	It	seemed	unlikely.
sound	His story	sounded	suspicious.
appear	The luggage	appeared	harmless.
look	She	looked	jaundiced.
taste	The soup	tasted	wonderful.
smell	The soup	smells	fantastic.
feel	I	feel	funny.
stand	A litre of milk	stands	this tall.

Not weak at all	*am*	*I.*
Complement	Finite	Subject
RESIDUE	MOOD	
Attribute	Pr:intensive	Carrier

심지어 그 절이 주어와 한정어의 위치를 뒤바꾸었을 때도 그 주어는 여전히 속성 수반자다.

A pig	*I*	*won't be!*
Complement	Subject	Finite
RESIDUE	MOOD	
Attribute	Carrier	Pr:intensive

동사 *to be*는 사실 수동형(우리는 *Skinny is not been by you라고 말할 수 없다.)

을 갖지 못하기 때문에 가끔은 be-절이 속성 관계의 연결인지 확인 연결(Identifying intensive)인지 판단하기가 어렵다(아래에서 우리는 확인 연결이 수동형을 갖출 수 있음을 살펴볼 것이다). be 동사 대신에 대체할 수 있는 다른 단어가 있는지 찾아봄으로써 이를 테스트할 수 있겠다. 위에서 주어진 속성 관계를 위한 연결 동사의 목록에서 만일 가능한 대체 동사가 발견된다면 그 절은 수동이 될 수 없다.

원래 절	가능한 절	불가능한 수동형
You're skinny.	You've become skinny.	*Skinny is become by you.
I'm not weak at all.	I don't feel weak at all.	*Not weak at all is felt by me.
I won't be a pig.	I won't turn into a pig.	*A pig is not turned into by me.

연결 확인 과정(Intensive Identifying processes)

의미적인 면에서 그리고 문법적인 면에서 연결 확인 과정은 속성 관계와 상반된다. 우선 의미적인 면에서 보면, 확인 관계의 절은 판단하기(ascribing)나 분류하기에 관한 것이 아니라 정의하기에 관한 것이다. 확인 연결(identifying intensive)의 의미는 'x는 y의 정체를 정의하는 역할이다'를 뜻한다.

You	*'re*	*the skinniest one here.*
Token	Pr:intensive	Value

예를 들어 위 절에서 *you*는 *skinniest one*의 라벨 또는 정체성의 '소유자(holder)' 혹은 '소지자(occupant)'로 확인된다.

Table 8.2 연결 확인 동사(Intensive Identifying verbs)

VERB	TOKEN	Pr:intensive	VALUE
equal	One plus two	equals	three.
add up to	One plus two	adds up to	three.
make	Manners	make	the man.
signify	Signing a contract	signifies	agreement.
mean	'Quantum leap'	menas	a discrete jump.
define	The word 'exuberant'	defines	his style.
spell	C-A-T	spells	'cat'.
indicate	The presence of rust	indicates	moisture.
express	Her smile	expressed	pleasure.
suggest	His frown	suggested	annoyance.
act as	The commissioner	acts as	the mediator.
symbolize	An *	symbolizes	an unacceptable clause.
play	Robert de Niro	plays	Capone.
represent	The milk bottle	represents	one litre.
stand for	@	stands for	'at'.
refer to	'Quantum leap'	refers to	a sharp jump.
exemplify	His behaviour	exemplified	the typical terrorist.

문법적인 면에서 보면, 정의하기(defining)에는 두 개의 참여자가 필요하다. 하나는 (정의되는 것을 뜻하는) **토큰(Token)**, 다른 하나는 (정의하는 것을 뜻하는) **값(Value)**이 그것이다. 가장 빈번하게 사용되는 확인 관계의 연결 동사는 be이고, 그것과 비슷한 뜻을 가진 연결 동사들은 Table 8.2에 나열되어 있다.

토큰과 값은 명사류 그룹으로 실현된다. 확인 관계의 연결을 위해 사용되는 명사류 그룹은 전형적으로 한정적이지만, 속성 관계의 경우 속성은 비한정적인 명사류 그룹이 사용된다. the skinny one(확인 관계) 대 a skinny one(속성 관계)가 그런 예들이다. 확인 관계의 절은 두 개의 자율적인 명사류 참여자를 포함하기 때문에 모든 확인 관계 절은 도치 가능하다. 다시 말해, 수동형이 가능하다.

능동:

You	*'re*	*the skinniest one here.*
Token	Pr:intensive	Value

수동:

The skinniest one here	*is*	*you*
Value	Pr:intensive	Token

능동:

Married women	*are*	*the real victims.*
Token	Pr:intensive	Value

수동:

the real victims	*are*	*married women.*
Value	Pr:intensive	Token

확인 연결의 도치 가능성 때문에 어떤 절이 토큰이 되고 어떤 절이 값이 되는지를 결정하는 것에 관해 의문이 제기된다. 이는 의미적으로 그리고 문법적으로 결정될 수 있다. Halliday는 토큰이 값의 '기호, 이름, 형태, 소유자 혹은 소지자'가 되어 토큰의 '의미, 지시체, 기능, 위상, 역할'을 부여할 수 있으리라고 지적했다. 따라서 토큰은 '이름'을 포함하는 명사류 그룹이며, 값은 분류를 부여하는 명사류 그룹이다. 종종 의미적 기준은 절의 어느 부분이 토큰인지 값인지를 직접 지시하게 된다.

그렇지만 역할 배당을 결정하는 것은 문법적 테스트다. 이 테스트에는 동사 to be를, 위에 제시한 유사한 뜻을 가진 확인 관계의 연결 동사로 교체하여 그 결과의 절이 능동인지 수동인지를 결정하는 것이 포함되며, 어떤 구성 요소가 주어로 기능하는지를 결정하는 것도 포함된다. 상관성을 아래와 같이 정리할 수 있겠다.

- 토큰은 능동절에서 항상 주어가 된다.
- 값은 수동절에서 항상 주어가 된다.

예를 들어 어느 것이 토큰이고 어느 것이 값인지를 결정하기 위해 원래 절을 취해 보자.

You're the skinniest one here. (네가 여기서 제일 마른 사람이야.)

그리고 다음과 같이 가능한 유의어 동사로 대체해 보자.

= You <u>represent</u> the skinniest one here. (당신은 여기서 가장 마른 사람을 대표한다.)

이렇게 대체한 절이 능동인지 수동인지를 결정하고, 주어 역할에 라벨을 붙여보자.

능동(be + 과거분사 + by가 없음)

<table>
<tr><td>You</td><td colspan="2">represent</td><td>the skinniest one here.</td></tr>
<tr><td>Token</td><td>Finite</td><td>Predicator</td><td>Complement</td></tr>
<tr><td colspan="2">MOOD</td><td colspan="2">RESIDUE</td></tr>
</table>

만약 능동이라면 주어는 토큰이어야 한다.

You	*represent*		*the skinniest one here.*
Token	Pr:intensive		Value
Subject	Finite	Predicator	Complement
MOOD		RESIDUE	

수동을 만들어서 그 분석을 체크해 보자. 여기서 주어는 값이 될 것이다.

The skinniest one here	*is*	*represented*	*by you.*
Subject	Finite	Predicator	Adj:circ
MOOD		RESIDUE	
Value		Pr:intensive	Token

요컨대, 이 절차는 다음을 아우른다.

i) 대체할 수 있는 (be가 아닌) 연결 동사를 찾는다.

ii) 주어를 결정하기 위해 그 절의 서법을 분석한다.

iii) 그 절이 능동인지 수동인지 살펴본다.

iv) 다음 규칙을 적용한다. 토큰은 능동에서 주어이다. 값은 수동에서 주어이다.[4)]

v) 능동을 수동으로, 혹은 그 역으로 하여 테스트한다.

vi) 원래 절을 최종 분석한다.

이 절차를 적용하는 추가 예로서 *Women aren't the weak one*이란 절을 참고하라.

---

4) **[역자 주]** 원문에서는 'Token is Subject in active; Value is Token in passive clause'이라 되어 있는데, 후행하는 문장의 Token이 아니라 Subject라고 봐야 옳을 것 같다. 이를 반영하여 여기서는 '주어'라고 번역했다.

i) Women don't constitute the weak one.

ii) Women은 주어다.

Women	don't	constitute	the weak ones.
Subject	Finite	Predicator	Complement
MOOD		RESIDUE	

iii) 절은 능동이다.

iv) 그래서 women은 토큰이다.

v) 수동:

The weak ones	aren't	constituted	by women.
Subject	Finite	Predicator	Complement
MOOD		RESIDUE	
Value		Pr:intensive	Token

vi) 원래 절의 최종 분석

Women	aren't	the weak ones.
Subject	Finite	Complement
MOOD		RESIDUE
Token	Pr:intensive	Value

동사 대체 테스트는 주어진 be-절이 속성 관계인지 확인 관계인지를 결정하기 위해 사용될 수 있다. 만일 가능한 동사 대체가 수동을 형성할 수 없다면 그 절은 확인 관계이며 주어 성분에 라벨을 붙임으로써 어느 성분이 토큰인지 어느 성분이 값인지를 결정할 수 있게 된다.

예를 들어 다음 절이 속성 관계인지 확인 관계인지를 결정하기 위해

Only people with 1993 badges are financial members. (1993년 배지를 단 사람들만이 금융회원이다.)

첫째, ‘are’을 대체할 수 있는 동사를 찾아라.

Only people with 1993 badges	represent	financial members.
	constitute	
	symbolize	
*Only people with 1993 badges	turn into	financial members.
	seem	
	appear	

선택된 대체자가 수동을 형성할 수 있는지 아닌지를 테스트하라.

Financial members are represented only by people with 1993 badges. (금융 회원은 1993년 배지를 단 사람들에 의해서만 대표된다.)

이는 절이 확인 관계이고, 그래서 그 절이 능동이기 때문에 원래 절에 토큰/값의 라벨을 할당할 수 있음을 잘 보여준다.

Only people with 1993 badges	*are*	*financial members.*
Subject	Finite	Complement
MOOD		RESIDUE
Token	Pr:intensive	Value

관계의 다른 하위 유형: (1) 상황

확인 관계만이 아니라 다른 두 개의 관계 과정, 즉 상황(Circumstantial)과 소유(Possesive)도 속성 관계와 확인 관계 과정으로 나타난다.

상황의 관계 과정은 초기에 논의되었던 상황적 차원에 관한 의미(장소,

양상, 원인 등)를 부호화한다. 그렇다면 상황은 절에서 물질적 과정, 정신적 과정, 의식적 행위 과정, 혹은 말하기 과정에서 상황 성분으로 표현되거나 관계 과정을 통해서 표현된다.

속성 관계에서, 상황은 종종 속성으로 표현된다. 동사가 여전히 연결자이더라도 속성은 전치사구가 되거나 아니면 장소, 양상, 원인 등의 부사가 될 것이다. 속성과 상황 성분의 융합을 보여줌으로써 이를 포착할 수 있다.

The bomb	*was*	*in her luggage.*
Carrier	Pr:intensive	*Attribute/Circ:location*

모든 속성 관계 과정의 경우와 마찬가지로, 이들은 수동을 형성할 수 없다.

*In her luggage was been by the bomb.

상황의 의미는 'is + circumstance'를 의미하는 동사를 이용하여, 과정 그 자체로 부호화할 수도 있다. 이 경우, 그 과정은 '상황'으로 특정된다.

The operation	*lasted*	*one hour.*
Carrier	Pr:circumstantial	Attribute

(여기서 lasted = be + for one hour)

Di's narrative	*concerns*	*her daughter's operation.*
Carrier	Pr:circumstantial	Attribute

(여기서 concerns = be + about)

다시 한 번 말하지만 이들 속성 관계 과정은 도치할 수 없다.

*One hour was lasted by the operation.

*Her daughter's operation was concerned by Di's narrative.

확인 관계의 상황일 때, 참여자나 과정 안에서 상황 의미를 부호화하는 것이 또한 가능하다.

상황 의미가 참여자들을 통해서 부호화한다면 토큰과 값이 시간, 장소 등의 상황 요소들이 될 수 있다. 이때 동사는 여전히 연결자로 남아 있다.

Yesterday	*was*	*the last time Di gave blood.*
Token/Circ:time	Pr:intensive	Value/Circ:time

상황은 또한 *take up, follow, cross, resemble, accompany* 등의 동사를 사용함으로써 과정을 통해 표현될 수도 있다. 이 경우 그 과정에는 '상황'이라고 라벨이 부착된다.

The operation	*took*	*one hour.*
Token	Pr:circumstantial	Value

The terrorist	*accompanied*	*the young woman.*
Token	Pr:circumstantial	Value

A milk bottle	*holds*	*one litre of liquid.*
Token	Pr:circumstantial	Value

확인일 경우, 이들 동사는 수동을 형성할 수 있다.

One hour was taken up by the operation. (수술에 의해 한 시간이 걸렸다.)

The young woman was accompanied by the terrorist. (그 젊은 여자는 테러리스트와 동행했다.)

One litre of liquid is held by a milk bottle. (1리터의 액체는 우유병에 의해 고정된다.)

그 밖의 관계: (2) 소유

소유 과정(Possessive processes)은 절의 참여자들 사이에 소유권(ownership)과 소유(possession)의 의미를 부호화한다. 속성 관계적 소유(Attributive Possessives)의 경우, 소유는 참여자들을 통해 부호화할 수도 있다. (소유주(possessor)를 속성으로 삼고 그 과정은 여전히 연결자로 삼음)

This	*is*	*yours.*
Carrier	Pr:intensive	Attribute/possessor

소유는 과정을 통해서도 부호화할 수 있는데, 가장 일반적인 속성 관계적 소유(Attributive Possessives) 동사는 to have와 to belong to다. 전형적으로는 속성 수반자가 소유주가 된다.

I *You* *You*	*had* *have* *'ve got*	*a daughter.* *8 pints of blood.* *less blood than me*
Carrier/possessor	Pr:possession	Attribute:possessed

그러나 속성 수반자가 소유되는 것일 수도 있다.

The bomb	*belonged to*	*the boyfriend.*
Carrier/possessed	Pr:possession	Attribute/possessor

속성 관계적 소유 과정은 도치가 불가능하다.

*The boyfriend was belonged to by the bomb.

확인 관계적 소유(Identifying possessives)의 경우, 소유는 참여자나 과정을 통해서 표현될 수 있다. 소유가 참여자들을 통해서 표현된다면 연결 동사 to be가 사용될 것이며, 이때 소유자와 소유되는 것을 부호화하는 토큰과 값이 함께 나타날 것이다.

The bomb	*was*	*her boyfriend's.*
Token/Possessed	Pr:intensive	Value/possessor

Her boyfriend's	*was*	*The bomb*
Value/possessor	Pr:intensive	Token/Possessed

가장 일반적인 확인 관계적 소유 과정은 to own인데, 이 경우 수동을 형성할 수 있어서 토큰이나 값이 주어가 될 수 있다.

Her boyfriend	*owned*	*the bomb*
Token/Possessor	Pr:possessive	Value/Possessed

The bomb	*was owned by*	*her boyfriend.*
Value/Possessed	Pr:possessive	Token/Possessor

사역 관계(Causative relationals)

간략하게나마 언급될 필요가 있는 관계 과정의 마지막 유형은 바로 사역 관계(causative relational)다. 사역 관계 과정(causative relational processes)은 속성 관계(Attributive)나 확인 관계(Identifying) 구조와 함께 나타날 수도 있는

데, 이때 사역 관계(causation)는 make + be(Process:intensive) 구조를 통해서 표현되거나 혹은 확인 관계의 경우는 사역 관계의 과정을 통해서 표현된다. 우리가 앞서 살펴보았던 사역 관계의 물질적 과정에서와 같이 사역 관계는 무언가를 만들거나 야기할 때 행위주를 수반한다. 속성 관계인 경우, (속성 부여자(Attributor)라고 불리기도 하는) 행위주는 속성 수반자가 속성을 갖게끔 한다.

The experience in Geneva	*made*	*Diana*	*(become)*	*a blood donor.*
Agent/Attributor	Pr:causative	Carrier	(Pr:intensive)	Attribute

이 구조에서 사역 관계 과정의 make는 한정어로서 도입되는데, 이는 사역 관계적 수동이 가능하다는 뜻이다. 절이 여전히 속성 관계임을 상기해 보자.

Diana	*was made*	*to become*	*a blood donor*	*by the experience.*
Carrier	Pr:causative	Pr:intensive	Attribute	Agent/Attributor

연결 과정(intensive process)이 종종 절에서 생략되는 것을 고려하자.

Giving blood	*makes*	*you*	*weak.*
Agent/Attributor	Pr:causative	Carrier	Attribute

확인 관계 유형인 경우, 행위주(또는 배당자(Assigner))는 토큰으로 하여금 값을 취하도록 한다.

They	*made*	*Simon*	*the barman*	*for the night.*
Agent/Assigner	Pr:causative	Token	Value	Circ:extent

이 절의 수동 버전을 분석한 것을 살펴보자.

Simon	*was made*	*the barman*	*for the night*	*(by them).*
Token	Pr:causative	Value	Circ:extent	(Agent/Assigner)

확인 관계 절의 경우, 참여자들 간의 인과적 관련성은 사역 관계의 상황 동사를 통해 직접적으로 표현될 수 있다. 보통 쓰는 동사는 *result in, cause, produce* 등이다. 이 과정에서 동사는 연결 의미 *be* 또는 *equal*과 원인 표현의 융합이다. 토큰/값 라벨의 부착을 결정하기 위하여 능동/수동 테스트를 사용할 수 있다.

Donating blood	*results in/causes*	*weakness.*
Token	Pr:circumstantial	Value

Weakness	*caused by*	*donating blood.*
Token	Pr:circumstantial	Value[5]

타동성의 의미

지금까지 이 장에서는 기능 문법의 방법으로 영어 절의 타동성 구조를 설명해 왔다. 절은 과정 유형(물질, 정신, 의식적 행위, 말하기, 존재, 관계)을 선택함으로써 가시적이게 된다. 과정 유형은 행위, 사건, 혹은 합의된 참여자들(과정 유형에 따라 기능적으로 라벨이 부착된 명사류 성분) 간의 관계를 특정하고, 과정은 상황(시간, 공간, 원인 등)이 부가될 수도 있다. 타동성 분석을 함으로써 과정 유형, 참여자, 그리고 상황을 결정한다. 타동성 분석을 통해 절의 구조적 층위 중 하나를 기술할 수 있다. 각 절은 또한 서법 구조로도 분석될 수 있다.

5) **[역자 주]** 이 표에서 Token과 Value의 위치가 바뀐 것으로 보임.

이 장의 초반부에서는 타동성 패턴이 경험적 의미(세계에 관한 의미, 경험에 관한 의미, 무엇이 벌어지는지 우리가 인식하고 경험하는 방식)의 부호화를 표상한다고 주장하였다. 텍스트에서 타동성 패턴을 조사함으로써 상황 필드가 어떻게 구성되고 있는지, 즉 '무엇이 말해지고 있는지', 필드의 전이가 어떻게 해서 일어나는지를 설명할 수 있었다.

예를 들어 Text 8.1, 즉 'Blood' 발췌문에서, 이야기 필드에 대한 초기 설명의 경우 참여자가 '피와 그에 따른 뉴스 이야기'에 관해 이야기하는 것일 수도 있다. 그러나 그 텍스트의 타동성 분석을 통해 이 설명을 재고하여야 했고, 필드가 수많은 경험적 단계를 통해 어떻게 발전하고 전이하는지를 설명할 수 있었다.

아래에 기술된 각 국면(1-9)은 참여자들에 의해 선택된 지배적인 과정의 유형에 따라 식별되며, 각 단계에서 타동성에 대하여 요약해 볼 것이다.

국면 1: *give*에 의해 지배되는 물질적 과정이며, 각 개별자들은 행동주, 시간, 범위, 공간의 상황적 요소 등으로 나타난다. 그래서 이 국면은 헌혈에 관한 모든 이의 개별적인 경험에 '관한' 것이다. 즉, 누가 어디서 언제 얼마나 자주 그랬는가 등에 관한 것 말이다.

(Diana의 서사는 아래에서 자세히 살펴볼 것이다.)

국면 2: 정신적 과정과 의식적 행위의 과정이 지배하며, 일반화한 *you*가 참여자로 존재한다. 이 단계에서는 국면 1에서 기술한 행위의 반응에 대한 일반적 진술로서 제시된 것을 보고한다.

국면 3: 관계 과정이 지배하며, 특별히 소유와 함께 나타난다. 속성 수반자/소유주로서 일반화한 *you*와 개별 참여자들 간의 전이가 나타난다.

범위에 관한 상황적 표현(how many, how long(얼마나 많이, 얼마나 오래))이 나타난다. 이 단계에서는 국면 1과 2에서 논의된 재화(피)에 대한 일반화한 소유를 탐색한다.

국면 4: 물질적 과정과 관계 과정이 지배하며, 대조가 성립하는 국면이다. (긍정적인 분위기의) 속성 관계의 과정에서는 속성 수반자로서 *we*(여인들)가 나타나며, (경멸적인 분위기의) 물질적 과정에서는 행동주가 *men*으로 나타난다.

국면 5: 정신적 과정과 관계 과정이 지배한다. 개별적인 참여자들은 감각자/속성 수반자로서 나타난다. 이 국면에서는 참여자 자신의 기술과 그들의 바람을 탐색한다.

국면 6: 관계 과정과 정신적 과정이 지배한다. 참여자로는 일반화한 *you*와 *they*가 나타난다. 이전의 논의를 부분적으로 반복하며, 따라서 이 국면의 과도기적 성격을 보여준다.

국면 7: 물질적 과정이 지배한다. 행동주로는 일반화한 *you*가 나타난다. 국면 8의 보다 실질적인 내용을 도입하는 간략한 국면이다.

국면 8: 관계 과정이 지배한다. 특히 확인 관계의 과정이 지배한다. 참여자들로는 일반적인 부류(몇몇 여성들)가 나타난다. 여기 참여자들은 그들이 논의하고 있는 실재의 범주를 구성하는데, 피와 관련된 사람들의 분류 체계가 그것이다.

국면 9: 서사 단계의 시작

타동성 분석은 딸에 대해 Diana가 전개하는 서사의 구조화를 설명하는 데도 유용하다. 이렇게 짧은 서사의 도식적 구조는 아래에 제시될 것이다. Diana의 서사는 사건의 복합적인 행위(Complicating Action)(중심이 되는 드라마)의 진술로 시작하여 그 긴장감을 어느 정도 달성한다는 것을 주목하라.

요약/복잡화 1

No I do it because I had a daughter who when she was two days old needed blood transfusions cause she was getting sort of premature jaundice and things(아니, 사실 나에겐 딸이 하나 있었는데 딸이 태어난 지 이틀 되던 날 수혈이 필요했어, 딸이 미숙아로 태어나서 황달 증상이 나타났었거든.).

방향 제시 1

This was in Geneva(이건 제네바에서 일어난 일이야.).

복잡화 2

And they rang me up on the Sat- this was Saturday night and said 'You've got to come in and have your blood tested against the donor's'(토요일 밤이었는데 병원으로부터 전화를 받았어. '병원으로 빨리 오셔서 기증자의 혈액 검사를 해야만 해요.'라고 병원에서 그러더라고.).

방향 제시 2

And there were these two wonderful Swiss men who'd left their dinner you know 8 o'clock at night and come in there to give blood to my daughter(그리고 저녁 8시에 식사를 마친 두 명의 멋진 스위스 남자가 내 딸에게 수혈을 해 주기 위해 왔어.).

평가 1

And I was really impressed(난 정말 감명 받았지.).

복잡화 3

And you know I had to give blood to be tested to see if it was compatible with theirs. And I had to deliver it to the clinic where she was(그리고 그들의 피와 잘 맞는지를 알아보기 위해서 검사를 진행했고, 곧 딸이 있는 병동으로 피를 전달했어.).

방향 제시 3

There was snow on the ground and everything(땅에는 눈과 모든 것이 쌓이기 시작했어.).

평가 2

It was very exciting. (아주 초조했어.)

복잡화 4

And then I stayed up all night and watched this um operation taking place(그리고 나서 밤새 수술이 진행되는 것을 지켜봤고)

해결

And fortunately her umbilical artery hadn't closed so because I mean all the other things would have been minute. So they could actually do it through the umbilical artery or whatever(다행히도 그녀의 탯줄동맥이 닫히지 않았더라고. 다른 모든 것들은 아주 사소하게 여겨지는 순간이었어. 그래서 그들은 사실 탯줄 동맥을 통해서만 수술을 할 수 있었어.).

평가 3

So I said 'OK', you know, 'be a blood donor after that'. (그래서 '좋아, 앞으로는 헌혈자가 되어보자'고 했지.)

마무리

But in Switzerland they give you a cognac. Here they give you tea and bikkies(하지만 스위스에서는 코냑을 주더라고. 여기서 차와 비키(비스킷)을 주고).

우리는 이 짧은 이야기의 타동성 패턴에서 일반적 구조를 지지하는 증거를 발견할 수 있다. 이야기의 각 단계는 특정한 타동성 선택과 연결되어 있다. 그것을 요약하면 다음과 같다.

요약/복잡화(Abstract/Complication) 1

물질적 과정: 행동주로서 Diana

소유 관계의 과정: 소유주로서 Diana. 속성 관계의 과정: 속성 수반자로서 그녀의 딸. 속성으로서 복합적인 상황.

방향 제시(Orientation) 1

상황 관계의 과정. '사건'으로서 속성 수반자. Circumstance:location로서 속성.

복잡화 2

물질적 과정: 행동주로서 'they'. Circumstance:location(시간). 말하기 과정: 발화자로서 they. 물질적 과정: 행동주로서 Diana.

방향 제시 2

존재 과정. 이야기에서 중요한 하위 참여자로 존재함.

평가 1

속성 관계의 과정. 속성 수반자로서 Diana. 속성: 강조된 평가 형용사(형용사로 사용된 과거 분사).

복잡화 3

물질적 과정. 행동주로서 Diana. 원인과 장소의 상황.

방향 제시 3

존재 과정. 물리적 현상으로서 존재자. Circumstance:location.

평가 2

관계 과정. 속성 수반자: 이야기의 사건. 속성: 강조된 태도/평가 형용사.

복잡화 4

물질적 과정. 범위의 상황: 현상이 나타난 의식적 행위의 과정. 행동주/의식적 행위자로서 Diana.

해결
속성 관계: 속성 수반자로서 신체 부분. 속성으로서 차원 등.
물질적 과정: 행동주로서 'they'. 신체 부분으로서 Circumstance:manner.

평가 3
말하기 과정. 속성 관계의 투영: 발화자와 속성 수반자로서 Diana. 속성: '헌혈자'(개인의 속성)

마무리
장소의 상황. 세 개의 참여자가 등장하는 물질적 과정: 행동주, 수혜자, 목표. 행동주: 일반적 'you'.

이러한 분석이 보여주는 것은, 도식적 구조의 각 요소 간 경계가 타동성 선택의 변화와 관계가 있다는 점이다. 존재 과정 혹은 관계 과정은 시간/장소의 배경을 제공하는 상황 요소, 그리고 부수적인 참여자들을 도입하는 상황 요소와 함께 방향 제시(Orientations)를 구현한다. 평가(Evaluations)는 속성 관계 과정에 의해 실현되는데, 이때 아직까지 일어나지 않은 사건에 대한 Diana의 반응을 부호화하는 태도의 속성을 수반한다. Diana의 최종 평가에는 '혈액 기증자'라는 라벨이 붙어 있는데, 이는 이야기의 '요점'(개인적 변형)을 보여주기도 하고, 이야기 바로 직전 대화와의 어휘 응집성을 강화하기도 한다.

복잡화(Complication)의 몇 국면을 통해 서사에 극적인 관심을 유지하는데, 이는 이야기 전반에 퍼져 있다. 복잡화 국면은 물질적 과정, 말하기 과정, 혹은 의식적 행위 과정의 절에서 실현되는데, 여기서 Diana는 능동적인 참여자가 된다. 이와 같은 타동성 선택으로 인해 그 서사를 'Diana의 이야기'로 구성한다. 비록 그녀의 딸에 관한 것인데도 말이다. 해결(Resolution)에는 속성 관계와 혼합된 물질적 과정이 포함된다. 그러나 복합성에서 초점을 받은 참여자가 다이애나와 그녀의 딸이지만, 해결에서는 초점이 참여자로서의 의사에게로 옮겨간다.

마무리(Coda)에서는 복잡화 국면의 물질적 과정 선택을 혼합하지만, 방향 제시에서 흔히 볼 수 있는 상황 선택에 주제의 중요성을 부여한다. 그 과정에 딸린 참여자의 수와 성질에 있어서 중요한 변이에 주목하라. 그 이야기의 결론에는 행동주로서의 Diana에게서 일반화한 they로 전이하고, 일반화한 you로 실현되는 수혜자를 도입한다. 참가자들의 이러한 변화(시제에서도 마찬가지다. 즉 과거에서 현재로)는 확대된 독백 후에 상호작용으로 되돌아가는 신호로, 다른 대화자들을 위한 주제 공간을 확보한다(그들은 일관적이기 위해 Diana와 그녀의 딸에 대해서만 말할 필요는 없다. 그들은 이제 장소나 헌혈에 대해 이야기할 수도 있고, 보상에 대해 이야기할 수도 있는데, 이것이 바로 Simon이 하는 일이다.).

타동성 요약

대화 발췌문에 대한 이 짧은 논의를 통해 타동성 패턴이 맥락 선택에 의해 어떻게 절로 구현되는지를 살펴보았다. 사용할 과정 유형을 무엇으로 선택해야 할지, 그리고 어떤 참여자 배열이 표현되어야 하는지를 선택하기 위하여, 참여자들은 특정한 방식으로 경험을 표현하는 것을 적극적으로 선택하고 있다. 마지막 장에서 우리는 이러한 필드 구성을 더 탐색할 것인데, 1장에서 제시한 세 개의 Crying Baby Text에서 타동성 패턴을 고려할 것이다.

절의 경험적 구조는 언어를 통해 관념적 의미를 표현하는 두 가지 요소 중 하나에 해당한다. 다음 장에서 우리는 절 복합체의 논리 의미적 시스템이 텍스트 작성자들이 경험적 의미의 개별 절들을 관념적으로 일관된 텍스트로 연결시킬 수 있는 옵션을 어떻게 제공하는지 살펴볼 것이다.

주석Notes

1 이 텍스트는 'Dinners at Stephen'의 저녁 파티 대화에서 발췌한 것이다(작가의 데이터).

2 Halliday & Matthiessen(2004:293)에서 범위(Range)는 절에 대한 능격성 분석을 복잡하게 논의하는 과정에서 소개되었다. 지면상 한계와 논의의 명확성을 위해, 나의 논의를 Halliday가 이전에 발표한 범위(Range) 기능에 한정한다.

제9장 논리적 의미의 문법: 절 복합체

도입

이전 장에서 우리는 경험의 구조, 즉 내용(content)을 표현하기 위해 영어의 타동성 시스템을 통하여 절을 어떻게 기능적으로 조직하는지를 살펴보았다. 경험적 의미는 Halliday가 언어의 관념적 메타기능, '세계에 대한 의미'를 표현하는 메타기능으로 본 한 부문이다. 이 장에서 우리는 관념적 의미의 두 번째 부문인 절 복합체의 논리적 구조를 탐색한다. 절 복합체를 규정한 후에, 논리적 관계의 두 시스템을 검토할 것이다. **배열(taxis)**의 시스템(즉 둘 이상의 인접한 절들이 의존 또는 상호의존 관계를 통하여 어떻게 서로 연결되는가), 그리고 **논리 의미(logico-semantics)**의 시스템(인접한 절들이 서로를 투영하거나 확장하도록 하는 의미의 유형)이 그것이다. 우리는 절 복합체의 논리적 시스템이 타동성 선택을 보완하면서 경험적 표상의 복합 군집(clusters)을 자연스럽게 구성하도록 한다는 것을 볼 것이다. 마지막으로 논리적 관계의 양과 유형의 변이가 모드와 장르의 차이를 어떻게 실현하는지 살필 것이다.

절 복합체(clause complex)란 무엇인가?

8장에서 우리는 Diana가 제네바에서 헌혈한 이야기를 하면서 만들어낸 의미들을 세부적으로 살펴보았다. 우리는 Diana가 삶을 텍스트로 전환할 때 장면을 설정하기 위하여(관계, 존재 과정을 통함), 사건을 서술하기 위하여(물질적 과정을 통함), 극적인 경험을 평가하기 위하여(속성 관계 과정을 통함), 마지막으로 사건이 그녀의 지속적인 의식적 행위에 미친 영향을 표현하기 위하여(혈액기증자가 되는 것에 대한 확인 관계 과정을 통함) 타동성 자원(resources)을 사용한 것을 보았다. 우리는 타동성 분석을 수행하기 위해 Diana의 이야기를 분리된 절로 나누었었다. 그러나 Diana가 이야기 전달자로서 가진 독특한 기술 중 하나는 이야기를 '포장'하는 것이다. 그녀는 이야기를 분리된 절들이 아닌 여러 묶음의 정보로 전달한다. 가령 다음과 같이 이야기를 시작한다.

> Di (i)No I do it (ii)because I had a daughter (iii...)who (iv)when she was 2 days old (...iii)needed blood transfusions (v)cause she was getting sort of premature jaundice and things(Diana: 아니, 사실 나에겐 딸이 하나 있었는데 딸이 태어난 지 이틀 되던 날 수혈이 필요했어, 딸이 미숙아로 태어나

서 황달 증상이 나타났었거든.).

이 첫 묶음은 다섯 개의 절로 구성되어 있다(아래첨자로 기입한 숫자로 표시함). 전사한 것에서 나는 이것을 하나의 '문장'으로 보여 주었다. 거기에는 단 하나의 마침표가 있다. 그러나 물론 사람들은 문장으로 말하지 않는다. Diana는 나의 옛 선생님 중 한 분이 받아쓰기할 단락을 읽어 줄 때처럼 'jaundice and things'라는 단어에 이르러 '마침표, 새로운 문장'이라고 말하지 않았다. 그러나 Diana는 이 다섯 개 절의 덩어리(chunk)를 단순히 다음 절인 *This was in Geneva*로 이어나가지 않았다. 그녀는 아래와 같이 진행될 분리된 절의 연쇄로 이야기를 시작하지도 않았다.

> Di No. I have a reason for giving blood. The reason is that my daughter needed blood transfusions. This happened when she was two days old. She was getting sort of premature jaundice and things. This was in Geneva(Diana: 아니. 나는 헌혈을 할 이유가 있어. 그 이유는 내 딸이 수혈이 필요했다는 거야. 그 일은 내 딸이 태어난 지 이틀 되었을 때 일어났어. 딸은 미숙아로 태어나 황달을 앓고 있었어. 그 일은 제네바에서 일어났어.).

이처럼 절이 분리된 버전이 얼마나 지나치게 격식적으로 들리는지를 보아라. 만약 그런 식으로 이야기를 시작했다면 Diana는 우리를 이야기 속으로 끌고 들어가 발언권을 유지할 기회를 얻기 전에 방해받을 위험에 놓였을 것이다.

이 예가 보여 주는 것은 우리가 말할 때 종종 둘 이상의 절들을 순서대로 함께 연쇄시킨다는 것이다. 이렇게 할 때 우리는 각 절 사이의 관계를 보여 주는 표지(*because, when*과 같은 단어)를 사용하고, 언제 절 연쇄의 끝에 도달했는지를 알리기 위해 리듬과 억양의 구어 시스템을 사용한다. Diana의 이야기를 들은 참여자로서, 그리고 Diana의 이야기를 글로 옮긴 전사자로서, 나는 처음 다섯 개의 절과 Geneva에 대한 절 사이에 하강 억양을 동반하는 분명한 휴지를 들었다. 그리고 전사할 때 그것을 마침표의 사용으로 포착했다. 즉 나는 Diana의 절 군집을 한 문장으로 바꾸었다.

처음의 대문자와 마지막의 마침표를 구두법 규약으로 갖는 문장은 구어로부터 도출된 단위이다. 모든 문화에서 구어는 문어의 발달 전에 완전히 기능적인 시스템으로 존재한다. 철자법, 구두법의 문어 시스템은 이차적인 시스템으로, 이야기를 영구적인 형식으로 기록하는 방법을 찾으면서 발전하였다. 마침표는 매우 중요한 문법적, 의미적 경계를 포착하기 위해 사용하는 주된 철자법 부호이다. 그것은 절 복합체의 끝을 표시한다.

절 복합체(clause complex)는 둘 이상의 절들이 체계적이고 유의미한 방식으로 연결되어 형성된 문법적이고 의미적인 단위에 대해 체계주의자들이 사용하는 용어이다. 우리가 절 복합체를 기록할 때, 발화로부터 온 것이든 문어에서 구성된 것이든 절 복합체 경계를 일반적으로 마침표로 보여준다. 즉 문장은 문어의 철자법적 단위이지만 절 복합체는 문법적, 의미적인 단위이고, 구어와 문어 모두에서 나타나는 단위이다. 지금부터 우리는 둘 이상의 절로 이루어진 절 군집을 가리키기 위해 **절 복합체**라는 용어를 사용할 것이다. 단일 절 단위(즉 단 하나의 절로 된 문장)를 가리키기 위해서는 **절 단일체**(clause simplex)라는 용어를 사용할 것이다.

절 복합체를 왜 분석하는가?

앞서 우리의 타동성 분석이 Diana 이야기 전개의 구조와 의미에 대해 많은 것을 포착했지만, 그것의 '흐름(flow)' 또는 문법적인 단위로의 '포장(packaging)'이라는 중요한 차원을 포착할 수 없다고 언급했다. 우리는 Diana가 시작부의 말차례를 분리된 절들의 집합으로 포장할 수도 있었다는 것을 보았다. 그러나 그녀는 그렇게 하지 않았다. 유사하게, 이야기가 진행되면서 그녀는 어떤 지점에서는 절들을 절 복합체로 함께 묶는 것을 선택하고(가령 (3i)*And they rang me up on the Sat-* (3ii)*this was Saturday night* (3iii)*and said* (3iv)*'You've got to come in* (3v)*and have your blood tested against the donor's'*를 함께 연결함) 다른 때에는 하나의 절을 한 단위로 전달하기를 선택한다(예. *This was in Geneva*). 때때로 Diana가 절들을 연결할 때 그녀는 사건들을 서로 연결하는 것으로 보인다. 예는 아래와 같다.

> (9i)And then I stayed up all night (9ii)and watched this um operation taking place (9iii)and fortunately her umbilical artery hadn't closed (9iv)so because I mean all the other things would have been minute(그러고 나서 밤새 수술이 진행되는 것을 지켜봤고 다행히도 그녀의 탯줄동맥이 닫히지 않았지, 다른 모든 것들은 아주 사소하게 여겨지는 순간이었어.)

다른 경우에 그녀는 자신 또는 다른 사람들이 사건에 대해 말한 것을 포장하기 위해 연결을 한다(가령 (11i)*So I said* (11ii)*'OK', you know, 'be a blood donor after that'*).

때로 그녀는 매우 작은 문법적 변화만 주면 홀로 설 수 있는 절들을 함께 포장하기도 하고(예. *And then I stayed up all night. And I watched this operation taking place. And fortunately her umbilical artery hadn't closed*), 때로는 연결된 절이 다른 절에 더 긴밀히 의존하기도 한다(가령 그녀의 시작부 말차례를 분리하려면 절에 더 큰 변화를 주어야 함).

선택이 있는 곳이면 어디든 의미가 있다. 그러면 여기에서 만들어지는 의미는 무엇일까? 왜 화자와 필자가 절 단일체보다 절 복합체를 선택하고 특정 유형의 절 복합체를 선택하는지를 이해하기 위해 우리는 영어 절 복합체의 시스템을 상세히 들여다볼 필요가 있다. 그렇게 함으로써 우리는 절 복합체 시스템이 언어 사용자에게 경험적 사건들 사이의 논리적 연결을 해석할 수 있도록 구조적 자원을 제공한다는 것을 알게 될 것이다. 이 논리적 의미의 시스템은 타동성의 경험적 구조와 나란히 작동한다. 논리적 기능과 경험적 기능은 함께, 삶을 텍스트로 전환할 때 관념적 의미를 표현할 수 있도록 한다.

절 복합체 관계를 살펴보는 추가적 이유는 절 복합체 관계의 범주가 문법 전체의 다른 영역에 적용되기 때문이다. 절뿐 아니라 그룹과 구도 '복합체'를 이루고, 절과 동일한 원리를 따른다. 영어의 자연 논리(natural logic)가 절 복합체를 형성하기 위해 어떻게 작동하는지를 이해하는 것은 복합의 기본적 과정을 이해하도록 돕는다. 즉 어떻게 언어가 어떤 문법적 단위에서든 의미를 만들어 내거나 발전시킬 수 있는 창조적인 잠재성을 제공하는가 하는 것이다. 이 책에서는 단어, 그룹, 구 구조를 다루지 않지만, 절에서 복합이 어떻게 작동하는지를 이해한다면 다른 등급에서 일어나는 같은 과정과 의미를 인식하게 될 것이다.

절 복합체의 구조

절의 구조와 절 복합체의 구조 사이의 차이를 인식하기 위해, 우리가 서법(Mood)과 타동성을 분석할 때 각 절을 취하여 기능적 성분들로 나누고 전체 구조에 대한 각 성분의 기여를 포착하는 라벨을 붙였었다는 것을 떠올려 보라. 절 *And fortunately they could do it through the umbilical artery*는 서법과 타동성 성분 모두로 분석될 수 있다.

And	*fortunately*	*they*	*could*	*do*	*it*	*through the umbilical artery*
Adjunct: conjun	Adjunct: comment	Subject	Finite:mod	Predicator	Complement	Adjunct:circ
		MOOD		RESIDUE		
		Actor	Pr:material		Goal	Circ:manner

그런데 우리가 절 복합체를 분석할 때에는, 매우 다른 종류의 구조를 다루고 있음을 발견하게 된다. Diana 발화의 시작부 묶음을 다시 보자.

> Di (i)No I do it (ii)because I had a daughter (iii_)who (iv)when she was 2 days old (_iii)needed blood transfusions (v)cause she was getting sort of premature jaundice and things.

이와 같은 절 복합체에서, 우리는 유한하고 한정할 수 있는 전체를 다루고 있지 않다. 결국 Diana는 그녀의 절 복합체를 아래의 예처럼 무한정 확장할 수도 있었다.

> Di No I do it because I had a daughter who needed a blood transfusion when she was two days old cause she was getting sort of premature jaundice and things and they thought she might die if she didn't get a transfusion within a few hours and so there were these two wonderful Swiss men who rushed in there and gave blood so that my daughter could have the transfusion and it was really exciting because ...(Diana: 아

니, 나는 태어난 지 이틀 되었을 때 미숙아로 태어나 황달을 앓고 있어서 수혈이 필요했던 딸이 있었기 때문에 헌혈을 하는데, 의료진은 딸이 몇 시간 내로 수혈을 받지 못하면 죽을 거라고 생각했는데 거기로 달려와 헌혈을 해 준 훌륭한 스위스 남자 둘이 있어서 내 딸은 수혈을 받을 수 있었고 그 일은 정말 흥분되었는데 왜냐하면...)

이처럼 너무 긴 절 복합체는 화자와 청자 모두에게 피로할 수 있지만, 문법적으로 잘못된 것은 없다. 이는 절 복합체가 절과 다른 구조적 기반 위에 형성됨을 시사하고, 그것이 바로 Halliday가 절은 **다변량**(multivariate) 구조이지만 절 복합체는 **일변량**(univariate) 구조라고 지적한 것이다.

다변량 구조(multivariate structure)는 기능적으로 별개의 성분들로 구성되는 완전한 전체를 확인할 수 있는 것을 말한다. 가령 주어, 한정어, 서술어, 보충어, 부가어로 (대인 관계적으로) 구성되는 절과 같은 것이다. 각 요소는 전체 절 구조의 의미에 기여하는 데 있어서 서로 다른 역할을 수행한다. 필수적 요소(주어와 한정어 같은 것)는 한 번만 나타날 수 있고, 그렇지 않으면 우리는 정의상 새로운 절을 갖게 된다. 서법과 타동성 구조는 3장에서 보았듯이 가장 총체적인(generic) 구조이므로 다변량이다.

반면에 **일변량** 구조(univariate structure)에서 우리는 본질적으로 동일하고 무한히 함께 연쇄될 수 있는 요소들 사이의 관계를 다루고 있다. 절 복합체는 어떤 절, 그 뒤의 다른 절, 그 뒤의 또 다른 절로 구성된다. 절들 사이의 연결이 이치에 맞는다면, 계속 진행할 수 있다. 문법적 완결성을 보장하기 위해 구성되어야 하는 최종적인 '전체'는 없다. 일변량 구조는 그러므로 반복적(iterative), 순환적(recursive) 구조로 정의된다. 같은 유형의 단위가 단순히 무한히 반복된다.

그러나 이것은 인접한 절들의 어떤 연쇄이든 적형의 절 복합체를 구성한다는 것을 의미하지 않는다. 가령 Diana가 다음의 절 연쇄를 리듬과 억양의 휴지 없이 산출했다고 해 보자.

She was getting sort of premature jaundice and things this was in Geneva it was snowing everywhere I had to go in to give blood it was very exciting(딸은 미숙아로 태어나 황달을 앓고 있었고 이 일은 제네바에서 일어났고 온통 눈이 내리고 있었고 나는 혈액을 전달하기 위해 들어가야 했고 그 일은 무척 흥분되었어.).

여기에 여섯 개의 절이 있는데, 각각은 개별적으로 타동성과 서법 구조 모두에서 적형이다. 그러나 각 절 사이의 연결에 대한 표지(indications)가 없으므로 절 복합체가 아니다. 어떤 절이 이전 절과 어떻게 관련되는지를 보여 주는 접속어가 없다. 이는 단순히 하나의 절에서 다른 절로의 쉼 없는 이어짐, 개별적인 절들의 숨 가쁜 분출이다. 사람들은 때로 큰 스트레스나 흥분 상황에서 이처럼 말하지만, 대부분 절 복합체 속의 절들은 서로 명백히 연결되어야 하고, 청자가 정보를 처리할 수 있도록 종종 접속어 또는 (쓰기에서) 구두법 표지를 쓴다. 또한 다음과 같은 경우도 있다.

She was getting sort of premature jaundice and things but rainfall is always heaviest in autumn so Jedda decided to buy the book after all(딸은 미숙아로 태어나 황달을 앓고 있었지만 가을에는 항상 비가 많이 와서 제다는 결국 책을 사기로 결심했어.).

여기에는 세 개의 절이 있는데, 각각은 개별적으로 타동성과 서법 구조에서 적형이다. 그러나 이 절 복합체는 적절하지 않다. 연결어가 있지만 하나의 절과 다음 절의 관념적 내용 사이에 논리적이거나 일관된 관계가 없기 때문에 그 연결은 말이 되지 않는다. 한 집합의 참여자와 과정에 대해 말하다가 다른 것으로 뛰어드는 것처럼 보인다. 이러한 비일관성은 2장에서 보았던 비텍스트의 사례를 떠올리게 하지만, 우리가 지금 다루는 사례에서 비일관성은 텍스트의 문장들 사이에서가 아니라 하나의 절 복합체/문장 내부에서 일어난다. 이는 절 복합체가 경험적으로 관련된 의미들을 논리적으로 연쇄시키는 일에 관여함을 보여 준다. 이제 논리적이고 적형이고 일관된 절 복합체를 구성하도록 하는 시스템에 대해 살펴보자.

절 복합체의 시스템

먼저 도식화된 형식의 절 복합체 관계의 시스템이 System 9.1에 제시되어 있다. 이 시스템 네트워크는 절 복합체의 형성에 두 개의 시스템이 관여함을 보여 준다.

1. **배열 시스템(tactic system)**: 이는 절 복합체로 연결된 절들 사이의 상호의존 관계의 유형을 기술하는 시스템이다. 이 배열 시스템에 있는 두 가지 선택은 **병렬**(parataxis; 절들이 동등하게, 독립적인 개체로 관련됨)과 **종속**(hypotaxis; 절들이 의존 관계로 주절과 관련됨)이다. 대충 이는 종래의 문법에서 '대등(co-ordination)' 대 '종속(sub-ordination)' 관계로 언급하는 것과 대응된다. 곧 사례를 볼 것이다.
2. **논리 의미 시스템(logico-semantic system)**: 이는 연결된 절들 사이의 의미 관계의 구체적 유형을 기술하는 시스템이다. 여기에도 두 개의 주요 선택지가 있다. 절들은 **투영(projection)**을 통해 관련되거나(어떤 절이 다른 절

에 의해 인용되거나 보고되는 경우) **확장**(expansion)을 통해 관련된다(어떤 절이 다른 절의 의미를 발전시키거나 확장하는 경우). 투영은 두 가지 선택지를 제공한다. **말**(locution; 투영된 것이 발화임)과 **생각**(idea; 투영된 것이 생각임)이 그것이다. 확장의 시스템은 2장에서 접속어에 대해 살필 때 이미 보았던 것이다. 확장은 세 가지 주요 선택으로 구성된다. **정교화**(elaboration; 재진술이나 등가 관계), **확대**(extension; 부가 관계), **증진**(enhancement; 발전 관계)이 그것이다.

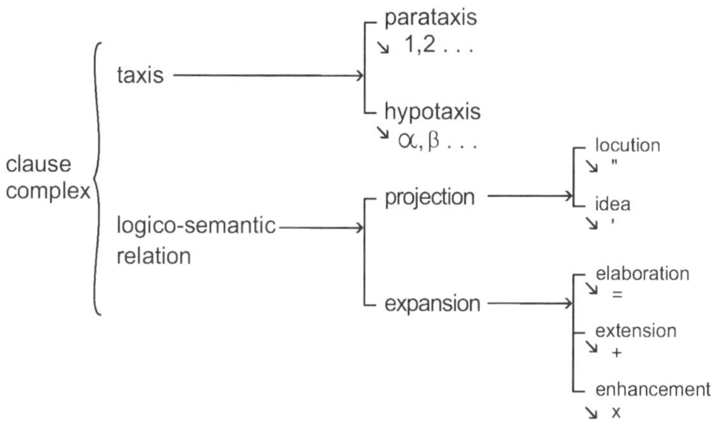

System 9.1 절 복합체의 시스템

이 체계적인 선택지와 그것들이 어떻게 작동하는지를 이해하기 위하여, 헌혈에 대한 Diana의 이야기뿐 아니라 다른 텍스트도 가져와서 살필 것이다. 먼저 Text 9.1은 다른 이야기 텍스트로, 개인적 경험에 대한 매우 공들인 문어 서사(narrative)에 해당한다. 호주 작가 Gail Bell이 쓴 실화 책 *Shot*의 처음 두 절인데, 문장 번호는 아라비아 숫자(1, 2, 3…)로 보였고 절 번호는 로마 숫자로 보였다. 내포된 절은 [[괄호]] 안에 보였다. 이 단계에서는 좌측 열의 문자는 무시하기로 하자.

Text 9.1: *Shot*[1]

xβ		(1i)While walking home one dry moonless night in 1968
α		(1ii)I was shot in the back.
1		(2i)The experience was spectacularly new to me;
=2		(2ii)I had nothing [[to compare it with]], no neural circuitry [[to process similarities]], no language for the shock.
xβ		(3i)When the bullet struck
α		(3ii)I traveled forward an extra half-step,
xγ		(3iii)as if someone [[wielding a broom handle]] had given me a rude shove from behind.
1	1	(4i)One minute I'd been walking with intent
	x2	(4ii)(I was late),
+2	α	(4iii)the next I was off balance,
	xβ	(4iv)faltering towards a full stop.
clause simplex		(5)After the shove-feeling came a crackling noise, a sine curve of sound, *kerwump*.
clause simplex		(6)To the startled brain, this procession of events has no meaning.
1		(7i)My computer ran its checks of memory stores
+2		(7ii)and drew a blank.
α		(8i)Soldiers [[who are primed for gun battle]] have told me
"β	xβ	(8ii)that even in a state of highest combat alert,[2]
	α	(8iii)being shot still comes as a surprise.
1	1	(9i)The body is lifted up
	+2	(9ii)or thrown sideways by some mad poltergeist,

+2			(9iii)and it is only with the return of conscious awareness that comprehension takes over from confusion.[3]
xβ			(10i)When realization arrived for me
α			(10ii)it came hesitantly, like a messenger [[unsure of the address.]]
α			(11i)I used up valuable and dangerous seconds
xβ	α		(11ii)trying to workout
	'β		(11iii)what had happened.
1			(12i)The shooter,
<'2>			(12ii)I saw,
1			(12iii)was in a car fifteen metres away.
xβ			(13i)When that pulse of comprehension arrived,
α	1		(13ii)I turned
	x2		(13iii)and ran for my life.
			------
clause simplex			(14)I didn't see my attacker's face.
1			(15i)I saw a car and a shape at the steering wheel,
=2	α		(15ii)only as much as the eye will register
	xβ	1	(15iii)when you swivel your neck
		x2	(15iv)and glance over your shoulder.
clause simplex			(16)From the shooters vantage point, the target was a tall girl [[walking northwards into the darkness.]]
1			(17i)He saw the back of me,
+2			(17ii)I saw a glimpse of a shadow.
xβ			(18i)After the bang and before I ran – in that pause [[where

		visual contact might have been made but wasn't]] –
α		(18ii)the car remained ominously still.
clause simplex		(19)Speculation [[about what he was doing]] is a luxury for later, for now.
clause simplex		(20)Then, I had no thought, only reactions.
1		(21i)Now, I am harangued by questions:
=2		(21ii)Was he re-loading?
clause simplex		(22)Was the gun jammed?
α		(23i)Was he waiting
xβ	α	(23ii)to see
	'β	(23iii)if I would fall down dead?
clause simplex		(24)Was he playing a game with complexities [[I couldn't begin to imagine]]?
clause simplex		(25)That pause was significant in other ways.
clause simplex		(26)For me it was the hiatus before an opera of panic and pain.
clause simplex		(27)For him, I can only guess.
xβ		(28i)As I ran away,
α	1	(28ii)he revved the motor of his car,
	x2	(28iii)spun gravel
	x3	(28iv)and sped out of sight.
1	1	(29i)I almost wrote
	"2	(29ii)'he gunned the car',
+2		(29iii)but it was me, the girl in the new maroon shoes, he gunned

Text 9.1: *Shot*

xβ		(1i)1968년 어느 건조하고 달도 없는 밤 집으로 걸어가는 동안
α		(1ii)나는 등에 총을 맞았다.
1		(2i)그 경험은 나에게 놀랄 만큼 새로운 것이었다;
=2		(2ii)그것과 비교할 수 있는 것, 그와 비슷한 일을 처리할 수 있는 신경 회로, 그 충격을 표현할 수 있는 언어는 없었다.
xβ		(3i)총알에 맞았을 때
α		(3ii)나는 앞으로 반걸음 더 나아갔다
xγ		(3iii)마치 빗자루 손잡이를 휘두르는 사람이 뒤에서 무례하게 밀친 것처럼.
1	1	(4i)잠시 동안은 내 의지로 걷고 있었고
	x2	(4ii)(나는 늦었었다),
+2	α	(4iii)이내 균형을 잃었는데,
	xβ	(4iv)완전히 멈출 때까지 비틀거렸다.
clause simplex		(5)삽으로 찌르는 듯한 느낌이 든 후 탁탁거리는 소리, 오르락내리락하는 사인 곡선처럼 저벅저벅하는 소리가 났다.
clause simplex		(6)놀란 뇌에게 이 사건들의 진행은 아무 의미가 없다.
1		(7i)내 컴퓨터는 메모리 저장소를 검사했고
+2		(7ii)아무것도 기억하지 못했다.
α		(8i)총격전에 대비되어 있는 군인들이 내게 말하기를
“β	xβ	(8ii)가장 높은 전투 경계 태세에서조차
	α	(8iii)총에 맞는 것은 여전히 놀라운 일로 다가온다고 했다.
1	1	(9i)몸은 들어올려지거나
	+2	(9ii)화가 난 시끄러운 영혼에 의해 옆으로 던져지고,

+2			(9iii)의식적 인식의 귀환을 통해서만 이해력이 혼란보다 커진다.
xβ			(10i)나에게 깨달음이 왔을 때
α			(10ii)그것은 마치 주소를 모르는 배달원처럼 머뭇거리며 다가왔다.
α			(11i)나는 소중하고 위험한 순간들을 다 써 버렸다
xβ	α		(11ii)알아내려고 애쓰면서
	‘β		(11iii)무슨 일이 일어났는지를.
1			(12i)총을 쏜 사람이,
<‘2>			(12ii)나는 보았다,
1			(12iii)15미터 떨어진 차 안에 있었다고
xβ			(13i)이해가 정확히 되었을 때,
α	1		(13ii)나는 몸을 돌려
	x2		(13iii)목숨을 걸고 달렸다.

------

clause simplex			(14)나는 나를 공격한 사람의 얼굴을 보지 못했다.
1			(15i)나는 차와 핸들의 모양을 봤는데,
=2	α		(15ii)단지 눈으로 인식할 수 있는 만큼만 보았다
	xβ	1	(15iii)목을 홱 돌리고
		x2	(15iv)어깨 너머로 흘깃 볼 때.
clause simplex			(16)사격하는 사람의 시점에서 볼 때, 목표물은 북쪽 어둠 속으로 걸어가는 키 큰 소녀였다.
1			(17i)그는 내 뒷모습을 보았고,
+2			(17ii)나는 언뜻 그림자를 보았다.
xβ			(18i)탕 소리가 나고 내가 달리기 전에 - 눈이 마주칠 수도

		있었지만 그러지 않았던 바로 그 순간에 -
α		(18ii)차는 여전히 불길하게 정지해 있었다.
clause simplex		(19)그가 무엇을 하고 있었는지에 대한 추측은 나중엔 사치, 지금을 위한 것이다.
clause simplex		(20)나중에는 나는 아무 생각 없이 반응만 할 뿐이었다.
1		(21i)지금은 나에게 다음 질문들이 쏟아졌다:
=2		(21ii)그가 총을 재장전했나?
clause simplex		(22)총이 불발되었는가?
α		(23i)그가 기다리고 있었나?
xβ	α	(23ii)확인하기 위해
	‘β	(23iii)내가 죽어 쓰러지는지
clause simplex		(24)그는 내가 상상할 수 없는 복잡한 게임을 하고 있었나?
clause simplex		(25)그 정지 순간은 서로 다른 측면에서 중요했다.
clause simplex		(26)나에게 있어서 그 순간은 공황과 고통의 오페라 직전의 틈이었다.
clause simplex		(27)그에게 있어서는, 나는 다만 짐작할 수 있을 뿐이다.
xβ		(28i)내가 도망칠 때,
α	1	(28ii)그는 차의 모터 회전 속도를 높였고,
	x2	(28iii)바닥의 자갈을 튀기며
	x3	(28iv)차가 보이지도 않게 질주해 사라졌다.
1	1	(29i)나는 하마터면 이렇게 쓸 뻔했지만
	“2	(29ii)‘그가 자동차에 총을 쏘았다’고,
+2		(29iii)그러나 그가 쏜 것은 나, 새 갈색 신발을 신은 소녀였다.

비교를 위해, 내가 *Shot*에 대한 리뷰를 쓰기 위한 준비를 하며 Gail Bell

과 함께 한 인터뷰의 전사 일부를 아래에 제시한다. 우리는 공통의 관심사인 요가에 대해 이야기하는 것으로 인터뷰를 시작했다. 여기에서도 분석에 대해서는 무시하기로 하자.

Text 9.2: interview with Gail Bell[4]

			SE: Has yoga brought you mental benefits, then?
α			GB: (1i)Yes, I think it has,
xβ			(1ii)for when I'm doing it.
1			(2i)But I am kind of naturally um
=2			(2ii)I seem to live in this state of hyperawareness.
1			(3i)So it's very easy for me to lapse into my former kind of intense that intense mode
x2	α		(3ii)so I really have to make a conscious effort
	xβ	1	(3iii)to switch off
		+2	(3iv)and get into that other space.
1	α		(4i)I really wish
	'β	1	(4ii)I could sit for an hour
		+2	(4iii)and stare out the window
x2			(4iv)but I don't have that facility.
			SE: So would you say you're always thinking?
clause simplex			GB:(5)Yea.
xβ			(6i)And even if I'm not focusing on anything in particular
α			(6ii)I seem to be intensely engaged at some level somewhere in my mind.

clause simplex				(7)It's very tiring.
clause simplex				(8)It engages the nervous system.
α	α			(9i)I suspect that
	<xβ>			(9ii)having now done quite a bit of research for *Shot*
'β				(9iii)that it's part of the greater spectrum of posttraumatic stress disorder.
1	α	1		(10i)So I'm sort of hypervigilant, you know,
		=2		(10ii)I'm always on the alert,
	xβ			(10iii)even though I wouldn't acknowledge that at a conscious level
+2	α			(10iv)but I think
	'β	α		(10v)at a deeper level it is a sort of hypervigilance
		=β		(10vi)that people with PTSD[5] seem to suffer from.
				SE: That must be useful for a writer, hyperawareness?
α				GB: (11i)Yes, I think
'β				(11ii)it is.
1				(12i)And it might be why
=2				(12ii)it might have contributed.
clause simplex				(13)It certainly makes me more alert.
1	xβ			(14i)I mean if I go out to restaurants or social events or anywhere really
	α	α		(14ii)i'm always very conscious
		'β	1	(14iii)of who's doing what where,
			+2	(14iv)and where everyone is in relation to me

x2	α			(14v)and I now realize
	‘β	α		(14vi)that that scanning and vigilant behaviour relates to a vestige of the old trauma
		=β		(14vii)which is –
		=γ	α	(14viii)you know
			‘β	(14ix)how old it is now.
1				(15i)But the parts of the mind hold on to that
x2	α			(15ii)and remain vigilant
	xβ			(15iii)long after they need to.
				SE: Forever, do you think?
α	α			(16i)I’m beginning to think
	‘β			(16ii)it’s forever, yes,
xβ	α			(16iii)the more people I speak to
	=β			(16iv)who are living with PTSD.
1	α			(17i)I think
	‘β			(17ii)all that changes are your coping mechanisms,
+2				(17iii)and it’s some days ...
=3	1			(17iv)it’s like having asthma or something
	=2	1		(17v)some days it’s good
		+2		(17vi)and some days it’s not good.
clause simplex				(18)And you go through cycles of coping and not coping.
1				(19i)And I have a very mild form
+2				(19ii)but I had some visitors here the other day.
1	α			(20i)An old school friend[6]

	=β			(20ii)whose husband was in Vietnam
+2	α			(20iii)and he's an extremely damaged man,
	=β			(20iv)as many vets are,
+3				(20v)and I was sort of watching him, almost in a clinical sense,
+4	α			(20vi)and I thought
	'β	α		(20vii)that we shared some mannerisms, he and I,
		=β	α	(20viii)you know fiddling with our fingers quite a lot,
			+β	(20ix)and never really looking comfortable in your chair.
clause simplex				(21)I mean he much more than I do.
clause simplex				(22)I'm very good at disguising all of that.

Text 9.2: Gail Bell과의 인터뷰

			SE: 그럼 요가가 정신적인 면에서 도움이 되었나요?
α			GB: (1i)네, 그랬다고 생각해요,
xβ			(1ii)요가를 하는 동안은.
1			(2i)하지만 저는 원래 음...
=2			(2ii)과민반응 상태에서 살고 있는 것 같아요.
1			(3i)예전과 같은 격한 상태에 빠지기가 아주 쉽고
x2	α		(3ii)그래서 정말 의식적으로 노력을 해야만 해요
	xβ	1	(3iii)스위치를 끄고
		+2	(3iv)다른 공간으로 들어가기 위해.

1	α		(4i)저는 정말 바라지만
	‘β	1	(4ii)한 시간 정도 앉아서
		+2	(4iii)창밖을 응시할 수 있기를,
x2			(4iv)하지만 그런 능력이 없어요.
			SE: 그래서, 항상 생각만 하고 있을 뿐이라 말할 건가요?
clause simplex			GB: (5)맞아요.
xβ			(6i)그리고 특별히 어떤 것에 집중하지 않더라도
α			(6ii)제 마음 어딘가에서 어느 정도는 매우 강하게 관여되어 있는 것 같아요.
clause simplex			(7)정말 피곤하죠.
clause simplex			(8)그건 신경계에 영향을 미쳐요.
α	α		(9i)저는 생각해요
	<xβ>		(9ii)*Shot*을 쓰기 위해 조사를 좀 해 온바
‘β			(9iii)그것이 외상 후 스트레스 장애의 더 큰 스펙트럼의 일부라고.
1	α	1	(10i)그러니까 저는 과민하고
		=2	(10ii)항상 경계 태세에 있고
	xβ		(10iii)의식적인 수준에서 그것을 인정하지는 않지만,
+2	α		(10iv)하지만 생각해요
	‘β	α	(10v)더 깊은 측면에 있어 그건 일종의 과민이라고
		=β	(10vi)PTSD(외상 후 스트레스 장애)를 앓는 사람들이 겪는 것으로 보이는.
			SE: 과민반응은 작가에게는 유용하겠지요?

α				GB: (11i)네, 저는 생각해요
‘β				(11ii)그렇다고
1				(12i)그리고 그것이 이유일 거예요
=2				(12ii)왜 그것이 기여할 수밖에 없는지.
clause simplex				(13)그건 확실히 저를 더 경계하게 만들어요.
1	xβ			(14i)제 말은, 식당이나 모임이나 어디든 나가면
	α	α		(14ii)저는 항상 의식하고
		‘β	1	(14iii)누가 어디에서 뭘 하는지
			+2	(14iv)나와 관련된 모든 사람이 어디에 있는지
x2	α			(14v)그리고 저는 이제 깨닫죠
	‘β	α		(14vi)유심히 살펴보는 행동과 바짝 경계하는 행동이 오래된 트라우마의 흔적과 관련이 있다는 걸
		=β		(14vii)그게 -
		=γ	α	(14viii)아시겠지만
			‘β	(14ix)지금 얼마나 오래 되었는지.
1				(15i)하지만 마음의 일부가 그것을 붙들고 있고
x2	α			(15ii)경계를 늦추지 않아요
	xβ			(15iii)그럴 필요가 있을 때가 한참 지났는데도.
				SE: 영원히 그럴 거라고 생각하나요?
α	α			(16i)저는 생각하기 시작했어요
	‘β			(16ii)네, 영원히 그럴 거라고
xβ	α			(16iii)더 많은 사람들과 말할수록
	=β			(16iv)PTSD를 안고 살아가는.
1	α			(17i)저는 생각하고
	‘β			(17ii)그 모든 변화는 당신의 대응 기제라고,

+2				(17iii)그건 어느 날은 ...
=3	1			(17iv)그건 천식 같은 것처럼
	=2	1		(17v)어느 날은 괜찮고
		+2		(17vi)어느 날은 좋지 않아요.
clause simplex				(18)그리고 당신은 잘 대처하기도 하고 잘 대처하지 못하기도 하는 것을 계속 반복해요.
1				(19i)그리고 제 경우에는 병이 아주 가벼운 정도지만
+2				(19ii)지난번에 여기에 손님이 왔었어요.
1	α			(20i)옛날 학교 친구이고
	=β			(20ii)남편이 베트남에 있었던
+2	α			(20iii)그리고 그는 크게 부상당한 사람이고
	=β			(20iv)많은 군인들이 그렇듯이,
+3				(20v)저는 거의 임상적인 감각으로 그를 관찰했고
+4	α			(20vi)생각했어요
	‘β	α		(20vii)그와 내가 어떤 버릇을 공유하고 있다고
		=β	α	(20viii)손가락을 많이 만지작거리고
			+β	(20ix)의자에 앉은 것이 편안해 보이지도 않는.
clause simplex				(21)제 말은, 그는 저보다 더했어요.
clause simplex				(22)저는 그 모든 것을 위장하는 데 능숙하지요.

절 복합체 분석하기

우리가 Text 9.1과 9.2에서 먼저 주목할 수 있는 것은 각각이 몇몇 절 단일체(하나의 절로 구성된 문장)와 많은 절 복합체(둘 이상의 절로 구성된 문장)

를 포함한다는 것이다. 우리는 후에 이러한 교체(alternation)의 효과를 검토할 것이다. 지금으로서는 교체가 구어와 문어 텍스트 모두에서 흔한 패턴이라는 것만 짚어 둘 것이다. 이제는 텍스트의 절 복합체가 어떻게 형성되는지를 분석하는 데 집중할 것인데, 우선 절 2개로 이루어진 복합체(two-clause complexes)만을 대상으로 하여 배열의 선택부터 살펴볼 것이다.

배열 분석하기

배열 시스템은 인접한 절들 간의 의존성 또는 비의존성 관계를 포착한다. 여기에는 두 가지 선택지, 즉 **병렬(parataxis)**과 **종속(hypotaxis)**이 있다. 비교해 보자.

(17i)He saw the back of me, (17ii)I saw a glimpse of a shadow(그는 내 뒷모습을 보았고, 나는 언뜻 그림자를 보았다.).

(1i)While walking home one dry moonless night in 1968 (1ii)I was shot in the back(1968년 어느 건조하고 달도 없는 밤 집으로 걸어가는 동안 나는 등에 총을 맞았다.).

첫 번째 예에서 두 조각의 정보(그가 본 것, 내가 본 것)는 동등한 무게를 가진 것으로 제시된다. 어느 것도 다른 것보다 더 중요하지 않다. 단지 서로의 옆에 놓인 두 절, 경험의 두 꾸러미이다. 각각은 문장으로 홀로 설 수 있다.

He saw the back of me. I saw a glimpse of a shadow.

이것이 의미에서의 차이를 나타낼 것이지만, 문법적으로는 두 절에 아무런 변화를 줄 필요가 없다.

그러나 두 번째 예에서 두 절 중 하나는 구조적으로 다른 절에 의존적이다. 두 절 중 하나, *I was shot in the back*만이 현재 형식으로 홀로 설 수 있다. 다음과 같은 문장은 성립하지 않는다.

*While walking home one dry moonless night in 1968.

(의미 차이의 표현인) 이러한 구조적 차이가 종속(핵(Head)과 의존소(dependent) 사이의 관계)으로부터 병렬(동등한 것 사이의 관계)을 구별하게 한다.

병렬

병렬에서 절들은 동등하게 서로 관련된다. 그것들은 독립적이다. 이 동등성은 병렬 복합체의 각 절이 보통 완전한 문장으로 홀로 설 수 있다는 사실로 반영된다. 다음을 보자.

(2i)The experience was spectacularly new to me; (2ii)I had nothing to compare it with, no neural circuitry to process similarities, no language for the shock(그 경험은 나에게 놀랄 만큼 새로운 것이었다; 그것과 비교할 수 있는 것, 그와 비슷한 일을 처리할 수 있는 신경 회로, 그 충격을 표현할 수 있는 언어는 없었다.).

(17i)He saw the back of me, (17ii)I saw a glimpse of a shadow(그는 내 뒷모습을 보았고, 나는 언뜻 그림자를 보았다.).

두 경우에 Bell은 두 절을 절 복합체에서 두 개의 동등한 짝으로 나타낸다. 그녀는 다음과 같이 쓸 수도 있었다.

The experience was spectacularly new to me. I had nothing to compare it with, no neural circuitry to process similarities, no language for the shock. (그 경험은 나에게 놀랄 만큼 새로운 것이었다. 그것과 비교할 수 있는 것, 그와 비슷한 일을 처리할 수 있는 신경 회로, 그 충격을 표현할 수 있는 언어는 없었다.)

He saw the back of me. I saw a glimpse of a shadow(그는 내 뒷모습을 보았다. 나는 언뜻 그림자를 보았다.).

절 복합체와 절 단일체 사이에는 물론 의미 차이가 있다. Bell이 절들을 병렬 절 복합체로 연결하기로 선택한 것은 절 단일체를 선택하는 것보다 절들 사이의 더 긴밀한 논리 의미적 결속(bond)을 만든다. 그 선택은 글쓰기에 유창성을 부여하는 것의 일부인데, 이는 전문 작가들이 구어에서 나타나는 (완전히는 아니지만) 어느 정도의 매끄러운 흐름을 가지기 위해 애쓰기 때문이다.

다른 지점에서, Bell은 병렬 절 복합체로 나타낼 수도 있는 것을 분리한다. 다음을 보자.

(14)I didn't see my attacker's face. (15i)I saw a car and a shape at the steering wheel(나는 나를 공격한 사람의 얼굴을 보지 못했다. 나는 차와 핸들의 모양을 봤는데)

이는 다음과 같이 쉽게 제시될 수 있었다.

I didn't see my attacker's face; I saw a car and a shape at the steering wheel(나는 나를 공격한 사람의 얼굴을 보지 못했다; 나는 차와 핸들의 모양을 봤다.).

우리는 이 장의 후반부에서 텍스트를 전체적으로 분석할 때 Bell이 취한 선택의 효과에 대해 고려할 것이다.

이 예문들에서 본 것처럼, 병렬 절 복합체의 절들은 단순히 인접성과 구두법으로 서로 연결된다. 다음과 같이 쉼표, 쌍점, 쌍반점이 절들 사이의 구조적 경계에 대한 유일한 표지일 것이다.

(17i)He saw the back of me, (17ii)I saw a glimpse of a shadow(그는 내 뒷모습을 보았고, 나는 언뜻 그림자를 보았다.).

하지만 자연발화와 덜 공들인 산문에서 병렬은 보통 연결어 또는 **접속어**의 동반으로도 표시된다. 가령 Bell은 다음과 같이 쓸 수 있었다.

He saw the back of me, and I saw a glimpse of a shadow(그는 내 뒷모습을 보았고, 나는 언뜻 그림자를 보았다.).

He saw the back of me, but I saw a glimpse of shadow(그는 내 뒷모습을 보았지만, 나는 언뜻 그림자를 보았다.).

절 사이에 쌍반점을 사용하는 대신, 아래에서 Bell은 병렬 접속어 *so*를 사용할 수도 있었다.

The experience was spectacularly new to me, so I had nothing to compare it with, no neural circuitry to process similarities, no language for the shock(그 경험은 나에게 놀랄 만큼 새로운 것이어서, 그것과 비교할 수 있는 것, 그와 비슷한 일을 처리할 수 있는 신경 회로, 그 충격을 표현할 수 있는 언어는 없었다.).

병렬 접속어는 동등한 구조적 지위를 가진 두 절 사이의 논리적 관계를 표현한다. 가장 일반적인 병렬 접속어는 *and, or, so, yet, neither ... nor, either ... or*이다. 다른 것도 있는데, 아래의 절에서 논리 의미적 의미를 탐색하면서 분명해질 것이다.

병렬에서 어느 절이든 홀로 설 수 있다고 말했는데, 한 가지 더해져야 할 단서가 있다. 다음을 보자.

(7i)My computer ran its checks of memory stores (7ii)and drew a blank.

(내 컴퓨터는 메모리 저장소를 검사했고 아무것도 기억하지 못했다.)

두 번째 절이 지금으로서는 문장으로서 홀로 설 수 없지만, 이 두 절은 병렬적 연쇄이다. 당신은 서법 구조에 대한 지식을 통해 두 번째 절에 주어 요소가 없다는 것을 깨달을 것이다. 여기에서 주어의 생략은 독자들이 둘째 절의 주어가 첫째 절의 주어와 동일하다는 것을 추론할 수 있기 때문에 일어날 수 있다(절 복합체의 앞쪽 주어나 언급된 적이 없는 주어는 생략할 수 없음). 생략된 주어를 다음과 같이 채울 수 있다.

My computer ran its checks of memory stores, and (it = my computer) drew a blank.

생략된 것이 채워지면, 각 절이 동등한 구조적 지위를 가짐을 볼 수 있다. Bell은 이를 다음과 같이 나타낼 수 있었다.

My computer ran its checks of memory stores. It drew a blank.

병렬 절 복합체의 각 절이 동등한 지위를 갖기 때문에, 유일한 변수는 어떤 절이 먼저 나타날 것인가이다. 가령 다음을 비교해 보자.

(17i)He saw the back of me, (17ii)I saw a glimpse of a shadow(그는 내 뒷모습을 보았고, 나는 언뜻 그림자를 보았다.).

I saw a glimpse of a shadow, he saw the back of me(나는 언뜻 그림자를 보았고, 그는 내 뒷모습을 보았다.).

여기에는 구조적으로 차이가 없다. 각 경우에 우리는 서로 인접하여 놓인 두 개의 독립적인 절을 갖는다. 하지만 물론 다른 어순의 선택이 언제나 가능했으므로 약간의 의미 차이는 있다. Bell이 공격한 사람에 대한 절을 먼저 두기로 결정한 것은 그 상황에서 그가 발휘하고 있던 힘을 표현하는 한 방법이다.

절 2개로 이루어진 복합체 부호화하기

절 복합체 분석을 쉽게 나타내기 위하여 각 절은 좌측으로부터 들여쓰기하여 분리된 줄로 나타낼 수 있다. 그러고 나서 좌측 열에 절 사이의 관계를 포착하는 구조 부호(code)를 표시할 수 있다. 병렬 관계를 나타내기 위하여 Halliday는 복합체에 포함된 각 병렬 절을 아라비아 숫자(1, 2, 3)로 표시하는 표기 체계를 제안한다. 우리의 초기 분석은 다음과 같다.

1 (17i)He saw the back of me,(그는 내 뒷모습을 보았고,)

2 (17ii)I saw a glimpse of a shadow(나는 언뜻 그림자를 보았다.)

다음은 Text 9.1에서 가져 온 다른 예이다.

1 (2i)The experience was spectacularly new to me; (그 경험은 나에게 놀랄 만큼 새로운 것이었다;)

2 (2ii)I had nothing to compare it with, no neural circuitry to process similarities, no language for the shock. (그것과 비교할 수 있는 것, 그와 비슷한 일을 처리할 수 있는 신경 회로, 그 충격을 표현할 수 있는 언어는 없었다.)

그리고 다음은 Text 9.2에서 가져온 병렬 짝이다(이는 완전한 절 복합체가 아니다).

1 (15i)But the parts of the mind hold on to that (하지만 마음의 일부가 그것을 붙들고 있고)

2 (15ii)and remain vigilant (경계를 늦추지 않아요)

좌측 열의 표기는 다층적인 절 복합체와 논리 의미 관계의 시스템을 더하면서 더 복잡해질 것인데, 먼저 종속을 고려할 필요가 있다.

종속

종속에서 절들은 수식 또는 의존 관계로 서로 관련된다. 다음 예를 보자.

(Ii)While walking home one dry moonless night in 1968 (Iii)I was shot in the back(1968년 어느 건조하고 달도 없는 밤 집으로 걸어가는 동안 나는 등에 총을 맞았다.).

이 예문에는 문장으로 홀로 설 수 있는 하나의 절(핵 절, head clause)인 *I was shot in the back*이 있다. 다른 절(수식 또는 의존하는 절)은 문장으로 홀로 설 수 없다(*while walking home one dry moonless night in 1968*). 둘은 종속 절 복합체를 구성한다. 절의 순서를 바꾸는 것이 가능하지만(문장의 효과를 바꾸기는 함) 그것이 구조적 의존성을 바꾸지 않는다는 것에 주목하라.

I was shot in the back while walking home one dry moonless night in 1968.

이 예문에서 *while*로 시작하는 절은 여전히 주절에 의존적이다. 때로 명시적인 표지 없이 나타날 수 있는 병렬 절들과 달리 종속적으로 의존적인 절들은 거의 모두 명시적인 구조적 표지, 종속 접속어나 관계 대명사(*who, which, that*)를 가지고 핵 절에 연결된다. 예외는 비한정(non-finite) 절과 같이 본질적으로 구조적으로 불완전한 종속절들이다(아래 논의를 보라).

가장 일반적인 **종속 접속어**에는 *if, while, because, when*이 있다. 논리 의미 관계를 살피면서 더 많은 것이 제시될 것이다.

Halliday는 종속적 절들을 표시하기 위해 그리스 문자(α, β, γ, δ…)를 사용하는데, α는 핵 절을 위해 마련되었다. 다른 그리스 문자는 연쇄의 순서에 따라 부여된다. 절 2개로 이루어진 복합체의 경우 이는 어렵지 않다. 다음을 비교해 보라.

β[1] (1i)While walking home one dry moonless night in 1968

α (1ii)I was shot in the back.

α I was shot in the back

β while walking home one dry moonless night in 1968.

절 2개로 이루어진 복합체에서 종속/병렬 인식하기

절 2개로 이루어진 복합체에서 병렬과 종속의 차이를 인식하기 위해서는 절의 서법 구조에 대해 갖고 있는 지식을 이용하면 도움이 된다. 당신은 **비한정절**(주어^한정어의 서법 부문(component)을 선택하지 않는 절)이 구조적 필요성에 의해 종속적으로 의존적임을 인식할 수 있어야 한다. 비한정절은 홀로 설 수 없는데, 그것의 서법 구조의 핵심 요소들이 핵 절에서만 실현되기 때문이다. 예를 들어 Bell이 다음과 같이 썼다고 생각해 보자.

My computer ran its checks of memory stores, drawing a blank.

여기에서 복합체 속의 둘째 절은 비한정으로, 그것의 주어(my computer)와 한정어의 시제 부문(과거 시제)을 핵 절에 의존하고 있다. 다음 예문이 보여 주듯이, 비한정절은 핵 절에 앞서서도 나타날 것이다.

Having been struck by the bullet, I traveled forward an extra half-step.

이 비한정절들에서 우리는 단순히 주어의 생략을 다루고 있지 않다. 앞서 본 병렬 예문과 비한정 변이형을 비교해 보라.

1) **[역자 주]** 원문에서는 α, β가 바뀌어 표기되어 있으나 오류로 보여 수정하였다.

My computer ran its checks of memory stores, and drew a blank.

- 병렬적임, 모두 한정절임.

My computer ran its checks of memory stores, drawing a blank.

- 종속적임, 주절에 비한정절이 뒤따름.

둘째 예인 종속적 비한정절에서, 주어를 채우는 것은 절을 구조적으로 독립적이게 만들지 않는다(*it drawing a blank*). 동사 부문의 구조적 변화만이 (비한정 형식 *drawing*을 한정 형식 *drew*로 바꿈) 둘째 절을 병렬 절로 바꿀 것이다.

그러므로 모든 비한정절은 부호화의 이 첫째 단계(level)에서 정의상 종속적이지만, 한정절은 병렬적이거나 종속적일 수 있다. 다시, 당신은 구조적으로 의존성이 표시된 한정절(그러므로 적어도 분석의 초기(primary) 단계에서 종속적임)과 그렇지 않은 것(그러므로 병렬적일 가능성이 많음)을 상대적으로 쉽게 구별할 수 있다. 의존성 표지는 다음을 포함한다.

1. 관계 대명사: *who, which, that, whose*
2. 종속 접속어: 그것들이 도입하는 절을 주절에 의존적으로 만들기 때문에 전통적으로 종속 접속(subordinating conjunctions)으로 불렸다. (*when, if, where, as, while, before, because, unless, although, even if* ...)
3. 동사적 접속어: *supposing that, granted that, provided that, seeing that*과 같은 단어들. 예: *Seeing that you don't agree/we'll postpone the decision.*
4. 보통 전치사적인, 의존성의 다른 표지들. 비한정절의 *to*(*he revved the car/to get away*), *for*(*she paid the price/for walking home alone*)와 같은 것.

앞에서 다룬 것들을 제거하면, 이제는 의존성의 명시적 표지를 포함하지 않은 한정절만을 남겨 두고 있다. 이 절들 중 일부는 종속적 복합체의 핵 절일 것이다. 확인을 위해 다음과 같이 질문하라. 그 절이 그것에 의존하는 다른 절을 갖는가? 그렇다면 복합체에서 α 절을 보고 있는 것이다. 그렇지 않다면, 거의 틀림없이 병렬적으로 관련된 절들을 보고 있는 것이다. 병렬적 상호의존성의 표지를 체크하라. 가령 다음과 같은 것이다.

- 병렬 접속어: *and, but, so, neither ... nor, either ... or*
- 구두법 부호: 쌍점, 쌍반점, 쉼표

'생략된 것을 채울 때(하지만 비한정을 한정으로 전환하지는 않음) 그 절이 구조적으로 적형인 문장으로 홀로 설 수 있는가?'가 결정 테스트임을 기억하라.

배열에 대한 요약

절 복합체는 둘 이상의 상호의존적인 절들로 구성된다. 상호의존성은 병렬(동등한 지위) 또는 종속(의존성) 또는 둘의 결합 중 하나이다. 각 절 복합체는 일차 절(primary clause, 병렬 짝에서 시작 절, 종속 짝에서 핵 절)과 그것에 상호의존적인 이차 절(secondary clauses)로 구성된다. 이 원리가 Table 9.1에 요약되어 있다.

Table 9.1 Halliday의 절 결합(Halliday and Matthiessen 2004:376)

	일차 절	이차 절
병렬	1(시작)	2(연속)
종속	α(핵)	β(의존)

Halliday는 병렬과 종속을 '자연언어에서 논리적 관계에 의해 이루어지는 두 가지 기본적인 형식'(1994:224)이라 기술하고, 다른 문법 단위에서도 배열 관계를 발견하게 됨을 지적한다. 구와 그룹 등급에서 우리는 **병렬적인 구/그룹 복합체**를 볼 수 있다.

Up the street, round the corner and next to the newsagent.
– 세 개의 전치사 구, 병렬적으로 관련됨.

또한 **종속적인 구/그룹 복합체**를 볼 수 있다. 절의 서법 구조(서로 다른 기능적 성분의 연쇄)가 그 예가 된다.

Was	*he*	*playing*	*a game?*
Finite	Subject	Predicator	Complement
MOOD		RESIDUE	

우리는 또한 단어와 구/그룹 복합체에서 **포개기**(nesting: 구조적 층위화(layering)의 유형)를 볼 수 있다.

Salmon and cream cheese, mushroom and olives, or eggplant and tomatoes.
– 세 개의 병렬적으로 관련된 명사 그룹, 각각은 두 개의 병렬적으로 관련된 명사로 이루어짐.

우리의 들여쓰기 방법을 사용하여, 이것을 다음과 같이 포착할 수 있다.

1 1		Salmon
2		and cream cheese

2	1	mushroom
	2	and olives
3	1	or eggplant
	2	and tomatoes

Text 9.1은 그룹/구 등급에서의 복합 사례를 보여 준다. 단순한 사례는 다음과 같다.

(19)Speculation about what he was doing is a luxury for later, for now(그가 무엇을 하고 있었는지에 대한 추측은 나중엔 사치, 지금을 위한 것이다.).

여기에는 병렬적으로 연결된 두 개의 전치사구가 있다. *for later/for now*가 그것이다. 이 구 복합체를 사용하는 것이 Bell로 하여금 아래와 같이 쓰는 것 대신 어떻게 같은 절에서 대조적 의미(나중/지금)를 만들도록 하는지에 주목하라.

Speculation about what he was doing is a luxury for later.
Speculation is for now.
(그가 무엇을 하고 있었는지에 대한 추측은 나중엔 사치이다.
추측은 지금을 위한 것이다.)

배열(taxis) vs 내포(embedding)

배열은 어떤 등급의 단위이든 같은 등급에서 더 많은 의미를 나타낼 수 있도록 확장하기 위한 기본적인 언어 자원이다. 배열은 일변량 원리(같은 기능적 역할을 하는 단위들의 재반복) 위에서 작동한다. 그러므로 배열은 등급 전환이라고도 불리는 내포와 대조된다. 5장에서 내포가 보통 전체 절을 더 낮은 등급의 단위로(예: 그룹 또는 그룹의 한 성분으로) 포섭함으로써 어떻게 더 많은 의미를 단위에 포함하도록 하는지 살폈다. 가령 Text 9.1에서 가져온 다음의 절 복합체에서 Gail Bell도 내포를 사용한다(내포된 성분은 [[ ]] 안에 보였음).

(3i)When the bullet struck (3ii)I traveled forward an extra half-step, (3iii)as if someone [[wielding a broom handle]] had given me a rude shove from behind(총알에 맞았을 때 마치 빗자루 손잡이를 휘두르는 사람이 뒤에서 무례하게 밀친 것처럼 나는 앞으로 반걸음 더 나아갔다.).

– 명사 'someone'의 후치수식어로서, 주어로 행동하는 명사 그룹에 내포된 비한정절

(8i)Soldiers [[who are primed for gun battle]] have told me (8ii)that even in a state of highest combat alert, (8iii)being shot still comes as a surprise. (총격전에 대비되어 있는 군인들이 내게 말하기를 가장 높은 전투 경계 태세에서조차 총에 맞는 것은 여전히 놀라운 일로 다가온다고 했다.)

– 명사 'soldiers'의 후치수식어로서, 주어로 행동하는 명사 그룹에 내포된 한정 관계절

Bell은 절 단일체에 더 많은 의미를 포장하기 위해서도 내포를 사용한다.

(19)Speculation [[about what he was doing]] is a luxury for later, for now. (그가 무엇을 하고 있었는지에 대한 추측은 나중엔 사치, 지금을 위한 것

이다.)

– 절의 주어로 행동하는 명사 그룹의 일부인, 전치사구에 내포된 한정 WH절

(24)Was he playing a game with complexities [[I couldn't begin to imagine?]]

(그는 내가 상상할 수 없는 복잡한 게임을 하고 있었나?)

– 명사 'complexities'를 후치수식하는, 보충어로 행동하는 명사 그룹에 내포된 한정절

배열 또는 복합(complexing)의 뒤에 있는 원리는 확장이지만, 내포의 뒤에 있는 원리는 압축(compression)이다. 복합은 더 역동적이다. 그것은 같은 유형의 다른 단위에 간단히 연쇄할 수 있으므로 장래 계획이 별로 필요하지 않다. 내포는 더욱 정적이다. 적합한 슬롯에 여분의 의미를 포장할 준비가 되어 있어야 하므로, 절을 구성할 때 사전 고려가 필요하다. 놀랄 것 없이, 복합이 즉흥적인 구어 또는 비격식적 문어 텍스트에서 더욱 특징적이고, 내포는 격식적이고 주의를 기울인 문어 텍스트와 더 많이 관련된다. Halliday는 다음과 같이 제안한다.

> 절 복합체는 구어의 특별한 관심사인데, 그것이 그 시스템의 역동적 잠재성(구성적이지 않은 채 일관된 담화의 지속적 흐름을 유지하면서 의미적 움직임의 매우 길고 복잡한 패턴을 '편성(choreograph)'할 수 있는 능력)을 나타내기 때문이다. 이런 종류의 흐름은 문어에서는 매우 특징적이지 않다. (Halliday 1994:224)

그러나 대부분의 텍스트는 등급 전환의 더 밀집적인 포장과 배열의 역동적인 흐름이 균형을 이루며, 복합과 내포 모두의 복잡한 혼합을 포함한

다. Text 9.1에서 가져온, Bell이 내포, 절 복합, 구/그룹 복합을 사용한 한 사례가 아래에 제시되어 있다.

> (2i)The experience was spectacularly new to me; (2ii)I had nothing [[to compare it with]], no neural circuitry [[to process similarities]], no language for the shock(그 경험은 나에게 놀랄 만큼 새로운 것이었다; 그것과 비교할 수 있는 것, 그와 비슷한 일을 처리할 수 있는 신경 회로, 그 충격을 표현할 수 있는 언어는 없었다.).

여기에서 우리는 두 개의 병렬적으로 관련된 절을 볼 수 있다. 둘째 절은 세 개의 병렬적으로 관련된 명사 그룹(*nothing to compare it with/no neural circuitry to process similarities/no language for the shock*)을 포함하는데, 그 중 둘은 주요 명사를 후치수식하는 내포된 비한정절을 포함한다. 그것이 한 문장에서 많은 의미를 만들지만, 그 문장이 얼마나 분명히 단순한지에 주목해 보라. 그러한 복합성을 여유 있게 만들기 위해서는 세심하게 공을 들여야 한다.

절 복합체의 의미에 대한 이러한 이해를 두텁게 하기 위해 절의 논리적 구조에 있는 두 번째 시스템인 논리 의미 관계의 시스템을 살펴보아야 한다.

기본적인 대립: 투영(projection) vs 확장(expansion)

배열이 연결된 절들 사이의 상호의존성의 유형을 기술한다면, 논리 의미 관계의 시스템은 의미 관계를 기술한다. 즉 독립적이거나 의존적인 절이 그와 관련된 절의 경험적 의미에 기반하는 방식을 설명한다.

첫 단계에서 논리 의미의 시스템은 투영과 확장이라는 선택지를 제공한다. **투영**에서 절 중 하나는 무엇이 무엇을 말하거나 생각했다는 것을 나타낸다. 복합체 속의 다른 절은 사람이나 현상의 말이나 생각을 표현한다. 가령 Diana의 이야기에는 그녀가 직접적으로 발화를 인용하는 두 사례가 포함되어 있다.

> (3i)And they rang me up on the Sat- (3ii)this was Saturday night (3iii)and said (3iv)'You've got to come in and have your blood tested against the donor's'.(그리고 의료진이 토요일에 전화를 했는데 이때가 토요일 밤이었고, "병원으로 빨리 오셔서 기증자의 혈액 검사를 해야만 해요"라고 말했어.)

> (11i)So I said (11ii)'OK', you know, 'be a blood donor after that'(그래서 나는 "좋아, 앞으로는 혈액기증자가 되어 보자"라고 말했지.).

그리고 Gail Bell은 나와의 인터뷰에서 몇 차례 그녀의 생각을 보고했다.

> (16i)I'm beginning to think (16ii)it's forever, yes,(저는 네, 영원히 그럴 거라고 생각하기 시작했어요)

> (20vi)and I thought (20vii)that we shared some mannerisms, he and I,(그리고 저는 그와 내가 어떤 버릇을 공유하고 있다고 생각했어요)

확장에서 이차 절은 일차 절의 의미를 기반으로 하는데, 그것을 몇 가지 방식으로 발전시킨다. 예는 다음과 같다.

(1i)While walking home one dry moonless night in 1968 (1ii)I was shot in the back(1968년 어느 건조하고 달도 없는 밤 집으로 걸어가는 동안 나는 등에 총을 맞았다.).

여기에서 의존적인 β 절은 α 절에서 만들어진 기본적인(bare) 진술을 시간적으로 확장한다. Bell은 이 패턴을 Text 9.1에서 빈번히 사용한다.

(3i)When the bullet struck (3ii)I traveled forward an extra half-step, (3iii)as if someone wielding a broom handle had given me a rude shove from behind(총알에 맞았을 때 마치 빗자루 손잡이를 휘두르는 사람이 뒤에서 무례하게 밀친 것처럼 나는 앞으로 반걸음 더 나아갔다.).

여기에서 중심적인 α 절(*I traveled forward an extra half-step*)은 먼저 시간절을 통해 확장되고(*When the bullet struck*) 또한 사건의 양상(manner)을 표현하는 절(*as if someone…*)을 통해 확장된다.

이처럼 절 복합체를 확장함으로써 Bell은 우리가 속도를 늦춰서 그녀와 함께 총격 사건의 초 단위의 영향을 깨닫게 한다.

그러므로 투영과 확장은 하나의 절을 다른 것과 차례차례 연결할 수 있는 두 가지 논리적 자원이다. 투영은 말이나 생각을 인용하고 보고하는 논리 의미이고 확장은 이전 의미를 발전시키는 논리 의미이다. 대개의 경우 투영과 확장을 구별하는 것은 어렵지 않다. 절이 발화(saying) 또는 사유(thinking) 동사(또는 그것들의 많은 유의어들)를 포함하면 아마도 투영 관계를 관찰하게 될 것이다. 절에 발화 또는 사유 동사가 없으면 그 관계는 확장일 가능성이 많다.

투영과 확장의 범주에 대해 더 많은 것을 안다면 그것들을 확인하고 이해할 수 있도록 도울 것이다.

투영의 시스템

사람들이 글을 쓰거나 말할 때, 특히 이야기 말하기를 할 때, 그들과 관련된 사건이 일어나는 동안 무엇을 듣고 무슨 생각이 들었는지를 말하고자 할 때가 많다. 가령 Diana는 제네바에서 왜 헌혈하게 되었는지 설명하기 위해 다음과 같이 말한다.

> (3i)And they rang me up on the Sat- (3ii)this was Saturday night (3iii)and said (3iv)'You've got to come in and have your blood tested against the donor's' (그리고 의료진이 토요일에 전화를 했는데 이때가 토요일 밤이었고, "병원으로 빨리 오셔서 기증자의 혈액 검사를 해야만 해요"라고 말했어.).

절 4개로 이루어진 이 복합체 중 뒤의 두 절에서 Diana는 '그들'(아마도 의료진)이 그녀에게 말한 것을 우리에게 전달한다.

유사하게, 총격 사건에 대한 이야기의 시작부에서, Gail Bell은 군인들이 그녀에게 말한 것을 보고함으로써 그녀의 경험을 다른 이들의 경험과 관련짓는다.

> (8i)Soldiers who are primed for gun battle have told me (8ii)that even in a state of highest combat alert, (8iii)being shot still comes as a surprise(총격전에 대비되어 있는 군인들이 내게 말하기를 가장 높은 전투 경계 태세에서조차 총에 맞는 것은 여전히 놀라운 일로 다가온다고 했다.).

이 둘은 투영의 예로, 하나의 절이 누군가가 무엇을 말하거나 생각했다는 것을 말함으로써 복합체의 기반이 되고, 그것이 누군가가 말하거나 생각한 내용의 인용 또는 보고와 연결된다. 그러므로 투영은 말과 생각을 그것의 출처에 돌리기 위해 문법이 우리에게 제공하는 자원이다.

투영의 시스템은 말(누군가가 말한 것)이나 생각(누군가가 생각한 것)을 귀속시키는 것과 관련된다. 위의 예문들은 모두 말의 투영이지만, Gail Bell과의 인터뷰에서 그녀가 그녀의 생각에 대해 말해 줄 때 생각의 투영도 사용했다. 아래 예문에서는 투영하는 절과 투영된 절만을 보였다.

(9i)I suspect that … (9iii)that it's part of the greater spectrum of post-traumatic stress disorder(저는 그것이 외상 후 스트레스 장애의 더 큰 스펙트럼의 일부라고 생각해요.).

무언가를 *suspect*하는 것은 그것을 완전한 확신 없이 생각하는 것이다.

(16i)I'm beginning to think (16ii)it's forever, yes,(저는 네, 영원히 그럴 거라고 생각하기 시작했어요)

(20vi)and I thought (20vii)that we shared some mannerisms, he and I,(그리고 저는 그와 내가 어떤 버릇을 공유하고 있다고 생각했어요)

이 두 예문에서 일반적인 정신적 과정 동사 *think*가 Gail의 생각과 의견을 투영하기 위해 사용된다.

… (14ii)I'm always very conscious (14iii)of who's doing what where, (14iv)and where everyone is in relation to me(저는 누가 어디에서 뭘 하는지 나와 관련된 모든 사람이 어디에 있는지 항상 의식하고)

이 예문에서 Gail은 동사 *to think*를 사용하지 않지만, *to be very conscious*가 그녀가 생각하는 것을 투영하며 두 절을 취하는 정신적 과정에 해당한다.

Halliday의 표기법은 말을 나타내기 위해 쌍따옴표(")를, 생각을 보여 주기 위해 작은따옴표(')를 사용한다.

시스템 네트워크(System 9.1)가 나타내듯이, 투영은 배열을 교차선택한다. 그러므로 우리는 병렬적 투영 또는 종속적 투영을 가질 수 있다. 아래는 각 유형에 해당하는 절 2개로 이루어진 단순한 복합체를 투영의 표기법과 함께 보인 것이다.

말(Locution)

병렬적으로 나타난 말

i) 투영하는 절이 먼저 나오는 것

1 They said

"2 'You've got to have your blood tested'

ii) 투영하는 절이 투영되는 절 뒤에 나오는 것

"1[2] 'You've got to have your blood tested,'

2 they said

---

2) **[역자 주]** 원문에는 2 앞에 "가 표기되어 있으나 오류로 보여 수정하였다.

종속적으로 나타난 말

α They said

"β that I had to have my blood tested against the donor's.

생각(idea)

병렬적으로 나타난 생각

i) 투영하는 절이 먼저 나오는 것

1 I thought to myself

'2 'This is so exciting'.

ii) 투영되는 절이 먼저 나오는 것

'1[3] 'This is so exciting,'

2 I thought to myself

종속적으로 나타난 생각

α I thought to myself

'β[4] that it was so exciting.

이 예문들이 보여 주듯이, 병렬적 투영에서 누군가의 생각이나 말은 그것이 정확히 그들의 말이나 생각인 것처럼 제시된다. 말하자면 우리는 그것을 '실황'으로 듣는다. 전통 문법은 보통 이를 직접 화법이라 하지만, 체계적 분석에서 병렬적 투영은 직접적인 생각도 포함한다는 것에 주목하라.

---

3) **[역자 주]** 원문에는 2 앞에 '가 표기되어 있으나 오류로 보여 수정하였다.
4) **[역자 주]** 원문에는 '가 표기되어 있지 않으나 오류로 보여 수정하였다.

말의 투영

말의 병렬적 투영에서 투영하는 절은 말하기 과정(verbal process)이지만, 다음을 포함하는 다양한 동사들이 사용될 수 있다.

1. 동사 *say*
2. 다양한 발화 기능에 특화된 동사: i) 진술(*tell, remark, observe, point out, report, announce*), ii) 질문(*ask, demand, inquire, query*), iii) 제안과 명령(*suggest, offer, call, order, request, tell, propose, decide*)
3. ‘say’와 상황 요소를 결합한 동사: *reply, explain, protest, continue, interrupt, warn*
4. 다양한 종류의 내포(connotation)를 갖는 발화와 관련된 동사: *insist, complain, cry, shout, boast, murmur, stammer, blare, thunder, moan, yell, fuss*
5. *threaten, vow, urge, plead, warn, promise, agree*와 같이 상황 또는 다른 의미 특질을 포함하는 동사
6. 쓰기 동사를 사용하는 말하기 과정: *write, note down, put*

말의 병렬적 투영은 허구적 서사(fictional narratives)에서 흔히 나타나는데, 거기에서 등장인물들은 보통 서로 대화에 참여해야 한다. 아래는 2장에서 처음 제시된 Roald Dahl의 *The BFG*에서 가져온 예문인데, 투영하는 동사에는 밑줄을 그었다.

(13)Sophie took a small nibble.

“1[5)] (14i)‘Ugggggggh!’

2 (14ii)she spluttered.

“1[6] (19i)‘It tastes of frogskins!’

2 (19ii)she gasped.

“1 (21i)‘Worse than that!’

2 (21ii)cried the BFG,

“1[7] (23i)‘Do we really have to eat it?’

2 (23ii)Sophie said.

“1[8] (28i)‘Words,’

<2> (28ii)he said

“1 (28i)‘is oh such a twitch-tickling problem to me all my life.’

이 예문들은 Dahl이 선호하는 대화 스타일이 투영을 먼저 제시하고 투영하는 절을 뒤따르게 하는 것임을 보여 준다. 그는 단순한 동사 *say*를 사용하지 않고 투영하는 동사에 말하는 양상(manner)에 대한 의미를 포함하는 것을 선호하는데(*splutter, gasp, cry*), 독자들이 등장인물의 태도와 감정을 정확히 해독하는 것을 돕기 위해 사용된 전략이다.

종속적으로 나타난 말에서, 누군가의 생각 또는 말은 간접적인 형식으로 재포장된다. 이는 전통 문법의 간접 화법인데, 간접적 생각도 포함해야 한다. 유사하게 다양한 동사들이 종속적으로 투영하기 위해 사용되지만, 투영된 절은 투영하는 α 절에 대한 의존성이 표시되고(보통 *that*이나 *WH*

5) **[역자 주]** 원문에는 2 앞에 “가 표기되어 있으나 오류로 보여 수정하였다.
6) **[역자 주]** 원문에는 2 앞에 “가 표기되어 있으나 오류로 보여 수정하였다.
7) **[역자 주]** 원문에는 2 앞에 “가 표기되어 있으나 오류로 보여 수정하였다.
8) **[역자 주]** 원문에는 2 앞에 “가 표기되어 있으나 오류로 보여 수정하였다.

단어를 통합), 시제와 서법(mood)의 변화가 있어야 한다. 가령 우리가 Dahl의 병렬적 대화를 종속적으로 전환하면 어떤 일이 일어나는지 보자. *say* 예문에서, 전환은 상대적으로 쉽다. 우리가 투영하는 절을 첫째 위치로 옮기려고 하는 경향이 있다는 것과 직접 화법의 '색채'를 보통 잃는다는 것에 주목하라.

α Sophie asked
"β whether they really had to eat it.

다음 예문에서 말은 투영하는 절을 둘러싸고 분리되어서 제시된다.

"β Words,
<α> he said,
"β had been a problem to him all his life.

동사가 *say*에 색입혀진 것일 때, 종속적으로 나타난 말은 억지스럽게 들리기 시작한다.

α She gasped
"β that it tasted of frogskins.

α The BFG cried
"β that it was worse than that.

그리고 말이 감정의 표현일 때, 종속은 어구 바꾸기를 요구한다. '*Ugggggh!*'

*she spluttered*는 다음과 같이 되어야 한다.

α　Sophie spluttered

"β　that the taste was disgusting.

종속적으로 나타낸 말은 등장인물들을 삶으로 데려오는 데는 그리 성공적이지 않지만 누군가 말한 것의 의미를 요약하는 데는 더 효과적이다.

물론 투영하는 데 사용될 수 있는 같은 동사들이 단일 절 구조에서도 사용될 수 있다. 다음의 예문들을 비교해 보라.

단일 절, 말하기 과정	투영하는 절 복합체: 병렬	투영하는 절 복합체: 종속
She remarked scathingly on his new haircut. *그녀는 그의 새 헤어스타일에 대해 신랄하게 말했다.*	*'Your new haircut is appalling,' // she remarked.* *"너의 새 헤어스타일은 끔찍해", 그녀가 말했다.*	*She remarked // that his new haircut was appalling.* *그녀는 그의 새 헤어스타일이 끔찍하다고 말했다.*
He threatened her with violence. *그는 그녀를 난폭하게 위협했다.*	*'I'll kill you!' // he threatened.* *"널 죽일 거야!" 그가 위협했다.*	*He threatened that he would kill her.* *그는 그녀를 죽일 거라고 위협했다.*
I'll put you down for Monday. *월요일로 네 이름을 적을게.*	*'You'll do Monday,' // I'll put down.* *'너는 월요일에 할 거야', 내가 적을게.*	*I'll put down // that you'll do Monday.* *나는 네가 월요일에 할 거라고 적을게.*

생각의 투영

생각의 투영에서, 투영하는 절은 전형적으로 정신적 과정이다. 투영되는 것이 정보(가령 생각한 것)일 때, 사용되는 전형적인 동사들은 *know, believe, think, wonder, reflect, surmise, guess*(정신적으로 추정하는 의미에서)와 같은 인지의 정신적 과정(mental processes of cognition)이다. 그러나 우리는 우리가 아는 것이 아니라, 바라고 좋아하고 희망하고 두려워하는 것도 투영할 수 있다. 그러므로 몇몇 반응의 정신적 과정(mental processes of reaction)도 투영할 수 있다.

α I wish

‘β it had never happened to me.

마지막으로 우리는 언제나 단순히 우리 자신의 정신적 활동(activity)만을 기록하지 않으며 때로 다른 이들에게 정신적 활동을 수행하도록 촉구한다. 가령 첫 번째 Crying Baby Text(1장의 Text 1.1)에서 다음과 같은 것을 볼 수 있다.

α Remember

‘β that babies get bored

자유 간접 화법(free indirect speech) 또는 자유 간접 담화(free indirect discourse)

투영의 마지막 유형은 한 등장인물이 내레이션 또는 그 일부를 ‘초점화’하기 위해 사용되는 3인칭 내레이션에서 나타난다. 자유 간접 담화(FID)에서 서술자(그들이 묘사하는 3인칭 등장인물로부터 분리되는 것이 합리적임)는 등장인물의 말과 어조로 보이는 것을 슬쩍 집어넣는다. FID가 작동할 때 서술자와 등장인물 사이의 경계가 불분명해진다. 2장에서 제시된 Text 2.4, The Story of an Hour에서 가져온 다음 문장들을 보자.

(25)Now her bosom rose and fell tumultuously. (26i)She was beginning to recognize this thing that was approaching to possess her, (26ii)and she was striving to beat it back with her will – (26iii)as powerless as her two white slender hands would have been.

(27i)When she abandoned herself (27ii)a little whispered word escaped her slightly parted lips. (28i)She said it over and over under her breath: (28ii)'free, free, free!' (29)The vacant stare and the look of terror that had followed it went from her eyes. (30)They stayed keen and bright. (31i)Her pulses beat fast, (31ii)and the coursing blood warmed and relaxed every inch of her body.

이제 그녀의 가슴은 요동치며 마구 오르내렸다. 그녀에게 다가오는 그것이 무엇인지 곧 알아채기 시작했고, 그녀의 의지로 그것을 물리치려고 몸부림쳤다. 그러나 그 몸부림은 그녀의 하얗고 연약한 두 손처럼 무기력했다.

그것을 물리치려는 시도를 포기하고 나자 작게 속삭이는 소리가 그녀의 얇게 벌린 입술 사이로 새어 나왔다. "자유야, 자유, 자유!" 공허한 눈빛, 그리고 이어진 공포의 표정이 이젠 그녀의 눈에서 사라져 버렸다. 그녀의 눈빛은 날카로웠고 총명했다. 그녀의 맥박은 빠르게 뛰었고, 온 몸에 흐르는 피는 그녀의 몸 구석구석을 따뜻하고 편안하게 해 주었다.

텍스트의 이 절에서 우리는 서술자의 존재에 대해 강하게 의식하는데, 그의 묘사를 통해 우리는 Mrs Mallard의 경험에 접근한다. 그러나 감정이 고조되면서 서술자는 Mrs Mallard와 병합되는 것으로 보인다.

(40)And yet she had loved him – sometimes. (41)Often she had not. (42)What did it matter! (43i)What could love, the unsolved mystery, count for in face of this possession of self-assertion (43ii)which she suddenly recognized as the strongest impulse of her being!

그런데도 그녀는 가끔씩은 그를 사랑했다. 그러나 또 가끔 그녀는 그를 사랑하지 않기도 했다. 그게 무슨 상관이야! 그녀가 급작스레 자신의 존재에 대한 강렬한 충동을 느끼고 있는 자기 확인의 순간에, 풀리지 않는 미스터리인 사랑이 무슨 의미를 가질 수 있으랴!

우리는 여기에서 '*What did it matter! What could love* …'라고 생각 또는 말하는 사람이 객관적이고 외부적인 서술자가 아닌 Mrs Mallard라는 강한 느낌을 갖는다. 이 문장들의 생략된 부분을 채운다면 출처를 명백하게 만들 수 있다.

And yet she had loved him, she knew, sometimes.

Often, she knew, she had not.

What did it matter, thought Mrs Mallard

What could love count for, she thought.

그렇지만 그녀는 그녀도 알듯이 그를 가끔씩은 사랑했다.

그녀도 알듯이 가끔은 사랑하지 않았다.

그게 무슨 상관이야, Mallard 부인은 생각했다

사랑이 무슨 의미가 있어, 그녀는 생각했다.

이 채워진 버전과 Chopin이 사용한 생략 버전 모두 FID의 사례이다. Halliday가 지적했듯이 문법적으로 FID는 병렬적 투영과 종속적 투영의 사이에 놓인다.

그것은 서로 다른 두 유형의 몇몇 특질을 갖는다. 구조는 병렬적이고, 그래서 투영된 절은 인용된 형식의 서법을 보유하는 독립된 절의 형식을 갖는다. 그러나 그것은 보고(report)이고 인용(quote)이 아니어서, 시간과 인칭 지시가 전환된다(Halliday and Matthiessen 2004:465).

가령 *What could love count for, she thought*는 병렬인데, 하지만 인용의 표지가 없고 인용된 절의 시제 전환이 있다. *What could love count for*(FID)와 일반적인 생각의 병렬적 투영인 '*What can love count for?' she thought*를 비교해 보면 차이를 볼 수 있다.

서사학자 Rimmon-Kenan(2003:111-17)은 서술자의 보고 언어 내에서 등장인물의 발화나 생각의 개인방언(idiolect)을 재현할 수 있는 FID의 능력 때문에 FID가 의식의 흐름 쓰기(때로 '간접적인 내적 독백'이라 불림)에 종종 사용된다고 지적한다. FID가 실행되면, 독자는 누가 무엇을 생각하고 있는지 또는 담화의 출처가 무엇인지 결정하는 것이 항상 가능하지는 않다.

> FID는 화자와 태도의 복수성을 도입하여 텍스트의 이중음성성(bivocality) 또는 다중음성성(polyvocality)을 높인다 … 화자와 관련한 중의성이 나타나면 그 또한 발화와 그 출처 사이의 문제적 관계를 극적인 것으로 만든다(Rimmon-Kenan 2003:115).

출처가 중의적이므로, Rimmon-Kenan은 FID가 '양날 효과'를 낼 수 있다고 주장한다.

> 한편으로 등장인물과 구별되는 서술자의 존재는 역설적인 거리 두기를 만들 수 있다. 다른 한편으로 서술자의 말에 등장인물의 언어 또는 경험의 방식을 곁들인 것은 독자의 감정이입적 동일시를 촉진할 수 있다. … 아마도 가장 흥미로운 것은 중의성의 경우일 것인데, 여기에서 독자는 역설적 태도

와 감정이입적 태도 사이에서 선택할 방법이 없다(Rimmon-Kenan 2003:115).

Kate Chopin은 FID를 감정이입적으로 사용하고 있지만(우리로 하여금 초점화된 등장인물과 동일시하고 그녀의 감정적 경험을 공유하도록 함) James Joyce와 같은 저자들에게 FID는 종종 역설적으로 사용된다(가령 더블린 사람들(*Dubliners*)에 있는 짧은 이야기인 Araby를 보라).

투영된 생각 vs 내포된 사실(facts)

이제는 투영처럼 보이지만 그렇지 않은 한 유형의 구조를 상기할 때이다. 이는 8장(타동성)에서 처음 논의된 내포된 사실 절(embedded fact clauses)이다. 정신적 과정을 포함하는 다음의 두 예문을 비교해 보라.

Diana thought that she should become a blood donor(Diana는 혈액기증자가 되어야겠다고 생각했다.).

Diana regretted that she'd become a blood donor(Diana는 혈액기증자가 된 것을 후회했다.).

첫째 예문은 종속적 생각이고 다음과 같이 분석되어야 한다.

α	Diana thought
‘β	that she should become a blood donor

하지만 Halliday의 분석에서 둘째 예문은 그렇지 않다. 그것은 다음과 같이 분석되는 하나의 절, 정신적 과정이다.

Diana	*regretted*	*{{that she'd become a blood donor.}}*
Senser	Pr:mental	Phenomenon:fact

이 둘의 차이는 무엇인가? 의미적으로 첫째 예문에는 인지 동사(*thought*)가 있고, 감각자(*Diana*)를 행위적인(agentive) 정신 활동을 할 수 있는 것으로 해석한다. 그녀의 정신 활동의 결과는 완전한 명제, 절 그 자체이다. 투영된 절은 첫 번째 절에 내포된 성분으로 분석될 수 없는데, 그 앞에 어떤 사실(Fact) 명사도 넣을 수 없기 때문이다.

*Diana thought [the fact] that she should become a blood donor.

그러나 두 번째 예문에는 8장에서 언급한 도치 가능한(reversible) 정신적 과정의 하나가 있다. 우리는 다음과 같은 짝을 구성할 수 있다.

Diana	*regretted*		*{{that she'd become a blood donor.}}*
Senser	Pr:mental		Phenomenon:fact
Subject	Finite	Predicator	Complement
MOOD		RESIDUE	

That she'd become a blood donor	*annoyed*		*Diana*
Phenomenon:fact[9)]	Pr:mental		Senser[10)]
Subject	Finite	Predicator	Complement
MOOD		RESIDUE	

이는 *that she'd become a blood donor*가 투영이 아니라 절의 내포된 성분

9) **[역자 주]** 원문에서는 Senser로 표기되었으나 오류로 보여 수정하였다.
10) **[역자 주]** 원문에서는 Phenomenon:fact로 표기되었으나 오류로 보여 수정하였다.

임을 보여 주고, 암시된 사실 명사를 넣어 봄으로써 이것을 확인할 수 있다.

Diana regretted [the fact] that she'd become a blood donor.

이 내포된 '사실(facts)'을 어떻게 확인할 수 있는가? 몇 가지 테스트가 있다.

1. 투영하는 동사의 유형: 인지의 정신적 과정(mental processes of cognition)은 보통 생각을 투영하지만, 반응의 정신적 과정(mental processes of reaction, 도치 가능한 유형)은 보통 현상:사실(Phenomenon:fact)이 뒤따른다. 즉 그것들은 투영하지 않는다. 현상:사실을 주어로 하는 능동절을 형성할 수 있게 하는 그 동사의 의미적 상대를 찾을 수 있으므로 정신적 과정의 이 하위 유형을 인식할 수 있다. 가령 *regret/annoy*가 그러한 짝이 된다.

Diana	*regretted*	*[[that she'd become a blood donor.]]*
Subject/Senser		Phenomenon:fact

[[That she'd become a blood donor]]	*annoyed*	*Diana*
Phenomenon:fact		Subject/Senser

2. 투영하는 절 복합체로부터는 단일한 수동절을 만들 수 없다.

*That she'd become a blood donor was thought by Diana.

3. 내포된 현상:사실을 다루고 있다면, 핵 명사 'the fact'를 정신적 과정 다음에 넣을 수 있다.

Diana regretted [the fact] that she'd become a blood donor.

그러나 다음은 불가능하다.

*Diana thought [the fact] that she'd become a blood donor.

투영과 내포된 사실 사이의 문법적 차이는 몇몇 정신적 과정을 덜 행위적인(less agentive) 것으로 분석한다. 우리가 인지의 과정을 통제하고 있는 반면에(문법이 시사함), 반응의 과정은 거의 겪는다.

확장의 시스템

투영 시스템이 말과 생각을 절 복합체로 포합하도록 하는 반면에, 확장의 시스템은 의미의 **정교화, 확대, 증진**이라는 세 가지 주요한 방식으로 절의 경험적 의미를 발전시키도록 한다. 2장에서 보았듯이 정교화는 재진술의 관계이고 확장은 부가 또는 변이(variation)의 관계이고, 증진은 다른 모든 것이다(시간, 공간, 원인, 조건 관계).

2장에서 보았듯이 확장의 논리 의미 시스템은 절 복합체에서의 관계에 국한되지 않는다. 그것은 접속(conjuction)의 응집적 관계도 기술한다. 그러나 2장에서 수행한 것과 여기에서 수행할 것 사이에 중요한 차이가 있다.

절 복합체 분석에서 우리는 **문장 내부의 절들 사이의 구조적 관계**를 분석한다. 접속 응집성에서는 **텍스트 내부 문장들 사이의 구조화되지 않은 관계**를 분석했었다. 의미 관계의 범위는 유사한 것으로 드러나지만, 절 복합체 관계의 영역은 접속 응집성의 영역과 다르다.

유사하게 이들 논리 의미 관계의 표지에서 겹침과 차이 모두를 발견한다. 구조적인 절 복합체 관계를 실현하는 많은 단어들이 2장에서 분석했던 것과 같은 단어 부류(접속어)이다. *so, but, that is, thus*와 같은 단어들은 절들을 절 복합체로 연결하는 것과 응집적으로 문장을 다른 문장으로 연결하는 데 모두 기능할 수 있다. 그러나 이 단어들은 절들을 절 복합체로 연결할 때 구조적 관계를 만들기 위해 작동하고 있다. 그것들이 문장이나 단락과 같은 텍스트의 더 큰 단위를 다른 문장/단락 등에 연결할 때에는 2장에서 설명된 것과 같이 비구조적으로 기능하고 있다. 절들 사이의 구조적 관계만을 표현하고 응집적 연결을 만드는 데는 기능할 수 없는 많은 단어들도 있다.

확장의 논리 의미 관계가 두 가지 다른 유형의 분석에서 나타나는 것에 대해 혼란스러워하거나 놀랄 필요가 없다. 사실 Halliday는 논리 의미 범주가 영어의 '자연 논리'를 반영하기 때문에 확장의 의미 관계가 많은 등급에서, 그리고 어휘 문법의 많은 단위들 사이에서 작동한다고 제안한다. 그는 Halliday and Matthiessen(2004:598-9)에서 이 다양한 확장의 실현을 표로 정리한다. 다른 체계주의자들도 논리 의미 범주가 다양한 담화 현상에 대해 강력한 기술을 제공함을 발견해 왔다(예: Eggins and Slade 1997, Martin and Rose 2003).

2장에서 언급했듯이 Halliday는 각 유형의 확장 관계를 표시하기 위한 표기법을 제안한다. 사용된 수학 기호는 다음과 같은 의미를 나타낸다.

정교화: =로 나타냄

확대: +로 나타냄

증진: x로 나타냄

Halliday and Matthiessen(2004)와 Martin et al.(1997)에서는 모든 확장 관

계에 대한 논의와 예문에 많은 페이지를 할당한다. 여기에서는 각 관계 유형을 분석하고 해석하는 데 필요한 최소한의 설명을 제공한다.

정교화(elaboration): =

정교화에서, 하나의 절은 세 가지 중 하나의 방식으로 다른 절의 의미를 더 구체화하거나(specifying) 묘사함(describing)으로써 다른 절의 의미를 정교화한다.

i) **상술(exposition)**: '다시 말해서'. 이차 절은 일차 절의 핵심 의미를 다른 관점에서 제시하거나 메시지를 강조하기 위해 다른 말로 다시 말한다. 예는 다음과 같다.

1 (10i)So I'm sort of hypervigilant, you know, (그러니까 저는 과민하고)
=2 (10ii)I'm always on the alert, (항상 경계 태세에 있고)

이 관계를 명백히 보여 주는 전형적인 접속어는 *or(rather), in other words, that is to say, i.e.*이다. 하지만 병렬 짝(paratactic pairs)에서는 종종 접속어가 사용되지 않고, 쉼표나 쌍점, 억양 경계(tone boundary)가 나타난다. 'that is'나 'I mean'을 삽입하여 이 관계인지를 테스트해 볼 수 있다.

ii) **예시(exemplification)**: '예를 들어'. 이차 절은 종종 실제적인 사례를 들면서 더 구체적인 것이 됨으로써 일차 절의 의미를 진전시킨다.

1 She took the fastest route home; (그녀는 집으로 가는 가장 빠른 길을 택했다;)
=2 she took the shortcut near the river. (그녀는 강 근처의 지름길을 택했다.)

이 관계를 명백히 보여 주는 접속어는 *for example, for instance, in particular, e.g.*이다.

iii) **명료화**(clarification): '정확히 말해'. 이차 절은 어떤 형식의 설명이나 설명적 논평(comment)으로 뒷받침하며 일차 절을 명료화한다. 전형적인 접속어는 *in fact, actually, indeed, at least, what I mean is*를 포함한다.

아래는 약간 더 복합적인 예이다.

1		(17iv)it's like having asthma or something (그건 천식 같은 것처럼)
=2	1	(17v)some days it's good (어느 날은 괜찮고)
	+2	(17vi)and some days it's not good. (어느 날은 좋지 않아요.)

절 iv)에서 Bell은 PTSD(외상 후 스트레스 장애)를 겪는 것은 천식을 앓는 것과 같다는 직유법을 구성한다. 그러고 나서 그것을 보다 정확한 말로 재진술함으로써 그 주장을 설명하는데, 그 정교화는 *some days*와 *other days* 사이의 대조를 포함하기 때문에 두 절로 나타난다. 이 포개기(nesting)를 포착하기 위해 들여쓰기를 사용한 것에 주목하라.

이 모든 유형의 정교화에 공통된 것은 이차 절이 의미의 새 요소를 도입하지 않으며, 재진술하고 명료화하고 정제하고 묘사적인(descriptive) 속성이나 논평을 더함으로써 이미 존재하는 의미의 더 나아간 특징을 제시한다는 것이다. 정교화를 나타내기 위해 사용된 = 표시는 그것의 '재진술' 의미를 보여 준다.

확장이 배열과 교차선택하므로, 병렬적 정교화와 종속적 정교화가 있을 수 있다. 비교해 보라.

(2i)The experience was spectacularly new to me; (2ii)I had nothing to compare it with(그 경험은 나에게 놀랄 만큼 새로운 것이었다; 그것과 비교할 수 있는 것이 없었다)

The experience was spectacularly new to me, being a completely unfamiliar sensation(그 경험은 전혀 생소한 느낌이 되어, 나에게 놀랄 만큼 새로웠다.).

첫 번째 예문에는 두 개의 독립 절(병렬)이 있는데, 두 번째 절이 첫 번째 절의 의미를 대체로 재진술하거나 환언한다. 명시적인 접속어인 *that is*나 *I mean to say*를 삽입함으로써 이것을 포착할 수 있다. 두 번째 예문에서는 유사한 의미가 만들어지나 둘째 절(비한정)이 첫째 절에 구조적으로 의존하면서 종속적 정교화의 절 복합체를 보여 준다. 비한정절의 주어는 주절의 주어(*the experience*)와 같은 것으로 상정되어야 하므로 비한정절의 표현을 약간 바꾸어야 한다. 아래의 예문은 구어에서 일반적이기는 하지만 엄밀히 말해 문법적으로 잘못되었는데, 두 번째 절의 암시된 주어가 *I*이기 때문이다.

*The experience was spectacularly new to me, having nothing to compare it with.

종속적 정교화는 전형적으로, 전통적으로 **비제한적 관계절(non-defining relative clause)(한정**이든 **비한정**이든)로 알려진 구조를 통하여 표현된다. 비제한적 관계절은 이미 충분히 특정적인 어떤 것에 대하여 더 나아간 특징을 더한다. 비제한적 관계의 영역은 전체 절이거나 그것의 성분이다. 세 유형의 비제한적 절이 일반적이다.

1. 일차 절 전체 또는 명사 그룹 이상에 해당하는 부분을 영역으로 하는 *which* 비제한적 관계절.

The experience changed my life, which is not surprising really(그 경험이 내 인생을 바꾸어 놓았다. 그건 정말 놀랍지 않다.).
- 여기에서 우리는 이전 절 전체에 대해 정교화하는 비제한적 관계절을 볼 수 있다. 이들은 항상 α^β로 구조화된다.

2. 명사 그룹을 영역으로 하는 *which, that, who, whose, that* 관계절.

The experience changed my life, which until then had been quite ordinary (그 경험은 그때까지 꽤 평범했던 내 인생을 바꾸어 놓았다.).
- 이는 명사 그룹 *my life*를 정교화하는 비제한적 관계절이다.

Text 9.2의 뒤얽힌 절 복합체의 중간에 이 유형의 구조가 있었다.

(10v)at a deeper level it is a sort of hypervigilance (10vi)that people with PTSD seem to suffer from(더 깊은 측면에 있어 그건 PTSD를 앓는 사람들이 겪는 것으로 보이는 일종의 과민이라고).

여기에서는 비제한적 관계절 (10vi)가 명사 그룹 *a sort of hypervigilance*를 정교화한다.

명사 그룹이 일차 절의 마지막에 있지 않을 때, 이차 절은 명사 그룹과 인접하기 위해 종종 둘러싸이게 된다.

The experience, which was spectacularly new to me, took me seconds to understand(그 경험은, 나에게 놀랄 만큼 새로웠는데, 이해하는 데 몇 초가 걸렸다.).

여기에서 구조는 α^<β>^α이고 다음과 같이 표시될 수 있다.

α	The experience,
<=β>	which was spectacularly new to me,
α	took me seconds to understand.

3. 시간이나 장소 표현을 영역으로 하는 *which, when, where* 절.

α	She was shot quite late at night, (그녀는 꽤 늦은 밤에 총에 맞았는데,)
=β	which is when those suburban back streets are deserted. (그때는 교외의 뒷골목에 인적이 드문 때였다.)

비제한적 vs 제한적 관계절

비제한적 관계절과 관련된 한 가지 문제는 가까운 친척인 **제한적 관계절**과 혼동하지 말아야 한다는 것이다. 둘은 의미와 표현에서 서로 다르다. 비교해 보라.

비제한적 관계절

The girl, who was wearing new maroon shoes, was shot in the back.

– *the girl*에 대한 묘사적인 세부사항을 정교화하는 비제한적 관계절

제한적 관계절

The girl who was wearing new maroon shoes was shot in the back.

– 이는 어떤 소녀가 총격당했는지 말해 준다. 소녀는 검은 신발을 신은 소녀가 아니라 갈색 신발을 신은 소녀이다.

이 예문들이 보여 주듯이, 비제한적 관계절은 확장된 절 복합체이지만 제한적 관계절은 명사 그룹에 내포된 구조이다. 글쓰기에서 비제한적 관계절은 구두점으로 구별된다(α 절 안에 삽입되어 있으면 짝지어진 쉼표로, 끝에 첨가되어 있다면 줄표로 표시됨). 제한적 관계절은 그들이 수식하는 명사나 명사 그룹으로부터 구두점으로 분리되지 않는다. 이러한 구두점 차이는 우리가 발화에서 만드는 억양 차이를 반영한다. 비제한적 관계절은 보통 α 절과 분리된 억양(tone) 그룹으로 산출된다. 제한적 관계절은 같은 억양 그룹을 공유한다.

확대(extension): +: 부가됨

두 번째 유형의 확장 관계는 확대 관계이다. 확대에서, 하나의 절은 새로운 무언가를 더함으로써 다른 절의 의미를 확대한다. Halliday는 두 개의 주요 범주를 분간한다. **부가**(addition)와 **변이**(variation)가 그것이다.

1. **부가**: 하나의 과정(process)이 다른 것에 단순히 결합되며 그들 사이의 인과적, 시간적 관계에 대한 함의가 없다. 그 관계는 단순한 부가이거나(*and*), 부정적인 부가이거나(*nor*), 대조(adversative)이다(*but*). 예를 들어 Diana가 다음과 같이 말할 때,

1 (5i)And I was really impressed (그리고 난 정말 감명받았고)

+2 (5ii)and you know I had to give blood (알다시피 피를 전달해야 했어)

그녀는 자신이 어떻게 느꼈는지를 말하며 단순히 둘째 사건을 결합한다. 유사하게, Gail Bell이 다음과 같이 말할 때,

1 (15i)But the parts of the mind hold on to that (하지만 마음의 일부가 그것을 붙들고 있고)

+2 (15ii)and remain vigilant (경계를 늦추지 않아요)

그녀는 첫째 절을 단순히 확대한다. 그녀가 PTSD에 대해 말할 때,

1 (17v)some days it's good (어느 날은 괜찮고)

+2 (17vi)and some days it's not good. (어느 날은 좋지 않아요.)

그녀는 대조적인 확대를 부가한다. 그녀는 둘째 절을 *but*으로 쉽게 도입할 수도 있었다.

2. **변이**: 하나의 절이 다른 절의 전체적이거나 부분적인 대안(replacement)으로서 제시된다. 그 의미 및 일반적인 접속어는 *or, instead of, except for*이다. 예는 다음과 같다.

1 (9i)The body is lifted up (몸은 들어올려지거나)

+2 (9ii)or thrown sideways by some mad poltergeist (화가 난 시끄러운 영혼에 의해 옆으로 던져지고)

이 모든 **병렬적 확대**의 사례(1+2로 보임)는 전통 문법에서 절들의 **대등** 관계로 언급되었던 것이다.

종속적 확대(α+β)는 부가나 변이라는 동일한 두 의미를 표현하지만 확

장되는 절이 의존적이고 한정이거나 비한정이다. 한정이라면, 부가 관계의 종속적인 절은 *whereas, while*로 도입된다. 앞서 본 사례의 종속적 변이형을 분석한 것이 아래에 있다.

α Some days it's good,

+β while some days it's not good

종속적 확대, 특히 비한정은 종종 접속어처럼 기능하는 전치사 또는 전치사 그룹으로 도입된다. *besides, apart from, instead of, other than, without*이 그 예가 된다.

증진(enhancing): x: 증대됨(is multiplied by)

확장의 가장 큰 하위 범주는 증진이다. 이 관계에서 하나의 절은 많은 방식(시간, 공간, 양상(manner), 원인, 조건 지시 (결과를 포함하여)) 중 하나로 다른 절의 의미를 증진시킨다. 이 의미는 절의 타동성 구조에서 상황(Circumstances)으로 표현되었던 것과 유사함에 주목하라. 사실 증진은 상황(circumstantial) 의미를 발전시키는 데 있어서 '다음 단계'로 생각될 수 있다. 상황적 정보가 충분히 중요하면, 그것은 단일 절에서 꺼내어져 증진된 절 복합체로 확장될 것이다.

증진 역시 병렬적이거나 종속적일 수 있고, 종속적이라면 한정이거나 비한정일 수 있다. Halliday and Matthiessen(2004:410-22)에서는 모든 하위 유형에 대한 많은 사례와 논의를 제시하였다. 여기에서는 1장부터 9장까지 제시된 텍스트로부터 취할 수 있는 주요한 하위 유형의 몇몇 사례를 제시할 것이다.

시간: when?(언제?) at what time?(몇 시에?)

i) 같은 시간

xβ Just when I feared we would have to turn back, (다시 온 길을 돌아 가야 하는 건 아닐까 두려워하고 있을 때)

α I saw a light that looked like a fire. (나는 꼭 불처럼 보이는 불빛을 보았다.)

ii) 다른 시간

1 At first I was proud to do it, (처음에는 이 일을 맡게 되어 스스로 자랑스러운 마음이었고,)

x2 then nervous (곧 초조한 마음이 들었고)

x3 and now I'm terrified. (지금은 너무도 겁에 질려 있다.)

공간: where?(어디에서?) whereabouts?(어느 곳에?)

α Donovan was hunting her, (Donovan은 그녀를 찾고 있었다.)

xβ wherever she might go. (그녀가 갈 수 있는 곳이라면 어디든)

양상(manner): how?(어떻게?) in what way?(어떤 방식으로?) by what means? (어떤 수단으로?) like what?(무엇처럼?)

α (63i)It was Brently Mallard who entered, a little travel-stained, (집 안으로 들어온 사람은 여행자의 지친 모습이 옅게 나타난 Brently Mallard

였다.)

xβ (63ii)composedly carrying his grip-sack and umbrella. (아무렇지도 않은 듯 여행가방과 우산을 들고 있는)

α His gaze ran down her body, (그의 시선은 그녀의 몸을 훑어 내려갔다.)

xβ lingering, (오래 머무르며)

xγ touching, (접촉하며)

xδ seeking (찾으며)

원인

i) 원인: 이유(reason)[11]

α I ducked, (나는 몸을 숙였다.)

xβ sending him over my back and into the fire. (그가 내 등 위를 지나 불 속에 들어가도록)

ii) 원인: 목적

xβ (1i)Knowing that Mrs Mallard was afflicted with a heart trouble, (Mallard 부인이 심장 문제로 고통받고 있다는 점을 알고,)

α (1ii)great care was taken ... (주의가 기울여졌다)

11) **[역자 주]** i)의 예문은 '이유'보다는 '목적'에 해당되는 것으로 보인다. 반대로 아래 ii)의 예문은 '목적'보다는 '이유'에 해당되는 것으로 보인다.

조건과 양보

조건:

α　A trip, reunion or important talk that you could not fit in last month will be more straightforward or enjoyable (지난 달에 시간을 낼 수 없었던 여행, 모임, 또는 중요한 대화가 더 쉽거나 즐거울 것이다.)

xβ　if you wait until November. (당신이 11월까지 기다린다면)

xβ　If you don't wait until November, (11월까지 기다리지 않는다면,)

α　you could find yourself in trouble. (곤경에 빠질 수 있다.)

양보:

α　Nobody paid any attention to her, (아무도 그녀에게 관심을 기울이지 않았다.)

xβ　despite her being in charge of the whole thing. (그녀가 모든 일을 책임지고 있음에도)

더 긴 절 복합체 분석하기: 혼합된 배열, 포개기, 생략

지금부터 알게 될 것처럼, 실제 텍스트에서 많은 절 복합체는 세 절 이상을 포함한다. 절 복합체가 세 절 이상을 포함하면, 배열에서의 전환과 투영 및 확장 관계의 엮임이 발생할 가능성이 생긴다. 절들은 생략될 수도 있고 구어에서는 때로 포기되거나(abandoned) 불완전해질 수 있다. 실제 절 복합체를 분석할 때, 세 가지 원리를 마음에 새겨 두는 것이 도움이 될 것이다.

1. 배열이 변하면 구조의 다른 층위(즉 분석에서 들여쓰기의 다른 층위)를 인식해야 한다.
2. 같은 절 복합체에서 확장뿐 아니라 투영이 일어나면, 구조에서 적어도 한 층위를 더 인식할 필요가 있다.
3. 배열이 변하지 않으면, 절 연쇄가 구조상 같은 층위에 있는지 아닌지를 결정하기 위해 포개기 테스트를 할 필요가 있다.

즉 배열을 전환하는 복합체에서, 그리고 투영과 확장 사이에서 움직이는 복합체에서, 우리는 포개기 또는 '내적 괄호매김(internal bracketing)'을 확인할 필요가 있다. 우리는 5장에서 처음 내적 괄호매김을 보았었다. 아래와 같은 구조였다.

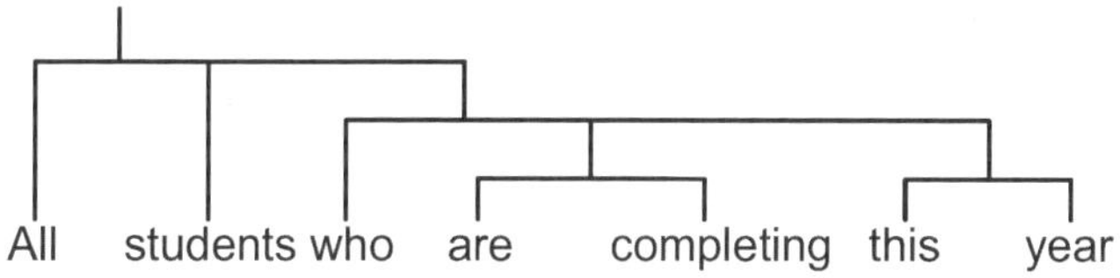

여기에서 우리는 [*who are completing this year*]가 묶음을 이루고 하나의 슬롯을 채우기 위해 함께 기능한다는 것을 보이기 위해 괄호가 필요하다는 것을 언급했다. 유사하게, [*this year*]도 이 낮은 층위에서 [*are completing*]과 구별되는 하나의 단어 그룹을 구성한다. 그때 우리가 인식한 것은 단어 등급의 몇몇 성분들이 같은 등급의 비인접 성분보다 다른 인접 성분과 더 밀접하게 관련된다는 것이었다. 즉 *this*는 *completing*보다 *year*와 더 밀접히 관련되었다.

같은 원리가 절 복합체에 적용된다. 복합체의 몇몇 절은 인접한 절과 직접 묶이고, 그것들이 함께 또 다른 절과 관련된다. 이것이 **포개기**(nesting)이다.

다음의 절 복합체를 보자.

(4i)One minute I'd been walking with intent (4ii)(I was late), (4iii)the next I was off balance, (4iv)faltering towards a full stop(잠시 동안은 내 의지로 걷고 있었고(나는 늦었었다), 이내 균형을 잃었는데, 완전히 멈출 때까지 비틀거렸다.).

네 개의 절이 있지만 *one minute*과 *the next* 사이에서 설정되는 대조에 기반하여 절 복합체가 논리적으로 두 부분으로 나뉜다.

One minute I'd been walking with intent (I was late)	the next I was off balance, faltering towards a full stop

이제 이 2분 구조의 각 부분이 둘로 나뉘는 것을 볼 수 있다. 절 *I was late*는 *One minute I'd been walking with intent*와 매우 밀접하게 관련되는데, 그 절에 대한 증진에 해당하고(*because I was late*를 함의함), 구조의 두 번째 부분과 직접적으로 관련되지 않는다. 유사하게, *faltering towards a full stop*은 *the next I was off balance*에 명료화로서 묶여 있고, 처음의 두 절과 직접적으로 묶여 있지 않다. 아래에 우리가 이 포개기를 어떻게 포착하는지를 제시하였다.

1	1	(4i)One minute I'd been walking with intent
	x2	(4ii)(I was late),

x2 α $_{(4iii)}$the next I was off balance

=β $_{(4iv)}$faltering towards a full stop.

어떻게 더 원리화된 방법으로 이것을 알아낼 수 있는가? 5장에서 포개진 성분들을 식별하는 데 사용한 것과 정확히 같은 방법, 즉 이동 가능성과 삭제를 적용할 수 있다.

이동 가능성 테스트

순서를 바꿀 때 어떤 조각들이 함께 이동할 필요가 있는 것으로 보이는가? 예를 들어 여기에서 순서를 바꾸면 다음과 같은 것을 얻을 수 있다.

The second moment I was off balance, faltering towards a full stop, but the first moment I'd been walking with intent (I was late).

다음과 같은 것은 불가능하다.

*The second moment I was off balance, (I was late), faltering towards a full stop, but the first moment I'd been walking with intent.

삭제 테스트

구조에서 한 요소를 삭제하면 어떤 것이 함께 삭제되고 어떤 것이 남는가? 예를 들어 *One minute I'd been walking with intent*를 삭제하려고 할 때, 남은 것이 말이 되지 않음을 알게 된다.

*I was late, the next I was off balance, faltering towards a full stop.

다음과 같이 말할 수도 없다.

*One minute I'd been walking with intent (I was late), faltering towards a full stop.

하지만 다음과 같이 말할 수는 있다.

One minute I'd been walking with intent, the next I was off balance, faltering towards a full stop.

다음도 가능하다.

One minute I'd been walking with intent (I was late), the next I was off balance.

그러므로 내적 괄호매김 테스트는 확장된 절 복합체에서 인식할 필요가 있는 구조의 층위를 보여 줄 것이다. 같은 테스트가 투영된 복합체에서도 적용된다. 다음의 예를 보자.

(8i)Soldiers [[who are primed for gun battle]] have told me (8ii)that even in a state of highest combat alert, (8iii)being shot still comes as a surprise(총격전에 대비되어 있는 군인들이 내게 말하기를 가장 높은 전투 경계 태세에서조차 총에 맞는 것은 여전히 놀라운 일로 다가온다고 했다.).

첫째 절이 말의 투영을 설정한다는 것을 알 수 있을 것이다(동사 *told*).

그러면 그녀가 들은 말은 무엇인가? 답은 절 복합체의 나머지 모두이다. 즉 말 자체가 두 절로 이루어져 있고 그 두 절이 투영하는 α 절보다 서로 더 밀접히 관련된다. 각 절을 독립적으로 이동시켜 봄으로써 이 주장을 테스트할 수 있다.

*That even in a state of highest combat alert, soldiers have told me being shot still comes as a surprise.

*Being shot still comes as a surprise soldiers have told me that even in a state of highest combat alert.

그리고 문제없이 삭제할 수 있는 유일한 절이 *that even in a state of highest combat alert*라는 것을 알 수 있을 것이다. 아래는 포개진 구조를 포착하는 방식을 보인 것이다.

α		(8i)Soldiers [[who are primed for gun battle]] have told me
“β	xβ	(8ii)that even in a state of highest combat alert,
	α	(8iii)being shot still comes as a surprise.

이제 631쪽에서 제시된 짧은 원리에 대한 기반을 인정할 수 있다. 몇 가지를 명료히 한 후에 Text 9.1과 9.2의 복잡하게 얽힌 절 복합체를 부호화하여 이러한 원리들이 작동한다는 것을 보일 것이다.

and, but과 암시된 접속어에 대하여

명시적인 접속어가 작동 중인 논리 의미 관계의 유형을 확인하도록 도울 수 있지만, 다음과 같은 것을 염두에 둘 필요가 있다.

i) 어떤 접속어는 둘 이상의 논리 의미적 의미를 표현할 수 있다.

ii) 어떤 논리 의미 범주는 직접 표현되기보다는 암시된다.

첫 번째 상황의 명백한 사례는 접속어 *but*인데, 그것은 확대와 증진의 의미를 표현할 수 있다. *but*이 증진 의미 외에 표현할 수 있는 확대의 하위 유형들을 염두에 둔다면 분류하는 데 도움이 될 수 있다. Martin et al.(1997:186-7)을 가져와 다음과 같은 가이드를 제시한다.

확대의 *but*

1. 대조 의미: 접속어 *in contrast, by contrast, on the other hand*로 대체해 본다.

Text 9.1의 예:

in that pause where visual contact might have been made *but* wasn't (눈이 마주칠 수도 있었지만 그러지 않았던 바로 그 순간에)

Text 1.3의 예:

(31)Luckily I didn't have that with the second baby *but* the first one was that typical colicky sort of stuff from about five o'clock. (난 운 좋게도 둘째 아기 때는 없었지만 첫째 아기 때는 약 5시부터 꼭 전형적인 산통 같은 것이 따랐었지.)

2. 대안 의미(replacive): 부정 극성 구조에서 나타난다. *instead, rather*로 대체해 본다.

It isn't that Gail Bell did anything to provoke the attack, *but* just that she was in the wrong place at the wrong time. (게일 벨이 공격을 유발하려고 어떤 행동을 한 것이 아니라, 단지 그녀가 잘못된 시간에 잘못된 장소에 있었던 것이다.)

3. 제외 의미(subtractive): *except*의 의미.

(29i)I almost wrote (29ii)'he gunned the car', (29iii)*but* it was me, the girl in the new maroon shoes, he gunned. (나는 하마터면 '그가 자동차에 총을 쏘았다'고 쓸 뻔했지만, 그가 쏜 것은 나, 새 갈색 신발을 신은 소녀였다.)

'As I am telling you before, I know exactly what words I am wanting to say, *but* somehow or other they is always getting squiff-squiddled around.' (전에도 말했듯 내가 무슨 말을 하고 싶은지 난 정확히 알고 있지만 어찌되었건 간에 말하다보면 이상하게 엉망진창이 되더라고.)

이 대안들 중 어느 것도 적절하지 않다면, *but*의 증진 용법을 보고 있을 것이다.

4. 증진의 *but*:

Martin et al.은 이 의미를 '좌절된 원인'으로 불렀다. 여기에서 *but*은 상황이 예상되었던 효과를 야기하지 않음을 나타낸다(Martin et al. 1997:186). 가장 가까운 주석은 *yet, despite all that*일 것이다.

Text 1.1의 예:

(2i)You feed him, (2ii)you change him, (2iii)you nurse him, (2iv)you try to settle him, (2v)*but* the minute you put him down (2vi)he starts to howl. (당신은 아기를 먹이고, 당신은 그의 기저귀를 바꿔 주고, 당신은 그를 보살피고, 당신은 그를 안정시키려고 애를 쓰지만, 그를 내려놓는 순간, 그는 큰 소리로 울어대기 시작한다.)

Text 1.2의 예:

(8i)Counselling about normal crying may relieve guilt (8ii)and diminish concerns, (8iii)*but* for some the distress caused by the crying cannot be suppressed by logical reasoning. (정상적인 울음에 대한 상담은 죄책감과 걱정을 덜어 줄 수 있지만, 일부 사람들에게는 울음으로 인한 괴로움은 어떠한 논리적인 이유로든 사라지지 않는다.)

하나의 접속어가 다양한 논리 의미 관계를 표현할 수 있을 뿐 아니라, 때로는 절 사이의 실제 논리 의미 관계가 암시된 채로 남아 있기도 한다. 병렬적 정교화 관계가 접속어에 의해 표현되지 않는 일이 빈번하다는 것, 단지 구두점이나 억양 표지로 표현된다는 것을 보았다. 약간 더 혼란스러운 것은 접속어 *and*가 논리 의미적 복합체를 증진시키는 데 사용될 때이다. 아래의 예를 보자.

(13i)When that pulse of comprehension arrived, (13ii)I turned (13iii)and ran for my life. (이해가 정확히 되었을 때, 나는 몸을 돌려 목숨을 걸고 달렸다.)

(13iii)의 접속어 *and*가 이것을 확대 관계로 부호화하도록 이끌 것이지만, 좀 더 자세히 보면 이것이 증진된 절 복합체임을 알 수 있을 것이다. *and* '뒤에' 암시된 것은 시간적 의미인 *then*이다. 이 두 사건/절을 연결하는 논리는 일종의 시간적 연쇄이다. 정확한 분석은 다음과 같다.

β		(13i)When that pulse of comprehension arrived,
α	1	(13ii)I turned
	x2	(13iii)and ran for my life.

아래의 예에서 서로 다른 표지들이 쓰였거나 표지가 없음에도 불구하고 우리는 일련의 증진된 시간적 관계를 볼 수 있다.

xβ		(28i)As I ran away (내가 도망칠 때)
α	1	(28ii)he revved the motor of his car, (그는 차의 모터 회전 속도를 높였고,)
	x2	(28iii)spun gravel (바닥의 자갈을 튀기며)
	x3	(28iv)and sped out of sight (차가 보이지도 않게 질주해 사라졌다.)

비한정 가려내기

비한정절은 정의상 종속적이지만, 그것이 정교화, 확대, 증진을 표현할 수 있기 때문에 때로 어떤 유형의 확장을 표현하고 있는지 결정하기가 어렵다. 권장되는 절차는 비한정절을 가장 밀접히 관련된 한정 형식으로 바꾸어 보는 것이다. 대응 관계는 다음과 같다.

1. 한정 형식이 비제한적 관계절이면 비한정은 정교화이다.

2. 한정 형식이 (*and, but, or*로 도입되는) 대등절이면 비한정은 확대이다.

3. 한정 형식이 증진된 절이면 비한정은 증진이다.

예를 들어 Roald Dahl은 등장인물 사이의 대화 묘사에서 비한정절을 매우 선호한다. 아래에 한 예를 제시한다.

(10i)'No, thank you,' (10ii)Sophie said, (10iii)backing away. ("아니야, 난 괜찮아," 라고 Sophie는 뒤로 물러서며 말했다.)

비한정절 *backing away*를 어떻게 부호화할 수 있는가? 그것을 한정절로 바꾸면 *as she backed away*를 얻을 수 있는데, 그것은 명백히 시간의 증진 관계이다. 그러므로 옳은 분석은 다음과 같다.

"1[12]		(10i)'No, thank you,'
2	α	(10ii)Sophie said,
	xβ	(10iii)backing away.

다음의 예문도 명백히 증진에 해당한다.

"1[13]		(21i)'Worse than that!' ("아마 그보다 더할걸!")
2	α	(21ii)cried the BFG, (착한 거인 친구는 말했다.)
	xβ	(21iii)roaring with laughter. (*as he roared with laughter*) (깔

12) **[역자 주]** 원문에는 2 앞에 "가 표기되어 있으나 오류로 보여 수정하였다.
13) **[역자 주]** 원문에는 2 앞에 "가 표기되어 있으나 오류로 보여 수정하였다.

깔 웃어대며)

하지만 다음 예문의 비한정절은 덜 분명하다. 그것은 관계절(정교화) 또는 시간적 증진으로 주석될 수 있다.

(39i)'You do?' (39ii)cried the BFG, (39iii)suddenly brightening. (*who brightened suddenly* or *as he brightened suddenly*) ("정말 그래?"라고 갑자기 얼굴이 환해진 착한 거인 친구는 소리치며 물었다. / "정말 그래?"라고 착한 거인 친구는 갑자기 얼굴이 환해지면서 소리치며 물었다.)

Dahl이 대화 단락에서 시간적 연쇄를 반복적으로 강조한 것은 증진 분석이 더 그럴듯함을 시사한다. 하지만 'Fatal Alaska'(Text 2.5)에서 가져온 다음의 예문은 분명히 정교화에 해당한다.

α My other companion was still in the plane, (내 또 다른 동료는 비행기 안에 계속 남아 있었다.)

=β looking like it was he who had been attacked. (꼭 그가 공격받았던 것처럼 보이는)

여기에 있는 것을 한정 형식으로 바꾸면 비제한적 관계절이 된다. *My companion, who looked like it was he who had been attacked, was still in the plane.*

가장 드문 것은 확대된 비한정이다. 아래에 분석된 예를 제시한다.

+β Instead of phoning her father for a lift (아버지에게 태워 달라고 전

화하는 대신)

α that night Gail Bell chose to walk home alone. (그날 밤 게일 벨은 혼자 집으로 걸어가는 것을 선택했다.)

대응되는 한정 형식은 확대 관계를 보여 준다. *While she usually phoned her father for a lift, that night Gail Bell chose to walk home alone*이 그것이다.

배열과 논리 의미 연결이 불분명할 때

구어는 즉흥적으로 산출되므로, 화자들은 때로 단어를 더듬으며 찾거나 머뭇거리고 마음을 바꾼다. 아래의 예를 보자.

(9i)And then I stayed up all night (9ii)and watched this um operation taking place (9iii)and fortunately her umbilical artery hadn't closed (9iv)so because I mean all the other things would have been minute (그리고 나서 밤새 수술이 진행되는 것을 지켜봤고 다행히도 그녀의 탯줄동맥이 닫히지 않았지, 다른 모든 것들은 아주 사소하게 여겨지는 순간이었어.)

마지막 절을 도입할 때 Diana는 세 개의 다른 접속어를 사용한다. *so*(증진: 원인/결과), *because*(증진: 원인), *I mean*(정교화)이 그것이다. 두 개(*so, I mean*)는 병렬적이고 *because*는 종속적이다. 이것을 어떻게 부호화할 것인가? 분명한 답은 없지만, 화자의 마지막 선택(이 경우 *I mean*, 병렬적 정교화)에 따라 부호화하는 것이 아마도 가장 현명할 것이다.

1 (9i)And then I stayed up all night

x2 (9ii)and watched this um operation taking place

+3 (9iii)and fortunately her umbilical artery hadn't closed

=4 (9iv)so because I mean all the other things would have been minute

복잡하게 얽힌 절 복합체 분석하기

이제 Text 9.1에서 가장 정교한 절 복합체 네 개를 가지고 가장 간단한 것부터 시작하여 차례로 이 범주들과 절 복합체 분석의 원리를 보이도록 하겠다.

예문 1:

> (9i)I suspect that (9ii)having now done quite a bit of research for *Shot* (9iii)that it's part of the greater spectrum of post-traumatic stress disorder. (저는 Shot을 쓰기 위해 조사를 좀 해 온바 그것이 외상 후 스트레스 장애의 더 큰 스펙트럼의 일부라고 생각해요.)

(9i)에 정신적 과정이 있으므로 우리가 투영을 다루고 있음을 바로 알아챌 수 있어야 한다. 하지만 무엇이 투영되었는가? Gail이 실제로 생각하는 것은 (9iii)이고, 절 (9ii)는 그녀가 드러내려는 것을 정당화하기 위해 삽입한 여담이다. 문어 버전에서라면 Gail은 그 절들을 재배치했을 것이다.

> Having now done quite a bit of research for *Shot*, I suspect that it's part of the greater spectrum of post-traumatic stress disorder. (Shot을 쓰기 위해 조사를 좀 해 온바, 저는 그것이 외상 후 스트레스 장애의 더 큰 스펙

트럼의 일부라고 생각해요.)

이러한 재배치는 논리적 관계를 보다 분명하게 할 것이다. 여기에는 마지막 절(*that it's part of*…)을 생각으로 투영하는 정신적 과정 절인 핵 절(*I suspect*)에 종속적으로 관련된 비한정 의존 절(*Having now done*…)이 있다. 비한정과 핵 절 사이의 관계는 증진의 일종인데, 가장 가까운 한정 대응 형식이 *now that I have done*…, 즉 시간 관계이기 때문이다. 이 관계를 포착하기 위하여 분석의 두 층위를 보여 줄 필요가 있다.

α	α	(9i)I suspect that
	xβ	(9ii)having now done quite a bit of research for *Shot*
'β		(9iii)that it's part of the greater spectrum of post-traumatic stress disorder.

예문 2:

(14i)I mean if I go out to restaurants or social events or anywhere really (14ii)I'm always very conscious (14iii)of who's doing what where, (14iv)and where everyone is in relation to me (14v)and I now realize (14vi)that that scanning and vigilant behaviour relates to a vestige of the old trauma (14vii) which is – (14viii)you know how old it is now. (제 말은, 식당이나 모임이나 어디든 나가면 저는 항상 누가 어디에서 뭘 하는지 나와 관련된 모든 사람이 어디에 있는지 의식하고, 저는 유심히 살펴보는 행동과 바짝 경계하는 행동이 오래된–지금 얼마나 오래되었는지 아시겠지만–트라우마의 흔적과 관련이 있다는 걸 이제 깨닫죠.)

이것은 매우 복잡한데, 병렬과 종속, 투영과 확장 모두를 포함하고, 불완전한 절 (14vii)을 포함한다. 먼저 포개기를 가려내어 보자. 어떤 절들이 다른 것보다 더 밀접하게 관련되는가를 질문하라. 여분의 접속어를 더함으로써 모든 논리적 관계를 분명히 하는 데 도움을 얻을 수 있다(예: *If I go out to restaurants, then I'm always very conscious*⋯). 무엇이 복합체의 '*then*' 부분에 속하는지에 주목해 보라.

If I go out to restaurants or social events or anywhere really	(then) I'm always very conscious of who's doing what where, and where everyone is in relation to me

다음으로 두 개의 투영의 경계와 범위를 해결해 보자.

I'm always very conscious	of who's doing what where, and where everyone is in relation to me [이 모든 것이 그녀가 의식하고 있는 것임]
and I now realize	that scanning and vigilant behaviour relates to a vestige of the old trauma which is – you know how old it is now [이 모든 것이 그녀가 깨달은 것임]

이제 복합체에서 포착해야 할 포개기 또는 층위화에 대한 그림을 그렸다. 이제 맨 왼쪽 줄에 두 개의 주된 복합체가 있어야 하고, 부차적인 관계를 분간하기 위해 적어도 하나, 아마도 두 개의 들여쓰기 층위가 있어야 함을 알 것이다. 의존성과 독립성의 표지에 주목하라(14i의 *if*, 14vi의 *that*, 14vii의 *which*에 밑줄을 그으라). 이제 위에서부터 분석을 시작하자. 맨 왼쪽 상자에서 시작하여 새 층위를 인식할 필요가 있을 때마다 층위를 이동하라. 불완전한 절 (14vii)에 도달하면 (14vii)에서 (14viii) 사이에 배열 변화가

있는지를 결정할 필요가 있다. 나는 그렇지 않음을 제안하며, (14viii)을 (14vii)처럼 종속적인 것으로 다루기를 제안한다. 내가 제안한 분석을 보려면 579~580쪽의 가장자리 기호를 보라.

예문 3:

> (17i)I think (17ii)all that changes are your coping mechanisms, (17iii)and it's some days … (17iv)it's like having asthma or something (17v)some days it's good (17vi)and some days it's not good. (저는 그 모든 변화는 당신의 대응 기제라고 생각하고, 그건 어느 날은…그건 천식 같은 것처럼 어느 날은 괜찮고 어느 날은 좋지 않아요.)

다시금 투영의 범위에 대해 고민해야 하고(그녀가 생각한 것이 정확히 무엇인지를 질문하라), 불완전한 절을 어떻게 다룰 것인지를 고민해야 한다(그것이 투영의 일부인가?). 이것을 해결할 방법이 없다. 많은 발화 행위처럼, 이것은 그 당시 상호작용하는 사람들에게 아무런 문제를 일으키지 않지만 나중에 분석가들을 미치게 하는 불확실성을 갖고 있다. 다음이 내가 제안하는 분석이다.

1	α		(17i)I think
	'β		(17ii)all that changes are your coping mechanisms,
+2			(17iii)and it's some days …
=3	1		(17iv)it's like having asthma or something
	=2	1	(17v)some days it's good
		+2	(17vi)and some days it's not good.

여기에서 나는 투영이 (17ii) 뒤에서 끝나고, 투영된 짝 (17i과 17ii)는 확장에 의해 다음 절로 연결된다고 제안했음에 주목해 보라. 나는 (17iv)를 불완전한 (17iii)에 대한 재진술로 해석했으며, 그것은 포개져 있는(nested) 절 2개로 이루어진 복합체에서 정교화된다.

예문 4:

> (20i)An old school friend (20ii)whose husband was in Vietnam (20iii)and he's an extremely damaged man, (20iv)as many vets are, (20v)and I was sort of watching him, almost in a clinical sense, (20vi)and I thought (20vii)that we shared some mannerisms, he and I, (20viii)you know fiddling with our fingers quite a lot, (20ix)and never really looking comfortable in your chair.
> (남편이 베트남에 있었던 옛날 학교 친구이고 그는 많은 군인들이 그렇듯이 크게 부상당한 사람이고, 저는 거의 임상적인 감각으로 그를 관찰했고, 그와 내가 손가락을 많이 만지작거리고 의자에 앉은 것이 편안해 보이지도 않는 어떤 버릇을 공유하고 있다고 생각했어요.)

이것은 정말 어렵다. 우선 왜 내가 명사 그룹처럼 보이는 것을 절 (20i)로 보였는지 궁금할 것이다. 나는 이것을 이전 절과 응집적으로 (그러나 배열적이지는 않게) 관련되는 생략된 절로 보고 있다(=*I had an old school friend to dinner*). 이 절 복합체는 생략을 가정할 때에만 말이 되고, 내가 그때 Gail의 말을 이해하는 데 문제가 없었으므로 나는 내가 그녀가 말했을 때 생략을 '읽어 들였다'고 생각한다.

1	α			(20i)An old school friend
	=β			(20ii)whose husband was in Vietnam
+2	α			(20iii)and he's an extremely damaged man,
	=β			(20iv)as many vets are,
+3				(20v)and I was sort of watching him, almost in a clinical sense,
+4	α			(20vi)and I thought
	'β	α		(20vii)that we shared some mannerisms, he and I,
		=β	α	(20viii)you know fiddling with our fingers quite a lot,
			+β	(20ix)and never really looking comfortable in your chair.

복잡하게 얽힌 복합체에서 보이는 논리적 관계의 마지막 특징 하나가 강조될 필요가 있다. 그것은 Text 9.1에서 가져온 다음과 같은 연쇄에서 나타난다.

1			(15i)I saw a car and a shape at the steering wheel, (나는 차와 핸들의 모양을 봤는데,)
=2	α		(15ii)only as much as the eye will register (단지 눈으로 인식할 수 있는 만큼만 보았다)
	xβ[14]	1	(15iii)when you swivel your neck (목을 홱 돌리고)

14) **[역자 주]** 원문에서는 한 층위 더 들여쓰기가 되어 있으나 오류로 보여 수정하였다.

x2 (15iv)and glance over your shoulder. (어깨 너머로 흘깃 볼 때.)

첫 번째 절은 재진술을 통하여 정교화된다. 우리는 *In other words I saw only as much as the eye will register*…와 같이 절 (ii)의 시작 부분에 접속어를 삽입하고 생략된 서법 요소를 채움으로써 이를 명백하게 만들 수 있다. 절 (iii)-(iv)는 모두 정교화의 일부분이고(어느 것도 독립적으로 이동할 수 없음), 그러므로 여기에서 우리는 포개진 구조를 다루고 있다. 테스트를 적용한다면, 생략적인 두 번째 절(*only as much as the eye will register*)이 종속적 증진의 연쇄 (iii)(*when you swivel your neck*)에 대하여 α가 되어야 한다는 것을 알게 될 것이다. 마지막 두 절은 병렬 짝을 구성한다(*you swivel your neck/and glance over your shoulder*). 절 (iii)의 시작 부분에 *when*이 있기 때문에 (iii-iv)를 병렬 짝으로 부르는 것이 불편할지도 모른다. 하지만 끝까지 생각하면, *when*이 (iii-iv) 짝을 절 (ii)로 묶는 기능을 한다는 것을 깨닫게 될 것이다. 그것은 (iii)을 (iv)로 묶는 기능을 하지 않으며, *and*가 그 기능을 한다. 일단 '*when*'의 구조적 역할을 설명했으면 다음 절의 배열을 결정할 때에는 삭제해 버릴 수 있다.

각 구조적 표지는 하나의 연결만 만들어 낼 것이라는 점은 명심해야 할 일반적인 원리이다. 일단 그 연결을 분석했으면, 이제 그 표지를 무시하고 그 절이 다른 절과 어떻게 관련되는지를 볼 수 있다. 이는 때로 (지금의 형식으로는 홀로 설 수 없기 때문에) 종속적으로 보이는 절이 왜 병렬적 연쇄의 일부가 될 수 있는지를 설명해 준다. 그 구조의 종속적 부분은 그것을 하나의 절과 연결하는 데 소모되었으므로, 그 절의 나머지 부분은 그것이 다음 인접 절과 어떻게 관련되는지를 결정할 때 새로이 고려될 수 있다.

분석된 텍스트에 대한 논의

이제는 Text 9.1, 9.2의 왼쪽 열에 있는 부호를 이해할 수 있게 되었다. 아래는 각 텍스트에 대한 분석 결과를 요약한 표이다.

Table 9.2 Text 9.1과 9.2의 절 복합체에 대한 기본적인 요약

	Text 9.1	Text 9.2
텍스트 내 단어의 수	429	323
텍스트 내 문장의 수	29	22
절 단일체의 수	11 (37%)	6 (27%)
절 복합체의 수	18 (62%)	16 (72%)
내포된 절의 수	9	0
절 2개로 이루어진 복합체의 수	8	6
절 3개로 이루어진 복합체의 수	7	2
절 4개로 이루어진 복합체의 수	3	3
절 5개 이상으로 이루어진 복합체의 수	0	4

두 텍스트는 단어 대 문장의 비율이 거의 같다(Text 9.1에서 14.7, Text 9.2에서 14.6). 하지만 극적인 차이점은 문장들에 걸친 그 단어들의 분포에 있다. 문어 경험담(Recount)에는 절 복합체만큼 많은 절 단일체가 있지만, 구어 텍스트에는 문장의 거의 3/4이 절 복합체이다. 이것은 구어가 문어보다 복합의 역동적인 패턴을 더 많이 사용하는 경향이 있다는 주장에 무게를 싣는다. 이 구어/문어 차이는 내포의 사용에서 보이는 극적인 차이로 강화된다. Text 9.1에서는 9개의 사례가 있었지만 구어 텍스트에는 없었다. 이것은 주의를 기울이는 문어 텍스트에서, 심지어 사건 중심의 경험담 장르에서도, 저자가 텍스트에 더 많은 의미를 넣기 위해 언어가 제공하는 다양한 자원을 이용한다는 것을 시사한다.

우리는 또한 문어 텍스트는 덜 복잡하게 얽힌 절 복합체를 선호하지만 구어 텍스트는 복잡함을 즐긴다는 것을 보게 된다. Text 9.2에서 2개의 절 복합체가 6개의 절을 포함하고, 2개는 각각 9개의 절을 포함한다. 그러므로 절 복합의 빈도와 유형이 모드 차이와 강하게 관련되는 것으로 보인다.

Table 9.3은 각 텍스트에서의 배열을 보여 준다(층위화 때문에 배열 관계가 절 복합체의 수를 초과한다는 것에 주의하라).

Table 9.3 Text 9.1과 9.2에서의 배열

배열		Text 9.1	Text 9.2
종속	투영	3	10
	확장	11	14
	총계	14	24
병렬	투영	2	0
	확장	13	16
	총계	15	16

배열 패턴은 Text 9.1에서 종속과 병렬이 거의 같은 비율로 나타나지만 Text 9.2, 즉 구어 텍스트에서는 병렬보다 종속이 현저히 많이 사용된다는 것을 보여 준다. 이는 주로 Text 9.2가 종속적 투영을 현저하게 사용한다는 것에 기인한다. 이 선택은 장르의 차이와 관련될 수 있다. Text 9.1 즉 경험담은 사건을 표현하며, 출처에 귀속된 생각과 말을 가끔 갖는다. 대조적으로 구어 텍스트의 상술의(Expository) 성질은 출처에서 얻어진 언급을 많이 포함함으로써 실현된다.

각 텍스트의 논리 의미적 관계의 유형을 요약한 마지막 표인 Table 9.4를 보면 왜 이러한 출처 양상(sourcing)이 나타나는지에 대해 더 분명히 알 수 있다.

Table 9.4 Text 9.1과 9.2에서의 논리 의미적 관계

		Text 9.1	Text 9.2
투영	말	2	0
	생각	3	10
	총계: 투영	5	10
확장	정교화	3	12
	확대	6	11
	증진	17	11
	총계: 확장	26	34

구어 상술에서 투영된 생각의 수치가 높은 것과 투영된 말이 나타나지 않은 것에 주목해 보라. 그렇다면 상술은 사건들 사이의 논리적 관계 표현에 초점을 두기보다 생각을 표현하는 반면에, 경험담에는 생각과 말 모두의 적당한 표현만 있다고 할 수 있다. 더 나아간 차이점은 확장 관계의 비율에 있다. 경험담에서는 (확대와 증진을 통하여) 사건들이 관련되는 '외적' 논리에 대부분의 강조가 주어진다면, 상술에서는 화자에 의해 제공되는 정보 조각들 사이의 '내적' 또는 수사적 관계에 강조가 놓인다.

이 비교는 절 복합의 패턴이 장르와 모드의 맥락적 차원에 특히 민감함을 보여 준다. 우리는 11장에 있는 Crying Baby Text의 복합체 분석에 대한 논의에서 이것을 더 보게 될 것이다. 부록에서 세 가지 Crying Baby Text 모두에 대한 절 복합체 분석을 볼 수 있다.

관념적 의미 = 논리적 의미 + 경험적 의미

8장과 9장에서 우리는 관념적 의미의 두 차원을 보았다. 타동성과 절 복합체의 선택을 통하여 언어 사용자들은 참여자와 과정에 대한 경험적

의미를 표현하고, 이들을 일관성 있는, 의미적으로 연속된 꾸러미로 논리적으로 연결한다. 하지만 텍스트에 대한 성공적인 협상(negotiation)은 텍스트에서 내용의 연쇄를 단순히 표현하는 것 이상을 포함한다. 내용은 이전 텍스트와의 관계를 명확히 하고 텍스트의 어느 부분이 전체 텍스트의 이해에 더 중요하거나 덜 중요한지 우리에게 알려 주는 방식으로 표현되어야 한다. 상호작용 참여자가 화자의 우선순위(priority)와 목표(direction)를 해석할 수 있도록 하는 방식으로 절이 구조화될 필요가 있다. 다음 장에서는 우리가 절의 텍스트적 구조를 탐색할 때 메시지가 '가능해지도록' 하는 문법적 수단을 살필 것이다.

주석Notes

1 이 발췌문은 *Shot*(Gail Bell, 2003, Picador, pp.3-4)에서 가져온 것이다.

2 나는 이 절을 생략된 것으로 해석한다: even [when they are in] a state of highest combat alert.

3 명사화와 결합된 테마 서술화(Theme predication)가 이 절을 더 복잡하게 얽힌 것으로 보이게 만든다. 문법적으로, 우리는 하나의 절을 갖는다: *Comprehension takes over from confusion only with the return of conscious awareness.*

4 인터뷰는 2003년 12월에 이루어졌다. 이 발췌문을 재현할 수 있도록 허락해 준 Gail Bell에게 감사를 전한다.

5 PTSD는 외상 후 쇼크 장애(post-traumatic shock disorder)를 말한다.

6 이는 생략된 것으로 해석된다: [I had] an old school friend [to dinner].

제10장 텍스트적 의미의 문법: 테마

도입

이전 장에서 우리는 절에서 의미의 두 가지 가닥에 대한 기능 의미적 접근을 탐구해 왔다. 우리는 절이 어떻게 대인 관계적 의미(서법(Mood)의 선택을 통해)를 표현하고 관념적 의미(타동성과 논리적 관계들의 선택을 통해)를 표현하도록 조직되었는지 살펴보았다.

이 장에서 우리는 텍스트들이 교섭될 수 있는 세 번째 동시적 의미 가닥인 텍스트적 의미를 살펴보겠다. 절이 하나의 메시지로 조직되는 구조적 배열들을 기술하면서, 우리는 하나의 주요한 시스템이 관여한다는 것을 인식하게 될 것인데, 절의 배열이 테마(메시지를 위한 출발점)와 레마(출발점에 관한 새로운 정보)라고 하는 두 개의 기능적 구성성분을 가진 테마(Theme)

시스템과 관련된다는 것이다. 우리가 텍스트적, 대인 관계적, 경험적(혹은 화제적) 의미 요소들을 인식할 때, 절의 테마 구조(thematic structure)가 언어의 세 층위의 의미 구조(semantic structure)를 어떻게 반영하는지 보게 될 것이다.

테마 네트워크(Theme network)에서 시스템의 실현을 검토한 후에, Halliday (1974:97)가 언어의 텍스트적 기능을 '가능하게 하는 기능(enabling function)'이라고 언급한 이유를 설명하면서, 우리는 테마적 조직이 텍스트의 응집적 전개(cohesive development)를 만드는 데 기여한다는 것을 살펴볼 것이다.[1]

메타기능적 분석과 의미의 텍스트적 가닥(strand)

이전 장에서 다룬 내용은 하나의 절이 의미를 만드는 방식을 부분적으로 설명할 수 있게 해준다. 예를 들어 딸의 수혈에 관한 Diana의 이야기에 나오는 마지막 두 개의 절을 살펴보자(8장에서 나옴.).

> But in Switzerland they give you a cognac. Here they give you tea and bikkies(그러나 스위스에서 그들은 당신에게 꼬냑을 준다. 여기에서 그들은 당신에게 차와 비키를 준다.).

우리는 이러한 절 단일체들(clause simplexes)이 동시에 두 가지 유형의 의미를 만들고 있다는 것을 인식할 수 있다. 첫 번째 그 절들은 상호작용에 대한 의미를 만들고 있다. 이 경우에 두 절은 평서형의 서법 구조로 표현되어 정보 진술의 기능을 하고 있고, 이를 통해 인식자(acknowledgers)의 잠재적 역할로 청자(listeners)를 상정한다. 특별한 '다음 화자(next speaker)'가 명세화되지 않는다. 당위 양태(modulation)의 부재는 Diana가 사실적 정보로 부호화하고 있다는 것을 우리에게 보여주고 있음을 가리킨다. 인식 양태(modalization)의 부재는 그녀가 그녀의 사실들에 대해 확신하고 있다는 것을 가리킨다.

동시에 그 절들은 서법 선택뿐만 아니라 타동성 선택을 병행하면서 경험적 의미들을 표현하고 있다. 즉 각 절은 장소의 상황(Circumstance of location), 행동주(Actor, 일반화된 *they*), 행위 과정(action process, *give*), 수혜자(Beneficiary, 총칭적 *you*), 목표(Goal)를 포함하고 있다.

만약 우리가 Diana의 이러한 절에 나타난 목적(purpose)이나 결과(effect)를 잠시 고려한다면 우리는 이 절들이 그녀의 짧은 이야기를 끝내는 기능을 한다는 것을 알게 될 것이다. 그것들은 확장된 독백의 결론을 표시하고 이후의 상호적인 대화가 다시 시작됨을 효과적으로 표시한다. 그들은 사실상 신속한 상호작용적 대화를 이어간다. 이러한 절들의 서법이나 타동성 기술 중 어느 것도 이러한 절들의 쌍이 어떻게 이야기의 코다(Coda)로서의 지위를 달성하는지 충분히 설명할 수 없다.

그러나 우리는 이 절들을 가능한 대안들과 대조함으로써 이 절이 어떤 기여를 하고 있는지 파악할 수 있다. 예를 살펴보자.

원표현(original)

But in Switzerland they give you a cognac. Here they give you tea and bikkies.

대체표현(alternatives)

But they give you a cognac in Switzerland. They give you tea and bikkies here.

They give you a cognac in Switzerland, though. They give you tea and bikkies here.
They give you a cognac in Switzerland, though. Here they give you tea and bikkies.
But in Switzerland they give you a cognac. They give you tea and bikkies here.
But they give you a cognac in Switzerland. They give you tea and bikkies here.

대체표현들 각각을 읽어 보면 그 절들 중 어느 것도 Diana의 원래 선택과 같은 효과를 가지는 것이 없다는 것을 발견하게 될 것이다. 그들은 원래의 쌍만큼 훌륭하고, 결정적이고, 깔끔한 것처럼 '들리지' 않는다. 좀 더 자세히 살펴보면 대체표현에 어떠한 새로운 요소도 없다는 것을 알게 될 것이다. 서법과 타동성의 관점에서 이 절들의 문법은 변하지 않았다. 즉 절들은 여전히 양태화되지 않은(unmodalized) 평서문이고 세 개의 참여자들과 하나의 상황요소를 가진 행위 과정 절(action process clauses)이다.

이것은 우리가 관찰하고 있는 변이가 의미의 다른 가닥(strand)의 실현이라는 것을 제안한다. 예시를 좀 더 자세히 관찰해 보면 성분들의 순서만 다른 변이를 보게 될 것이다. 즉 원래 문장에서 첫 번째 성분이 절의 마지막 위치로 이동하는데 어떤 예시는 두 절 모두에서, 어떤 예시는 하나의 절에 대해서만 이러한 이동이 일어난다. 성분들의 이러한 단순한 재순서화의 효과는 유표적인데, 절들은 그들의 서사적 효과(narrative effect)의 일부를 상실한다.

이것은 성분의 순서가 두 절에서 동일하게 유지되는 곳, 즉 동일한 성분이 두 절에서 동일한 위치로 이동하는 곳에서도 그러한 경우가 나타난

다. 예를 들어,

But they give you a cognac in Switzerland. They give you tea and bikkies here.
They give you a cognac in Switzerland, though. They give you tea and bikkies here.

이러한 쌍의 어떤 문장도 원래 문장과 같은 효과를 가지지 못한다. 더욱 주목할 만한 것은 성분들이 하나의 절에서만 위치가 바뀌고 다른 절에서는 위치가 바뀌지 않을 때, 즉 성분의 위치가 평행을 이루지 않을 때이다. 예를 살펴보자.

They give you a cognac in Switzerland, though. Here they give you tea and bikkies.
But in Switzerland they give you a cognac. They give you tea and bikkies here.
But they give you a cognac in Switzerland. They give you tea and bikkies here.

Diana가 원래 절의 쌍을 산출하면서 했던 선택은 그녀가 만들고 있는 대인 관계적(interpersonal) 의미나 경험적 의미에 어떠한 영향도 끼치지 못한다. 구어 서술자로서의 그녀의 기술(skill)이 구사된 것은 **텍스트적** 의미가 만들어지는 방식이었다.

절에서 만들어지는 의미의 세 번째와 마지막 가닥(strand)인 텍스트적 메타기능(The textual metafunction)은 Halliday(1974:95, 97)에서 '관련성(relevance)'

또는 '가능하게 하는(enabling)' 메타기능으로 기술되었다. 이것은 절이 그것의 목적과 맥락에 맞게 더욱 효과적인 방식으로 포장되도록 할 수 있는 절 조직(organization)의 단계(level)이다. 예를 들어 위에서 주어진 대체표현들 모두는 영어절로 수용가능하다. 그러나 그들 중 어떤 것도 Diana의 본래의 선택만큼 효과적이진 않다. 왜냐하면 본래의 선택은 그녀의 의도 실현을 극대화하고(서술의 완성을 나타내려는) 그 이야기 속에서 중요한 이야기의 맥락의 차원을 강조하도록 선택되었기 때문이다(그녀가 이전 이야기에서 제시했던 사고가 일어난 장소의 중요성). 그래서 텍스트적 의미의 가닥(strand)은 새로운 실체를 덧붙이거나 절의 대인 관계적(interpersonal) 차원을 바꾸지 않는 잠재적 절에 관심을 가지는데, 그러한 잠재적 절은 절이 그것의 성분을 다르게 조직화하여 다른 목적을 달성하게 되는 것이다.

여기에서 논의되는 예가 보여주었듯 영어에서 텍스트적 의미는 대개 성분의 순서를 통해 표현된다. 우리는 아래에서 텍스트적 선택을 실현하는 하나의 영어 절 안에서 첫 번째(그리고 마지막에)에 오는 것을 살펴볼 것이다. 다른 언어들은 텍스트적 의미를 다른 방식으로 표현할 것이다(예를 들어 특정한 성분들의 텍스트적 지위를 표시하는 분사(particles)의 사용을 통하여). 그러나 사실처럼 보이는 것은 모든 언어들이 어쨌든 텍스트적 의미를 부호화할 것이라는 것이다. 왜냐하면 언어 사용자들은 절 사이의 응집적 관계, 즉 맥락과 목적을 가리키는 신호에 의존하기 때문이다.

두 개의 주요 시스템, 즉 테마의 시스템과 정보 구조의 시스템은 절 안에서 텍스트적 의미를 표현하는 것처럼 보인다. 그러나 구정보와 신정보의 성분을 가지는 정보 구조가 억양 선택을 통해 실현되기 때문에 이 책에서 다루지는 않을 것이다(영어의 억양에 대한 Halliday의 분석과 구정보 신정보 구조에 대한 Halliday와 Matthiessen(2004:87~92)을 참조할 수 있다.). 우리가 여기에서 다룰 유일한 텍스트적 시스템은 테마 시스템이다.

아래에서 살펴보겠지만, 테마 시스템은 절이 테마(절의 첫 번째 부분)와 레마라고 하는 두 개의 주요한 성분으로 이루어진 구조를 통해 실현된다. 우리는 또한 테마의 다양한 유형들을 확인할 수 있고, 영어 절에서 테마 선택이 메시지의 의사소통적 효과에 매우 중요하게 기여한다는 것을 보게 될 것이다. 그러나 이러한 점들을 이해하기 위해 우리는 텍스트적 성분들 속에서 절의 기술(description)을 우선 전개할 필요가 있다.

테마/레마(THEME/RHEME): 시스템(the system)

절에서 텍스트적 의미의 시스템 네트워크는 아래의 System 10.1에 나타나 있다.

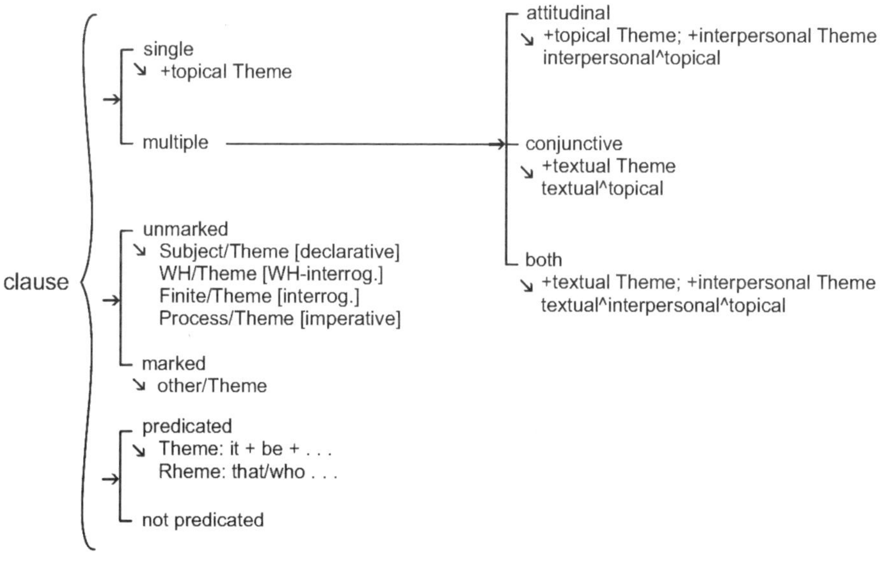

System 10.1 테마(Theme)

이 네트워크가 보여주듯이, 테마는 세 가지 주요 시스템을 수반한다. 이 세 가지는 테마의 유형 선택(type of Theme), 유표적 테마와 무표적 테마의 선택(marked or unmarked Theme), 서술화된 테마와 서술화되지 않은 테마(predicated or unpredicated Theme)의 선택을 말한다. 실현 진술(realization statement)은 테마의 유형이 테마 위치(Thematic position)에서 특정한 유형의 성분 삽입에 의해 실현되었음을 나타낸다. 테마 유표성(Theme markedness)은 상이한 서법(Mood)과 타동성 성분을 가진 테마 성분들의 융합(함께 사상되는 것)에 의존한다. 테마 서술화(Theme predication)는 부가적 절 요소를 사용한다.

우리는 이제부터 두 주요 성분인 테마와 레마를 이용해 이 네트워크를 풀어나갈 것이다.

테마

앞서 주어(Subject)와 한정어(Finite)와 같은 기능적 성분에 대해 논할 때와 같이, 여기에서 우리는 테마라고 부르는 성분의 정의와 그것의 식별(identification)을 구별할 것이다.

Halliday and Matthiessen(2004:64)에서 테마의 정의는 '메시지의 시작점: 절이 무엇에 관한 것이 될 것인지'의 역할을 하는 요소이다. 우리는 일반적으로 우리에게 친숙한 곳에서 출발하기 때문에, 그 테마는 일반적으로 친숙한(또는 '주어진') 정보, 예를 들면 텍스트 어딘가에서 이미 언급된 정보나 맥락상 친숙한 정보를 포함한다.

테마의 식별(identification)은 순서에 기반을 둔다. 테마는 절에서 가장 먼저 오는 요소이다. Text 1.2(1장에 있었던 두 번째 Crying Baby text)에서 가져온 다음의 절들을 살펴보면, 밑줄 친 부분이 테마이다.

The compelling sound of an infant's cry makes it an effective distress signal.

However, cries are discomforting.

Many reasons for crying are obvious, like hunger and discomfort due to heat, cold, illness, and lying position.

These reasons, however, account for a relatively small percentage of infant crying and are usually recognized quickly and alleviated.

In the absence of a discernible reason for the behaviour, crying often stops when the infant is held.

In most infants, there are frequent episodes fo crying with no apparent cause.

Infants cry and fuss for a mean of 1 3/4 hr/day at age 2 wk, 2 3/4 hr/day at age 6 wk, and 1 hr/day at 12 wk.

위에서 언급되었듯이, 테마의 기능적 정의가 보편적으로 유효하다고 할지라도(예를 들어 모든 언어가 몇몇 절의 요소를 테마로 인식하는 것), 식별 기준은 문법에서 어순이 매우 중요한 역할을 하는 영어에만 적용된다. 다른 언어에서는, 일본어를 예로 들자면, 테마를 표시하는 데 쓰이는 특정 조사(wa)가 있기 때문에, 테마가 절에서 다른 위치에 나타날 수 있다.

절에서 유일한 다른 성분은 레마이다.

레마

레마의 정의는 테마가 전개되는 절의 일부라는 것이다. 우리는 일반적으로 친숙함으로부터 낯섦을 향하여 출발하기 때문에, 레마는 일반적으로 낯섦, 또는 '새로운' 정보를 포함한다.

레마의 식별 기준은 간단하다. 즉 테마가 아닌 모든 것이 레마이다. 그러므로 당신이 절에서 테마를 확인했다면, 당신은 '나머지 모두'인 레마 또한 확인해 낸 것이다. 위에서 분석된 예시에서 레마는 밑줄이 그어지지 않은 모든 성분을 포함한다.

테마의 경계: 테마의 유형들

'절에서 가장 먼저 오는 것'이 테마라고 주장하는 것은 명백한 질문을 떠올리게 한다. 절에서 가장 먼저 오는 것 몇 개까지를 테마라고 할 것인가? 엄밀히 말하자면, 절의 성분(우리가 이제부터 서법(Mood)이나 타동성 분석(Transitivity analysis)을 통해 확인할) 몇 개까지가 테마에, 그리고 레마에 속하는가? 위의 예시를 보면, 당신은 테마가 가끔 오직 하나의 문법적 성분으로 이루어져 있다는 것에 주목하게 될 것이다.

In most infants,	*there are frequent episodes of crying with an apparent cause,*
Adj:circ	
Circ:loc	

Infants	*cry and fuss for a mean of 1 3/4 hr/day at age 2 wk....*
Subject	
Behaver	

반면 다른 경우에는 두 성분이 테마로 밑줄 그어져 있다.

However	*cries*	*are discomforting*
Adj:conjun	Subject	
	Carrier	

같은 문제가 앞서 다뤄진 Diana의 이야기에 나타난 절에서도 발생한다.

But in Switzerland they give you a cognac. Here they give you tea and bikkies.

여기서 테마의 식별이 왜 이렇게 되는지 의문이 들 수 있다. 예를 들어, 경계가 *but*은 아닌데, 왜냐하면 그것은 하나의 성분으로 인식될 수 있기 때문이다(접속(Conjunctive), 즉 텍스트적 부가어). 왜 *they*가 테마의 일부가 아닌가? 등등. 이러한 테마와 레마 사이의 경계에 대한 질문은 테마 네트워크에서 테마 유형의 시스템을 조사함으로써 답을 구할 수 있다. 절의 세 가지 차원의 메타기능적 구조를 생각하면서 우리는 테마가 될 수 있는 절 구조 요소들의 세 가지 다른 유형들, 즉 주제적(topical)(또는 경험적인) 요소, 대인 관계적인(interpersonal) 요소와 텍스트적인 요소를 확인할 수 있다. 우리는 간단히 각각의 테마의 유형을 조사해 보고 테마와 레마의 경계를 결정하기 위한 기준을 설명할 것이다.

주제적(Topical) 테마

타동성 기능이 할당될 수 있는 절의 요소가 절의 첫 번째 위치에 오면, 우리는 이것을 주제적(topical) 테마라고 부른다. 예를 들어

In most infants	*there*	*are*	*frequent episodes of crying with no apparent cause*
Circ:loc		Pr:existential	Existent
topical			
THEME	RHEME		

Infants	*cry and fuss*	*for a mean of 1 3/4 hr/day at age 2 wk...*
Behaver	Pr:behavioural	Cir:extent
topical		
THEME	RHEME	

I	*'ve given*	*blood*	*36 times.*
Actor	Pr:material	Range	Circ:extent
topical			
THEME	RHEME		

This	*was*	*in Geneva.*
Carrier	Pr:intensive	Attribute/Circ
topical		
THEME	RHEME	

이 모든 절에서 행동주(Actor), 의식적 행위자(Behaver), 감각자(Senser), 상황(Circumstance)과 같은 절의 첫 번째 성분은 우리가 타동성 역할과 관련지을 수 있는 성분이다.

기억해야 하는 중요한 원칙은 **모든 절이 반드시 주제적 테마를 오직 하나만 포함해야 하고 하나는 반드시 있어야 한다**는 것이다. 절에서 주제적 테마를 확인했을 때, 우리는 모든 남아있는 절의 성분을 레마의 역할에 놓을 수 있다. 이 원칙은 다음 예시에서 우리가 테마와 레마의 경계를 결정할 수 있게 한다.

In Greece	*they*	*give*	*you*	*nothing.*
Circ:loc	Actor	Pr:material	Beneficiary	Goal
topical				
THEME	RHEME			

첫 번째 성분은 장소의 상황어(Circumstance of location)이고 이것은 주제적 테마이다. 그러므로 나머지 모든 성분은 레마이다.

However,	*cries*	*are*	*discomforting.*
	Carrier	Pr:intensive	Attribute
	topical		
THEME		RHEME	

이 절에서 첫 번째 성분은 타동성 역할을 받지 않는 텍스트적인 접속부가어이다. 두 번째 성분은 속성수반자(Carrier)이며 이는 주제적 테마이다. 그러므로 *however*는 테마로 고려되는 부분인 반면, 주제적 테마 다음의 모든 성분이 레마 부분이다(우리는 아래에서 *however*가 텍스트적인 테마인 것에 대해 알아볼 것이다.).

절들이 아주 빈번하게 테마로서 기능하는 하나의 타동성 성분을 가지고 시작하지만, 테마 위치에서 대인 관계적(interpersonal) 요소나 텍스트적 요소들을 갖는 경우도 가능하다.

대인 관계적(Interpersonal) 테마

우리가 서법 라벨(타동성 표지가 아닌)을 부여할 성분이 절의 도입부에 등장할 때, 우리는 이것을 대인 관계적(interpersonal) 테마라고 부른다. 대인 관계적 테마로 기능할 수 있는 성분들은 분리되어 있는 한정어(Finite(의문문 구조에서))와 네 개 범주의 모든 양태 부가어들이다. 양태 부가어의 네 범주는 서법(Mood), 호칭어(Vocative), 극성(Polarity), 코멘트(Comment)이다.

1. 대인 관계적(interpersonal) 테마로서의 한정어(Finite)(분리되어 있는 한정어 (unfused))

Do	*you*	*give*	*blood?*
Finite	Subject	Predicator	Complement
MOOD		RESIDUE	
	Actor	Pr:meterial	Goal
interpersonal	topical		
THEME		RHEME	

Do	*you*	*want*	*some more soup,*	*Diana?*
Finite	Subject	Predicator	Complement	Adjunct:vocative
MOOD		RESIDUE		
	Senser	Pr:mental	Phen	
interpersonal	topical			
THEME		RHEME		

Can	*you*	*take*	*my bag*	*for me?*
Finite	Subject	Predicator	Complement	Adj:circ
MOOD		RESIDUE		
interpersonal	topical			
THEME		RHEME		

2. 대인 관계적(Interpersonal) 테마로서의 서법 부가어

I think	*they*	*take*		*a pint or whatever it is.*
Adj:mood	Subject	Finite	Predicator	Complement
MOOD			RESIDUE	
interpersonal	topical			
THEME		RHEME		

Maybe	*Stephen*	*could*	*help.*
Adj:mood	Subject	Finite	Predicator
MOOD			RESIDUE
interpersonal	topical		
THEME		RHEME	

Just	*give*	*me*	*a whistle.*
Adj:mood	Predicator	Complement	Complement
MOOD			
interpersonal	topical		
THEME		RHEME	

3. 대인 관계적(Interpersonal) 테마로서의 호칭 부가어(Vocative Adjuncts)

무드(MOOD) 요소의 성분이 아니더라도, 호칭 부가어(Vocative Adjuncts)는 절에 대인 관계적(interpersonal) 의미를 부여한다. 그러므로 호칭 부가어(Vocative Adjuncts)가 첫 번째 주제적(topical) 테마 앞에 나타날 때, 호칭 부가어(Vocative Adjuncts)는 또한 대인 관계적(interpersonal) 테마로 분류된다.

Simon,	*isn't*	*that*	*where they put the needle in?*
Adjunct:vocative	Finite	Subject	Complement
	MOOD		RESIDUE
interpersonal	interpersonal	topical	
THEME			RHEME

Sthephen	*do*	*you*	*want*	*more soup?*
Adj:vocative	Finite	Subject	Predicator	Complemnt
	MOOD		RESIDUE	
interpersonal	interpersonal	topical		
THEME			RHEME	

호칭 부가어(Vocative Adjunct)가 주제적(topical) 테마 다음에 나타날 때는, 더 이상 테마의 일부가 아니며, 레마의 일부가 된다는 것에 주목하라.

Do	*you*	*want*	*some more soup,*	*Diana?*
Finite	Subject	Predicate	Complement	Adjucntive
MOOD		RESIDUE		
interpersonal	topical			
THEME		RHEME		

규칙은 절 하나에 오직 하나의 주제적(topical) 테마를 확인하는 것임을 기억하라. 이것은 만약 절이 대인 관계적(interpersonal) 테마로 시작될 때 당신은 주제적(topical) 요소를 찾을 때까지 계속 분석해야 한다는 것을 의미한다. 당신이 주제적(topical) 성분을 확인했다면, 당신은 나머지 모든 성분을 레마에 놓을 수 있다.

4. 극성 부가어(Polarity Adjuncts)

6장에서 *Yes*와 *No* 항목이 두 가지 방식으로 기능할 수 있다는 것을 살펴보았다. 첫 번째는 그 항목들이 생략된 무드(ellipsed MOOD) 성분을 대신할 때 양태 부가어(Modal Adjuncts)의 하위 범주로 기능하고, 두 번째는 절 안에서 텍스트적 역할을 수행하면서 연속 부가어(Continuity Adjuncts)로 기능한다.

Yes 또는 *No*가 대인 관계적으로(interpersonally)(예를 들어 극성 부가어(Polarity Adjuncts)로서) 행동하는 경우에, 그들은 대인 관계적(interpersonal) 테마로 분석된다(그들과 동반될 생략(ellipsis) 때문에 주제적(topical) 테마가 뒤에 나오지 않을 것이라는 사실에 주목하라.).

No/Yes
Adjunct:Polarity
MOOD
interpersonal
THEME

5. 코멘트 부가어(Comment Adjuncts)

우리가 절의 서법 구조를 볼 때 확인했던 코멘트 부가어(Comment Adjuncts)의 범주는 전체 절과 관련된 태도의 부사적인 표현을 포함했다. 첫 번째 주제적(topical) 테마 앞에 코멘트 부가어(comment Adjunct)가 나타나는 것을 대인 관계적(interpersonal) 테마로 분석한다.

Fortunately,	*the bomb*	*didn't*	*explode.*
Adjunct:comment	Subjefct	Finite	Predicator
	MOOD		RESIDUE
interpersonal	topical		
THEME		RHEME	

텍스트적 테마

테마 위치(Thematic position)에 올 수 있는 세 번째 절의 성분은 텍스트적 요소의 범주이다. 이들은 대인 관계적(interpersonal) 또는 경험적인(experiential) 의미를 나타내지 않는 요소들이지만 절을 맥락과 관련짓는 중요한 응집적 작용을 한다. 테마가 될 수 있는 텍스트적인 요소의 주요한 두 유형은 연속 부가어(Continuity Adjuncts)와 접속 부가어(Conjunctive Adjuncts)이다.

1. 테마로서의 연속 부가어(Continuity Adjuncts)

6장에서 살펴보았듯이, 연속 부가어(Continuity Adjuncts)는 화자의 말이 이전 화자가 앞선 말차례에서 했던 말과 (연속되거나) 관계되도록 하기 위해 구어 대화에서 사용하는 단어들이다. 가장 일반적인 연속(continuity) 항목은 *oh*와 *well*이다. *Yea*와 *no*가 절 생략을 대신해서 사용되는 것이 아니라 절에서 첫 번째 항목으로 사용될 때 연속 항목들이 된다.

Oh	*they*	*give*		*you*	*a cup of tea.*
Adj:contin	Subject	Finite	Predicator	Complement	Complement
	MOOD		RESIDUE		
textual	topical				
THEME		RHEME			

No	*you*	*wouldn't*
Adj:continuity	Subject	Finite
	MOOD	
textual	topial	
THEME		RHEME

2. 테마로서의 접속 부가어(Conjunctive Adjuncts)

2장과 9장에서 살펴보았듯이, 응집적 접속어(cohesive conjunctions)는 문장을 이어주는 역할을 하는 요소이다. 이 응집적 접속어는 절의 서법 분석에서 접속 부가어(Conjunctive Adjuncts)로 기술되어 왔다. 절들을 하나의 절 복합체 안에서 함께 이어주는 배열 접속어(tactic conjunctions)가 복합어의 절 내부에서 필수적으로 절의 첫 번째 위치에 올 것이고(*and, but*), 문장을 다른 문장과 이어주는 응집적 접속어(cohesive conjunctions)(예를 들어 *however, therefore*)는 다른 위치에 나타날 것이라고 6장에서 설명했었다. 이 두 종류의 접속어들은 절에서 첫 번째 주제적(topical) 테마 앞에 올 때 텍스트적인 테마로 설명된다.

So	*they*	*could*	*actually*	*do*	*it*	*through the umbilical artery or whatever.*
Adj:conjun	Subject	Finite	Adj:mood	Pred	Compl	Adj:circ
	MOOD			RESIDUE		
textual	topical					
THEME		RHEME				

But	*in Switzerland*	*they*	*give*		*you*	*a cognac.*
Adj:conjun	Adj:circ	Subject	Finite	Predicator	Compl	Compl
	RESIDUE...	MOOD		...RESIDUE		
textual	topical					
THEME		RHEME				

and	*he*	*proposes*		*marriage*
Adj:conjun	Subject	Finite	Predicator	Complement
	MOOD		RESIDUE	
textual	topical			
THEME		RHEME		

다중(Multiple) 테마

절이 오직 하나의 테마적 요소(Thematic element)(이 경우에 이것은 주제적 테마이어야 한다.)를 실현하는 것이 가능한 반면, 텍스트적인 테마와 대인 관계적(interpersonal) 테마가 필수적인 주제적 테마 앞에 나타나면서, 절이 테마의 연쇄를 포함하는 것이 훨씬 일반적이다.

No	*well*	*I mean*	*they*	*don't*	*know.*
Adj:contin	Adj:contin	Adj:conjun	Subject	Finite	Predicator
			MOOD		RESIDUE
textual	textual	textual	topical		
THEME				RHEME	

Well	*at last*	*she*	*didn't*	*get blown up,*	*Simon.*
Adj:contin	Adj:conjun	Subject	Finite	Predicator	Adj:voc
		MOOD		RESIDUE	
textual	textual	topical			
THEME			RHEME		

당신은 틀림없이 하나의 절에 하나의 주제적(topical) 테마가 있어야 한다는 원칙이 왜 제안되었는지 궁금할 것이다. 이것은 어떤 것을 테마로 만들지 **결정**하는 데 필자 또는 화자가 얼마나 많은 선택을 하는지에 대한 고려와 관련되어 있고, 그것은 차례로 한 절의 **테마적 잠재성(Thematic potential)**의 개념과 관련되어 있다.

몇몇 요소는 절에 나타날 때 처음 위치에 나타나야만 하는 경우가 있다. 예를 들어 접속어 *and*는 항상 절의 처음 위치에 나타난다. 이와 유사하게, 만약 절이 의문문이라면 서법(Mood)의 구조적 요구를 충족시키기 위해 한정어(Finite) 요소는 절의 앞부분으로 가야만 한다. 이것은 *and*와 한정어(Finite)와 같은 요소가 자신들의 위치에 관하여 어떠한 선택에도 관여하지 않았음을 의미한다. 즉 그들이 만들어야 하는 특별한 의미가 표현될 때, 그 항목들은 테마 위치에 놓여야만 한다는 것이다. 이것은 절의 테마적인 잠재성이 아주 조금밖에 사용되지 않았다는 것을 의미한다. 많은 텍스트적인 요소들은 절에서 자신들의 위치에 대해 상대적으로 적은 선택권을 가진다. 대인 관계적(interpersonal) 요소들은 약간 더 많은 선택권이 있을 수 있다(예를 들어 호칭어가 처음, 마지막, 또는 중간에 나타나는 것과 같을 때). 이러한 요소들은 절의 테마적 잠재력 중 일부를 소모하고 있다. 즉 우리가 다른 가능한 위치를 인식할 수 있기 때문에, 그들은 의미 있는 선택을 수반한다. 하지만 여전히 그들의 유동성은 제한적이다.

그러나 우리가 경험적인 요소(experiential elements)들을 고려할 때, 우리는 이것들이 순서에 관해서는 최대의 선택이 가능한 요소라는 것을 알 수 있다. 두 개의 참여자 즉 두 개의 상황(circumstances)과 하나의 과정(process)(예를 들어 *last week/ in the city/ Diana/ blood/ donated*)을 포함한 절은 여러 가지 순서로 실현될 수 있다.

i) Last week in the city Diana donated blood.

ii) Last week Diana donated blood in the city.

iii) Last week blood was donated by Diana in the city.

iv) Diana last week donated blood in the city.

v) In the city last week Diana donated blood..

vi) Blood was donated last week in the city by Diana.

vii) Donated last week was blood by Diana. (등)

각각의 절이 경험적으로, 대인 관계적으로 동등하지만 이들은 교체될 수 없다. 몇몇은 다른 것보다 더 유표적(덜 일반적)이고 각각은 특정한 맥락에 더 적절할 수 있다. 예를 들어 첫 번째 절은 이야기(장소 정보를 테마 위치에 둠으로써)에 대한 방향 제시(Orientation)를 제안한다. 적절한 생략이 작용한다면, 몇몇 변이형은 다른 설명적 질문 예를 들면 ii) What's Diana up to these days?, vi) What did you say she's been giving away?에 대한 적절한 해답이 될 것이다. 매우 유표적 변이형 vii)은 칭찬/발표(commendation/announcement)를 제안한다.

이것이 보여주는 것은 우리가 주제적(topical) 절 요소의 위치를 정하는 데 굉장히 많은 선택의 자유를 가지고 있다는 것이다. 또 이러한 이유에서 절의 테마적 잠재성(Thematic potential)과 관련하여, 어떤 주제적(topical) 요소를 절의 처음에 놓아야 가장 의미 있는 선택이 될지 고려해야 한다. 타동성 역할의 어떤 것이 절의 처음 위치에 나타날지에 대한 중요한 결정이 이루어지면, 테마적 잠재성(우리 선택의 잠재성)은 대개 없어진 것으로 간주된다. 하나의 절에서는 하나의 주제적(topical) 테마를 확인해 왔던 원칙을 이유로 우리는 모든 나머지 성분을 레마의 역할에 두어야 한다.

그 후에 테마적 분석(Thematic analysis)은 상대적으로 간단하다. 간단히 텍스트 안의 각각의 절을 가져와 앞부분의 요소에 대인 관계적(interpersonal), 텍스트적(textual), 주제적(topical)이라는 라벨을 붙이기만 하면 된다. 만약 첫 번째 요소가 주제적(topical) 요소라면, 당신은 그것을 테마라고 부르고 절의 나머지 부분을 레마라고 불러라. 만약 다른 요소들(대인 관계적(interpersonal), 텍스트적(textual))이 주제적(topical) 요소 앞에 온다면, 첫 번째 주제적(topical) 요소 끝까지를 테마에 포함시켜야 한다. 분석의 두 층위가 있다는 점에서 테마 분석은 무드 분석과 유사하다는 것을 기억하라. 즉 첫 번째는 '주제적', '텍스트적', 혹은 '대인 관계적' 테마의 단계이고 두 번째는 테마 대 레마의 단계이다.

테마와 레마의 경계가 경험적이고 대인 관계적인 성분의 실현과 관련되어 있기 때문에, 테마 분석은 절의 서법 구조와 타동성 구조를 분석한 후에 이루어진다.

비록 여기에 제시된 원칙들은 전반적인 길잡이라고 하더라도, 좀 더 설명이 필요한 많은 경우들이 있다. 예를 들어 '하나의 주제적 테마' 규칙을 명백히 따르지 않는 여러 상황들이 있다. 이러한 특별한 경우들은 어떻게 테마가 다양한 서법 부류 속에서 분석될 수 있는지와 의존적인 절들에서 어떻게 우리가 테마를 처리하는지에 대한 논의를 통해 다루어질 수 있다. 우리는 또한 유표적 테마와 무표적 테마가 무엇을 의미하는지와 무엇이 서술화된 테마 구조 속에 관여하는지를 고려할 필요가 있다.

테마와 서법: 다양한 서법 부류에서의 테마 분석

1. 평서문

이전에 살펴보았듯이, 평서 절에서 테마를 분석하는 것은 간단하다. 간단히 하나의 주제적(topical) 테마가 인식될 때까지 성분을 분석하고 절의 나머지 부분들을 레마라고 이름 붙이는 것이다.

You	*probably*	*haven't*	*got*	*much more than 8.*
Subject	Adj:mood	Finite	Predicator	Complement
MOOD			RESIDUE	
Carrier			Pr:possessive	Attribute:possession
topical				
THEME	RHEME			

2. 생략된 평서문

생략된 평서문의 테마 분석은 어떤 성분이 생략되었는지를 결정하는 것에 의존한다. 그러므로 생략된 성분을 '채우는' 것(당신의 마음속으로만 결정하고 그것들을 적을 필요는 없다.)과 그 후에 생략되지 않은 절의 테마 분석(Thematic analysis)이 무엇이었을지 고려해 보는 것이 필수적이다. 생략을 채우기 위해 절의 맥락을 고려해야 할 것이다.

i) *A day, isn't it?* 이 문장을 채워 보자.

It	*takes*		*about a day*	*(for your blood to be replaced).*
Subject	Finite	Predicator	Adj:circ	
MOOD		RESIDUE		
Token	Pr:circ		Value:circ	
topical				
THEME	RHEME			

그러므로 대답은 레마로 분석된다.

ii) *Just a touch* =

I	*'ll*	*have*	*just a touch more soup.*
Subject	Finite	Predicator	Complement
MOOD		RESIDUE	
Actor		Pr:material	Goal
topical			
THEME	RHEME		

그러므로 *just a touch*는 레마이다.

iii) No.

iv) Yes.

이전에 언급했듯이, yes 또는 no가 단독으로 등장(뒤따르는 절을 도입하는 것이 아닐 때)할 때 이들은 극성 부가어(Polarity Adjuncts)로 기능하는 것으로 분석된다(생략된 절을 대신하면서). 위에서 예시로 든 것과 같이, 그래서 그들은 대인 관계적(interpersonal) 테마로 분석된다. **이 경우에 주제적(topical) 테마는 실현되지 않는다**(그것은 생략되었다).

3. yes-no 의문문

한정어(Finite)(양태화든 아니든)가 주어 앞에 등장하고 대인 관계적(interpersonal) 테마로 기능할 때, 극성의 의문문의 분석은 간단하다.

Can	*I*	*get*	*you*	*some more?*
Finite	Subject	Predicator	Complement	Complement
MOOD		RESIDUE		
interpersonal	topical			
THEME		RHEME		

Did	*this*	*happen?*
Finite	Subject	Predicator
MOOD		RESIDUE
interpersonal	topical	
THEME		RHEME

4. WH-의문문

절의 서법 분석에서, WH 요소들은 다른 성분들 즉 주어, 보충어나 상황 부가어와 융합하는 것처럼 보였다. 이 모든 융합이 타동성 역할을 하는 하나의 참여자와 연관될 때, 질문을 시작하는 WH 요소들이 주제적(topical) 테마로 기능할 것이다.

How much	*do*	*they*	*take out*	*of you?*
WH/Adj:circ	Finite	Subject	Predicator	Adj:circ
RESIDUE	MOOD		...RESIDUE	
Circ:extent		Actor	Pr:material	Circ:loc
topical				
THEME	RHEME			

When	*did*	*he*	*give*	*her*	*the bomb?*
WH/Adj:circ	Finite	Subject	Predicator	Complement	Complement
RESIDUE...	MOOD		...RESIDUE		
Circ:loc		Actor	Pr:material	Beneficiary	Goal
topical					
THEME	RHEME				

5. 생략된 의문문

WH 의문문과 같이, 생략된 WH 의문문에서 WH 요소는 항상 주제적(topical) 테마일 것이다. 왜냐하면 첫 번째 위치에 와야 하는 WH 요소가 타동성 역할을 하는 절 구성성분과 항상 융합되기 때문이다(생략된 평서문에서 했던 것처럼 생략을 채워보면서 이를 확인할 수 있다).

Why? =

Why	*was*	*she*	*a bit dumb?*
WH/Adj:circ	Finite	Subject	Complement
RESIDUE...	MOOD		RESIDUE
Circ:cause	Pr:intensive	Carrier	Attribute
topical			
THEME	RHEME		

6. 명령문

명령문에서 서법 요구는 주어와 한정어(Finite) 요소가 절에 등장하지 않으며 종종 서술어(Predicator)로 시작한다는 것을 의미한다. 이 서술어(Predicator)는 과정(Process)의 타동성 기능으로 이름 붙여져 있으며, 그러므로 주제적(topical) 테마로 다루어져야 한다.

Pass	*me*	*the bowls,*	*Simon.*
Pr:material	Beneficiary	Goal	
topical			
THEME	RHEME		

Take	*this.*
Pr:material	Goal
topical	
THEME	RHEME

Let's 명령문에서, 주어로 분석된 *let* 분사(particle) 부분은 타동성 역할을 가지고, 그러므로 주제적(topical) 테마이다.

Let's	*have*	*some more soup.*
Subject	Predicator	Complement
MOOD	RESIDUE	
Actor	Pr:material	Goal
topical		
THEME	RHEME	

*do*를 포함하고 있는 명령문은 과정(Process)인 주제적(topical) 테마 앞에 대인 관계적(interpersonal) 테마를 도입한다.

Do	*tell*	*me*	*about your daughter.*
Finite	Predicator	Complement	Adj:circ
MOOD	RESIDUE		
	Pr:verbal	Receiver	Circ:matter
interpersonal	topical		
THEME		RHEME	

7. 소절(minor clauses)

소절은 타동성과 서법 표지 어떤 것도 가지지 않기 때문에, 우리는 그들이 테마 구조(Thematic structure)를 가진다고 고려하지 않는다. 그래서 그들은 테마로 분석되지 않고 남아 있을 수 있다.

Oh good.
minor clause

Thanks a lot.
minor clause

8. 감탄절에서의 테마

생략되지 않은 감탄문에서 타동성 분석에서 볼 수 있듯이 WH 요소는 항상 주제적(topical) 테마일 것이다.

What a delicious soup	*this*	*is,*	*Marg!*
WH/Compl	Subject	Finite	Adj:vocative
RESIDUE	MOOD		
Attribute	Carrier	Pr:intensive	
topical			
THEME	RHEME		

WH 요소는 생략되지 않은 명령문에서 테마적 위치(Thematic position)를 차지할 것이라는 것에 근거하여 생략된 명령문에서도 WH 요소는 주제적(topical) 테마로 다루어져야 한다.

How fantastic!
topical
THEME

=How fantastic it was!

어조적으로는 감탄문이지만 구조적으로 소절인 절들(예를 들어 *Oh dear, Holy toledo!*)은 소절(테마가 없는)로 분석되어야 한다.

9. 반복된 주어

빠른 대화 발화에서 하나의 절에서 주어가 두 번 언급되는 것을 찾는 것은 이상한 일이 아니다. 이것은 절의 앞부분에서 자주 나타난다. 예는 다음과 같다.

Diana,	*she*	*'s*	*given*	*blood*	*36 times.*
Subject	Subject	Finite	Predicator	Complement	Adj:circ
MOOD			RESIDUE		

그러나 몇몇 방언에서 주어가 대명사로 처음 언급되고 부분적이거나 완전한 서법 태그를 가지고 절의 끝에 완전한 형태가 반복될 수도 있다 (한정어(Finite)의 반복이 있을 때나 없을 때나 마찬가지로).

She	*'s*	*given*	*blood*	*36 times,*	*Diana*	*(has).*
Subject	Finite	Predicator	Compl	Adj:circ	Subject	(Finite)
MOOD		RESIDUE			MOOD	

여기서 계속 따랐던 원칙과 일관되게, 첫 번째 언급된 주어만이 테마로 분석된다.

Diana,	*she's given blood 36 times.*
topical	
THEME	RHEME

She	*'s given blood 36 times, Diana (has).*
topical	
THEME	RHEME

존재적 과정(existential processes)에서의 테마

주제적(Topical) 테마가 항상 타동성 표지를 수반한다는 원칙의 예외는 존재적 과정의 경우에 발견된다. 당신은 *there is/there are* 구조를 수반하는 이 과정이 아래 나오는 것과 같이 타동성으로 분석된다는 것을 기억할 것이다.

There	*was*	*a bomb*	*in her bag.*
	Pr:exist	Existent	Circ:loc

사실 there이 타동성 라벨을 받지 않더라도, 이것은 그럼에도 주제적(topcial) 테마로 기술된다.

There	*was*	*a bomb*	*in her bag.*
topical			
THEME	RHEME		

절 복합체에서의 테마

이때까지 우리는 하나의 독립적인 절, 즉 절 단일체에 대해서만 테마를 찾아왔다. 절 복합체에서 각각의 절은 당연히 자신의 테마 구조(Thematic structure)를 가지지만, 테마 분석은 각각의 절의 배열적 지위(tactic status)에 영향을 받고 그래서 우리는 병렬적이고 종속적인 절 복합체에서 간단히 테마 분석을 검토할 것이다.

병렬적인 절 복합체에서의 테마

두 개의 독립적인 절을 가지는 병렬적인 절 복합체에서, 각각의 절은 개별적인 테마 분석(Thematic analysis)을 가진다.

You	*get a litre of milk*		*and*	*it*	*stands this tall.*
topical			textual	topical	
THEME	RHEME		THEME		RHEME

Well	I	'll bring those out		so	you	don't have to carry them
textual	topical			textual	topical	
THEME		RHEME		THEME		RHEME

9장에서 이미 본 것처럼 병렬절이 *then, and, so*와 같은 접속어와 자주 이어진다고 하더라도, 그들은 특히 연속될 때 접속어 없이 나타날 수 있다.

the poor lady	starts		a relatio-nship		gets		married		decides	to go	home
Sub	Fin	Pred	Compl		Fin	Pred	Compl		Fin	Pred	Adj:circ
MOOD		RESIDUE			MD	RESIDUE			MD	RESIDUE	

병렬적으로 이어진 절의 보편적 출현은 두 번째 절과 그 다음 절에서 주어가 생략되는 것이다. 이러한 경우에, 생략된 주어는 주제적(topical) 테마의 역할을 수행하도록 고려된다. 그러므로 두 번째 절은 주제적(topical) 테마가 없는 것처럼 보인다.

they	may be giving blood		and	*(ellipsis of they)	shouldn't be
topical			textual		
THEME	RHEME		THEME		RHEME

the poor lady	starts a relationship,		*(ellipsis of she)	gets married		*(ellipsis of she)	decides to go home
topical							
THEME	RHEME			RHEME			RHEME

종속적인 절 복합체에서의 테마

종속적으로 이어진 절에서, 특별한 테마적 관심은(Thematic interest)는 주절과 의존절의 순서이다. 아래와 같이 의존절(β)이 주절(α)을 뒤따를 것이다.

I do it	*// because I had a daughter.*
α	β

또는 의존절이 주절 앞에 올 수도 있다.

If you weight under 50 kilos	*// they take less.*
β	α

첫 번째 경우에, 테마 분석의 절차는 독립절 분석 절차와 같다. 즉 간단히 각각의 절의 테마 구조(Thematic structure)를 따로 분석하는 것이다.

I	*do it*		*because*	*I*	*had a daughter.*
topical			textual	topical	
THEME	RHEME		THEME		RHEME

그러나 의존절이 주절 앞에 올 때, 우리는 테마 구조(Thematic structure)가 작동하는 두 단계가 있다는 것을 고려해야 한다. 먼저 각각의 성분 절들은 분석되어야 하는 자신의 테마 구조(Thematic structure)를 가지고 있다.

If	*you*	*weigh under 50 kilos*		*they*	*take less.*
textual	topical			topical	
THEME		RHEME		THEME	RHEME

그러나 두 번째 단계에서, 전체의 의존절은 문장의 테마로서 작용하는 것처럼 보일 수 있다. 다시 말하건대, 원칙은 선택이다. 즉 화자 또는 작가가 의존절이 처음에 위치하는 선택을 하고 그렇게 함으로써 문장의 나머지 부분에 대한 테마적 기대들을 세우는 선택을 했다(의존절은 두 번째 절이 뒤따를 것이라는 것을 표시한다). 의존절이 테마적 위치(Thematic position)에 놓여 있

다는 사실을 포착하기 위해 전체 의존절은 문장에서 테마로 기술된다.

If	*you*	*wigh under 50 kilos*		*they*	*take less.*
textual	topical			topical	
THEME		RHEME		THEME	RHEME
THEME				RHEME	

절들을 종속적인 절 복합체로 이어주는 것은 우리가 단순히 '구조적 요소'라고 부를 수 있는 것들을 사용하는 것이다. 예를 들어 Diana의 이야기는 다음 절의 연쇄를 포함한다.

I had a daughter // who... needed blood transfusions.

우리가 9장에서 보았듯이 이것은 두 문장으로 제시될 수 있다.

I had a daughter. She needed blood transfusions.

그러나 두 절들을 하나의 절 복합체로 묶음으로써 더 큰 단위와 연속성이 만들어진다. 이 연결은 부분적으로 관계대명사 who를 사용해서 만들어진다. 테마 분석의 목적을 위해, who와 같은 구조적 요소들은 주제적(topical) 의미(*she*, 즉 두 번째 절의 Carrier(속성수반자))와 구조적 요소의 융합으로 분석되어야 한다.

I	*had a daughter*		*who*	*needed blood transfusions.*
topical			structural/topical	
THEME	RHEME		THEME	RHEME

또 다른 일반적인 구조적 요소는 which이다.

She	*carried*	*the bags,*		*which*	*is*	*pretty stupid.*
Actor	Pr:material	Goal		Carrier	Pr:inten	Attribute
topical				structural/topical		
THEME	RHEME			THEME	RHEME	

서술화된(Predicated) 테마

구어와 문어 텍스트 모두에서 꽤 빈번하게 발생하는 테마적 패턴(Thematic pattern)은 테마 서술화(Predication)의 패턴이다. 즉 다음의 절들을 비교해 보자.

i) Diana has donated blood 36 times.

ii) It was Diana who had donated blood 36 times.

iii) It was the 36th time that Diana had donated blood.

iv) It was blood that Diana had donated for the 36th time.

i)은 주어(Subject), 한정어(Finite), 보충어(Complement), 부가어(Adjunct)의 서법 구조를 가진 단순절이다. 하나의 주제적(topical) 요소가 테마로 존재한다. 테마적(Thematic) 위치를 통해, Diana는 '주어진' 정보로 도입된다. 이 절에서 전형적인 억양 패턴은 36 times가 어조의 선택을 가져오도록 만들고, 그렇게 함으로써 정도(extent)의 상황어(Circumstance)를 절에 의해 제공된 '새로운' 정보로 표시하게 했다. 이러한 절의 텍스트적 조직은 우리가 Diana에 대해 말하던 맥락에 꽤 적절하다(그래서 그녀는 '주어진' 정보였다).

그러나 ii)에서 iv)까지는 '주어진' 정보와 '새로운' 정보의 지위를 테마 서술화의 과정을 통해 바꾸는 것이 가능하다는 것을 보여준다. 이 과정은 화자 또는 필자가 강조하지 않으면 강조되지 않는 성분을 강조하기를 희망할 때 사용되는데, 이 때 이것은 '실제의' 뉴스를 유지하며, 원래 절에서 레마의 위치에 있다. 한 성분을 절의 시작 부분으로부터 멀리 이동함으로써 그것이 절에 대한 억양 선택을 가능하게 만든다. 그러므로 이것은 '주어진' 정보보다 '새로운' 정보로 표시될 수 있다. 예를 들어 ii)에서 Diana에 강세를 두어 '신정보'가 되게 한다. 이것은 누가 피를 헌혈했는지에 대한 논의가 있는 맥락에 적절한 구조적 선택일 것이다.

테마 서술화(Predication)는 기술적으로 두 번째 절이 무엇인지를 도입하는 것과 관련된다. 즉 *it was* 요소는 그들만의 서법 구조를 가지고 있다. 하나의 단계에서 그때 구조는 두 개의 분리된 절(첫 번째에 의존하고 있는 두 번째 절)을 구성하는 것으로 분석되어야 한다.

절 ii)

It	*was Diana*		*who*	*had donated blood 36 times.*
topical			topical	
THEME	RHEME		THEME	RHEME

이 분석은 Diana를 옮김으로써 메시지의 출발점에 의미적으로 비어있는 구조적 it을 두고, Diana에 억양을 싣고 Diana가 '신정보(news)'로 표시되는 절의 레마 위치에 나타나도록 한다. 하지만 사실 일반적으로 하나의 절로서 표현되는 것을 두 개로 바꾸는 것의 효과는 어떤 면에서 it was Diana라는 서술화된 절을 전체 문장에 대한 테마로 세울 수 있다는 것이다. 메시지에 대한 출발점은 it뿐만 아니라 '*I'm going to tell you something about Diana that is news*'이다. 서술화한(Predicating) 절의 테마적(Thematic) 역할은 두 번째 단계의 분석에서 포착할 수 있다.

It	*was Diana*		*who*	*had donated blood 36 times.*
topical			topical	
THEME	RHEME		THEME	RHEME
THEME			RHEME	

절 iii)도 유사하다.

It	*was the 36th time*		*that*	*Diana*	*had donated blood.*
topical			structural	topical	
THEME	RHEME		THEME		RHEME
THEME			RHEME		

절 iv)

It	*was blood*		*that*	*Diana*	*had donated for the 36th time.*
topical			struct	topical	
THEME	RHEME		THEME		RHEME
THEME			RHEME		

테마 선택의 패턴들: 유표적 테마와 무표적 테마

테마에 대해서 우리가 만들어야 하는 최종 요점은 유표적 테마와 무표적 테마를 구별하는 테마 네트워크 안에서 시스템을 설명하는 것이다. 무표라는 단어는 간단히 '가장 일반적이고 흔한'을 의미하는 반면, 유표는 '이례적이고 드문'을 의미한다. 모든 것이 같을 때, 무표가 선택될 것이다. 유표적 선택이 이루어질 때 화자와 작가는 모든 것들이 동등하지 않다는 것을 표시하며, 맥락에서 무언가가 비전형적 의미가 되도록 요구한다.

테마 유표성은 절에서 서법(Mood)과 절의 테마 구조 사이의 관계와 관련되어 있다. 즉 테마 분석에서 성분에 할당된 기능 역할이 서법 구조에서 동일한 성분에 할당된 기능적 역할과 어떻게 융합되는지에 대한 것이다.

무표적 테마는 테마인 성분이 다음의 역할 중의 하나를 수행하는 것을 말한다.

- 주어(Subject) (평서절에서)
- 한정어(Finite) (의문문에서)
- 서술어(Predicator) (명령문에서)
- WH 요소 (WH 의문문에서)

다시 말해 무표적 테마는 서법 부류의 절에서 첫 번째 위치에 전형적으로 나타나는 서법 구조 성분과 융합될 때 나타난다. Table 10.1에 나타난 모든 절들은 무표적 테마 선택(unmarked Thematic choice)의 예시를 포함한다.

Table 10.1 무표적 테마의 예시

example	role conflation	mood class
I'm heating the soup up.	Theme/Subject	declarative
Did this really happen?	Theme/Finite	polar interrogative
Where did she fly to?	Theme/WH element	WH-interrogative
Pass me the soup.	Theme/Predicator	imperative

유표적 테마는 테마가 서법 시스템의 다른 어떤 성분과 융합되었을 때이다. 유표적 테마의 가장 일반적인 유형은 부가어:상황(Adjunct:circumstantial)(WH 요소와 융합되지 않은)과 융합된 테마이다. 예를 들어 Diana의 대구의 표현(couplet)으로 돌아가 보자.

In Switzerland	*they*	*give*		*you*	*a cognac.*
Adj:circ	Subject	Finite	Predicator	Complement	Complement
RESIDUE...	MOOD		...RESIDUE		
topical					
THEME	RHEME				

Here	*they*		*give*	*you*	*tea and bikkies.*
Adj:circ	Subject	Finite	Predicator	Complement	Complement
RESIDUE...	MOOD		...RESIDUE		
topical					
THEME	RHEME				

두 절에서 주어(Subject)인 성분은 테마의 일부가 아니다. 이러한 절에서 테마는 상황 부가어(Circumstantial Adjuncts)인 *in Switzerland*와 *here*과 융합된다.

유표적 테마를 만드는 한 가지 방법은 상황(circumstantial) 요소를 테마 위치로 옮기는 것이다. 또 다른 일반적인 전략은 한 성분(예를 들어 행동주(Actor))을 상황 요소(Circumstantial element)(전형적으로 대상(matter))로 재구성하는 것이다. 예는 다음과 같다.

1. 무표: 테마/Subject

Diana	*has*	*donated*	*blood*	*36 times.*
Subj	Finite	Predicator	Complement	Adj:circ
MOOD		RESIDUE		
Actor		Pr:material	Goal	Circ:extent
topical				
THEME	RHEME			

2. 유표; 테마/Circ

As for Diana,	*she*	*has*	*donated*	*blood*	*36 times.*
Adj:circ	Subject	Finite	Predicator	Complement	Adj:circ
RESIDUE...	MOOD		...RESIDUE		
Circ:matter	Actor		Pr:material	Goal	Circ:extent
topical					
THEME	RHEME				

테마 서술화(Predication)는 유표적 테마를 만드는 또 다른 방법이다. 즉 본래 절의 주어(Subject)가 서술화된 문장에서 레마가 되기 때문에 어떤 의미에서 모든 서술화된 테마는 유표적이라는 것이다. 그러나 우리는 또한 서술화하는 'it...'절의 내적 구조에서 유표성의 정도를 확인할 수 있다. 예를 들어 다음을 비교해 보자.

i) 무표: 테마로서의 주어(Subject)

Diana	*donated blood in the city.*
topical	
THEME	RHEME

ii) 유표적(서술화된)이지만 테마로서 주어 it이 온 경우

It	*was in the city*		*that Diana donated blood.*
topical			
THEME	RHEME		

iii) 매우 유표적인 경우 : 테마로 상황(Circumstance)이 온 경우

In the city	*it was*		*that Diana donated blood.*
topical			
THEME	RHEME		

능숙한 작가와 화자는 그들의 텍스트에 일관성과 강조를 추가하기 위해 유표적 테마를 선택한다. 예를 들어 Diana의 두 개의 절 *But in Switzerland they give you a cognac*과 *Here they give you tea and bikkies*를 효과적으로 끝맺음을 신호하는 것으로 만드는 것의 일부는 각각의 절에서 유표적 테마의 평행적 선택이다. 유표적 테마는 이 절들이 함께 바로 앞의 절들과 상당히 다른 무언가를 하고 있다는 것을 나타낸다(그들은 종결부 코다(Coda)를 실현한다). 유표적 테마로서의 장소 상황어(Circummstance)의 선택은 이야기의 가장 이른 단계와 연결되어 있는 반면, *in Switzerland*와 *here*에서 대조적인 테마적(Thematic) 강조는 이야기를 '현시점으로' 가져오도록 도와준다. 유표와 무표적 테마 사이의 선택의 함의는 일반적으로 텍스트에 대한 테마 구조(Thematic structure)의 기여를 고려하도록 이끈다.

테마, 텍스트적 의미와 모드(mode)

언어의 SFL 분석에서 테마적(Thematic) 선택의 패턴은 텍스트적 의미를 실현하는 것으로 보이며, 이는 결국 상황 맥락의 모드(Mode) 차원의 실현이라 할 수 있다. 그러므로 테마적(Thematic) 선택은 의사소통적 사건의 조직(어떻게 텍스트가 잘 들어맞는지)에 관한 의미와 관여되고 있는 경험적이고 대인 관계적인 거리(텍스트가 어떻게 맥락과 관련되는지)에 관한 의미를 실현한다. 테마 시스템은 우리에게 텍스트에서 어떤 의미를 우선순위로 둘지, 무엇을 친숙한 것으로 묶고 무엇을 새로운 것으로 묶을지, 무엇을 대조시킬지 등에 대한 선택을 제공함으로써 그러한 의미 실현에 기여한다.

메시지를 조직화하는 역할에서 텍스트적인 메타기능은 어떤 의미에서 관념적인 것과 대인 관계적인 가닥(strand) 양쪽에 기생한다. 텍스트적인 선택은 홀로 텍스트를 만들 수 없다. 즉 텍스트는 내용이 없으며, 상호작용도 가능하지 않다. 의미들은 그들의 의미가 그 자체로 선택될 때까지 우선권을 가질 수 없다. 즉 그래서 우리는 경험적 선택을 함으로써 타동성 구조를 만드는 것이 필요하고, 논리적 관계를 통하여 그들의 경험적 선택들을 분리하고 연결하게 되는 것이다. 그리고 텍스트는 그것이 상호작용을 시작하도록 첫 번째로 구조화되기 전까지 반응할 수 없다. 그래서 우리는 대인 관계적 선택을 함으로써 서법 구조를 구성할 필요가 있다.

그러나 관념적 의미와 대인 관계적인 의미들이 모두 텍스트의 창작에 필수적인 반면, 그들은 본질적으로 그 자체로는 충분하지 않다. 텍스트적인 시스템 없이 경험적이고 대인 관계적인 의미는 일관된 방식으로 표현될 수 없다. 우리에게 친숙한 또 다른 버전의 다음 텍스트를 고려해 보자.

Text 10.1: modified Text 1.2

The compelling sound of an infant's cry makes it an effective distress signal and appropriate to the human infant's prolonged dependence on a caregiver. Parents may be alarmed and discomforted by cries, however. It is very difficult for many of them to listen to their infant's crying for even short periods of time. Hunger and discomfort due to heat, cold, illness, and lying position are some of the obvious reasons for crying. A relatively small percentage of infant crying however is accounted for by these reasons, and they are usually recognized quickly and alleviated. As for crying, this often stops when the infant is held, in the absence of a discernible reason for the behaviour. There are frequent episodes of crying with no apparent cause in most infants, and holding or other soothing techniques seem ineffective. A mean of $1^3/_4$ hr/day at age 2 wk, $2^3/_4$ ht/day at age 6 wk, and 1 hr/day at 12 wk is spent in crying and fussing by infants.

Guilt may be relieved and concerns diminished by counselling about normal crying. But the distress caused by the crying for some cannot be suppressed by logical reasoning. Respite from exposure to the crying may be necessary for these parents, to allow them to cope appropriately with their own distress. Fatigue and tension may result in inappropriate parental responses unless relief is given.

Text 10.1: 수정된 텍스트(modified Text) 1.2

아기의 강렬한 울음소리는 효과적인 조난신호로 작용하기도 하며, 이는 아기가 보호자에게 장기간 의존하게 하는데 적절하다. 부모들은, 그러나, 울음으로 인해 경각심을 가질 수도 있고 불편함을 느낄 수도 있다. 그들 중 많은 이들은 아주 짧은 시간이라 하더라도 아이의 울음소리를 듣기 매우 힘들어할 수도 있다. 배고픔, 그리고 더위, 추위, 아픔으로 인한 또한 누운 자세의 불편함은 아기가 우는 명백한 이유들 중 일부이다. 그러나 상대적으로 낮은 비율로 아기가 우는 것은 이러한 이유들에 의해 설명되며, 이는 대개는 신속하게 인지되고 완화된다. 아기가 우는 것에 대해서 말하자면, 이는 아기가 안겨있게 되면, (우는) 행동에 있어 특별한 이유가 없는 상태에서는 아기는 울음을 멈추기도 한다. 대부분의 아기들은 특별한 이유 없이 우는 일들이 빈번하게 발생하며, 이러한 경우 안아 주거나 다른 달래 주는 기술들이 그다지 효과적이지 않은 것처럼 보인다. 아기가 태어난 지 2주가 되면 하루 평균 1과 3/4시간, 6주가 되면 2와 3/4시간, 그리고 12주가 되면 1시간이 울고 보채는 데 사용된다.

정상적인 울음에 대한 상담을 통해 죄책감은 덜어지고 걱정은 감소될 수도 있다. 그러나 일부 사람들에게는 울음으로 인한 괴로움은 논리적인 합리화로도 사라지지 않는다. 울음소리에 노출되는 것을 차단하는 것은 이런 부모들로 하여금 자신의 고통에 적절히 대처하도록 하기 위해 필요할 수도 있다. 안정이 주어지지 않는 한 피로와 긴장으로 인해 부적절한 부모의 반응(행동)을 초래할 수 있다.

이 텍스트를 읽고 확실히 이해할 수 있긴 하지만, 이것(Text 1.2)의 수정되지 않은 버전은 분명히 따라가기가 더 쉬울 것이다. 수정되지 않은 버전은 명백히 *crying baby*에 대한 것이다. 수정된 버전은 모두 똑같은 정보를 포함하지만 작가의 초점이 분명하지 않다. 즉 어떤 부분에서 이것은 우는 아기에 대한 텍스트인 것처럼 보이다가, 어떤 부분에서는 부모에 대한 것 같았다가, 어떤 부분에서는 부정적인 감정과 신체적인 기분(죄책감, 피로, 긴장)에 대한 것으로 보인다.

당신이 틀림없이 이해한 것처럼, 두 텍스트의 한 가지 차이점은 수정된 버전에서 테마적 구조(thematic structure)가 뒤죽박죽이라는 것이다. 관념적이고 대인 관계적인 의미는 전혀 변화되지 않았지만 성분이 실현되는 순서를 조작함으로써 간단한 텍스트가 따라가기 매우 힘들게 변모되었다.

Halliday가 텍스트적 메타기능을 언어의 **가능하게 하는(enabling)** 기능이라고 언급했던 이유가 바로 이러한 필수적인 의미적 지지 역할을 하게 하기 때문이다. 테마와 같은 텍스트적인 선택은 새로운 내용이나 새로운 대인 관계적인 차원을 텍스트에 도입하지 않는다. 하지만 텍스트적인 선택은 텍스트를 의미 있게 만드는 데 필수적이다. 가장 눈에 띄는 테마적 선택의 기여는 텍스트 내부의 응집성과 관련된다. 즉 테마적인 선택의 능숙한 이용은 텍스트를 '잘 들어맞고 말이 되게' 만드는 결과를 낳는다.

테마적인 패턴은 모드(mode)의 레지스터 변이에 의해 가장 강력하게 영향을 받는다. 즉 모드가 변화할 때 우리는 테마/레마 구조에서 변이를 찾을 수 있다. 모드 변이에서 가장 중요한 차원이 (상호작용적) 구어와 (일방향적) 문어의 구별이기 때문에 우리는 이러한 모드 값에 따라 테마의 선택이 다양화된다는 것을 발견하기를 기대할 수 있다. 만약 텍스트가 응집성과 일관성 모두를 가진다면 우리는 두 개 모드의 연속선상에서 텍스트의 위치에 따라 만들어지는 상이한 텍스트적 선택들을 발견하게 될 것이다.

우리는 다음의 중요한 양상들을 분석함으로써 텍스트의 응집성과 일관성 모두에 테마적 선택이 기여한다는 것을 알아낼 수 있다.

1. 무엇이 테마가 될까? 즉 어떤 종류의 테마가 사용되는가?

텍스트적 테마 요소와 대인 관계적 테마 요소들을 사용하거나 사용하지 않는 것 사이에 선택이 있다는 것을 기억한다면, 텍스트는 그들이 다중 테마(텍스트적이고(거나) 대인 관계적이고 주제적(topical)인 테마를 포함하는 정도까지)나 단일 테마(주제적 테마(topical))를 포함하는 정도에서 변이될 수 있다. 이러한 변이는 텍스트의 모드 값과 관련된다. 만약 우리가 예를 들어 1장의 세 가지의 Crying baby text들의 모드 차원을 비교해 본다면 우리는 Text 1.2를 문어로 기술할 수 있고, 3장에서 본 것처럼 그것은 높은 정도로 명사화를 포함하고 있다는 사실을 알 수 있다. Text 1.3은 명사화가 별로 없는 대화 상호작용이다. 그리고 우리가 주목한 Text 1.1은 Text 1.3과 달리 일방향적 문어임이 명백하고 Text 1.2보다는 명사화가 적게 사용되어 둘 사이 어디쯤에 위치한다. 테마적인 패턴은 Text 1.2와 1.3, 그리고 중간적인 모드인 Text 1.1의 차이를 더 심화된 차원에서 설명하는 데 도움을 준다.

그래서 비록 Text 1.3이 강조 서법 부가어(*pretty, just*와 같은)와 태도를 나타내는 어휘 항목들(*fantastic, good*와 같은)을 가진 태도와 관련된 텍스트임에도 불구하고 그것은 매우 적은 양태를 포함한다. 텍스트에서 유일한 대인 관계적 테마는 의문문 *Did your kids used to cry a lot?*에서 필수적인 구조적 테마, 생략절로서 기능하는 극성 부가어인 *Yea*와 반복된 코멘트(comment) 부가어(*luckily*와 같은) 정도이다. 화자 측에서 선택을 포함하는 것은 오직 이 후자의 대인 관계적 테마이다. 그리고 전후 사건에 대한 그녀의 평가를 테마화하려는 그녀의 선택은 어떻게 화자가 그녀가 묘사한 사건을 평가하는지에 대한 방향성을 제시할 뿐만 아니라, 두 상황 사이에 응집성을 만들어낸다.

대조적으로 Text 1.1의 테마 구조는 테마적으로 사용된 서법 부가어 *perhaps*의 두 가지 사용을 포함한다. 만약 작가가 필요하다면 *perhaps*가 레마로 이동할 수도 있었기 때문에 이것은 수의적인 대인 관계적 테마의 예시이며, 이것은 양태 한정어(modal Finite)(*might, could*)가 실현된 텍스트에서 작동하는 주저함의 의미를 강조하게 된다. 이 양태의 테마화는 Text 1.1이 '다가가기 쉬운, 틀릴 수 있는' 스타일을 만드는 한 가지 방법이다.

Text 1.2는 대인 관계적 테마를 거의 포함하지 않는다. 비록 양태의 의미와 당위양태(modulation)가 이 텍스트에서 만들어졌지만, 그들은 테마의 지위를 가지고 있지 않으며 테마가 아닌 양태 한정어(modal Finite)(*may*와 같은)를 통해 실현된다. 사용된 유일한 서법 구조가 평서문이기 때문에 필수적인 대인 관계적 테마가 필요하지 않았다. 이러한 양태의 비테마화와 상호작용을 이끄는(의문문과 같이) 서법 부류의 미사용은 Text 1.2가 권위와 거리를 만들어내는 방법의 한 부분이다.

주제적(topical) 테마와 텍스트적(textual) 테마의 결합에 또한 몇 가지 차이가 있다. Text 1.3에서 우리는 자주 텍스트적(textual) 테마들이 주제적(topical) 테마를 선행한다는 것을 발견했다. 연속어 항목(*oh, yes*) 또는 병렬적인 절 복합체를 잇는 접속어(*and, so, but*)가 그 예이다. Text 1.1에 나타난 유일한 텍스트적 테마는 접속어이고, (모든 텍스트에서 빈번히 나타나는 *and*를 무시한다면) 전형적으로 종속 의존절을 도입하는 데 사용되는 접속어(*if, when*)이다. 반대로 Text 1.2에서 접속어는 자주 테마적이지 않다. 예를 들어 *These reasons, however, account for a relatively small percentage...* 문장에서 지연된 *however*는 레마에서 접속어로 위치한다. 접속어가 테마적으로 사용된 경우는 병렬적인 접속어(*however*)이다. 그러므로 무엇이 테마가 되는지에 대한 선택은 텍스트의 모드에 따른 변이를 보여준다.

2. 주제적(topcial) 테마의 선택

하나의 절에는 항상 주제적(topical) 테마가 있을 것이기 때문에, 그것이 무엇인지 살피는 것이 유용하다. Text 1.3과 같은 대화에서 우리는 압도적인 다수의 주제적(topical) 테마가 인칭대명사 또는 이름(*you, he, I*)이라는 것을 발견한다. 주제적 테마가 인칭대명사가 아닐 때, 특정한 개인(*your kids*)과 연관 지으면서 또는 단순한 상황적 표현(*the last time, in Switzerland*)을 포함하면서 주제적(topical) 테마는 간단한 명사 그룹이 되려는 경향이 나타난다. 이와는 대조적으로 Text 1.2에서 발견되는 주제적(topical) 테마는 종종 조정을 통해 연결된 여러 개의 명사화를 수반하는 긴 명사군이다.

The compelling sound of an infant's cry

Many reasons for crying

In the absence of a discernible reason for the behavior

단순한 명사군이 사용되는 곳에, 테마화된 명사는 개인(*infants, parets*)이 아니라 사람의 부류를 지시한다.

Text 1.1에서 우리는 중간의 위치를 발견했다. 많은 주제적(topical) 테마들은 인칭대명사 *you*인데 여기에서 실제 *you*를 모르는 상태에서 일반적으로 사용된다. 주제적(topical) 테마의 적은 퍼센트를 차지하는 부분은 보통명사(*babies, parents*)이지만 우리는 *your baby* 또는 *he*를 빈번하게 찾을 수 있다. 가끔 명사화된 주제적(topical) 테마가 사용되지만 이것은 일반적으로 짧게 지속되고 오직 하나의 명사화된 요소(*the most common reason baby cries, outside stimulation*)만을 포함한다. 그러나 이 텍스트에서 가장 눈에 띄는 것은 전체 문장에서 주제적(topical) 테마로 의존절을 가지는 빈도이다.

> Even if he was just recently fed he might still be adapting to the pattern...
> When he was in the womb, nourishment came automatically and constantly.
> if he turns away from the nipple or teat, you can assume it's something else.

이와 같은 종속적 구조는 작가가 매우 적절한 스타일을 유지하도록 한다. 즉 텍스트의 어휘 밀도를 쌓기보다, 작가는 문법적 복잡성의 전략을 활용한다. 그러나 의존절의 테마적인 위치는 많은 사전 계획을 나타내는데, 이러한 사전 계획은 문어보다 구어에서 덜 일반적이다. 따라서 이 텍스트는 구어에 근접하는 속성을 유지함으로써 접근가능한 형태로 존재하는 한편, 문어처럼 '들릴(sound)' 수 있다.

이러한 텍스트에서 주제적(topical) 테마의 패턴은 텍스트 사이의 모드 변이와 관련된다. 면대면 대화에서 우리 메시지 대부분에 대한 출발 지점은 우리 자신이거나 어쨌든 우리와 연결된 어떤 것들이다. 학문적이거나 학술적인 글쓰기에서, 모드는 추상적인 개념의 테마화를 요구한다. 즉 우리는 우리 자신의 경험에서 출발하지 않고, 인간, 상황, 원인에 대해 우리가 고려하고 있는 일반화로부터 출발한다. Text 1.1은 따라서 그것의 주제적(topical) 테마를 통해 발화접근성을 가지게 되는 (즉 구어적 속성을 가질 것으로 생각되는) 문어(텍스트)가 되어야 하는 경쟁하는 요구를 충족시키기 위해 사용하는 전략들 중 하나를 보여준다. 즉 주제적 테마는 개인적인 것이 주로 나타나지만 텍스트에 대한 계획은 의존절 테마가 종종 나타나는 것을 허용하고 있다.

3. 테마 선택의 유표성

테마적 선택의 다른 시스템과 같이 유표화된 요소를 테마로 만든다는 결정은 모드 차원과 연관된다. Text 1.3이 제시하는 바와 같이 유표화된 테마는 구어 서사(이 장에서 반복적으로 다루었던 Diana의 절과 같이)의 종결부(Coda)와 같은 독백적 덩어리(chunks)에서 도식 구조 경계에 주로 나타나는데, 이러한 테마는 가벼운 대화(casual conversation)에서 상대적으로 드물게 나타난다. 반대로 Text 1.2에서는 유표화된 테마가 빈번하게 사용된다.

i) In most infants, there are frequent episodes fo crying with no apparent cause

ii) For these parents, respite from exposure to the crying may be necessary

iii) In the absence of a discernible reason for the behaviour crying often stops

iv) Without relief, fatigue and tension may result in inappropriate parental responses

이러한 예시들이 보여주듯, 다양한 범위의 상황적 요소들이 테마로 만들어진다. 즉 장소(location), 이득(behalf), 양상(manner) 등이 여기에 해당한다. 이러한 유표적 테마의 한 효과는 예시 i), ii)와 같이 절에서 테마가 행동주/주어(Actors/Subjects)가 되지 않으면서 총칭적 부류가 테마가 되는 것을 허용한다는 것이다. 대안적으로 유표성은 iii)과 iv)의 경우와 같이 명사화가 테마가 되는 것을 허용한다. 이전 정보의 명사화된 버전이 작가의 다음 새 정보의 출발 위치가 될 수 있으므로 이것은 텍스트의 누적된 '압축(compacting)'을 허락한다.

대조적으로 Text 1.1은 실질적으로 더 긴 텍스트 안에서 단 두 개의 유표화된 테마만을 포함한다.

During the day, a baby sling helps you to deal with your chores...

At night when you want to sleep you will need to take action...

중요하게도 위의 두 문장은 모두 시간을 다루고 있는데, 이것은 이 텍스트에서의 그들의 역할과 대화의 서사 분절에서 그들의 출현 사이에 유사성이 있다는 것을 나타낸다.

4. 전개(development)의 방법

테마가 응집성과 일관성을 만드는 마지막으로 매우 중요한 기여는 테마적 요소들이 서로 연계되도록 하는 방법과 관련되어야만 한다. 테마 전개의 세 가지 주요한 패턴들이 관찰될 수 있다.

i) **테마 반복**: 하나의 텍스트를 집중적으로(응집적으로) 유지할 수 있는 방법은 단순히 하나의 요소를 반복하는 것이다. 우리가 어휘적 응집성에서 보았듯이 반복은 응집성을 만드는 효과적인 수단이다. 규칙적인 토대 위에서 테마를 만드는 동일한 참여자를 가지는 것은 텍스트가 분명한 초점을 가지도록 만든다. 동일한 요소가 규칙적으로 테마로 보이는 이러한 테마적 패턴은 Text 1.3에 짧게 나온다. *classy ladies*에 대해 말할 때 테마로서 *they*가 반복되며 사용된 경우가 그 예이다. 그러나 대화의 동적이고 계획되지 않은 특성은 비록 전이가 우리가 위에서 본 것처럼 제한된 범

위의 항목에서 나타난다고 하더라도 재빠른 테마 전이로 이끄는 경향이 있다.

그러나 주제 반복은 Text 1.2에서 더욱 복잡하고 일관성 있게 사용된다. 여기서 *crying*은 텍스트의 거의 모든 테마에 테마적으로 나타난다. 그러나 많은 테마가 긴 명사화를 수반하기 때문에 *crying*은 작가에 의해 도입된 다른 요소(*reasons, counseling* 등)들과 결합하여 테마로 만들어진다. 이것은 단순한 반복을 피하면서 텍스트에서 강한 주제적(topical) 초점을 유지하는 효과가 있다.

테마가 절대 변하지 않는 텍스트는 읽기에도, 듣기에도 모두 지루할 뿐만 아니라, 아무 진전도 없는 텍스트처럼 보일 것이다. 만약 테마가 우리의 출발점이라면, 테마의 불변성은 우리가 항상 같은 자리로부터 떠나는 것을 의미할 것이고 레마에서 도입된 '새로운' 정보가 뒤에서 기술되지 않는다는 것을 의미한다. 이것은 Text 1.2와 같은 문어 텍스트에서 복잡하고 명사화된 테마의 사용을 설명한다.

Text 1.1은 중간 지점이라고 할 수 있는데, 첫 번째와 두 번째 단락은 동일한 주제를 반복하지만 이 경우에는 단순한 인칭대명사(*you, he*)가 테마인 반면 그 이후의 단락에서는 광범위한 테마 전이가 나타난다.

테마 전이는 텍스트 밖으로부터 오는 새로운 테마를 가지고 '우연하게' 달성되거나 우리가 **테마적 진행**(**Thematic progression**)으로 기술할 수 있는 곳에서 응집적으로 달성될 수도 있다. 테마적 진행 패턴에는 두 가지 주요한 종류가 있다. 즉 지그재그와 다중의 테마이다.

ii) **지그재그 패턴**: 이 패턴에서 절1에 레마로 도입된 한 요소는 절2의 테마가 되도록 상승되었다. 이 패턴은 Figure 10.1에서 도식화하였다.

Text 1.3에서 종속절 쌍의 레마에 도입된 *these two women*이 다음 몇몇 절에서 테마가 되도록 허락하는 것이 이 지그재그 패턴이다.

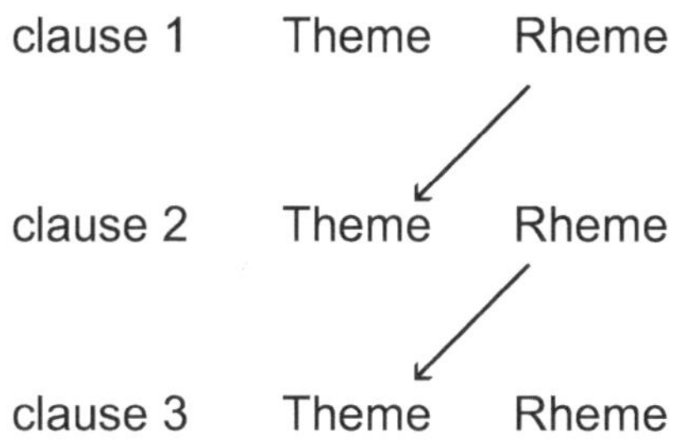

Figure 10.1 테마 전개의 지그재그 패턴

And as we sat on the foreshore of this Vaucluse area these two women came down and they'd both been working... etc.

이것은 또한 *the baby*가 다시 테마가 될 수 있는 방법이다.

and so I just handed the baby to them
and LUCKILY he kept on crying

이 지그재그 패턴은 또한 *hunger*가 테마적 요소로 수유와 영양 등을 도입할 때 Text 1.1에 나타난다.

The most common reason baby cries is hunger.
Even if he was just recently fed, he might still be adapting to the pattern...

Text 1.2 또한 지그재그 전략을 이용하는데, 그 상황은 더 복잡하다. 다음 순서를 따른다.

These reasons, however, account for a relatively small percentage of infant crying and are usually recognized quickly and alleviated.
In the absence of a discernible reason for the behaviour, crying often stops...

테마적인 요소인 *In the absence of a discernible reason for the behaviour*는 이전의 절의 레마로부터 들어오지만 이것은 또한 모든 이전 절의 테마와 레마 위에 세워진다. 명사 *reason*은 우리를 이전 절의 테마로 되돌아가도록 하며, 그것은 차례로 그 이전 절 *Many reasons for crying are obvious, like hunger and discomfort due to heat, cold, illness, and lying position*으로부터 나온다.

지그재그 패턴은 새롭게 도입된 정보를 바탕으로 텍스트의 응집성을 달성한다. 이것은 반복된 테마 패턴에서 부재했을 수도 있는 축적된 전개 양상을 텍스트에 부여하게 된다.

iii) **다중 레마 패턴**: 이 패턴에서 한 절의 테마는 여러 가지 다른 정보들을 도입하는데, 각각의 정보는 Figure 10.2에서 도식화된 것과 같이 이후 절에서 선택되어 테마로 만들어진다.

이 전개 방법의 예시는 *relax and settle him*이 *rocking, wrapping up, outside stimulation* 등의 테마적인 내용을 제공하는 Text 1.1에서 나타난다.

이 다수의 레마 패턴은 또한 더 긴 설명 텍스트에서 일반적이다. 우리는 이러한 패턴을 사용해 네 번째 Crying Baby Text를 만들 수 있다.

The three main reasons babies cry are hunger, cold, and illness.
Hunger can be determined by considering when the baby was last fed.
Babies feel cold more acutely than we do and the smaller the baby, the

more warmly it should be wrapped up.

Finally, sickness or pain may also be signalled by crying...

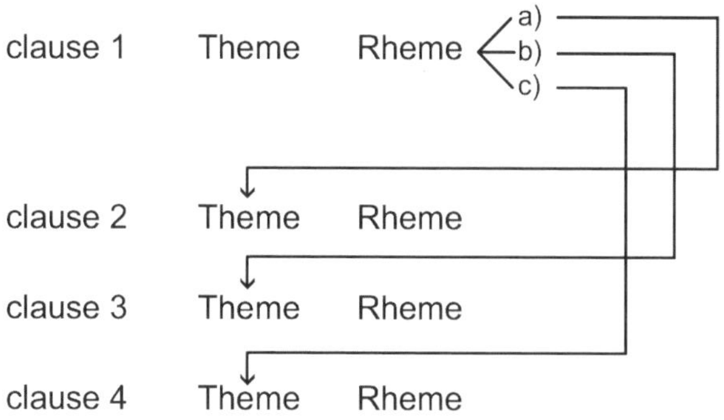

Figure 10.2 테마 전개의 다중 레마 패턴

이 예시에서 알 수 있듯이, 다수의 레마 패턴은 종종 텍스트의 기본 구성 원리를 제공하며, 각 주요 테마들을 상세하게 설명하는 데 지그재그와 테마 반복 전략이 모두 사용된다.

테마 선택의 다른 양상들처럼 테마적인 패턴의 사용은 또한 모드와 연관될 수 있다. 구어는 가장 덜 계획된 전개 방법을 보여준다. 빠른 테마 전이가 따라오고 유효한 대화 테마(*you, he/she, we, they*와 같은 어휘를 사용)의 영원한 풀(pool)을 화자가 단순히 꺼내 씀으로써 달성되는 테마 반복의 짧은 분절들이 나타난다. 서사와 같은 일방향 분절들에서 테마적 선택은 Text 1.3에서 보았듯이 지그재그 전략에 의존하는 것처럼 보인다. 문어 텍스트들은 일반적으로 테마적인 진행 전략들을 더 자주 사용할 것이다. 그래서 지그재그와 다수의 테마 패턴은 모두 일반적이게 될 것이다. 명사화도 테마 반복 패턴이 문어 텍스트에서 응집성을 만드는 강력한 수단이 되게 만든다. 전체적으로 신중하게 작성된 문어 텍스트는 텍스트의 테마적인 선택으로 우리를 놀라게 하지 않을 것이다. 즉 테마가 되는 것은 텍스트 가까이 어딘가에 있을 것이다.

테마와 텍스트 구조의 층위(levels)

이 장은 절의 테마와 레마 구조가 응집성이 있고 일관성 있는 텍스트를 만드는 데 필수적인 요소라는 것을 보여주고 있다. 그러나 테마의 함의는 절 단위를 넘어선다. 절의 테마/레마 구조가 텍스트적인 조직의 미시적 차원의 실현처럼 보일 수 있다는 면에서 그러하다. Martin(1992a)은 어떻게 '정보의 물결'의 유사한 패턴이 텍스트의 더 높은 구성단위를 넘어서서 작동할 수 있는지에 대한 SFL 탐험을 이끌었다. Martin과 Rose(2003)은 **주기성(periodicity)** 또는 **정보 흐름(information flow)**이라고 부르는 것에 하나의 장을 할애하고 있다. 거기에서 그들은 어떻게 테마가 독자를 각각의 절에 대한 출발점이 무엇인지를 알도록 이끄는지 뿐만 아니라 어떻게 **상위테마(hyperTheme)** 또는 주제 문장이 단락 또는 더 긴 텍스트의 단계에서 일어날 것을 예측하게 하는지를 다루었다. 거기에 더해 **거시적 테마(macroTheme)**의 패턴은 또한 더 큰 담화의 단계를 넘어 확인된다. Martin과 Rose는 능숙한 작가나 화자들이 전개되는 텍스트의 방향에 대한 독자의 기대를 지속적으로 새롭게 정립하도록 상이한 텍스트 구조의 층위를 사용한다는 것을 보여주면서, '주기성의 단계'나 텍스트적 조직의 층위를 세웠다.

텍스트적 조직의 이러한 위계에 대한 인식은 텍스트가 **가능하게 하는(enabling)** 메타기능을 가졌다는 체계적 주장에 기반이 된다. 즉 테마와 같은 구조가 없으면, 텍스트도 있을 수 없다. 텍스트적인 의미에 의해 만들어진 필수적인 기여는 모든 층위에서 작동하는 상이한 텍스트 구조의 범위를 실제화하는 것이고, 그러한 기능은 우리가 응집적이고 일관성 있는 텍스트를 실현하도록 선택한 관념적이고 대인 관계적 의미를 가능하게 하는 것이다.

구와 그룹의 문법 그리고 리듬과 억양의 시스템과 같이 우리가 기술하지 않은 체계 기능 문법의 많은 다른 양상들이 있지만, 이 장은 새로운 자료를 보여주는 것으로 완성하였다. 당신은 이제 텍스트를 분석할 수 있는 분석 기술과 전문적 어휘를 갖추었으며, 맥락적 차원의 실현인 의미적 선택의 표현으로 찾은 문법적 패턴에 대해 말할 수 있을 것이다.

마지막 장에서 우리는 이러한 체계적인 도구들이 텍스트에서 어떻게 드러나고 패턴을 설명하는 데 적용될 수 있을지 간략하게 보게 될 것이다. 이를 위해 1장에서 살펴보았던 Crying Baby Text의 종합적인 분석의 결과를 논의하게 될 것이다.

주석Notes

1 테마에 대한 더 광범위한 논의는 Halliday and Matthiessen 2004:3장을 보아라.

제11장 텍스트 설명하기: SFL의 적용

도입

이 장에서는 우선 이 책에서 제시된 모형을 요약한 다음 체계적인 접근법이 텍스트 분석에 어떻게 적용될 수 있는지 보여줄 것이다. 분석 예시로 세 개의 Crying Baby Text(1장에 나온 Text 1.1, 1.2, 그리고 1.3)에 대해 종합적인 어휘 문법적인 분석과 응집성의 분석 결과를 제시할 것이다. 체계적인 분석은 어떤 텍스트들이 어떤 식으로 비슷하고 다른지를 분명히 보여줄 것이고 그러한 패턴을 문화적이고 상황적 맥락과 연관 짓는 방법을 보여줄 것이다. Text 1.1, 1.2, 1.3의 분석은 부록(Appendix)에서 찾을 수 있다.

모형의 요약

1장에서 10장은 기능 의미적인 원천으로서 언어 모형의 윤곽을 보여주었다. 즉 언어는 우리가 의사소통의 목적을 이루기 위해 만들어야 하는 의미를 산출하기 위해, 우리가 선택하는 상호 연결된 언어 시스템의 네트워크로서 모형화된다. 선택 연쇄의 산물이 텍스트이고 텍스트에서 실현된 선택들은 그 자체로 맥락적 차원의 실현이다. 이들은 필드, 모드와 테너(사용역), 문화적 규약(장르)과 이데올로기의 지위에 대한 특수한 상황적 배열(situational configurations)을 포함한다. 따라서 언어는 사회적, 문화적 맥락에 내포된 자원으로서만 모형화되는 것이 아니라, 우리 문화의 가능한 맥락에서 무엇이 적절한 의미를 구성하는지를 지속적으로 구축, 유지, 정의하고 있는 자원으로 모형화되는 것이다.

언어 그 자체는 세 층위의 기호 시스템으로 해석되어 왔다. 그곳에서 응집적인 패턴들을 통해 통합된 의미적 단위인 텍스트는 관념적이고 텍스트적이고 대인 관계적 의미들 속에서 선택들의 집합체인 것이다. 언어에서 맥락을 표현하기 위한 요구로부터 도출된 이러한 의미적 선택은 어휘 문법적 선택들을 통해 차례로 실현된다. 이러한 어휘 문법적 선택들은 서법, 타동성, 절 복합체와 테마라는 네 가지의 문법적인 구조가 동시에 나타나는 시스템으로부터 예측 가능하고 체계적인 방식으로 이루어지는 선택들을 포함한다. 절에 대한 다중 구조적 기술은 어떻게 언어가 의미를 동시에 만드는지 설명해 준다.

SFL 모형의 두드러지는 핵심 특징은, 이것이 가장 추상적인 맥락의 단계(이데올로기)로부터 텍스트의 아주 구체적인 단어, 구조, 소리 그리고 필적학(graphology)을 통하여 모든 방향으로 확장되는 실현 관계를 설정한다는 것이다. 그동안 책에서 다양한 도표로 포착된 이 실현 관계는 예측적이고 연역적인 방향 모두에서 읽힐 수 있다. 즉 맥락이 명세화되면 우리는 텍스트를 특징짓는 언어적 선택을 합리적이고 정확하게 예측할 수 있다. 그리고 언어 선택의 실현체인 텍스트가 주어지면 우리는 그것이 산출되고 실현된 맥락을 추론할 수 있다.

모형의 이론적인 설명을 제시하는 것과 동시에 이 책은 또한 다음과 같은 기술의 기법들을 소개해 왔다.

i) 응집적인 분석: 지시 패턴, 어휘 관계, 접속 관계들의 패턴에 대한 개략적인 분석들이 2장에서 제공되었다.

ii) 문법적인 분석: 6, 8, 9, 10장은 절에서 서법, 타동성, 논리 의미(Logico-semantic) 구조와 테마 구조를 실현하는 주요한 기능적 절 성분들을 확인하기 위한 의미적 기준과 문법적 기준들에 대해 개관하였다.

지면의 이유 때문에 이론적 개념들을 깊게 다루지 않았고 오직 주요한 기술의 기법들만을 다루었다. 좀 더 전문화된 체계 연구(예를 들어 Halliday and Hasan 1976, Halliday and Matthiessen 1999, 2004, Martin 1992a, Martin *et al.* 1997, Martin and Rose 2003, Matthiessen 1995)에서 우리는 각 층위에 대한 더 넓은 범위의 분석적 기술의 세부적인 내용뿐만 아니라 실현, 섬세함(delicacy), 시스템, 메타기능과 같은 개념들의 더욱 실질적인 설명을 찾을 수 있다.

i) 여타의 응집성 분석들: 예를 들어 생략과 대체, 그리고 응집적인 조화(cf. Hasan 1984, 1985b:89-94)

ii) 여타의 어휘문법적인 분석: 그룹 등급(group rank)에서 명사 그룹, 동사 그룹, 전치사 구, 그리고 전체 등급에서 논리 의미적 관계들이 책에서 제시된 분석적인 기법들은 텍스트의 서법, 타동성, 절 복합체, 테마, 지시, 그리고 접속 관계와 어휘 관계에 대한 기술이, 맥락 속에서 의미를 만들기 위해 텍스트가 어떻게 구조화되는지에 대한 상당히 철저한 설명을 제공한다는 것에 기초하여 선택되었다. 이 장에서 남아있는 부분은 이 분석적 자원이 어떻게 텍스트 분석 과제에 적용될 수 있는지 고려하는 것이다.

체계적인 텍스트 분석

이 책의 1장에서 체계 언어학의 가능한 많은 적용들 중에서 이 책의 기본 구조로 채택했던 가장 일반적인 것이 '텍스트는 왜 그것이 의미하는 것을 의미하는가(Why a text means what it does)'를 설명하는 것임을 기억할 것이다. 두 쌍의 용어가 그 목표를 명확히 하는 데 사용될 수 있고 체계적 텍스트 분석의 영역을 명확히 하는 데 사용될 수 있다. 첫 번째는 텍스트의 *해석*(*interpretation*)과 *설명*(*explanation*)을 대조할 수 있다. 두 번째로 우리는 텍스트의 *이해*(*understanding*)와 그것의 *평가*(*evaluation*)의 차이를 인식할 수 있다. 문학 텍스트 연구의 전통적인 접근은 *해석적인*(*interpretive*) 활동으로서 텍스트 분석을 모형화한다. 학생들은 텍스트 읽는 것을 배우고, 작가가 텍스트에서 만들고 있다고 생각하는 의미가 무엇인지에 대해 토론하고자 한다. 그러나 체계적 관점에서 텍스트 분석은 해석적인 행위라기보다는 *설명적*(*explanatory*) 행위이다. 즉 '텍스트의 언어학적인 분석은 그 텍스트에 대한 해석이 아니다. 그것은 설명이다'(Halliday and Hasan 1976: 327). 텍스트의 해석이 텍스트가 *무엇*을 의미하는지 드러내고 진술할 목적을 가진 반면, 텍스트의 체계적 분석은 *어떻게* 텍스트가 의미를 드러내고 진술하는지에 목적을 둔다. 그러나 사실 이들 용어들은 이분되지 않는다. 기능-의미적인 관점은 언어 항목(형태소, 절, 텍스트)의 의미를 사용 맥락에서 그 항목이 가지는 기능으로 정의하기 때문에, 텍스트가 *어떻게* 의미하는지를 밝히는 바로 그 과정에서 우리는 텍스트가 *무엇*을 의미하는지를 사실상 밝히게 될 것이다.

두 번째 중요한 차이는 텍스트를 *이해*하는 것과 *평가*하는 것 사이에 만들어질 필요가 있다. Halliday(1994:xv)는 이러한 구별을 '어떻게, 왜, 텍스트가 무엇을 의미하는지'를 보여주기 위해 언어 분석을 사용하는 것과 관련하여, 두 층위 중 낮은 층위인 **이해**의 층위 중 하나로 나타낸다. 그가 지적하듯이, 분석적인 도구로서 텍스트의 적절한 기능 문법을 고려할 때, 이 이해의 층위는 '항상 다룰 수 있어야 한다(should always be attainable)'는 것이다.

Halliday는 텍스트 분석에서 더 도전적인 목표가 텍스트의 **평가**에 기여할 수 있기 위함이라고 제안한다. 즉 다음과 같이 제시하였다.

> 언어적 분석은 텍스트가 그 자체의 목적을 효과적으로 이루거나 이루지 못하는 이유를 말할 수 있어야 한다는 것이다. 즉 그것이 어떤 면에서 성공하고 있는지 어떤 면에서 실패했는지 혹은 덜 성공했는지를 말할 수 있어야 한다. (Halliday 1994:xv)

Halliday는 이 목표가 더 이루기 어렵다고 주장한다. 이유는 다음과 같다.

> 텍스트 그 자체뿐만 아니라 텍스트의 맥락(상황 맥락, 문화 맥락)과 맥락과 텍스트 사이에 체계적 관계에 대한 해석이 요구된다(Halliday 1994:xv).

각각의 메타기능과 문법적 시스템 사이에 그리고 언어의 3차원의 기능 조직과 사용역의 3차원 구성 사이에, 그리고 텍스트의 문화적 맥락과 도식적 구조 사이에 만들어진 실현 관계를 통해, 하나의 체계적 모형은 텍스트 분석의 이 같은 더 상위의 수준을 고찰할 효과적인 도구를 제공하게 된다.

모형의 설명적이고 평가적인 힘은 세 가지 종류의 Crying Baby Text에 대한 다음의 논의를 통해 제시될 것이다.

Crying Baby Text의 분석

Crying Baby Text의 분석은 대조적인 텍스트 분석의 연습이다. 대조적인 분석은 어떤 면에서 유사하지만 어떤 면에서는 다른 텍스트를 대상으로 하는 것이다. 대조적인 분석은 텍스트 분석을 하는 데 있어서 상대적으로 쉬운 방법을 제공한다. 왜냐하면 그것은 실제 텍스트에서 실현될 수 있었던 잠재적인 것에서 어떻게 하나의 실현형이 선택되었는지에 대한 그림을 제공할 수 있기 때문이다. 언어적 선택의 패턴은 대조적으로 가능한 다른 선택을 실현하는 패턴을 보여주는 텍스트가 있을 때 더 쉽게 식별되고 설명된다.

텍스트 분석을 수행하는 첫 번째 유용한 단계는 텍스트가 무엇에 대해 관심을 가지는가를 질문함으로써 텍스트를 문제화하는 것이다. 이러한 관심은 '위'에서(텍스트에 실현된 맥락으로 인해) 또는 '아래'에서(사용되는 특정한 언어적인 특징으로 인해) 발생할 것이다. 예를 들어 Crying Baby Text에서 관심은 또한 초점(focus)으로부터 발생할 수 있다. 맥락으로부터 우리는 Text 1.1, 1.2, 1.3이 가지는 관심을 고려할 수 있다. 왜냐하면 그것은 같은 것에 대한 텍스트처럼 보이지만 매우 다른 방식으로 그것에 관해 이야기하고 있기 때문이다. '문제'는 텍스트가 어떻게 유사한지(어떤 언어적인 면에서)와 어떻게 다른지 모두에 대해 설명하기 위해 텍스트 분석 기술을 사용하는 것이다.

Text 1.1과 1.2가 우는 아기에 대해 말할 때 매우 다른 종류의 단어를 쓴 예시와 같이, 텍스트 간에 어휘문법적 또는 응집적 차이에 주목할 때, 텍스트에서 우리의 관심은 동등하게 '아래'에서 발생할 수 있다. 여기에서 문제는 변이의 본질을 명세화하고 그 후에 그것을 주제(topic)에 대해 말하는 다른 방식과 연관 짓기 위해 텍스트 분석 기술을 사용하는 것이다.

텍스트에서 흥미로운 매우 일반적인 진술은 분석 과제를 초점화하기 위해 더 구체화될 수 있다. 예를 들어 텍스트 사이에 '차이'에 대한 일반적인 관찰은 Text 1.1과 1.2가 모두 문어 텍스트인 반면, Text 1.1이 Text 1.2보다 더 '친근'해 보이고 덜 '격식'적으로 보이는 것을 관찰함으로써 발전될 수 있다. 어떻게 그러한 인상이 전달되는가 그리고 구어 Text 1.3의 즉흥성이 우는 아기 주제(topic)가 이야기되고 있는 방식에 어떻게 영향을 주는가 등이다.

지금까지 텍스트는 비전문적인 용어로 접근해 왔다. 같은 문제들이 장르, 사용역, 응집성과 어휘문법과 같은 차원과 관련하여 이제 전문적으로 재진술될 수 있다. 텍스트에 대한 맥락적 관심으로 인해 제기된 문제들 중 일부를 가지고, 우리는 탐구할 다음과 같은 기술적 언어적 질문을 전개할 수 있다.

- Text 1.1, 1.2와 1.3이 같은 필드를 공유한다는 주장의 언어학적 근거는 무엇인가?
- Text 1.1과 1.2가 그들의 독자들과 다른 테너를 형성한다는 주장의 언어

학적 근거는 무엇인가?

- Text 1.3을 Text 1.1과 Text 1.2와 분리하는 테너와 모드 전환(mode shift)에서의 차이들 간의 관계는 무엇인가?
- Text 1.1과 1.2는 어느 정도까지 같은 장르로 기술될 수 있는가?
- 문어의 총체적 구조가 구어의 총체적 구조와 어떻게 다른가? 즉 테너와 모드의 변이는 총체적 선택과 실현에 어떤 영향을 미치는가?

어휘문법적 자질이나 응집적 자질에 대한 관심이 있을 때, 질문도 전문적으로 바꾸어 말할 수 있다.

- 인식 양태(modalization)와 당위 양태(modulation)가 텍스트에서 사용된 방식에 차이가 있는가?(어휘문법에 초점을 둠)
- 하나의 텍스트가 다른 텍스트보다 더 응집적이라는 주장에는 어떤 증거가 있는가?(응집적 자원에 초점을 둠)

텍스트에서 관심의 차원(또는, 더 일반적으로는, 차원들)에 대한 진술은 보통 종합적인 분석을 할 수 있는 시간적 여유가 없기 때문에 어떤 분석을 수행할지에 대한 결정을 용이하게 한다. 종합적인 텍스트 분석에서 텍스트는 모든 응집적 시스템(지시, 접속어, 어휘적 응집, 대화 구조, 생략 그리고 대체…)과 문법적 패턴들, 즉 적어도 절 등급(rank)(서법, 타동성, 테마, 논리적인 관계…), 혹은 그룹 등급(group rank)들(명사적, 동사적, 전치사 구의 구조…)에 대해 기능과 부류 라벨 붙이기를 통해 분석될 것이다.

텍스트에 대한 이같이 완전한 분석은 상당한 시간과 노력이 요구될 것이 분명하다. 덜 분명한 것은 그것이 특별히 흥미로운 것으로 확인된 문제를 해결하는 데 관련 없는 정보를 생산할 수 있다는 것이다. 예를 들어 텍스트 간에 필드의 차이를 탐구하기 위해 양태(modality) 분석이 특별히 보여주는 것이 없을 수 있다.

이럴 때 더 실용적인 접근은 선별적 텍스트 분석을 수행하는 것이다. 여기에서 텍스트는 부분적으로만 분석되는데 체계기능 모델은 확인된 특정 텍스트 문제에 비추어 어떤 분석이 가치가 있는지 예측하는 데 사용된다.

예를 들어 Text 1.1, 1.2, 1.3이 사실 같은 필드를 공유하는지를 결정하기 위해 모형은 다음의 분석이 수행되어야 한다고 예측할 수 있다.

- 응집성 : 어휘 연관성, 접속 관계
- 어휘 문법 : 타동성과 절 복합체

유사하게 모드의 차이를 알아내기 위해 다음의 분석이 가장 적절한 분석이 될 것이다.

- 응집성 : 지시, 접속어
- 어휘문법 : 테마

테너에 대해 관심을 가지는 텍스트들은 서법과 대화적인 구조에 대해 우선 분석될 것이다.

이것은 다른 분석들이 수행되지 않을 것임을 말하는 것이 아니라 맥락에서 주어진 '빨리 구해 주어야 할 것'으로 모형에 의해 예측된 분석에 우선권이 주어질 수 있다는 것이다. 이것은 이러한 '위험에 처해 있는' 차원 중 하나를 분석하면 또 다른 시스템이 함의하는 것이 명백해질 수 있다는 것이다. 예를 들어 Text 1.1이 Text 1.2보다 덜 격식적인 테너를 만드는 하나의 방식이 서법 선택과 관련 있어서, Text 1.1의 비격식성은 또한 Text 1.2에 비해 구어 모드를 더 많이 사용한 결과라는 것을(비록 두 텍스트 모두 문어 텍스트라고 하더라도) 아래에서 제안하게 될 것이다. 그래서 절 복합체, 지시와 접속에서 선택들이 어떻게 더 구어적인 텍스트를 실현하는지, 그리고 이것이 차례로 어떻게 덜 격식적 테너를 실현하는지 기술하는 것이 필요하다.

텍스트에서 특정한 언어적 자원의 사용에 대한 관심은 당연히 초반의 분석 방향을 따를 것이다. 그러나 제시된 특정한 분석이 출발점이 될 수는 있지만, 분석은 모형이 중점적인 의미의 종류를 실현하도록 예측하는 다른 시스템을 받아들여 점차 확대되어야 한다. 예를 들어 Text 1.1, 1.2, 1.3에서 사용된 단어 유형 사이의 차이에 대한 관심은 어휘적 응집성 분석이 수행되어야만 한다는 것을 나타낼 것이다. 그러나 텍스트에서 어떻게 필드가 구성되는지에 대한 완전한 그림을 얻기 위해, 이러한 어휘적 기술은 타동성과 절 복합체 관계의 분석을 수반해야만 한다. 왜냐하면 이러한 언어적 시스템이 함께 텍스트에서 관념적 의미를 실현하는 데 기여하기 때문이다.

문제에 관여된 맥락적 차원이 높으면 높을수록 '위험에 처해 있는' 분석의 수는 더 많아진다. 예를 들어 두 텍스트 사이에 총체적 변이에 관심이 있다면 거의 확실히 많은 수의 시스템 분석이 수반될 것이다. 왜냐하면 장르는 모든 사용역(register) 변이의 배열을 통해 실현되고 그 변이들은 모두 응집적이고 어휘 문법적인 시스템에 영향을 받을 것이기 때문이다.

책에 제시된 다양한 개념과 시스템이 텍스트 분석에 어떻게 적용되는지에 대한 전반적인 예시를 합리적으로 제공하기 위해, Crying Baby Text 분석은 다음의 매우 광범위한 질문을 염두에 두고 수행되었다.

- 세 텍스트는 어떤 면에서 유사하고 어떤 면에서 다른가?
- 이러한 유사성과 차이가 필드, 모드, 테너의 사용역 변이와, 또 장르와 어떻게 연관되는가?

이 책에 제시된 범주와 방법론을 따라 Text 1.1, 1.2 그리고 1.3은 모두 다음의 시스템에 대해 분석되었다.

- 서법(Mood)
- 타동성
- 논리적 관계(절 복합체)
- 테마
- 접속 관계
- 지시
- 어휘 관계
- 도식 구조

압축된 형태로 제시된 이러한 분석들은 각 분석에 대한 키(key)와 함께 부록(Appendix)에서 찾을 수 있다.

다음 절에서 어휘 문법적 분석을 시작으로 이러한 분석의 결과에 대해 논의할 것이다. 분석된 텍스트의 세부적인 절 단위 논의가 세밀히 이루어질 수 있지만(예를 들어 Halliday 1994:368-91의 Appendix에 있는 Halliday의 분석을 보라. 불행히 Halliday and Matthissen 2004에서 유지되지 않았다.), 여기에서는 지면의 이유로 분석 결과를 종합 집계와 도표를 통해 보여줄 것이다. 이러한 접근이 다소 거칠지라도 그것은 텍스트에서 다른 패턴들을 강조하여 보여주기에 매우 효과적이라는 것을 알게 될 것이다. 그래서 하나의 텍스트에 대한 설명만으로 전락하는 순차적 논의의 잠재적 함정 중 하나를 피하면서, 텍스트에 대한 실질적인 설명적 논의를 제공할 수 있게 될 것이다.

물론 언어 패턴은 사용역 변이에서 유사성과 차이와 관련된 질문을 다루는 증거를 제공하므로 논의에서 식별된 언어 패턴은 맥락과 관련될 것이다.

텍스트의 어휘문법적 분석

서법 분석(Mood analysis)

각각의 텍스트에서 모든 등급절(ranking clauses)과[1] 내포절들은 6장에서 제시된 기술을 따라 서법에 대해 분석된다. 데이터(예를 들어 부가어:호격어(Adjunct:vocative)와 같은)에 나타나지 않는 범주는 부록(Appendix)에서 분석 앞에 있는 키(key)에 목록화하지 않았고, 더 이상 논의하지 않을 것이다.

Table 11.1은 등급(ranking)(내포되지 않은)절에 대한 수치를 보여주면서 서법 부류의 분석 결과를 요약하여 보여준다. 서법(Mood) 부류는 만약 하나의 텍스트에서 적어도 하나의 예시만 있어도 목록에 포함된다.

1) **[역자 주]** 등급절에 대한 설명은 이 책에서 제공되지 않았다. 다음은 SFG 홈페이지에 제공된 등급절(ranking clause)에 대한 설명이다. "여기서, 우리는 가장 광범위한 절 유형에 대해서만 관심을 가질 것이다. 즉 주절(독립절)과 종속절(의존절)이 그것이다. 이러한 절은 모두 등급절인데 즉 그들은 등급 척도에 대해 별도의 등급을 형성한다(Here, we will only be concerned with the broadest types of clauses, namely, main (a.k.a. independent) clause, and subordinate (a.k.a. dependent) clause. These clauses are all ranking clauses, that is, they form a separate rank on the rank scale.)."

Table 11.1 Crying baby Text에서 서법(Mood)

서법(등급절만) (MOOD (ranking clauses only))			
Mood class(서법 부류)	Text 1.1	Text 1.2	Text 1.3
full declarative	67	22	34
elliptical declarative	0	0	14
full polar interrogative	1	0	1
elliptical polar interrogative	0	0	1
full WH-interrogative	0	0	3
elliptical WH-interrogative	1	0	2
imperative	1	0	0
minor	0	0	2
abandoned/incomplete	0	0	3
total ranking clauses	70	22	60

이 표가 보여주듯이 Text 1.2는 오직 하나의 서법 유형인 완전 평서문만 나타나는데, 이것은 작가와 독자 사이에 피드백을 주고받는 것이 가능하지 않은 문어 모드에서는 그다지 놀랍지 않은 패턴이다. 그러나 Text 1.1 또한 문어이지만 그것은 하나의 명령문과 하나의 생략된 WH의문문이 실현된 것과 같이 평서문이 아닌 서법이 두 차례 선택된다. 이러한 선택들은 의미가 텍스트에서 만들어지는 데 크게 기여한다.

명령절은 텍스트가 단순히 정보를 주는 것 이상을 하고 있다는 것을 가리키는 적절한 신호로 기능한다. 오히려 그것이 주는 정보는 재화와 서비스로 포장될 수 있는 잠재성을 가진다. 즉 이러한 명령절은 우리가 그 정보를 '조언(advice)'으로 읽어야 한다는 것을 명백히 알려준다. '조언자(adviser)'로서의 작가의 역할은 전형적으로 동등하지 않은 힘의 하나로 구성되고(더 많은 지식을 가진 작가는 독자가 도움이 필요할 때 '전문가'의 위치에 있게 된다.), 그 과제의 테너는 작가와 독자 사이에 유대감보다는 경계를 만들 잠재성을 가지고 있다. 만약 작가가 조언자가 일반적으로 함의할 수 있는 그녀의 역할보다 거리감을 덜 갖게 되기를 바란다면, 다른 전략들이 텍스트에서 구사되어야 한다.

Text 1.1에서 전문가의 역할에 대한 격식성이 최소화되는 하나의 방법은 '수사적' 상호 작용 맥락을 만드는 효과를 가지는 생략된 의문문의 사용이다. 그래서 작가와 독자 사이에 가능한 대화가 실제로는 없지만 의문문은 텍스트를 두 부분 즉 질문 단계(위에서 세 문장)와 답변 단계(문장3부터 마지막까지)로 나누면서, 텍스트를 상호작용적인 것처럼 보이게 한다. 이것은 대화의 인상을 만들고 그러므로 독자와 작가 사이의 거리를 좁힌다. 이 효과에 기여하는 것은 질문 단계에서 주어로 인칭대명사 *you*(독자-부모와 같이)를 선택한 것이며 그래서 텍스트가 존재할 이유를 제공한다. 즉 부모인 당신은 '전문가'에게 '왜?'라는 질문을 하는 것이다. 그래서 물론 전문가는 당신의 질문에 답해 줄 것이다.

Text 1.3의 (실제) 대화 모드는 높은 빈도의 생략 구조와 소절이나 불완전한 절에 의해 나타난다. 이러한 서법 선택은 화자 S가 질문자 역할을 하게 하고, C가 응답자 역할을 하게 한다. 비록 이렇게 역할이 다르다고 하지만, 그들이 제안하는 초기의 권력 차이(S가 대화의 방향을 담당하고 있다)는 텍스트 후반부에서 약화되며, 그곳에서 C는 사실 지속적인 기간 동안 발언권을 갖는다. 텍스트의 후반부는 대개 비생략적인 평서문이다. 응답자로부터 정보 제공자로서의 C의 역할 전이는 잦은 말겹침과 웃음이 수반되어 테너가 비격식적이라는 것을 가리킨다.

세 텍스트 모두에서 평서문의 우세는 텍스트들이 정보 제공이라는 공통의 초점(focus)을 공유한다는 것을 가리킨다. 그러나 텍스트에서 양태 패턴들은 Text 1.1과 1.2(즉 조언)에서 제공된 정보의 유형과 1.3에서 제공된 정보의 유형 사이에 차이가 있다는 주장을 지지하는 증거를 제공한다.

Table 11.2는 절의 동사 성분을 통해 양태와 극성이 표현된 빈도를 나타낸다.

Table 11.2 Crying Baby texts에서 양태(Modality)와 극성(polarity)

양태와 극성(MODALITY and POLARITY) (한정어, 서술어의 동사적 성분으로 표현된(expressed through verbal constituents of Finite, Predicator))			
Type	Text 1.1	Text 1.2	Text 1.3
modalization	18	5	5
modulation	5	2	1
negation	2	0	5
ranking clauses	70	22	60

이러한 결과들이 보여주듯이 Text 1.3이 양태 표현이 가장 적게 나타나고, Text 1.1이 가장 많이 나타나며 1.2가 그 중간에 해당한다. 모든 경우에 인식 양태의 사용은 당위 양태보다 우세하지만, 이러한 차이는 Text 1.3에서 가장 유표적이다. Text 1.1과 1.2에서 인식 양태 대 당위 양태의 비율은 거의 같다.

이러한 발견은 Text 1.3에서 주어진 정보와 다른 두 텍스트에서 주어진 정보 사이의 차이를 제안한다. Text 1.1과 1.2가 '조언'(이것이 잠재적으로 조언을 받는 모든 사람들에게 적절하다고 가정할 수 없기 때문에, 양태화된 조정된 행위에 대한 정보)을 제공하는 반면, Text 1.3은 개인적인 경험을 제공한다. 개인적인 경험은 화자가 어떤 지식을 소유하고 있는 것을 넘어서는 영역이고 다른 사람에게 어떤 것을 하도록 시키는 데 관여하지 않는 영역이기 때문에 양태의 단계가 낮다.

Text 1.2보다 Text 1.1에서 인식 양태가 더 많이 사용되는 것은 당위 양태에 내재한 힘의 불평등성에 균형을 맞추면서 작가가 덜 권위적으로 더 제안적인 테너를 만드는 방법 중 하나로 설명될 수 있다. 이러한 결과들은 텍스트에서 부가어의 고려에 의해서도 보충된다. Table 11.3은 각 텍스트에서 부가어의 사용을 표로 제시한 것이다.

Table 11.3 Crying Baby texts에서 부가어 유형(Type of Adjuncts)

부가어(ADJUNCTS)			
Type of Adjunct	Text 1.1	Text 1.2	Text 1.3
Circumstantial	19	19	20
Mood	11	11	11
Comment	0	0	2
Polarity	0	0	1
Conjunctive	28	28	22
Continuity	0	0	22
Total Adunets	58	26	78
Ranking clauses	70	22	60

결과는 Text 1.2와 1.3 모두에서 부가어의 수는 등급 절의 수를 초과하는 반면, Text 1.1에서는 약간 적다는 것을 보여준다. 그래서 이 두 텍스트에서 만들어진 의미의 상당한 부분은 비핵심적이고 비논쟁적인 정보로 만들어졌다. 이것은 작가/화자의 권위가 만들어지고 보호되는 전략으로 해석될 수 있다. 즉 쓰이고 말해지는 많은 것들은 독자에 의해 논쟁 가능한 것이 아니다. 듣는 사람은 아마도 그녀의 경험에 대한 화자 설명의 진실성에 이의를 제기할 수 없기 때문에, Text 1.3에서 정보는 논쟁의 여지가 없을 수도 있다. 반면 Text 1.2에서 의미들을 부가어로 포장하는 것은 작가가 그의 주장에 대해 논쟁하는 것을 더 어렵게 만들고 있음을 제안한다.

게다가 상대적으로 많은 수의 상황 부가어가 Text 1.2에 나타난다. 즉 더 긴 다른 텍스트에 나타난 것과 동일한 수치에 가깝다. 상황적 의미의 높은 명세화는 타동성(아래에 보임)의 논의에서 고려될 것이다. 그러나 적은 부가어를 가지지만 Text 1.1은 서법 부가어의 높은 비율을 보여주어 다시 문법이 주어진 조언을 완화하는 데 사용되고 있음을 가리킨다. Text 1.3에서 연속 부가어의 높은 비율은 비격식적 면대면 대화에서 기대되는 것이고, Text 1.2에서 접속 부가어의 높은 비율은 격식적 문어 텍스트의 수사적 조직이라는 것을 가리킨다.

Table 11.4 텍스트에서 서법 부가어의 범주들

양태(MODALITY) (동사적 부가어적 실현(verbal and Adjunctive realizations))			
	Text 1.1	Text 1.2	Text 1.3
modalization (verbal)	17	5	5
modulation	4	2	0
Mood Adjunct: usuality	5	0	3
Mood Adjunct: probability	4	0	0
Mood Adjunct: intensification	4	0	8
total expressions of Modality	34	7	26
total ranking clauses	70	22	60

텍스트에서 양태의 더 명확한 그림을 얻기 위해서 위의 Table 11.4는 서법 부가어를 개연성(probability), 항상성(usuality), 강화(intensification)의 의미로 나누어 동사에 나타난 양태와 부가어에 나타난 양태의 실현을 표로 보여준 것이다.

이 표는 Text 1.1이 양태를 가장 많이 사용한다는 것을 확인시켜준다. 또한 Text 1.3에서 양태가 사용되는 곳에서 강화의 표현이(*really, just* 등) 가장 빈번하게 사용되고 개연성을 표현하는 데는 결코 쓰이지 않는다는 것을 가리킨다. 대조적으로 Text 1.2에서 양태의 모든 표현은 절의 동사적 요소들을 통해 만들어졌다. 양태의 주관적 표현에 대한 이러한 선호는 명제의 논쟁가능성이 양태의 정도성(*high, median, low*)을 중심으로 나타남을 가리킨다. 이러한 효과는 작가가 조심스럽고, 균형적이고, '학술적'으로 만드는 것처럼 보인다. 섣부른 주장은 하지 않는다.

대조적으로 동사적인 양태 실현을 통해 주관적으로 만들어진 의미를 강화하기 위해 Text 1.1은 서법 부가어를 사용하면서 객관적 양태를 자주 사용한다. 그러나 동사적인 양태들이 대개 개연성을 나타내는 데 반해 부가어들은 세 가지 범주 모두를 표현한다. 항상성 부가어들은 제공된 조언이 항상성이라는 점으로 특정되는 반면, 개연성 부가어들은 각 독자에게 조언의 적절성을 조정하고, 강화 부가어의 높은 빈도는 다시 텍스트를 덜 격식적이고 더욱 대화적인 어조로 만든다.

타동성 분석

각 절(등급 절(ranking clause)과 내포절 모두)의 과정 유형(process type)과 참여자 배열은 부록에서 보여줄 것이다. 아래의 Table 11.5는 각 텍스트에서 각각의 과정 유형의 절의 전체 수를 제시한다.

Table 11.5 Crying baby texts에서 타동성(Transitivity)

타동성(TRANSITIVITY)			
Process type	Text 1.1	Text 1.2	Text 1.3
material	34	8	19
mental	11	4	4
verbal	2	0	1
behavioural	14	3	3
existential	0	1	4
relational: attributive	20	6	10
relational: identifying	5	3	3
relational: possessive	0	0	2
causative	4	3	0
total no. of processes	90	28	46

이 표가 보여주듯이 물질적 과정(material process)이 모든 텍스트에서 압도적이다. 이것은 세 개의 모든 텍스트들이 주로 행위와 사건과 연관되어 있고 그것들을 행하는 참여자들과 관련되어 있다는 것을 가리킨다. 그러나 다른 과정 유형 대 물질적 과정의 비율은 Text 1.1과 1.3에서 가장 높다. 이러한 텍스트들은 대부분 실질적이고 물리적인 행위에 관한 것이다. Text 1.3에서 존재 과정의 출현은 이러한 행위들이 때때로 단순히 존재하는 것으로 주장되는 배경 안에서 일어나는 것으로 조직화되어 있다고 제안한다. 반면 존재 과정은 Text 1.1에서는 결코 선택되지 않았다.

Table 11.5는 또한 Text 1.1이 의식적 행위(behavioural) 과정을 높은 비율로 사용한다는 것을 보여준다. 이러한 과정은 아기를 심리적으로 지배된 참여자로 구성하는 반면, Text 1.2에서 정신적 과정의 높은 비율은 육체적 행위보다는 사려 깊은 인식이 텍스트의 관심이라는 것을 나타낸다. 이것은 Text 1.1이 Text 1.2보다는 더 기술적이라는 것을 의미하며, Text 1.2는 참여자들을 기술하는 것 못지않게 정의하는 것에 더 관심을 가진다는 것을 가리킨다.

중요하게, Text 1.3에서 사역(causative)이 전혀 나타나지 않는 반면, 상대적으로 긴 Text 1.1과 매우 짧은 Text 1.2에서는 거의 동일한 수의 사역 과정(causative process)이 사용되고 있다. 이것은 이유(reasons)와 설명(explanations)과 관련하여 필드를 구성하고 있는 Text 1.1과 1.2와 달리, 사건과 해프닝(happening)의 필드를 구성하는 Text 1.3 사이에 텍스트 목적에서 차이가 있다는 증거를 제공한다(아래에 제시된 총체적 구조의 논의를 참고하라.).

Table 11.6은 텍스트에서 상황적 요소의 각 유형의 수를 보여준다. 이 표가 보여주듯이, 그리고 위의 부가어의 논의에서 주목했듯이, Text 1.2는 그것의 길이에 비해 많은 수의 상황어를 가진다. 이러한 상황적 요소들의 기능의 일부는 어떤 참여자들로부터 논쟁가능성을 비켜가는 것처럼 보인다.

Table 11.6 Crying Baby texts에서 상황어(Circumstances)

	상황어(CIRCUMSTANCES)		
Type	Text 1.1	Text 1.2	Text 1.3
location	11	2	10
extent	1	2	3
manner	4	5	0
role	0	0	1
cause	1	3	0
total	17	12	14
no. of ranking clauses	70	22	60

그러나 상황어(Circumstance)들은 그들이 주어진 정보에 구체성을 부가할 때 텍스트의 경험적인 내용도 증가시키는 기능을 한다. 이러한 상황적 세부 내용의 빈도는 텍스트의 경험적 밀도를 높이는 데 기여하고 이 텍스트의 모드를 매우 구어적으로 만드는 데 사용된 다른 전략들을 보완한다(4장에서 이 텍스트의 명사화의 논의를 참조하라.).

Text 1.1과 1.3에서 지배적인 상황어가 장소 상황어인데 반해, Text 1.2에서 이러한 역할은 태도(manner)와 원인(cause) 상황어에 의해 공유된다. 이러한 유형들의 어떤 것도 Text 1.3에는 전혀 나타나지 않지만, 태도(manner)는 Text 1.1에서 두 번째로 많은 빈도로 실현된다. Text 1.3은 그것들이 일어났던 '어디(where), 언제(when), 기간(how long)' 등에 주목하면서 시간과 장소에서 사건들을 상황화하는 데 집중하는 반면, Text 1.1은 '어디(where), 언제(when), 행위가 일어나는 방법(how)'에 관심을 가지며, '어떻게(how)'와 '왜(why)'를 가지는 Text 1.2는 그들이 존재하는 방식과 그들이 그러한 방식이 되도록 하는 원인이 무엇인지에 대해 관심을 가진다. 이렇게 드러난 텍스트 사이의 관념적인 유사성과 차이점은 다음의 절 복합체 분석에 의해 보완된다.

절 복합체 분석

Table 11.7은 각 텍스트에서 절 복합체 분석의 결과를 보여준다.

Table 11.7 Crying Baby texts의 기본적 절 복합체 요약

절 복합체(CLAUSE COMPLEXES)			
	Text 1.1	Text 1.2	Text 1.3
텍스트에서 단어 빈도(no. of words in text)	451	228	332
텍스트에서 문장 빈도(no. of sentences in text)	27	10	43
등급 절 빈도(no. of ranking clauses)	70	22	60
절 단일체 빈도(no. of clause simplexes)	7	3	32
절 복합체 빈도(no. of clause complexes)	20(74%)	7(70%)	11(25%)
내포절 빈도(no. of embedded clauses)	4	2	2
절 2개로 이루어진 복합체 빈도 (no. of clause complexes of 2 clauses)	9	3	7
절 3개로 이루어진 복합체 빈도 (no. of clause complexes of 3 clauses)	4	3	3
절 2개로 이루어진 복합체4개 절 복합체 빈도 (no. of clause complexes of 4 clauses)	4	1	1
절 5개 이상으로 이루어진 복합체 빈도 (no. of clause complexes >4 clauses)	3	0	0

이 표는 문장 대 단어의 비율에서의 차이를 보여준다. 즉 한 문장 당 평균 단어 수는 Text 1.1에서 16.7, Text 1.2에서 22.8, 그리고 Text 1.3에서 7.7로 나타난다. Text 1.3은 다른 두 텍스트보다 단어들이 많은 수의 문장에 퍼져 있는 반면, Text 1.2는 문장 속에 단어를 '가장 조밀하게(densest)' 쓰고 있다는 것이다. 이것은 우리가 기대했던 모드 차이를 확인시켜준다.

Text 1.3이 가장 구어적이고, Text 1.2가 가장 문어적이라는 것이다. 절 복합체 자원의 사용에도 두드러진 차이가 있다. Text 1.3은 다른 텍스트들보다 덜 복합적인 표현을 사용함으로써(25%만이 절 복합체이다.) 상호작용적 텍스트가 된다. 언뜻 보았을 때 이것은 구어에 대한 우리의 기대에 반하는 것처럼 보일 것이다(우리는 텍스트 9.2와 같은 예시에서 복잡한 절 복합체가 구어에서 나타남을 보았다.). 그러나 사실 여기에서 우리가 보고 있는 것은 일상 대화의 경쟁적인 말차례 환경이고, 이것은 인터뷰와 같은 권위적인 일방향 모드와는 매우 다르다. Text 1.3은 그때 상호작용자들이 발언권으로 협상하지 않는다면, 예를 들어 그들이 이야기하기를 원할 때, 일반적으로 하나의 절을 산출할 대화적 공간만을 얻는다는 것을 보여준다.

Table 11.7은 또한 Text 1.1이 가장 복잡한 절 복합체를 포함한다는 것을 보여준다. 그리고 다시 이러한 방법이 더 구어적인 모드를 산출하는 하나의 방법이라는 것을 제안한다. 사실 이것의 절 복합체는 면대면 일상대화에서의 그것보다 훨씬 더 동적이고 복잡하며, 이것은 잡지의 저자가 실제로 가능한 한 '이야기(chatty)'처럼 들리도록 노력한다는 것을 제안한다.

Table 11.8 Crying Baby texts에서 배열(Taxis)

Taxis		Text 1.1	Text 1.2	Text 1.3
종속	투영(projection)	8	1	4
(hypotaxis)	확장(expansion)	13	5	4
	총합(total)	21	6	8
병렬	투영(projection)	0	0	1
(parataxis)	확장(expansion)	16	6	7
	총합(total)	16	6	8

Table 11.8은 텍스트에 나타난 배열(Taxis)을 보여준다(중층적 구조 때문에 배열(tactic) 관계가 절 복합체의 수를 초과하게 될 것임에 주목하라.).

이 표에서 Text 1.2와 1.3의 종속과 병렬의 비율이 거의 비슷하게 나타나는 반면, Text 1.1은 강하게 종속을 선호하고 투영(projection)은 종속만을 이용한다. 나는 이것을 텍스트가 문어 모드를 가지고 그것의 '이야기성(chattiness)'과 균형을 맞추는 하나의 방법으로 해석한다. 종속은 일반적으로 문어 텍스트에서 좀 더 일반적이다. 왜냐하면 의존 관계(dependency relation)들은 병렬보다 작가가 그것을 구성하는 데 더욱 세심함이 요구되고 독자가 그것을 해석하는 데 더 많은 노력이 요구되기 때문이다. 종속에 의해 요구된 정보의 계층적 조직은 작가에게 사건들 사이에 매우 세심하게 통제된 논리를 독자에게 제공하도록 하는 자원을 제공한다. 그래서 Text 1.1은 복잡한 복합체를 상대적으로 많이 사용함으로써 구어의 빠른 흐름과 같은 것을 얻지만, 이러한 절 복합체를 세심하게 구조화하는 집필 시간을 가질 수 있어, 독자들에게 텍스트에 의해 제공된 경험적 정보 사이에 논리적 관계를 해석하는 방법을 잘 안내하고 있다.

투영이 Text 1.2에서 가장 적게 나타난다는 사실은 이것이 그 자체로 권위를 구성하는 텍스트이고 그래서 다른 이에게 코멘트를 받을 필요가 없는 텍스트라는 것을 제안한다. 대화적 텍스트는 보고된 투영(reported projection)을 위한 여지를 가지고 있고, 적어도 평가(Evaluation) 단계가 복잡화(Complications) 단계에 대한 반응의 출처를 일반적으로 포함하는 서사(narrative)에서는 놀라운 것이 아니다.

다음의 Table 11.9는 투영과 확장의 하위범주를 보여준다(다시 말하지만 절 복합체 각각의 관계가 개별적으로 산출되기 때문에 빈도는 절 복합체를 초과한다.).

Table 11.9 Crying Baby texts에서 논리 의미 관계(Logico-semantic relations)

		Text 1.1	Text 1.2	Text 1.3
투영	말(locution)	0	0	1
(projection)	생각(idea)	8	1	4
	총합:투영(total:projection)	8	1	5
확장	정교화(elaboration)	2	1	3
(expansion)	확대(extension)	10	4	2
	증진(enhancement)	23	6	6
	총합:확장(total:expansion)	35	11	11

이 표에서는 모든 텍스트에서의 투영은 일반적으로 생각의 투영이고, 말을 투영하는 경우는 적은데, 이는 아마도 모든 텍스트의 주제 때문인 것으로 설명될 수 있을 것이다. 즉 우는 아기들은 말할 나이가 아니고 그래서 *그들의* 언어는 텍스트에 병합될 수 없다. 증진(enhancement)은 세 개의 모든 텍스트에서 초점은 사건들 사이에 연속적 관계와 인과 관계에 있다는 것을 보여주면서 확장에서 더 명확한 선호를 보여준다. 요약하면 절 복합체 관계들은 위에서 논의한 타동성 분석으로부터 나왔던 관념적 그림을 완성하고 채워주게 된다. 즉 세 개의 모든 텍스트들은 경험적 사건들을 결합하는 시간적 인과적 논리를 보여주는 데 관심을 가지고 있다. 그러나 Text 1.1은 동등한 관련성으로 제안되는 사건들의 병렬적인 관계를 통해 이를 실현하는 반면, Text 1.2는 종속의 더욱 계층적 논리를 탐구하고 있으며, Text 1.1은 사건에 함축된 명백하게 지배적인 논리를 통해 이를 실현한다. 경험적 사건들이 포장되는 방법에서의 이러한 차이들은 각 텍스트에서 테마 분석의 패턴을 살펴보면 더 명확하게 드러난다.

테마 분석

모든 등급 절에 대한 테마 분석은 부록에서 제시하였다. 의존절이 주절을 선행하는 곳에서 두 개의 테마 분석이 주어진다. Table 11.10은 테마 분석의 결과를 요약적으로 보여준다.

Table 11.10 Crying Baby texts에서 테마(THEME)

테마(THEME)			
범주(Category)	Text 1.1	Text 1.2	Text 1.3
유표적(marked)	5	6	4
대인 관계적 요소의 테마 (interpersonal element as Theme)	3	0	5
의존절 테마(dependent clause as Theme)	6	0	1
등급 절(ranking clause)	70	22	60

이 표가 보여주듯, 유표 테마(테마가 주어와 바로 융합되지 않는 곳)는 Text 1.2에서 가장 흔한 것이다. 이것은 신중한 문어 모드의 실현으로 보이는데, 작가가 텍스트의 수사적 전개를 계획하여 상황적 정보의 전경화를 허용하고 있다는 면에서 그러하다. 여기에서 테마, 서법, 타동성 선택의 상호작용에 주목하라. 즉 유표 테마로 나타나는 상황적 요소는 친숙한('주어진') 정보이지만 그 절 정보는 절에서 논쟁가능성이 없는 부가어로 표현된다는 것이다.

대인 관계적인 테마는 Text 1.2에서 거의 나타나지 않는 반면 다른 두 텍스트에는 동일한 수만큼 출현한다. 다시 말해 대인 관계적 요소를 테마로 만드는 이러한 선택은 Text 1.1과 1.3의 테너를 덜 권위적으로 실현하는데 공헌하는 것과 같은 방식으로 위에서 제시한 서법 분석의 결과를 보완한다고 볼 수 있다.

Text 1.1의 눈에 띄는 하나의 특징은 테마로 의존절을 이용하는 것이다. 우리는 이 텍스트가 절들 사이의 의존적인 관계를 구성하면서 높은 빈도의 종속절(hypotaxis)을 사용하고 있다는 것을 보아왔다. 그 때 이것은 의존

절을 주절 *다음에* 두거나(무표) 또는 의존절을 앞에 두는 것(유표) 사이의 선택을 허가한다. 이러한 유표 선택의 이용은 Text 1.1을 더욱 구어적으로 만드는 데 공헌하는데, 테마 위치에서 의존절을 빈번히 사용하는 것은 구어와 문어 사이의 차이를 중화하는 데 공헌하기 때문이다. 단순절 문장들이 문어에서 빈번하게 나타나는 반면, 절 복합체가 구어에서 더욱 일반적으로 사용되기 때문에 절 복합체의 출현은 구어 모드임을 제안한다. 그러나 의존절을 먼저 둠으로써 작가는 텍스트가 구어에 일반적이지 않은 테마적 계획의 정도성(degree)을 부여한다. Text 1.2는 문장당 더 적은 수의 절을 가지고(즉 더 적은 절 복합체) 고도로 명사화된 상황적 성분들을 테마화하는 수사적 조직을 달성함으로써, 더욱 일관되게 문어 모드를 채택하고 있다.

텍스트의 어휘문법적인 특징

이러한 텍스트들을 구분하는 하나의 중요한 어휘문법적인 차원은 이미 Text 1.1에서 아주 낮은 명사화의 사용과 비교하여 Text 1.2에서 아주 높은 정도의 명사화가 나타난다는 것을 지적한 4장에서 논의되었다. 4장에 제시된 Text 1.2에서 명사화의 분석은 이러한 명사화가 텍스트의 문법적인 복잡성을 감소시키고 행위주/행동주의 생략을 증가시키는 현상을 수반한다는 것을 보여주었다.

위에서 논의된 개별 분석의 결과와 이러한 자질을 병합하여 텍스트 각각의 축약된 어휘문법적 특성을 Table 11.11에 제시하였다.

이 표가 보여주듯이, Text 1.1은 의식적 행위들에 대한 의미를 만드는 방향을 그리고 물질적 행위와 물리적 행위 둘 다를 만드는 방향을 지향하며, 이러한 과정들의 인과 관계에 관심을 기울인다. 사건들은 시간과 공간 속에 위치하게 되고 그들 수행의 방식이 기술된다. 텍스트는 대화의 의미를 만들기 위해 상호작용적 서법 선택(생략된 의문문)을 사용한다. 발화의 비격식성은 증진 부가어들, 절 복합체, 저빈도의 명사화의 사용을 통해 만들어진다. 그러나 문어 모드의 요구에 대한 텍스트의 대응은 종속과 의존절의 테마화를 수반한다.

Text 1.2는 행위(actions)와 식별(identity)에 대한 의미를 만드는 것을 지향하며, 사물이 무엇인지, 그리고 어떻게 해서 사물이 그렇게 되었는지를 설명하려고 한다. 텍스트는 사람 참여자들을 단순히 절에서 부가어로 나타내고 명사화된 추상적 속성을 주어로 만듦으로써, 격식적이고 권위적인 테마를 만들고 있다. 텍스트는 단지 신중한(인식 양태를 취한/당위 양태를 취한(modalized/modulated)) 주장을 만들고 주어의 위치에 있지 않는 독자들과의 직접적인 상호작용을 피하고 있다.

Table 11.11 Crying Baby Text에 대한 어휘문법적 요약

어휘문법적 특성(LEXICO-GRAMMATICAL CHARACTERIZATION)			
system	Text 1.1	Text 1.2	Text 1.3
서법 (Mood)	+ declaratives + single examples of other mood clauses + reader (you) as subject + modalization + Mood Adjuncts	+ full declaratives only + nominalizations as subjet + Circumstantial Adjuncts + Conjunctive Adjuncts + modalization in Finite	+ elliptical declaratives, interrogatives, minor, abandoned + Mood Adjuncts intensification
타동성 (Transitivity)	+ behavioural + attributive + causative + location + manner	+ mental + relational + causative + manner + cause	+ material + mental + existential + location + extent
절 복합체 (Clause Complex)	+ hypotaxis + projection + enhancement + 3+ complexes	+ complexes + complexes projection + enhancement	+ simplexes + simplexes + partaxis + enhancement
테마 (Theme)	+ dependent clause as Theme	+ marked	unmarked

Text 1.3은 시간과 장소에 위치한 행위에 관한 의미를 지향하고 있으며 화자가 확신하는 행위에 대한 의미를 지향한다. 화자들은 그들의 역할에 따라 변한다. 텍스트는 텍스트의 서사적 부분 앞에 지속성 항목들과 빠른 절 단순체와 같이 구어적 상호작용 대화의 전형적 속성을 보여준다.

그래서 각 텍스트의 어휘문법적 기술은 세부적으로 텍스트가 어떻게 비슷하고 다른지에 대해 그리고 다른 패턴들이 관찰되는 효과에 대해 명세화할 수 있게 된다. 이러한 분석 결과들은 각 텍스트에서 응집성 패턴들을 고려함으로써 보완될 수 있다.

텍스트의 응집적 분석

Text 1.1, 1.2, 1.3의 응집적 분석은 각 분석에 수반된 키(key)와 함께 부록에 제시되어 있다.

접속 응집성

각 텍스트에 나타난 접속 관계가 분석되었고 Table 11.12에서 결과를 표로 제시하였다.

Table 11.12 Crying Baby texts에서 접속 관계(Conjunctive relations)

접속 관계(CONJUNCTION RELATIONS)			
유형(TYPE)	Text 1.1	Text 1.2	Text 1.3
정교화(elaborating)	11	1	8
확대(extending)	6	0	9
증진(enhancing)	5	5	5
암시(implicit)	21	4	9
명시(explicit)	1	2	13
문장 빈도(number of sentences)	27	10	44

이 표가 보여주듯이 Text 1.1은 명시적인 접속 구조가 거의 나타나지 않는다. 즉 텍스트의 논리적인 조직의 많은 부분은 응집적 자원을 통해서가 아니라 절 복합체를 통해 구성되었다. 그러나 사용된 것들 중 지배적인 접속 범주가 정교화(elaboration)라는 점은 이러한 텍스트가 원인과 결과를 진술함으로써 설명한다기보다는 다른 방식으로 정보를 재진술함으로써 설명되는 데 관심이 있다는 것을 제안한다. 정교화(elaboration)는 내적(수사적) 접속 관계이기 때문에 그것의 빈번한 사용은 문어 모드의 특징이 된다.

Text 1.2는 문어 텍스트에서 기대된 것과 같이 논리적 구조 계획의 어떤 지향을 가리키면서 비슷한 정도의 암시/명시(implicit/explicit) 분포를 보여준다. 주요한 접속 범주가 증진(enhancing)이라는 사실은 텍스트가 대개 원인과 결과라는 점에서 주로 조언을 제공하도록 구성되었음을 보여준다.

Text 1.3에서 가장 빈번한 접속사 관계는 명시적(explicit) 접속사가 암시적(implicit) 접속사를 초과한다는 것이다. 다른 접속 범주들이 사용되고 있으나 그 분석에 따르면 텍스트는 주로 확장을 위해 구성되어 있다는 것을 알 수 있다. 즉 단순히 더 많은 정보를 제공해 주기 위해서이다.

지시

각 텍스트에 나타난 지시 연쇄는 부록에 있다. Table 11.13은 지시 분석의 주요 결과를 요약한 것이다.

이 표가 보여주듯이 텍스트의 길이를 고려할 때 텍스트 하나당 지시 연쇄의 수는 거의 차이가 없다. 그러나 Text 1.3은 더 다양한 수의 참여자들을 보여준다. Text 1.1과 1.2는 각 텍스트에서 전개된 주요한 연쇄의 쌍만을 가지고 분명한 초점을 보여준다. 그러나 Text 1.1에서 주요한 참여자들이 *you*(글을 읽는 독자/부모)와 *the baby*인 반면, Text 1.2는 *parents*와 명사화된 과정인 *crying*이 연쇄에 포함된다. 그러므로 Text 1.1에서는 참여자

Table 11.13 Crying Baby texts에서 지시 연쇄(Reference chains)

지시 연쇄(REFERENCE CHAINS)			
유형(Type)	Text 1.1	Text 1.2	Text 1.3
핵어 항목 빈도 (number of head items)	15	7	13
주요 참여자 연쇄의 빈도 (number of major participant) 연쇄 3이상 항목 (chains (3+ items))	3	2	6
3개의 최장 연쇄의 핵어 항목 (연쇄에서 항목의 수) (head items of 3 longest chains (no. of items in chains))	you (22) a baby who won't stop crying (37) babies get bored (3)	parents(6) normal crying (3)	your kids (13) your kids (15) these two women (7)
맥락적(homophoric)	6	1	5
상황적(exophoric)	1	0	2
후방적(cataphoric)	0	0	0
동심적(esphoric)	5	1	0
교량적(bridging)	0	1	0
문장 수(number of sentences)	27	10	44

가 특별하고 개인적이지만, Text 1.2에서[2)] 그들은 총칭적(부모의 부류)이고 추상화되어 있다.

Text 1.3에서 참여자들은 둘 다 개인적인 특징을 가졌다는 면에서 Text 1.1의 종류와 더 가깝다. 그래서 Text 1.1의 지시 패턴은 그것의 참여자들이 개인적이고 특징적이라는 면에서 구어 모드와 유사하지만 참여자들의 적은 수가 일관되게 전개된다는 점에서 문어 모드와 유사하다.

탐색의 범주들이 관여하는 한 Text 1.1과 1.3은 대체로 문맥 의존적인

2) **[역자 주]** 원문에서는 Text 1.3으로 제시되어 있으나, 맥락상 Text 1.2가 맞다고 판단하여 Text 1.3을 Text 1.2로 수정하여 번역하였다.

Text 1.2보다는 문화적 상황적 맥락으로부터의 탐색이라는 성격을 더 강하게 띤다. 다시 이것은 Text 1.1이 구어 모드의 특성들을 가지고 있다는 것을 가리킨다. 그러나 이것이 예시하는 혼재된 속성들을 완성하기 위해 Text 1.1에서 동심적(esphoric) 지시가 높은 빈도로 나타난다는 것에 주목하라. 동심적(esphoric) 지시는 텍스트 내적이기 때문에 이것은 문어 모드에서 더욱 일반적인 지시 유형이다. 다시 지시 패턴들은 Text 1.1이 구어와 문어 모드 선택의 혼재 양상을 가졌음을 보여준다.

어휘적 응집성

각 텍스트에 나타난 어휘 관계의 분석은 부록에서 제시하였다. 이 분석의 결과는 Table 11.14에서 표로 나타냈다.

이 표에서 가장 주목할 만한 것은 Text 1.2가 상대적으로 많은 어휘적 내용이 있다는 것이다. 즉 그것은 길이가 더 긴 구어 텍스트만큼 많은 어휘적 줄을 포함한다는 것이다. 게다가 이러한 문자열의 대부분은 주요한 문자열이다(네 개 혹은 그 이상의 어휘 항목으로 구성된다.). 그 결과 길이의 차이에도 불구하고 Text 1.1과 1.2 각각은 동일한 수의 주요 문자열들을 포함한다. 반대로 Text 1.3에 대한 수치는 많은 어휘적 문자열들이 짧다는 것을 나타내는데 이것은 이 텍스트가 문어 텍스트의 그것보다 주제에 지속된 초점을 덜 가진다는 것을 제안한다.

대조적인 어휘 밀도의 이러한 증거는 텍스트의 모든 단어의 비율로서 문자열의 어휘 항목 수에 대한 수치에 의해 강화된다. 여기에서 우리는 Text 1.2에서 단어들의 높은 비율이 문자열 속으로 편입되고 그래서 초점의 견고함과 어휘 항목의 신중한 선택을 보여준다는 사실을 알 수 있다. 그러나 Text 1.3에서는 응집적으로 관련된 어휘 항목들을 부호화하여 사용한 단어들이 낮은 비율로 나타난다는 유표적인 차이를 발견할 수 있다.

Table 11.14 Crying Baby texts에서 어휘적 문자열

어휘적 응집성(LEXICAL COHESION)			
Feature	Text 1.1	Text 1.2	Text 1.3
문자열의 빈도(2+ 항목)(number of strings (2+ items))	20	13	14
주요 문자열(4+ 항목)(number of major strings (4+ items))	10	10	7
문자열에서 어휘 항목들/텍스트에서 모든 단어(lexical items in strings/all words in text)	104/453	96/229	66/343
최장 문자열의 핵어 항목(문자열에서 단어 수)head items of longest strings (no. of words in string)	baby (12) grumpy (15) crying (10)	sound (15) distress (10) infant (9) effective (12) periods of time (15)	kids (7) tedious (8) houseboat (5) a lot (12) techniques (7)
부분어(meronymy)	7	0	5
기대성(expectancy)	2	0	6
문장 수(number of sentences)	27	10	44

Text 1.1은 비교적 낮은 비율을 가지고 이 둘 사이의 중간 정도에 위치한다.

Text 1.1에서 세 가지의 가장 긴 문자열은 Text 1.2의 문자열들과 현저히 대조된다. Text 1.1이 참가자의 속성(*moods*)과 행동(*crying*)을 기술함으로써 주요 참여자(*baby*) 주변에서 전개되는 반면, Text 1.2에서 *infant*는 그가 만드는 *소리*(*sounds*)와 그가 그렇게 되도록 만드는 *시간*(*time*)과 그들이 그것을 멈추도록 하는 *효과적인*(*effective*) 수단보다 덜 중심적인 문자열에 해당한다. Text 1.3에서 가장 긴 문자열은 사건의 빈도와 그들의 태도적 평가(예를 들면 *tedious*)와 관련 있는 반면, 참여자와 배경에는 더 적은 어휘 항목들이 나타난다.

모든 텍스트에서 가장 광범위하게 나타나는 어휘 관계는 상하의 관계(superordination)인 반면(그리고 자주 반복(repetition)이 나타난다), 아기와 아기의

신체 기관들이 논의되기 때문에 Text 1.1에서는 전체 부분 관계(meronymy)가 드물지 않게 나타난다. 반대로 Text 1.2는 구성에 관심을 두지 않고 분류에 관심을 둔다.

Text 1.2에서 관념적인 의미를 부호화하는 명사적인 자원이 많이 나타나는 것은 Text 1.3에서는 상대적으로 빈번했던 기대 관계의 부재를 제안하는 것이다.

텍스트의 응집적인 특징

지금까지 내용을 종합하면 텍스트 속의 패턴은 Table 11.15에서 제시된 것처럼 텍스트의 특성을 설명한다.

Table 11.15 Crying Baby texts에서 응집적 특성(Cohesive characterizations)

응집적 특성(COHESIVE CHARACTERIZATION)			
System	Text 1.1	Text 1.2	Text 1.3
접속(conjunction)	+ elaboration	+ enhancing (cause)	+ extending
지시(reference)	+ homophoric + exphoric + personal (*you*) + individual baby (*he*)	+ generic (*parents*) + nominalization (*crying*)	+ homophoric + personal (*you*) + individual (*your kids, the women*)
어휘적 응집성 (lexical cohesion)	+ many major strings baby's behaviour mood	+ % words in strings + many major strings time and effective alleviation of distressing sound	+expectancy quality of time with kids

이 표가 보여주듯이 Text 1.2는 총칭적인 참여자 또는 명사화된 과정을 수반하면서 인과관계에 관심을 가진다. 매우 단단한 어휘적 응집성을 보

여주는데, 이를 통해 아이들이 우는 시간과 그들이 내는 소리에 반응하는 부모들이 사용한 다양한 방법들의 효과에 집중하고 있는 것이다.

Text 1.3은 정보를 추가하거나 비교함으로써 전개된다. 이것은 *you*와 *your kids*라는 초점이 되고 있는 개인적 참여자들의 탐색을 포함하면서 주요 참여자들의 해석을 위해 문화적 맥락에 의존한다. 어휘적 응집성은 기대성(expectancy) 종류인 많은 관계들을 가지고 텍스트의 동사적 명사적 요소들과 관계하면서 조밀하지 않게 나타난다. 화자의 아이들과 가진 시간의 질에 초점을 두어 전개한다.

Text 1.1은 Text 1.2, 1.3과 공통적인 특징을 가진다. Text 1.3과 같이 이것은 개별적 사람 참여자들의 행위를 추적하고 지시 확인의 탐색을 위해 문화적 맥락에 때때로 의존한다. 이것의 어휘적 응집성은 Text 1.2만큼 조밀하지 않지만 Text 1.3만큼 다양하지도 않다. 이것의 초점은 아기의 의식적 행위, 신체 기관, 기분 등이다. Text 1.2와 1.3과 달리 이 텍스트는 주로 정교화(elaboration)를 통해 전개된다.

텍스트의 사용역 분석

텍스트의 자세한 분석으로부터 얻어진 정보는 맥락적 차원의 실현으로 현재 해석될 수 있고 요약된 사용역 기술은 아래의 Table 11.16에 제시되었다.

텍스트의 이러한 대조적인 사용역 기술은 위에서 제시된 어휘문법적 근거와 응집성 근거를 결합한 근거에 기반하고 있다. 그 근거는 맥락적 층위에서 텍스트들 사이에 유사성과 차이점을 명세화하도록 허락한다. 그것은 텍스트가 서로 다른 사용역 차원에 대해 서로 '더 비슷하다는' 면에서 두 개의 가능한 텍스트 그룹화를 허용한다.

필드 분석은 Text 1.2와 1.3이 필드에서 놀랄 정도로 유사하다는 것을 제안한다. 아기의 의식적 행위와 기분을 다루는 Text 1.1과 달리 Text 1.2와 1.3은 부모의 관점에서 필드를 구성한다. 즉 그들이 하는 것, 그 경험들이 자신들에게 얼마나 효과적이거나 지루했는지 등에 관심을 갖는다. 그래서 일반적 의미에서 모든 텍스트는 'crying babies'라는 공통의 필드를 공유하는 반면, 언어적 분석은 이것을 더욱 좁은 범위에서 기술하고 그래서 각각의 텍스트가 접근하는 방식, 그 필드를 구성하는 방식에서의 차이를 파악할 수 있게 된다.

그러나 Text 1.2와 1.3은 필드에서 가까울 수 있는 반면 모드와 테너를 고려할 때 Text 1.2는 독자적인 특성을 갖는다. 그것은 매우 격식적이고 권위적인 테너를 가지는데, 이는 잘 모르고 거리가 있는 독자들에 의해 읽히도록 비인칭적 작가에 의해 쓰인 사색적인 텍스트로 구성된다. 또 다른 극단에 있는 Text 1.3의 언어는 면대면으로 접촉하는 상호작용자들 사이에 우호적 관계를 나타내고 강화한다. Text 1.1은 이 두 극단 사이에 위치한다. 작가는 현재 텍스트를 대개 맥락 독립적으로 나타내야만 할 필요가 있지만 작가는 구어의 상호작용적 모드의 속성들을 병합함으로써 문어에 고유한 격식성을 추구하면서 거리를 최소화하는 방향을 추구한다. 작가는 전문가의 역할을 유지하면서도 힘의 차이와 이것이 전형적으로 함의하는 분리성을 최소화하려고 한다.

텍스트에 대한 총체적인 분석은 이러한 텍스트들이 어떻게 의미를 만드는지에 대한 우리의 이해를 심화시켜주는 차원을 추가한다.

Table 11.16 텍스트의 사용역 기술(Register description of the texts)

텍스트의 사용역 기술(REGISTER DESCRIPTION of the texts)			
장르 변이 (Register variable)	Text 1.1	Text 1.2	Text 1.3
필드(field)	아기들이 무엇을 하는지, 어떻게 행동하는지, 그들의 기분을 어떻게 기술하는지를 명확히 하는 것 (clarifying what babies do, how they behave, how to describe their moods)	어떻게, 왜 그리고 누구에게 우는 것이 고통을 야기하는지 그리고 어떻게 효과적으로 그것을 완화시킬 수 있는지 설명하는 것 (explainig how, why and for whom crying causes distress and how to alleviate it effectively)	우는 아기들을 돌보는 기술과 행동에 대한 판단을 더하는 것 (adding judgements about techniques and actions for handing babies who cry)
모드(mode)	구어와 문어 혼합 모드; 낮은 대인관계적 거리; 적절한 경험적 거리 (blend of spoken and written mode; low interpersonal distance; moderate experiential distance)	문어; 높은 대인관계적 경험적 거리 (written-to-be-read; high interpersonal and experiential distance)	면대면 구어; 상호작용 모드로 시작하여 독백의 모드가 됨 (spoken face-to-face; begins in interactive mode, becomes monologic)
테너(tenor)	비교적 비격식적;전문가와 조언자 사이의 불평등한 힘이 비권위적 연대를 구축하기 위해 최소화되었다. (relatively informal; unequal power between expert and advisee minimized to construct non-authoritarian solidarity)	격식적; 전문가와 조언자 사이의 불평등한 힘이 권위와 학술적 거리를 구성하기 위해 최대화되었다. (formal; unequal power between expert and advisee maximized to construct authoritarian, academic distance)	비격식적; 친구들 사이에 동등한 힘이 역할의 교체를 가능하게 하기 위해 이용되었다: 유도자는 청취자가 되고 응답자는 해설자가 된다. (informal; equal power between friends exploited to enable alternation of roles: elicitor becomes listener, respondent becomes narrator)

텍스트에서 장르적 구조(Generic structure)

1장에서 질문한 것처럼 각 텍스트의 전반적 목적이 무엇인지 질문을 하는 것만으로도 우리는 각 텍스트가 속할 수 있는 총체적 범주들을 제안할 수 있게 된다. Text 1.1과 1.2가 둘 다 설명적 텍스트이고 Text 1.3이 부분적으로 스토리텔링을 통해 경험을 교환하는 기능을 한다고 주장하는 데에는 세밀한 분석이 필요 없었다. 그러나 위에 나타난 분석을 통해 제공된 문법적 근거와 응집적 근거는 이러한 총체적 라벨을 지지하고 텍스트 각각의 도식적 구조(의 경계들)를 결정하도록 사용될 수 있다.

총체적인 구조 분석이 부록에서 제시된 것처럼, Text 1.1과 1.2는 기본 구조와 함께 문제가 있는 의식적 행위에 대한 설명 장르(Explanation of Problematic Behaviour genre)의 예로 분석될 수 있다.

문제 진술^설명^제안된 완화 행위^전망

Statement of Problem^Explanation^Suggested Alleviating Action^Outlook

또는

SP^EX^SAA^OL

자세한 도식 구조 분석은 또한 설명(Explanation)과 제안된 완화 행위(Suggested Alleviating Action)가 반복적이라는 것을 보여주고, Text 1.1이 여기에서는 사기진작(Morale Booster(MB))이라고 라벨이 붙은 부가적인 수의적 단계를 포함한다는 것을 보여준다.

각 텍스트에 대한 도식 구조의 선형적 진술을 보여줄 것인데 (i) 우선

각 단계의 기능에 대해 간단히 논의하고 (ii) 실현형과의 연관성에 대해 논의할 것이다.

Text 1.1

이 텍스트에 대한 도식 구조의 선형적 기술은 다음과 같다.

SP^EX_1 ^SAA^EX_2 ^SAA_2 ^EX_3 ^SAA_3 ^SAA_4 ^SAA_5^SAA_6^
SAA_7^EX_4 ^SAA_8^SAA_9^OL^MB

문제 진술(Statement of Problem(SP))

이 단계는 문제의 원인을 조사함으로써 다루어질 문제(의식적 행위)에 관하여 텍스트의 순차적인 단계의 틀을 만들면서 텍스트의 도입부를 제공한다. 이 단계에서 주요한 실현은: (i) 의식적 행위의 부정적인 평가(즉 몇몇 의식적 행위나 사건이 바람직하지 않은 것으로 기술된다)와 (ii) 원인의 표현(즉 특정한 의식적 행위가 인과적인 관점에서 기술될 가능성이 있다는 지시가 있다.)이다.

Text 1.1에서 부정적인 평가는 첫 문장에서 부정적인 정신적 과정 동사인 *despair*의 사용을 통해 주로 실현된다. 이 문장은 또한 사역 동사 *drive*를 통해 원인을 실현한다. 텍스트의 나머지 부분이 이러한 부정적 상황의 원인을 설명할 것이라는 것은 생략적 원인 부가어 *why?*를 통해 실현된다.

설명(Explanation(EX))

설명 단계는 문제가 있다고 부정적으로 평가된 의식적 행위에 대한 가능한 이유들을 제공하는 기능을 한다.

Text 1.1에서 첫 번째 설명 단계의 기능은 설명4에서 다시 반복되는 단어인 원인 명사 *reason*의 사용을 통해 명시적으로 실현된다. 설명2는 '그 밖에 다른 것'을 다음에 읽을 수 있다는 것을 제시하는 *you can assume it's something else*에 즉시 선행하는 SAA_1 단계에 대한 경계를 나타내는 역할을 부분적으로 보여준다. 문장8은 또한 SP의 '왜?'라는 질문에 대한 가능한 답변이 된다. 설명들은 전형적으로 관계적 과정이다. 즉 만약 명사 *reason*이 사용되는지 여부를 확인하거나 그렇지 않은 경우 속성수반자(Carrier)로서 문제가 되는 의식적 행위의 수행자(*the baby*)를 한정하면서 설명은 속성(Attribute) 속에(*lonely, bored...*) 부호화된다.

제안된 완화 행위(Suggested Alleviating Action(SAA))

이것은 장르의 핵심적인 '조언' 단계이다. SP에서 확인되고 EX 단계에서 인과적으로 설명된 부정적인 의식적 행위를 피하거나 완화하는 대안적 방식을 독자에게 제공하는 기능을 한다.

SAA 단계는 독자가 행동주(Actor)로서 부호화되어 있는 대개 정신적 과정으로 실현된다. 이러한 과정들은 시간 속에 위치하고 과정이 수행되어야만 하는 방법에 대한 명세화가 빈번하게 나타난다. 인식 양태의 빈도가 높은데 한 단계에서 제공된 조언은 (a) 텍스트에서 제안될 많은 가능한 행위 중의 하나만을 담고 있고 그래서 (b) 조언이 효과가 있을 것이라는 것을 보증할 수 없기 때문에 양태의 빈도가 높은 것이다.

전망(Outlook(OL))

이 단계는 문제가 되는 의식적 행위가 보고될 때 미래를 예측하는 기능을 한다. Text 1.1에서 전망이 긍정적일 때 그것은 '앞으로 향상(improvements to come)'이라는 라벨이 붙게 된다.

Text 1.1에서 전망의 긍정적인 태도는 아기의 관점(그는 더 무언가를 할 수 있게 될 것이다)과 독자/부모의 관점(당신은 무언가를 하는 것을 더 잘하게 될 것이다)에서 모두 부호화된다. 전망은 미래가 행동뿐만 아니라 생각에서도 유지된다는 것을 가리키는 정신적 과정들로 부호화된다.

사기 진작(Morale Booster(MB))

수의적인 이 단계는 문제가 되는 의식적 행위에 처해 있는 사람들에게 지지와 용기를 제공하는 기능을 한다. 그것은 의식적 행위에 대한 것과 그 의식적 행위를 다루어야만 하는 사람들 모두에게 긍정적이 되도록 하는 기능을 한다.

Text 1.1에서는 값(Value)이 태도에 대해 긍정적으로 탑재된 두 개의 확인 관계 과정(identifying process)을 통해 실현된다. 첫 번째 확인 관계 과정은 긍정적 관점에서 문제가 되는 의식적 행위를 정의하는 것이고(예를 들어 *communication with you*) 두 번째는 독자/부모를 긍정적인 관점에서 정의하는 것이다(*the most important people*과 같이).

Text 1.1의 선형적 구조가 보여주듯 이 텍스트는 설명보다 훨씬 더 많은 조언을 제공한다. 즉 9개의 SAS 단계가 있으며 오직 4개의 EX 단계가 있을 뿐이다. 이것은 텍스트가 완전히 설명하는 데 관심이 있기보다는 도우려는 데 더 많은 관심을 가지고 있는 실용적 성격을 가졌다는 것을 제안한다. 이것은 Text 1.2의 구조와 대조적이다.

Text 1.2

이 텍스트의 선형 구조는 다음과 같다.

$SP\hat{}EX_1\ \hat{}EX_2\ \hat{}EX_3\ \hat{}SAA_1\ \hat{}SAA_2\ \hat{}OL$

이로부터 알 수 있듯 Text 1.2는 조언보다는 더 많은 설명을 제공한다. 이것은 해당 필드에 대한 좀 더 학술적인 접근은 원인에 대한 강조가 더 많이 필요하고 완화(alleviation)에는 덜 강조점이 있다는 것을 제안한다.

Text 1.2에서 SP 단계는 Text 1.1에서 속성(Attribute)으로서 부정적인 어휘(Negative lexis)가 사용된 것처럼 초기의 원인이 되는 과정을 통해 이해된다. EX 단계는 모두 명사화된 *reason*과, 그와 유사하게 명사화된 쌍 Cause를 포함한다. 확인 관계 과정이 지배적이다.

SAA 단계는 물질적 과정과 정신적 과정에 의해 실현된다. 물질적 과정은 생략된 행동주로 (의사에 의해 조언을 받고 있는) 독자/학생들과 (의사들이 부모에게 다른 곳에서 시간을 보낼 수 있도록 만드는) 행위주를 가지고 매우 강하게 명사화되어 있다. 부모들이 정신적 과정(추론과 대처가 억제된)의 감각자(Senser)로서 부호화되어 있다.

Text 1.2의 OL 단계는 Text 1.1과 비교하여[3] 분명히 부정적이다. 이러한 부정적인 관점을 포착하기 위해 여기에는 '경고(warning)'라는 하위 라벨이 주어졌다.

부정적인 관점은 부정적인 어휘와 행동주(Actor)의 역할에서의 변경을 통해 실현된다. 격식적 부정 형용사 *inappropriate*는 부모의 명사화된 행동에 부착된다. 즉 그들은 이제 아주 달갑지 않은 행동을 보여주는 행동주(Actor)이며 더 이상 감각자(Senser)가 아니다. 의사들은 여전히 암묵적 행위주(Agents)이며, 이는 그들 부모들의 부정적 행위에 책임이 있는 잠재적으로 무심코 형성된 그들의 행위 부재를 의미한다.

Text 1.2의 전망은 문제가 되는 의식적 행위에 대한 또 다른 설명 텍스트의 화제가 될 수 있다. 즉 전망에서 전조가 되는 부모의 행위들은 사회복지가,

3) **[역자 주]** 원문에서는 'in contrast to Text 1.2'라고 되어 있어 원문대로라면 'Text 1.2와 비교하여'로 번역해야 하지만, 맥락 상 원문 오류라 판단하여 수정하여 제시하였다.

심리학자나 사법적 권위자들을 위한 텍스트에서 문제 진술(Statement of Problem)이 될 수 있다.

그러므로 장르가 사용역보다 좀 더 추상적 맥락 층위를 가진다는 2장에서의 요점을 보여주면서 장르가 약간 다른 사용역 형상을 통해 실현된다고 할지라도 Text 1.1과 1.2는 동일한 장르의 예들이 된다. 그러나 장르는 두 텍스트들의 상이한 도식 구조들이 지시한 것처럼 사용역 값에 의해 영향을 받지 않는 것은 아니다. Text 1.2에서 SAA 단계의 빈도는 필드의 더욱 실용적인 구성을 가리키는 반면, Text 1.3에서의 부정적인 전망(OL) 단계는 Text 1.1에서의 긍정적인 OL을 통해 만들어진 유대감보다 독자와의 더욱 더 먼 그리고 권위주의적인 관계를 가리킨다.

Text 1.3

이 상호작용적 텍스트는 매우 다른 총체적 분류를 가진다. 사실 성분 도식 구조를 통해 기술될 수 있는 것은 텍스트의 후반부뿐이다. 텍스트의 첫 부분은 대화적인 상호작용으로 기술될 수 있고, 부록에서 이러한 상호작용 부분은 상호교환의 각 부분의 기능을 가리키도록 할당된 발화 기능 표지를 가진 상호교환으로 나누어진다. 이러한 표지는 상호작용이 S로 시작된 두 개의 의문문적 상호교환을 가진 질문^답변(question^answer) 연쇄로 시작한다는 것을 가리킨다. 답변은 C에 의해 제공되는데 엄격한 연쇄가 아니라고 하더라도 문장 7은 첫 번째 교환의 질문에 답하고 있으며 문장 8은 두 번째 교환의 질문에 대해 답한다.

교환 구조는 주제^코멘트(Topic^Comment)의 최소한의 총체적 구조를 구성하면서 문장 20~21까지 지속된다. 이러한 도식 구조 부분은 그것이 관심을 가지기에 충분한 길이로 텍스트를 이끌고 있지는 않지만 앞으로 나오게 될 이야기의 전조가 되는 것처럼 보인다. 문장 31에서 시작하는 이야기는 사실 상호작용적 구조 안에서 산출된다. 즉 그것은 S로 계속되는 질문에 대한 대답을 제공하고 있다. 이것은 대화적 상호작용을 이야기로 이동시키고 다시 상호작용적 대화로 돌아오는 평범한 경향성을 보여준다(예를 들어 8장에서 제시된 Geneva 이야기를 참고하라.). 이야기의 도식 구조의 선형 기술은 아래와 같다.

요약^방향제시1^복잡화1^방향제시2^복잡화2^평가1^복잡화3^해결^평가2^종결부

Abstract^Orientation1^Complication1^Orientation2^Complication2^Evaluation1^Complication3^Resolution^Evaluation2^Coda

이것은 텍스트가 고전적인 이야기 구조를 따른다는 것을 보여준다. 화자가 그녀의 첫 번째 방향제시(Orientation)에서 이야기를 맥락화할 만큼 자세하게 시간/장소를 충분히 제공하지 않았다는 것을 화자가 고려하고 있기 때문에, 텍스트의 시작 부분에서 방향제시 단계의 반복이 나타난다. 복잡화(Complications)는 점차적으로 심각성을 증가시키고 평가(Evaluation)에서는 처음에 제시된 복잡화와 성공적인 해결(Resolution)의 결과 둘 다를 제공한다.
서사(narrative) 장르의 단계가 이 책의 다른 부분에서 이미 논의되었기 때문에 여기에서는 단지 실현만을 간략히 되짚어 볼 것이다.

요약(Abstract)

코멘트 부가어(Comment Adjunct)인 *luckily*를 가지고 이야기는 *the second baby*와 *the first one* 사이에 대조적인 지시를 사용하여 전조를 마련한다. 시간 상황어 *from about five o'clock*에서 부호화된 세부적인 것은 이야

기를 그것에 적절하게 만든다.

방향제시1(Orientation1)

청자의 *Hmm*에 의해 부여된 이야기에 대한 허가를 통해 상황적 요소들을 가지고 시간과 장소를 세부적으로 실현하면서 C는 이야기의 배경을 세운다. 정신적 과정 *remember*의 감각자로(Senser) 서술자를 가지고 개인적인 경험을 이야기로 투사한다.

복잡화 1, 2(Complications 1 and 2)

첫 번째 복잡화(Complication) 단계는 의식적 행위자(Behaver)로서 *the baby*를 가진 의식적 행위 과정과 속성수반자(Carrier)로서 *the parents*를 가진 속성 관계 과정(Attributive process)을 통해 실현된다. 이것은 이야기에서 아기가 행동주(Actor)로서 너무 많은 역할을 하지 않아도 되게 하지만 부모와 그들의 응답이 그리는 사건의 촉진자로서 역할을 하도록 한다. 속성 관계 과정은 감정적 관심과 이야기의 강도를 보여준다. 두 번째 복잡화 단계는 *The parents*와 *classy ladies*로 부호화된 행동주/참여자들(Actors/participants)을 가지고 물질적 과정과 말하기 과정(verbal processes)을 통해 더욱 전형적으로 실현된다. 그 단계들은 암묵적 시간 접속 관계들을 통해 연결되어 있다.

평가1(Evaluation1)

여기서 주요한 실현은 서술자의 태도에 대한 표현이다. 첫 번째 평가 단계는 초기의 복잡화 단계에서 이야기되었던 것들을 상호작용적으로 색채를 입혀 더욱 선명하게 만든다. 접속사 *you know*는 이것을 정교하게 만드는(elaboration) 신호이고 *really*에서 강화된 부정적인 과정, *take over*는 화자의 태도를 나타낸다. 두 번째 평가 단계는 속성 관계 과정이 나타나는데, 서술자의 반응을 기술하는 매우 긍정적인 태도적 속성을 보여주고, 숙녀들의 행동과 아이의 행동에 대한 평가 사이에 효과적 대조를 보여주고 있다.

복잡화3(Complication3)

초기의 복잡화(Complication) 단계와 같이 이 최종적인 복잡화(Complication) 단계는 행동주로서 화자와 함께 물질적인 과정(material process)을 통해 실현되었다. 그러나 인과관계 설정은(*and so I just handed the baby to them*) 여기에 이야기의 중심이 되는 드라마가 있다는 사실을 나타낸다. 우리는 이제 해결(Resolution) 단계로 나아가야 할 필요가 있다.

해결(Resolution)

해결(Resolution) 단계에서 행동주인 *ladies*가 포함된 물질적 과정에 뒤이어, 의식적 행위 과정(Behavioural)의 의식적 행위자(Behaver)로 역할하는 아기로 되돌아오게 된다. 암시적인 대조적 접속 관계 *but*을 통해 마지막 복잡화(Complication) 단계에 의해 세워진 반 기대는 여기에서 해결된 것으로 보인다. 코멘트 부가어 *luckily*의 반복은 요약(Abstract) 단계와 응집성을 창출하고 두 번째 평가(Evaluation) 단계에서 만들어진 감정적 판단을 또한 암시한다.

마무리(Coda)

행동주(Actor)로서 *ladies*를 가진 물질적인 과정으로의 귀환은 앞선 평가(Evaluation) 단계로부터 마무리(Coda)를 차별화하고 그 이야기에서 여자들의(ladies)의 역할을 마무리한다. 비록 이 이야기는 Geneva 이야기의 종결부(Coda)를(*here they give you tea and bikkies*) 통해 성취된 것처럼 현재로 이어지지는 않지만 이야기의 마무리는 사건의 기대된 순서를 종결짓기 위해 나타난 동사 *handed back*에 의해 효과적으로 함의된다. 즉 아이는 집에 와서 보금자리로 돌아가거나 시끄럽게 굴고 있을 것이다.

이 이야기를 (청자에게) 특별히 흥미롭게 만드는 것은 복잡화(Complication)에서 화자/엄마를 부정적 시각에서 보여준다는 것이다. 즉 그녀는 (정말로) 그녀의 아이를 낯선 사람에게 주고 싶어 하는 엄마이다. 그 이야기는 그러므로 두 세련된 숙녀의 목소리만큼 해설자의 목소리로도 이야기되고 있는 것이다. 이야기가 효과적인 흥미 텍스트(an effective entertainment text)라는 것은 복잡화가 나타난 후에 해결(Resolution)이 나타나고 그리고 마무리(Coda)로 이어지는 과정에서 청자들의 자발적 웃음에 의해 드러난다.

통합: 텍스트 안에 있는 이데올로기(ideology)

다양한 분석의 구체적인 발견이 가장 일관성 있게 통합될 수 있는 것은 지시가 만들어질 가장 추상적 맥락인 이데올로기(ideology)의 층위이다. 이데올로기가 맥락의 각 층위에 영향을 주는 것처럼, 그리고 그들을 통해 언어적인 선택이 실현되는 것처럼, 선행하는 모든 분석으로부터의 언어적인 근거는 어떤 입장, 편견, 그리고 해석이 텍스트 안에 부호화되어 있는지를 명시적으로 만드는 데 사용될 수 있다.

필드에서 이데올로기의 영향은 누가 시작하는지 어떤 종류의 행위/사건들이 있는지, 그들의 행위에 누가 어떻게 답하는지와 같은 관념적 의미를 텍스트가 어떻게 부호화하는지와 연관된다.

Text 1.1에서 아기들은 의식적으로 행위를 하며 부모들은 그것에 대해 생각하면서 반응하고 그 이후 구체적인 단계를 밟는다. 그래서 아기들은 그들의 신체가 의식적으로 행위를 할 수 있도록 프로그램화되어 있는 방식 때문에 특정한 방식으로 의식적으로 행위를 하는 것이다. 그 안에 기이하거나 이해하기 힘들거나 정직하지 못한 어떤 것도 없다. 그리고 부모들은 특정한 실질적 행위를 수행함으로써 이를 조절할 수 있다. 그러므로 텍스트는 자연스러운 의식적 행위의 순서를 가진 '대처(coping)'의 이데올로기를 부호화한다.

반대로 Text 1.2에서는 아기들이 의식적인 행위를 할 때 이것은 통계에 근거한 이유들 때문이다. 아기들의 의식적 행위는 부모들에게 문제를 야기하는 것으로 정의된다. 그리고 부모는 이 문제를 해결하는 데 있어서 도움이 필요하다. 여기서 우리는 부모가 도움이 없다면 겪을지도 모르는 부정적 행위를 피하기 위해 전문적인 중재를 정당화하는 비-대처(non-coping)의 이데올로기를 볼 수 있다.

Text 1.3에서 아기들은 부모들에게 행위와 감정적 연쇄를 촉발한다. 여기서 부호화된 이데올로기는 아기들의 의식적 행위의 기능이 부모의 개인적인 성장이라는 것이다.

테너에서 이데올로기의 효과는 작가가 독자와 어떻게 관계하는지 경험들이 얼마나 전형적인지/빈번한지/강렬한지 그리고 논의되고 있는 핵심 참여자가 누구인지와 같은 상호작용적 의미를 텍스트가 어떻게 부호화하는지와 연관된다.

Text 1.1에서 우리는 전문가가 부모와 대화하기 위해 준비할 때 상호적이고 더욱 구어적 테너를 구사하며 친근한 테너를 채택한다는 것을 알 수 있다. 그때 여기에서의 이데올로기는 '보통의' 사람들은 개인적이고 대화적 방식으로 이야기할 필요가 있다는 것이다. 반대로 Text 1.2에서는 청중이 훈련된 전문가일 때 거리가 있고 학술적인 테너가 만들어진다는 것을 볼 수 있다. 이것의 이데올로기적 함의는 미래의 전문가는 거리감 있고 비인격적이 되도록 훈련되어야 한다는 것인데, 이것이 그들이 다룰 아동들과 부모들과 면대면 만남을 수행할 대인 관계적 스타일인 것이다. Text 1.3에서 친구 사이의 관계는 상호작용에 대한 강한 강도의 (사생활) 침범을 지지한다.

모드에서의 이데올로기의 효과는 어떤 정보가 구정보이고 그렇지 않은지, 독자와 작가 사이의 거리가 어떠한지 작가와 사건 사이의 거리가 어떠한지와 같은 텍스트적 의미를 어떻게 부호화하는지와 연관된다.

Text 1.2에서 매우 많이 명사화된 모드의 선택은 훈련된 전문가들을 위해 글을 쓸 때 추상화와 일반화를 다루면서 격식적 문어 모드로 그것을 도출할 필요가 있다는 이데올로기적 함의를 볼 수 있다. 이런 종류의 글쓰기는 구체적인 삶의 역사나 재미있는 이야기를 할 개인적 관점에서가 아니라 단체의 대표로서 사람들과 상황을 어떻게 보는지에 대해 그들을 가르치는 것이다.

Text 1.1이 또한 부모를 그룹으로 보는 반면, 그 텍스트의 초점은 여전히 열린 채로 남아있는 부모의 행동 유형이다. *it's up to you*와 같은 진술은 사실 얼마나 조심스럽게 부모들이 그룹화되지 못한 채 남겨졌는지 나타낸다.

Text 1.3은 경험을 개인적인 경험으로만 주장하려고 시도하지는 않는다. 그러나 전형성은 항상성의 관점에서 부호화된다. 그래서 참여자나 그들의 의식적 행위에 대하여 일반화되는 것이 아니라 어떤 것들이 특별한 방식으로 일어날지도 모르는 빈도에 대해 일반화하는 것이다.

장르의 단계에서 우리는 어떤 면에서 세 개의 Crying baby Text가 독자/청자를 위해 정보를 주려고 하는 공통의 목적을 가졌다는 것을 인식할 수 있다. 이데올로기는 그러한 정보 전달을 달성하기 위해 어떤 장르를 선택할지 보여주고, 그것의 도식 구조에 영향을 끼침으로써 여기에 영향을 미친다.

그러므로 이야기 장르 대신 설명 장르를 선택하면서 '실질적' 학습은 명시적 객관화와 정보의 일반화를 통해 일어나야만 한다는 이데올로기적 함의를 볼 수 있다. 반면 '가벼운' 학습은 독특하고 개인적인 경험을 공유함으로써 일어난다. 학습의 한 종류는 매우 문어적 종류이고 또 다른 종류는 강력하지만 항상 가치가 과소평가된 구어적 방식에 의해서다.

이데올로기는 또한 경고를 하는 전망(Outlook)이나 향상(Improvements) 사이의 선택에서 실현된다. Text 1.1은 부모들이 격려되어야 하고 힘을 가질 필요가 있다는 입장을 취한다(안 그러면 그들이 Text 1.2에서 언급된 끔찍한 행위들을 하게 될지도 모른다). 반면 Text 1.2는 의학적 수련을 받는 개인이 그들의 의무에 대해 그들에게 환기시키기 위해서 경고되어야 할 필요가 있다는 것을 보여준다. Text 1.3에서 엄마는 아기를 평가하지 않고(아기는 결코 직접적으로 비판받거나 비난받는 것이 아니다) 품위 있는 여자들과 엄마 모두 진정된다. Text 1.1의 메시지는 '너는 그것을 할 수 있어'로 요약될 수 있고, Text 1.2는 '주의해라 그렇지 않으면 그들이 하는 것에 의해 곤경에 처할 수 있다', 그리고 Text 1.3의 메시지는 '너는 네 자신을 비웃을 수 있어야 한다'는 것이다.

텍스트의 평가(Evaluation of texts)

위에서 제시된 분석의 논의는 체계적 접근이 세 개의 Crying Baby Text가 의미를 어떻게 만드는지에 대한 이해를 얻기 위해 사용되고 있음을 보여준다. 비록 Halliday가 텍스트에 대한 이해와 평가가 두 개의 다른 층위라는 것을 제안했다고 하더라도 텍스트가 어떻게 작동하는지에 대한 이해를 명시적으로 만들기 위해서 우리는 필연적으로 텍스트에 대한 어떤 평가를 하도록 이끌리는 것처럼 보인다. 그러나 맥락과 언어의 통합

모형에 고정되어, 텍스트의 체계적 평가는 텍스트가 의도한 청중을 위한 목적을 달성하는 데 대략 효과적이기 때문에 시스템 자체의 용어로 텍스트를 평가할 수 있다.

이러한 관점에서 우리는 Text 1.1과 1.3이 Text 1.2보다 더 효과적이라는 것을 제안한다. Text 1.3은 상당한 정도의 웃음을 이끌어내는데, 그것은 그것이 잘 받아들여진다는 것을 보여 준다. 그것은 정보를 주는 동시에 재미를 주고 그것은 그들이 아이를 착취하지 않거나 부모의 권위를 빼앗는 방식으로 이루어진다.

Text 1.1은 그것의 제안을 훨씬 더 잘 수행하도록 텍스트에서 동정을 보여주면서 아기들과 부모들을 향해 따뜻함을 가지고 호소하면서, 매우 직접적이고 접근 가능한 언어로 표현된 실질적 제안들을 많이 포함한다.

그러나 Text 1.2는 더 걱정스럽다. 즉 많은 독자들은 텍스트에 나타난 명사화를 분석할 수 없을 수도 있다. 독자들은 암묵적 행위주(Agents)로서 (상담을 해야만 하는 그들은 곤경에서 벗어날 수 있는 것들을 제공하는 사람들이다.) 그들 자신에 대한 함의를 놓칠 수도 있고 그래서 그들에게 속한 의미를 놓칠 수도 있다. 독자들은 이러한 텍스트의 거리와 격식성이 부모와 아이들에게 적절하도록 고려된 행동 종류의 예시를 제공한다고 가정할 가능성이 있다. 그들은 텍스트를 아기들의 행동이 통계적 규범 안에 들어오는 한 이해될 필요가 없다는 것을 지시하는 것으로 해석할 수 있다. 그들은 부모의 부류를 잠재적 학대자로 해석할 수도 있다. 이러한 이유들 때문에 우리는 글쓰기의 이러한 방식이 실제로 훈련받는 사람들을 이해시키고 동정하고 아기들의 자연스러운 행동에 대처하려고 고군분투하는 사람들에 대한 실질적 지지를 제공하기 위해 적절하고 효과적인 방식인지 의문을 제기할 수 있다.

결론: 삶부터 텍스트까지

Crying Baby Text의 분석은 자세한 어휘문법적 분석과 응집성 분석이 텍스트가 어떻게 의미를 만드는지 그들의 의미가 어디에서 오는지 그들이 전달할 수 있는 함의가 무엇인지 파악할 수 있게 해 준다는 것을 보여준다. 세 가지의 매우 평범한 텍스트에 대한 자세한 언어적 분석은 텍스트들이 풍부한 의미를 담고 있다는 것을 보여준다. 즉 그들은 그들이 하고 있는 것과 이유에 대한 의미만을 만드는 것이 아니라, 관계들, 태도에 대한 의미 그리고 거리와 친근함에 대한 의미 또한 만들고 있음을 보았다. 특별한 언어적 선택을 상황적, 문화적, 이데올로기적 맥락에 대한 구성과 숙고와 관련지음으로써 이러한 세 가지 텍스트는 부모들에게 말하는 방식, 부모로서의 경험, 의학 전문가의 의무, '좋은' 엄마의 기대된 행동과 같이 훨씬 넓은 범위의 차원에 대한 의미를 부호화하고 있다는 것을 보여준다.

이 장과 책이 보여주듯이 체계적 접근은 언어 패턴에 대한 매우 세밀한 관찰을 요구한다. 그것은 상이한 응집적 패턴에 대해 확인하고 이야기하는 정확한 방식을 제공하는 전문적 메타 언어의 사용을 수반한다. 그것은 어떤 종류의 언어적 분석을 수행하는 학습은 열심히 수련해야만 하는 기술인 것처럼, 분석가들에게 많은 시간과 노력에 대한 투자를 요구한다. 삶은 짧다. 그리고 당신의 배경이 기능적 언어학이 아니더라도 혹은 심지어 언어학이 아니더라도 당신은 매우 합법적으로 질문할 수 있다. '뭐하러 그렇게 하는가?' 피상적으로 적어도 덜 고되고 확실히 덜 전문적이고 덜 정밀성을 갖는 것처럼 보이는 텍스트에 대한 다른 접근을 왜 취하지 않는가?

기능언어학적 접근은 그것의 궁극적인 목표가 텍스트에 대한 다른 접근의 목표와 아주 다르기 때문에 요구된다. 기능언어학적 분석은 신중하게 선택된 예문(발췌문)에 의해 제공되고 있는 텍스트의 가능한 독서의 범위를 제공하는 것에 관한 것이 아니다. 그것은 그들의 실제적 사회적 삶의 맥락에서 실질적 형태로 전체 텍스트를 다루는 것에 관한 것이다. 그리고 그들이 하고 있는 것과 그들이 문화 속에서 이루는 방식을 설명하면서 그들을 설명하는 것에 관한 것이다.

Halliday가 제안하듯 언어에 대한 체계기능적 접근의 실제 가치는 다음과 같다.

> 우리가 이러한 (기능적인-의미적인) 관점에서 언어를 이해할 때, 우리는 어떻게 대부분의 일상적인 상황에서 언어의 가장 일반적인 사용이 사회적 구조, 가치관, 체계적 지식, 가장 깊고 널리 퍼지는 모든 문화의 패턴을 효과적으로 전달하는지에 대해 이해하기 어려운 문제에 약간의 빛을 던질 수 있을 것이다. 언어에 대한 기능적 관점을 가지고 우리는 이것이 어떻게 작동되는지 이해하기 시작할 수 있다(Halliday 1973:45).

모든 언어 분석에서 문제가 되고 있는 것은 실제 경험이거나 상상된 경험이 텍스트로 전환되는 과정이다. 텍스트 그 자체는 삶이 아니다. 그것은 언어의 기호 시스템을 통해 조정된 삶이다. 나는 이 책의 SFL 분석이 우리가 우리의 삶에서 많은 부분을 단숨에 제거하여 텍스트로 가는 과정의 중요한 부분을 이해할 수 있는 방법을 당신에게 보여주었길 희망한다.

Crying baby text에 대한 분석

A1. 절 분석(Clause analyses)

각 텍스트는 세 번 분석된다. 첫 번째는 서법 분석, 두 번째는 타동성과 테마 분석, 세 번째는 절 복합체에 대한 분석이다. Key는 각 분석에 대해 제시된다. 텍스트는 내포절을 가진 절들로 나누어진다 {{두 개의 괄호로 나타난다}}. 이는 테마가 아니라 서법과 타동성에 대해 분석된다. 시작과 끝에 세 개의 점 ...이 나타나는 삽입절은 이것이 분석을 용이하게 한다는 점에서 그들이 삽입된 절의 마지막에 다시 위치하게 된다. 하나의 절 사이에 세 개의 점은 삽입된 절이 제거된 위치를 가리킨다. 두 개의 슬래시 //는 내포 절 안에 절 경계를 나타난다.

A1.1. 서법 분석(Mood analysis)

Key:

S = Subject, F = Finite, Fn = negative, Fms = modalized, FmI = modulated
P = Predicator, Pml = modulated Predicator, Pms = modalized Predicator,

F/P = fused Finite and Predicator

C = Complement, Ca = attributive Complement

A = Adjunct, Ac = circumstantial, Am = mood, Ao = comment, Ap =

polarity, Av = vocative, Aj = conjunctive, At = continuity

WH = WH element, WH/S, WH/C, WHAc = fused WH element

mn = minor clause

MOOD element of ranking (non-embedded) clauses is shown in bold

Text 1.1

A baby [[who (S) won't (Fn) stop crying (P)]](S) can (Fml) drive (P) anyone (C) to despair (P). 2i. You (S) feed (F/P) him (C), 2ii. you (S) change (F/P) him 2iii. you (S) nurse (F/P) him (C), 2iv. you (S) try (F) to settle (P) him (C), 2v. but (Aj) the minute (Ac) you (S) put (F/P) him (C) down (Ac) 2vi. he (S) starts (F) to howl (P). 3.Why? (WH/Ac) 4.The most common reason [[baby (S) cries (F/P)]] (S) is (F) hunger (C). 5i. Even if (Aj) he (S) was (F) just (Am) recently (Ac) fed (P) 5ii. he (S) might (Fms) still (Am) be adapting to (P) the pattern [[of sucking (P) // until (Aj) his tummy (S) is (F) full (Ca) // and (Aj) feeling (P) satisfied (Ca) // until (Aj) it (S) empties (F/P) again (Ac)]] (C). 6i. When (Aj) he (S) was (F) in the womb (Ac) 6ii. nourishment (S) came (F/P) automatically and constantly (Ac). 7i. Offer (P) food (C) first (Ac); 7ii. if(Aj) he (S) turns (F/P) away (Ac) from the nipple or teat (Ac) 7iii. you (S) can (Fms) assume (P) 7iv. it (S) 's (F) something else (C). 8i. It happens (Am) that (Aj) babies (S) go (F/P) through grumpy, miserable stages (Ac) 8ii. when (Aj) they (S) just (Am) want (F/P) 8iii. to tell (P) everyone (C) 8iv. how unhappy (WH/C) they (S) feel (F/P). 9i. Perhaps (Am) his digestion (S) feels (F/P) uncomfortable (Ca) 9ii. or (Aj) his limbs (S) are (F) twitching (P). 10i. If (Aj) you (S) can't (Fml) find (P) any specific source of discomfort such as a wet nappy or strong light in his eyes (C), 10ii. he (S) could (Fms) just (Am) be having (P) a grizzle (C). 11.Perhaps (Am) he (S) 's (F) just (Am) lonely (Ca). 12i. During the day

(Ac), a baby sling (S) helps (F/P) you (C) to deal with (P) your chores (C) 12ii. and (Aj) keep (P) baby (C) happy (Ca). 13i. At night (Ac) . . . you (S) will (Fms) need to take (Pml) action (C) 13iv. to relax (P) and settle (P) him (C). 13ii . . . when (Aj) you (S) (F/P) 13iii. to sleep (P) . . . 14i. Rocking (S) helps (F/P), 14ii. but (Aj) if (Aj) your baby (S) is (F) in the mood [[to cry (P)]] (Ac) 14iii. you (S) will (Fms) probably (Am) find (P) 14iv. he (S) 'll (Fms) start up (P) again (Ac) 14v. when (Aj) you (S) put (F/P) him (C) back (P) in the cot (Ac). 15i.[[Wrapping baby up (P) snugly (Ac)]] (S) helps (F) to make (P) him (C) feel (P) secure (Ca) 15ii. and (Aj) stops (F) him (C) from jerking about (P) 15iii. which (S) can (Fms) unsettle (P) him (C). 16i. Outside stimulation (S) is (F) cut down (P) 16ii. and (Aj) he (S) will (Fms) lose (P) tension (C). 17i. Gentle noise (S) might (Fms) soothe (P) him (C) off [[to sleep (P)]] (Ca) — a radio played softly, a recording of a heartbeat, traffic noise — 17ii. even the noise of the washing machine (S) is (F) effective! (Ca) 18i. Some parents (S) use (F/P) dummies (C) — 18ii. it (S) 's (F) up to you (Ca) — 18iii. and (Aj) you (S) might (Fms) find (P) 18iv. your baby (S) settles (F/P) 18v. sucking (P) a dummy (C). 19i. 'Sucky' babies (S) might (Fms) be able to find (Pml) their thumbs and fists (C) 19ii. to have (P) a good suck (C). 20i. Remember (P) 20ii. that (At) babies (S) get (F/P) bored (Ca) 20iii. so (Aj) when (Aj) he (S) is (F) having (P) a real grizzle (C) 20iv. this (S) could (Fms) be (P) the reason (C). 21. Is (F) his cot (S) an interesting place [[to be (P)]] (C)? 22. Coloured posters and mobiles (S) give (F/P) him something [[to watch (P)]] (C). 23i. You (S) could (Fms) maybe (Am) tire (P) him (C) out (P) 23ii. by (Aj) taking (P) him (C) for a walk . . . or a ride in the car (Ac) — 23iii. not always practical (Ca) in the middle of the night (Ac). 24i. A change of scene and some fresh air (S) will (Fms) often (Am) work (P) wonders (C) — 24ii. even a walk around the garden (S) may (Fms) be (P) enough (Ca). 25i. As (Aj) baby (S) gets (F/P) older (Ca) 25ii. he (S) will (Fms) be more able to communicate (Pml) his feelings (C) 25iii. and (Aj) you (S) will (Fms) be (P) better [[at judging (P) the problem (C)]] (Ca). 26. Although (Aj) you (S) might (Fms) be (P) at your wit's end (Ca), 26ii. remember (P) 26iii. that (Aj) crying (S) is (F) communication with you, his parents (C). 27. And (Aj) you (S) are (F) the most important people in your baby's life (C).

Text 1.2

1. The compelling sound of an infant's cry (S) makes (F/P) it (C) an effective distress signal and appropriate to the human infant's prolonged dependence on a caregiver (Ca). 2i. However (Aj), cries (S) are (F) discomforting (Ca) 2ii. and (Aj) may (Fms) be (P) alarming (Ca) to patents (Ac), 2iii. many of whom (S) find (F/P) 2iv. it (S) very difficult (Cd) [[to listen to (P) their infant's crying (C) for even short periods of time (Ac)]] (C). 3. Many reasons for crying (S) are (F) obvious (C), like hunger and discomfort due to heat, cold, illness, and lying position (S). 4i. These reasons (S), however (Aj), account for (F/P) a relatively small percentage of infant crying (C) 4ii. and (Aj) are (F) usually (Am) recognized (P) quickly (Ac) 4iii. and (Aj) alleviated (P). 5i. In the absence of a discernible reason for the behaviour (Ac), crying (S) often (Am) stops (F/P) 5ii. when (Aj) the infant (S) is (F) held (P). 6i. In most infants (Ac), there (S) are (F) frequent episodes of crying with no apparent cause (C), 6ii. and (Aj) holding or other soothing techniques (S) seem (F/P) ineffective (Ca). 7. Infants (S) cry (F/P) and fuss (F/P) for a mean of 13/4 hr/day at age 2 wk, 23/4 hr/day at age 6 wk, and 1hr/day at 12wk (Ac). 8i. Counselling

about normal crying (S) may (Fms) relieve (P) guilt (C) 8ii. and (Aj) diminish (P) concerns (C), 8iii. but (Aj) for some (Ac) the distress [[caused (P) by the crying (Ac)]] (S) cannot (Fml) be suppressed (P) by logical reasoning (Ac). 9i. For these parents (Ac), respite from exposure to the crying (S) may (Fms) be (P) necessary (Ca) 9ii. to allow (Pml) them (C) to cope (P) appropriately (Ac) with their own distress (Ac). 10i. Without relief (Ac), fatigue and tension (S) may (Fms) result in (P) inappropriate parental responses 10ii. such as leaving (P) the infant (C) in the house (Ac) alone (Ac) 10iii. or abusing (P) the infant (C).

Text 1.3

1.Did (F) your kids (S) used to cry (Pms) a lot (Ac)? 2. When (Aj) they (S) were (F) little (Ca)? 3.Yea (Ap). 4.well (At) == what (WH/C) did (F) you (S) do 5. == still (Am) do (F) 6. Yea? (At) [laughs] 7. Oh (At) pretty tedious (Ca) at times (Ac) yea (At). 8. There (S) were (F) all sorts of techniques == Leonard Cohen (C) 9. == Like (Aj) what (WH/C) [laughs} 10. Yea (At) I (S) used (Fms) to use (P) . . . 11. What (S) 's (F) that American guy [[that (S) did (F) 'Georgia on your mind' (C)] (C)? 12. Oh (At) yea (At) 13. == Jim – James Taylor (S) 14. == James Taylor (S) 15. Yea (At) yea (At). 16. He (S) was (F) pretty good (Ca). 17. Yea (At). 18i. No (At) Leonard Cohen (S) 's (F) good (Ca) 18ii. cause (Aj) it (S) 's (F) just (Am) so monotonous (Ca). 19. And (Aj) there (S) 's (F) only (Am) four chords (C). 20i. And (Aj) ah (At) we (S) used (Fms) to have (P) holidays (C) . . . on a houseboat (C) 20ii . . . when (Aj) we (S) only (Am) had (F) one kid (C) . . . 21. And (Aj) that (S) was (F) fantastic (C) just (Am) the rocking motion of the houseboat (S) 22. Mmm (mn) 23. Mmm (mn) 24. Were (F) there (S) ever (Am) times (C) . .

. 25i. Like (Aj) I (S) remember (F/P) times (C) 25ii. when (Aj) I (S) couldn't (Fms) work out (P) 25iii. what the hell (WH/C) it (S) was (F). 26. There (S) just (Am) didn't (Fn) seem to be (P) anything == [[fyou (S) could (Fms) do (P)]] (C). 27. == No reason or (C) . . . 28. Yea (At). 29. Yea (At) every night between six and ten (Ac) 30. Yea (At) yea (At).31i. Luckily (Ao) I (S) didn't (Fn) have (P) that (C) with the second baby (Ac) 31ii. but (Aj) the first one (S) was (F) that typical colicky sort of stuff (C) from about five o'clock (Ac). 32. Hmm (mn) 33i.I (S) remember (F/P) 33ii. one day (Ac) going (P) for a um walk (Ac) along the harbour (Ac) — 33iii. one of those you know harbour routes [[that (S) had (F) been opened up (P)]] (Ac). 34i. And (Aj) um (At) he (S) started (F) kicking up (P) from about five o'clock (Ac) 34ii. and (Aj) we (S) were (F) getting (P) panic stricken (Ca). 35i. I (S) had (F) him (C) in one of those um front strap things (Ac) you know (At) sling things (Ac) 35ii. ah (At) cause (Aj) that (S) use (Fms) to work (P) wonders (C) from time to time (Am) 35iii. but (Aj) it (S) wasn't (Fn) working (P) this time (Ac). 36i. And (Aj) as (Aj) we (S) sat (F/P) on the foreshore (Ac) of this Vaucluse area (Ac) 36ii. these two women (S) came (F/P) down (Ac) 36iii. and (Aj) they (S) 'd (F) both (S) been working (P) as um governesses or something like that (Ac) — 36iv. very very classy ladies (Ca). 37i. And (Aj) they (S) said (F/P) 37ii. 'Oh (At) what (WH/S) 's (F) wrong with the baby (Ac)? 38. He (S) 's (F) got (P) colic (C)?' 39i. You know (At), they (S) really (Am) wanted (F/P) 39ii. to take over (P). 40. Yea (At) 41. And (Aj) so (Aj) I (S) just (Am) handed (F/P) the baby (C) to them (Ac). 42i. And (Aj) LUCKILY (Ao) he (S) kept (F) on crying (P) — 42ii.they (S) couldn't (Fnml) stop (P) him (C) 43. So (Aj) I (S) was (F) really (Am) delighted (Ca). 44. They (S) handed back (F/P) this hideous little red wreck of a thing (C).

A1.2. 타동성과 테마 분석(Transitivity and Theme analysis)

Key:

P = Process, Pm = material, Pme = mental, Pb = behavioural, Pv = verbal, Pe – existential, Pi = intensive, Pcc = circumstantial, Pp = possessive, Pc = causative

A = Actor, G = Goal, B = Beneficiary, R = Range

S = Senser, Ph = Phenomenon

Sy = Sayer, Rv = Receiver, Vb = Verbiage

Be = Behaver, Bh = Behaviour

X = Existent

T = Token, V = Value, Cr = Carrier, At = Attribute

Pr = possessor, Pd = possessed

C = Circumstance, Cl = location, Cx = extent, Cm = manner, Cc = cause, Ca accompaniment, Ct = matter, Co = role

Ag = Agent

Theme is <u>underlined</u>

textual Theme: in *italics*

interpersonal Theme: in CAPITALS

topical Theme: in **bold**

dependent clause as Theme: whole clause in bold

Text 1.1

1. <u>A baby {{who (Be) won't stop crying (Pb)}}</u> (Ag) can drive (Pc) anyone (S)

to despair (Pme). 21. You (A) feed (Pm) him (G), 2ii. you (A) change (Pm) him (G), 2iii. you (A) nurse (Pm) him (G), 2iv. you (A) try to settle (Pm) him (G), 2v. *but* the minute (A) you (A) put (Pm) him (G) down (Pm) 2vi. he (Be) starts to howl (Pb). 3. Why? (Cc) 4. The most common reason {{baby (Be) cries (Pb)}} (V) is (Pi) hunger (T). 5i. *Even if* he (G) was just recently (Cl) fed (Pm) 5ii. he (Be) might still be adapting to (Pb) the pattern {{of sucking (Pm) // until his tummy (Cr) is (Pi) full (At) // and feeling (Pi) satisfied (At) // until it (A) empties (Pm) again (Cl)}} (Ph). 61. *When* he (Cr) was (Pi) in the womb (AtCl) 6ii. nourishment (A) came (Pm) automatically and constantly (Cm). 7i. Offer (Pm) food (G) first (Cl); 7ii. if he (A) turns away (Pm) from the nipple or teat (Cl) 7iii. you (S) can assume (Pme) 7iv. it (V) 's (Pi) something else (T). 81. IT HAPPENS *that* babies (A) go through (Pm) grumpy, miserable stages (R) 8ii. *when* they (S) just want (Pme) 8iii. to tell (Pv) everyone (Rv) 8iv. how unhappy (At) they (Cr) feel (Pi). 9i. PERHAPS his digestion (Cr) feels (Pi) uncomfortable (At) 9ii. *or* his limbs (Be) are twitching (Pb). 10i If you (S) can't find (Pme) any specific source of discomfort such as a wet nappy or strong light in his eyes (Ph), 10ii. he (Be) could just be having (Pb) a grizzle (Bh). 11. PERHAPS he (Cr)'s (Pi) just lonely (At). 12i. During the day (Cl), a baby sling (Ag) helps (Pm) you (A) to deal with (Pm) your chores (G) 12ii. *and* keep (Pc) baby (Cr) happy (At). 131. At night (Cl) . . . you (A) will need to take (Pm) action (R) 13iv. to relax (Pm) and settle (Pm) him (G). 13ii . . . *when* you (S) want (Pme) 13iii. to sleep (Pb) . . . 141. Rocking (A) helps (Pm), 14ii. *but if* your baby (Cr) is (Pi) in the mood {{to cry (Pb)}} (At) 14iii. you (S) will probably find (Pme) 14iv. he (Be) 'll start up (Pb) again (Cx) 14v. *when* you (A) put (Pm) him (G) back (Pm) in the cor (Cl). 151. {{Wrapping (Pm) baby

(G) up (Pm) snugly (Cm)]] (Ag) helps to make (Pc) him (Cr) feel (Pi) secure (At) 15ii. *and* stops (Pc) him (Be) from jerking about (Pb) 15iii. which (A) can unsettle (Pm) him (G). 161. Outside stimulation (G) is cut down (Pm) 16ii. *and* he (A) will lose (Pm) tension (R). 17i. Gentle noise (Ag) might soothe (Pc) him (Be) off to sleep (Pb) – a radio played softly, a recording of a heartbeat, traffic noise – 17ii. even the noise of the washing machine (Cr) is (Pi) effective (At)! 18i. Some parents (A) use (Pm) dummies (G) – 18ii. it (Cr) 's (Pi) up to you (At) – 18iii. *and* you (S) might find (Pme) 18iv. your baby (Be) settles (Pb) 18v. sucking (Pm) a dummy (G). 19i. 'Sucky' babies (S) might be able to find (Pme) their thumbs and fists (Ph) 19ii. to have (Pm) a good suck (R). 20i. Remember (Pme) 20ii. *that* babies (Cr) get (Pi) bored (At) 20iii. *so* when he (Be) is having (Pb) a real grizzle (Bh) 20iv. this (T) could be (Pi) the reason (V). 21. IS (Pi) his cot (Cr) an interesting place [[to be (Pi)]] (At)? 22. Coloured posters and mobiles (A) give (Pm) him (B) something [[to watch (Pb)]] (G). 23i. You (A) could maybe tire (Pm) him (G) out (Pm) 23ii. *by* taking (Pm) him (G) for a walk . . . or a ride in the car (Cl) – 23iii. not always practical (At) in the middle of the night (Cl). 24i. A change of scene and some fresh air (A) will often work (Pm) wonders (R) – 24ii. even a walk around the garden (Cr) may be (Pi) enough (At). 25i. As baby (Cr) gets (Pi) older (At) 2511. he (Cr) will be (Pi) more able [[to communicate (Pv) his feelings (Vb)]] (At) 25iii. *and* you (Cr) will be (Pi) better [[at judging (Pme) the problem (Ph)]] (At). 261. Although you (Cr) might be (Pi) at your wit's end (At), 26ii. remember (Pme) 26iii. *that* crying (T) is (Pi) communication with you, his parents (V). 27. *And* you (T) are (Pi) the most important people in your baby's life (V).

TEXT 1.2

1. The compelling sound of an infant's cry (Ag) makes (Pc) it (T) an effective distress signal and appropriate to the human infant's prolonged dependence on a caregiver (V). 2i. *However,* cries (Cr) are (Pi) discomforting (At) 2ii. and may be (Pi) alarming (At) to parents (B), 2iii. many of whom (S) find (Pme) 2iv.it (Cr) very difficult (At) {{to listen to (Pb) their infant's crying (Ph) for even short periods of time (Cx)}} (Cr). 3. Many reasons for crying (Cr) are (Pi) obvious, like hunger and discomfort due to heat, cold, illness, and lying position (At). 41. These reasons (T), however, account for (Pi) a relatively small percentage of infant crying (V) 4ii. and are usually recognised (Pme) quickly (Cm) 4iii. and alleviated (Pm). 5i. In the absence of a discernible reason for the behaviour (Cm), crying (A) often stops (Pm) 5ii. when the infant (G) is held (Pm). 6i. In most infants (Cl), there are (Px) frequent episodes of crying (X) with no apparent cause (Cc), 6ii *and* holding or other soothing techniques (Cr) seem (Pi) ineffective (At). 7. Infants (Be) cry (Pbh) and fuss (Pbh) for a mean of 13/4hr/day at age 2wk, 23/4hr/day at age 6wk, and 1 hr/day at 12wk (Cx). 8i. Counselling about normal crying (A) may relieve (Pm) guilt (G) 8ii. *and* diminish (Pm) concerns (G), 8iii. *but* for some (Cc) the distress {{caused (Pc) by the crying (Ag)}} (G) cannot be suppressed (Pm) by logical reasoning (A). 9i. For these parents (Cc), respite from exposure to the crying (Cr) may be (Pi) necessary (At) 9ii. to allow them (S) to cope (Pme) appropriately (Cm) with (Pme) their own distress (Ph). 10i. Without relief (Cm), fatigue and tension (T) may result in (Pc) inappropriate parental responses 10ii. *such* as leaving (Pm) the infant (G) in the house (CI) alone (Cm) 10iii. *or* abusing (Pm) the infant (G).

TEXT 1.3

1. DID your kids (Be) used to cry (Pb) a lot (Cx)? 2. *When* they (Cr) were (Pi) little (At)? 3. YEA 4. *Well* == what did you (A) do (Pm)? 5. == still do 6. Yea? {laughs} 7. Oh pretty tedious (At) at times yea. 8. There were (Px) all sorts of techniques (X) == Leonard Cohen 9. == *Like* what {laughs} 10. *Yea* I (A) used to use (Pm) . . . 11. What (T)'s (Pi) that American guy {{that (A) did (Pm) 'Georgia on your mind (G)}} (V)? 12. Oh yea 13. == Jim – James Taylor (T) 14. == James Taylor (T) 15. *Yea yea*, 16. He (Cr) was (Pi) pretty good (At). 17. *Yea*. 18i. *No* Leonard Cohen (Cr)'s (Pi) good (At) 18ii. *cause* it (Cr)'s (Pi) just so monotonous (At). 19. *And* there's (Px) only four chords (X). 20i. *And ah* we (A) used to have (Pm) holidays (R) . . . on a houseboat (Cl) 20ii. . . . *when* we (Cr/Pr) only had (Pp) one kid (At/Pd) . . . 21. *And* that (Cr) was (Pi) fantastic (At) just the rocking motion of the houseboat (Cr) 22. Mmm 23. Mmm 24. WERE (Px) there ever times (X) . . . 25i. *Like* I (S) remember (Pme) times (Ph) 25ii. *when* I (S) couldn't work out (Pm) 25iii. what the hell (At) it (Cr) was (Pi). 26. There just didn't seem to be (Px) anything == {{you (A) could do (Pm)}} (X) 27. == No reason or . . . 28. *Yea* 29. *Yea* every night (Cx) between six and ten (Cl) 30. *Yea yea*. 31i. LUCKILY I (A) didn't have (Pm) that (G) with the second baby (Cl) 31ii. *but* the first one (Cr) was (Pi) that typical colicky sort of stuff (At) from about five o'clock (Cl). 32. Hmm 33i. I (S) remember (Pme) 33ii. one day (Cl) going for (Pm) a um walk (R) along the harbour (Cl) – 33iii. one of those you know harbour routes {{that (G) had been opened up (Pm}}. 34i. *And* um he (Be) started kicking up (Pb) from about five o'clock (Cl) 34ii. *and* we (Cr) were getting (Pi) panic stricken (At). 35i. I (A) had (Pm) him (G) in one of those um front strap things you know sling things (Cl)

35ii. *ah cause* that (A) use to work (Pm) wonders (R) from time to time (Cx) 35iii. *but* it (A) wasn't working (Pm) this time (CI). 36i. *And* as we (A) sat (Pm) on the foreshore of this Vaucluse area (Cl) 36ii. these two women (A) came down (Pm) 36iii. *and* they (A)'d both been working (Pm) as um governesses or something like that (Crl) - 36iv. very very classy ladies. 37i. *And* they (Sy) said (Pv) 37ii. '*Oh* what (Cr)'s (Pi) wrong with the baby (At)? 38. He (Cr/Pr)'s got (Pp) colic (At/Pd)?' 39i. *You know,* they (S) really wanted (Pme) 39ii. to take over (Pm). 40. Yea 41. *And* so I(A) just handed (Pm) the baby (G) to them (B) 42i. *And* LUCKILY he (Be) kept on crying (Pb) — 42ii. they (A) couldn't stop (Pm) him (G). 43. So I (S) was really delighted (Pme). 44. They (A) handed back (Pm) this hideous little red wreck of a thing (G).

A1.3. 절 복합체 분석(Clause Complex Analysis)

{{embedded clauses}}, {ellipsed elements}}

1, 2, 3: parataxis, α β γ: hypotaxis

" locution, ' idea, = elaboration, + extension, × enhancement

Text 1.1

clause simplex		(1)A baby who won't stop crying can drive anyone to despair.
1		(2i)You feed him
+2		(2ii)you change him,
+3		(2iii)you nurse him,
+4		(2iv)you try to settle him,
+5	×β	(2v)but the minute you put him down

	α		(2vi)che starts to howl.
clause simplex			(3)why?
clause simplex			(4)The most common reason [[baby cries]] is hunger.
×β			(5i)Even if he was just recently fed
α			(5ii)he might still be adapting to the pattern {{of sucking // until his tummy is full // and feeling satisfied // until it empties again.}}
×β			(6i)When he was in the womb
α			(6ii)nourishment came automatically and constantly.
1			(7i)Offer food first;
×2	×β		(7ii)if he turns away from the nipple or teat
	α	α	(7iii)you can assume
		‘β	(7iv)it’s something else.
α			(8i)It happens that babies go through grumpy, miserable stages
×β	α		(8ii)when they just want
	‘β	α	(8iii)to tell everyone
		‘β	(8iv)how unhappy they feel.
1			(9i)Perhaps his digestion feels uncomfortable
+2			(9ii)or his limbs are twitching.
×β			(10i)If you can’t find any specific source of discomfort such as a wet nappy or strong light in his eyes,
α			(10ii)he could just be having a grizzle.
clause simplex			(11)Perhaps he’s just lonely.
1			(12i)During the day, a baby sling helps you to deal with your chores
×2			(12ii)and keep baby happy.
α			(13i)At night
<×β>	α		(13ii)when you want
	‘β		(13iii)to sleep
α			(13iv)you will need to take action
×γ			(13v)to relax and settle him.

1				(14i)Rocking helps
×2	×β			(14ii)but if your baby is in the mood to cry
	α	α		(14iii)you will probably find
		‘β	α	(14iv)he’ll start up again
			×β	(14v)when you put him back in the cot.
1				(15i){{Wrapping baby up snugly}} helps to make him feel secure
+2	α			(15ii)and stops him from jerking about
	=β			(15iii)which can unsettle him.
1				(16i)Outside stimulation is cut down
×2				(16ii)and he will lose tension.
1				(17i)Gentle noise might soothe him off to sleep – a radio {{played softly}}, a recording of a heartbeat, traffic noise–
+2				(17ii)even the noise of the washing machine is effective!
1	1			(18i)Some parents use dummies –
	=2			(18ii)it’s up to you –
+2	α			(18iii)and you might find
	‘β	α		(18iv)your baby settles
		×β		(18v)sucking a dummy.
α				(19i)‘Sucky’ babies might be able to find their thumbs and fists
×β				(19ii)to have a good suck.
1		α		(20i)Remember
		‘β		(20ii)that babies get bored
×2		×β		(20iii)so when he is having a real grizzle
		α		(20iv)this could be the reason.
clause simplex				(21)Is his cot an interesting place to be?
clause simplex				(22)Coloured posters and mobiles give him something to watch.
α				(23i)You could maybe tire him out
×β				(23ii)by taking him for a walk . . . or a ride in the car –

×γ		(23iii){although this is} not always practical in the middle of the night
1		(24i)A change of scene and some fresh air will often work wonders –
+2		(24ii)even a walk around the garden may be enough.
×β		(25i)As baby gets older
α	1	(25ii)he will be more able to communicate his feelings
	+2	(25iii)and you will be better {{at judging the problem.}}
×β		(26i)Although you might be at your wit's end,
α	α	(26ii)remember
	‘β	(26iii)that crying is communication with you, his parents.
clause simplex		(27)And you are the most important people in your baby's life.

Text 1.2

clause simplex			(1)The compelling sound of an infant's cry makes it an effective distress signal and appropriate to the human infant's prolonged dependence on a caregiver.
1			(2i)However, cries are discomforting
+2	α		(2ii)and may be alarming to parents,
	×β	α	(2iii)many of whom find
		‘β	(2iv)it {to be} very difficult {{to listen to their infant's crying for even short periods of time.}}
clause simplex			(3)Many reasons for crying are obvious, like hunger and discomfort due to heat, cold, illness, and lying position.
1			(4i)These reasons, however, account for a relatively small percentage of infant crying
×2			(4ii)and are usually recognised quickly
×3			(4iii)and alleviated.
α			(5i)In the absence of a discernible reason for the behaviour, crying often stops
×β			(5ii)when the infant is held.

1		(6i)In most infants, there are frequent episodes of crying with no apparent cause,
+2		(6ii)and holding or other soothing techniques seem ineffective.
clause simplex		(7)Infants cry and fuss for a mean of 13/4 hr/day at age 2wk, 23/4 hr/day at age 6wk, and 1 hr/day at 12wk.
1		(8i)Counselling about normal crying may relieve guilt
+2		(8ii)and diminish concerns
×3		(8iii)but for some the distress {{caused by the crying}} cannot be suppressed by logical reasoning.
α		(9i)For these parents, respite from exposure to the crying may be necessary
×β		(9ii)to allow them to cope appropriately with their own distress.
α		(10i)Without relief, fatigue and tension may result in inappropriate parental responses
=β	α	(10ii)such as leaving the infant in the house alone
	+β	(10iii)or abusing the infant.

Text 1.3

clause simplex	(1)Did your kids used to cry a lot?
clause simplex	(2)When they were little?
clause simplex	(3)Yea
clause simplex	(4)Well == what did you do?
clause simplex	(5)== still do
clause simplex	(6)Yea? {laughs}
clause simplex	(7)Oh pretty tedious at times yea.
clause simplex	(8)There were all sorts of techniques == Leonard Cohen
clause simplex	(9)== Like what {laughs}
clause simplex	(10)Yea I used to use . . .
clause simplex	(11)What's that American guy {{that did 'Georgia on your mind'?}}

clause simplex		(12)Oh yea
clause simplex		(13)== Jim – James Taylor
clause simplex		(14)== James Taylor
clause simplex		(15)Yea yea.
clause simplex		(16)He was pretty good.
clause simplex		(17)Yea.
α		(18i)No Leonard Cohen's good
×β		(18ii)cause it's just so monotonous.
clause simplex		(19)And there's only four chord.
α		(20i)And ah we used to have holidays
×β		(20ii)when we only had one kid on a houseboat.
clause simplex		(21)And that was fantastic just the rocking motion of the houseboat
clause simplex		(22)Mmm
clause simplex		(23)Mmm
clause simplex		(24)Were there ever times . . .
α		(25i)Like I remember times
'β	α	(25ii)When I couldn't work out
	'β	(25ii)what the hell it was.
clause simplex		(26)There just didn't seem to be anything == {{you could do}}
clause simplex		(27)== No reason or . . .
clause simplex		(28)Yea
clause simplex		(29)Yea every night between six and ten
clause simplex		(30)Yea yea
1		(31i)Luckily I didn't have that with the second baby
×2		(31ii)but the first one was that typical colicky sort of stuff from about five o'clock.
clause simplex		(32)Hmm
α		(33i)I remember
'β	1	(33ii)one day going for a um walk along the harbour

	=2		(33iii){it was} one of those you know harbour routes {{that had been opened up.}}
1			(34i)And um he started kicking up from about five o'clock
×2			(34ii)and we were getting panic stricken.
α			(35i)I had him in one of those um front strap things you know sling things
×β	1		(35ii)ah cause that use to work wonders from time to time
	×2		(35iii)but it wasn't working this time.
×β			(36i)And as we sat on the foreshore of this Vauluse area
α	1		(36ii)these two women came down
	+2	1	(36iii)and they'd both been working as um governesses or something like that –
		=2	(36iv){they were} very, very classy ladies.
1			(37i)And they said
"2			(37ii)'Oh what's wrong with baby?
clause simplex			(38)He's got colic?'
α			(39i)You know, they really wanted
'β			(39ii)to take over.
clause simplex			(40)Yea
clause simplex			(41)And so I just handed the baby to them
1			(42i)And LUCKILY the kept on crying –
=2			(42ii)they couldn't stop him.
clause simplex			(43)So I was really delighted.
clause simplex			(44)They handed back this hideous little red wreck of a thing.

A2. 응집성 분석(Cohesion analyses)

이러한 분석에서 숫자는 문장 번호를 지시한다.

A2.1. 접속어(Conjunction)

Key:

= elaborating

+ extending

x enhancing

명시적 접속어들을 나타냈고 암묵적 접속어들은 괄호 속에 어휘화하여 제시하였다.

Text 1.1

1 x (because) 2 4=5(i.e.) 5x6 (because) 6x7 (so) 7=8 (e.g.) 8+9 (or) 9x10 (however)

10=11 (e.g.) 12+13 (but) 13=14 (e.g.) 13=15 (e.g.) 13=16 (e.g.)13=17 (e.g.)

13=18 (e.g.) 18+19 (moreover) 19+20 (but) 20=21 (i.e.) 21=22 (e.g.) 22+23 (or)

23=24 (e.g.) 25x26 (so) 25 +26 and

Text 1.2

I x2 however 3x4 however 5x6 (however) 6=7 (e.g.) 8x9 (so) 9x10 (since)

Text 1.3

1=2(i.e.) 8=9 like 18 (i.e.) 18+=19 and (i.e.) 19+20 and 20+x21 and (so) 24+25 like 25=26 (i.e.) 26=27 (i.e.) 31=33 (e.g.) 33+34 and 35+36 and 36+x37 and (then) 37=38 you know 38+x40 and so 40+41 and 41x42 so 42x43 (so/when)

A2.2. 지시(Reference)

연결은 다음의 키에 의해 지시되지 않으면 대용적이다:

C: cataphoric S: esphoric P: comparative L: locational B: bridging

H: homophoric X: exophoric

Text 1.1

(2) you (X) – you – you – you – you (7) you – (10) you – (12) you – (13) you – you – (14) your baby – you – you – (18) you – you – your baby – (23) you – (25) you – (26) you – you – (27) you – your baby

(1) a baby who won't stop crying (2) him – him – him – him – him – he – (4) baby – he – he – his – (6) he (7) he – (8) babies – they – they – (9) his digestion – (10) he – (11) he – (12) baby – (13) him – (14) he – him – (15) baby – him – him – him – (16) he – (17) hirn – (20) babies – he – (21) his cot – (23) him – (25) baby – he – his feelings – (26) his parents

(5) the pattern – of sucking until ... (S)

(7) the nipple or teat (H)

(14) the mood – to cry (S)

(14) the cot (H)

(17) the noise – of the washing machine (S)

(17) the washing machine (H)

(20) babies get bored – this – the reason

(23) the car (H)

(23) the middle of the night (S)

(23) the night (H)

(23) the garden (H)

(1-24) – (25) the problem

(27) the most important people in your baby's life (S)

Text 1.2

(1) compelling sound – it

(2) parents their infant's crying – (8) some – (9) these parents – them – their own distress

(3) many reasons for crying – (4) these reasons

(8) the distress – caused by the crying (S)

(8) normal crying – (8) the crying – (9) the crying

(10) the house (H)

(9) these parents – (10) the infant (B)

Text 1.3

(1) your kids (X) – (4) you – (10) I – (20) we – we – (31) I (33) I – (34) we (35) I – (36) we – (41) I – (43) I

(10) I – (25) I – I

(1) your kids (X) – (2) they – (20) one kid – (31) the second baby – the first one – (34) he – (35) him – (37) the baby – he – (41) the baby – (42) he – him – (43) this hideous little red wreck of a thing

(14) James Taylor (H) – (16) he

(18) Leonard Cohen (H) – it

(20) holidays on a houseboat – (21) that

(20) a houseboat – (21) the houseboat

(25-26) – (31) that – that typical colicky sort of stuff

(32) the harbour (H) – one of those harbour routes – that had been opened

up (S)

(35) one of those front strap things (H) – that – it

(36) the foreshore – of this Vaucluse area (S)

(36) this Vaucluse area (H)

(36) these two women – they – (37) they – (38) they – (40) them – (41) they – (43) they

A2.3. 어휘적 관계(Lexical Relations)

연결은 다음과 같이 지시되지 않으면 상하의 관계이다.

X: expectancy

C: Composition

Text 1.1

(1) baby – (4) baby – (8) babies – (12) baby – baby – (14) baby – (15) baby – (18) baby – (19) babies – (20) babies – (25) baby – (26) baby

(5) tummy – (6) womb (C) – (7) nipple (C) – teat – (9) digestion (C) – limbs (C) – (10) eyes (C) – (19) thumbs (C) – fists (C)

(3) hunger – (6) nourishment – food

(5) full – satisfied – empties

(8) grumpy – miserable – unhappy (9) uncomfortable – (10) discomfòrt – (11) lonely – (12) happy – (15) secure – lose tension – (20) bored – (21) interesting – (23) practical – (25) more able – better – (26) at your wit's end

(1) despair – (8) stages – (10) grizzle – (14) mood – (16) tension – (20) grizzle – (25) feelings

(2) feed – change – put down – (5) fed – sucking

(2) change – (10) nappy (X)

(12) day – (13) night – (23) middle of the night (C)

(9) twitching – (15) jerking about – unsettle – (16) stimulation

(16) cut down – lose

(17) noise – gentle (X)

(1) crying (10) having a grizzle – (17) noise – radia – recording – noise (20) having a grizzle – (26) crying

(18) dummies – dummy

(18) dummies – sucking (X)

(13) sleep – (23) tire out

(14) cot – (21) cot

(7) assume – (10) find – (14) find – (18) find – (19) find – (22) watch – (25) communicate – judging

(13) relax – settle – (14) rocking – (15) wrapping up – (17) soothe – (18) sucking – (19) sucky

(1) crying – (2) howl – (4) cries – (8) tell – (10) having a grizzle – (14) to cry – start up – (20) having a real grizzle – (25) communicate – (26) crying

Text 1.2

(1) sound – cry – signal – (2) cries – crying – (3) crying – (4) crying (5) behaviour – crying – (6) crying – (7) cry – (8) crying – crying – (9) crying

(7) cry – fuss (X)

(2) discomforting – alarming – difficult

(3) lying – (5) held – (6) holding – soothing

(1) distress – (3) hunger – discomfort illness – (8) guilt – concerns – distress – (9) distress (10) fatigue – tension

(3) heat – cold

(4) alleviated – (8) counselling – relieve diminish – suppressed – (9) respite – (10) relief

(1) infant – human infant – (2) infant – (4) infant – (5) infant (6) infants – (7) infants – (10) infant – infant

(1) caregiver – (2) parents – (9) parents – (10) parental

(1) effective – appropriate – (2) discomforting – alarming – difficult – (3) obvious – (5) discernible – (6) apparent – ineffective – (9) necessary – appropriately – (10) inappropriate

(1) prolonged – (2) short – (4) small – (6) frequent

(2) periods of time – (6) episodes – (7) hour (C) – day (C) – age (C) – week (C) – hour (C) – day (C) – age (C) – week (C) – hour (C) – day (C) – week (C)

(4) percentage – (7) mean

(3) reasons – (4) reasons – (5) reason – (6) cause techniques (8) logical reasoning – (10) responses

(9) cope – (10) leaving alone – abusing

Text 1.3

(1) kids – (20) kid – (31) baby – (36) women – ladies – (37) baby – (41) baby

(2) little – (43) little

(7) tedious – (15) good – (18) good – monotonous – (21) Fantastic – (34) panic stricken – (43) delighted – (44) hideous

(44) hideous – wreck (X)

(1) cry – (34) kicking up – (42) crying –

(34) started – (39) take over – (42) kept on – stop

(31) colicky sort of stuff – (37) wrong with the baby – (38) got colic

(36) Vaucluse – classy (X)

(20) houseboat – (21) houseboat – (33) harbour (X) – harbour – (36) foreshore – Vaucluse area

(33) walk – (36) sat – came down

(41) handed – (44) handed back

(37) baby – (38) got colic (X)

(1) a lot – (7) at times – (35) from time to time

(24) times – (25) times – (29) night – six (C) – ten (C) – (31) five o'clock (C) – (33) day (C) – (34) five o'clock (C)

(8) techniques (23) work out (X) – (27) reason (X) – (35) work wonders (X) – working – (36) working – governesses (X)

(7) Leonard Cohen – (11) American guy – (13) James Taylor – (14) James Taylor –

(18) Leonard Cohen

A3. 장르 분석(Generic Analysis)

다음의 분석에서 각 텍스트는 장르가 부여되고 기능적으로 라벨 붙여진 단계로 나누어진다.

Text 1.1

Genre: Explanation of Problematic Behaviout

Statement of Problem

1. A baby who won't stop crying can drive anyone to despair. 2. You feed

him, you change him, you nurse him, you try to settle him, but the minute you put him down he starts to howl. 3. Why?

Explanation 1

4. The most common reason baby cries is hunger. 5. Even if he was just recently fed he might still be adapting to the pattern of sucking until his tummy is full and feeling satisfied until it empties again. 6. When he was in the womb nourishment came automatically and constantly.

Suggested Alleviating Action 1

7. Offer food first; if he turns away from the nipple or teat you can assume it's sornething else.

Explanation 2

8. It happens that babies go through grumpy, miserable stages when they just want to tell everyone how unhappy they feel. 9. Perhaps his digestion fèels uncomfortable or his limbs are twitching.

Suggested Alleviating Action 2

If you can't find any specific source of discomfort such as a wet nappy or strong light in his eyes, he could just be having a grizzle.

Explanation 3

Perhaps he's just lonely.

Suggested Alleviating Action 3

12. During the day, a baby sling helps you to deal with your chores and keep baby happy.

Suggested Alleviating Action 4

13. At night when you want to sleep you will need to takc action to relax and settle him. 14. Rocking helps, but if your baby is in the mood to cry you will probably find he'll start up again when you put him back in the cot.

Suggested Alleviating Action 5

Wrapping baby up snugly helps to make him feel secure and stops him from jerking about which can unsettle him.

Suggested Alleviating Action 6

Outside stimulation is cut down and he will lose tension. 17. Gentle noise might soothe him off to sleep – a radio played softly, a recording of a heartbeat, traffic noise – even the noise of the washing machine is effective!

Suggested Alleviating Action 7

18. Some patents use dummies – it's up co you – and you might find yout baby settles sucking a dummy. 19. 'Sucky' babies might be able to find their thumbs and fists to have a good suck.

Explanation 4

20. Remember that babies get bored so when he is having a real grizzle this could be the reason. 21. Is his cot an interesting place to be?

Suggested Alleviating Action 8

22. Coloured posters and mobiles give him something to watch.

Suggested Alleviating Action 9

23. You could maybe tire him out by taking him for a walk . . or a ride in the car – not always practical in the middle of the night. 24. A change of scene and some fresh air will often work wonders even a walk around the garden may be enough.

Outlook: improvements to come

25. As baby gets older he will be more able to communicate his feelings and you will be better at judging the problem.

Morale Booster

26. Although you might be at your wit's end, remember that crying is communication with you, his patents. 27. And you are the most important people in your baby's life.

TEXT 1.2

Genre: Explanation of Problematic Behaviour

Statement of Problem

1 . The compelling sound of an infant's cry makes it an effective distress signal and appropriate to the human infant's prolonged dependence on a caregiver. 2. However, cries are discomforting and may be alarming to parents, many of whom find it very difficult to listen to their infant's crying for even short periods of time.

Explanation 1

3. Many reasons for crying are obvious, like hunger and discomfort due to heat, cold, illness, and lying position. 4. These reasons, however, account for a relatively small percentage of infant crying and are usually recognised quickly and alleviated.

Explanation 2

5. In the absence of a discernible reason for the behaviour, crying often stops when the infant is held.

Explanation 3

6. In most infants, there are frequent episodes of crying with no apparent cause, and holding or other soothing techniques seem ineffective. 7. Infants cry and fuss for a tnean of 1 $^{3}/_{4}$ hr/day at age 2 wk, 2 $^{3}/_{4}$ hr/day at age 6 wk, and 1 hr/day at 12 wk.

Suggested Alleviating Action 1

8. Counselling about normal crying may relieve guilt and diminish concerns, but for some the distress caused by the crying cannot be suppressed by logical reasoning.

Suggested Alleviating Action 2

9. For these parents, respite from exposure to the crying may be necessary to allow them to cope appropriately with their own distress.

Outlook: warning

10. Without relief, fatigue and tension may result in inappropriate parental responses such as leaving the infant in the house alone or abusing the infant.

TEXT 1.3

Genre: conversational exchange, including Topic/Comment and Narrative of personal experience genres

Exchange 1

question	S	1. Did your kids used to cry a lot?
question		2. When they were little?
answer	C	3. Yea

Exchange 2

question		4. Well == what did you do?
answer	C	5. == still do
acknowledge	S	6. Yea? [laughs]
answer	C	7. Oh pretty tedious at times yea.
answer		8. There were all sorts of techniques == Leonard Cohen
tracking	S	9. == Like what [laughs]

Exchange 3

statement		10. Yea I used to use . . .
tracking		11. What's that American guy that did 'Georgia on your mind'?
response	C	12. Oh yea
statement	S	13. == Jim – James Taylor
acknowledge		14. == James Taylor
follow-up	S	13. Yea yea.

Exchange 4

Statement		16. He was pretty good
agree		17. Yea

Exchange 5

statement		18. No Leonard Cohen's good cause it's just so monotonous
acknowledge	S	[laughs]
statement	C	19. And there's only four chords.
Topic^Comment		
statement: Topic		20. And ah we used co have holidays when we only had one kid on a houseboat.
statement: Comment		21. And that was fantastic just the rocking motion of the houseboat
acknowledge	S	22. Mmm
follow-up	C	23. Mmm

Exchange 6

question	S	24. Were there ever times ... 25. Like I remember times when I couldn't work out what the hell it was. 26. There just didn't seem to be anything == you could do
acknowledge	C	27. == No reason or ...
acknowledge		28. Yea
answer	S	29. Yea every night between six and ten
agree	C	30. Yea yea.

Exchange 7/Narrative

answer: Abstract		31. Luckily I didn't have that with the second baby but the first one was that typical colicky sort of stuff from about five o'clock.
acknowledge	S	32. Hmm
Orientation 1	C	33. I remember one day going for a um walk along the harbour - one of those you know harbour routes that had been opened up.
Complication 1		34. And um he started kicking up from about five o'clock and we were getting panic stricken.
Orientation 2		33. I had him in one of those urn front strap things you know sling things ah cause that use to work wonders from time to time but it wasn't working this time.
Complication 2		36. And as we sat on the foreshore of of this Vaucluse area these two women came down and they'd both been working as um governesses or something like that - very very classy ladies. 37. And they said 'Oh what's wrong with the baby? 38. He's got colic?'
Evaluation 1		39. You know, they really wanted to take over
	S	40. Yea
Complication 3	C	41. And so I just handed the baby to them
	S	[laughs]
Resolution	C	42. And LUCKILY he kept on crying - they couldn't stop him
	S	[laughs]
Evaluation 2	C	43. So I was really delighted.
Coda		44. They handed back this hideous little red wreck of a thing [laughter]

참고문헌

Allerton, D. J. (1979) *Essentials of Grammatical Theory*. London: Routledge and Kegan Paul. Armstrong, E. M. (1991) The potential of cohesion analysis in the analysis and treatment of aphasic discourse. *Clinical Linguistics & Phonetics*, 5(1), 39-51.

Atkinson, J. M. and Heritage, J. (eds) (1984) *Structures of Social Action: Studies in Conversation Analysis*. Cambridge: CUP.

Bakhtin, M. (1994) Speech Genres. In P. Morris (ed.) *The Bakhtin Reader: Selected Writings of Bakhtin, Medvedev, Voloshinov*. London: Edward Arnold.

Bateman, J., Matthiessen, C. M. I. M., Nanri, K. and Zeng, L. (1991) Multilingual text generation: an architecture based on functional typology. *International Conference on Current Issues in Computational Linguistics, Penang, Malaysia*.

Belsey, C. (2002) *Critical Practice*, 2nd edition. London: Routledge, New Accent Series. Benson, J. D. and Greaves, W. S. (1981) Field of Discourse: theory and application. *Applied Linguistics*, 2(1), 45-55.

Benson, J. D. and Greaves, W. S. (eds) (1985) *Systemic Perspectives on Discourse, Vol. 1: Selected Theoretical Papers from the 9th International Systemic Workshop*. Norwood, NJ: Ablex.

Benson, J. D. and Greaves, W. S. (eds) (1988) *Systemic Functional Approaches to Discourse*. Norwood, NJ: Ablex.

Benson, J. D., Cummings, M. J. and Greaves, W. S. (eds) (1988) *Linguistics in a Systemic Perspective*. Amsterdam: Benjamins (= *Current Issues in Linguistics Theory*, 39).

Berger, P. and Luckmann, T. (1966) *The Social Construction of Reality: A Treatise in the Sociology of Knowledge*. New York: Doubleday.

Bernstein, B. (1971) *Class, Codes and Control 1: Theoretical Studies towards a Sociology of Language*. London: Routledge.

Bernstein, B. (1973) (ed.) *Class, Codes and Control 2: Applied Studies towards a Sociology of Language*. London: Routledge.

Bernstein, B. (1977) *Class, Codes and Control 3: Towards a Theory of Educational Transmissions*. London: Routledge.

Bernstein, B. (1990) *Class, Codes and Control 4: The Structuring of Pedagogic Discourse*. London: Routledge.

Berry, M. (1977a) *Introduction to Systemic Linguistics: 1, Structures and Systems*. London: Batsford. Berry, M. (1977b) *Introduction to Systemic Linguistics: 2, Levels and Links*. London: Batsford. Berry, M. (1981) Systemic Linguistics and Discourse Analysis: a multi-layered approach to exchange structure. In M. C. Coulthard and M. Montgomery (eds) *Studies in Discourse Analysis*. London: Routledge and Kegan Paul.

Biber, D. (1986) Spoken and Written Textual Dimensions in English: resolving the contradictory findings. *Language*, 62(2), 384-414.

Bloor, T. and Bloor, M. (1995) *The Functional Analysis of English: A Hallidayan Approach*. London: Arnold. Co-published New York: Oxford University Press.
Brown, P. and Levinson, S. (1978) Universals in Language Usage: politeness phenomena. In E. Goody (ed.) *Social Markers in Speech*. Cambridge: CUP, 56–311.
Brown, R. and Gilman, A. (1960) The Pronouns of Power and Solidarity. In T. Sebeok (ed.) *Style in Language*. Cambridge, MA: MIT Press, 253–76.
Burton, D. (1980) *Dialogue and Discourse*. London: Routledge and Kegan Paul.
Burton, D. (1981) Analysing Spoken Discourse. In M. Coulthard and M. Montgomery (eds). *Studies in Discourse Analysis*. London: Routledge and Kegan Paul, 146–57.
Butler, C. S. (1985) *Systemic Linguistics: Theory and Applications*. London: Batsford.
Butler, C. S. (1987) Communicative Function and Semantics. In M. A. K. Halliday and R. P. Fawcett (eds) *New Developments in Systemic Linguistics Vol. 1: Theory and Description*. London: Pinter, 212–29.
Butler, C. S. (1988) Politeness and the Semantics of Modalised Directives in English. In Benson et al. 119–54.
Butt, D., Fahey, R., Feez, S., Spinks, S. and Yallop, C. (2001) *Using Functional Grammar: An Explorer's Guide*, 2nd edition. Sydney: National Centre for English Language Teaching and Research, Macquarie University.
Carter, R. and Nash, W. (1990) *Seeing Through Language: A Guide to Styles of English Writing*. London: Basil Blackwell.
Chafe, W. (ed.) (1980) *The Pear Stories: Cognitive, Cultural and Linguistic Aspects of Narrative Production. Norwood*, NJ: Ablex.
Christie, F. (ed.) (1988) *Social Processes in Education: Proceedings of the First Australian Systemic Network Conference, Deakin University, January 1990*. Darwin: Centre for Studies of Language in Education, Northern Territory University.
Christie, F. (1991a) First and second-order registers in education. In Ventola 1991: 235–58.
Christie, F. (ed.) (1991b) *Literacy in Social Processes: Papers from the Inaugural Australian Systemic Functional Linguistics Conference* held at Deakin University, January 1990. Darwin: Centre for Studies of Language in Education, Northern Territory University.
Christie, F. (ed.) (1999) *Pedagogy and the Shaping of Consciousness: Linguistic and Social Processes in the Workplace and School*. London: Cassell.
Christie, F. (2002) *Classroom Discourse Analysis*. London: Continuum.
Christie, F. and Martin, J. R. (eds) (1997) *Genre and Institutions: Social Processes in the Workplace and School*. London: Cassell.
Cloran, C. (1989) Learning through Language: the social construction of gender. In Hasan and Martin 1989: 111–51.
Culler, J. (1976) *Saussure*. London: Fontana, Fontana Modern Masters Series.
Culler, J. (1997) *Literary Theory: A Very Short Introduction*. London: OUP.
Downing, A. and Locke, P. (1992) *A University Course in English Grammar*. UK: Prentice Hall.
Droga, L. and Humphrey, S. (2003) *Grammar and Meaning: An Introduction for*

Primary Teachers. Berry, NSW: Target Texts.
Eggins, S. (1990) Keeping the Conversation Going: a systemic functional analysis of conversational structure in casual sustained talk. PhD thesis, Linguistics Department, University of Sydney.
Eggins, S. (2000) Researching Everyday Talk. In L. Unsworth (ed.) *Researching Language in Schools and Communities: Functional Linguistic Perspectives*. London: Cassell, Open Linguistics Series, 130-51.
Eggins, S. [in preparation] Genre Hybridity and Semantic Ambivalence in the *Harry Potter* Series.
Eggins, S. and Iedema, R. (1997) Difference without diversity: semantic orientation and ideology in competing women's magazines. In R. Wodak (ed.) *Gender and Discourse*. London: Sage, 165-96.
Eggins, S. and Martin, J. R. (1997) Genres and Registers of Discourse. In T.A. van Dijk (ed.) *Discourse as Structure and Process*. Vol. 1 in Discourse Studies: A Multidisciplinary Introduction. London: Sage, 230-56.
Eggins, S. and Slade, D. (1997/2004) *Analysing Casual Conversation*. London: Cassell. Reprinted 2004 by Equinox, London.
Eggins, S., Wignell, P. and Martin, J. R. (1992) The discourse of history: distancing the recoverable past. In M. Ghadessy (ed.) *Register Analysis: Theory & Practice*. London: Pinter. (First published as Working Papers in Linguistics, No. 5., Linguistics Department, University of Sydney.)
Fairclough, N. (1989) *Language and Power*. London: Longman Language and Social Life.
Fairclough, N. (1992) *Discourse and Social Change*. Cambridge: Polity Press.
Fawcett, R. (1980) *Cognitive Linguistics and Social Interaction: Towards an Integrated Model of a Systemic Functional Grammar and the Other Components of an Interacting Mind*. Heidelberg: Julius Groos.
Fawcett, R. (1988a) The English Personal Pronouns: an exercise in linguistic theory. In J. D. Benson, M. J. Cummings and W. S. Greaves (eds) *Linguistics in a Systemic Perspective*. Amsterdam: Benjamins (= *Current Issues in Linguistic Theory*, 39), 185-220.
Fawcett, R. (1988b) What Makes a 'Good' System Network Good?—Four Pairs of Concepts for Such Evaluation. In Benson and Greaves 1988: 1-28.
Fawcett, R. P., van der Mije, A. and van Wissen, C. (1988) Towards a Systemic Flowchart Model for Discourse Structure. In R. P. Fawcett and D. Young (eds) 1988: 116-43.
Fawcett, R. P. and Young, D. (eds) (1988) *New Developments in Systemic Linguistics, Vol. 2: Theory and Application*, London: Pinter.
Firth, J. R. (1935) The Technique of Semantics. *Transactions of the Philological Society* (reprinted in J. R. Firth (1957), 177-89).
Firth, J. R. (1950) Personality and Language in Society. In Firth 1957: 177-89.
Firth, J. R. (1951) Modes of Meaning. In Firth 1957: 190-215.
Firth, J. R. (1957) *Papers in Linguistics 1934-1951*. London: OUP.
Fowler, R., Hodge, B., Kress, G. and Trew, T. (1979) *Language and Control*. London: Routledge and Kegan Paul.

Fries, C. (1981) On the Status of Theme in English: Arguments from Discourse. *Forum Linguisticum*, 6(1), 1-38. (Republished in J. S. Petöfi and E. Sözer (eds) (1983) *Micro and Macro Connexity of Texts*. Hamburg: Helmut Buske Verlag, 116-52.)
Ghadessy, M. (ed.) (1993) *Register Analysis: Theory & Practice*. London: Pinter.
Gregory, M. (1967) Aspects of Varieties Differentiation. *Journal of Linguistics*, 3, 177-98.
Gregory, M. (1985) Towards Communication Linguistics: a framework. In J. D. Benson and W. S. Greaves (eds) *Systemic Perspectives on Discourse*, Vol. 1: Selected Theoretical Papers from the 9th International Systemic Workshop. Norwood, NJ: Ablex, 119-34.
Gregory, M. (1988) Generic Situation and Register. In J. D. Benson, M. J. Cummings and W. S. Greaves (eds) *Linguistics in a Systemic Perspective*. Amsterdam: Benjamins (= *Current Issues in Linguistic Theory*, 39), 301-29.
Gumperz, J. (1968) The speech community. In *International Encyclopedia of the Social Sciences*. New York: Macmillan.
Gumperz, J. (1971) *Language in Social Groups: Essays Selected and Introduced by Anwar S. Dil*. Stanford, CA: Stanford University Press.
Gumperz, J. (1982a) *Discourse Strategies*. Cambridge: CUP.
Gumperz, J. (ed.) (1982b) *Language and Social Identity*. Cambridge: CUP.
Halliday, M. A. K. (1973) *Explorations in the Functions of Language*. London: Edward Arnold.
Halliday, M. A. K. (1974) Interview with M. A. K. Halliday. In H. Parret (ed.) *Discussing Language*. The Hague: Mouton (Janua Linguarum Series Maior, 93), 81-120. (Extracts reprinted in Halliday 1978.)
Halliday, M. A. K. (1975) *Learning How to Mean: Explorations in the Development of Language*. London: Edward Arnold (Explorations in Language Study).
Halliday, M. A. K. (1977) *Aims and Perspectives in Linguistics*. Sydney: Applied Linguistics Association of Australia Occasional Papers No. 1.
Halliday, M. A. K. (1978) *Language as Social Semiotic*. London: Edward Arnold.
Halliday, M. A. K. (1984) Language as Code and Language as Behaviour: a systemic-functional interpretation of the nature and ontogenesis of dialogue. In R. Fawcett, M. A. K. Halliday, S. M. Lamb and A. Makkai (eds) *The Semiotics of Language and Culture, Vol. 1: Language as Social Semiotic*. London: Pinter, 3-35.
Halliday, M. A. K. (1985a) *An Introduction to Functional Grammar*. London: Edward Arnold.
Halliday, M. A. K. (1985b) *Spoken and Written Language*. Geelong, Vic.: Deakin University Press (republished by OUP, 1989).
Halliday, M. A. K. (1985c) *Part A. of Language, Text and Context*. Geelong, Vic.: Deakin University Press (republished by OUP, 1989).
Halliday, M. A. K. and Hasan, R. (1976) *Cohesion in English*. London: Longman.
Halliday, M. A. K. and Hasan, R. (1985) *Language, Text and Context*. Geelong, Vic.: Deakin University Press (republished by OUP, 1989).
Halliday, M. A. K. and Matthiessen, C. M. I. M. (1999) Construing *Experience Through Meaning—A Language-based Approach to Cognition*. London: Cassell.

Halliday, M. A. K. and Matthiessen, C. M. I. M. (2004) *An Introduction to Functional Grammar*, 3rd edition. London: Edward Arnold.
Halliday, M. A. K. and Webster, J. (2002a) *On Grammar. Collected Works of MAK Halliday, Vol. 1.* Edited by Jonathan Webster. London: Continuum.
Halliday, M. A. K. and Webster, J. (2002b) *Linguistic Studies of Text and Discourse. Collected Works of MAK Halliday, Vol. 2.* Edited by Jonathan Webster. London: Continuum.
Halliday, M. A. K. and Webster, J. (2003a) *On Language and Linguistics. Collected Works of MAK Halliday, Vol. 3.* Edited by Jonathan Webster. London: Continuum.
Halliday, M. A. K. and Webster, J. (2003b) *The Language of Early Childhood. Collected Works of MAK Halliday, Vol. 4.* Edited by Jonathan Webster. London: Continuum.
Hasan, R. (1977) Text in the Systemic-Functional Model. In W. Dressler (ed.) *Current Trends in Textlinguistics.* Berlin: Walter de Gruyter, 228-46.
Hasan, R. (1979) On the Notion of Text. In J. S. Petöfi (ed.) *Text vs Sentence: Basic Questions of Textlinguistics.* Hamburg: Helmut Buske (Papers in Textlinguistics, 20 (2)), 369-90.
Hasan, R. (1984) Coherence and cohesive harmony. In J. Flood (ed.) *Understanding Reading Comprehension.* Newark, DE: IRA.
Hasan, R. (1985a) The Structure of a Text. In Halliday and Hasan 1985, 70-96.
Hasan, R. (1985b) The Texture of a Text. In Halliday and Hasan 1985, 70-96.
Hasan, R. (1985c) *Linguistics, Language and Verbal Art.* Geelong, Vic.: Deakin University Press (republished by OUP, 1989).
Hasan, R. (1986) The Ontogenesis of Ideology: an interpretation of mother—child talk. In T. Threadgold, E. Grosz, G. Kress and M. A. K. Halliday (eds), *Language, Semiotics, Ideology.* Sydney: Sydney Association for Studies in Society and Culture, 125-46.
Hasan, R. (1988) Language in the Processes of Socialisation: home and school. In L. Gerot, J. Oldenburg and T. van Leeuwen (eds) *Language and Socialisation: Home and School.* Proceedings from the Working Conference on Language in Education, Macquarie University, 17-21 November 1986. Sydney: Macquarie University, 36-96.
Hasan, R. and Cloran, C. (1990) Semantic Variation: a sociolinguistic interpretation of everyday talk between mothers and children. In J. Gibbons, H. Nicholas and M. A. K. Halliday (eds) *Learning, Keeping and Using Language: Selected Papers from the 8th World Congress of Applied Linguistics.* Amsterdam: Benjamins, 67-99.
Hasan, R. and Martin, J. R. (eds) (1989) *Language Development: Learning Language, Learning Culture. Norwood,* NJ: Ablex (*Meaning and Choice in Language: Studies for Michael Halliday*).
Hunt, P. (ed.) (2001) *Children's Literature: An Anthology 1801-1902.* London: Blackwell.
Hymes, D. H. (1962/74) The Ethnography of Speaking. In B. G. Blount (ed.) *Language, Culture and Society.* Cambridge, MA: Winthrop, 189-223.
Hymes, D. H. (1964/72) Towards Ethnographies of Communication: The Analysis of Communicative Events. In P. P. Giglioli (ed.) *Language and Social Context.* Harmondsworth: Penguin, 21-44.

Hymes, D. (ed.) (1964) *Language in Culture and Society: A Reader in Linguistics and Anthropology*. New York: Harper & Row.
Hymes, D. (1971) Competence and performance in linguistic theory. In R. Huxley and E. Ingram (eds) *Language Acquisition: Models and Methods*. London: Academic Press.
Hymes, D. (ed.) (1972) *Directions in Sociolinguistics: The Ethnography of Communication*. New York: Holt, Rinehart & Winston.
Iedema, R. (2003) *Discourses of Post-Bureaucratic Organization*. Philadelphia: Benjamins, Document Design Companion Series 5.
Iedema, R., Feez, S. and White, O. (1994) *Media Literacy (Write It Right Literacy in Industry Project: Stage Two)*. Sydney: Metropolitan East Region's Disadvantaged Schools Program.
Joia, A. de and Stenton, A. (1980) *Terms in Systemic Linguistics: A Guide to Halliday*. London: Batsford Academic.
Kress, G. (ed.) (1976) *Halliday: System and Function in Language*. Lardan: OUP.
Kress, G. (1985) *Linguistic Processes in Socio-cultural Practice*. Geelong, Vic.: Deakin University Press (republished by OUP, 1989).
Kress, G. (ed.) (1988) *Communication and Culture: An Introduction*. Sydney: New South Wales University Press.
Kress, G. and Hodge, B. (1979) *Language as Ideology*. London: Routledge and Kegan Paul.
Kress, G. and Hodge, R. (1988) *Social Semiotics*. London: Polity.
Kress, G. and van Leeuwen, T. (1990) *Reading Images*. Geelong, Vic.: Deakin University Press (Sociocultural Aspects of Language and Education).
Kress, G. and van Leeuwen, T. (1996) *Reading Images: The Grammar of Visual Design*. London: Routledge.
Kress, G. and van Leeuwen, T. (2001) *Multimodal Discourse: The Modes and Media of Contemporary Communication*. London: Edward Arnold.
Labov, W. (1972a) *Language in the Inner City*. Philadelphia: Pennsylvania University Press, 354-96.
Labov, W. (1972b) *Sociolinguistic Patterns*. Philadelphia: Pennsylvania University Press.
Labov, W. and Fanshel, D. (1977) *Therapeutic Discourse: Psychotherapy as Conversation*. New York: Academic Press.
Labov, W. and Waletzky, J. (1967) Narrative Analysis. In J. Helm (ed.) *Essays on the Verbal and Visual Arts. (Proceedings of the 1966 Spring Meeting of the American Ethnological Society)*. Seattle: University of Washington Press, 12-44.
Lemke, J. (1985) Ideology, Intertextuality and the Notion of Register. In J. D. Benson and W. S. Greaves (eds) *Systemic Perspectives on Discourse, Vol. 1: Selected Theoretical Papers from the 9th International Systemic Workshop*. Norwood, NJ: Ablex, 275-94.
Macken, M. and Rothery, J. (1991) *A Model for Literacy in Subject Learning*. Sydney: Disadvantaged Schools Program (DSP).
Macken-Horarik, M. and Martin, J. R. (eds) *Negotiating Heteroglossia: Social Perspectives on Evaluation*. Special Issue of *Text*, 23,2.
Malcolm, K. (1985) Communication Linguistics: a sample analysis. In J. D. Benson and W.

S. Greaves (eds) *Systemic Perspectives on Discourse, Vol. 1: Selected Theoretical Papers from the 9th International Systemic Workshop*. Norwood, NJ: Ablex, 136-51.

Malcolm, K. (1987) Alternative Approaches to Casual Conversation in Linguistic Description. *Occasional Papers in Systemic Linguistics*, 1. Nottingham: Department of English, University of Nottingham, 111-34.

Malinowski, B. (1923/46) The Problem of Meaning in Primitive Languages. Supplement I to C. K. Ogden and I. A. Richards *The Meaning of Meaning* (8th edition, 1946). New York: Harcourt Brace & World, 296-336.

Malinowski, B. (1935) *Coral Gardens and their Magic, a Study of the Methods of Tilling the Soil and of Agricultural Rites in the Trobriand Islands*. Vol. 2. The Language of Magic and Gardening. London: Allen and Unwin.

Mann, W. and Thompson, S. (1986) *Rhetorical Structure Theory: Description and Construction of Text Structures*. Paper presented at the Third International Workshop on Text Generation, August 1986, Nijmegen, Netherlands. Published by The Information Sciences Institute Reprint Series, University of Southern California.

Martin, J. R. (1983) CONJUNCTION: the logic of English text. In J. S. Petöfi and E. Sözer (eds) *Micro and Macro Connexity of Texts*. Hamburg: Helmut Buske Verlag (Papers in Textlinguistics, 45), 1-72.

Martin, J. R. (1984) Language, Register and Genre. In F. Christie (ed.) *Children Writing: A Reader*. Geelong, Vic.: Deakin University Press, 21-9.

Martin, J. R. (1985a) *Factual Writing: Exploring and Challenging Social Reality*. Geelong, Vic.: Deakin University Press (republished by OUP, 1989).

Martin, J. R. (1985b) Process and Text: two aspects of semiosis. In Benson and Greaves 1985, 248-74.

Martin, J. R. (1992a) *English Text: System and Structure*. Amsterdam: Benjamins.

Martin, J. R. (1992b) *Macro-genres: The Ecology of the Page. Mimeo*. Sydney: Dept of Linguistics, University of Sydney.

Martin, J. R., Matthiessen, C. and Painter, C. (1997) *Working with Functional Grammar*. London: Edward Arnold.

Martin, J. R. and Rose, D. (2003) *Working with Discourse*. London: Continuum.

Martin, J. R. and Wodak, R. (eds) (2003) *Re/reading the past: Critical and Functional Perspectives on Time and Value*. Amsterdam: Benjamins.

Martinec, R. (2000) Rhythm in multimodal texts. *Leonardo*, 33 (4), 289-97.

Matthiessen, C. M. I. M. (1993) Register in the Round. In M. Ghadessy, 1993, 221-92.

Matthiessen, C. M. I. M. (1995) *Lexico-grammatical Cartography: English Systems*. Tokyo: International Language Sciences Publishers.

Nesbitt, C. and Plum, G. (1988) Probabilities in a Systemic-Functional Grammar: the clause complex in English. In R. P. Fawcett and D. Young (eds) *New Developments in Systemic Linguistics, Vol. 2: Theory and Application*. London: Pinter, 6-38.

O'Toole, M. (1989) Semiotic systems in painting and poetry. In M. Falchikov, C. Pike and R. Russell (eds) *A Festschrift for Dennis Ward*. Nottingham: Astra Press.

O'Toole, M. (1994) *The Language of Displayed Art*. London: Leicester University Press.

Painter, C. (1984) *Into the Mother Tongue: A Case Study of Early Language Development.* London: Pinter.
Painter, C. (1985) *Learning the Mother Tongue.* Geelong, Vic.: Deakin University Press (republished by OUP, 1989).
Painter, C. (1998) *Learning through Language in Early Childhood.* London: Cassell.
Poynton, C. (1984) Names as vocatives: forms and functions. *Nottingham Linguistics Circular 13* (Special Issue on Systemic Linguistics), 1-34.
Poynton, C. (1985) *Language and Gender: Making the Difference.* Geelong, Vic.: Deakin University Press.
Poynton, C. (1990) *Address and the Semiotics of Social Relations: A Systemic-functional Account of Address Forms and Practices in Australian English.* PhD Thesis, Department of Linguistics, University of Sydney.
Radway, J. (1991) *Reading the Romance: Women, Patriarchy and Popular Literature,* 2nd edition. Chapel Hill, NC: University of North Carolina Press.
Ravelli, L. (1985) *Metaphor, Mode and Complexity: An Exploration of Co-varying Patterns.* BA Hons Thesis, Department of Linguistics, University of Sydney.
Rimmon-Kenan, S. (2003) *Narrative Fiction: Contemporary Poetics,* 2nd edition. London: Routledge.
Rothery, J. (1984) The development of genres—primary to junior secondary school. In F. Christie (ed.) *Children Writing: Study Guide* (ECT418 Language Studies). Geelong, Vic.: Deakin University Press.
Rothery, J. (1986a) Let's teach children to write. *Working Papers in Linguistics 4* (Writing Project Report). Sydney: Department of Linguistics, University of Sydney.
Rothery, J. (1986b) Teaching writing in the primary school: A genre-based approach to the development of writing abilities. *Working Papers in Linguistics 4* (Writing Project Report). Sydney: Department of Linguistics, University of Sydney.
Rothery, J. (1989) Learning about language. In R. Hasan and J. R. Martin (eds) Language Development: Learning Language, Learning Culture (Meaning and Choice in Language: Studies for Michael Halliday). Norwood, NJ: Ablex, 199-256.
Rothery, J. (1990) *Story Writing in Primary School: Assessing Narrative Type Genres.* PhD Thesis, Department of Linguistics, University of Sydney.
Rothery, J. (1991) *Developing Critical Literacy: An Analysis of the Writing Task in a Year 10 Reference Test.* Sydney: DSP.
Sacks, H., Schegloff, E. and Jefferson, G. (1974) A Simplest Systematics for the Organization of Turn-taking for Conversation. *Language,* 50(4).
Saussure, F. de (1959/66) *Course in General Linguistics.* Edited by Charles Bally and Albert Sechehaye. New York: McGraw-Hill.
Schegloff, E. A. (1981) Discourse as an interactional achievement: some uses of 'Uh huh' and other things that come between sentences. In D. Tannen (ed.) *Analyzing Discourse: Text and Talk.* Washington, DC: Georgetown University Press, 71-93.
Schegloff, E. A. and Sacks, H. (1973/74) Opening up Closings. *Semiotica,* 7(4), 289-327 (reprinted in R. Turner 1974 Ethnomethodology: Selected Readings. Harmondsworth:

Penguin).
Schiffren, D. (1987) *Discourse Markers*. Cambridge: CUP.
Shklovsky, V. (1992) Art as Technique. In P. Rice and P. Waugh *Modern Literary Theory: A Reader*, 2nd edition. London: Edward Arnold.
Simon-Vandenbergen, A. M., Taverniers, M. and Ravelli, L. J. (eds) (2003) *Grammatical Metaphor: Views from Systemic Functional Linguistics*. Amsterdam: Benjamins.
Sinclair, J. McH. and Coulthard, R. M. (1975) *Towards an Analysis of Discourse: The English used by Teachers and Pupils*. London: OUP.
Tannen, D. (1980) A Comparative Analysis of Oral Narrative Strategies: Athenian Greek and American English. In W. Chafe (ed.) *The Pear Stories: Cognitive, Cultural and Linguistic Aspects of Narrative Production*. Norwood, NJ: Ablex, 51-87.
Tannen, D. (1989) *Talking Voices: Repetition, Dialogue and Imagery in Conversational Discourse*. Cambridge: CUP.
Tannen, D. (1990) *You Just Don't Understand*. London: Virago.
Tannen, D. (1991) *Conversational Style: Analyzing Talk Among Friends*. Norwood, NJ: Ablex.
Teich, E. (1999) *Systemic Functional Grammar in Natural Language Generation: Linguistic Description and Computational Representation*. London: Continuum.
Thibault, P. (1991) *Social Semiotics as Praxis: Text, Social Meaning Making and Nabakov's 'Ada'*. Minneapolis: University of Minnesota Press.
Thompson, G. (2004) *Introducing Functional Grammar*, 2nd edition. London: Edward Arnold.
Threadgold, T. (1986) Semiotics, ideology, language. In Threadgold, Grosz, Kress and Halliday 1986, 15-59.
Threadgold, T. (1988) The Genre Debate. *Southern Review* 21(3), 315-30.
Threadgold, T., Grosz, E., Kress, G. and Halliday, M. A. K. (eds) (1986) *Language, Semiotics, Ideology*. Sydney: Sydney Association for Studies in Society and Culture (= Sydney Studies in Society and Culture, 3).
Toolan, M. (ed.) (2002a-2002d) *Critical Discourse Analysis: Critical Concepts in Linguistics Vols I-IV*. London: Routledge.
Unsworth, L. (ed.) (2000) *Researching Language in Schools and Communities: Functional Linguistic Perspectives*. London: Cassell.
Ure, J. (1971) Lexical density and register differentiation. In G. E. Perren and J. L. M. Trim (eds) *Applications of Linguistics: Selected Papers of the 2nd International Congress of Applied Linguistics, Cambridge 1969*. Cambridge: CUP.
Ure, J. and Ellis, J. (1977) Register in Descriptive Linguistics and Linguistic Sociology. In O. Uribe-Villas *Issues in Sociolinguistics*. The Hague: Mouton, 197-243.
van Dijk, T. (1977) *Text and Context: Explorations in the Semantics and Pragmatics of Discourse*. London: Longman.
van Leeuwen, T. (1999) *Speech, Music, Sound*. London: Macmillan.
Ventola, E. (1987) *The Structure of Social Interaction: A Systemic Approach to the Semiotics of Service Encounters*. London: Pinter.

Ventola, E. (1988) The Logical Relations in Exchanges. In J. D. Benson and W. S. Greaves (eds) *Systemic Functional Approaches to Discourse*. Norwood, NJ: Ablex, 51-72.
Ventola, E. (ed.) (1991) *Functional and Systemic Linguistics: Approaches and Uses*. Berlin and New York: Mouton de Gruyter.
White, P. (2002) Death, disruption and the moral order: the narrative impulse in mass-media 'hard news' reporting. In M. Toolan, (ed.) *Critical Discourse Analysis: Critical Concepts in Linguistics Vol III*. London: Routledge.
Wignell, P., Martin, J. R. and Eggins, S. (1987) The Discourse of Geography: ordering and *explaining the experiential world*. Writing Project: Report 1987 (Working Papers in Linguistics 5). Sydney: Department of Linguistics, University of Sydney (republished in *Linguistics and Education*, 1(4), 1990: 359-92).

찾아보기

ㄴ

ㄷ

ㅇ

ㅈ

ㅊ

ㅋ

ㅌ

ㅍ

ㅎ

‖ 저자 소개

수잔 에긴스(Suzanne Eggins)는 호주의 언어학자로 현재 Australian National University (ANU)에서 근무하고 있다. 체계 기능 언어학에 대한 연구를 기반으로 사회적 상황에서 이루어지는 비격식적 대화 분석 연구를 통해 실질적 언어 분석 틀을 마련하였다. 최근에는 의료 커뮤니케이션 언어 자료를 분석하는 연구를 공동으로 진행하여 의료 커뮤니케이션의 패턴을 파악하고 이를 기반으로 의료인의 의사소통에 대한 지침서를 배부하기도 하였다.

대표 저서

Eggins, S. (2004). An introduction to systemic functional linguistics. (2nd ed.). London: Continuum.

Eggins, S. & Slade, D. (2005). Analysing Casual Conversation. Equinox: London.

Eggins, S., Slade, D. & Geddes, F. (Eds.) (2016). Effective Communication in Clinical Handover. Boston: Mouton de Groyter.

‖ 역자 소개

김서형 (haggeman@naver.com) 경기대학교 국어국문학과에서 학생들을 가르치고 있다.

유혜원 (transla@dankook.ac.kr) 단국대학교 교양학부에서 학생들을 가르치고 있다.

이동혁 (korlingua@gmail.com) 부산교육대학교 국어교육과에서 학생들을 가르치고 있다.

이유진 (jinnie@kangwon.ac.kr) 강원대학교 영어교육과에서 학생들을 가르치고 있다.

정연주 (jeongyj01@hongik.ac.kr) 홍익대학교 국어국문학과에서 학생들을 가르치고 있다.

체계 기능 언어학의 이해

초판 1쇄 인쇄 2021년 5월 31일
초판 1쇄 발행 2021년 6월 10일

저 자 수잔 에긴스(Suzanne Eggins)
역 자 김서형 · 유혜원 · 이동혁 · 이유진 · 정연주
펴낸이 이대현

책임편집 강윤경 | 편집 이태곤 권분옥 문선희 임애정
디자인 안혜진 최선주 이경진 | 마케팅 박태훈 안현진

펴낸곳 도서출판 역락 | 등록 1999년 4월 19일 제303-2002-000014호
주소 서울시 서초구 동광로46길 6-6 문창빌딩 2층(우06589)
전화 02-3409-2060(편집부), 2058(영업부) | 팩스 02-3409-2059
전자우편 youkrack@hanmail.net | 홈페이지 www.youkrackbooks.com

ISBN 979-11-6742-003-9 93700

정가는 뒤표지에 있습니다.
잘못된 책은 바꿔 드립니다.